华东政法大学社科文库

国际航运反垄断法律规制研究

王秋雯　著

法律出版社
LAW PRESS·CHINA

王秋雯，女，辽宁沈阳人，华东政法大学国际法研究中心、中国法治战略研究中心副教授。北京大学法学学士，北京大学法学硕士，清华大学法学博士，美国哥伦比亚大学 LL. M.（获 Harlan Fiske Stone Scholar 学者荣誉）。主要研究方向为海商法、国际经济法。曾在《政治与法律》、《法学杂志》、《中国海商法研究》、《中国海洋大学学报》等期刊发表论文三十余篇。主持国家社科基金项目、中国法学会部级课题、中国博士后科学基金特别资助项目、上海市政府民主法治课题、上海市教委课题、上海市法学会课题等多项课题。海牙国际法学院、联合国国际海洋法法庭、联合国大学、马克斯普朗克比较法与国际私法研究所、新加坡国际仲裁中心访问学者。

总序一

岁月无痕,转眼又到了金秋时节。金秋是收获的季节,也是科研工作者实现人生理想的时间节点。在连续出版了五辑社科文库后,华东政法大学科学研究院又隆重推出了“华东政法大学科学研究院社科文库”第六辑的六种法学类学术专著。收获的成果有目共睹,但播种的辛苦唯有自知。就这一点而言,科学研究院全体研究人员都付出了各自的努力。

2008 年 9 月,我校通过引进优秀人才并抽调各院系精兵强将成立了科学研究院,旨在整合优势学科资源,营造良好的科研氛围,构建以法律学科为特色的多学科共同发展的学术研究格局。在不断推出丰硕的科研成果的同时,也寄希望以科学研究院为平台,进一步提高我校科研实力,储备培育优秀学术人才,激活多学科资源,强化跨学科研究,以实现我校综合实力的跨越式发展。近年来学校陆续引进了一批从事法学与人文社会科学研究的人才,形成了以资深教授领衔,以中年教师为骨干,以各学科博士或博士后为主体的科研人才结构。在合理配置人才资源的基础上,学校组织制定了《科学研究院年度考核与评优管理办法》和《科学研究院社科文库著作出版资助遴选办法》等科研管理制度,为科学研究院的科研工作提供了制度保障。这些工作,一方面确保了科研资源的合理配置,另一方面也营造出了良好的团队意识与科研氛围,为促使科学研究院逐步走上科研“快车道”,也为研究人员提升科研工作质量创造了条件。

科学研究院成立以来,逐步建立并完善了三大学术平台:

一是"社科论坛",每周举行一次高水平互动式学术讲座,邀请国内外各研究领域的专家就各类重大热点问题作专题讲座。通过多领域、跨学科的讲座激发研究人员的学术灵感,藉此促进和提高了研究人员的研究能力。2014年,科学研究院在"社科论坛"中增加了"改革与治理"青年论坛版块。通过遴选优秀学术论文初稿、邀请校外专家评议等形式,提高了论文发表的数量和质量,营造了良好的学术氛围,提升了青年研究人员的学术热情。

二是"华政社科研究",每年度编辑发行一期《华政社科研究》。《华政社科研究》是由《社科通讯》改版升级而成的辑刊,并在《社科通讯》的基础上实现了两大突破:第一是形式升级,由原先的内部刊物升级成为正式出版物;第二是内容升级,由资讯类刊物升级成为优秀学术成果的汇编类刊物。通过汇编全校范围内的优秀论文,《华政社科研究》在展示华政科研实力、引领中国社科研究发展方向等两个方面发挥了作用。

三是"社科文库",每年编辑出版一套《社科文库》。为展示科研团队的学术成果,科学研究院每年从研究人员的学术成果中遴选精粹之作集结成辑,与有影响的国家级出版社合作出版。考虑到科学研究院法学类研究人员居多的现状,社科文库法学类的学术成果由法律出版社出版,其他学科的成果由上海人民出版社出版。从第六辑的法学类著作中可以感知,研究者大都是刚走上研究岗位的年轻博士,但他们发表的成果在学界已经有一定的影响,这彰显了我校法学学科的科研实力。

科学研究院所获得的科研成果呈百花齐放之态势,这与我校定位为以法学为主的多科性文科大学的发展方向是相吻合的。通过开展丰富多彩的学术活动,在日常工作中处处提倡以科学研究为核心的价值观,又有上述三大平台持续发挥作用,科学研究院已成为华东政法大学科研队伍中一支重要的力量。在过去的2014年,科学研究院在论文发表、专著出版、项目申报等方面均取得了优异的成绩,其中,发表的论文总数为214篇,在权威期刊发表论文8篇,在C级刊物发表论文156篇,出版各类著作59本,申报完成国家社会科学基金项目6项,国家自然科学基金1项,教育部项目2项,司法部项目3项,中国法学会部级项目6项,2014年上海市哲学社会科学“十二五”规划课题6项。

这些成果的取得与科学研究院领导班子在工作中的积极探索有很大的关系。科学研究院集聚了法学以及其他人文社会科学的人才,就如何凝聚这些多学科背景的研究人员、发挥跨学科研究的优势,科学研究院领导班子进行了一系列的尝试,最终探索出了“依托三大学术平台,鼓励对内对外交流,积极推介优秀成果”的工作机制。这一机制鼓励研究人员依托三大平台积极创作,同时定期组织研究人员参与学术交流,通过科研经验介绍、课题申报辅导、论文讲评等形式提升成果质量,最终通过学术成果推介等形式对外推介优秀学术成果,从而达到提升科研成果数量和质量的目的。上述科研成果的取得即为此项工作取得明显成效的证明。同时,为保障科学研究院的可持续发展,学校在引进多位高端人才的同时,调整并健全了科学研究院的领导班子,科学研究院又及时调整了院学术委员会人员和院务委员会人员。学校还成立了数个隶属于科学研究院的专职研究机构。可以说,现在的科学研究院已呈人才济济之态,正可以在华东政法大学的科研工作中大放光彩。

希望科学研究院的全体研究人员抓住机遇,努力实践,执着追求,多出精品,并努力将“社科文库”这一学术平台建设成为我国社会科学研究的重要学术窗口。愿我们牢记“笃行致知,明德崇法”的校训,以自己的“笃行”无愧于这个伟大的时代。

是为序。

华东政法大学党委书记　曹文泽

2015年10月

总序二

科学研究是一种以探索自然客观规律与社会演进规律为目的的复杂的智力劳动，是一项艰难苦涩但富有创新价值的活动。人文社会科学不同于自然科学，它是以社会现象为研究对象的科学，如政治学、法学、社会学、美学、文艺学、教育学等。它的任务是研究并阐述各种社会现象、人与社会的关系及其发展规律。人文社会科学研究人员必须进行系统的理论研习和长期的学术积累，并充分掌握国内外相关文献与资料，了解本学科最前沿的学术动向和学术成果，才能从事独立的、具有创新精神的学术研究。人文社会科学强调理解，理解人的文化生命，理解人的本性自然，是在研究者与研究对象之间建立起一种联系，通过相互交流、相互感通，通过共鸣和对话，来揭示人的生命和生命活动，把握人的文化生命，认识人的本质和人与社会的融合。这种理解，就是研究者与研究对象之间的沟通、对话，心灵与心灵的碰撞与交融。历史的方法、逻辑的方法、实证的方法、比较的方法，是人文社会科学研究人员常用的研究方法，方法的创新和恰当的运用，才能在各自的学术领域取得为学界公认的精品力作，以此履行一个学术人的文化传承与理论创新的使命。我很欣喜地看到，经我校科学研究院研究人员的潜心研究，在出版了五辑社科文库的基础上，今年又推出了学术系列专著——"华东政法大学科学研究院社科文库"的第六辑。这些学术著作的面世一方面反映了大家勤奋努力的钻研精神，另一方面也反映了各自所具有的坚实强劲的科研能力。我向大家表示祝贺。

这六部著作涉及法制史、刑法、民法、知识产权法、国际航运法等多个学科领域，是我校六位青年研究人员最新的研究成果。

王海军博士的《从传统走向近代——帝俄时代司法制度及其变迁研究》一书是对帝俄时代司法制度及其近代化过程的阐述。本书以帝俄司法领域各制度的历史演变为表象，内在则以司法近代化为逻辑轨迹。此书重点阐释了俄国传统司法如何在西欧司法文化和本土文化彼此妥协下进行的近代转型，并在此基础上对时代性、体制性局限进行总结和反思。通过展示动态的司法变迁图景，不仅可以反映出当时的政治、文化和社会生活，更是对法制近代化的窥探。

贾楠博士的《刑法中的不可罚行为研究》一书是对作为罪数形态理论范畴重要问题的“不可罚行为”从体系化视角予以深入研究的成果。全书通过对不可罚行为的概念、特征、法理基础、分类乃至罪数本质等关键问题进行详尽的探讨，具有弥补不可罚行为理论体系化研究的遗憾、深化罪数形态理论体系的研究以及促进司法实务难题解决的重大理论意义和实践价值。

谢杰博士的《资本市场刑法——市场滥用犯罪规制》深度评估资本市场刑法制度的运作效率，致力于在全球金融一体化加速发展的背景下，为中国资本市场参与国际金融市场竞争提供法治制度层面的理论支撑与实践战略建议。本书以市场滥用犯罪行为的实质解释与相关法律规范的运作效率评估为论证基点，解构市场滥用犯罪的行为实质与制度控制原理，跨越市场与监管，覆盖金融与法律，贯穿证券法（包括期货、衍生品法律）与刑法，透析市场滥用犯罪的行为机理，反思法律制度介入资本市场犯罪监管的理性路径，以法律与经济分析的跨学科视角探索制度安排促进资本市场功能有效发挥的合理边界。

刘竞元博士的《登记对抗下的物权变动及其对抗性问题研究》一书基于对登记对抗制度的起源、基本理论及其在法国、日本运行机制的研究，结合我国法律概念与法律体系，对我国登记对抗制度进行合理的解释。登记对抗下的基本理论主要包括不得对抗的内涵及其法律构成、第三人的范围以及登记对抗下登记公信力的相对化等问题。本书重点强调了物权变动的内部效力与外部效力的分离,意思自治是物权变动的根本,公示是物权变动对抗性的效力来源,在此基础上重点论证了不动产交付占有的物权变动效力及其对抗性问题。本书不仅是对登记对抗制度的系统阐释,其分析方法和思维路径及其理论更有利于我国物权变动模式的完善,尤其是能够为多重买卖合同的履行顺位提供合理的依据与理论支撑。

陈绍玲博士的《公开传播权研究》重点研究了著作权法中公开传播权的概念,公开传播权的产生、发展和构成要件的演进规律,并对公开传播权理论在学术研究和立法等方面的价值进行了探讨,为我国公开传播权立法的规范化、体系化,提供了坚实的理论支撑和可行的建议。我国《著作权法》规定了十三项著作财产权,但各权利之间的界限并不清楚。如发行权是否属于公开传播权的问题,在学界争议较大。这一法律体系化缺位的问题对立法和司法都造成了困扰。本书利用经济利益分析方法,通过比较同一份复制件上发行权和表演类权利所产生的经济利益,明确了发行权和表演权等公开传播权的差别。在此基础上,本书通过回溯历史,分析了西方国家在公开传播权立法中的得失成败,明确了公开传播权的产生、发展和构成要件的演进规律,为我国著作权立法提供了明确的指引。

王秋雯博士的《国际航运反垄断法律规制研究》一书以完善我国航运反垄断法律制度来遏制航运垄断、规制航运市场、重塑良好竞争秩序、维护我国海洋权益为研究要旨。就中国现阶段的全球战略布局而言,无论是“21世纪海上丝绸之路”建设的顶层设计,谋划大棋局加快实施自由贸易区的发展战略,还是在“国家安全观”视野下维护中国海上安全,均离不开航运竞争规则的保驾护航,来防止外国大型航运公司、巨型海运联盟称霸市场、阻碍海上通道。本书在对航运市场垄断问题的实证分析和国外航运竞争法的比较分析基础上,以航运反垄断豁免论切入,确定我国航运反垄断法律制度建构的基本立场,并从垄断协议、滥用市场支配地位、经营者集中、行政垄断规制制度方面探索航运竞争法律制度与《反垄断法》的协调、航运产业政策与竞争监管的协调、消费者利益与承运人运营效率的平衡。

科学研究起源于问题,问题或是经验问题,或是概念问题。以问题为导向的科学研究是有价值的,也是有生命力的工作。纵览“华东政法大学科学研究院社科文库”第六辑,都是以问题为导向的学术研究成果,是青年教师富有朝气且视野开阔的创新成果。科研成果的获取并非易事,它需要研究人员投入全部的智慧与心血。当今中国正处于社会转型期,人们的思维方式、价值观念日趋多元。因此,科学研究院研究人员摒弃杂念、埋首科研实属不易。

我衷心祝愿大家在今后的科研工作中取得更好的成绩。

华东政法大学校长　叶青

2015 年 10 月 30 日于华政园

序

航运对于中国而言,意义重大。拥有1.8万多公里海岸线和300多万平方公里海域的中国,无疑是一个海洋大国。港口总吞吐量居世界第一,船队和造船业的规模均跃升为全球第四,连续十余届当选国际海事组织A类理事国的中国,无可争辩地属于海运大国。但是,海洋大国不等于彻底掌握了海权,海运大国也不等于就是海运强国。对于国人而言,须懂得如何有效地利用并驾驭丰富的蓝色资源以谋求经济增长与自我发展。美国海军学院前院长马汉于1890年在其撰写并被誉为海军圣经的著作——《海权论》一书中提出:“海权包括凭借海洋或通过海洋能够使一个民族成为伟大民族的一切内容。”在我国,无论是对外贸易、海外市场、海外能源、还是海洋产业,都必须依靠海运实现输入与输出,因此,促进海运业的稳健发展,有利于加速实现中国贸易战略和能源战略的全球化,推动“一带一路”建设的顶层设计。

近年来,我国经济的迅猛发展与综合国力的显著提高带动了海运业的发展,我国的海运业正以自己独有的姿态,在国际舞台上掌握着更多的话语权。但是,要从根本上保障海运业健康、有序的发展,需要维护公平竞争的市场环境、创造良好的法治环境。国务院《关于促进海运业健康发展的若干意见》中明确指出,要加强和改进航运业的行业管理,加快推动海运业立法,强化顶层设计和战略研究,完善统一开放、竞争有序的市场体系,引导运力有序投放和合理增长。虽然反垄断法律制度对于建立和完善竞争有序的市场体系具有重要的基石性作用,但是,无论在我国《反垄断法》出台之前还是之后,对海运业的竞争监管都存在诸多的问题值得深入思考。在《反垄断法》出台之前,海运市场中的限制性竞争行为无法得到有效的规制。正如王秋雯博士在本书中所指出的,2002 年对码头作业费事件的调查处理中发现的问题,凸显了竞争法律制度缺失带来的严重后果。在《反垄断法》出台之后,基于对航运业的产业保护政策,理论界和实务界多认为航运业应当豁免适用一般性反垄断法律规则,进而导致航运业的反垄断规制长时间地游离于一般反垄断法之外,使航运市场缺少有效的竞争监管。虽然在商务部禁止欧洲三大海运巨头经营者集中案(马士基、地中海航运、达飞设立网络中心,P3 案)中,我国反垄断执法机构有效地阻止了航运市场上可能产生的企业集中这种限制性竞争行为,但考虑到 P3 成员后来以 2M(马士基和地中海航运组成的航运联盟)的形式达成协议进而实现联合,而 2M 形式在性质上属于航运经营者之间的协议联合,只须向交通主管机关申请航运协议的报备即可合法地从事营运。从这个意义上说,反垄断执法机构的执法行为是否彻底消除了 P3 航运企业的合作所产生的限制竞争市场的效果,仍然值得深思。

在我国航运市场的竞争规制问题上,存在着诸多理论难题亟待探索和解决,重、难点问题之一便是航运反垄断豁免制度的立场选择。在我国的航运和理论界,存在着豁免坚持论、豁免彻底否定论和豁免部分否定论的观点。如果不能解决豁免问题上的争论,航运反垄断法律制度的发展和完善便无从谈起。很多理论难点还存在于如何将反垄断法律制度适用于处理航运市场中的限制性竞争问题。例如,航运垄断协议的范畴是什么,哪些协议应当在反垄断法上加以严格禁止,哪些协议需要考虑反垄断法上的单独豁免制度?在航运市场中如何界定相关市场,认定航运企业的滥用市场支配地位行为需要考虑哪些特殊的产业因素?航运产业的政府补贴是否会构成行政垄断而被反垄断法所禁止?航运经营者之间的联合在何种情况下属于协议垄断行为而应适用报备监管制度,什么情况下构成经营者集中而应适用申报审查制度,二者的界线在何处?诸如此类的问题对于我国反垄断执法机构之间的执法权限划分均具有重要的影响。此外,高度国际化的航运产业与高度国内化的竞争监管政策之间可能存在的冲突,也是理论研究中的难点问题。有鉴于此,航运业的竞争监管问题必须被置于国际航运服务贸易自由化的视角内予以综合思考。例如,如何在不触及行政垄断底线、不违反 WTO《补贴与反补贴措施协议》的情况下扶持我国航运业的发展?如何在不违反 WTO 开放市场义务的前提下规制航运业的外资垄断问题?

面对这些复杂的理论问题,王秋雯博士知难而进,将其纳入研究范围,经过认真、严谨的论证,得出了一些不乏真知灼见的结论。在书中,她深入地讨论了航运反垄断豁免理论的相关问题,提出了如何审慎选择豁免论的立场,以确保航运法律制度与反垄断法律制度的兼容,航运产业政策与竞争监管制度的协调,法律制度与航运市场发展趋势的彼此适应以及市场开放与国家航运利益保护之间的平衡等问题。她在本书中强调了三个重要方面:首先,在选择航运业的反垄断豁免立场时,必须认真评估欧盟法律的变革,紧密观察其他主要海运国家,如美国、日本、加拿大、新加坡、澳大利亚等国家海运竞争法因受欧盟影响而导致的市场变动的情况;其次,在选择豁免立场时,必须考虑我国航运产业是否会因受反垄断规制而陷入萎靡,不能因为豁免立场的不适当选择而打击航运业的发展;最后,如果论证的初步结论是航运业不享有整体性反垄断豁免,还需要论证单纯依靠《反垄断法》规制航运垄断是否可达到有效调控航运市场竞争秩序的效果。王秋雯博士坚持从航运法律规则与《反垄断法》相互协调的视角探索航运反垄断制度的建构,认为从维护《反垄断法》适用与实施的统一出发,航运反垄断制度不应成为与《反垄断法》脱节的独立体系,其立法走向应当被定位为《反垄断法》在航运市场的适用性规则。在探索航运反垄断实体规则与程序规则的具体建构时,主张借鉴欧盟航运竞争法与美国航运法的相关规定,采用比较借鉴上的区分论。由于欧盟和美国在航运垄断监管上呈现出不同的进路,前者侧重实体层面的反垄断规制,后者则看重程序性监管对于保障市场竞争秩序的作用,在比较和借鉴时坚持实体与程序的区分论,在实体规则层面借鉴欧盟做法，在程序规则层面则参考美国做法，使我国航运竞争规则采他国之长，有利于完善我国航运业的竞争监管。该项研究还将航运业反垄断规制与海运服务贸易自由化、市场开放、外国贸易保护主义的应对、外资并购、中资接手外国港口经营权等国际经济法问题融合，不但拓展了研究的空间，又与我国航运利益保护的立场紧密联系在一起。

近年来，国际航运市场竞争监管出现了很多代表性案例，如滚装货物海运服务市场的价格垄断，马士基航运、地中海航运和达飞轮船的 P3 联盟，中日近海航线的"负运价"恶性竞争，外国航运公会在我国码头联合收取 THC，大型海运央企的并购与重组。在这一背景下，《国际航运反垄断法律规制研究》专著的出版正逢其时。在理论层面，该项研究在比较法的视野内追踪各国规制航运垄断的新动向，探索我国航运反垄断法律制度建构的基础，内容涵盖航运反垄断豁免的立场选择、反垄断制度在航运市场的适用、外资垄断规制与开放海运市场的关系等诸多难点问题，研究成果对于航运反垄断制度的理论构造、WTO 海运谈判的理论准备、乃至航运产业政策的研究，均具有重要意义。在实践层面，本著作深入讨论了外国航运公司集体收取码头作业费事件的调查处罚，对沿海航运经营者采用"零运价"与"负运价"的手段排挤竞争者行为的规制以及航运市场开放中所涉及的外资垄断等问题，为我国规制航运垄断以及为司法和执法中处理相关问题提供了切实有效的建议。本书中的许多观点对于我国未来制定《航运法》中的"水路市场竞争规则"也可提供理论基础。在推动我国国际航运中心建设的层面，该著作也涉及航运产业政策与竞争监管如何协调，遏制行政垄断与政府对航运业的扶持是否矛盾，在 WTO 规则的框架之内，海运市场开放义务是否会成为我国航运业之殇，对我国海运市场的外资垄断是否要进行规制以及如何规制，我国并购外国航运企业和外资注资我国港口建设等迫切需要解决的理论问题，因而有利于推动我国国际航运中心的法制环境建设。

本专著是由王秋雯博士在其博士学位论文的基础上进行充实和完善而形成的，其研究的内容涉及航运法、反垄断法、经济法、行政法和国际经济法等多个法学分支学科，需要综合运用法学、经济学、国际关系等学科的研究方法，具有一定的难度，在目前阶段还较少有人涉足这一领域。王秋雯博士迎难而上，敢于挑战这一课题，勇气可嘉。

王秋雯博士本科毕业于北京大学法学院，在取得法学学士学位的基础上，还取得了经济学学士学位。本科毕业后，又先后在北京大学法学院和清华大学法学院攻读法学硕士和博士学位。在此期间，她不但系统地钻研了海商法与航运法的理论问题，还专门赴海牙国际法学院、联合国国际海洋法法庭、马克思普朗克比较法与国际私法研究所，就国际航运反垄断法律制度进行研修和交流，并在美国哥伦比亚大学取得 LL. M. 学位，这一经历为她从事航运法与反垄断法的跨学科研究奠定了坚实的基础，也为她从事该项研究提供了丰富的学术资源，我作为秋雯攻读博士学位的指导教师，对于本书的出版感到欣慰。当然，对青年学者不能有太多的赞美之词，王秋雯博士作为法学教育和研究队伍中的新兵，其研究成果难免存在瑕疵。我希望她在学术研究中继续保持敢于吃苦、敢于挑战的精神，密切关注航运实践中出现的新问题并加以深入的研究，争取有更多、更好的研究成果问世，为我国的航运法研究作出更大的贡献。

傅廷中

2015 年 12 月于北京清华园

目　录

前　言

几百年的世界强国兴衰史彰示着海洋利用程度对于一个国家经济强弱的重要意义，而对海洋利用规则的设计又将在很大程度上决定对海洋的利用程度。作为一个快速发展中的海洋利用大国，中国在全球舞台上的崛起很大程度上依赖海运以及以海运为依托的国际贸易，无论对外贸易，海外市场，海外能源，还是海洋产业，都必须藉由航运实现输入与输出，从而推动“21世纪海上丝绸之路”建设，实现我国贸易战略和能源战略的全球化。海运的发展则依赖于航运法律制度的保驾护航。但是，中国，作为一个很大程度上依赖于国际海运以及以海运为依托的国际贸易的海洋大国，却长期没能构建出系统有效的航运规则来为航运业的发展保驾护航，这不但导致航运市场一直存在竞争秩序较为混乱的现状，也因此使“海航兴邦”的愿景显得遥不可及。实际上，中国《航运法》迟迟未出台的重要原因之一在于不能确立调控规制航运市场竞争秩序的反垄断规则。以维护航运市场自由竞争为宗旨的航运竞争规则因其对于整个航运市场结构与秩序的调控而当仁不让地成为航运法最为核心的部分。但是，航运竞争规则的缺失阻滞了我国航运法的出台，而航运法的缺失则阻滞了我国海运业发展的步伐，导致中国对内航运市场没有规则确立秩序，对外海运事业没有规则保护利益。

近年来，我国航运市场正常良好的竞争秩序正遭受严重破坏。外国大型航运公司、国际航运组织联合在我国沿海在同一时间、以同一价格征收附加费侵害货主利益，近海航线一些航运经营者以掠夺性低价策略采用“零运价”、“负运价”排挤竞争者，外资航运公司占据了我国国际航运业务的大部分市场份额而凸显了外资垄断，世界海运三巨头组成运营联盟压缩我国航运企业运营空间。这些问题使我国航运竞争规制面临前所未有的挑战。然而,由于缺乏完善的航运竞争规则来保驾护航,在2006年码头操作费事件中,交通部、国家发展和改革委员会、国家工商行政管理总局只能以程序瑕疵追究国际航运公会损害我国货主利益的责任,2015年年初,日本海运公司因价格操纵在日本、美国、欧盟等主要海运法域被处以重罚,在我国却调查进展缓慢。这些事件隐含了当代中国航运反垄断法律制度改革的制度性问题,在折射出航运市场垄断问题的同时一并反映出的还有我国航运反垄断规则的缺失,以及对于航运竞争法律制度体系顶层设计构建的急切。因此,亟须探索如何完善我国海运竞争法律制度来遏制航运垄断、规制海运市场、防止外国公司称霸市场、切实维护我国海洋权益。

随着《反垄断法》的生效,制定中国《航运法》的立法任务终于在被搁置了近十年后正式重启。要构建中国国际航运反垄断规则,立法者需要彻底摒弃现有《国际海运条例》及其实施细则中片散、零星的几个条文,而对整个国际航运反垄断规则给出系统的架构和完整的内容,这一新的架构与内容必须与市场一般性竞争规则《反垄断法》的颁行实施相适应。然而在拟构建的国际航运反垄断规则如何与一般性竞争规则《反垄断法》相适应的问题上,国际航运反垄断规则的立法走向却面临着一种根本性的抉择:是制定在航运市场中如何适用《反垄断法》的实施性规则,还是在航运市场中构建豁免航运业反垄断规制的豁免规则?赋予国际航运反垄断整体豁免是曾经被广为采用的立法模式。国际航运反垄断豁免制度被视为航运产业政策与竞争规制融合与协调的交汇点,决定着反垄断法意义上非可责难性航运反竞争行为的范畴与边界。以历史成因、行业特性说、经济利益说为理论依据的国际航运业整体性豁免论认为豁免国际航运业竞争规制能够防止航运市场恶性竞争、提升规模经济、促进我国航运业发展。然而国际社会法律变革、国际航运市场结构变迁、消费者福利减损、产业比较视阈下的差别待遇无疑均对传统国际航运反垄断整体豁免理论提出挑战。从产业政策与竞争规制协调视野来看,豁免垄断未必是鼓励航运业发展的最优选择。考虑到国际航运反垄断整体豁免制度国际变革的宏观背景下我国的航运利益保护与

《反垄断法》授权其他法律作出例外规定的空间,不确立国际航运反垄断整体豁免,将一般竞争法的规定统一适用于航运市场,是应当采取的立场。

以不确立国际航运反垄断整体豁免为基础构建的《航运法》国际航运反垄断规则之体系,其立法走向应当定位为《反垄断法》在国际航运市场的适用性规则。国际航运反垄断法律规则具体解决与回应的不是如何将国际航运市场现存的垄断问题逐一罗列出来加以规制、予以禁止,而是对将一般竞争法规则适用于国际航运市场时众多模棱两可问题的澄清与重新界定。因此,在反垄断实体法规制的体系框架下,就需要对我国如何在制定《航运法》时将协议垄断规制、滥用市场支配地位规制、经营者集中规制、行政垄断规制适用于国际航运反垄断法律制度给出具体解答,从而更好地平衡消费者利益、竞争秩序与航运经营者的运营效率。

CHAPTER 01>> 第一章

导　论

第一节　问题及其意义

中国的航运是一项年代久远的事业，但是，中国的反垄断法却刚刚起步。一部仅实施了七年的法律能否引航一项千年事业的良性发展？答案恐怕是否定的。2007 年新颁布的《反垄断法》是我国反垄断立法的重大进步，从垄断协议、滥用市场支配地位、经营者集中、行政垄断四个方面廓清了反垄断法的规制的内容。但是单纯依据《反垄断法》来解决我国航运市场的垄断与限制竞争行为问题，还尚显不足，因为《反垄断法》在航运市场的应用需要顾及航运业的特殊性，对航运市场中班轮公会、航运联盟、航运联营的反垄断豁免问题予以适当考虑，也需要具体的细化标准以便在航运领域更好地应用《反垄断法》。而我国新出台的《反垄断法》本身的规则相对原则和概括，在具体的实践操作中尚需细化出一系列的标准。[1] 因此如果单纯采用反垄断法作为规制航运业垄断问题的法律不但无法顾及航运业的特殊性，在可操作性上也要大打折扣。中国《反垄断法》的除外规定实际上将对于航运业垄断问题的规制交给了零散、不健全、不完善的现有航运行政法规，因此无法从根本上构建起足以支撑航运业发展的有效竞争法律体系。一个国家在全球舞台上的崛起很大程度上依赖于国际航运以及以海运为依托的国

[1] 王晓晔："我国最新反垄断法草案中的若干问题"，载《上海交通大学学报》(哲学社会科学版)2007 年第 1 期。

际贸易,而航运的发展则依赖于航运规则的保驾护航。但是我国航运法长时间未能出台,这严重制约了我国航运事业的发展。实际上,现有中国航运法迟迟无法出台的很大一部分原因在于不能确立航运反垄断规则。航运反垄断法律规则的缺失延滞了航运法的出台,而航运法的缺失则导致中国对内航运市场没有规则确立秩序和对外航运事业没有规则保护利益。中国需要相应的航运反垄断法律制度。

笔者将从一个历时近十年,涉及众多著名班轮公会,导致中国货主每年需要多支付近亿元的“码头作业费案”展开,以此作为切入来揭示由于我国航运反垄断法律制度缺位而导致的对于问题的束手无策,并以此透析其中所隐含的我国航运反垄断与竞争法律制度改革的制度性问题。

一、从一个案例说起:THC 事件

2001 年 12 月,泛太平洋运价稳定协会组织(Transpacific Stabilization Agreement,TSA)、西行泛太平洋稳定协议组织(Westbound Transpacific Stabilization Agreement, WTSA)、亚洲区内讨论协议组织(Intra Asia Discussion Agreement,IADA)、远东班轮公会(Far Eastern Freight Conference,FEFC)等班轮公会和班轮公司之间通过运价协议在中国港口在同一时间、以同一标准收取码头作业费(terminal handling charge,THC)。[1]

此举遭到了中国货主的强烈反对。中国对外贸易经济合作企业协会代表中国货主提出调查请求,认为上述班轮公会联合收取码头作业费的行为违反了联合国 1974 年《班轮公会行动守则公约》和中国《国际海运条例》等法律法规,理由有四:第一,收取 THC 违反运输合同条款。根据班轮条款,

[1] 码头作业费又称集装箱码头装卸作业费、码头作业附加费、码头操作费、码头操作附加费等。THC 的产生与集装箱化运输方式的产生和应用上的推广密不可分。集装箱化运输方式的出现衍生出集装箱堆场(container yard,CY)和集装箱货运站(container freight station,CFS)的概念,使货物交接方式发生了重大变化,货物交接一改原有直接装船的形式而首先在集装箱堆场放置或者拼箱。由于集装箱化运输方式的大规模采用而衍生的货物交接方式之改变,谁将负担货物在集装箱场站到货物装船这一段距离的费用?正是这一费用负担的问题,引发了货主和航运经营者以及班轮公会之间的激烈争论。

码头作业费是班轮运费的组成部分,既然运费业已缴纳,就不应当再通过码头作业费的形式变相重复收取运费。而且,在 FOB 贸易术语下,作为运费一部分的码头作业费应当由支付运费的国际贸易买方负担,而非由向航运经营者交付货物的卖方负担。第二,收取 THC 违反联合国 1974 年《班轮公会行动守则公约》。根据该公约,只有在公会因费用的突然增加或异常增加或收益减少[1]或者港口情况发生异常,[2]才可以征收附加费。附加费的征收是临时性的,且必须随着面临局势或条件的改善而减少、局势或条件的消失而撤销。[3] 同时,附加费的征收必须遵守程序上的要求,即事先发出通知,并会同直接受附加费影响其他当事各方进行协商,除非当时局势紧迫必须立即征收附加费。[4] 显然,THC 的征收非属紧迫情势下的临时行为,亦未满足程序之要求。第三,收取 THC 违反中国的航运竞争规则。班轮公会和运价协议组织未与中国货主进行有意义的协商;中国货主不支付码头作业费,班轮公司扣发提单和货物的行为,严重背离国际航运市场公平、自由、竞争的基本原则,因此违反中国《价格法》、《反不正当竞争法》和《国际海运条例》中有关反垄断的规定。第四,码头作业费的收取不能通过归属于国际贸易惯例而合法化。国际贸易惯例作为法律基础同样需满足《国际法院规约》第 38 条对于国际习惯的界定:“作为通例之证明而经接受为法律者”,即国际贸易做法亦需要同时符合长期的实践和法律确念两要素,[5]始能被认定为国际贸易习惯而纳入具有约束力的国际法。收取 THC 的实践在时间存续上仅有不到 20 年的历史,且联合国经济合作与发展组织、欧盟、澳大利亚、日本、斯里兰卡不支持收取 THC 的观点和做法更是无法推断出收取

---

[1] 联合国 1974 年《班轮公会行动守则公约》第 16 条第 1 款。

[2] 联合国 1974 年《班轮公会行动守则公约》第 16 条第 2 款。

[3] 联合国 1974 年《班轮公会行动守则公约》第 16 条第 1 款和第 16 条第 2 款。

[4] 联合国 1974 年《班轮公会行动守则公约》第 16 条第 3 款。

[5] [英]詹宁斯、瓦茨:《奥本海国际法》(第一卷,第一分册),王铁崖等译,中国大百科全书出版社 1995 年版,第 16 页;[英]伊恩・布朗利:《国际公法原理》,曾令良、余敏友等译,法律出版社 2007 年版,第 6 页。

THC 业已形成法律确信之结论。[1]

交通部、国家发展和改革委员会、国家工商行政管理总局于 2002 年 12 月组成调查组，依法对国际班轮公司在中国港口收取 THC 展开调查，于 2006 年 4 月 18 日公布了调查结论。[2] 笔者试图从这个调查结论切入，以此来论证由于航运业相关反垄断制度的缺位，导致对于此类班轮公会和运价协议组织联合统一提价行为在规制上的无力。

这个调查结论肯定了班轮公会和运价协议组织以集体协议方式统一征收码头作业费的权利，但是调查结论中同时指出这种权利的行使有两个前提：首先这种集体协议不应当损害公平竞争和国际海运市场秩序，其次需要向中国交通部备案。调查结论最后实际上是以集体征收码头作业费的协议违反了这两个前提作为处罚依据施以最终处罚的。根据该调查结论的逻辑进路，由于班轮公会和运价协议组织通过集体协议，以联合通知或公告的方式宣布同时按相同的标准在我国收取码头作业费时，未特别声明收取码头作业费的决定对其各成员公司不具有约束力，亦未特别声明各成员公司有采取独立行动的权利，因此认定该征收码头作业费的集体协议在客观上限制了托运人自由选择航运经营者的权利，不利于班轮公司之间开展正常的价格竞争，故认定此类行为在一定程度上损害了国际海运市场秩序。基于该行为损害了国际海运市场秩序，调查机关作出决定：由交通部对上述班轮公会和运价协议组织及其成员公司给予告诫，并责令其修改通知或公告。另外，对于订立集体运价协议但没有依法履行备案手续的班轮公会成员和国际班轮运输经营者，则依照中国《国际海运条例》第 48 条的规定予以处罚。

这一调查结论的逻辑或许可以暂时解决码头作业费问题，但却绝非一

---

〔1〕 以上理由参见交通部、国家发展和改革委员会、国家工商行政管理总局公告(2006 年第 9 号)：《关于公布国际班轮运输 THC 调查结论的公告》；陆艳平："论码头作业费的收取"，载《海商法研究》2003 年第 1 辑(总第 9 辑)；刘伟军："论 THC 概念之界定及其合理支付主体"，载《上海海事大学学报》2009 年第 30 卷第 3 期；李天生："国际海运业反垄断豁免的法经济学分析——从 THC 风波谈起"，载《现代法学》2010 年第 32 卷第 1 期。

〔2〕 交通部、国家发展和改革委员会、国家工商行政管理总局公告(2006 年第 9 号)：《关于公布国际班轮运输码头作业费(THC)调查结论的公告》。

劳永逸。

首先，这一调查结论采用了一种逻辑假定，即认为班轮公会和运价协议组织的决定对其成员公司有绝对的约束力，除非特别声明成员公司得不受决议约束。但是，现代班轮市场已经发生了显著的变化，原有的以班轮公会为主导的联盟正在被班轮公司之间的合作以及班轮公司与托运人之间长期稳定的运价协议而取代，从而使得班轮公会固定成员运价和税率的协议逐步边缘化。[1] 在这个意义上，班轮公会和运价协议组织的运价协议对其成员的约束力并非是一种绝对的约束力。这种约束力的非绝对还可以通过班轮公司的退出机制得以表现，即如果班轮公司不希望受到班轮公会协议的约束，完全可以退出公会。反之，这是否意味着以一种反向的逻辑可以推演出这样的结论——如果班轮公会作出除外声明，特别明示各成员有采取独立行动的权利后，班轮公司仍恪守班轮公会集体协议统一征收 THC，则不属于损害国际海运市场秩序的行为，不会危及中国货主利益？既然不属于损害国际海运市场秩序的行为，是否这样的行为就会因为处于中国法下的规制真空，通过“法无明文规定不处罚”从而“被合法化”？调查结论中的这一进路之实质是以程序上的微小瑕疵为实体上的处罚寻找依据。但是，一旦瑕疵被弥补，又该如何处理是这一调查结论没有深入触及的制度性问题。

航运实践的发展印证了这一分析。根据上述调查报告，交通部水运司于 2006 年 4 月 26 日发出《告诫通知书》。根据交通部的《告诫通知书》，远东班轮公会（FEFC）、泛太平洋运价稳定协会组织（TSA）、西行泛太平洋运价稳定协议组织（WTSA）、亚洲区内讨论协议组织（IADA）、亚洲/澳洲运价讨论协议组织（Asia Australia Discussion Agreement，AADA）和非正式运价协议组织（Informal Rate Agreement，IRA）六家班轮公会和运价协定组织在指定的媒体上刊发了声明，表示征收码头作业费的通告对各组织成员航运公

---

〔1〕 随着 20 世纪末各国在国际班轮运输领域积极引入市场自由竞争机制，班轮公会对成员的限制已大大降低，很多公会不再禁止其成员订立个别服务合同的权利，如 2002 年 11 月 14 日，跨大西洋公会航运公会（Transatlantic Conference Agreement，TACA）修改后的章程不再限制其成员与托运人订立独立的海运服务协议，参见 Alla Pozdnakova，*Liner Shipping and EU Competition Law*，AH Alphen aan den Rijn，The Netherlands：Kluwer Law International，2008，p. 433。

司不具有约束力,各成员航运公司有采取独立行动的权利。但是,在历经经济危机后,在长三角地区的外贸企业刚刚看到经济和市场复苏的一缕曙光时,长三角货主又在 2009 年 12 月接到了来自泛太平洋运价稳定协会组织(TSA)、加拿大泛太平洋运价稳定组织(Canada Transpacific Stabilization Agreement,CTSA)以及境外班轮公司的通知,称自 2010 年 1 月起将上海港港口附加费(Shanghai Port Surcharge,SPS)更名为上海港码头作业费(THC),且该收费标准比过去高出三成。[1] 对于此类恪守中国程序性要求后的联合提价行为将如何处理,恐怕是依照前述调查结论不能处理的问题。

其次,同样是以程序的瑕疵作出实体的处罚,处罚的第二个理由是收取 THC 的集体协议没有按照《国际海运条例》第 22 条和第 48 条的规定在交通部备案。事实上,备案登记制与审批核准制是具有完全不同监管和规制效力的两种制度,后者将主动权交给监管机构,前者则将主动权留在申请备案者手中,仅需备齐相关文件提交予监管机构即可。在这个意义上,在作出统一征收码头作业费的集体协议后,班轮公会和航运公司将该集体协议提交到交通部,则可避免被施以中国《国际海运条例》第 48 条规定的处罚。

按照前述调查结论处罚的逻辑进路,必然会产生这样的疑问:如果班轮公会和运价协议组织作出了关于成员航运公司不受协议限制独立行动权的除外声明,同时也对集体征收码头作业费的行为以及费率水平向交通部进行了报备,我们还能对这种联合提价、统一收费的可能具有垄断或者限制竞争性质的行为作出处罚吗?答案是否定的。从上述意义上说,这个调查结论似乎暂时解决了 2002 年发生的个案,但是却不能解决以后的问题,更不能肩负起维护中国航运市场秩序的重任。

再向深层次剖析就会发现,这种调查结论的得出实属无奈之举,究其根本原因,乃是因为中国缺乏规制此类行为的具体且系统化的航运反垄断与竞争法律制度。没有航运反垄断法律作为规制航运市场行为的法律基础,所以只好从班轮公会和运价协议组织本身的行为入手,在程序问题上咬住

[1] 国际商报:“THC 意欲再加价”,载 http://newspaper.mofcom.gov.cn/aarticle/guojsb/201001/20100106763733.html,2010 年 1 月 27 日访问。

不放、锱铢必较。中国《国际海运条例》第 27 条中仅仅提供了三种损害国际海上运输秩序的行为，辅以一个兜底条款，根本不能被视为充分有效的航运竞争法。[1] 而对于统一收取码头作业费的行为，又无法完全寄望于采用作为一般法的《反垄断法》来规制，因为第一，2008 年 8 月才开始施行的《反垄断法》不能溯及既往于 2002 年的码头作业费争议；第二，《反垄断法》第 15 条第 7 项在垄断协议的规制问题上存在例外，因此涉及航运市场的垄断协议问题仍然要采用《国际海运条例》中几条零散的竞争法规则作为法律基础。英国路伟律师事务所（Lovelles LLP）竞争法律师尼科尔森（Kirstie Nicholson）在分析中国《反垄断法》时就指出："《反垄断法》几乎涵盖了与垄断有关的所有实体，唯独在对海运竞争的规制上保持沉默。"第三，《反垄断法》对于垄断问题的规制无法顾及航运业的特殊性，即使不去构建具体的航运反垄断法律，至少也需要确立《反垄断法》在航运业垄断与限制竞争规制问题上的具体适用标准。[2]

事实上，我国航运市场所面临的无序竞争、垄断与限制竞争问题不限于 THC 事件，还有严重损害市场竞争的"零运价"、"负运价"事件，以及如何应对外资进入中国航运市场后的垄断问题等。航运专家曾经指出："在允许外资进入中国航运市场的 20 年内，中国航运市场的半壁江山已被世界前 20 大航运公司所占，在 2900 多个近洋航班和 300 多个远洋航班中，中国航运公司

---

〔1〕 我国现有规制航运业垄断行为以及限制竞争行为的立法主要是 2002 年《中华人民共和国国际海运条例》（以下简称《国际海运条例》）及其 2003 年《中华人民共和国国际海运条例实施细则》（以下简称《国际海运条例实施细则》）、2007 年交通部《关于加强对班轮公会和运价协议组织监管的公告》与 2007 年《中华人民共和国反垄断法》（以下简称《反垄断法》）。《国际海运条例》中有关航运市场竞争法规范的条文是第 22 条、第 24 条、第 27 条以及第 35 条至第 41 条，前三个条文是实体性规范，第 35 条至第 41 条则是涉及调查和处罚的程序性规范。《国际海运条例实施细则》是《国际海运条例》的具体化，其中有关的条文也分成实体与程序两部分，前者包括第 28 条、第 32 条、第 33 条与第 38 条，后者为第 52 条至第 60 条。2007 年交通部《关于加强对班轮公会和运价协议组织监管的公告》是主要针对上文所述的 THC 事件而出台的法律规范，共计 6 个条文，重申了班轮公会运价报备制度，确立了与托运人的协商机制。此外，《反垄断法》作为一般法，也当然地适用于航运业的垄断和限制竞争行为。还需要指出的是，虽然我国前述了 1974 年《班轮公会行动守则公约》，应受公约约束，但是其约束力目前还不完全确定，因为我国并未将该公约纳入或者转化为国内立法。

〔2〕 See Kirstie Nicholson, *Shippers, Carriers Clash on Immunity from China's Anti-monopoly Law*, ShippingOnline, Nov. 26, 2008, http://www.shippingonline.cn/news/newsContent.asp? id=6880.

仅占有 44%和 71%,而且这个份额一直呈递减趋势。”[1]但是,THC 事件本身实际上已经折射出中国航运市场的垄断问题,在折射出垄断问题的同时一并反映出的还有我国航运反垄断规则的缺失,以及对于航运反垄断法律制度构建的亟切。THC 之争隐含了当代中国航运反垄断法律制度改革的制度性问题,因此也是中国航运法律制度发展完善的重大问题。中国,确实需要具体化且系统化的规制航运市场垄断行为的航运业之反垄断法律制度。

二、航运反垄断与竞争法律规则、航运法与中国发展

航运反垄断与竞争规则、航运法、航运与中国发展呈现出一种环环相扣的微妙关系,正是在这个意义上,航运反垄断与竞争法律规则的确立与制定已经超越其本身作为规则范畴的意义,而某种意义上表现出对于一个国家航运市场秩序之确立与维护上的重大实践价值,这种价值间接地决定着一个国家航运业以及以海运为依托的国际贸易的发展,进而在某种程度上决定着一个国家的发展。

(一) 完善航运反垄断规则设计推动航运法律制度建构

航运法是囊括但不限于航运反垄断法的一部广泛且综合的法律,它的调整范围从航运市场准入、运价管理、航运市场的竞争行为管理、航运安全管理、船舶登记与船舶管理、航运行为调查,到无船承运业务与航运辅助业务管理等,甚至还可能涉及海洋环境保护;它的主体制度涉及调制主体与调制受体,包括代表国家的交通部、航运市场主体航运经营者和航运市场消费者托运人,因此也就无可避免地隐含了关于行政权力介入和行使界限的要素。[2] 航运法之特殊性在于它很难精准地完全契合现有某个法律部门的特征,因说它的主体制度符合经济法主体的二元结构而认为它就是经济法,

---

〔1〕 佚名:“分析外资对中国航运市场的垄断”,载 http://www.56sun.net/e/action/ShowInfo.php? classid=71&id=27696,2010 年 6 月 12 日访问。

〔2〕 胡正良:“航运法的调整对象与我国制定‘航运法’的必要性”,载《大连海事大学学报》(社会科学版)2004 年第 3 卷第 1 期。

则难以用经济法规范论上的“权义结构”[1]阐释为什么航运法侧重调制主体的权而非责,调制受体的义而非利;因说它存在行政权力对于行政相对人的调查和规制而认为它就是行政法,则难以解释为什么它没有侧重规定行政相对人提起行政诉讼这一行政法着力为之斗争的权利。实际上,航运法更有趣的特殊性在于它虽然是国内法,但是却超越国内的界限而国际化,不但着眼于国内航运市场的外资准入问题,还放眼于国际航运市场触及中国利益的市场行为。航运法的特殊性决定了无论是航运法的学理研究还是航运法的立法工作都应当也必须从航运法本身入手,而不能单纯寄希望于照搬某一学科业已构筑起的研究框架和理论体系。当然,这并不等同于否定了有所裨益的学习、参照与借鉴。

航运反垄断规则,顾名思义就是反对航运市场垄断的法律制度,它以反对航运市场的垄断,反对航运市场的限制竞争,保护航运企业参与航运市场竞争的权利、保护航运市场消费者利益为宗旨。[2] 要清楚地理解航运反垄断规则在航运法中的核心地位首先需要厘清航运反垄断规则与航运反不正当竞争规则的关系。航运反垄断规则与航运反不正当竞争规则共同构成了航运业的竞争规则,即航运竞争法律制度。二者都服从于相同的经济政策,推动和保护航运市场的竞争,反对航运企业以不公平和不合理的手段谋取商业利益侵害托运人,从而使维护航运市场秩序的必要手段。二者的不同之处在于,航运反不正当竞争规则是反对航运企业以低于正常、合理水平的运价提供服务,以贿赂、给托运人回扣方式承揽货物,窃取商业秘密等不正当手段攫取他人的竞争优势。其前提条件是航运市场上存在竞争,在有竞争的航运市场中维护公平的竞争秩序,保护合法经营的航运经营者和作为消费者的托运人的利益。就像以最求公平竞争为价值理念的反不正当竞争法可以被称为“公平竞争法”,[3]航运反不正当竞争规则是一部“航运业的

---

〔1〕 张守文:《经济法理论的重构》,人民出版社 2004 年版,第 395~428 页。

〔2〕 此处对于航运反垄断法的归纳参照了王晓晔教授对于反垄断法的归纳,参见王晓晔:“反垄断法律制度”,载《王晓晔论反垄断法》,社会科学文献出版社 2010 年版,第 2 页。

〔3〕 王晓晔:“反垄断法律制度”,载《王晓晔论反垄断法》,社会科学文献出版社 2010 年版,第 4 页。

公平竞争法”。正是在这个意义上,笔者认为实际上现有的中国《际海运条例》中有关的规则更应当被视为是航运业的反不正当竞争规则,而不是航运业的反垄断规则。我国航运市场存在不正当竞争的例证是某些航运企业以给托运人回扣的方式承揽货物的而被《焦点访谈》披露的航运业“零运价”、“负运价”事件。根据2006年9月21日《焦点访谈》“海运惊现负运价”的报道,在我国部分港口国际海运航线上出现一种奇怪的现象,部分航运公司的货运报价连创新低,有的航线甚至出现零运费、负运费。[1] 业内人士介绍这种状况的出现是由于航运企业恶性竞争造成的。航运经营者先是通过给发货人费用的方式承揽货物,然后当货物运抵目的港时再通过向收货人收取币值变动附加费、港口附加费、码头拥挤费等其他费用来赚取利润。[2] 负运价问题是一个值得引起关注中国航运事业的人士充分注意的现象。[3] 与对于航运市场中不正当竞争行为的规制相比,反垄断规制则更为重要,因为当存在垄断和限制竞争的状态下,航运市场已经失去了自由竞争,因此航运反垄断规则通过反垄断和反对限制竞争保持航运市场的竞争态势。就像以追求自由竞争为价值理念的反垄断法可以被称为“自由竞争法”,[4]航运反垄断规则是一部“航运业的自由竞争法”。由于航运反垄断法创造并规范整个航运市场的竞争秩序,关注点集中在对于整个航运市场结构的宏观调整,而不像航运反不正当竞争法那样囿于微观上某一航运企业的竞争瑕疵行为,

---

〔1〕《焦点访谈》报道:“海运惊现‘负报价’”,载 http://news. cctv. com/financial/20060921/103384. shtml,2006年9月21日访问。

〔2〕有关“零运价”、“负运价”的报道可以参见锦程物流网专题资讯:“中国整顿规范国际海运市场,禁止‘零运价’”。“海运负运价后仍有钱赚,每集装箱可赚得200美元”、“评论:船运国企‘日扔’宝马的蹊跷”、“透视航运业负运价生存”、“海运惊现‘负报价’”、“上海海运恶性竞争出现负运费 一天倒贴一辆宝马”、“上海至日本黄金航线惊现负运价”、“中日航线运价‘沦陷’之谜”、“建立航运市场预警、运价协调规范机制刻不容缓”,载 http://info. jctrans. com/zhuanti/ztb/305101. shtml,2006年9~11月访问。

〔3〕有关“零运价”、“负运价”问题的论述可以参见李志文、王立志:“‘零运价’、‘负运价’引起的竞争法思考”,载《2007年海商法研讨会论文集》,第66~71页。

〔4〕王晓晔:“反垄断法律制度”,载《王晓晔论反垄断法》,社会科学文献出版社2010年版,第4页。正是在反垄断法追求自由竞争的价值理念问题上,我国反垄断法的立法宗旨因为只提到了保护公平竞争,才被认为在理论上存在很大问题,参见王晓晔:“我国反垄断法的立法宗旨”,载《王晓晔论反垄断法》,社会科学文献出版社2010年版,第455页。

因此它在推动和保护航运竞争方面所起的作用要远大于航运反不正当竞争法。这就是为什么航运反垄断法律制度是整个航运竞争法的核心。也正因为航运反垄断法对于航运市场全局的结构性掌控航运法竞争法在整个航运经济发展中的全局性作为才被凸显出来,因此得以被视为是整个航运法最为重要的部分。

航运竞争规则是航运法的核心,航运反垄断规则又是航运竞争规则的核心。缺少对于航运反垄断规则的系统研究,中国无论如何也制定不出完善的航运法。事实上,交通部从 1996 年开始专门组织力量起草《航运法》,《航运法草案》先后写了八稿,但近几年这一工作陷入停滞。胡正良教授将航运法立法工作的停滞归结为三个原因:一是航运法的制定必须建立在对今后一个时期我国航运市场发展进行科学预测的基础上,但近几年我国航运经济的迅速发展导致对于我国航运市场的走势不易科学地预测;二是国务院法制办、全国人大常委会近几年的立法任务重,国家立法资源紧缺;三是航运法的一个重要任务是确立航运市场竞争规则,包括航运市场特定垄断行为在一定条件下的反垄断法豁免,因而需要《反垄断法》先出台。[1] 从胡正良教授的论述可以看到,航运反垄断规则的确立实际上制约着我国整个航运法的立法。

因此,要出台中国的航运法,首先需要确立与制定航运反垄断与竞争法律规则。

(二)借助航运法制推动中国航运业发展

一个国家在全球舞台上的崛起很大程度上依赖于国际航运以及以海运为依托的国际贸易,而航运的发展则依赖于航运法的护航。[2] 正如郭瑜教授所指出的:“如果说制海权决定一个国家的国运兴衰,对海洋的利用也许

---

[1] 刘俊:“《反垄断法》出台后的航运市场竞争规则解读”,胡正良教授答记者问,载 http://www.gjmy.com/html/JJLW/JJXLW/2008/08/10997.html,2007 年 12 月 6 日访问。

[2] 张湘兰、叶泉:“建设海洋强国的法律保障:中国海洋法体系的完善”,载《武大国际法评论》2013 年第 16 卷第 1 期。

在很大程度上也将决定一个国家的经济强弱,而对海洋利用规则的设计又将在很大程度上决定对海洋的利用程度。"[1]约瑟夫·奈(Joseph Nye)则认为一个国家对于海洋的利用、海洋规则的设计与国际政治中的大国博弈紧密相连。[2]

英国航运史即是这一观点的佐证。1651年,克伦威尔政府针对当时英国海上贸易的主要竞争对手荷兰颁布了世界海运史上著名的《航海条例》(Navigation Act),宣布所有运至英国或其殖民地的进口商品,必须由英国的船舶,或生产制造这些产品的国家的船舶来运输。[3] 这一法案刺激了英国航海事业和海外贸易的发展却打压了荷兰的商业航运,排挤了荷兰的海上利益,因此直接导致1654年英荷战争的爆发。在这一战争中战败的荷兰不得不被迫承认这一法案,从此不再拥有强大的海上力量,丧失了依靠海上力量而建立起的领导地位,结束了依靠海运和海运贸易维系的持久繁荣。[4]当然,援引这个例子的目的并不在于以此倡导仿效克伦威尔时期的英国构建强权性、侵略性的航运法,而在于论说倘若在其他国家纷纷通过国内航运立法鼓励、促进、刺激航运业发展的语境下,中国仍然以处在社会主义法治建设初期,立法工作任务繁重,立法资源紧缺为借口而将航运立法一拖再拖,最后的代价必将是丧失一国在海洋上的主导权。大海的外向决定了海

〔1〕 郭瑜:《海商法的精神:中国的实践和理论》,北京大学出版社2005年版,第7页。

〔2〕 See Joseph S. Nye, *Ocean Rule Making from a World Politics Perspective*, 3 Ocean Development and International Law Journal, 1975, pp. 29-52.

〔3〕 英国《航海条例》规定,在上帝庇佑和保护之下,航海业乃是谋求本共和国福利与安全最重要的手段,兹为增加本国航运和鼓励航海,本届国会及其权力机关特规定:自1651年12月1日起及从此以后,亚洲、非洲、美洲,或该三洲的任何部分,或属于该三洲的岛屿,或该三洲通用地图或图片所载明或记述的岛屿,无论为英国人或别国人的殖民地,所生长、出产或制造的任何货物或商品,如非由属于本共和国人民所有的任何种类船舶载运,皆不准输入或带进英吉利共和国,或爱尔兰,或本共和国所属或所有的任何其他地方,岛屿、殖民地或领土;属于本共和国人民的船舶仅指其业主或合法所有人确系本共和国人民,或住在殖民地的本共和国人民,并无假冒等情,其船长及船员大多数又为本共和国人民;如违反本条例,其全部进口货物,应予没收,载运该项货物或商品人口的船舶(连同其全部船具,枪炮和附属物件)亦应一并没收。See The Navigation Act, 1663. (The Navigation Act 1663 was passed on the 27th of July, 1663. The earlier Navigation Act of 1660 replaced the Navigation Act of 1651 which was abrogated on the grounds of having been illegally enacted by Oliver Cromwell's Commonwealth.)

〔4〕 郭瑜:《海商法的精神:中国的实践和理论》,北京大学出版社2005年版,第7页。

运事业的外向。换言之即国际性,海运法的实质是通过国内立法实现国际规制,藉由船舶向国际输出规则;或者通过国内立法影响国际公约的制定。其实,两种进路殊途同归,归根结底是通过航运法保护国家航运利益,提升在海洋利用上的话语权。因此,一部兼具国内层面秩序构建与国际层面国家利益保护的航运法之立法,是无论如何也不应当被置于其他法律之后予以考虑的。

综观世界主要海运国家,皆存在以鼓励本国航运服务贸易出口,保护本国商船队,增强本国航运业竞争力为意图的较为完善和系统的航运法律体系。美国 1998 年《航运改革法》(Ocean Shipping Reform Act,OSRA)第 2 条“政策声明”(Declaration of Policy)中就明确了该法的四个具体目的:为美国对外贸易货物的水上公共运输建立非歧视的、政府干预程度最低、管制成本最低的管理制度;为美国远洋贸易提供有效、经济的运输体系,并尽可能实现该体系与国际航运惯例协调一致;鼓励发展一支经济效益良好、高效的、能够满足国家安全需要的美国籍班轮船队;通过竞争的、有效率的、更大限度上依赖于市场机制的远洋运输,促进美国出口的增长。〔1〕 这一政策声明反映出美国目前的主要国际航运经济政策,即以高度的航运自由化促进国内市场在竞争条件下的发展,同时立足于国家安全而鼓励海上商船队的发展和壮大。美国自 20 世纪 50 年代起也一直坚持对于航运的政府补贴。〔2〕欧盟、韩国、日本、加拿大也都施行有利于发展本国船队的保护政策,在造买船方面给予补贴和低息贷款,对本国商社租用本国船队给予税费减免。〔3〕需要指出的是,由于欧盟的海运立法并不是以国家利益为首要考量目标的

〔1〕 United States Ocean Shipping Reform Act of 1998, art. 2.

〔2〕 See United States Congress Office of Technology Assessment, *An Assessment of Maritime Trade And Technology*, Washington, D. C. : United States Government Printing Office, 1983, pp. 152-156; Robert G. Vambery, *The Effects of Subsidies in the United States Shipping Industry*, 2 Journal of Transport Economics and Policy, 1968, pp. 79-93; Stanford Law Review Editors, *The American Shipping Industry and the Conference System*, 11 Stanford Law Review, 1958, p. 137.

〔3〕 张湘兰、张辉:“入世与中国海运服务贸易法律制度”,载《武大国际法评论》2003 年第 1 卷;周珏如、赵一飞:“货载保留政策研究”,载《交通企业管理》2007 年第 8 期;丁莲芝:“欧盟海运国家资助政策及其借鉴意义”,载《中国海洋法学评论》2014 年第 1 期。

国家立法,因此欧盟的海运法在鼓励欧盟国家航运业整体发展的前提下更加侧重对于欧盟市场的有效规制,法律调控下的海运服务在欧盟成员国之间的自由化,以及倡导海运市场的有效竞争化。这种自由化和竞争化体现在欧盟对于赋予班轮公会航运垄断豁免权第4056/86号条例的彻底废除。[1] 2008年欧盟取消班轮公会的反垄断的整体豁免,禁止其从事运价与运力操纵行为,这一法律改革被联合国贸易与发展会议(United Nations Conference on Trade and Development,UNCTAD)称为班轮运输与班轮贸易领域最值得注意的航运竞争法律体系演进。[2]

回到中国的语境下,可以溯源到郑和下西洋时代的历史上的中国远洋航运起步并不算晚,[3]但是与之相适应的航运规则似乎却迟迟没有起步。直到今天,航运法领域的学者也不能像海商法学者那样呼吁修改、完善海商法,而尚停留在为了航运法案的出台而大声疾呼的原始社会阶段。即使海商法存在问题,但是至少它的存在为海商司法实践提供了法律依据,指明了法律基础,经过实践中的不断适用可以将海商立法与中国的具体问题紧密联系在一起,通过修改完善形成立法与司法的交互共融。它的存在也为海商法律共同体提供了一个讨论的蓝本和一个作为法律追求为其完善共同赋予心力的实实在在的研究对象。反观航运法,如果连蓝本都迟迟不能出台,最终的结果恐怕会是不但与其他航运大国对于航运业之法治进路的保护相距甚远,亦会与本国海商法的发展脱钩。不能因为我国海商法是移植公约而来的"国际法",而航运法是国家规制本国航运业之国内法律而将二者人为割裂,实际上,海商法和航运法作为一国航运规则中分别偏重于促进商事交易的商法和体现管制目的的经济行政法的两个方面,理应并驾齐驱,平衡

[1] Council Regulation (EC) No. 1419/2006 of 25 September 2006 repealing Regulation (EEC) No. 4056/86 laying down detailed rules for the application of Articles 85 and 86 of the Treaty to maritime transport, and amending Regulation (EC) No. 1/2003 as regards the extension of its scope to include cabotage and international tramp services, OJ L 269, 28. 9. 2006.

[2] United Nations Conference on Trade and Development, *Review of Maritime Transport*, 2009, p. 98.

[3] 郭瑜:《海商法的精神:中国的实践和理论》,北京大学出版社2005年版,第3页。

发展。[1] 例如,美国就将国际航运方面的法律分为促进和管制两个方面,前者商船法由美国运输部下属的海运管理局(Maritime Administration)负责实施,后者航运法由联邦海事委员会(Federal Maritime Commission,FMC)负责实施,保证商船法和航运法随着时代的发展而不断发展变化。[2]

除了没有自己的航运规则,中国还面临着受制于西方航运规则的问题。虽然在以西方贸易为基础的海运规章制度为本的国际海事营运大环境下,中国话语权正在逐步增加,在国际海事组织的会议和论坛上,已逐步感受到中国的存在和声音,循序渐进表现出作为海运大国的地位与实力转变,然而话语权的增加绝不等于获得了话语权的主导。中国目前中国航运业有关的造船合同、租船合同、贷款合同、担保合同、保险合同、船舶融资等问题、选择适用的往往都是英美法,而非中国法。[3] 不但合同实体准据法采用英美法,而一旦产生争议,也往往诉诸伦敦仲裁,因此处理争议的程序法也往往是英国法。[4] 抛开法律的先进性与否不论,这样无疑会增加对于中国当事人的诉讼或者仲裁成本,而且在大部分情况下往往由于对规则的不熟悉带来不甚乐观的争议处理结果。

中国航运规则的缺失同时表现在对内与对外两个方面,对内的规则缺失将带来国家内部管理的无秩序化,对外规则的缺失势必导致在国际社会中受制于别人创设的规则。"当代中国对于法治的呼唤,可以说是对于秩序的呼唤。"[5]航运领域亦如是。航运业的发展同样需要通过法治确立秩序实现规则之治,而规则之治首先需要制定中国的航运法律制度。航运市场秩序的确立与维护需要航运法律规则,而航运市场中竞争秩序的确立与维护需要与之相适应的较为完善的法律与竞争法律规则对准入市场后的不当

---

[1] 在这个意义上,有学者将航运法称为"公海商法",参见於世成:"中国的航运法律体系",载《海商法研究》2003年第1辑(总第9辑)。

[2] 於世成:《美国航运法研究》,北京大学出版社2007年版,第1页。

[3] 於世成:"中国要加强话语权 参与游戏规则制定和修改",载http://business.sohu.com/20100626/n273097366.shtml,2010年6月26日访问。

[4] 於世成:"中国要加强话语权 参与游戏规则制定和修改",载http://business.sohu.com/20100626/n273097366.shtml,2010年6月26日访问。

[5] 苏力:《道路通向城市——转型中国的法治》,法律出版社2004年版,第5页。

或者非法行为施以矫正。以维护航运市场自由竞争为宗旨的航运反垄断规则因其对于整个航运市场结构的调控而当仁不让地成为航运法最为核心的部分,因此航运反垄断与竞争规则的不能确立阻滞了我国航运法的出台,而航运法的缺失则阻滞了我国航运发展的步伐。实际上,现有中国《航运法》迟迟无法出台的很大一部分原因可以归结为不能确立航运反垄断规则。进一步,航运法的缺失则导致中国对内航运市场没有规则确立秩序和对外航运事业没有规则保护利益。无秩序才会催生以负运价现象为代表的中国航运企业间的恶性竞争、自相残杀;无保护才会出现中国货主面对外国航运公司和航运公会联合索要高价运费时的无所适从、任人宰割。在世界强国选择通过输出规则向世界灌输价值的情况下,[1]几乎无法理解中国竟然要面对连自己的航运法都不存在的尴尬窘境。再进一步,没有航运法护航,作为海洋大国和航运大国中国成为航运强国梦想的实现将举步维艰,然而中国以输出产品为目的的贸易战略的全球化和已输入资源为目的的能源战略的全球化必须依仗强大航运业来实现,因为无论是对外贸易,海外市场,海外能源,还是海洋产业,都必须藉由航运实现输入与输出。建立在上述环环相扣的推论之上,航运反垄断规则的构建已经与中国国力发展以及中国在国际舞台上的崛起紧密相连了。

通过航运反垄断法制保障"一带一路"战略布局海上通道的畅通无阻。美国海军学院前院长马汉于 1890 年在其被誉为海军圣经的著作《海权论》中提出:"海权包括凭借海洋或通过海洋能够使一个民族成为伟大民族的一切东西。"[2]谁控制了海洋,谁就拥有了控制海上交通的能力;谁拥有了控制海上交通的能力,谁就控制了世界贸易;谁控制了世界贸易,谁就控制了世界财富,从而也就控制了世界本身。几百年来,葡萄牙、西班牙、荷兰、英国乃至今天的美国在世界上的优势力量都是以海权为基础的。海洋的重要性在于海上航线,马汉指出:"从政治和社会的观点来看,海洋之所以成为最为

---

〔1〕 高鸿钧:"美国法全球化:典型例证与法理反思",载《中国法学》2011 年第 1 期。

〔2〕 [美] 阿尔弗雷德·赛耶·马汉:《海权论》,范利鸿译,陕西师范大学出版社 2007 年版,第 22 页。

重要和最惹人注目的是其可以充分利用的海上航线,准确地说,海洋是人们借以通向四面八方的公有地。"[1]而对于公有海上航线的利用则决定了海上货物贸易对各国财富和实力的影响程度。对我国现阶段的全球战略布局而言,无论是"21世纪海上丝绸之路"建设的顶层设计,[2]谋划大棋局加快实施自由贸易区的发展战略,还是在国家安全观[3]的全局性视野下维护我国海上安全,均离不开航运反垄断规则的保驾护航,防止外国大型航运公司、巨型海运联盟称霸市场阻碍海上通道。

通过航运反垄断法制完善航运市场竞争有序的市场体系。无秩序才会催生以"负运价"现象为代表的中国航运企业间的恶性竞争、自相残杀;无秩序才会使海运业"大而不强"的发展矛盾不断凸显;无保护才会出现中国货主面对外国航运公司和航运公会联合索要高价运费时的无所适从、任人宰割。困境突围,既需要海运行业的自身努力,又需要竞争政策的引导,竞争法制的保障。2014年9月国务院出台的《关于促进海运业健康发展的若干意见》(以下简称《意见》)是新中国成立以来我国首次在国家战略层面推进海运业发展的顶层设计。[4]《意见》提出要加强和改进航运业行业管理,加快推动海运业立法,强化顶层设计和战略研究,完善统一开放、竞争有序的市场体系,引导运力有序投放和合理增长。[5] 因此,推动航运反垄断法制的起草设计与完善竞争有序的海运市场体系,实现国家海运业振兴战略密不可分。

通过航运反垄断法制提升国际话语权,真正担负起国际法上的大国责

---

〔1〕［美］阿尔弗雷德·赛耶·马汉:《海权论》,范利鸿译,陕西师范大学出版社2007年版,第42页。

〔2〕建设"21世纪海上丝绸之路",是2013年10月习近平总书记访问东盟国家时提出来的。李克强总理在2014年3月5日所作的政府工作报告中提出,抓紧规划建设"丝绸之路经济带"和"21世纪海上丝绸之路"。

〔3〕2014年4月15日习近平总书记指出,要构建集政治安全、国土安全、军事安全、经济安全、文化安全、社会安全、科技安全、信息安全、生态安全、资源安全、核安全等于一体的国家安全体系。

〔4〕《国务院关于促进海运业健康发展的若干意见》(国发〔2014〕32号)。

〔5〕《国务院关于促进海运业健康发展的若干意见》(国发〔2014〕32号)第13条。

任。[1] 今天的中国与世界深度融合,海外利益遍及全球,是国际舞台上不可或缺的重要角色。规则的制定直接关系到中国航运业的安全、发展与利益,也影响到中国在未来世界格局中的地位。但问题在于,一方面,既有的国际海运竞争规则是由西方强国主导制定的,不能为发展中国家的贸易利益与航运权利提供实质保障。美国对于公约的强烈抵制态度与不加入公约的做法也使规则形同虚设。另一方面,国际海运巨头、大型国际航运组织往往只重视欧盟、美国等主要反垄断法域的竞争法律制度,在这些国家和地区严格恪守规则,却无视甚至公然违反我国的竞争规则与法律制度。中国要提升国际话语权,不但要实现深度分享国际海洋规则制定权,在国际游戏规则的制定修改过程中体现中国利益;更要完善自我航运反垄断规则,以法治化路径规制航运垄断,维护我国贸易利益和远洋航运利益。在商务部禁止欧洲三大海运巨头经营者集中案(P3 案)[2]中,中国作为新兴反垄断执法法域的全球重要性正在彰显。[3] 中国应当顺流而上、顺势而为,借助航运反垄断法制在世界舞台里规制海运巨头的垄断行为,维护国际海运市场的竞争秩序,真正担负起国际法上的大国责任。

因此,当代中国航运反垄断法律制度的改革与重构是中国航运法律制度发展完善的重大问题。中国,确实需要规制航运市场垄断行为的航运业之反垄断规则。

---

[1] 阎学通:"和平崛起的分歧、意义及策略",载《中国社会科学》2004 年第 5 期;蔡从燕:"国际法上的大国问题",载《法学研究》2012 年第 6 期。

[2] 《商务部关于禁止马士基、地中海航运、达飞设立网络中心经营者集中反垄断审查决定的公告》(商务部公告 2014 年第 46 号),2014 年 6 月 1 日发布。

[3] See DavisPolk & Wardwell LLP, *MOFCOM Blocks "P3" Shipping Joint Venture*, Jun. 19, 2014, available at http://www. davispolk. com/download. php? file = sites/default/files/06. 19. 14. MOFCOM. Blocks. p. 3. Shipping. Joint_. Venture. pdf.

第二节　问题的界定

航运反垄断法律制度，就是反对航运市场垄断的法律制度。对于航运反垄断法律制度的研究是一项跨法学学科的研究，综合了“航运法”与“反垄断法”两个法律部门，可以被视为反对垄断的法律制度在航运领域的缔造和运用。因为本书的研究还将涉及航运业的反垄断与海运服务贸易的市场开放，因此不可避免地涵盖了国际经济法的内容。对于航运市场反垄断法律制度的研究在其定位上也不应被视为仅是海商法、航运法或运输法单纯意义上的狭窄研究，而应被视为是一项跨法律学科的综合性研究，任何割裂法律部门之间联系的孤立研究都无法廓清该问题的全貌，反而可能对于如何正确回应中国航运实践中的问题产生困扰，对于中国航运法律发展变迁的总体格局造成误导。〔1〕

以航运反垄断法律制度作为研究对象，首先要厘清“反垄断”与“航运”各自的含义与范畴。

“反垄断”的含义虽然不难理解，但也并非远离歧异。一般意义上，垄断即为独占，即一个市场只有一个经营者。然而在非独占的情况下，限制竞争的行为同样可以导致市场垄断，因此，“垄断”一词的含义从而就扩大到各种限制竞争的行为。〔2〕 有些国家如德国的反垄断法也称为《反对限制竞争法》。同样的，美国的反垄断法被称为《反托拉斯法》，因为托拉斯的建立能

---

〔1〕 在海商法、航运法的跨学科综合性研究这一问题上，笔者赞同我国台湾地区学者柯泽东教授的观点，柯泽东教授在其著作《海商法：新世纪几何观海商法学》一书中提出海商法学的几何观，认为海商法的研究不限于海洋本身，而上至海上空域、下至海床底土，其本身是一门综合了合同法、侵权法、保险法、环境法、劳动法、国际法、国际贸易法等内容的综合性学科，因为海商法的研究涉及海上货物运输合同的合同法问题、船舶碰撞的海上侵权法问题、海上保险的保险法问题、海洋环境保护的环境法问题、船员权益保护的劳动法问题、海事海商公约适用的国际法问题、海运市场开放的国际贸易法问题等。参见柯泽东：《海商法：新世纪几何观海商法学》，元照出版有限公司 2006 年版。

〔2〕 王晓晔：“反垄断法律制度”，载《王晓晔论反垄断法》，社会科学文献出版社 2010 年版，第 2 页。

够抑制竞争,导致垄断性的市场结构。[1] 因为对于“垄断”概念的扩张,反垄断也不是单纯反对单个企业对于市场的独占行为,还扩大到反对联合限制竞争行为等同样可能减损、消弭市场竞争的行为。在这个意义上就不难理解“反垄断”不但要反对单个企业滥用市场支配地位,也反对企业联合滥用市场支配地位,还反对企业之间的垄断协议,反对经营者集中所可能带来的垄断,反对滥用行政权力滋生的垄断。对于将“反垄断”概念进行扩张在反垄断法学界没有异议,我国的《反垄断法》也采用了这样立法技术,按照禁止卡特尔、控制企业合并、禁止滥用市场支配地位与禁止行政垄断制定出了一个比较全面和系统的反垄断法律。因此,本书对于航运反垄断法律制度的研究也采“反垄断”一词较为广泛的涵义,不但研究航运市场独占时的垄断问题,更主要研究航运市场多家经营者之间通过联合限制市场竞争衍生的垄断问题,这样的研究定位也符合班轮运输业从班轮公会向班轮联盟转化的整体发展趋势。此外,本书研究范畴内的垄断问题,不仅包括业已形成的航运垄断与限制竞争,还包括可能造成航运垄断危险的行为,如航运企业之间的兼并、联盟等。诚如波斯纳在其《反托拉斯法》一书中所指出的:“反托拉斯调整的是经济现象。基本的现象是垄断或垄断化的现象,其宽泛的定义包括了竞争厂商之间为了把价格抬高到竞争水平之上而进行的共谋,也包括只造成了垄断的危险但不是必然造成垄断的活动,例如某些兼并。”[2] 从这个意义上看,“反垄断”不仅是垄断发生后的事后规制,也可能成为事前调控,从而对市场的竞争秩序进行有效调节与干预。事实上,“反垄断”的目的在于维护市场的正常竞争秩序,即实现竞争,“反垄断”的内涵与外延又在一定程度上取决于对于“竞争”概念的认知。伯克将竞争归结为五种表现:竞争对手的存在;任何一家企业都不能限制另一企业的经济行为;在买卖交易时任何一个单独的买方或者卖方都不足以决定价格;存在区隔的产业与市场;一个特定的地理范围,在此范围内消费者无法通过转移到

---

〔1〕 王晓晔:“反垄断法律制度”,载《王晓晔论反垄断法》,社会科学文献出版社 2010 年版,第 2 页。

〔2〕 [美]理查德·波斯纳:《反托拉斯法》,孙秋宁译,中国政法大学出版社 2002 年版,第 2 页。

其他可替代地理范围而增加福利。[1] 伯克的归纳凸显了反垄断的一个核心考量，即福利最大化，福利最大化的反垄断法目的也被后来的芝加哥学派所接受，而福利最大化需要通过鼓励竞争行为来实现。[2] 本书对于航运反垄断法律制度的研究也将以此作为目的，通过推动航运市场竞争秩序的发展来增进托运人福利，通过完善防止航运市场的不正当竞争来增进航运市场消费者福利，实现航运业在社会福利增加上的最大化。

对于航运反垄断法律制度中"国际航运"的界定则更需要审慎的斟酌。"国际航运"可采最为广义的外延，即认为其不但包括航运，还包括与航运事业有关的一切关联产业，即海运辅助服务以及港口服务，甚至可能进而扩展到以海运为依托的国际贸易、海运过程中所可能涉及的海洋环境保护等内容。[3] 但是本书对于国际航运反垄断法律制度的研究将不述及广义的航运产业，而仅围绕货物运输经营活动以及与运输相关的辅助性经营活动展开，理由有三：第一，产业的细化将带来不同的市场区隔，港口的竞争问题与航运的竞争问题存在很多不同，[4] 考量的因素也不尽相同，因此在进行反垄断分析时会存在不同的相关市场与市场份额计算，如果赋予"国际航运"过于广泛的涵义，将导致研究无法细化，也会产生市场确定上的混乱；第二，考虑到航运竞争规则应当作为我国未来制定的《航运法》的核心内容，如果航运竞争规则的范围过于广泛可能无法与未来的《航运法》有效衔接；第三，不涉

[1] See Robert H. Bork, *The Antitrust Paradox: A Policy at War with Itself*, New York: The Free Press, 1993, pp. 58-61. 张永忠指出，以法官伯克为典型代表的早期芝加哥学派过于强调效率利益与消费者利益具有一致性，甚至将消费者福利等同于经济效率，这样就造成了理论界和司法实践对"消费者福利"术语的误用。博克等芝加哥学派的代表人物所支持的福利标准往往指社会总福利标准。有些学者、法官认为反垄断法的终极目标应该是消费者福利。参见张永忠："反垄断法中的消费者福利标准：理论确证与法律适用"，载《政法论坛》2013 年第 31 卷第 3 期。

[2] See Oliver Black, *Conceptual Foundations of Antitrust*, Cambridge: Cambridge University Press, 2005, pp. 6-7.

[3] See Carsten Fink et al., *Trade in International Maritime Services: How Much Does Policy Matter?*, 16 The World Bank Economic Review, 2002, p. 84.

[4] 有关港口的竞争法规制问题可以参见 Lenita Lindström-Rossi, *The Application of EC Competition Rules to the Port Sector*, in *Competition and Regulation in Shipping and Shipping Related Industries* (Antonis Antapassis et al. eds.), Leiden: Martinus Nijhoff Publishers, 2009, pp. 139-152；邹盈颖、李思慈："欧盟港口领域禁止滥用市场支配地位的案例研究"，载《中国海商法研究》2014 年第 25 卷第 3 期。

及旅客运输是因为考虑到与货物运输相比,旅客运输所占市场份额不高,垄断程度也并不显著,且多属于内河与沿海运输,而国际货物则多为国际远洋运输,二者并不具有反垄断意义上的较多共同特征,倘若将二者混同论述不但不会产生论述上的比较意义,反而会增加混乱,因此本书将不予述及。

限缩研究范畴后,“国际航运市场”的范围虽仍然较为宽泛,但是因为以“海上货物运输服务”作为该市场上的“商品”,就会产生反垄断法意义上确定商品市场、商品供给、商品供给者是否存在垄断的问题,因此需要反垄断法律制度介入对服务供给进行规制,以保障服务提供者的自由竞争,从而最大化该服务市场的效率与服务获得者的福利。“海上货物运输服务”,按照货物运输类型进行界分,包括国际班轮运输(liner shipping)、国际不定期船运输(tramp shipping)与国内沿海航运(cabotage)。班轮运输服务与不定期船运输无疑是最为主要的运输形式,[1]二者可以涵盖绝大部分运输形式,因为国内沿海航运也可以按照其船期是否确定为标准划分为班轮运输与不定期船运输。

班轮运输,是指在固定的航线上,以既定的港口顺序,按照事先公布的船期表进行运输的运输方式。承托双方往往依据航运经营者规定的运输条件,按照预先公布的船期表,将货物从班轮航线上的某一港口运往另一港口并交付给收货人。它适合于货流稳定、货种多、批量小的杂货运输。[2] 班轮运输的其他一般特点包括:预先发布时刻表和航行日期,任何运输使用人都可以获得服务。[3] 不定期船运输服务则是指,船舶出租人向承租人提供船舶或船舶部分舱位,按照航次或者某一定时间段装运约定的货物,从一港运

---

〔1〕 See Luis Ortiz Blanco, *Shipping Conferences under EC Antitrust Law: Criticism of a Legal Paradox* (Andrew Read trans.), Oxford, Portland: Hart Publishing, 2007, p. 2.

〔2〕 傅廷中:《海商法论》,法律出版社 2007 年版,第 102 页;司玉琢:《海商法大辞典》,人民交通出版社 1998 年版,第 616 页。

〔3〕 See European Commission Guidelines on the application of Article 81 of the EC Treaty to maritime transport services, OJ C 245/2, 26. 9. 2008, para. 10.

至另一港。[1] 不定期租船的多数情况下是单一货物装满一船的非定期的运输。[2] 不定期租船运输往往适用于石油、铁矿石、煤炭等大宗货的运输。在不定期租船中,运费是根据供需条件以个案为基础自由协商确定的,有关航线和港口、运输货物的种类,航行的时间等也往往都由承租人与船舶出租人协商确定。[3] 据估计,以价值计算,世界上2/3的货物由班轮运输;以重量计,世界上1/3的货物由班轮运输;其他则几乎通过不定期租船的形式完成。[4]

班轮运输与不定期租船运输都不同程度地受制于"自我规制"(self-regulation)与政府法律规制。[5] 基于不定期租船运输与班轮运输的不同特质,对于二者竞争问题的法律规制程度往往不同。国际航运反垄断法律制度对于航运业垄断问题的规制主要围绕如何规制班轮运输市场的反竞争行为,尤其针对班轮公会的反垄断特质展开。早在20世纪初,英美便开始对班轮公会的垄断行为进行调查。[6] 英国政府在1906年指定了海运集团皇家委员会(Royal Commission on Shipping Rings)对班轮公会进行调查,美国政府则指定了亚历山大委员会(The Alexander Committee)进行调查。[7] 相比规制班轮运输的百年历史来看,国际社会在最近才开始将反垄断触角介入到不定期租船领域,以欧盟海运竞争法为代表。[8] 原有欧盟的反垄断规则主要是《欧共体条约》(Treaty Establishing the European Community, TEEC)第81条和第82条,二者分别是关于协议垄断与滥用市场支配地位的

---

〔1〕 傅廷中:《海商法论》,法律出版社2007年版,第103页。

〔2〕 See European Commission Guidelines on the application of Article 81 of the EC Treaty to maritime transport services, OJ C 245/2, 26. 9. 2008, para. 11.

〔3〕 See European Commission Guidelines on the application of Article 81 of the EC Treaty to maritime transport services, OJ C 245/2, 26. 9. 2008, para. 11.

〔4〕 See Luis Ortiz Blanco, *Shipping Conferences under EC Antitrust Law: Criticism of a Legal Paradox* (Andrew Read trans.), Oxford, Portland: Hart Publishing, 2007, p. 2.

〔5〕 See N. R. Fox and L. J. White, *U. S. Ocean Shipping Policy: Going Against the Tide*, 533 Annuals of the American Academy of Political and Social Sciences, 1997, pp. 75-86.

〔6〕 彭先伟:"班轮公会反垄断豁免",载《月旦民商法杂志》2009年第26期。

〔7〕 See Daniel Marx Jr., *International Shipping Cartels: A Study of Industrial Self-Regulation by Shipping Conferences*, Princeton: Princeton University Press, 1953, pp. 50-52.

〔8〕 See Francesco Munari, *Liner Shipping and Antitrust after the Repeal of Regulation* 4056/86, Lloyd's Maritime and Commercial Law Quarterly, 2009, p. 43; see also Ince & Co, *Competition Law in Shipping*, Feb. 5, 2008, http://www.ukpandi.com/ukpandi/infopool.nsf/html/LPNewsHead20080205.

规定。2009年12月1日,欧盟《里斯本规则》生效成为欧盟的基础性法律,它修订了两个基础条约——《欧盟条约》(Treaty on European Union,TEU)和《欧共体条约》,并将后者的名称改为《欧盟运行条约》(Treaty on the Functioning of the European Union,TFEU)。《里斯本规则》的生效使得欧盟原有法律条文的序号发生了变化,因此原来《欧共体条约》第81条和第82条就成为《欧盟运行条约》第101条和第102条,它们构成了欧盟反垄断法的主要框架,航运领域的垄断问题受其规制。欧盟1986年颁布了第4056号条例,赋予了班轮公会反垄断的整体豁免(Block Exemption),同时排除了欧盟反垄断规则对于不定期租船市场的规制。[1] 因此按照第4056/86号条例,不定期租船市场的限制竞争规则不是由欧盟负责,而是由欧盟成员国各自负责。[2] 但是欧盟理事会却在2006年颁布了第1419号条例来废止第4056/86号条例。[3] 第4056/86号条例废止后,欧盟的竞争规则同样适用于不定期租船市场。[4] 但是除了欧盟的立法之外,各国反垄断规则一般都不介入不定期租船市场。这是因为虽然在海运领域很难说哪个市场是绝对完全竞争的,但是不同于班轮运输市场的集中程度,不定期租船市场基本符合自由竞争市场的构成要素——多个服务提供者存在且任何提供者都不足以影响市场价格,商品同质化,信息透明,市场进入自由。[5]

---

〔1〕 See Council Regulation (EEC) No. 4056/86 of 22 December 1986 Laying down detailed rules for the application of Articles 85 and 86 of the Treaty to maritime transport, OJ L 378, 31. 12. 1986.

〔2〕 Lia I. Athanassiou, *Competition in Liner and Tramp Maritime Transport Services: Uniform Regulation, Divergent Application?*, in *Competition and Regulation in Shipping and Shipping Related Industries* (Antonis Antapassis et al. eds.), Leiden: Martinus Nijhoff Publishers, 2009, p. 71.

〔3〕 Council Regulation (EC) No. 1419/2006 of 25 September 2006 repealing Regulation (EEC) No. 4056/86 laying down detailed rules for the application of Articles 85 and 86 of the Treaty to maritime transport, and amending Regulation (EC) No. 1/2003 as regards the extension of its scope to include cabotage and international tramp services, OJ L 269, 28. 9. 2006.

〔4〕 See Francesco Munari, *Liner Shipping and Antitrust after the Repeal of Regulation* 4056/86, Lloyd's Maritime and Commercial Law Quarterly, 2009, p. 43; see also Ince & Co, *Competition Law in Shipping*, Feb. 5, 2008, http://www.ukpandi.com/ukpandi/infopool.nsf/html/LPNewsHead20080205.

〔5〕 See N. Vettas and Y. Katsoulako, Competition Policy and Policy of Regulation, Atherns (in Greek), 2004, p. 42, cited by Lia I. Athanassiou, *Competition in Liner and Tramp Maritime Transport Services: Uniform Regulation, Divergent Application?*, in *Competition and Regulation in Shipping and Shipping Related Industries* (Antonis Antapassis et al. eds.), Leiden: Martinus Nijhoff Publishers, 2009, p. 76.

据此，考虑到租船市场以及内河与沿海运输中现阶段并无明显的垄断迹象，对于该领域进行具体案例的综述便显得未为可行，且无论国内法还是国际法对这一问题的规制都尚不成熟，因此笔者会将研究的重点放在班轮运输领域，兼予论及不定期租船市场的竞争法问题。选取国际班轮运输作为切入，可以力图最大限度地绘制出这一法律制度中可能涉及的全部与垄断有关的问题，因为国际班轮运输市场存在全部四种类型的垄断、存在规则域外效力的探讨、存在反垄断豁免的问题，也存在航运反垄断涉及的各种程序问题以及市场开放问题，可以说通过它可以基本上勾勒出一个航运反垄断法律框架的全部内容。以此勾勒出的制度因其全面，在一定程度上可能变通适用于其他航运类型的垄断问题之上。因此在这个意义上，这种分析又是现有研究条件下可能的一种最为全面的分析。同时，以国际班轮运输中的垄断问题作为研究的重点，也因为它是整个航运领域最为迫切和现实的存在垄断问题的领域。但必须说明的是，以国际班轮货物运输市场作为研究的切入点不等于割裂了班轮市场和租船市场、分割了远洋运输市场与内河、沿海航运市场，这一套航运反垄断法律制度的框架结构既适用于未来可能发生的内河、沿海航运市场中的垄断和限制竞争行为，也适用于未来可能发生的租船市场中的垄断和限制竞争行为。[1] 我国航运反垄断规则的确立必须最大限度地保障竞争政策和竞争规则适用上的统一，以避免产生诸如海商法领域双轨制的尴尬和困境。[2]

---

〔1〕 欧盟航运竞争规则也可以说是采用了这样的一种进路，首先研究和制定班轮运输业的反垄断规则，然后再考虑将其扩展到非班轮运输领域，参见 Europa, *Competition: Repeal of Block Exemption for Liner Shipping Conferences-Frequently Asked Questions*, Ref. MEMO/06/344, Brussels, Sep. 25, 2006, available at http://europa.eu/rapid/press-release_MEMO-06-344_en.htm? locale=fr, p. 5。

〔2〕 由于我国海商法将沿海货物运输这样一个重要的方面排除在调整范围之外，这就意味着，在我国的海上货物运输领域实行的是双轨制，由此便出现了我国的国际海上货物运输与国内水上货物运输的现行法律制度受制于两个截然不同的法律体系，这种不同体现在航运经营者责任的规则原则、航运经营者赔偿责任限额、航运经营者对火灾所负的责任、航运经营者受诉讼时效的保护程度，从而造成了国内和国际运输航运经营者事实上的不平等。参见傅廷中："论我国海上货物运输法的统一"，载《中国法学》2003年第6期。

第三节 国内外研究现状综述

一、国外研究现状

就国外研究而言,老牌航运发达国家比我国更早面临如何规制航运垄断的难题。早期西方国家倾向于认为航运业服务稳定得益于大型航运公会、航运协议组织的垄断,因此在政策上倡导市场力量自由调控,在法律上赋予航运业整体性反垄断豁免。航运业反垄断豁免被视为惯例应用于法律理论与实践中。

相比反垄断法律领域的大量著作而言,国际学术界围绕航运领域的反垄断法问题专门进行研究的著述并不能算多,归结起来,国际学界的研究与主权国家、国际组织航运竞争立法与政策的发展变迁密不可分。笔者将国际学术界对于航运反垄断法律制度的研究分类为两个阶段。第一阶段的研究自 1950 年到 2000 年,主要围绕如何规制班轮运输业的垄断行为展开,着重探讨 1974 年联合国《班轮公会行动守则公约》[1]对于班轮运输业的规制、班轮公会反垄断豁免的合法性与合理性问题,研究领域往往不限于纯法学领域,也扩展到微观经济学、产业经济学领域。第二阶段的研究则主要集中在 2006 年后,围绕着欧盟 2006 年第 1419 号条例针对航运业反垄断规制大刀阔斧的改革而进行评论。第 1419/2006 号条例为欧盟的航运竞争法带来了两个根本性变革:第一,欧盟将一向在反垄断法规制框架之外的不定期租船运输与沿海运输纳入反垄断法的规制范围内;[2]第二,欧盟取消了班轮公会的反垄断整体豁免,在两年的过渡期后,原有班轮公会的反垄断豁免在 2008 年 10 月 18 日被正式废除。[3] 这样一来,班轮公会也被纳入反垄断法

---

〔1〕 United Nations Convention on a Code of Conduct for Liner Conference, 1974.

〔2〕 See Francesco Munari, *Liner Shipping and Antitrust after the Repeal of Regulation* 4056/86, Lloyd's Maritime and Commercial Law Quarterly, 2009, p. 43.

〔3〕 See Francesco Munari, *Liner Shipping and Antitrust after the Repeal of Regulation* 4056/86, Lloyd's Maritime and Commercial Law Quarterly, 2009, p. 43.

的规制范围内，不再享有原来的整体豁免，仅在符合《欧盟运行条约》第101条第3款关于一般协议垄断豁免的条件下才能主张反垄断豁免。欧盟取消了班轮运输业的反垄断整体豁免特权，改变了一直不规制不定期租船运输业与沿海运输业的传统做法，将远洋运输的垄断问题与其他部门置于统一的竞争规则之下，成为当前国际上最具有代表性与变革性的立法例。因此，围绕欧盟航运反垄断立法的变革，国际学界产生了一批相关的学术成果。

（一）早期研究成果：以班轮运输及班轮公会为核心的跨学科研究

1950年到2000年围绕班轮运输业垄断行为的规制、1974年联合国《班轮公会行动守则公约》进行讨论的专著主要有：1953年丹尼尔·马克思（Daniel Marx Jr.）的《国际航运卡特尔：航运公会的产业自我规制研究》[1]、1973年布雷恩·迪肯（Brain Deakin）的《航运公会：其起源、发展与实践的研究》[2]、1980年德国不莱梅航运经济研究所（Institute of Shipping Economics）的《80年代的班轮运输》[3]、1983年阿莫斯·赫尔曼（Amos Herman）的《航运公会》[4]、1981年斯莱特莫（Gunnar Sletmo）与威廉姆（Ernest William Jr.）合著的《集装箱时代的班轮公会：美国的海洋政策》[5]、1983年劳伦斯·朱达（Lawrence Juda）的《UNCTAD班轮公会行动守则公约：美国海运政策的十字路口》[6]。麦肯锡等（MacKenzie、Power与McDorman）在合著的有关著述的综述《班轮航运公会：附说明的资料目录》一书中，将这一时期的研究文献分成四个部分，包括班轮运输的历史与发展、有关的经济学研究、国内规

---

[1] See Daniel Marx Jr., *International Shipping Cartels: A Study of Industrial Self-Regulation by Shipping Conferences*, Princeton: Princeton University Press, 1953.

[2] See Brian M. Deakin, *Shipping Conferences: A Study of their Origins, Development and Economic and Practices*, Cambridge: University of Cambridge, 1973.

[3] See Institute of Shipping Economics, *Liner Shipping in the Eighties*, Bremen: Institute of Shipping Economics, 1980.

[4] See Amos Herman, *Shipping Conferences*, Deventer: Kluwer Law and Taxation Publisher, 1983.

[5] See Gunnar K. Sletmo and Ernest W. William Jr., *Liner Conferences in the Container Age: U. S. Policy at Sea*, New York: Macmillan Publishing Co., 1981.

[6] See Lawrence Juda, *The UNCTAD Liner Code: United States Maritime Policy at the Crossroads*, Boulder, Colorado: Westview Press, 1983.

制与政策、国际规制与政策。[1]

关于班轮运输的历史与班轮公会的起源和发展，相关研究表明班轮运输的起源可以追溯自19世纪中期，蒸汽船的出现取代了帆船，提高了船舶运载能力，同时国际贸易的增长带来了大量待运货物保障了船舶可以如期满载货物开航，由此产生了固定航期的班轮运输和班轮公会。[2]

也有很多学者从航运市场结构特点切入对班轮公会与班轮运输进行经

---

[1] See Charles H. C. MacKenzie et al., *Liner Shipping Conferences: An Annotated Bibliography*, Lexington, Massachusetts: D. C. Health and Company, 1985.

[2] 这一时期有关班轮运输的历史与班轮公会的起源和发展的相关成果，可以参见 Bernhard J. Abrahamsson, *International Ocean Shipping: Current Concepts and Principles*, Boulder, Colorado: Westview Press, 1980; Michael R. Bonavia, *The Economics of Transport* (2nd ed.), Cambridge: Cambridge University Press, 1954; Kevin Burley, *British Shipping and Australia*: 1920 - 1939, Cambridge: Cambridge University Press, 1968; Ramond F. Burley, *Rates and Practices and Their Regulation*, in *Ocean Transportation* (Carl E. McDowell and Helen M. Gibbs eds.), New York: McGraw-Hill, 1954, pp. 380 - 406; Brian M. Deakin, *Shipping Conferences: A Study of their Origins, Development and Economic and Practices*, Cambridge: Cambridge University Press, 1973; Chiang Hai Ding, *The Early Shipping Conferences System of Singapore*, 10 Journal of Southeast Asian History, 1969, pp. 50 - 68; Robert J. Dodds, Jr., *Legality of Shipper Tying Agreement in Ocean Commerce*, 23 University of Pittsburgh Law Review, 1962, pp. 933-967; John J. Evans and John E. Davies, *The Liner Conference System: Its Origins, Achievements and Current Difficulties*, 5 Maritime Policy and Management, 1978, pp. 155 - 174; Ernest C. Fayle, *A Short History of the World's Shipping Industry*, New York: The Dial Press, 1933; Edgar Gold, *Maritime Transport: The Evolution of International Marine Policy and Shipping Law*, Lexington, Massachusetts: D. C. Health and Company, 1981; James S. Gordon, *Shipping Regulation and the Federal Maritime Commission*, 37 University of Chicago Law Review, 1969, pp. 90 - 158; R. O. Goss, *Studies in Maritime Economics*, Cambridge: Cambridge University Press, 1968; Amos Herman, *Shipping Conferences*, Deventer: Kluwer Law and Taxation Publisher, 1983; L. G. Hudson, *Prospects for the Liner Industry*, in *Greenwich Forum* Ⅵ: *World Shipping in the 1990s* (M. B. F. Ranken ed.), Surrey: Westbury House, 1981, pp. 19-34; Lane C. Kendall, *The Business of Shipping* (*2nd ed.*), Maryland: Cornell Maritime Press, 1976; Olav Knudsen, *The Politics of International Shipping*, Lexington, Massachusetts: D. C. Health and Company, 1973; D. H. MacGregor, *Shipping Conferences*, 19 Economic Journal, 1901, pp. 503 - 516; Osborne Mance, *International Sea Transport*, London: Oxford University Press, 1945; Daniel Marx Jr., *International Shipping Cartels: A Study of Industrial Self-Regulation by Shipping Conferences*, Princeton: Princeton University Press, 1953; John S. McGee, *Ocean Freight Rate Conference*, in *Economic Value of the United Stated Merchant Marine* (Allen R. Ferguson ed.), Illinois: Northwestern University Transportation Center, 1961; *Rate Regulation in Ocean Shipping*, 78 Harvard Law Review, 1965, pp. 635-654; M. J. Shah, *Liner Conference Operations and the UNCTAD Code of Conduct for Liner Conferences*, in *International Regulation of Maritime Transportation: Annual Proceedings of the Fordham Corporate Law Institute* (J. C. Sweeney ed.), New York: Matthew Bender and Co. Inc, 1978, pp. 23 - 60; Russel J. Smith, *Ocean Freight Rates and their Control by Line Carriers*, 14 Journal of Political Economy, 1906, pp. 525 - 541; S. G. Sturmey, *British Shipping and World Competition*, London: The Athlone Press, 1962。

济学研究,[1]所研究的题目包括班轮运费率问题[2]、班轮公会的开放性与

---

[1] 这一时期有关班轮公会与班轮运输的经济学研究成果,可以参见 Esra Bennathan and A. A. Walters, *Shipping Conferences: An Economic Analysis*, 4 Journal of Maritime Law and Commerce, 1972, pp. 93-115; Ingrid A. Bryan and Y. Kotowitz, *Shipping Conferences in Canada*, Ottawa: Department of Consumer and Corporate Affairs, 1978; John E. Davies, *The Competition Environment of Liner Conferences*, 5 Maritime Policy and Management, 1978, pp. 97-106; John E. Davies, *The Economics of the Open Conference System*, 7 Maritime Policy and Management, 1980, pp. 85-102; H. W. Dick, *Containerization and Liner Conferences: A Polemic*, 10 Maritime Policy and Management, 1983, pp. 165-180; Robert A. Ellsworth, *Competition or Rationalization in the Liner Industry?*, 10 Journal of Maritime Law and Commerce, 1979, pp. 497-517; Allen R. Ferguson, *Markets and Competition*, in *The Economic Value of the United States Merchant Marine* (Allen R. Ferguson ed.), Evanston, Illinois: Northwestern University Transportation Center, 1961, pp. 312-319; Douglas K. Fleming, *Reflections on Conventional Cargo Liner Service*, 1 Maritime Studies and Management, 1974, pp. 178-190; R. O. Goss, *The Regulation of International Transport I: Transport by Sea*, 21 The World Today, 1965, pp. 410-418; M. G. Graham, *Shipping Economics with Special Reference to Liner Shipping*, in *Greenwich Forum VI: World Shipping in the* 1990*s* (M. B. F. Ranken ed.), Surrey: Westbury House, 1981, pp. 80-89; E. T. Liang, *The Rationality of Conference Pricing and Output Policies*, 3 Maritime Studies and Management, 1975, pp. 103-151; Robert J. Larner, *Public Policy in the Ocean Freight Industry*, in *Promoting Competition in Regulated Markets* (Almarin Phillips ed.), Washington, D. C.: The Brookings Institution, 1975, pp. 99-134; John E. Davies, *Competition, Contestability and the Liner Shipping Industry*, 20 Journal of Transport Economics and Policy, 1986, pp. 299-312; Daniel Marx Jr., *International Shipping Cartels: A Study of Industrial Self-Regulation by Shipping Conferences*, Princeton: Princeton University Press, 1953; Daniel Marx Jr., *Regulation of International Liner Shipping and "Freedom of the Seas"*, 16 Journal of Industrial Economics, 1967, pp. 46-62; D. L. McLachlan, *The Conference System Since* 1919, 4 Business History, 1961, pp. 54-63; D. L. McLachlan, *The Price Policy of Liner Conferences*, 10 *Scottish Journal of Political Economy*, 1963, pp. 322-335; M. S. Ram, *Shipping*, London: Asia Publishing House, 1969; Gunnar K. Sletmo, *The Impact of US Regulatory Practices on the Productivity of Ocean Liner Services*, 9 Maritime Policy and Management, 1982, pp. 189-205; Gunnar K. Sletmo and Ernest W. William Jr., *Liner Conferences in the Container Age: U. S. Policy at Sea*, New York: Macmillan Publishing Co., 1981; Gunnar K. Sletmo, *Liner Conferences: International Aspects*, Ottawa: Transport Canada, 1982; Russel J. Smith, *Ocean Freight Rates and their Control by Line Carriers*, 14 Journal of Political Economy, 1906: pp. 525-541; P. E. Stonham, *Conference and Competition in Australian Overseas Liner Shipping*, 46 Economic Record, 1970, pp. 197-207; P. E. Stonham, *The Demand for Overseas Shipping in the Australian Export Trade*, 3 Journal of Transport Economics and Policy, 1969, pp. 333-349; S. G. Sturmey, *Economics and International Liner Services*, 1 Journal of Transport and Policy, 1967, pp. 190-203; Le T. Thuong, *U. S. Antitrust Policy and Liner Conferences in the Age of Intermodalism*, 10 Maritime Policy and Management, 1983, pp. 181-198; John A. Walgreen, *The Economics of Ocean Liner Freight Conferences*, Michigan: University Microfilms International, 1977; John A. Zerby and R. M. Colon, *An Analysis of Capacity Utilisation in Liner Shipping*, 12 Journal of Transport Economics and Policy, 1978, pp. 27-46.

[2] 例如,埃文斯(John Evans)从经济学的视角分析了班轮运费率水平问题,认为班轮公会会将运费率维持在一定水平,但该运费率水平却并非为了获取最大化的利润,而是为了追求航运市场经济状况变幻不定下的合理且正常的利润,参见 John J. Evans, *Concerning the Level of Liner Freight Rates*, 9 Maritime Policy and Management, 1982, pp. 103-114。

封闭性问题[1]、航运产业集装箱化变革与航运市场垄断之间可能的关系问题[2]、货载保留问题[3]等方面。经济学研究的主要成果多集中在维持班轮公会、航运联营、运价协议等国际航运组织反垄断豁免合理性问题上。[4]大多数研究成果倾向于认为，将班轮运输市场限制竞争合理化会比鼓励自由竞争更具有效率。例如，航运经济学家戈斯(R. O. Goss)指出："班轮公会的存在对于维持商业行为的合理性是必要的，它们所可能具有的任何缺点与其可能存在的巨大优点相比都是微不足道的。没有班轮公会的存在，航运市场将会产生混乱。"[5]他进一步指出："与其认为班轮公会是限制竞争

---

[1] 对于班轮公会的开放性与封闭性问题，1980年戴维斯(John Davies)撰文批判了美国法下要求班轮公会采用开放式形式(open conference system)的规定，认为开放式班轮公会的最终结果将是公会成员之间仅靠非实质性协议来维持统一的费率，这会导致班轮公会维系班轮运输市场价格稳定、运行高效的能力消失殆尽，参见 John E. Davies, *The Economics of the Open Conference System*, 7 Maritime Policy and Management, 1980, pp. 85-102。

[2] 有关于航运产业集装箱化变革与航运市场垄断之间可能的关系问题，1983年迪克(H. W. Dick)在《集装箱化与班轮公会：一种论证方法》一文中着力论证了集装箱时代的到来不仅便捷了托运人进行货物运输，而且加强了航运业纵向垄断的市场结构，参见 H. W. Dick, *Containerization and Liner Conferences: A Polemic*, 10 Maritime Policy and Management, 1983, pp. 165-180。

[3] 有关货载保留制度的研究，可以参见 Ernst G. Frankel et al., *Impact of Cargo Sharing on U. S. Liner Trades*, 5 Marine Policy, 1981, pp. 23-29; Ernst G. Frankel, *Regulation and Policies of American Shipping*, Boston, Massachusetts: Auburn House Publishing Co., 1982; Stephen C. Neff, *The UN Code of Conduct for Liner Conferences*, 14 Journal of World Trade Law, 1980, pp. 398-423; Stephen A. Shefler, *Federal Maritime Policy*, in *International Regulation of Maritime Transportation: Annual Proceeding s of the Fordham Corporate Law Institute* (J. C. Sweeney ed.), New York: Matthew Bender and Co. Inc., 1978, pp. 351-356; Ralph Michael Silberman, *Cargo Preference: The United States and the Future Regulation of International Shipping*, 16 Virginia Journal of International Law, 1976, pp. 865-901; Magnus Wijkman, *Effects of Cargo Reservation: Review of UNCTAD' s Code of Conduct for Liner Conferences*, 4 Marine Policy, 1980, pp. 271-289; John A. Zerby, *On the Practicality of the UNCTAD* 40-40-20 *Code for Liner Conferences*, 6 Maritime Policy and Management, 1979, pp. 241-251.

[4] 有关航运反垄断豁免制度的研究成果，可以参见 Robert A. Ellsworth, *Competition or Rationalization in the Liner Industry?*, 10 Journal of Maritime Law and Commerce, 1979, pp. 497-517; Allen R. Ferguson, *Markets and Competition*, in *The Economic Value of the United States Merchant Marine* (Allen R. Ferguson ed.), Illinois: Northwestern University Transportation Center, 1961, pp. 312-319; Robert J. Larner, *Public Policy in the Ocean Freight Industry*, in *Promoting Competition in Regulated Markets* (Almarin Phillips ed.), Washington, D. C.: The Brookings Institution, 1975, pp. 99-134; Gunnar K. Sletmo, *The Impact of US Regulatory Practices on the Productivity of Ocean Liner Services*, 9 Maritime Policy and Management, 1982, pp. 189-205; Gunnar K. Sletmo and Ernest W. William Jr., *Liner Conferences in the Container Age: U. S. Policy at Sea*, New York: Macmillan Publishing Co., 1981。

[5] R. O. Goss, *The Regulation of International Transport I: Transport by Sea*, 21 The World Today, 1965, p. 412.

的机制，不如认为其是鼓励合作的合作机制。”[1]联合国贸易与发展会议1964年在《航运业问题的共同政策》的报告中也提到，班轮公会体系对于稳定费率与保障航运服务的稳定供给具有不可或缺的作用。[2] 美国高级航运顾问拉纳（Robert J. Larner）倡导航运市场的自我调节，认为政府对于班轮公会的监督与规制已经不能满足良性引导航运业的初衷，最好的方式是允许市场力量来对航运业进行调控。[3]

还有研究涉及国内法律制度与区域性法律制度对于航运业垄断和限制竞争行为的规制问题。这些研究主要集中在对于欧盟法[4]（以及欧盟成立之前的一些关于英国法的研究[5]）、美国法[6]的研究。此外，也有一些数量

[1] R. O. Goss, *The Regulation of International Transport I: Transport by Sea*, 21 The World Today, 1965, p. 413.

[2] See United Nations Conference on Trade and Development, *Common Measures of Understanding on Shipping Questions*, 1964.

[3] See Robert J. Larner, *Public Policy in the Ocean Freight Industry*, in *Promoting Competition in Regulated Markets* (Almarin Phillips ed.), Washington, D. C.: The Brookings Institution, 1975, pp. 99-134.

[4] 有关欧盟法对于航运业垄断与限制竞争规制的研究成果，可以参见 Jürgen Erdmenger and Dinos Stasinopoulos, *The Shipping Policy of the European Community*, 22 Journal of Transport Economics and Policy, 1988, pp. 355-360。

[5] 有关英国法对于航运业垄断与限制竞争规制的研究成果，可以参见 F. D. Rose, *New Liners for Conference Lines, Lloyd' s Maritime and Commercial Law Quarterly*, 1982, pp. 636-649; S. G. Sturmey, *British Shipping and World Competition*, London: The Athlone Press, 1962。

[6] 有关美国法对于航运业垄断与限制竞争规制的研究成果，可以参见 Robert S. Agman, *Competition, Rationalization and United States Shipping Policy*, 8 Journal of Maritime Law and Commerce, 1976, pp. 1-50; Carl A. Auerbach, *The Isbrandtsen Case and Its Aftermath: The Dual Rate System in International Shipping*, Wisconsin Law Review, 1957, pp. 223-278; Carl A. Auerbach, *The Isbrandtsen Case and Its Aftermath: The Dual Rate System in International Shipping-Part II*, Wisconsin Law Review, 1959, pp. 369-417; David Bess and Martin T. Farris, *U. S. Maritime Policy: History and Prospects*, New York: Praeger Publishers, 1981; Trueman C. Bigham, *Transportation: Principles and Problems*, New York: Mc Graw-Hill, 1947; Charles L. O. Buderi, *U. S. Policy on Regulation of Liner Shipping in the 1980' s: A View from Washington-Part II*, 18 Journal of Maritime Law and Commerce, 1987, pp. 111-130; Ronald A. Capone, *United States Laws and the Convention on a Code of Conduct for Liner Conferences: A Catalogue of Conflicts and Dilemmas*, 15 Virginia Journal of International Law, 1975, pp. 249-276; Paul G. Cassel, *Exemption of International Shipping Conferences from the American Antitrust Laws*, 20 New England Law Review, 1984-1985, pp. 1-30; John E. Davies, *The Effects of U. S. Shipping Regulation on Specific Aspects of Liner Conference Operation*, 7 Maritime Policy and Management, 1980, pp. 37-54; James P. Denvir, The Department of Justice and the Anti-Trust Exemption of Shipping Conferences, in *International Regulation of Maritime Transportation: Annual Proceeding s of the Fordham Corporate Law Institute* (J. C. Sweeney ed.), New York: Matthew Bender and Co. Inc., 1978, pp. 181-195; Robert J. Dodds, Jr., *Legality*

of Shipper Tying Agreement in Ocean Commerce,23 University of Pittsburgh Law Review,1962,pp. 933-967;Robert A. Ellsworth,*Competition or Rationalization in the Liner Industry*?,10 Journal of Maritime Law and Commerce,1979,pp. 497-517;Robert A. Ellsworth et al.,*Regulating the Rate Practices of State-Controlled Shipping Companies:The Development and Implementation of the Ocean Shipping Act of* 1978, 12 Journal of Maritime Law and Commerce, 1981, pp. 467-483; John J. Evans, *The Regulated Ocean Shipping Industry. A Report by the U. S. Department of Justice: A Critique*, 5 Maritime Policy and Management,1982,pp. 219-248;Ernst G Frankel et al.,*Impact of Cargo Sharing on U. S. Liner Trades*,5 Marine Policy, 1981, pp. 23-29; Ernst G Frankel, *Management and Operations of American Shipping*, Boston,Massachusetts:Auburn House Publishing Co.,1982;Ernst G Frankel,*Regulation and Policies of American Shipping*, Boston, Massachusetts: Auburn House Publishing Co., 1982; Warner W. Gardner, *Steamship Conferences and the Shipping Act* 1916,35 Tulane Law Review,1960,pp. 129-140;James S. Gordon,*Shipping Regulation and the Federal Maritime Commission*,37 University of Chicago Law Review, 1969,pp. 90-158;Wytze Gorter,*United States Shipping Policy*,New York:Harper and Brothers,1956;R. O. Goss,*U. S. A. Legislation and the Foreign Shipowner:A Critique*,12 Journal of Industrial Economics, 1963,pp. 1-19;House Harbridge,*The U. S. Merchant Marine and the International Conference System*, Boston:Harbridge House Inc.,1978; John Hazard,*A Competitive United States Maritime Policy*, 22 Transportation Journal,1982, pp. 32-62; Laurie A. Jacobs and Alan M. Weintraub,*The Shipping Act of* 1916:*Proposed Amendments and Their Impact on the U. S. Merchant Marine*,15 Journal of International Law and Economics,1981,pp. 639-676;Lawrence Juda,*The UNCTAD Liner Code:United States Maritime Policy at the Crossroads*, Boulder,Colorado:Westview Press,1983;Kenneth J. Kryvoruka,*American Ocean Shipping and the Antitrust Laws Revisited*,11 Journal of Maritime Law and Commerce,1979,pp. 67-108; Paul B. Larsen and Valerie Vetterick,*The UNCTAD Code of Conduct for Liner Conferences:Reservations, Reactions and U. S. Alternatives*,13 Law and Policy in International Business,1981,pp. 223-280;Samuel A. Lawrence,*United States Merchant Shipping Policies and Politics*,Washington:The Brookings Institution, 1966;Alan G. Lopatin,*The UNCTAD Code of Conduct for Liner Conferences:Time for a United States Response*,22 Harvard International Law Journal,1981,pp. 355-377;Vaughan Lowe,*Liner Shipping in the U. S. Trades:Legal Aspects*,5 Maritime Policy and Management,1978,pp. 175-195;Daniel Marx Jr., *Group or Conference Rate-Making and National Transportation Policy in the United States*,24 Law and Contemporary Problems, 1959, pp. 586-604; John S. McGee, *Ocean Freight Rate Conference and the American Merchant Marine*, 27 University of Chicago Law Review, 1960, pp. 191-314; Charles Peter Raynor,*Ocean Shipping Conferences and the Federal Martime Commission*, 53 Cornell Law Review,1968, pp. 1070-1093; Edward Schmeltzer and George J. Weiner, *Liner Shipping in the* 1980's: *Competitive Patterns and Legislative Initiatives in the 96th Congress*,12 Journal of Maritime Law and Commerce,1980, pp. 25-45; Stephen A. Shefler, *Federal Maritime Policy*, in *International Regulation of Maritime Transportation:Annual Proceedings of the Fordham Corporate Law Institute* (J. C. Sweeney ed.),New York:Matthew Bender and Co. Inc.,1978,pp. 351-356;Ralph Michael Silberman,*Cargo Preference:The United States and the Future Regulation of International Shipping*,16 Virginia Journal of International Law, 1976,pp. 865-901;Gunnar K. Sletmo,*The Impact of US Regulatory Practices on the Productivity of Ocean Liner Services*,9 Maritime Policy and Management,1982,pp. 189-205;Le T. Thuong,*U. S. Antitrust Policy and Liner Conferences in the Age of Intermodalism*,10 Maritime Policy and Management,1983,pp. 181-198; Elkan Turk Jr., The Federal Maritime Commission, in *International Regulation of Maritime Transportation:Annual Proceedings of the Fordham Corporate Law Institute* (J. C. Sweeney ed.),New York:Matthew Bender and Co. Inc,1978, pp. 121-134; United States, Department of Justice, Antitrust Division,*The Regulated Ocean Shipping Industry*,Washington:U. S. Government Printing Office,1977。

不多的关于加拿大[1]、澳大利亚[2]、日本[3]有关航运反垄断法的研究资料。

在国际性法律制度对于航运业垄断和限制竞争行为的规制问题上，有相当一部分研究成果。[4] 其中，最为主要的成果集中在对于1974年联合国

---

〔1〕 有关加拿大法对于航运业垄断与限制竞争规制的研究成果，可以参见 Mary R. Brooks, *Canada and the Liner Code of Conduct: Consumerism and Public Policy*, 10 Maritime Policy and Management, 1983, pp. 77-85; Ingrid A. Bryan, *Regression Analysis of Ocean Liner Freight Rates on Some Canadian Export Routes*, 8 Journal of Transport Economics and Policy, 1974, pp. 161-173; Ingrid A. Bryan and Y. Kotowitz, *Shipping Conferences in Canada*, Ottawa: Department of Consumer and Corporate Affairs, 1978; Canadian Transport Commission, *Cargo Reservation and Liner Conference Shipping Serving Canada: An Analysis Related to the UNCTAD Code of Conduct*, Ottawa, 1979; Canadian Transport Commission, *International Liner Shipping and Canadian Trade: A Background Study on Shipping Conferences Operating in Canada*, Ottawa, 1979; Transport Canada, *A Shipping Policy for Canada*, Ottawa, 1979; Transport Canada, *Canadian Perspectives on the UNCTAD Code of Conduct for Liner Conferences: Proceedings*, Ottawa, 1982; Transport Canada, *Legislation Governing Liner Conferences Serving Canada*, Ottawa, 1978; Trevor D. Heaver, *Liner Conferences: Issues with Special Reference to Freight Rates*, Ottawa: Transport Canada, 1982; Hill, S. R., *Liner Conferences: Information Requirements*, Ottawa: Transport Canada, 1982; Tom G. Keast, *Policy Issues: The Canadian Merchant Marine*, 11 Logistics and Transportation Review, 1975, pp. 249-265; Gunnar K. Sletmo, *Liner Conferences: International Aspects*, Ottawa: Transport Canada, 1982; William Tetley, *Liner Conferences in Canada under Canadian Law and the U. N. Code of Conduct for Liner Conferences*, Ottawa: Transport Canada, 1982。

〔2〕 有关澳大利亚法对于航运业垄断与限制竞争规制的研究成果，可以参见 Australia, Department of Transport, *Report on a Review of Overseas Cargo Shipping Legislation*, Canberra, 1978; Kevin Burley, *British Shipping and Australia: 1920-1939*, Cambridge: Cambridge University Press, 1968; Gunnar K. Sletmo and Ernest W. William Jr., *Liner Conferences in the Container Age: U. S. Policy at Sea*, New York: Macmillan Publishing Co., 1981; P. E. Stonham, *Conference and Competition in Australian Overseas Liner Shipping*, 46 Economic Record, 1970, pp. 197-207; P. E. Stonham, *The Demand for Overseas Shipping in the Australian Export Trade*, 3 Journal of Transport Economics and Policy, 1969, pp. 333-349。

〔3〕 有关日本法对于航运业垄断与限制竞争规制的研究成果，可以参见 Ronald G. Brown and Akinori Uesugi, *Japanese Regulation of Ocean Freight Shipments*, 11 Journal of Maritime Law and Commerce, 1980, pp. 293-318; Takeo Kubota, *Regulation of the Maritime Industry in Japan*, in *Competition and Regulation in Shipping and Shipping Related Industries* (Antonis Antapassis et al. eds.), Leiden: Martinus Nijhoff Publishers, 2009, pp. 285-199。

〔4〕 有关国际性法律制度对于航运业垄断和限制竞争行为的规制问题的研究成果，可以参见 Brian M. Deakin, *Shipping Conferences: Some Economic Aspects of International Regulation*, 2 Maritime Studies and Management, 1974, pp. 5-31; Edgar Gold, *Maritime Transport: The Evolution of International Marine Policy and Shipping Law*, Lexington, Massachusetts: D. C. Health and Co., 1981; Iqbal Haji, *UNCTAD and Shipping*, 6 Journal of World Trade Law, 1972, pp. 58-118; Johan Horn, *Nationalism Versus Internationalism in Shipping*, 3 Journal of Transport Economics and Policy, 1969, pp. 245-250; Lawrence Juda, *World Shipping, UNCTAD, and the New International Economic Order*, 35 International Organization, 1981, pp. 493-516; Osborne Mance, *International Sea Transport*, London: Oxford University Press, 1945; Daniel Marx Jr., *Regulation of International Liner Shipping and "Freedom of the Seas"*, 16 Journal of Industrial Economics, 1967, pp. 46-62; Terje Tetland, *Protectionism in International Shipping and Some Economic Effects*, 7 Maritime Policy and Management, 1980, pp. 103-114; United Nations Conference on Trade and Development, *The Regulation of Liner Conferences (A Code of Conduct for the Liner Conference System)*, U. N. Document TD/D/104/Rev. 1, 1972; Vanya Walker-Leigh, *Was UNCTAD Ⅲ a Failure?*, 28 World Today, 1972, pp. 411-420; Stephen Zamora, *Rate Regulation in Ocean Transport: Developing Countries Confront the Liner Conference System*, 59 California Law Review, 1971, pp. 1229-1332。

《班轮公会行动守则公约》的研究上,包括围绕《班轮公会行动守则公约》本身展开讨论,对其规定进行分析、批判,对其可操作性与实践性进行评估、预测;[1]也包括有关各国是否应当加入《班轮公会行动守则公约》的立场与态

---

[1] 有关1974年联合国《班轮公会行动守则公约》本身的研究成果,可以参见Joshua Bar-Lev, *UNCTAD Code of Practice for the Regulation of Liner Conferences*, 3 Journal of Maritime Law and Commerce, 1972, pp. 783–791; Transport Canada, *Canadian Perspectives on the UNCTAD Code of Conduct for Liner Conferences: Proceedings*, Ottawa, 1982; Ronald A. Capone, *Critique of UNCTAD Code of Conduct for Liner Conferences*, in *International Regulation of Maritime Transportation: Annual Proceedings of the Fordham Corporate Law Institute* (J. C. Sweeney ed.), New York: Matthew Bender and Co. Inc., 1978, pp. 61–70; Ronald A. Capone, *United States Laws and the Convention on a Code of Conduct for Liner Conferences: A Catalogue of Conflicts and Dilemmas*, 15 Virginia Journal of International Law, 1975, pp. 249–276; R. B. C. Farthing, *UNCTAD Code of Practice for the Regulation of Liner Conferences-Another View*, 4 Journal of Maritime Law and Commerce, 1973, pp. 467–473; L. L. Herman, *The Code of Conduct for Liner Conferences: Frustrations on the Road to Utopia*, 14 Canadian Yearbook of International Law, 1976, pp. 257–269; Clifford G. Holderness, *Economic Analysis of the United Nations Code of Conduct for Liner Conferences*, 29 Stanford Law Review, 1977, pp. 853–877; Lawrence Juda, *The UNCTAD Liner Code: A Preliminary Examination of the Implementation of the Code of Conduct for Liner Conferences*, 16 Journal of Maritime Law and Commerce, 1985, pp. 181–217; Lawrence Juda, *The UNCTAD Liner Code: United States Maritime Policy at the Crossroads*, Boulder, Colorado: Westview Press, 1983; Leslie Kanuk, *The UNCTAD Code of Conduct for Liner Conferences: Trade Milestone or Millstone-Time Will Soon Tell*, 6 Northwestern Journal of International Law and Business, 1984–1985, pp. 357–372; P. J. Kuyper, *The European Communities and the Code of Conduct for Liner Conferences: Some Problems on the Border-line between General International Law and Community Law*, 12 Netherlands Yearbook of International Law, 1981, pp. 73–112; Paul B. Larsen and Valerie Vetterick, *The UNCTAD Code of Conduct for Liner Conferences: Reservations, Reactions and U. S. Alternatives*, 13 Law and Policy in International Business, 1981, pp. 223–280; Alan G. Lopatin, *The UNCTAD Code of Conduct for Liner Conferences: Time for a United States Response*, 22 Harvard International Law Journal, 1981, pp. 355–377; Stephen C. Neff, *The UN Code of Conduct for Liner Conferences*, 14 Journal of World Trade Law, 1980, pp. 398–423; M. J. Shah, *Liner Conference Operations and the UNCTAD Code of Conduct for Liner Conferences*, in *International Regulation of Maritime Transportation: Annual Proceedings of the Fordham Corporate Law Institute* (J. C. Sweeney ed.), New York: Matthew Bender and Co. Inc, 1978, pp. 23–60; M. J. Shah, *The Dispute Settlement Machinery in the Convention on a Code of Conduct for Liner Conferences*, 7 Journal of Maritime Law and Commerce, 1975, pp. 127–168; M. J. Shah, *The Implementation of the UN Convention on a Code of Conduct for Liner Conferences* 1974, 9 Journal of Maritime Law and Commerce, 1977, pp. 79–100; M. J. Shah, *The UN Liner Code of Conduct: Some Key Issues Regarding Its Implementation*, 16 European Transport Law, 1981, pp. 491–556; S. G. Sturmey, *The Development of the Code of Conduct for Liner Conferences*, 3 Marine Policy, 1979, pp. 133–148; United Nations Conference on Trade and Development, *The Regulation of Liner Conferences (A Code of Conduct for the Liner Conference System)*, U. N. Document TD/D/104/Rev. 1, 1972。

度的研究。[1]

上述自20世纪50年代以来的研究成果为航运反垄断法律制度的发展奠定了比较坚实的理论基础，但是囿于国际航运业，尤其是班轮运输业自身的发展变化，原有的分析实际上已经无法与今天的产业发展相适应。目前，班轮公会作为最悠久的国际航运组织之一，已经逐渐被联营体、战略联盟等国际航运组织形式所替代。班轮公会的存续也正在逐渐丧失其起源伊始维护航运市场秩序、防止恶性竞争的价值定位。这是因为一方面，班轮公会很少对运力方面进行限制，各成员公司均可自行增加自己的运力；但是另一方面，各成员公司又必须遵守公会的协议，按照公会的配额承运货载。这样，最终会导致班轮公会内部供求关系走向恶化，大量的运力过剩，班轮公会便开始陷入随时解体的危机中。

除了运力供给危机之外，国际社会的法律制度变革也改变了班轮公会的行为激励结构，使班轮公会面临解体。国际社会对于航运业监管规制整体上呈放松管制趋势，然而在此背景下海运竞争监管却呈相反进路而日趋严格化，产生从竞争管控豁免到竞争规制再到更为严格化的竞争规制之立法与司法变革态势。美国通过几次航运立法不断加强对于班轮公会以及协定运价的监管，并强调班轮公会成员有保持独立行动的权利。欧盟更是彻底取消班轮公会反垄断整体豁免。日趋严格的航运竞争法律制度逐渐瓦解着航运企业之间

---

[1] 有关各国对《班轮公会行动守则公约》的立场与态度的研究成果，可以参见 Mary R. Brooks, *Canada and the Liner Code of Conduct: Consumerism and Public Policy*, 10 Maritime Policy and Management, 1983, pp. 77-85; Canadian Transport Commission, *Cargo Reservation and Liner Conference Shipping Serving Canada: An Analysis Related to the UNCTAD Code of Conduct*, Ottawa, 1979; Transport Canada, *Canadian Perspectives on the UNCTAD Code of Conduct for Liner Conferences: Proceedings*, Ottawa, 1982; Ronald A. Capone, *United States Laws and the Convention on a Code of Conduct for Liner Conferences: A Catalogue of Conflicts and Dilemmas*, 15 Virginia Journal of International Law, 1975, pp. 249-276; Lawrence Juda, *The UNCTAD Liner Code: United States Maritime Policy at the Crossroads*, Boulder, Colorado: Westview Press, 1983; P. J. Kuyper, *The European Communities and the Code of Conduct for Liner Conferences: Some Problems on the Border-line between General International Law and Community Law*, 12 Netherlands Yearbook of International Law, 1981, pp. 73-112; Paul B. Larsen and Valerie Vetterick, *The UNCTAD Code of Conduct for Liner Conferences: Reservations, Reactions and U. S. Alternatives*, 13 Law and Policy in International Business, 1981, pp. 223-280; Alan G. Lopatin, *The UNCTAD Code of Conduct for Liner Conferences: Time for a United States Response*, 22 Harvard International Law Journal, 1981, pp. 355-377; William Tetley, *Liner Conferences in Canada under Canadian Law and the U. N. Code of Conduct for Liner Conferences*, Ottawa: Transport Canada, 1982。

的联合。例如,在欧盟海运竞争法律体系变革后有超过百年历史的远东班轮公会就宣告解散;美国航运法提高班轮公会成员独立行动权后班轮公会协同成员运价与运力的约束力已大不如前。有学者通过实证分析指出国际航运组织数量下降与法律环境的变化密切相关。[1] 国际社会日趋严格的竞争法规制使以班轮公会为代表的国际航运协议组织的行为处处受限,独立行动权使得公会成员航运公司的步调越发不一致,矛盾重重,公会的垄断政策已被削弱甚至打破,迫切需要新的运价运力的协调机制和更为灵活的协议机制。[2]

因此,即便必须承认的是班轮运输业的反垄断规制问题时至今日仍是重要的研究议题之一,但是在现实语境下那些早期单纯专注于班轮运输业垄断问题、班轮公会垄断问题如何规制的研究已经亟须后续更新。而且必须考虑到在这个时期反垄断法、竞争法本身的研究还尚不完全充分,这就决定了进行航运法与反垄断法、竞争法的跨学科交叉势必是不完全充分的。很多反垄断法领域的最新研究动向,比如国家补贴带来的反垄断法新挑战,[3] 反垄断法的国际统一化问题[4] 等都没有被融入航运反垄断法律制度的研究中加以考虑。因此上述文献往往仅囿于航运领域集中讨论班轮运输与班轮公会

[1] See William Sjoström, Ocean Shipping Cartels: A Survey, 3 Review of Network Economics, 2004, p. 110.

[2] 陈凯、陈继红:"班轮公会的前世今生",载《中国远洋航务》2010 年第 4 期。

[3] 在国家资本主义的理论背景下,西方竞争法律实践也开始出现将中国国有企业视为国资委隶属关系下的同一主体,对中国国有企业适用"单一主体理论"(single entity theory)的发展趋势。参见 Angela Huyue Zhang, *The Single Entity Theory: An Antitrust Time-Bomb for Chinese State-Owned Enterprises?*, 8 Journal of Competition Law and Economics, 2012, pp. 805-830; see also Curtis J. Milhaupt and Wentong Zheng, *Beyond Ownership: State Capitalism and the Chinese Firm*, 103 The Georgetown Law Journal, 2015, p. 709。

[4] 芝加哥大学的竞争法学者格伯尔(Dawid Gerber)认为,随着市场的全球化,作为市场调控规则的竞争法律制度也出现了全球化趋势,参见 David J. Gerber, *Global Competition: Law, Markets and Globalization*, New York: Oxford University Press, 2010; David J. Gerber, *Economic Development and Global Competition Law Convergence*, in *Competition Law and Development* (D. Daniel Sokol et al. eds.), Stanford: Stanford University Press, 2013, pp. 13-35; David J. Gerber, *Asia and Global Competition Law Convergence*, in *Asian Capitalism and the Regulation of Competition: Towards a Regulatory Geography of Global Competition Law* (Michael W. Dowdle et al. eds.), New York: Cambridge University Press, pp. 36-52。耶鲁大学的普里斯特(George Priest)持"绝对主义观点",认为竞争法原则是经济性质而非社会性或文化性的,因此可以跨法域、跨社会、跨国家予以适用,参见 George P. Priest, *Competition Law in Developing Nations: the Absolutist View*, in *Competition Law and Development* (D. Daniel Sokol et al. eds.), Stanford: Stanford University Press, 2013, pp. 79-89。但佛罗里达大学的索科尔(D. Daniel Sokol)则强调竞争法律与竞争执法根植于特定时空、特定国家的法律和政治体制环境之中,参见 D. Daniel Sokol et al., *Competition Law and Development*, Stanford: Stanford University Press, 2013, p. 1。

的竞争问题,既没有关于垄断行为类型化的详细分析,亦没有从系统的反垄断法或竞争法层面理解和阐释航运业的问题。此外,这一时期研究的理论特点是组织进路的,而不是垄断协议内容或者垄断行为进路的。组织进路的分析或许有助于解释班轮公会的垄断属性,解释它是否应当被视为"海上卡特尔",论证它是否应当获得反垄断整体豁免,然而组织进路的潜在缺陷在于其对于协议具体内容、行为具体方式之间所可能存在的不同的漠视。

综上,可以说早期研究成果在那一时代语境下对于依据班轮运输业自身的行业特点确立特殊的反垄断法律制度发挥了重要作用,然而却不能完全跟进现有国际航运业的发展变迁,既不能完全跟进现有反垄断法律制度与竞争法律制度的发展变迁,也不能完全跟进现有国际社会关于航运反垄断法律制度的发展变迁,因而恐怕无法为现行的航运实践提供更多有所裨益的指导。

(二)现有研究成果:以欧盟航运竞争法律变革为核心的研究

虽然国际航运业反垄断豁免被视为惯例应用于法律理论与实践中。近年来,航运法领域却出现抛弃此一惯例的趋势,表现之一就是欧盟废除班轮公会反垄断整体豁免,将一般性竞争法规则适用于海运市场。美国、加拿大、新加坡、日本、澳大利亚等主要海运国家也正在评估取消航运业反垄断豁免的可行性。

与早期研究相比,现有航运反垄断法与航运竞争法的研究成果较少,研究内容基本上围绕欧盟新航运竞争政策来讨论航运业的反垄断与竞争法律制度的著作。具体著作主要有:2004 年丁格(Felix Dinger)的《欧洲班轮公会的未来》[1]、2007 年布兰科(Luis Ortiz Blanco)的《欧盟反托拉斯法下的班轮公会》[2]、2008 年坡兹德娜科娃(Alla Pozdnakova)的《班轮运输与欧盟

---

〔1〕 Felix Dinger, *The Future of Liner Conferences in Europe: A Critical Analysis of Agreements in Liner Shipping under Current European Competition Law*, Frankfurt: Peter Lang, 2004.

〔2〕 Luis Ortiz Blanco, *Shipping Conferences under EC Antitrust Law: Criticism of a Legal Paradox* (Andrew Read trans.), Oxford, Portland: Hart Publishing, 2007.

竞争法》[1]、2009 年安塔帕希斯等(Antonis Antapassis, Lia Athanassiou 与 Erik Røsæg)合编的《航运及航运有关产业的竞争与规制》[2]。其中,《航运及航运有关产业的竞争与规制》是一本论文集,包括若干当代欧洲著名海商法学者有关航运反垄断法律制度的研究成果,如蒙达(Francesco Mundari)的《班轮运输、反垄断与第 4056/86 号条例的废除:全球海运面临的新时代?》[3]、坡兹德娜科娃(Alla Pozdnakova)的《欧盟竞争法下班轮航运公司之间的信息交换协议》[4]、马斯托马诺里斯(Emmanuel Mastromanolis)的《欧盟与美国竞争法的比较:海运贸易中横向合作的变化》[5]、阿塔纳苏(Lia Athanassiou)的《班轮与不定期航运服务中的竞争:统一规制,分别适用?》[6]、洛伦宗和那佐尼(Filippo Lorenzon 与 Renato Nazzini)的《在充满疑问的海上航行:不定期租船运输的联营、竞争法与对于确定性的崇高追求》[7]、科尔斯塔德(Olav Kolstad)的《合作还是合并? 航运产业的结构变化与全功能合营企业》[8]。上述四部围绕欧盟航运反垄断与竞争法律制度

---

[1] Alla Pozdnakova, *Liner Shipping and EU Competition Law*, AH Alphen aan den Rijn, The Netherlands: Kluwer Law International, 2008.

[2] Antonis Antapassis et al. eds., *Competition and Regulation in Shipping and Shipping Related Industries*, Leiden: Martinus Nijhoff Publishers, 2009.

[3] Francesco Mundari, *Liner Shipping, Antitrust and the Repeal of Regulation* 4056/86: *A New Era of Global Maritime Confrontation*?, in *Competition and Regulation in Shipping and Shipping Related Industries* (Antonis Antapassis et al. eds.), Leiden: Martinus Nijhoff Publishers, 2009, pp. 7-25.

[4] Alla Pozdnakova, *Information Exchange Agreements between Liner Shipping Companies under EC Competition Law*, in *Competition and Regulation in Shipping and Shipping Related Industries* (Antonis Antapassis et al. eds.), Leiden: Martinus Nijhoff Publishers, 2009, pp. 26-42.

[5] Emmanuel P. Mastromanolis, *E. U. and U. S. Competition Laws Compared*: *The Paradigm of Horizontal Co-operation in Maritime Trade*, in *Competition and Regulation in Shipping and Shipping Related Industries* (Antonis Antapassis et al. eds.), Leiden: Martinus Nijhoff Publishers, 2009, pp. 43-69.

[6] Lia I. Athanassiou, *Competition in Liner and Tramp Maritime Transport Services*: *Uniform Regulation, Divergent Application*?, in *Competition and Regulation in Shipping and Shipping Related Industries* (Antonis Antapassis et al. eds.), Leiden: Martinus Nijhoff Publishers, 2009, pp. 70-93.

[7] Filippo Lorenzon and Renato Nazzini, *Setting Sail on a Sea of Doubt*: *Tramp Shipping Pools, Competition Law and the Noble Quest for Certainty*, in *Competition and Regulation in Shipping and Shipping Related Industries* (Antonis Antapassis et al. eds.), Leiden: Martinus Nijhoff Publishers, 2009, pp. 94-116.

[8] Olav Kolstad, *Cooperate of Merge*? *Structural Changes and Full-Function Joint Ventures in the Shipping Industry*, in *Competition and Regulation in Shipping and Shipping Related Industries* (Antonis Antapassis et al. eds.), Leiden: Martinus Nijhoff Publishers, 2009, pp. 117-135.

改革的著作,加上我国学者刘鸿雁2009年对于中国法与欧盟法关于班轮公会法律制度比较分析的研究成果《竞争法下的班轮公会:欧盟法与中国法的比较分析》[1]以及一些学术论文[2],几乎构成了现有国际理论界有关航运反垄断与竞争法律制度研究的全貌。可以说,较少的学术研究成果说明对于航运反垄断与竞争法律制度的研究现状是不充分的。这种学理研究上的不充分性可能是两点原因导致的:一是海商法与航运法领域在法学研究中并不属于诸如法理学法哲学、民商法、刑事法等主流法学分支学科,本身从事这方面研究的人才甚少。而且关于航运反垄断与竞争法律制度的研究则属于非主流中的非主流。考虑到关于航运反垄断与竞争法律制度的研究必须同时兼跨航运法与反垄断法两个学科,增加了研究的难度,也阻碍了研究可能的深入程度,从而成为一个容易产生空白的学科交叉点。二是因为欧盟法关于航运竞争法的改革从2006年伴随着第4056/86号条例的废除开始,经过两年过渡期,直到2008年班轮公会的整体豁免才正式被废除。这一法律变革的时间尚且短暂,短时间内不容易积累起较多的研究成果。然而不可否认的是,关于航运反垄断法律制度的研究是一个相当重要的领域,重要意义不仅仅在于其对于一个国家航运法律制度发展所可能起到的重大作用,更在于它对于一个国家航运市场竞争秩序之确立与维护上的重大实践价值,因此这就需要学术界能够较为迅速地对此作出回应,而不是以时间短暂作为研究不充分的慰藉。

虽然现阶段的研究紧密围绕国际社会航运竞争法律制度的最新的立法变革,但是专注于欧盟法的研究无疑局限了研究的视野。尤其是考虑到航

---

〔1〕 Hongyan Liu, *Liner Conferences in Competition Law: A Comparative Analysis of European and Chinese Law*, Heidelberg: Springer, 2010.

〔2〕 See e. g. Jason Chuah, *Liner Conferences in the EU and the Proposed Review of EC Regulation* 4056/86, Lloyd's Maritime and Commercial Law Quarterly, 2005, pp. 207-233; Christopher L. Sagers, *The Demise of Regulation in Ocean Shipping: A Study in the Evolution of Competition Policy and the Predictive Power of Microeconomics*, 39 Vanderbilt Journal of Transnational Law, 2006, pp. 779 - 818; Marco Benacchio et al., *The Liner Shipping Industry and EU Competition Rules*, 14 Transport Policy, 2007, pp. 1-10; William Sjostrom, Competition and Cooperation in Liner Shipping, Centre for Policy Studies, University College Cork, Working Papers No. 2009-02, Dec. 2009, available at https://cora. ucc. ie/bitstream/handle/10468/335/WP-2009-02. pdf? sequence=1.

运与航运法律制度的高度国际性,以及考虑到反垄断与竞争法律制度的国际化,不当适用与实施反垄断法律制度将构成潜在的国际贸易与投资壁垒,[1]任何一个国家或地区都不能仅凭自己的法律制度决定远洋运输业的发展及其命运。因此,在这个意义上,笔者认为航运反垄断法律制度的研究必须被置于国内化与国际化的双重语境论之下,必须综合考虑国内立法与国际法律之间的互动关系,因此也就必须触及国际竞争法的研究与国内航运市场开放等问题的研究,显然,这是现有研究并未涉及的,可以认为是目前仍然存在的空白与未来研究的前瞻性问题。

二、国内研究现状

(一) 现有研究成果的归类综述

我国学术界对于航运反垄断法律制度与航运竞争法律制度的研究只有大概短短 15 年的历史,但不可否认的是,过去 15 年的法学发展很快,研究成果也很多,法学学者对此付出了很多心力与精力。研究成果既包括对于航运反垄断法与航运竞争法的宏观综合性研究,[2]也包括从具体微观层面切

---

[1] See Anu Bradford, *International Antitrust Negotiations and the False Hope of the WTO*, 48 Harvard International Law Journal, 2007, p. 384.

[2] 对于航运反垄断法与航运竞争法的宏观综合性研究成果包括,李丹:“国际海运竞争规制探析”,上海海事大学 2005 年硕士学位论文;林晖、王千华:“国际航运经济中的反垄断立法及反垄断豁免”,载《水运管理》1997 年第 12 期;刘晓雷:“国际海运市场的反垄断问题研究——兼论中国海运市场反垄断法律调整”,华东政法学院 2007 年硕士学位论文;龙丽丽:“我国航运市场反不正当竞争法律问题研究”,大连海事大学 2000 年硕士学位论文;沈晓平:“我国航运竞争法之研究”,大连海事大学 2000 年硕士学位论文;宋康华:“国际航运市场反不正当竞争程序问题研究”,大连海事大学 2008 年硕士学位论文;王德清:“国际航运业反垄断豁免制度研究”,西南政法大学 2010 年硕士学位论文;肖江平:“运输市场垄断的成因与法律规制”,载《运输市场》2007 年第 10 期;于立、吴绪亮:“运输产业中的反垄断与规制问题”,载《中国工业经济》2008 年第 239 期;张辉:“国际航运竞争形态的转变及其法律规制”,载《武汉理工大学学报》(社会科学版)2009 年第 22 卷第 2 期;张辉:“试论对国际海运竞争的法律调整”,载《法学评论》2005 年第 4 期;张敏:“航运竞争立法若干问题研究”,上海海事大学 2004 年硕士学位论文;张敏:“航运竞争法基本问题”,载《水运管理》2009 年第 31 卷第 5 期;邹盈颖:“反垄断法影响航运竞争规制方向”,载《中国交通报》2008 年 8 月 15 日,第 005 版;朱作贤:“健全航运反垄断法律”,载《人民日报》2015 年 3 月 2 日,第 7 版。

入航运垄断问题,例如,对于航运垄断协议的研究以及航运协议性组织的研究,[1]对于航运市场滥用市场支配地位问题的研究。[2]

目前国际航运反垄断法律制度研究的代表性著作有两本:一是2000年王杰与王琦的《国际航运组织的垄断与竞争》,二是2009年刘鸿雁《竞争法下的班轮公会:欧盟法与中国法的比较分析》。[3] 王杰与王琦的《国际航运组织的垄断与竞争》是我国第一部系统性介绍国际航运组织的专门著作,分述了班轮公会与国际航运联营集团的垄断与限制竞争问题,介绍了欧美、联合国贸易和发展会议(UNCTAD)、世界贸易组织(WTO)、经济合作与发展组织(OECD)对其的竞争法律规制。该著作还从我国国际航运业的市场竞争现状、我国国际航运业的企业结构问题、我国国际航运市场的价格竞争问题、我国国际航运市场对外开放中的垄断和竞争问题、我国国际航运竞争立法及其执法机构研究的角度一并分析了我国国际航运业的市场竞争及其相关法规,构成了本著作对于我国目前航运反垄断与竞争法律制度、我国航运法律制度发展的重大贡献。然而较为可惜的是,由于该书完成于2000年,彼时我国《反垄断法》尚未出台,也不存在国

[1] 对于航运垄断协议的研究以及航运协议性组织的研究成果,可以参见陈继红、王学锋、周浩:"航运协议组织发展新趋势",载《水运管理》2005年第27卷第5期;丁育松:"集装箱班轮航线合作的基本形式及其协议的主要内容",载《集装箱化》2003年第1期;黄顺泉:"航运联盟的产业组织分析",上海海事大学2004年硕士学位论文;刘爽:"国际班轮运输运价协议法律问题研究",大连海事大学2008年硕士学位论文;马越:"集装箱班轮运输企业联合问题研究",大连海事大学2000年硕士学位论文;沈薇:"国际干散货船航运联盟若干问题的研究",上海海事大学2005年硕士学位论文;苏辉、王晓东:"论集装箱班轮公司的联合",载《集装箱化》1999年第5期;孙勇志:"国际航运联营体经营模式比较研究",载《青岛远洋船员学院学报》2004年第4期;周海霞:"浅谈班轮运输中的价格卡特尔",载《商场现代化》2005年第450期;周启蕾:"班轮运输市场联合经营方式的新发展",载《深圳大学学报》(人文社会科学版)1998年第15卷第3期;朱新艳、陈刚:"航运垄断协议规制探讨",载《大连海事大学学报》(社会科学版)2008年第7卷第4期。

[2] 对于航运市场滥用市场支配地位问题主要见于於世成、邹盈颖的研究,具体研究成果可以参见,於世成、邹盈颖:"论禁止滥用市场优势地位制度在国际航运竞争法中的运用",载《法学评论》2006年第5期;邹盈颖、丁莲芝:"禁止滥用市场支配地位制度之构成要素的新发展及在国际航运中的运用",载《海大法律评论(2012~2013)》,上海浦江教育出版社2013年版,第331~350页;邹盈颖、李思慈:"欧盟港口领域禁止滥用市场支配地位的案例研究",载《中国海商法研究》2014年第25卷第3期。

[3] Hongyan Liu, *Liner Conferences in Competition Law: A Comparative Analysis of European and Chinese Law*, Heidelberg: Springer, 2010.

际社会有关航运竞争法律体系的重大变革,因此在一定程度上影响了该著作对于我国航运竞争规则法律制度建构的借鉴意义。刘鸿雁《竞争法下的班轮公会:欧盟法与中国法的比较分析》一书则从一个欧盟法与中国法比较研究的视角展开论述,分别述及欧盟与中国的海运政策以及对于海运垄断的法律规制、欧盟与中国现行有效的一般竞争规则与海运竞争规则、欧盟与中国的海运竞争规则对于班轮公会的规制、欧盟与中国有关班轮公会豁免问题的法律规定、欧盟与中国有关班轮公会的竞争法规制程序问题、并在最后对欧盟与中国关于班轮公会竞争法律体系变化后的发展作出评价。由于这部著作写于2009年,涵盖了2002年我国《国际海运条例》及《国际海运条例实施细则》中的航运竞争法律规则,也涵盖了2006年欧盟航运竞争法改革后的法律与海运实践发展,因此相较于前一部写作于2000年的著作更贴近现有的国内与国际法律规制框架,具有重要的理论与实践价值。然而囿于该著作的研究范畴仅针对班轮公会而未能更多涉及国际航运组织从班轮公会到航运协议组织、航运联营、航运联盟的市场组织结构变化,[1]因此对于构建中国航运反垄断法律制度的重大问题而言,仍然存在一定的局限。

在论文成果中,目前我国学界对于国际航运业垄断问题的研究主要从以下四方面展开:

一是从经济学视角分析航运市场结构、航运企业并购与联盟、反垄断豁免问题。例如,王丹等以博弈论分析国际班轮运输市场战略联盟的发展,认为可能出现寡头垄断的市场结构。[2] 黄顺泉则从产业经济学视角论述了航运企业的联盟有利于航运市场稳定的观点。[3] 李天生从宏观经济学、法经

---

[1] 有关国际航运市场中航运经营者的联合方式转变可以参见,张辉:“试论对国际海运竞争的法律调整”,载《法学评论》2005年第4期,第155~160页。

[2] 王丹、赵媛、刘芃:“航运联盟发展演变的进化博弈分析”,载《水运管理》2007年第29卷第8期。

[3] 黄顺泉:“航运联盟的产业组织分析”,上海海事大学2004年硕士学位论文。

济学角度对班轮公会、海运协议联盟和经营者集中等垄断形式进行研究，得出我国不应确立航运反垄断豁免的结论。[1] 从总体上而言，目前有关议题中研究成果最多的集中在班轮运输方面，主要针对班轮公会及其反垄断豁免进行讨论。绝大多数学者的观点都认为应当考虑到班轮运输业的特殊性质，赋予班轮公会以及班轮运价协议组织反垄断豁免。[2] 虽然这些研究兼具理论深度与实践价值，但存在研究对象零散、研究结论截然对立的问题。

二是从航运业特性出发就航运业是否得享有反垄断豁免展开论辩。我国目前航运界的主流是豁免支持论，该观点认为，考虑到航运企业的联合对稳定市场的重要作用，确立反垄断豁免有利我国航运业发展。然而也有学者坚持在豁免否定论基础上构建我国航运反垄断法律框架，对此有两种研究进路：一种是彻底否定豁免，将航运业直接置于《反垄断法》的规制框架下。另一种则是部分否定豁免，主张在制定《航运法》时规定航运业反垄断

[1] 李天生："国际海运业反垄断豁免的法经济学分析——从 THC 风波谈起"，载《现代法学》2010 年第 32 卷第 1 期。

[2] 有关班轮运输业以及班轮公会反垄断豁免问题的研究成果可以参见，安飞："后班轮公会时代来临"，载《中国船检》2008 年第 9 期；陈凯、陈继红："班轮公会的前世今生"，载《中国远洋航务》2010 年第 4 期；高鹏程："海商法领域的反垄断去向何处——论班轮公会反垄断法豁免的发展和对中国的启示"，载《研究生法学》2009 年第 24 卷第 1 期；郏丙贵："后班轮公会时代国际班轮市场管制"，载《大连海事大学学报》（社会科学版）2007 年第 6 卷第 5 期；郏丙贵、王学锋："后班轮公会时代班轮公司之间合作问题前瞻"，载《上海海事大学学报》2007 年第 28 卷第 4 期；柯思、首仁："反对班轮公会享有反垄断豁免权"，载《国际商报》2003 年 10 月 11 日；蓝鹭安："论班轮公会反垄断豁免法"，载《中国海商法年刊》2007 年第 17 卷；李天生："国际海运业反垄断豁免的法经济学分析——从 THC 风波谈起"，载《现代法学》2010 年第 32 卷第 1 期；林忠明："欧共体班轮公会豁免规则及其最新发展"，载《中国海商法年刊》2007 年第 17 卷；刘英蕾："国际航运反垄断豁免制度研究"，山东大学 2009 年硕士学位论文；吕航："没落的班轮公会豁免权"，载《中国船检》2007 年第 12 期；吕鸣、章博："我国航运竞争法的反垄断豁免制度"，载《水运管理》2005 年第 27 卷第 3 期；孟洋："班轮公会与航运联盟"，载《中国水运》2002 年第 12 期；王守仁："远东班轮公会将于今年 10 月 18 日停止运作"，载《中国经贸》2008 年第 6 期；王彦："班轮公会的衰落及航运联盟的发展"，载《世界海运》2001 年第 24 卷第 6 期；王增坤、刘淑芬："班轮公会反垄断豁免制度"，载《集装箱化》2009 年第 4 期；徐剑华、邝光海："班轮运输业反垄断豁免前瞻"，载《世界海运》2005 年第 28 卷第 5 期；徐义佑："班轮反垄断豁免权朝不保夕——解析中国航运相关利益方得与失"，载《国际商报》2007 年 3 月 12 日，第 B04 版；杨宇晶："对班轮运输业立法管制的比较研究"，上海海事大学 2003 年硕士学位论文；张涛："班轮公会：行走在变革边缘"，载《中国水运报》2007 年 12 月 14 日，第 7 版；周启蕾："班轮运输市场联合经营方式的新发展"，载《深圳大学学报》（人文社会科学版）1998 年第 15 卷第 3 期。

豁免问题。后一种研究进路质疑《反垄断法》作为一般法在调控航运垄断上的可操作性；将对于市场有良性效果的航运合作协议剥离出来，与协同运价、划分市场、限制运力的恶性协议作以区别，倡导赋予前者反垄断豁免。总的来说，学者们已经普遍认为，豁免理论的研究是建构我国航运反垄断法律制度的基础，但是，在豁免这一根本性问题上的巨大分歧导致我国在理论研究和实践维度都无法进一步前行。

三是采用实践导向的进路就我国航运市场中出现的限制竞争事件进行剖析。我国航运市场存在诸多限制竞争问题：外国航运公司、大型国际航运协议组织联合在我国沿海对货主在同一时间、以同一价格征收码头作业费，[1]近海航线一些航运经营者采用“零运价”、“负运价”排挤竞争者，[2]世界海运三巨头组成运营联盟压缩我国航运企业运营空间。[3] 以解决实践问题为宗旨，航运法学界出现了一些专门针对此类事件的研究，有代表性的如：张丽英《THC争议与海运业反垄断豁免问题》、李志文《“零运价”、“负运价”引起的竞争法思考》、李思慈、邹盈颖《论海运联营体的反垄断法规制——以P3联盟被禁止为视角》。这些研究成果充分体现出实践性倾向与问题主义研究进路，通过对于我国航运实践中产生的垄断问题反思我国现有法律制度中所可能存在的缺陷。然而，虽然现有研究均认为解决此类事件有赖航运市场竞争规则的完善，但对于如何完善航运竞争规则的研究仍

---

〔1〕 有关THC案的研究成果可以参见，程蕊：“码头作业费争端之我见”，上海海事大学2006年硕士学位论文；康南：“从THC的收取看国际海运航运经营者的收费权”，厦门大学2007年硕士学位论文；李天生：“国际海运业反垄断豁免的法经济学分析——从THC风波谈起”，载《现代法学》2010年第32卷第1期；刘伟军：“论THC概念之界定及其合理支付主体”，载《上海海事大学学报》2009年第30卷；刘伟军：“THC法律问题研究”，大连海事大学2003年硕士学位论文；陆艳平：“论码头作业费的收取”，载《海商法研究》2003年第9辑；王岱岳：“关于THC法律性质的几点探讨”，载《大连海事大学学报》（社会科学版）2004年第3卷；杨运涛、吴津涛：“关于班轮公会强行征收THC的法律思考”，载《国际商报》2002年5月25日，第001版；张晶：“从THC争议看航运业的反垄断豁免——以我国《反垄断法》为视角”，载《保定学院学报》2009年第22卷。

〔2〕 有关“零运价”、“负运价”问题的研究成果可以参见，李志文、王立志：“‘零运价’、‘负运价’引起的竞争法思考”，载《2007年海商法研讨会论文集》，第66~71页。

〔3〕 有关商务部禁止P3航运联盟经营者集中的研究成果可以参见，李思慈、邹盈颖：“论海运联营体的反垄断法规制——以P3联盟被禁止为视角”，载《中国海商法研究》2015年第26卷第1期。

尚显不足。

四是从比较法视域研究欧盟海运竞争法[1]以及美国海运反托拉斯法[2]。研究重点在于探索欧盟海运竞争法的变革，尤其是其将一般性竞争法规则适用于海运市场的法律和政策动因。於世成《论欧共体的海运竞争法》一文详细论述了欧盟传统海运竞争法第4056/86号条例的豁免制度。郑丙贵、王学锋、邹盈颖则对第1419/2006号条例出台后的欧盟新海运竞争法进行探讨。我国《航运法》起草工作组也对欧盟航运竞争法高度关注，曾专门出版《欧洲航运政策法规汇编》。[3] 然而对于欧盟海运竞争法变革的影响评估、我国是否应效仿欧盟做法等问题的研究仍有待深入。

此外，还有一些研究成果兼予论及了航运反垄断法与航运竞争法问题，

---

〔1〕 有关欧盟海运竞争法的研究成果可以参见，黄渝娜："关于欧盟海运竞争法的研究"，上海海事大学2007年硕士学位论文；郑丙贵、王学锋："论欧盟国际海运竞争法中监管制度的最新发展"，载《中国海洋大学学报》(社会科学版)2004年第1期；郑丙贵、王学锋："欧盟国际海运反垄断豁免制度发展趋势前瞻"，载《中国海洋大学学报》(社会科学版)2005年第4期；郑丙贵："欧盟航运竞争规则新体系探讨"，载《上海海事大学学报》2009年第30卷；金婷婷："对欧盟取消班轮公会豁免权之思考——兼谈我国相关立法之对策"，上海海事大学2007年硕士学位论文；刘慧："欧盟竞争法的最新发展动向及其对班轮运输的影响"，载《集装箱化》2007年第6期；刘柳："从欧盟到中国：航运反垄断豁免制度初探"，上海海事大学2006年硕士学位论文；徐步、张功："欧盟第4056/86号条例废止的影响及建议"，载《世界海运》2008年第31卷第4期；徐士英、郑丙贵："欧盟竞争法的新发展及对我国的启示"，载《法学》2004年第8期；於世成、林晖："关于欧洲联盟共同海运政策的思考"，载《水运管理》1998年第11期；於世成："论欧共体的海运竞争法"，载《中国海商法年刊》1994年第5卷；章晓卉："小议欧盟第1419/2006号条例对班轮航运业的影响"，载《中国海商法年刊》2009年第20卷第1~2期；张琳："欧盟的海运竞争政策"，载《海商法研究》2004年第11辑；朱作贤："反思当代国际航运反垄断规制的欧美法路径——兼论中国特色模式之构建"，载《中国海商法研究》2015年第26卷第1期。

〔2〕 有关美国海运竞争法的研究可以参见，程宝库："评美国航运法的受控制航运经营者规则及其修改"，载《华东政法学院学报》1999年第2期；贾真："美国航运法97年改革方案"，载《中国远洋航务公告》1997年第6期；井艳："美国航运立法的研究与借鉴"，上海海事大学2002年硕士学位论文；宋春风、陈悦："美国海运管理中的'受控航运经营者'问题及其法律解决方案"，载《海商法研究》2002年第8辑；於世成："美国航运法研究"，北京大学出版社2007年版；朱作贤："反思当代国际航运反垄断规制的欧美法路径——兼论中国特色模式之构建"，载《中国海商法研究》2015年第26卷第1期。

〔3〕 《航运法》起草小组：《欧洲航运政策法规选编》，人民交通出版社1999年版。

例如，对于航运法的研究中兼涉航运竞争法之研究，[1]对于开放海运市场与海运服务贸易的研究中兼涉外资航运企业对于国内航运市场的垄断问题，[2]以及我国《反垄断法》出台后对于航运市场竞争秩序的影响问题。[3]

---

[1] 有关航运法的研究成果可以参见，胡正良："航运法的调整对象与我国制定'航运法'的必要性"，载《大连海事大学学报》（社会科学版）2004年第3卷第1期；胡正良："论我国航运法的价值和基本原则"，载《大连海事大学学报》（社会科学版）2004年第3卷第2期；胡正良："论我国《航运法》制定的目的和应遵循的原则"，载《大连海事大学学报》（社会科学版）2004年第3卷第3期；胡正良："中国航运法之研究"，大连海事大学2003年博士学位论文；於世成、王瑜："放松管制与规范管理的统一——评《中华人民共和国国际海运条例》"，载《海商法研究》2004年第10辑；於世成："中国的航运法律体系"，载《海商法研究》2003年第9辑；张洁："我国国有航运公司的法律困局"，载《河北法学》2007年第25卷第4期；周黎亮："论我国的航运政策与航运法规——兼论'入世'后我国航运政策的调整及航运法规体系的建立"，大连海事大学2000年硕士学位论文。

[2] 有关开放海运市场与海运服务贸易的研究成果可以参见，陈红彦："完善中国海运服务贸易立法之思考"，载《法学杂志》2003年第24卷第1期；陈曦："我国海运开放程度比较分析"，载《研究生法学》2006年第4期；陈瑶："海运服务贸易中的倾销与反倾销问题研究"，西南政法大学2007年硕士学位论文；成进、张琳："入世前后中国海运政策的变化与发展——兼述其对外国投资者的影响及意义"，载《海商法研究》2006年第12辑；邓瑞平、王继宁："论GATS框架内中国法律对海运服务业的调整"，载《现代法学》1997年第3期；费艳颖、王越："WTO贸易自由化原则与我国航运立法之完善"，载《WTO法与中国论坛——中国法学会世界贸易组织法研究会年会论文集（四）》，第260~268页；冯闻军、刘世元："《服务贸易总协定》与我国海运服务贸易立法"，载《法制与社会发展》1996年第4期；胡绪雨："GATS规范海运政策的原则"，载《中国水运》2002年第7期；刘志云："GATS框架下我国海运服务对外开放的问题探讨"，载《青岛海洋大学学报》（社会科学版）2002年第2期；潘玥："我国海运服务贸易法律问题研究"，大连海事大学2008年硕士学位论文；彭媛媛："WTO与中国海运服务贸易法律制度的完善"，载《贵阳市委党校学报》2007年第6期；乔婧："海运法律制度变革对外国投资者的影响"，载《河南公安高等专科学校学报》2005年第84期；任为民："海运自由化谈判综述"，载《中国远洋航务公告》2002年第2期；王婧祎："WTO国际海运服务贸易与我国海运业开放"，载《上海经济研究》2008年第11期；王小午："GATS项下中国海运服务法律问题研究"，西南政法大学2006年硕士学位论文；于立新："开放中国航运服务贸易市场的思考"，载《财贸经济》1999年第10期；岳树梅："论我国海运服务贸易法律制度的发展趋势"，载《重庆工商大学学报》（西部论坛）2006年第16卷第4期；张俊杰："WTO海运服务贸易谈判相关问题研究"，载《法商论丛》2009年第6卷；张丽英："海运法律的壁垒及其自由化"，载《海商法研究》2002年第8辑；张琳："中美海运开放若干法律问题之比较研究"，载《海商法研究》2003年第9辑；张鲁："由GATS中的海运服务基本原则看我国海运现状"，载《法制与社会》2009年第2期；张湘兰、张辉："WTO与中国海运服务贸易法律制度"，载《武汉大学学报》（社会科学版）2003年第56卷第1期；赵枫："入世后WTO海运框架对中国海运业的影响研究"，中国海洋大学2004年硕士学位论文；郑玲丽："WTO海运服务贸易自由化谈判及中国的因应措施"，载《法治研究》2007年第7期；周成杰："论海运服务贸易中的反倾销"，上海海事大学2003年硕士学位论文。

[3] 有关我国《反垄断法》出台后对于航运市场竞争秩序的影响可以参见，李鹏："《反垄断法》能否抑制班轮公会的盘剥"，载《国际商报》2008年8月25日，第B01版；邹盈颖："反垄断法影响航运竞争规制方向"，载《中国交通报》2008年8月15日，第005版。

(二)问题、自省与未来的研究走向

与国际学界的研究相比,我国对于航运反垄断与竞争法律制度的研究起步晚了半个多世纪,直到20世纪90年代才有文献着手进行研究。除了少部分较有代表性的著作外,大部分研究都呈现出不系统、不深入的问题。在法律制度变化后后续跟进性的研究成果也较少,尤其是在我国2007年出台《反垄断法》后的航运市场竞争秩序问题上目前具有建设性意义的论述并不多见。现有研究的另一个问题在于仍然停留在班轮运输阶段,而欠乏对于整个航运市场竞争问题的综合性把握。固然,班轮运输领域因为存在自古被喻为"海上卡特尔"的班轮公会,因此凸显了竞争法对其规制的意义,也因为这些"海上卡特尔"一直以来享有的反垄断整体豁免特权而诞生了很多学术增长点。但若因此而忽视航运市场全貌而去构建片段的航运竞争法律规则未免失当,而且这种做法很可能导致两个严重后果:一是可能造成我国航运法律体系的割裂,二是对于以后不定期租船市场可能发生的垄断与限制竞争问题因为缺乏应有的理论准备而束手无策。此处欧盟的做法值得借鉴。欧盟在2008年将不定期租船运输与沿海运输都纳入一般竞争法的规制框架下之后,欧盟委员会2008年出台的《有关海上运输适用欧共体条约第81条的指南》〔1〕特别阐述了如何在不定期租船市场适用欧共体条约第81条,即如何将一般竞争法关于协议垄断的规则适用于不定期租船市场,其具体内容涉及不定期租船市场相关市场的确定,〔2〕不定期租船市场市场份额的确定,〔3〕以及特别述及了不定期租船运输的联营协议问题(pool agreement)。〔4〕

〔1〕 European Commission Guidelines on the application of Article 81 of the EC Treaty to maritime transport services, OJ C 245/2, 26. 9. 2008.

〔2〕 European Commission Guidelines on the application of Article 81 of the EC Treaty to maritime transport services, OJ C 245/2, 26. 9. 2008, pp. 22-32.

〔3〕 European Commission Guidelines on the application of Article 81 of the EC Treaty to maritime transport services, OJ C 245/2, 26. 9. 2008, p. 34.

〔4〕 European Commission Guidelines on the application of Article 81 of the EC Treaty to maritime transport services, OJ C 245/2, 26. 9. 2008, pp. 60-77.

除了起步晚的问题,与国外围绕立法进行论证相比,我国目前的研究还尚且停留在对于系统航运竞争法律体系出台的呼唤阶段。国际学界的研究围绕两次有关航运竞争法律制度的重大变革——1974 年联合国《班轮公会行动守则公约》的出台与欧盟航运竞争法取消班轮公会反垄断整体豁免——进行深入讨论,可以说是立法导向的进路。学理著述在立法前为立法提供框架、理论、细节支撑,在立法后则更多地就立法来进行评论、批判与反思,立法与法学之间形成了一种系统的互动与辅助。反观我国,因为时至今日《航运法》尚未出台,亦尚无系统有效的航运反垄断法律规则体系,所以法学研究只能采用实践导向的进路,围绕我国航运领域出现的严重损害航运市场秩序的 THC 事件、零运价与负运价事件展开,更多地集中在对于出台系统性的航运业反垄断法律制度的呼唤。因为没有可供分析的较为系统化的法律体系,使得就法律规则而进行的分析研究无法深入。可以说,法律制度的缺失阻碍了航运竞争法领域以概念分析、规则分析为主要研究方法的诠释法学的发展。

如果将我国学术研究的滞后的一方面原因归结为法律制度的缺失而带来的学术研究话题与研究对象的匮乏,那么另一方面的原因则在于学术界本身。目前的研究虽然针对我国航运市场最具问题的 THC 事件、“零运价”、“负运价”事件、P3 航运联营作出回应,并呼唤航运反垄断与竞争法律制度的出台,但是却并没有系统且具体地对如何构建我国的航运反垄断法律制度给出回应。因此法学研究主要表现为对于法律出台的殷切呼唤,但对具体如何构建、发展、丰富法律却并没有提出具体完善的建议与措施。事实上,在对于航运市场垄断事件的分析中,我们看到,提出来的解决问题的办法也往往是大而化之的——倡导制定航运竞争规则、引入具体反垄断规制制度。根本性的问题在于我们仍不知道具微观上的具体问题该如何具体地改进?到底要制定什么样的具体规则?实际上,不能具体化规则凸显了在这一领域法律人的理论准备之不足。理论准备之不足与整个法学界一直以来没有对海商法与航运法给予足够的重视有关,也与海商法学界本身重海商法轻航运法的学术侧重点有关。现在,必须认识到的是,一部包括航运竞争法律规则在内的系统的航运法对于我国航运市场公平有序竞争制度的保障、对于鼓励我国的船队走向大海、对于维护我国依赖海运保障的国际贸易而言,是不可或缺的。

在上述意义上,有关航运反垄断与竞争法律问题的立法与学术研究似乎陷入了一个循环牵制的悖论。一方面,现有法律制度的不完善阻滞了法学研究的深入;另一方面,未能充分发展的法学研究则无法为我国未来的立法提供足够的理论支撑,因此在这个意义上又阻滞了立法的发展。我国需要对于航运反垄断法律问题作出充分的研究,从而为未来的立法提供足够的理论支撑。

因此,这就决定了对于航运反垄断与竞争法律制度的研究所涉及的是一个航运法律秩序建构的过程,而不单纯只是纯学术意义的研究,这也将构成本书研究目的的定位:尝试对我国航运反垄断法律规则的构建提出系统化、具体化的建议。需要指出的是,本书虽然是以中国航运实践导向的法律制度研究,但这种定位并不排除对于外国法的比较研究、国际规则的参考借鉴,毕竟,比较研究是为了更好地对中国航运实践、航运法律制度之发展提出可能的具有借鉴意义的参考。

第四节　本书架构与研究方法

一、本书架构

考虑到国际航运反垄断法律制度研究的重要意义不仅仅在于其对于一个国家航运法律制度之发展所可能起到的重大作用,更在于它对于一个国家航运市场秩序之确立与维护上的重大实践价值——通过航运竞争法制完善航运市场竞争有序的市场体系,通过航运竞争法制保障"一带一路"战略布局海上通道的畅通无阻,通过航运竞争法制提升国际话语权,真正担负起国际法上的大国责任。因此,贯穿本书的将是对于中国国际航运反垄断法律制度如何构建的基本命题。针对解决国际航运业的垄断与限制竞争问题,本书希望更多地追求对于中国问题的思考,去探索中国国际航运反垄断法律制度的现在与将来,实然与应然,以此完善或者在一定程度上可以说是构建出一部比较系统化,同时又不失具体化的,结合自身的特点的对内鼓励竞争,对外自我保护的国际航运反垄断法律规制制度。

笔者把本书分为九章,除去导论与结论,其余七章作为主体,第二章至第三章系对国际航运垄断问题与有关的国际航运反垄断法律规范的分析综述,第四章至第八章系本书的核心,第四章通过论述国际航运反垄断整体豁免制度的存废,以航运业整体豁免否定论主张和立法操作上的制度变通奠定了整个文章分析框架与理论架构的基础,第五章至第八章在这一基础之上通过批判性反思现有国际航运反垄断法律制度的缺陷,探索如何在国际航运反垄断法律制度中具体适用反垄断法实体规则制度。

在导论提出问题、梳理理论、阐明架构、概述方法之后,第二章"航运垄断的起因与国际航运市场垄断现状"回顾了国际航运垄断的历史起因,从经济学视角切入分析国际航运市场弹性较小的供需结构、高额投入的固定成本、变幻莫测的航运市场周期促使国际航运经营者通过联合避免恶性竞争、抵销船舶空载空舱的负面影响,指出特殊的市场结构催生了早期的"海上卡特尔"。然而目前,从组织理论来看班轮公会这一"海上卡特尔"却不符合纯粹垄断或者寡头垄断的构成特征,也不宜将市场结构主义、行为主义、目的进路的分析完全彼此割裂,以综合多种因素的个案判断方法、从组织到协议或者行为来判定班轮公会的垄断性是较为可取的做法。除了班轮公会引发的垄断问题,国际航运市场中的航运稳定化协议组织与运价协商协议组织的出现、航运联营与航运联盟的兴起,航运经营者的兼并与收购、不定期租船市场的联营使国际航运市场多样化的垄断成了亟待解决、规制的重要问题。

第三章"国际社会规制航运业垄断问题的法律规范"以比较法的视角分析国际社会规制国际航运垄断问题的主要法律规范。虽然多数国家都采用了国际航运反垄断豁免制度,但是由于受到经济合作与发展组织 2002 年报告《班轮运输竞争政策》建议成员国重新审查并考虑取消班轮公会反垄断豁免的影响,2006 年 10 月欧共体理事会通过第 1419/2006 号条例,废除班轮公会反垄断整体豁免,将《欧共体条约》一般性竞争法规则适用于海运市场,引发了欧盟海运竞争法体系的根本变革。美国虽然仍给予国际航运协议反托拉斯豁免,但却早已通过较为完善的包括协议报备制度在内的程序制度得以对国际航运中可能的联合限制竞争实施有效规制。欧盟国际航运法律制度的重大变革正在扭转国际航运反垄断豁免制度的立法方向与立场,很多主要海运国家开始着手论证并正在考虑取消国际航运反垄断豁免制度。

第四章"国际航运反垄断豁免制度"以讨论国际航运业是否应当获得排除一般反垄断规则适用的特权待遇为核心,考察国际航运反垄断豁免制度的合理性在当前面临的挑战,评估取消豁免的利弊以及对国际航运实践所可能产生的影响,指出为了使那些具有反竞争效果的班轮公会协议与其他运价协议被置于反垄断法规制之下,同时又可以保障那些对于效率提升具有积极作用的运营协议,取消航运运价协议的反垄断豁免,对航运运营协议的反垄断豁免具体考虑,是应当采取的立场。这一立场看似支持了折中说的观点,但其实质却是取消航运反垄断整体豁免制度。因为在一个存在完善的一般性反垄断豁免制度的法律体系内,这一类具有良性作用的运营协议其实可以直接通过反垄断制度中的豁免规定得以豁免,而无需航运特别法对其作出规定。但就我国现有《反垄断法》所设定的垄断协议豁免制度来说,除非按照第 15 条第 7 项"法律和国务院特别作出规定",否则运营协议很难根据《反垄断法》的豁免制度取得豁免权。显然,如果要作出这样的特别规定,就立法操作而言,就需要在制定《航运法》时特别规定航运运营协议的反垄断豁免,同时限定其可以获得豁免的条件。

国际航运反垄断整体豁免制度否定论构成了本书理论分析框架的基础。取消国际航运反垄断整体豁免制度后,国际航运市场的垄断问题就不应再享有不适用一般竞争法规则的特权,因此我国国际航运市场垄断规制的问题最终归结到应当如何将一般竞争法适用于航运业反垄断具体问题的制度建构之中。鉴于国际航运垄断的程序性控制是与实体规制一样复杂的命题,囿于时间和精力的限制,本书主要将研究视野专注于实体性规制国际航运垄断问题,而仅在必要时涉及相关的程序性管制问题。

第五章“国际航运协议的反垄断规制”。国际航运垄断协议因其强化了航运经营者之间的联合，为它们从事协同性行为，如联合提价、联合收取附加费、统一运输条件等提供了平台与空间，可能具有严重的反竞争效果而亟待竞争规制。然而各类航运协议在限制竞争效果、效率提升效应、消费者福利增加减损层面却又效果各异。基于此种差异，本章将研究视域从传统以航运组织形态为主的研究转向专注于航运协议具体内容及其反竞争效果的微观化研究，对航运协议限制竞争效果与效率改进效果、消费者福利相权衡，试图以此为基础划定航运经营者滥用契约自由、启动海事海商法律制度中强行法介入来矫正市场的干预门槛与边界。

第六章“国际航运企业与组织滥用市场支配地位行为的反垄断规制”。首先从界定国际航运领域的相关市场、认定市场支配地位、认定滥用行为的构成要件分析切入国际航运市场滥用市场支配地位问题。国际航运反垄断法律规制的滥用市场支配地位行为包括向航运市场消费者索要高价运费或附加费的剥削性滥用行为，也包括使用战斗船或者掠夺性降低运价行为、运费延期折扣行为以及妨碍市场竞争的运价歧视行为等妨碍性滥用行为。在厘清航运市场滥用支配地位行为类型的基础上，扩充现有法律制度框架的行为范畴，明确各类航运市场滥用行为的反垄断规制标准。运市场中的剥削性滥用市场支配地位行为可能造成对于消费者利益的直接侵害，因此在认定标准上较妨碍性滥用标准更低。超高定价的判定标准主要取决于定价是否显著超出产品的经济价值，并参照比较其他处于相似地位企业的定价。航运市场中妨碍性滥用市场支配地位行为的反垄断规制标准则依据行为类型的不同而不同：鉴于使用战斗船行为以竞争排挤为唯一目的，因此可以考虑将意图作为滥用的决定性标准；为了合理区分掠夺性定价与合理降价行为，可以以修订后的阿瑞达 · 特纳（Areeda-Tuner）规则为界分标准；忠诚折扣行为是否构成滥用行为则以折扣是否具有限制性、掠夺性或捆绑性为判定标准；价格歧视行为的标准较为容易判断，如果从价运费和运费折扣并不以货物数量或运输成本为基础公平地适用于所有处于相同条件的托运人，却以限制竞争为目的，则构成滥用性价格歧视行为。同时，允许航运经营者进行合理性抗辩,更好地平衡消费者利益、竞争秩序与航运经营者的运营效率,是未来航运竞争立法的可行进路。此外,为了有效规制航运市场中的滥用支配地位行为,未来航运竞争立法可以引入共同市场支配地位概念。考虑到市场多元化、身份多重化与分支产业自然垄断属性,可以适用必要设施理论对某些航运分支产业基础性网络运营商施加准入义务。

第七章“国际航运经营者集中的反垄断规制”则主要在国际航运并购浪潮的背景下,针对如何规制国际航运市场经营者之间的并购和联营所可能引发的限制竞争问题展开讨论。首先论述是否应当在并购之外将航运市场较为常见的航运合营纳入经营者集中规制的对象范畴,认为如果符合全功能合营企业的构成要件,则会导致参与航运合营各方的联合,从而在市场中创设出集合了参与合营方市场份额的合营体,会对市场集中度的提升产生较为显著的潜在影响,应当纳入经营者集中规制制度的适用范畴。在确立规制对象范畴的基础上,这一章进一步以法律文本诠释与批判的思路探讨了目前我国国际航运经营者集中申报审查制度的主要问题,尤其对国际航运经营者集中申报审查主管机构在航运法律制度与一般反垄断法律制度存在冲突的情况下如何解决的问题给出回应。此外,在我国国际航运市场外资航运公司占据大部分市场份额的情况下,国际航运经营者集中规制还不可避免地涉及外资并购我国国内航运企业的反垄断审查与安全审查的问题。

第八章“国际航运市场中行政垄断的反垄断规制”。这一章不完全局限于反垄断法现有的行政垄断规制框架。由于国际航运市场中国家补贴航运业是较为普遍的做法,受补贴的外国船舶很可能通过掠夺性低价扰乱不受补贴的本国国际航运市场,因此行政垄断规制在国际航运反垄断法律制度中不仅要回应如何规制本国行政权力滥用对于国内航运市场竞争秩序的限制,还要回应如何规制外国政府采用行政权力对其航运公司进行补贴紊乱我国海运市场秩序,使我国海运公司在竞争中处于劣势的行为。

最后结论提出,在国际航运反垄断豁免制度国际变革的背景下与《反垄断法》业已颁行的基础上,《航运法》反垄断规则的起草应当被尽快提上议事日程,从而早日使困扰我国航运实践已久的航运市场的垄断与限制竞争问题被纳入有效的法律规制框架之下。中国,应当通过评估欧盟限制航运反垄断豁免,将航运市场纳入一般竞争法的这一做法,立足于国家航运与贸易利益的角度来确立自己的国际航运反垄断规则。在定位起草中的《航运法》航运反垄断规则的立法走向时,欧盟将一般竞争法规则适用于海运市场的做法值得引为借鉴。这是因为从产业政策与竞争规制协调视野来看,豁免垄断未必是鼓励航运业发展的最优选择。考虑到国际航运反垄断整体豁免制度国际变革的宏观背景下我国的航运利益保护与《反垄断法》授权其他法律作出例外规定的空间,不确立国际航运反垄断整体豁免,将一般竞争法的规定统一适用于航运市场,是我国制定《航运法》时应当采取的立场。在此背景下,可以考虑通过竞争法律制度协调统合长期以来实施区隔化法律治理的班轮运输业与租船运输业,将二者统一适用一般化竞争规则下的单独豁免制度。

二、研究方法

在研究方法上,本书的研究对象注定了它是一个跨法律学科的研究,将海商法与反垄断法进行融合,同时由于不可避免地需要以经济学的理论作为支撑,因此也渗透了一定经济学与法律经济学的分析。此外,WTO 下的海运市场开放、贸易保护主义的应对等问题也融合了国际法与国际经济法的研究范式与理论。虽然本书更多地追求对于中国问题的思考,但对于中国国际航运反垄断法律制度的研究不能仅仅依据中国现有的纯粹法学和法条主义的知识框架,也不能简单复制、照搬和移植西方法治,这就决定了本书需要在采用法解释学分析检视、反思现有中国有关国际航运反垄断法律制度的基础上,结合比较研究的方法参考、借鉴有益于中国国际航运反垄断法律制度完善和改革的立法模式和司法经验。

CHAPTER 02> 第二章

航运垄断的起因与国际航运市场垄断现状

第一节 国际航运市场结构分析：经济学视角的阐释

一、微观经济学视角下国际航运市场的特殊供求结构

国际航运市场供求结构呈现出的特殊性是什么？航运市场为何会存在特殊的供求结构？这种特殊的市场结构对于航运企业选择个体行为还是联合行为的抉择上又会产生什么影响，对于国家甚至国际社会在规制航运市场时的政策与法律制定又会产生什么影响？本部分将对比一般市场以"价格支配力"为主导的供求关系与航运市场超越"价格支配力"的供求关系，以及通过分析超越纯供求决定的运价水平，阐释航运市场的特殊结构，以此作为解说下文班轮公会与航运联营出现的原因。

国际航运市场是一个高度多元化的市场，在其内部又存在具有不同属性的特定分支市场。按照船舶类型可以将国际航运市场界分为油轮市场、干散货市场等，按照贸易类型又可以界分为谷物市场、木材市场等，但更加一般化的区分则可以按照航运经营者与运输消费者之间的合同关系类型来划分。[1] 按照这种划分，国际航运市场最为主要的两种类型就是不定期租船合同运输与班轮合同运输。不定期租船市场存在数量众多的卖方与买方，合同运费率也随着市场供求关系的变化而变动，因此一般认为该市场中

---

〔1〕 See Gunnar K. Sletmo and Ernest W. William Jr. , *Liner Conferences in the Container Age: U. S. Policy at Sea*, New York: Macmillan Publishing Co. , 1981, pp. 7-8.

是自由竞争的。[1] 然而虽然也存在一定数量的独立航运经营者以及非公会航运经营者，但是班轮运输则一般在班轮公会或航运联盟的运作下进行。班轮运输定期开航的特征决定了为了维持船期，船舶在半空载的情况下也仍要开航。事实上，面临变动性市场需求时仍要维持固定的船期表是班轮运输市场区别于不定期租船市场的最重要特征，[2] 而且维持固定船期与变动性需求之间的矛盾无法通过实现自由竞争来消除。[3] 下文的分析也都建立在此种划分基础上，虽然论及的是一般航运业的市场结构与特性，这种结构特性却在班轮运输中表现得最为明显。

（一）超越“价格控制力”的国际航运市场特殊供需弹性

经济学的一般规律是，价格受供求关系影响，同样价格也制约着供求关系。价格上升，则需求减少，从而促使价格回落以刺激需求；价格下降，则需求增大，经营者又会提高价格。因此，在价格上升下降的变化机制下，供给与需求总是会达到市场意义上的均衡，价格机制下的供给需求可以交由市场自身调节。[4] 但是，在国际航运市场中，运力与运量这一航运市场的供求关系却并不完全受制于航运市场的运费率水平，即价格。航运市场中的供求关系超越了一般经济学价格机制的范畴，运力与运量并不完全通过价格机制起作用，运量可能直接决定了运力。甚至有学者认为，在国际航运市场中运力与运量的这一供求矛盾表现为实际上是运量决定了运力的发展。[5] 这是因为国际航运市场，尤其是班轮运输市场的需求弹性与供给弹性都比较小，因此价格的波动对于市场需求与供给的变化就相应不明显。[6] 而且

[1] See Gunnar K. Sletmo and Ernest W. William Jr., *Liner Conferences in the Container Age: U. S. Policy at Sea*, New York: Macmillan Publishing Co., 1981, p. 8.

[2] See Gunnar K. Sletmo and Ernest W. William Jr., *Liner Conferences in the Container Age: U. S. Policy at Sea*, New York: Macmillan Publishing Co., 1981, p. 9.

[3] See Gunnar K. Sletmo and Ernest W. William Jr., *Liner Conferences in the Container Age: U. S. Policy at Sea*, New York: Macmillan Publishing Co., 1981, p. 11.

[4] [美]曼昆：《经济学原理（第 5 版）：微观经济学分册》，梁小民、梁砾译，北京大学出版社 2009 年版，第 71~93 页。

[5] 王杰、王琦：《国际航运组织的垄断与竞争》，大连海事大学出版社 2000 年版，第 191 页。

[6] 司玉琢：《国际海事立法趋势及对策研究》，法律出版社 2002 年版，第 83~89 页。

在国际航运市场中,考虑到船舶空载或者停止经营期间仍然会产生巨大的成本,航运经营者也一般不会像其他产业的商品提供者那样通过减少产出的手段促使价格提高到竞争价格之上。

首先,国际航运市场供求关系的特点在于需求弹性与供给弹性都比较小,可以说是缺乏弹性的,因此运价变动对于供求关系的短期影响并不显著。所谓“需求弹性”又被称为“需求价格弹性”,是需求量变动随价格变动的比例,它往往被用来衡量需求量对价格变动的反应程度。如果一种物品的需求量对价格变动的反应很大,就说这种物品的需求是富有弹性的。如果一种物品的需求量对价格变动的反应很小,就说这种物品的需求是缺乏弹性的。[1] 而所谓“供给弹性”又被称为“供给价格弹性”,是供给量变动随价格变动的比例,它往往被用来衡量供给量对价格变动的反应程度。如果一种物品的供给量对价格变动的反应很大,就说这种物品的供给是富有弹性的。如果一种物品的供给量对价格变动的反应很小,就说这种物品的供给是缺乏弹性的。[2] 国际航运业的需求弹性与供给弹性也都是相对运费率而言的。国际航运业的需求弹性与供给弹性都相对较小,这意味着运价上升,但供给却并不会因为运价上升而出现大幅增加;同样,运价下降,需求也不会因为运价下跌而出现大幅增加。[3] 这种特点在班轮运输中表现得尤为明显,这是因为班轮运输中航线、运价都已经事先规定,调整难度较大。定班期、定航线、定挂靠港的班轮运输方式经营的灵活性很小。要扩大运力,无论是租船还是购买二手船都需要一定的时间进行船舶登记,建造新船的时间投入更是甚多。这些因素客观上都延滞了班轮供给受运价上升的增长性反应程度。[4] 同样,即使运价下降,竞争导致的低价格并不能产生更多的需求。这是因为从市场总运量来看,待运货物的运输量不会因为运价

〔1〕 [美]曼昆:《经济学原理(第 5 版):微观经济学分册》,梁小民、梁砾译,北京大学出版社 2009 年版,第 99 页。

〔2〕 [美]曼昆:《经济学原理(第 5 版):微观经济学分册》,梁小民、梁砾译,北京大学出版社 2009 年版,第 108 页。

〔3〕 J. E. Sloggett, *Shipping Finance: Financing Ships and Mobile Offshore Installations* (*2nd ed.*), Coulsdon: Fairplay Publications, 1998, p. 104.

〔4〕 Martin Stopford, *Maritime Economics* (*3rd ed.*), New York: Routledge, 2009, p. 173.

的下跌而增加,即使减低运输成本也很难刺激交易或贸易量。[1] 马硕教授在分析中国海运需求增长时就曾经指出:“中国海运需求增长模式有四个特点:大量、高速、持续、不受国际价格影响。”[2] 特殊的供求结构决定了国际航运市场不能像一般市场那样通过价格机制实现供求关系的自主调节。这种边际成本小、需求弹性小、供给刚性的特点导致航运业经营者无法通过减低价格的方式刺激需求的增加,因此减低运价的竞争往往被认为无法达到良性竞争的效果,反而会导致破坏性竞争。

其次,在国际航运市场中,航运经营者也一般不会通过减少产出的手段促使价格提高到竞争价格之上。美国著名法学家波斯纳将垄断与价格支配力联系在一起,指出:“垄断者,是能够通过改变其出售产品的数量而改变其产品的市场销售价格的一个销售者。具体地说,通过减少产出,他可以把价格提高到供应市场的成本之上,也就是提高到竞争所导致的价格水平,即竞争价格之上。这种‘价格支配力’是经济学上垄断概念的核心,它产生于市场价格与供给数量成反比这个事实。一些人对某个产品的估价会比其他人高,所以如果供给减少,他们就会提高出价以保证自己获得该产品。相反,当供给增加时,价格一定会下降,以吸引对该产品估价较低的人来购买。因此,控制一种产品的供给的销售者,可以通过限制供给的数量来提高他的价格。”[3] 但是,国际航运市场的运力提供者则很少依靠这种减低供给以促使价格提升的方法经营,这是因为航运属于资本密集型产业,投资巨大,航运经营者几乎不可能选择将船舶闲置通过减少运力的方式提高运价,因为船舶闲置将意味着不可避免地产生亏仓费、停泊费、码头费等一系列高额的成本。因此,高昂的先期投入与固定成本会在很大程度上降低航运经营者寻求垄断高价的激励机制。

(二) 超越纯供求决定的运价:固定成本、机会成本、借由联合减低成本

国际航运市场尤其是班轮运输市场中不但运价不能完全决定需求与供给

---

〔1〕 Martin Stopford, *Maritime Economics* (*3rd ed.*), New York: Routledge, 2009, p. 173.

〔2〕 马硕:“航运市场周期理论与当今干散货航运市场变化”,载《水运管理》2009 年第 31 卷第 11 期。

〔3〕 [美] 理查德·波斯纳:《反托拉斯法》,孙秋宁译,中国政法大学出版社 2002 年版,第 9 页。

的变化,反之需求与供给同样也不能完全决定运价水平的变化。航运市场的运价会受到供求关系的影响,但是同时也受制于其他一系列因素,包括世界政治格局的变化,世界经济和贸易的发展,国际贸易区域化和集团化的程度,世界各国贸易保护主义和贸易自由化两种力量的消长,以及国际金融市场的变化等。同时还受到行业内国际惯例、法规、操作习惯,主要航运公司的航运策略,政府对航运业的干预和保护程度,双边和多边国际海运协定、航运公会、航线稳定协议的制约和影响;船舶价格、各类货物的价格水平、世界各主要港口的费率水平和收费标准、航运业的技术进步,特别是季节性因素等都对集装箱运输市场有着强烈影响。〔1〕这一系列因素中的重要一项便是垄断权力导致运价脱离市场竞争机制。〔2〕世界银行发展研究小组研究人员芬克等(Carsten Fink, Aaditya Mattoo 与 Illeana Cristina Neagu)在 2002 年曾经对以前有关学者的研究成果进行总结,〔3〕指出国家的贸易保护主义,尤其是货载保留政策以及授予港口和航运辅助设施提供者的垄断性特权,〔4〕航运竞争者私人的反竞争行为都可能导致超高运价。〔5〕也有研究指出,波罗的海运价指数显示,虽然不定期租船市场的运价决定机制近乎于完全竞争市场的机制,但是大多数班轮运费率所表现出的价格决定机制则绝非仅仅具有

---

〔1〕刘越:"价格机制演变对集装箱运输市场发展的影响",载《全球经济形势变化与我国集装箱运输发展对策研讨会论文集》2009 年版,第 73 页。

〔2〕See Daniel Marx Jr., *International Shipping Cartels: A Study of Industrial Self-Regulation by Shipping Conferences*, Princeton: Princeton University Press, 1953, p. 9.

〔3〕See Carsten Fink et al., *Trade in International Maritime Services: How Much Does Policy Matter?*, 16 The World Bank Economic Review, 2002, p. 82.

〔4〕See Esra Bennathan, *Deregulation of Shipping: What is to Be Learned from Chile?*, World Bank Discussion Papers No. 67, World Bank, Washington D. C., 1989; Azita Amjadi and Yeats Alexander, *Have Transport Costs Contributed to the Relative Decline of Sub-Saharan African Exports?*, Policy Research Working Paper No. 1559, World Bank, Washington D. C., 1995; Joseph Francois et al., *Commercial Policy and the Domestic Carrying Trade: A General Equilibrium Assessment of the Jones Act*, 29 Canadian Journal of Economics, 1996, pp. 181-198.

〔5〕See Joseph Francois and Ian Wooton, *Trade in International Transport Service: The Role of Competition*, Centre for Economic Policy Research Discussion Paper No. 2377, Centre for Economic Policy Research, London, cited by Carsten Fink et al., *Trade in International Maritime Services: How Much Does Policy Matter?*, 16 The World Bank Economic Review, 2002, p. 82.

较低程度的垄断因素。[1]

从经济学固定成本理论来看,航运业是具有较大比例固定成本的行业。高比例的固定成本使得建立在成本基础上的运价机制不易波动,因此受供求关系影响而导致的运价波动虽然有,但并不剧烈。固定成本(fixed cost),是相对于变动成本的概念,它指成本总额在一定时期和一定业务量范围内,不受业务量增减变动影响而能保持不变的成本。[2] 虽然班轮运价并没有固定而统一的结构,其定价理论与实践也可能因为属于公会成员与作为独立航运经营者而不尽相同,但一般而言,运价往往由运费(freight charge,FC)、港口收费(port charge,PC)、港口码头作业费(terminal handling charge,THC)、货物附加费(cargo additional,CA)、燃油调节费(bunker adjustment factor,BAF)、币值调节费(currency adjustment factor,CAF)、内陆运费(inland freight,IF)以及其他附加费构成。[3] 可见,其中货物实际运输相关的运输费用本身并不占绝对比重。早期曾经有人做过一个估算,在1936年至1939年,所有往来美国的悬挂美国旗的班轮运输船舶有关货物运输管理所产生的成本仅占运费总成本的25%至30%,而船舶运营成本则占总运费成本的50%至55%。[4] 可见,一旦船舶下水则意味着船舶运营费用将不可避免的产生,而这些费用的产生与船舶所载货物数量的多少并无太大关系。在固定成本高的产业中越是能够提高回报率,就越能分摊成本、增加利润,因此在一个航次中,船舶越接近满载运营,则越多的收入可以用来分摊成本,船舶经营利润也就越多。[5] 在高固定成本压力下,避免船舶空载空舱对航运业尤其是集装箱班轮运输业而言是一种功利主义的理性选择。但

---

〔1〕 See Daniel Marx Jr., *International Shipping Cartels: A Study of Industrial Self-Regulation by Shipping Conferences*, Princeton: Princeton University Press, 1953, p. 10.

〔2〕 [美]曼昆:《经济学原理(第5版):微观经济学分册》,梁小民、梁砾译,北京大学出版社2009年版,第281页。

〔3〕 费维军:"论班轮运输的定价理论与实践",载《集装箱化》1997年第1期。

〔4〕 See Daniel Marx Jr., *International Shipping Cartels: A Study of Industrial Self-Regulation by Shipping Conferences*, Princeton: Princeton University Press, 1953, p. 19.

〔5〕 See Daniel Marx Jr., *International Shipping Cartels: A Study of Industrial Self-Regulation by Shipping Conferences*, Princeton: Princeton University Press, 1953, p. 21.

是,这种固定成本与变动成本的差异性使得集装箱班轮运输市场存在固有缺陷。[1] 当成本结构中的固定成本所占的比例很大,航运经营者往往只能依靠通过招揽更多待运货物避免船舶空载以获得较高的利润,这会导致航运经营者不可避免地从事价格竞争。当市场份额的提升能够有效填补货物运输的高额总成本,许多航运公司就很可能将市场份额作为市场竞争的唯一目标,[2]市场自由可能就可能会带来国际航运市场的恶性竞争。

从经济学意义上的机会成本理论来看,即使受沉没成本之限制,航运经营者不能轻易退出市场,但较低的机会成本使得航运经营者却可以轻易地改变运营航线、改变大部分运载货物的类型。[3] 所谓机会成本(opportunity cost),是指为了得到某种东西而所要放弃另一些东西的最大价值,也就是说,在面临多方案择一决策时被舍弃的选项中的最高价值者是本次决策的机会成本。[4] 船舶类型越是趋于一般化,船舶转变营运货物类型的机会成本就越小。[5] 也正是在这个意义上,集装箱航运经营者改变运输航线与运营货物类型的机会成本往往最小。较小的机会成本意味着较低的相关市场进入壁垒,因此意味着恶性竞争的潜在空间。

联合,往往被认为是避免恶性竞争,抵销船舶空载空舱负面影响的最佳方法。航运经营者之间通过联合可以减低船舶运营成本,再通过分摊成本、分享收入实现利润最大化。对于航运经营者而言,船舶满载是一种最为理想的状态,因为满载意味着收入最大化,从而可以完全抵销船舶运营的固定成本与非固定成本,可以带来利润的最大化。因此,如果两个或者多个航运经营者之间通过协议或者其他方式约定共享船舶,分摊成本,共享利润,则可以实现

[1] 刘越:“价格机制演变对集装箱运输市场发展的影响”,载《全球经济形势变化与我国集装箱运输发展对策研讨会论文集》2009 年版,第 73 页。

[2] 刘越:“价格机制演变对集装箱运输市场发展的影响”,载《全球经济形势变化与我国集装箱运输发展对策研讨会论文集》2009 年版,第 74 页。

[3] See Daniel Marx Jr., *International Shipping Cartels: A Study of Industrial Self-Regulation by Shipping Conferences*, Princeton: Princeton University Press, 1953, p. 15.

[4] [美] 曼昆:《经济学原理(第 5 版):微观经济学分册》,梁小民、梁砾译,北京大学出版社 2009 年版,第 275 页。

[5] See Daniel Marx Jr., *International Shipping Cartels: A Study of Industrial Self-Regulation by Shipping Conferences*, Princeton: Princeton University Press, 1953, p. 15.

航运经营者将承揽的货物按照运输航线和时间重新分配，将同一航线上的货物放在同一船舶进行运输，就可以避免各自在船舶不能满载时运输可能带来的空舱运营成本。借由联合得以减低成本除了表现在对于船舶空间的利用上，还表现在对于船舶性能的利用上。比如，棉花与铁制品是具有不同质量的两种货物，如果采用一艘集装箱船运输棉花，虽然船舶的舱位几乎可以完全利用，但是重量却远远轻于船舶允许的载重量；同样，如果采用一艘集装箱船运输铁制品，虽然船舶的载重量几乎可以完全利用，但是定会产生空舱。但是如果将棉花与铁制品的运输整合起来，就可以保障船舶在合理的空间使用范围内和载重量使用范围内运输最多的货物，最大限度地减低运营成本。[1] 这一切，必须依靠船舶经营中的联合才能实现。舱位租用、舱位互换、船舶共享协定、联合经营航线和战略联盟，都是可供选择的合作方式。

二、宏观经济学视角下国际航运市场繁荣萧条的周期理论

实际经济周期（real business cycles）是现代新古典宏观经济学的核心。[2] 在过去的30多年内，它是西方主流经济学界最为主要的研究热点之一。[3] 所谓实际经济周期，是指由经济的实际成分所造成的经济波动，[4] 也就是说，即使排除一切外在因素，经济也会因其自身而存在增长、繁荣、衰退、萧条的自我循环过程，资本主义经济周期实际上包括了繁荣、衰退、萧条、复苏四个阶段。[5] 美国经济学家米切尔（Wesley Clair Mitchell）在其著名的《经济周期》一书中指出："一个完整的经济周期由以下几个阶段组成：扩张阶段，此时大部分经济活动同时出现扩张，继而是类似的普遍性衰退，然后是收缩，以及融入下一个周期的扩张阶段的复苏阶段，这个变化的序列

〔1〕 See Daniel Marx Jr., *International Shipping Cartels: A Study of Industrial Self-Regulation by Shipping Conferences*, Princeton: Princeton University Press, 1953, p. 14.

〔2〕 ［美］奥利维尔·布兰查德：《宏观经济学》（第2版），钟笑寒等译，清华大学出版社2003年版，第667页。

〔3〕 龚刚："实际经济周期：理论、检验与争议"，载《经济学（季刊）》2004年第3卷第4期。

〔4〕 龚刚："实际经济周期：理论、检验与争议"，载《经济学（季刊）》2004年第3卷第4期。

〔5〕 See Joseph Kitchin, *Cycles and Trends in Economic Factors*, 5 Review of Economic Statics, 1923, pp. 10-16.

是重复发生的,但不是定期的。"[1]

对于国际航运市场的经济波动规律与运价,有学者指出国际航运市场也存在经济周期,而且航运市场的经济周期往往与世界经济周期一致。马硕教授就认为国际航运市场是一个贸易派生的市场,而贸易发展水平取决于经济需求,因此航运周期是与经济周期紧密相连的,或者说它实际上是经济周期在航运市场上的反映。[2] 但是,国际航运市场的特点使得航运市场周期又与经济发展周期并不完全相同,而是存在一定的独特性。[3] 交通运输部规划研究院水运所所长徐力认为航运市场本身有它特定的周期性。[4] 世界最著名的海运咨询机构之一克拉克森(Clarkson)的管理董事,著名航运经济专家斯托普福德(Martin Stopford)采用实证分析的方法总结了自19世纪以来的运价数据并考察数据的波动情况,最后得出了国际航运市场的经济周期性理论。斯托普福德认为航运市场不但存在一种循环往复变化的周期,而且还将变化周期分为长周期、短周期和季节性周期三种类型。他指出,国际航运市场长周期和经济长周期是吻合的,一般为60年;但是短周期的长度则不固定,每个短周期的持续时间为5年至10年;季节性周期则往往不到1年。典型的国际航运市场短周期一般会经历四个阶段:市场谷底、市场恢复、市场高峰和市场衰退。每一个阶段均有其相对固定的特征。[5]

如果正如斯托普福德的理论分析所显示的那样,国际航运市场确实存在周期波动的自身规律,那么这就意味着运价本身可能存在自我上涨和下降的规律。国际航运市场供求关系在一定程度上可能影响运价的波动,但是却未必能够决定运价的波动。斯托普福德通过对于200年航运数据的实

---

〔1〕[美]拉斯·特维德:《逃不开的经济周期》,董裕平译,中信出版社2008年版,第65页。

〔2〕马硕:"航运市场周期理论与当今干散货航运市场变化",载《水运管理》2009年第31卷第11期。

〔3〕马硕:"航运市场周期理论与当今干散货航运市场变化",载《水运管理》2009年第31卷第11期。

〔4〕张璐璐:"从航运业发展的内在规律探寻后危机时代的经济特征——访交通运输部规划研究院水运所所长徐力",载《世界海运》2010年第9期。

〔5〕See Martin Stopford, *Maritime Economics* (*3rd ed.*), New York: Routledge, 2009, pp. 93-133; Martin Stopford, *Shipping Market Cycles*, in *The Handbook of Maritime Economics and Business* (Costas Grammenos ed.), London: Lloyd's List, 2010, pp. 235-257.

证分析推断出航运市场存在经济周期的结论，但是他同时也指出，这种周期的长短却并不总是可以精确预期的。[1] 根据斯托普福德所做的1740年至2007年的航运周期长度的图表（见图2-1）显示，虽然国际航运市场存在起伏循环的经济周期，但是具体周期所持续的时间长短却不尽相同。比如，1790年至1870年的航运周期持续了80年，而1950年至1970年的航运周期却仅持续了20年。运价短期内自身不可预见的变化很可能造成航运市场的供需失衡并进一步恶化运价定价机制的稳定性，导致时而待运货物"爆舱"，运价暴涨；时而压价竞争，运价暴跌。上海航运交易所刘越指出，运价周期性的大幅度波动使得国际航运市场不规范和不公平竞争行为较为严重，在给行业造成冲击的同时，也会对国际贸易带来一定的负面影响。[2]

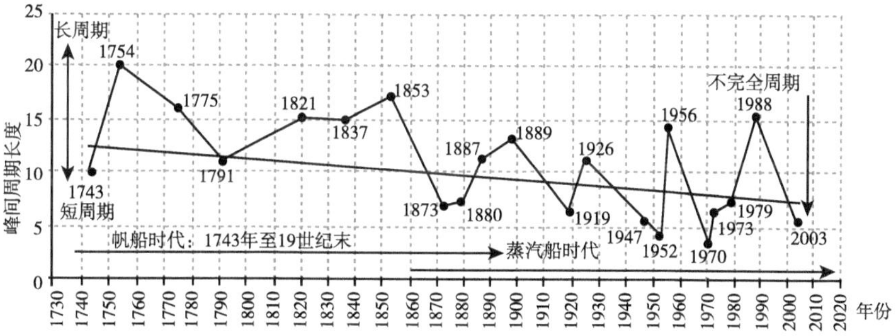

图2-1 1740年至2007年的国际航运周期长度

资料来源：Martin Stopford, *Maritime Economics* (3rd ed.), New York: Routledge, 2009, p. 106。

另外一个论证国际航运市场运价不完全由供求关系决定的论据在于国际航运市场的供求关系并不总能通过价格机制实现均衡，而供需失衡将进一步导致运价脱离供求机制的决定性影响。图2-2就表明了国际航运市场

---

〔1〕 See Martin Stopford, *Maritime Economics* (3rd ed.), New York: Routledge, 2009, p. 107.

〔2〕 刘越："价格机制演变对集装箱运输市场发展的影响"，载《全球经济形势变化与我国集装箱运输发展对策研讨会论文集》2009年版，第73页。

供给与需求的大致对比情况。图 2-2 中所显示的国际航运市场供需对比情况可以被分为四个阶段,第一阶段 1963~1975 年,供需基本一致;第二阶段 1975~1997 年,则出现了运力过剩的局面,供给大于需求;第三阶段 1997~2007 年,供需在经历了运力过剩的局面后又趋向于恢复一致;第四阶段 2008 年以后,经济危机导致国际航运市场的供需再次失衡,运力开始再次出现过剩局面,且这种局面目前仍然具有走高的趋势。丹麦海事局局长诺德塞(Andreas Nordseth)在谈到 2008 年金融危机对于国际航运业的影响时就曾指出:"此次金融危机导致国际贸易大幅下降,海运价格跌至近几年来的最低水平。很明显,这增加了人们对全球市场需求减弱的恐慌、对经济长期大萧条的恐慌,同时也增加了获取贸易发展所需资金的困难,世界商船队的经营状态非常不乐观。从目前的造船订单和市场行情来看,尽管有造船订单延迟、取消或船只废弃现象,但不远的将来我们仍将面临运力过剩的压力。"〔1〕根据法国海运咨询机构 Alphaliner 的统计报告显示,截至 2008 年 12 月 21 日,全球闲置货集装箱船高达 165 艘,相当于 43 万 TEU 的运力,约占全球集装箱船总数的 3.5%,闲置比例已达 2002 年的低潮水平。除此之外,在航船舶的舱位利用率也不高,各航线平均船舶舱位利用率基本保持在 70%左右。〔2〕 事实上,国际航运业的风险就在于由于不可预见的运价波动以及不可预见的航运供给与需求失衡而导致的经济损失。〔3〕 历经金融危机后充满不确定性的经济形势导致整个航运业正在面临以谋求统一降低服务质量和标准来减少营运成本的诱惑,这将对反垄断法律制度带来较大的挑战。

---

〔1〕 刘江洁:"航运业的四大新挑战——访丹麦海事局局长 Andreas Nordseth",载《中国船检》2009 年第 11 期。

〔2〕 大连海事大学航运发展研究院:《世界航运发展报告(2008)》2009 年版,第 74~75 页。

〔3〕 See John Downes and Jordan Elliot Goodman, *Dictionary of Finance and Investment Terms* (*3rd ed.*), New York: Barron's, 2007, p. 380.

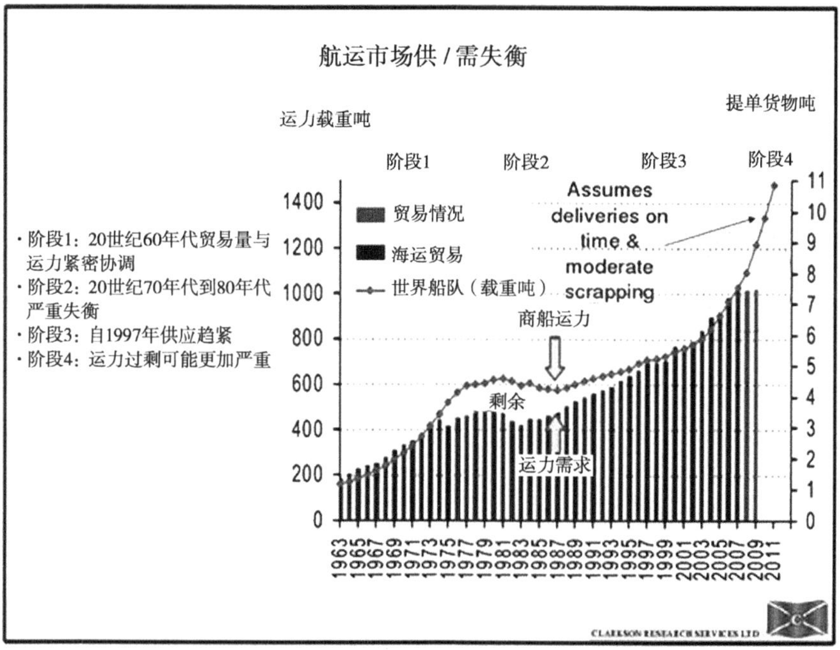

图 2-2 国际航运市场供需失衡

资料来源：Martin Stopford, *Forecasting: Developments in the Shipping Cycle and the Impact on Revenues and Asset Values*, Maritime Development Center of Europa Working Paper, Sep. 15, 2009, available at http://www.maritimecenter.dk/public/dokumenter/EMUC/Netv%E6rk/2009/FSOES/01%20oktober_Blue_Event_17_-_Presentation_-_Martin_Stopford_1.pdf。

三、国际航运市场结构特点对于市场竞争的影响

（一）高进入壁垒的资本密集型产业特征使国际航运市场易具有垄断特质

国际航运业属于技术和资金密集型行业，仅建造一艘超巴拿马型全集装箱船舶就需要耗资数亿美元，因此国际航运业所要求的航线经营费用和

固定资产投资规模十分巨大。[1] 由于经营航运业的高额成本，航运业的竞争主体在数量上就是有限的。高昂的进入成本使得国际航运市场易具有垄断特质，即使市场不是完全寡占，也往往具有多寡头垄断特征，国际航运业的市场结构容易表现为几个跨国公司占统治地位的"寡头"竞争结构。同时，高进入成本也增加了航运经营者的沉没成本，使其不易退出市场。[2] 集装箱班轮运输经营者开辟一条航线时，需要去争取稳定的待运货源，需要投入大量成本来保证运输服务的稳定性，这就说明某一航线经营优势的取得是建立在长期筹划与高额成本投入的基础上的，因此巨大的沉没成本可能使集装箱班轮运输公司不会轻易退出市场。国际航运市场的产业特征在一定程度上影响了市场结构，使国际航运市场易具有垄断特质。於世成教授将国际航运市场结构的特点归结为四个方面：市场集中度高、进入壁垒高、班轮运输的边际成本小、市场需求弹性小，并指出上述特点使国际航运市场既具有垄断竞争又具有寡头垄断的双重市场结构。就整个国际航运市场来说，垄断竞争特点明显。尽管在近 20 年来，国际航运市场中不断强调航运的自由化，并正在向更加开放、自由的市场前进，但始终是以垄断竞争结构为基本特点。[3]

(二) 超越运价机制的供需关系使国际航运市场竞争易转变为恶性竞争

国际航运市场竞争易转变为恶性竞争的内在缺陷与其需求弹性小、供给刚性的产业特点有关。如前述分析所指出的，国际航运市场中不但运价不能完全决定需求与供给的变化，航运市场的需求与供给同样也不能完全决定运价的变化。而国际航运业的风险就在于由于不可预见的运价波动以及不可预见的航运供给与需求失衡而导致的经济损失。在市场经济学的基

---

[1] 对于航运市场进入壁垒的研究，可以参见 Peter W. DeLangen and Athanasios A. Pallis, *Entry Barriers in Seaports*, 34 Maritime Policy and Management, pp. 427–440; John E. Davies, *The Competition Environment of Liner Conferences*, 5 Maritime Policy and Management, 1978, pp. 97–100。

[2] See William Sjoström, *Ocean Shipping Cartels: A Survey*, 3 Review of Network Economics, 2004, p. 109.

[3] 於世成：《美国航运法研究》，北京大学出版社 2007 年版，第 23 页。

本理论中，价格往往被视为一只“看不见的手”无形地对市场供需进行着有效的自律调节，然而国际航运市场的运价却不能完全制约国际航运市场的供给与需求，不能左右国际航运市场消费者的心理预期与行为方式。国际航运运价的需求弹性小，竞争导致的低价格并不能产生更多的需求。这是因为从市场总运量来看，待运货物的运输量不会因为运价的下跌而增加，即使减低运输成本也很难刺激交易或贸易量。需求弹性小、供给刚性的特点使国际航运市场的竞争颇具破坏性。同时，在国际航运市场不确定的商业周期性带来的运价波动以及供需失衡的情况下，航运经营者往往倾向于通过加入国际航运组织实现联合，因为他们认为班轮公会与航运联营的存在在某种意义上可能有利于国际航运业实现风险防范与自身的发展。

国际航运市场潜在恶性竞争的固有属性使经营者之间的联合成为必然倾向。丹尼尔·马克思就指出：“如果不公平竞争是内在不可避免的，那么具有垄断性质的协议就一定会随之而产生。”[1]除了航运企业的兼并与收购，国际航运领域也存在一些以固定价格、控制运力等为目的的国际航运组织。这些以班轮公会为带代表的国际航运组织往往通过在其航运公司成员之间采用共同运价、统一运输条件、运费公摊等方式，来防止成员之间的恶性竞争，以维持成员航运公司的高额利润。这就产生了通过维持垄断促进航运业发展与通过抵制垄断、鼓励竞争促进航运业发展之间的悖论。因此，主权国家国内立法以及国际组织的有关法律虽然对班轮公会的反竞争行为进行介入，但介入程度往往都比较有限，也几乎倾向于赋予班轮公会反垄断整体豁免特权。

（三）国际航运市场的“囚徒困境”与博弈理论：联合提价，还是自我降价

由于集装箱班轮运输稳定货源和保证航线经营的可靠性的需要，国际航运经营者一般不易退出斥巨资经营的航线，而当航运市场不景气时，航运经营者在市场份额下降、利润下滑的压力下，就可能在与托运人的议价过程中

[1] See Daniel Marx Jr., *International Shipping Cartels: A Study of Industrial Self-Regulation by Shipping Conferences*, Princeton: Princeton University Press, 1953, p. 22.

处于一种较为不利的状态。此时,托运人会在不同的航运经营者之间选择较低的运价,而航运经营者在与托运人的价格协商谈判中无疑陷入了博弈论中的"囚徒困境"。此时,航运经营者可以选择与其他航运经营者订立同盟,统一运价,这种方式下他和同盟航运经营者都可以获得比较高的利润,但却不是最高的利润。航运经营者也可以选择背叛同盟,给出低于同盟的运价,这样他就在同盟内别的航运经营者维持统一运价时获得了绝对的低价竞争优势,会获得最多的货物运输量,也就保障其可以通过航线运营获得最高利润。但是,如果同盟内别的航运经营者也采取了这种背离同盟运价的低价竞争方法,那么最后的结果就是航运经营者之间的价格恶性竞争,任何一方都获利甚少,甚至亏本。刘越将国际航运市场中的恶性价格战与固定成本的行业特点以及信息不对称的交易特点结合起来,评论道:"在航运周期的低谷,航运经营者犹如受巨额船舶固定投资限制自由的囚犯,在信息不对称的条件下,不同的航运经营者在接受托运人的压价选择中,往往被迫接受降价,导致行业整体降价,且越来越低,最后出现严重亏损,不能自拔,直至退出市场,整个行业遭到重创。这就形成了集装箱班轮市场的固有缺陷。"〔1〕因此,按照博弈理论,航运经营者选择缔结价格同盟对于航运经营者而言更可能形成帕累托最优,尽管这种最优未必导致包括航运市场消费者在内的社会总福利增长。〔2〕

在总成本中占有较大比重的固定成本则为航运经营者之间的联合行为提供了另外一个角度的解说。如前所述,在固定成本高的产业中,越是能够提高回报率,就越能分摊成本、增加利润,因此在一个航次中,船舶越接近满载运营,则越多的收入可以用来分摊成本,船舶经营利润也就越多。联合,无疑是避免恶性竞争,抵销船舶空载空舱负面影响的最佳方法。舱位租用、舱位互换、订立船舶共享协定、联合经营航线和战略联盟都是可供选择的合作方式。

---

〔1〕 刘越:"价格机制演变对集装箱运输市场发展的影响",载《全球经济形势变化与我国集装箱运输发展对策研讨会论文集》2009年版,第73~77页。

〔2〕 李天生的研究也支持了这种观点,他指出:"没有《反垄断法》规制的情况下,运价协商协议组织从一个封存运力的协议联合变成'超级班轮公会'是博弈论规律的必然结果。同理,如果缺少反垄断的法律规制,海运联营集团也将必然地按此规律变成一个未来的'超级班轮公会'。"参见李天生:"国际海运业反垄断豁免的法经济学分析——从THC风波谈起",载《现代法学》2010年第32卷第1期。

因此,灵活多样的联合方式与避免恶性竞争的潜在需求使航运经营者之间的联合既具备内在激励,又具备外在可行性。

第二节 国际航运市场结构特征催生的"海上卡特尔"

一、"海上卡特尔"的起源

班轮公会的历史起源与班轮运输业起源和发展的历史变迁过程密不可分。班轮运输的起源可以追溯自19世纪中期,[1]这一时期出现的蒸汽船取代了帆船,从根本上改变了海上货运的运输方式。[2] 即使帆船往返于固定航线,早期的帆船运输却不具有固定的船期与开航时间,帆船往往在码头等待装货,待到船舶满载才开航。[3] 由于减低了对于天气晴朗状况的依赖,蒸汽船的出现加大了船舶的承载能力,在1860年至1880年蒸汽船的运载能力大规模增强。随着19世纪国际贸易的大规模增长而带来运输需求的增加,且由于待运货物的增多,船舶满载无须像原来那样等待较长的时间,固定的船期从而逐渐获得保证。[4] 事实上,这样的历史发展印证了早期的班轮运输史大部分是英国的航运史的观点。这一时期随着英国国内工业革命

---

〔1〕 也有说法认为班轮运输起源于19世纪末,参见经济合作组织2002年发布的关于班轮运输的最终报告,OECD,*Final Report on Competition Policy in Liner Shipping*,DSTI/DOT(Directorate for Science,Technology and Industry/ Division of Transport),Apr. 16,2002,p. 18,para. 32;高鹏程:"海商法领域的反垄断去向何处——论班轮公会反垄断法豁免的发展和对中国的启示",载《研究生法学》2009年第24卷第1期。

〔2〕 See Luis Ortiz Blanco,*Shipping Conferences under EC Antitrust Law:Criticism of a Legal Paradox*(Andrew Read trans.),Oxford,Portland:Hart Publishing,2007,p. 3.

〔3〕 See *id*; see also Daniel Marx Jr.,*International Shipping Cartels:A Study of Industrial Self-Regulation by Shipping Conferences*,Princeton:Princeton University Press,1953,p. 45;Peter N. Davies,*British Shipping and World Trade:Rise and Decline*,1820 - 1939,in *Business History of Shipping:Strategy and Structure*(Tsunehiko Yui and Keiichiro Nakagawa eds.),Tokyo:University of Tokyo Press,1985,p. 54.

〔4〕 See Felix Dinger,*The Future of Liner Conferences in Europe:A Critical Analysis of Agreements in Liner Shipping under Current European Competition Law*,Frankfurt:Peter Lang,2004,p. 19;Luis Ortiz Blanco,*Shipping Conferences under EC Antitrust Law:Criticism of a Legal Paradox*(Andrew Read trans.),Oxford,Portland:Hart Publishing,2007,p. 3;Martin Stopford,*Maritime Economics*(*3rd ed.*),New York:Routledge,2009,p. 506.

的进程,对于从殖民地输入原材料、向殖民地输出商品的强烈贸易利益推动了航海事业的发展,[1]因为大量的待运货物保障了船舶可以如期满载货物开航,由此产生了固定航期的班轮运输。[2] 蒸汽船的诞生与后续技术革新的发展不仅保障了班轮运输船期准时,也影响着国际航运市场的市场结构变迁。原来的船货一体,运输由贸易商自我经营的模式开始被船货分离,专业的航运经营模式打破。[3] 而且伴随着殖民时代商业结构的急剧变化,国际航运不仅脱离贸易成为独立的行业,[4]新的航线运输也开始由公司而非单个船东的形式运营。[5] 船体逐渐庞大、造价也更加高昂的蒸汽船因此也建立了航运业对于资本市场的高度依存。[6] 航运,因此变成了一种趋向复杂化与高昂化的商业形式,开始由越来越专业化的人士从事。同时,国际航运市场资本规模的迅速增长也带来了航运服务供给的高度膨胀,而这种供给膨胀恰恰构成了班轮公会起源的动因。

尽管 19 世纪国际航运市场的需求稳步增长,但国际航运市场的运力供

---

〔1〕 据统计,这一时期英国的注册船舶总吨位增长了 5 倍,从 450000 吨增加到 2720000 吨,参见 Daniel Marx Jr., *International Shipping Cartels: A Study of Industrial Self-Regulation by Shipping Conferences*, Princeton: Princeton University Press, 1953, p. 46。关于英国航运史对于远洋运输与贸易的影响,参见 Douglas K. Fleming, *Patterns of International Ocean Trade*, in *The Handbook of Maritime Economics and Business* (Costas Grammenos ed.), London: Lloyd's List, 2010, pp. 70-71。

〔2〕 此前国际航运的主要形式可以说一直是不定期租船运输,参见彭先伟:"班轮公会反垄断豁免",载《月旦民商法杂志》2009 年第 26 期。

〔3〕 See Felix Dinger, *The Future of Liner Conferences in Europe: A Critical Analysis of Agreements in Liner Shipping under Current European Competition Law*, Frankfurt: Peter Lang, 2004, p. 20.

〔4〕 See Amos Herman, *Shipping Conferences*, Deventer: Kluwer Law and Taxation Publisher, 1983, p. 7.

〔5〕 See Peter N. Davies, *British Shipping and World Trade: Rise and Decline*, 1820 - 1939, in *Business History of Shipping: Strategy and Structure* (Tsunehiko Yui and Keiichiro Nakagawa eds.), Tokyo: University of Tokyo Press, 1985, p. 54.

〔6〕 See Andreas Jacobs, Zur Vereinbarkeit von Kartellabsprachen der internationalen Linienschiffahrt mit Artikel 85 EWG-Vertrag, Nomos Verlagsgesellschaft, Baden-Baden, 1991, p. 16, cited by Felix Dinger, *The Future of Liner Conferences in Europe: A Critical Analysis of Agreements in Liner Shipping under Current European Competition Law*, Frankfurt: Peter Lang, 2004, p. 20.

给也增长迅猛,这直接导致了1870年国际航运市场运力供给过剩。[1] 具体说来,造成这一时期运力过剩的原因有二:第一,技术革新推动下的蒸汽船的出现带来了航运业的巨大变革,是货物运载能力快速上升的一个重要原因。大型蒸汽船的采用意味着船舶具有了比帆船时代更大的运载量,也就意味着运力供给的提升。[2] 第二,造成运力供给提升的另外一个重要原因则是由于1869年苏伊士运河的开通。苏伊士运河的开通缩短了亚欧航线,提高了特定时期内船舶可以完成的航次数量,增加了实质意义上的船舶运载量。据估算,19世纪初期采用4艘帆船运输的货物,在19世纪末期可以由1艘蒸汽船以一半于原来的时间完成。[3] 这两个主要原因使得运力供给从1850年的700万吨上升至1900年的2900万吨。[4] 同时,船舶代理、邮政、电报以及金融业的发展也在一定程度上便利了国际运输,提升了航运效率,进一步导致运力增加。[5] 然而,1873年的经济大萧条直接导致了运力需求由于贸易缩水而大规模锐减,[6]锐减的需求使得运力供给过剩更为严重。

上述这些因素导致航运运力远超过需求,过剩的运力则直接导致运价的下跌。面对运力严重过剩的压力,航运经营者开始采用压低运价的方式吸引顾客。但是由于待运货物的数量是固定的,国际航运市场的运价下跌

---

〔1〕 See William Sjoström, *On the Origin of Shipping Conferences: Excess Capacity and the Opening of the Suez Canal*, 16 International Journal of Transport Economics, 1989, pp. 329–335; see also Peter N. Davies, *British Shipping and World Trade: Rise and Decline*, 1820–1939, in *Business History of Shipping: Strategy and Structure* (Tsunehiko Yui and Keiichiro Nakagawa eds.), Tokyo: University of Tokyo Press, 1985, p. 54.

〔2〕 See Amos Herman, *Shipping Conferences*, Deventer: Kluwer Law and Taxation Publisher, 1983, p. 8.

〔3〕 See Luis Ortiz Blanco, *Shipping Conferences under EC Antitrust Law: Criticism of a Legal Paradox* (Andrew Read trans.), Oxford, Portland: Hart Publishing, 2007, p. 4.

〔4〕 See United Nations Conference on Trade and Development, *Level and Structure of Freight, Conference Practices and Adequacy of Shipping Services*, U. N. Document TD/B/C. 4/38/Rev. 1, 1969, p. 5.

〔5〕 彭先伟:"班轮公会反垄断豁免",载《月旦民商法杂志》2009年第26期。

〔6〕 See Andreas Jacobs, Zur Vereinbarkeit von Kartellabsprachen der internationalen Linienschiffahrt mit Artikel 85 EWG-Vertrag, Nomos Verlagsgesellschaft, Baden-Baden, 1991, p. 16, cited by Felix Dinger, *The Future of Liner Conferences in Europe: A Critical Analysis of Agreements in Liner Shipping under Current European Competition Law*, Frankfurt: Peter Lang, 2004, p. 22.

并不能催生新的需求，航运经营者这种压低运价的竞争方法最后演变成了一场惨烈的恶性割喉竞争(cut throat competition)。航运公司之间为了揽取有限的货物而激烈竞争，甚至不惜提供无利润的运价，这种恶性竞争结果使运价一落千丈，许多航运公司破产。残余航运公司为了生存，往往被迫以回扣和最低运价为条件与托运人签订“特惠契约”〔1〕以确保货源。〔2〕“特惠契约”的大量出现进一步加剧了国际航运业的恶性竞争，使原本已不景气的运价继续下跌。〔3〕恶性竞争为国际航运市场带来了两个潜在变化：一是国际航运市场经营者数量由于破产而导致的减少，二是市场的供需失衡潜在地催生了国际航运市场经营者之间的联合，〔4〕而且航运市场经营者数量的减少为剩余经营者之间的联合提供了便利。〔5〕这一时期国际航运业的恶性竞争催生了第一个班轮公会的诞生。

班轮公会的诞生被认为是这一时期运力过剩而导致的恶性竞争的直接结果。〔6〕为了防止国际航运业恶性竞争的继续，许多航运经营者开始采取办法尝试规制航运业以防运价继续下跌，但均以失败告终。〔7〕直到1875年，在英国—加尔各答(印度)航线上出现了世界上第一家班轮公会——加尔各答班轮公会(Calcutta Steam Traffic Conference)，专门经营印度加尔各

〔1〕“特惠契约”的主要内容为：托运人的货物享有同船、同类货物的最低运价，并有权要求航运经营者以其他航运公司设定的最低运价来承运自己的货物；为了保证一定数量的货载，航运经营者必须按照货价或运费的一定比例金额作为手续费支付给托运人，托运人享有运费折扣的优待。参见王杰、王琦：《国际航运组织的垄断与竞争》，大连海事大学出版社2000年版，第5页。

〔2〕See Daniel Marx Jr., *International Shipping Cartels: A Study of Industrial Self-Regulation by Shipping Conferences*, Princeton: Princeton University Press, 1953, p. 46.

〔3〕王杰、王琦：《国际航运组织的垄断与竞争》，大连海事大学出版社2000年版，第5~6页。

〔4〕Daniel Marx Jr., *International Shipping Cartels: A Study of Industrial Self-Regulation by Shipping Conferences*, Princeton: Princeton University Press, 1953, p. 46.

〔5〕Daniel Marx Jr., *International Shipping Cartels: A Study of Industrial Self-Regulation by Shipping Conferences*, Princeton: Princeton University Press, 1953, p. 47.

〔6〕See Robert G. Greenhill, *Competition or Co-operation in the Global Shipping Industry: The Origins and Impact of the Conference System for British Ship Owners Before* 1914, 14 Research in Maritime History, 1998, pp. 53-80.

〔7〕See Daniel Marx Jr., *International Shipping Cartels: A Study of Industrial Self-Regulation by Shipping Conferences*, Princeton: Princeton University Press, 1953, p. 46.

答到英国的班轮航线。[1] 由于航运经营者希望摆脱巨型贸易商托运人对于运输的控制，避免受制于托运人而以损害市场的方式提供廉价运费，该公会规定所有从英国港口驶出船舶的运费率应当保持一致，[2]而且这种运费率应当设定在可以保证航运经营者的合理利润率水平上。[3] 除固定运费价格之外，该班轮公会还规定了成员公司在航线上的派船数、实施托运人均等运价制，并废止“特惠契约”给予托运人的优惠。[4]

然而，班轮公会协同一致统一运价带来的运费率上涨以及给予托运人优惠条件的“特惠契约”的取消必然伴随着托运人的极力反对，托运人试图通过选择非公会航运经营者的方式抵制班轮公会。作为回应，班轮公会希望通过提供使公会船舶与托运人双方都能满意的运费率作为交换条件，获得托运人授权在特定航线上运送其货物的专有权。然而专有运送权的要求遭到了大型贸易商托运人的反对，除非班轮公会同意减低运价。但减低运价对于公会成员来说又是不可接受的，因为他们不希望因为给予大型贸易商较低的差别运价而失去小型贸易商顾客。[5] 最后，在两年后的 1877 年，公会引入了一种新颖而有效的约束托运人的手段——“运费延期折扣制”（deferred rebate system），以达到把托运人与航运经营者联系在一起并约束托运人的目的。[6] 在延期折扣制下，运费中有一定比例的“忠诚折扣”（loyalty rebate），在拖延一段时间证明托运人对公会的“忠实”之后，班轮公

〔1〕 See William Sjoström, *Ocean Shipping Cartels: A Survey*, 3 Review of Network Economics, 2004, p. 111. 虽然加尔各答班轮公会往往被认为是世界上第一家班轮公会，但是 Sloan 的研究显示，在 1850 年至 1856 年北大西洋航线上就已经存在航运公会，其成员包括不列颠与北美蒸汽班轮公司（The British and North American Steam Packet Company）、纽约与利物浦美国邮政蒸汽航运公司（The New York and Liverpool United States Mail Steamship Company），参见 Edward. W. Sloan, *The First (and Very Secret) International Steamship Cartel*, 1850–1856, 14 Research in Maritime History, 1998, pp. 29–52。

〔2〕 See Luis Ortiz Blanco, *Shipping Conferences under EC Antitrust Law: Criticism of a Legal Paradox* (Andrew Read trans.), Oxford, Portland: Hart Publishing, 2007, p. 5.

〔3〕 See Luis Ortiz Blanco, *Shipping Conferences under EC Antitrust Law: Criticism of a Legal Paradox* (Andrew Read trans.), Oxford, Portland: Hart Publishing, 2007, p. 5.

〔4〕 王杰、王琦：《国际航运组织的垄断与竞争》，大连海事大学出版社 2000 年版，第 6 页。

〔5〕 See Luis Ortiz Blanco, *Shipping Conferences under EC Antitrust Law: Criticism of a Legal Paradox* (Andrew Read trans.), Oxford, Portland: Hart Publishing, 2007, p. 5.

〔6〕 於世成：《美国航运法研究》，北京大学出版社 2007 年版，第 26 页。

会的成员航运公司会将这一部分忠诚折扣退还给托运人。[1] 通过“运费延期折扣制”,班轮公会不仅可以获取托运人货物的专有运输权,而且一旦托运人选择非公会船舶运输,则不但要丧失本航次可以获得的运费回扣,还将丧失以前全部航次可以获得的运费回扣。[2] 班轮公会通过“运费延期折扣制”终于达到了把托运人与班轮公会成员航运公司捆绑在一起的目的。这一切,标志着第一家具有垄断特性的“海上卡特尔”(Maritime Cartels,又称 The Cartelisation of the Sea)的诞生。[3]

此后,依靠运费延期折扣制这一有效手段,以英国为核心的班轮公会迅速发展起来。[4] 这一英国航运公司在英国至加尔各答航线上建立的班轮公会体系也开始逐渐趋向国际化。1879 年远东班轮公会(The Far East Conference,后来更名为 The Far East Freight Conference)成立,1884 年澳大利亚班轮公会(The Australia Conference)成立,1886 年南非班轮公会(The South African Conference)成立,1895 年西非与北部巴西班轮公会(The West African and Northern Brazil Conference)成立,1896 年河床班轮公会(The River Plate Conference)成立,1904 年南美西海岸班轮公会(The West Coast of South America Conference)成立。[5] 在短短的几十年时间之内,班轮公会航运公司遍布工业化国家,覆盖了几乎世界上所有的航线。经济合作与发展

---

[1] See Luis Ortiz Blanco, *Shipping Conferences under EC Antitrust Law: Criticism of a Legal Paradox* (Andrew Read trans.), Oxford, Portland: Hart Publishing, 2007, p. 5.

[2] *Id*; see also Felix Dinger, *The Future of Liner Conferences in Europe: A Critical Analysis of Agreements in Liner Shipping under Current European Competition Law*, Frankfurt: Peter Lang, 2004, p. 22.

[3] 将班轮公会比喻成“海上卡特尔”的著作,可以参见 Daniel Marx Jr., *International Shipping Cartels: A Study of Industrial Self-Regulation by Shipping Conferences*, Princeton: Princeton University Press, 1953; Luis Ortiz Blanco, *Shipping Conferences under EC Antitrust Law: Criticism of a Legal Paradox* (Andrew Read trans.), Oxford, Portland: Hart Publishing, 2007, p. 3; Brian M. Deakin and T. Seward, *Shipping Conferences: A Study of Their Origins, Development and Economic Practices*, London: Cambridge University Press, 1973, p. 204; Amos Herman, *Shipping Conferences*, Deventer: Kluwer Law and Taxation Publisher, 1983, p. 21。

[4] 於世成:《美国航运法研究》,北京大学出版社 2007 年版,第 26 页。

[5] See Adam Wills Kirkaldy, *British Shipping*, London: Kegan Paul, Trence, Trubner, 1914, p. 188; H. J. Dyos and D. H. Aldcroft, *British Transport: An Economic Survey from the Seventeenth Century to Twentieth*, Leicester: Leicester University Press, 1969, p. 269.

组织的研究报告显示,在此后的130余年里,世界上发展出150余家班轮公会。[1] 但是也是从这一时刻开始,托运人与非班轮公会航运公司对于班轮公会的抱怨与批评,班轮公会面临的抑制竞争、垄断运价、控制运力非议就从未停止过。[2]

二、集装箱时代"海上卡特尔"触角的延伸

从1875年世界上第一家班轮公会加尔各答班轮公会诞生,至1966年第一条国际集装箱运输航线的诞生,班轮运输的市场结构与班轮公会组织结构的并未发生较大改变。[3] 班轮公会这一"海上卡特尔"的"准垄断性的海上霸权"(quasi-monopolistic hegemony)也仅在极少数情况下曾经遭受过外部或内部的竞争压力,但这种竞争压力都被轻易地化解了。[4] 直到集装箱时代的到来,才开始真正地变革着古老的班轮公会。

如果说蒸汽船的诞生是航运业第一次革命性的变化,那么第二次革命性变化就是集装箱的产生以及由此带来的运输方式上的根本性变革。货物的差异化一直困扰着海运中的码头装卸作业。集装箱的出现改变了这一切。标准化集装箱的使用得以将差异化货物有效地装载在同质化的运输操作工具中,极大限度地便利了码头作业。[5] 集装箱运输最早出现在欧美航线,很快就扩展到远东航线。[6] 1980年左右,从美国运送到欧洲的73%的货物运输采用集装箱方式运输,从美国运送到亚洲的81%的货物采用集装

[1] See Organisation for Economic Co-operation and Development, *Final Report on Competition Policy in Liner Shipping*, DSTI/DOT (Directorate for Science, Technology and Industry/ Division of Transport), Apr. 16, 2002, p. 19, para. 38.

[2] See Felix Dinger, *The Future of Liner Conferences in Europe: A Critical Analysis of Agreements in Liner Shipping under Current European Competition Law*, Frankfurt: Peter Lang, 2004, p. 22.

[3] See Luis Ortiz Blanco, *Shipping Conferences under EC Antitrust Law: Criticism of a Legal Paradox* (Andrew Read trans.), Oxford, Portland: Hart Publishing, 2007, p. 9.

[4] See Luis Ortiz Blanco, *Shipping Conferences under EC Antitrust Law: Criticism of a Legal Paradox* (Andrew Read trans.), Oxford, Portland: Hart Publishing, 2007, pp. 9-10.

[5] See Luis Ortiz Blanco, *Shipping Conferences under EC Antitrust Law: Criticism of a Legal Paradox* (Andrew Read trans.), Oxford, Portland: Hart Publishing, 2007, p. 10.

[6] See Felix Dinger, *The Future of Liner Conferences in Europe: A Critical Analysis of Agreements in Liner Shipping under Current European Competition Law*, Frankfurt: Peter Lang, 2004, p. 25.

箱运输。[1] 直到今天,集装箱运输一直都是班轮运输中最重要的运送方式。集装箱革命对于航运业巨大的变革作用体现在规模化、同质化的集装箱极大限度地提升了货物在码头的装卸作业之效率,从而在实质上增加了航运业的产出率。装卸作业的简化也缩短了货物在运输途中的时间,坚固的集装箱减低了货物在装卸时的破损风险,在便捷航运经营者的同时也增进了托运人福利。[2]

从集装箱化时代给国际航运市场带来的竞争变化来看,集装箱运输的出现在一定程度上减少了班轮运输市场的竞争者数量,使行业的集中度较之以前出现加强的趋势;另外,集装箱运输推动下的国际货物运输之多式联运方式的发展,促使具有限制竞争性质的班轮公会开始从海洋走向陆地。

其一,集装箱运输的发展使得对于大型船舶的需求日益增强,导致小型的航运公司逐渐被排挤出市场。集装箱运输的发展也对航运经营者的进入门槛提出了更高的资本要求,而这种高额的资本要求可能是某些资本小型化的船东所无力承受的,因而这一部分航运经营者被迫退出市场。[3] 另外,很多市场上剩余的航运经营者也纷纷通过兼并收购的方式进行融资、扩充资本。[4] 最为重要的是,集装箱化所带来的资本需求提升引发了一种新形式的合作方式——航运联营(consortia)。单个班轮公司往往也无法满足大规模的资本需求,开始越来越多地通过联营方式实现资本融通。而这种联营与传统班轮公会的主要区别就在于其不以协同价格为手段或目的,而更多的是一种以共摊成本[5]、提升服务质量[6]为目的的联合。可以说,这些

---

[1] See David Hummels, *Have International Transportation Costs Declined*?, Jul. 1999, available at http://citeseerx. ist. psu. edu/viewdoc/download? doi = 10. 1. 1. 458. 9651&rep = rep1&type = pdf.

[2] See Michael Garrett Graham and Diane Owen Hughes, *Containerisation in the 80s*, London: Lloyd's of London Press, 1985, p. 18.

[3] See Luis Ortiz Blanco, *Shipping Conferences under EC Antitrust Law: Criticism of a Legal Paradox* (Andrew Read trans.), Oxford, Portland: Hart Publishing, 2007, p. 13.

[4] See Luis Ortiz Blanco, *Shipping Conferences under EC Antitrust Law: Criticism of a Legal Paradox* (Andrew Read trans.), Oxford, Portland: Hart Publishing, 2007, p. 13.

[5] See Nicholas Green, *The Consortia Block Exemption*, 28 European Transport Law, 1993, p. 477.

[6] See Jonathan Faull and Ali Nikpay, *Competition Law*, Oxford: Oxford University Press, 1999, p. 901.

因素导致班轮运输市场的竞争者数量减少，行业的集中度较之以前出现加强的趋势。

其二，集装箱运输带来的“门至门”多式联运（multimodal transport）这一全新的运输方式的出现，以及与多式联运相适应的运输单证改革，使班轮公会对于市场的控制从海洋开始走向陆地。集装箱运输促使传统的运输模式从区段运输向多式联运转变，船东以及其他多式联运经营者开始签发直达提单，旨在用一张提单解决集装箱运输全程所有区段的问题。随着集装箱革命带来的这些变化，班轮公会很快找到了应对之策，并快速建立起非海运段服务的统一收费与运送服务标准。具有限制竞争性质的班轮公会开始从海洋走向陆地。[1]

可以说，伴随着1966年第一条集装箱服务的建立开始，班轮公会对于集装箱运输市场竞争力的介入控制就一直存在。也正是因为班轮公会限制竞争性介入市场，托运人实际上并未能享受到那些在完全竞争市场环境下所本应该享有的集装箱革命所带来的全部好处和利益。澳大利亚航运经济专家迪克（Howard Dick）在其1983年的研究中就曾经指出：“集装箱化的出现并未给托运人带来多少好处，相反这种好处却被航运经营者和港口经营者享有，至少在澳大利亚至欧洲的航线上如此。”[2]值得注意的是，集装箱标准化的运输却并未确立与集装箱运输同样标准化的运费率，运费并不是不区分货物类型而按照集装箱数量收取，班轮公会传统的在一定程度上具有歧视性的收费方式仍然被保留下来并一直沿用。因此，托运人并不是按照其货物所装载的集装箱数量支付运费，而是按照集装箱内货物的内容和价值而支付不同的运费。[3] 有学者指出，班轮公会对于传统运费收取标准的

---

〔1〕 See Luis Ortiz Blanco, *Shipping Conferences under EC Antitrust Law: Criticism of a Legal Paradox* (Andrew Read trans.), Oxford, Portland: Hart Publishing, 2007, p. 13.

〔2〕 H. W. Dick, *Containerization and Liner Conferences: A Polemic*, 10 Maritime Policy and Management, 1983, pp. 165-180.

〔3〕 See Luis Ortiz Blanco, *Shipping Conferences under EC Antitrust Law: Criticism of a Legal Paradox* (Andrew Read trans.), Oxford, Portland: Hart Publishing, 2007, p. 10.

维持是集装箱化提升运输效率却并未减低运价的重要原因。[1] 这种不按照集装箱而依据货物价值收取的“从价运费”(ad valorem prices)往往被质疑为班轮公会存在价格歧视行为(price discrimination)而构成垄断的佐证。[2]

第三节 班轮公会的垄断性分析

如上文所述,国际航运业实际上在过去的200多年间经历了两次最为重要的变革,分别源于蒸汽船的诞生以及集装箱运输方式的产生。蒸汽船的诞生在提升船舶运载能力的同时也造成了国际航运市场运力过剩的局面,因此产生了历史上第一家班轮公会。班轮公会最为重要的特征就是通过协同公会成员之间的运价水平来防止恶性竞争。可以说这种协同运价的行为本身使班轮公会看上去充满了垄断性色彩。但是对班轮公会协同运价的行为赋予反垄断法上的豁免几乎成了国际社会通行的做法,无论是国际公约还是国内立法几乎都不规制班轮公会的固定运价、限制运力行为。而这种通行全球的反垄断豁免首先确立于20世纪初英国和美国的两个调查报告中:一个是英国政府1906年指定的航运集团皇家委员会的调查报告,另一个是美国政府指定的亚历山大委员会的调查报告,二者都认为班轮公会应当享有反垄断法上的豁免特权以维持班航运市场的稳定性。英国和美国的调查报告奠定了反垄断法律制度不规制班轮公会的历史基础。[3] 集装箱运输的产生而带来的第二次国际航运市场变革则使得航运市场出现

---

〔1〕 See Amos Herman, *Shipping Conferences*, Deventer: Kluwer Law and Taxation Publisher, 1983, p. 139.

〔2〕 在很多学术著作中可以见到此类批评,例如,Paul Clyde and James Reitzes, *The Effectiveness of Collusion under Antitrust Immunity: The Case of Liner Shipping Conferences*, Dec. 1995, available at https://www.ftc.gov/sites/default/files/documents/reports/effectiveness-collusion-under-antitrust-immunity-case-liner-shipping-conferences/232349.pdf, p. 6; Jan Owen Jansson and Dan Shneerson, *Liner Shipping Economics*, London: Chapman and Hall, 1987, p. 94; John A. Zerby and R. M. Colon, *Joint Cost and Intra-Tariff Cross-Subsidies: The Case of Liner Shipping*, 31 Journal of Industrial Economics, 1983, p. 394。

〔3〕 彭先伟:“班轮公会反垄断豁免”,载《月旦民商法杂志》2009年第26期。

了航运联营与航运联盟，也使班轮公会固定运价的垄断触角从海上走向陆地。

从班轮公会诞生伊始，国际航运市场的消费者们对其就表现出一种矛盾的既爱又恨的态度。[1] 麦克吉（John McGee）就曾指出，各国政府对于班轮公会的调查显示，托运人对于班轮公会呈现出一种支持与反对并存的矛盾态度，往往是大型托运人倾向于反对班轮公会，而小托运人支持班轮公会的存在。[2] 克拉克（Richard Clarke）也指出，在 20 世纪 90 年代末期，美国在如何规制远洋运输与通过《1998 年航运改革法》问题上的争议也表现出托运人对于班轮公会反对与支持并存的观点。[3] 从班轮公会诞生伊始，其垄断特征就一直备受争议，成为反垄断法与竞争法上的敏感地带，关于班轮公会垄断特性以及是否应当受制于竞争法规制的问题时至今日仍然摆在眼前。在论述班轮公会是否具有垄断特征之前，有必要对其概念进行解说，行为进行透析，以便从其特征的归纳中反思班轮公会就其组织特征而言是否具有垄断属性。

一、班轮公会及其竞争限制效果

（一）班轮公会的界定

班轮公会是指在同一航线上或相关航线上经营班轮运输的两家以上运输企业，为了避免相互之间的激烈竞争，通过制定统一的费率或最低费率以及在经营活动方面签订协议，而形成的一种约束或限制竞争的航运公司之间的自发组织。[4] 有学者直接以反竞争性来定义班轮公会，将班轮公会定义为“两个或两个以上经营班轮运输的航运公司，在某一特定航线或某一特

---

〔1〕 See E. M. Ludwick, *Shipping Conferences: Survey of Users' Views*, Ottawa: Consumer and Corporate Affairs Canada, 1983.

〔2〕 See John S. McGee, *Ocean Freight Rate Conference and the American Merchant Marine*, 27 University of Chicago Law Review, 1960, pp. 238-239.

〔3〕 See Richard L. Clarke, *An Analysis of the International Ocean Shipping Conference System*, 36 Transportation Journal, 1997, pp. 17-29.

〔4〕 陈凯、陈继红：“班轮公会的前世今生”，载《中国远洋航务》2010 年第 4 期。

定区域各航线上，为限制或避免竞争，维护彼此利益，通过在运价及其他经营活动方面达成一致协议而建立的具有卡特尔性质的国际航运垄断组织。”[1]

历史上，很多国际组织、国内立法都曾经试图对班轮公会进行界定，以便对其行使法律规制之权利。在早期规制班轮公会有关的法律制度以及主权国家的调查报告中倾向于直接以限制竞争性质概括班轮公会性质并界定班轮公会。例如，1909年英国航运集团皇家委员会的调查报告将班轮公会界定为许多航运公司在一条成多条航线上，为调节或限制彼此间竞争而成立的松弛或严密的结合体。[2] 但是从1974年联合国《班轮公会行动守则公约》开始，则不再强调以垄断特性作为班轮公会的界定标准。联合国《班轮公会行动守则公约》将班轮公会的界定为："两个或两个以上使用船舶的运输商的团体，这些运输商在特定的地理范围内，在某一条或数条航线上提供运送货物的国际班轮服务，并在一项不论何种性质的协定或安排的范围内，按照划一的或共同的运费率及任何其他有关提供班轮服务的协议条件而经营业务。"1986年欧盟《有关根据欧共体条约第85、86条竞争规定适用于海运的实施细则》的第4056号条例也不强调以垄断性质来界分班轮公会，第1条规定："班轮公会是指，两个或以上航运经营者组成的联合，该航运经营者联合在特定地域范围内的某一特定航线上从事国际班轮货物运输，在联合协议下航运经营者采用统一或共同运费率并且还可能对其他运输条件等内容达成约定。"[3] 与欧盟一样，美国的定义亦没有以垄断属性界定班轮公会，《1998年航运改革法》第3条规定："班轮公会是指根据批准的或有效的协议从事协调活动，并使用共同运价本的远洋公共承运人的合作组织，但是，合作条件不包括联合服务、联营体、公摊、航行或转运安排等内容。"[4]

---

[1] 王杰、王琦：《国际航运组织的垄断与竞争》，大连海事大学出版社2000年版，第1页。

[2] Report of the Royal Commission on Shipping Rings, London, 1909.

[3] Council Regulation (EEC) No. 4056/86 of 22 December 1986 laying down detailed rules for the application of Articles 85 and 86 of the Treaty to maritime transport, OJ L 378, 31/12/1986, art. 1 (3) (b).

[4] United States Ocean Shipping Reform Act of 1998, section 3 (7).

在所有上述有关班轮公会的界定中可以看出,1974年联合国《班轮公会行动守则公约》强调协同运价,却并不直接进行垄断定性的概念界定方式影响了后来主权国家和地区法律制度中有关班轮公会的概念重构。无疑,班轮公会最为重要的一个特征就是—共同运价(common or uniform tariff)。透析上述有关班轮公会概念的界定可以发现,班轮公会一般具有如下特征:

首先,从主体来看,班轮公会是两个或两个以上的航运经营者组成的合作集团,区别于航运公司作为航运经营者与托运人之间达成的运输合同或服务合同关系。[1] 但是班轮公会一般并不创设形成独立于航运公司之外的新设法人。[2]

其次,从行为方式来看,其所从事的是有关运价、运力、货载、航线、船期等方面的协议安排行为,以确保成员之间行为上的协同性。[3]

再次,从行为目的来看,班轮公会的主要职能在于限制和调节公会内部的竞争,防止或对付来自公会外部的竞争。历史上第一家班轮公会加尔各答班轮公会的出现的目的就是通过限制市场恶性竞争来解决当时国际航运市场运力过剩情况下的竞争。虽然班轮公会随历史时间的变化而呈现出很多不同的运作模式,但是不可否认的,这种防止成员彼此间相互竞争的目的却几乎始终没有改变过。

最后,班轮公会也往往具有秘密性特征。班轮公会的协议的可查知性一般仅限于公会内部成员,对外则往往严格保密,这种私密性意味着运价一般不会公开。即使在今天,除了在如美国等少数确立了较为完善的运价报备与协议报备制度的国家外,一般国家也都允许班轮公会协议的非公开存在。[4]

---

〔1〕 於世成:《美国航运法研究》,北京大学出版社2007年版,第63页。

〔2〕 See Luis Ortiz Blanco, *Shipping Conferences under EC Antitrust Law: Criticism of a Legal Paradox* (Andrew Read trans.), Oxford, Portland: Hart Publishing, 2007, p. 17.

〔3〕 See Anne C. B. McIntosh, *Antitrust Implications of Liner Conferences: Alternatives to the Regulation of Liner Trades with Emphasis on the European Approach*, Lloyd's Maritime and Commercial Law Quarterly, 1980, p. 141.

〔4〕 See Luis Ortiz Blanco, *Shipping Conferences under EC Antitrust Law: Criticism of a Legal Paradox* (Andrew Read trans.), Oxford, Portland: Hart Publishing, 2007, p. 17.

有必要将班轮公会与航运联盟（Alliance）和航运联营（Consortia）区别开来，[1]航运联营与航运联盟仅是航运经营者之间的一种比较松散的合作形式，与班轮公会调整介入下形成从运价固定、运力协同、划分市场、利润分摊等相当体系的联合从性质上并不相同，而且由于往往缺乏合作机制封闭性和成员背离行为惩罚机制，因此相比于班轮公会形式的联合而言则较为松散。

而且还要注意的是，班轮公会并不具有独立的法律人格，因此也不会承担与独立法律人格相适应的责任，责任仍然由与托运人订立运输合同的航运公司独立负担。[2] 但是也有学者不同意该种观点，因为某些班轮公会的确限制了成员航运公司的独立行动权，当航运经营者丧失商业决策自治权时，要求航运经营者承担责任未免有失公允。例如，班轮公会协议中存在的货载分配以及收入公摊条款，这些方面的合作已经限制了公会成员自我行动的权利。此时，应当由班轮公会而不是公会的成员航运公司作为责任主体。[3] 笔者认为后一种观点是值得商榷的，因为在某种程度上限制班轮公会成员的独立行动权不等于公会有能力或者应该负担成员的责任，例如，由于成员运载不甚导致的货损货差责任。班轮公会的根本功能在于协同以及协调成员之间的行为，这一功能使其性质更加类似于行业协会，而不是独立决策的公司制实体，公会本身也往往不能通过船舶运营获取利润，利润获取人还是成员航运公司自己。从这个意义上看，不具有独立法律人格与责任承担机能的班轮公会无疑不属于现代公司组织形式。[4]

---

〔1〕 See Jason Chuah, *Liner Conferences in the EU and the Proposed Review of EC Regulation* 4056/86, Lloyd's Maritime and Commercial Law Quarterly, 2005, p. 215.

〔2〕 See Amos Herman, *Shipping Conferences*, Deventer: Kluwer Law and Taxation Publisher, 1983, p. 15; Daniel Marx Jr., *International Shipping Cartels: A Study of Industrial Self-Regulation by Shipping Conferences*, Princeton: Princeton University Press, 1953, p. 137.

〔3〕 See Felix Dinger, *The Future of Liner Conferences in Europe: A Critical Analysis of Agreements in Liner Shipping under Current European Competition Law*, Frankfurt: Peter Lang, 2004, p. 39.

〔4〕 有学者认为班轮公会就功能作用而言或许类似于行业协会，因此担心欧盟取消班轮公会的反垄断整体豁免后班轮公会会以行业协会的形式继续存在，参见 Alla Pozdnakova, *Liner Shipping and EU Competition Law*, AH Alphen aan den Rijn, The Netherlands: Kluwer Law International, 2008, p. 24。

(二)班轮公会限制内部和外部竞争的协议条款

为了有效控制市场,班轮公会成员之间的确存在一系列限制内部和外部竞争的协议条款。

班轮公会限制成员航运公司之间彼此竞争的内部限制竞争条款一般包括:协定运价、统一运力投放、在成员之间划分市场限制竞争、实施联合营运、协定货载分享、协定收入公摊。[1] 协定运价并要求所有成员严格遵守,是所有班轮公会都会采用的一项最为基本的政策,也是班轮公会的显著属性。这种运价协定往往采用具有一定歧视性的从价运费模式,根据所运输货物的不同而有所不同。[2] 运价协定由班轮公会开会决定后,通常以公会运价本(表)的形式公布,各成员必须依照公会运价本的规定收取运费。[3] 在美国,法律要求班轮公会的运价必须公开,我国也逐渐确立了班轮公会的运价报备制度。最为重要的是,为了有效抑制卡特尔中成员为了自身利益最大化而策略性选择背离卡特尔集体行动的动机,班轮公会还特别设立检查组织、实施惩罚机制来确保班轮公会成员承运货物的运价符合公会的规定,以防止托运人与公会航运经营者单独达成背离公会统一价格的约定。[4]

除了协同运价禁止成员之间的内部运价竞争,班轮公会还从事国际海上货物运输营运上的协同。王杰、王琦指出班轮公会统一安排营运表现在规定航次比例、划定营运区域以及货载分配政策三个方面。[5] 班轮公会可以决定一定时期内投入航线营运船舶的总航次次数以及各航次间的时间间隔,然后按照一定比例将航次数分配给各成员公司,并结合每一航次的靠港

[1] See Luis Ortiz Blanco, *Shipping Conferences under EC Antitrust Law: Criticism of a Legal Paradox* (Andrew Read trans.), Oxford, Portland: Hart Publishing, 2007, p. 19.

[2] See William Sjoström, *Ocean Shipping Cartels: A Survey*, 3 Review of Network Economics, 2004, p. 109.

[3] 王杰、王琦:《国际航运组织的垄断与竞争》,大连海事大学出版社 2000 年版,第 13 页。

[4] See Jan Owen Jansson and Dan Shneerson, *Liner Shipping Economics*, London: Chapman and Hall, 1987, p. 41.

[5] 王杰、王琦:《国际航运组织的垄断与竞争》,大连海事大学出版社 2000 年版,第 15~16 页。

数制成船期表,各成员公司均需遵守。[1] 这种约定实质上赋予班轮公会强大的运力控制权,一旦国际航运市场中出现运力过剩导致的运价下跌,班轮公会可以即刻通过减少运力的方式推高运价,而不是任由运价随着市场供求关系自由波动。运力的控制实际上达到了运价控制的效果。为了限制公会内部航运公司之间的货载竞争,班轮公会还经常采用为成员公司划定装卸港口的办法确定成员航运公司的营运区域。具体方式有两种:一是规定某些成员船舶只能停靠一些港口载货,另一些成员船舶则只能停靠另外一些港口载货;二是规定某些成员船舶有权停靠公会控制的所有港口装货,另一些成员船舶则只能停靠部分特定的港口装载货物。[2] 这样的安排人为地划分了市场,从而直接限制公会航运公司之间的揽货竞争。除了人为进行市场区隔之外,班轮公会还可以通过货载分配来安排公会船舶的营运。公会可以规定成员公司在一定时期内货载的分配数额,并为此项分配额规定一定的浮动比例,浮动比例内的实际装货量将作为确定下一个时期分配比例的依据。[3] 但是,公会成员公司之间也经常为货载分配比例而展开激烈的斗争。

收入公摊,则是指在客观情况要求进一步加强合作时,班轮公会成员公司要提取一定时期内运费收入的一部分或全部,交由公会设立共同基金,按照事先约定的比例在各成员间再分配。超过班轮公会规定的货载配额从事运输的成员应当将超过货载配额而赚取的运费上缴公会,以此来补偿未达到货载配额的成员的损失。[4] 可见,公摊收入实际上是一种有效的利益制衡机制,既可以防止货载分配时成员因为比例不均而互不相让,又可以通过利益分配防止成员从事背离协议安排的行动。从班轮公会产生直到现在,这些内部限制竞争政策往往一直被采用。[5]

---

〔1〕 王杰、王琦:《国际航运组织的垄断与竞争》,大连海事大学出版社 2000 年版,第 15 页。

〔2〕 王杰、王琦:《国际航运组织的垄断与竞争》,大连海事大学出版社 2000 年版,第 15~16 页。

〔3〕 王杰、王琦:《国际航运组织的垄断与竞争》,大连海事大学出版社 2000 年版,第 16 页。

〔4〕 王杰、王琦:《国际航运组织的垄断与竞争》,大连海事大学出版社 2000 年版,第 16 页。

〔5〕 See William Sjoström, *Ocean Shipping Cartels: A Survey*, 3 Review of Network Economics, 2004, p. 109.

班轮公会与非公会成员之间达成的外部限制市场竞争条款一般包括：与托运人达成忠诚契约及其他方式捆绑消费者、排挤竞争对手的排他性协议，与其他班轮公会组成联盟约定彼此之间协同价格、互不竞争，与独立航运经营者约定彼此之间协同价格、互不竞争，达成战斗船协议排挤班轮公会外的竞争对手。[1]

忠诚契约是一种用来限制托运人缔约自由的协议，承运人通过采用运费延期折扣机制捆绑托运人防止其与其他承运人缔约，从而与托运人之间成立排他性契约关系。所谓"运费延期折扣"，是指航运经营者在合同中规定运费中有一定比例的"忠诚折扣"（loyalty rebate or fidelity rebate），然而这一忠诚折扣并不直接给与托运人，而是在拖延一段时间证明托运人不会选择其他航运经营者进行运输后，即证明托运人对于该航运经营者的忠实之后，航运经营者会将这一部分忠诚折扣退还给托运人。[2] 通过"运费延期折扣制"，航运经营者可以获取托运人货物的专有运输权，一旦托运人选择其他航运经营者的船舶进行货物运输，则不但将丧失本航次可以获得的运费延期折扣，还将丧失以前全部航次可以获得的运费延期折扣。如果使用运费延期折扣，托运人往往会囿于不愿放弃以前的延期折扣而无法自由选择其他航运经营者，而且在非完全竞争的市场结构下，具有市场支配地位的航运企业或航运组织就可以通过这种捆绑托运人的做法而阻止新的竞争者进入市场以及防止竞争对手扩大市场份额。对于看待忠诚契约以及与其相关的运费延期折扣与双重运费制度的反竞争作用，学理上存在较大争议。有学者认为此类契约将惠及消费者，因为承运人实际上通过返还折扣的方式变相压低了运费，消费者会因此增加福利而不是利益受损，故不宜直接禁止此类协议。[3] 但也有相反观点认为忠诚契约构筑了隐形的市场进入壁

---

〔1〕 See Luis Ortiz Blanco, *Shipping Conferences under EC Antitrust Law: Criticism of a Legal Paradox* (Andrew Read trans.), Oxford, Portland: Hart Publishing, 2007, p. 19.

〔2〕 See Luis Ortiz Blanco, *Shipping Conferences under EC Antitrust Law: Criticism of a Legal Paradox* (Andrew Read trans.), Oxford, Portland: Hart Publishing, 2007, p. 5.

〔3〕 W. Arthur Lewis, *Overhead Costs: Some Essays in Economic Analysis*, New York: Rinehart, 1949, pp. 72-83.

垒阻碍新经营者进入市场，侵害了航运市场之竞争秩序。[1] 笔者认为，虽然忠诚契约的确构成捆绑消费者的排他性协议，其反竞争作用却并不像使用战斗船协议同等严重，因为消费者始终掌握是否与托运人缔约之自由。当然，消费者的缔约自由能否真正付诸实施取决于具体的市场情况，假若市场为某个大型航运组织主导使消费者丧失议价的话语权，则此时忠诚契约就具有严重的反竞争效果。占有较大市场份额的承运人往往比那些市场份额小的承运人更容易滥用强大谈判实力胁迫托运人与其订立忠诚契约对托运人进行交易绑定从而反竞争。因此，忠诚契约之反竞争效果取决于市场集中度、承运人市场操纵力的大小，对其反竞争效果进行个案判定是较为妥适的方法。

战斗船是早期班轮公会与非公会航运公司在航线上进行公开对抗式竞争的一种原始策略。"当公会控制的航线上出现非成员公司的营运船舶时，公会就派遣专门的公会船只紧随会外船，与之同时开航和靠港，并不计其营运成本和利润以相同于或低于会外船的运价争取其货物，经过反复削价的价格竞争直到将非公会船排挤出该航线为止。使用战斗船所造成的损失由公会全体成员共同承担。"[2]美国《1984 年航运法》(Shipping Act of 1984)更直接以反竞争性界定战斗船协议，指出其是将其他经营者排挤出市场的排除、限制、减少竞争的协议。[3] 使用战斗船协议是以排挤竞争对手为唯一目的的联合抵制，由于该协议的缔约者联合降价之目的在于排挤竞争对手而不惜牺牲利润，其结果损害小企业权益，亦不会为消费者带来长期好处，会产生消费者福利与社会整体福利的严重减损。[4]

(三) 封闭化组织形式对班轮公会竞争限制效果的强化

根据班轮公会规定的加入和退出机制的不同规定，班轮公会可以被分

[1] William Sjoström, *Monopoly Exclusion of Lower Cost Entry: Loyalty Contracts in Ocean Shipping Conferences*, 22 Journal of Transport Economics and Policy, 1988, pp. 339-344.

[2] 王杰、王琦:《国际航运组织的垄断与竞争》,大连海事大学出版社 2000 年版,第 19 页。

[3] United States Shipping Act of 1984, section 3(10).

[4] See William Sjoström, *Ocean Shipping Cartels: A Survey*, 3 Review of Network Economics, 2004, p. 120.

为开放式班轮公会(Open Conference)与封闭式班轮公会(Closed Conference)。由于班轮公会的私密性,早期班轮公会除了囿于美国航运法强制要求班轮公会采用开放式组织形式的要求之外,在几乎所有不涉及美国的航线上班轮公会几乎都采用封闭式形态。封闭式班轮公会对于其他会外航运公司的加入申请,有一套严格的审核程序和制度,规定提出申请的航运公司需具有相当的资格和经营实绩,并必须获得公会大多数成员甚至全体成员的投票同意,才准许加入公会,而且公会内部的事务对外界绝对保密。[1] 具体而言,按照对于成员内部竞争限制效果的程度,封闭式公会又可以被划分为以下三种形式:

(1)仅决定运价的封闭式公会。其不划分市场、不公摊运费、不规定航次,成员航运公司只要有稳定的货源,就可以自由地扩充市场占有率,这一类封闭式班轮公会属于封闭式公会中内部限制较少的一类。

(2)不规定航次的封闭式公会。其除了规定运价外,还为各会员公司划分营运区域,公摊运费,用于封闭式公会中内部限制较多的一类。

(3)规定航次的封闭式公会。其除了决定运价、公摊运费以外,还设有航运协调中心来有计划、有系统地安排全部公会船舶并限定船舶航次的时间间隔,属于封闭式公会中内部限制最多的一类。[2]

开放式班轮公会对于入会以及退会的条件都比封闭式班轮公会松散,任何会外航运公司只要具备简单的条件,并愿意遵守公会的运价表,经过短时间的预告,就可以加入公会。成为班轮公会会员后,可以只在自己希望的时间内派船提供服务,也可以长期不派船仍能保留会员资格。[3] 最为重要的是,开放式班轮公会对其成员的内部竞争限制程度远较封闭式公会更低,其协同行为一般仅限于统一运价方面。[4] 虽然开放性班轮公会对于入会

[1] 王杰、王琦:《国际航运组织的垄断与竞争》,大连海事大学出版社2000年版,第3~4页。

[2] 王杰、王琦:《国际航运组织的垄断与竞争》,大连海事大学出版社2000年版,第4页。

[3] 王杰、王琦:《国际航运组织的垄断与竞争》,大连海事大学出版社2000年版,第4页。

[4] See Anne C. B. McIntosh, *Anti-trust Implications of Liner Conferences: Alternatives to the Regulation of Liner Trades with Emphasis on the European Approach*, Lloyd's Maritime and Commercial Law Quarterly, 1980, p. 141.

不施加一般性限制条件，只要新加入成员能够满足班轮公会对于货载量的要求即可入会，而无须经公会已有成员批准。但事实上，隐性的限制在于希望加入班轮公会的航运公司可能会发现满足公会货载量的要求并不是一件容易的事情，因为班轮公会已经通过附带延期折扣制的忠诚契约制度捆绑了相当数量的托运人，这些托运人为了不失去班轮公会将给予他们的延期折扣，往往无法自由选择新的航运经营者运输货物。[1]

上述两种类型的班轮公会相较而言，封闭式公会对于竞争的限制作用更为明显。除了对于入会与退会条件的严格限制，由于封闭式班轮公会将成员之间协同一致的行为从运价设定还可能延展到船舶派遣、航次安排等诸多方面，在事实上形成了一种较为强大自由竞争抵制力。因此，学术研究的主流观点倾向于认为封闭式班轮公会比开放式班轮公会的限制竞争效果更强，采用开放式班轮公会往往被认为更有利于鼓励国际航运市场，尤其是班轮运输市场的自我竞争，从而提升效率、增进消费者福利。在此种学术观点影响下，国际社会班轮公会规制法律制度中出现了禁止班轮公会使用封闭式组织形式的要求。强制采用开放式班轮公会的法律要求一般被认为始建于美国航运法中，早在20世纪初期根据美国《1916年航运法》（Shipping Act of 1916）的要求，所有覆盖进出美国的航线的班轮公会就必须采用开放式的公会形式。[2] 在美国，如果班轮公会为了防止被美国联邦海事委员会根据反托拉斯法的有关规定起诉，必须做到：允许所有参加者不受限制地自由进入，不得使用延期折扣制捆绑消费者，一般不得从事运输服务有关的协同行为；要保证班轮公会成员在一定条件下对于运费率有自由决定权。[3] 也就是说，在开放式班轮公会体制下，班轮公会可以在成员之间协同运价但必须同时赋予成员一定程度的独立行动权，而且除协同运价之外成员几乎

[1] See Felix Dinger, *The Future of Liner Conferences in Europe: A Critical Analysis of Agreements in Liner Shipping under Current European Competition Law*, Frankfurt: Peter Lang, 2004, p. 44; Amos Herman, *Shipping Conferences*, Deventer: Kluwer Law and Taxation Publisher, 1983, p. 18.

[2] See Luis Ortiz Blanco, *Shipping Conferences under EC Antitrust Law: Criticism of a Legal Paradox* (Andrew Read trans.), Oxford, Portland: Hart Publishing, 2007, p. 31.

[3] See John E. Davies, *The Economics of the Open Conference System*, 7 Maritime Policy and Management, 1980, p. 85.

可以自由决定与船舶运营有关的其他任何方面的事项。除了涉及美国航线的班轮公会,其他班轮公会一般都采用封闭形式。[1] 但是却有航运经济学家批判了美国法下要求必须采用开放式班轮公会的做法。戴维斯(John Davies)通过计量经济学上的模型分析指出,采用开放式班轮公会的要求最终使成员之间的联合变成了一种仅限于统一运价的非实质性协议联合,这会使得班轮公会被剥夺了那些它得以保持航运业稳定与高效的能力。[2] 戴维斯认为对于这一结论最明显的证据就是在美国法要求采用开放式班轮公会后,运力过剩开始出现并不断严峻。[3] 事实上,开放式班轮公会与封闭式班轮公会的类型划分不单纯涉及班轮公会类型区隔本身,更关联到班轮公会有关的竞争立法走向问题,法律是应当允许班轮公会的封闭性,还是强制性禁止封闭性班轮公会,抑或通过赋予班轮公会反垄断豁免特权作为对价要求班轮公会的开放性,是值得深思的问题。

二、组织视角下班轮公会的垄断性分析

班轮公会,历来是航运反垄断法中最具争议的对象之一,其有关的争议不仅涉及法律规制而为法学家们不断讨论,也是经济学家们争议的热点。[4] 这种争议往往是围绕班轮公会的垄断性而展开的反垄断豁免之争。对于班轮公会是否具有垄断性问题,我将区分班轮公会自身所表现出的垄断性特征以及班轮公会协议所表现出的垄断性特征来分别予以阐释,在本部分重点以班轮公会为研究对象,探索组织视角下这一组织就其整体而言

---

〔1〕 See William Sjoström, *Ocean Shipping Cartels: A Survey*, 3 Review of Network Economics, 2004, p. 109.

〔2〕 See John E. Davies, *The Economics of the Open Conference System*, 7 Maritime Policy and Management, 1980, p. 99.

〔3〕 See John E. Davies, *The Economics of the Open Conference System*, 7 Maritime Policy and Management, 1980, pp. 86-90.

〔4〕 See John S. McGee, *Ocean Freight Rate Conference and the American Merchant Marine*, 27 University of Chicago Law Review, 1960, pp. 191-314; Michael Garrett Graham, *Shipping Economics with Special Reference to Liner Shipping*, in *Greenwich Forum VI: World Shipping in the 1990s* (M. B. F. Ranken ed.), Surrey: Westbury House, 1981, pp. 80-89; Michael Garrett Graham, *Stability and Competition in Intermodal Container Shipping: Finding a Balance*, 25 Maritime Policy and Management, 1998, pp. 129-147; S. G. Sturmey, *Economics and International Liner Services*, 1 Journal of Transport and Policy, 1967, pp. 190-203.

是否构成“海上卡特尔”或者海上垄断性组织。

以统一运价作为最根本特征的班轮公会，从行为主义角度分析无疑具有垄断性特征，而且其具有垄断性质的行为也并不限于统一运价，还包括分配货载、公摊运费等行为。〔1〕但是，理论界却有一种观点从目的主义的路径介入，通过论证班轮公会不以获取高额垄断利润为经营目的而否定班轮公会的垄断性，因此认为班轮公会不是绝对垄断的组织，并以英国帝国航运委员会（Imperial Shipping Committee）对于班轮公会的描述作为立论依据。根据英国帝国航运委员会的描述，“航运公会是一种使航运竞争者之间可以面对面协商的会议机制，它以谋求竞争者之间最低限度的合作以防止航运业恶性竞争为目的。每个公会成员为了追寻此目的而放弃最低限度的竞争自由。”〔2〕除了不以追求垄断利润为目的，班轮公会本身也面临竞争压力，这种竞争压力来自与其他班轮公会之间的竞争，来自可以替代集装箱运输的不定期租船市场的竞争，也来自于可以采用空运陆运等替代的其他运输方式。而且这种竞争压力也迫使班轮公会无法坚持高额的垄断利润。如果面临的竞争压力迫使班轮公会不以也无法以获取高额垄断利润为目的，那么这是否就可以抹杀班轮公会的垄断特性呢？笔者认为，这种不追求高额垄断性利润并不能将其控制运价的行为在反垄断法上的垄断特性彻底根除，完全从目的主义角度出发甚至组织视角的进路或许并不是判定班轮公会垄断性的应有进路。

对于班轮公会本身是否具有垄断性需要从垄断的定义来考察。从字面意义上看，垄断是在某种市场上仅有一个生产者。对市场来说，该生产者的产品是独一无二的，不存在类似的可替代的产品。但这种纯粹的垄断比较

---

〔1〕 See Anne C. B. McIntosh, *Anti-Trust Implications of Liner Conferences: Alternatives to the Regulation of Liner Trades with Emphasis on the European Approach*, Lloyd's Maritime and Commercial Law Quarterly, 1980, p. 141.

〔2〕 See British Shipping in the Orient, p. 51, cited by Daniel Marx Jr., *International Shipping Cartels: A Study of Industrial Self-Regulation by Shipping Conferences*, Princeton: Princeton University Press, 1953, p. 251.

少见,因而经济学意义上的垄断还包括几个生产者共同占有某种市场的情况。[1]"事实上,就垄断而言,无论是促成垄断的扩张和联合过程,还是垄断造成独占的结果,都是对竞争的限制;限制竞争的行为,则无不是垄断性行为。"[2]因此,垄断实际上既包括市场上只有一个生产者时的纯粹垄断(monopoly),又包括市场上同时存在几个竞争者但是达到了限制竞争效果的寡头垄断(oligopoly)。因此,笔者将结合纯粹垄断与寡头垄断在经济学意义上的特征来分述班轮公会的垄断特征是否存在。

(一)纯粹垄断的分析

如果能够构成严格意义上的垄断,需要满足以下几个条件:第一,垄断者必须是市场中商品的唯一提供者;第二,垄断者所提供的商品没有类似的可替代商品,消费者被迫面临买或者不买的选择;第三,垄断意味着其他的竞争者不能轻易地进入垄断者的垄断市场,这种进入壁垒可能是由于法律限制,比如专利制度或者许可证制度的限制,或者由于巨大的进入成本阻碍了其他竞争者进入市场。[3]垄断市场与自由竞争市场关键性的不同就在于垄断市场中垄断者可以通过自己的行为影响价格,但是这种影响在自由竞争市场中就行不通了。对于垄断市场中垄断者的定价,波斯纳指出:"垄断者倾向于把价格提高到这样一个水平,在这个水平上,价格的进一步提高将导致需求量以更大的比例减少。因为在达到这个点之前,价格的每一次继续提高都会增加总收入而降低总成本。他会把价格提高到需求变得有弹性、而总收入因此开始缩小的水平之上,因为他希望使自己的利润而不是收入最大化,因此,只有当进一步提高价格会使其总收入的减少超过由于产量

[1] 王长斌:"垄断的定义——对西方国家反垄断法的初步研究",载《外国法议评》1994年第3期。

[2] 史际春:"关于中国反垄断法概念和对象的两个基本问题",载王晓晔:《反垄断法与市场经济》,法律出版社1998年版,第43页。

[3] [美]曼昆:《经济学原理(第5版):微观经济学分册》,梁小民、梁砾译,北京大学出版社2009年版,第315页。

减少所导致的总成本的减少时,他才会停止提高价格。”[1]

对于第一点,垄断者必须是市场中商品的唯一提供者,显然班轮公会并不是国际航运市场中运输服务的唯一提供者。班轮公会面临着来自非公会航运经营者的竞争,还面临着来自可以替代班轮运输的不定期租船运输市场的竞争以及可以替代海上运输的公路运输、铁路运输与航空运输的竞争。然而仍然有学者认为即便班轮公会面临来自其他竞争者的竞争,但这并不否定班轮公会对于市场的纯粹垄断。菲利克斯·丁格(Felix Dinger)就指出因为班轮公会在20世纪90年代几乎占有了主要贸易航线上超过60%的市场份额。这一高比例的市场占有率意味着班轮公会对于班轮航线的运输存在垄断性行为,因其实质性地垄断了运价水平。尽管班轮公会并不满足市场上唯一商品提供者的垄断定义,但是考虑到其所占有的市场份额比例之大,应当将其行为视为垄断看待。[2]但此处菲利克斯·丁格的观点是值得商榷的,因为单纯考虑班轮公会市场份额总量的观点忽略了班轮公会的数量,也就忽略了班轮公会与班轮公会之间的竞争,采用全部班轮公会的市场份额替代单个班轮公会的市场份额,势必会高估班轮公会的市场占有率与运价操控能力。根据联合国贸易与发展会议的统计,截至2009年1月1日,世界上前20大集装箱航运公司占有了集装箱市场共计69%的市场份额,[3]但必须注意到的是,这20大集装箱航运公司分别隶属于不同的班轮公会,因此每一班轮公会单独的市场份额就未必能够达到实质性操控市场的主导地位。

对于第二点,垄断者所提供的商品没有类似的可替代商品,虽然不得不承认班轮运输服务并不是完全不可替代的,但是这种可替代性的表现却并不广泛。即便班轮公会面临的竞争可以被归结为来自非公会航运经营者、

---

〔1〕［美］理查德·波斯纳:《反托拉斯法》,孙秋宁译,中国政法大学出版社2002年版,第12页。

〔2〕 See Felix Dinger, *The Future of Liner Conferences in Europe: A Critical Analysis of Agreements in Liner Shipping under Current European Competition Law*, Frankfurt: Peter Lang, 2004, p. 76.

〔3〕 See United Nations Conference on Trade and Development, *Review of Maritime Transport*, 2009, p. 99.

不定期租船运输经营者以及航空运输与陆地运输,但是可以认为,在大部分情况下,班轮运输服务具有不可替代性,理由如下:[1]

其一,对于非公会航运经营者,早期而言他们并不成为可以替代班轮公会航运经营者的航运服务提供者,这是因为早期班轮公会外船舶的服务水平往往低于公会船舶,公会外船舶船期安排的周期远低于公会船舶,而且往往所使用的船舶标准也低于公会船舶,因此其运输服务并不想公会船舶那样稳定、可靠。这就注定了公会外船舶所收取的运费水平也低于公会船舶。有研究显示,因为运输服务质量上的差异可能使得非公会航运经营者的运价仅是公会船舶运价的九成。[2] 当然,必须承认的是在过去 25 年时间里,的确存在一些独立航运经营者已经可以提供与公会船舶运输质量相当的运输服务。[3]

其二,对于不定期租船运输经营者,他们主要从事散装货的运输,不定期租船运输没有固定的时刻表,托运人一般是按照航次或者期限租船,而且不定期租船运输也不采用班轮运输那种固定的运费表,运费由航运经营者与托运人单独协商确定。不定期租船运输的确可以在某些情况与班轮运输形成市场竞争,尤其是在不定期租船运输完成运输航次的回程期间,为了避免适用压舱材料而空舱运输,不定期租船经营者往往会同意以很低的费率运输件杂货。而且之所以不定期租船航运经营者此时可以开出很低的运费,是因为不定期租船运输中包括空舱回程的运费都已经计算在原有不定期租船之内了,因此这种情况在一定程度上给班轮运输带来竞争。[4] 然而对于来自不定期租船经营者的竞争,有些学者已经指出对于班轮运输而言,

---

〔1〕 See Felix Dinger, *The Future of Liner Conferences in Europe: A Critical Analysis of Agreements in Liner Shipping under Current European Competition Law*, Frankfurt: Peter Lang, 2004, p. 77.

〔2〕 See Amos Herman, *Shipping Conferences*, Deventer: Kluwer Law and Taxation Publisher, 1983, p. 84.

〔3〕 See United States Federal Maritime Commission, *The Impact of the Ocean Shipping Reform Act of* 1998, Sep. 2001, available at http://www.fmc.gov/assets/1/page/osra_study.pdf, p. 24.

〔4〕 See Andreas Jacobs, Zur Vereinbarkeit von Kartellabsprachen der internationalen Linienschiffahrt mit Artikel 85 EWG-Vertrag, Nomos Verlagsgesellschaft, Baden-Baden, 1991, p. 39, cited by Felix Dinger, *The Future of Liner Conferences in Europe: A Critical Analysis of Agreements in Liner Shipping under Current European Competition Law*, Frankfurt: Peter Lang, 2004, p. 39.

来自不定期租船市场的竞争是有限的,因为不定期租船运输没有固定的船期表,这使得它们对于一些需要固定船期的托运人来说丧失了吸引力。[1]此外,不定期租船运输不能对班轮运输形成完全替代的原因在于,不定期租船运输从事的是港至港的运输,船舶不经停任意挂靠港装载途中货物,而仅在目的港可以装载货物进行运送,因此减低了其对于班轮运输的竞争力。[2] 更为重要的原因是,在现代班轮运输与不定期租船运输之间的竞争也由于运输越来越朝向专业化的发展而不断减低。[3] 运输专业化的首要表现在于船舶类型的专业化。早期的不定期运输船舶与班轮运输船舶大体类似,都是采用多功能船舶(all-purpose ships)从事运输服务。但是现今,班轮运输经营者多采用集装箱船舶(containerized vessels)进行运输,而不定期租船运输经营者则倾向于依据待运货物的类型选择可适用的船舶,如采用油轮(tanker)运送原油、谷物船(grain ships)运输谷物、液化天然气船(liquefied natural gas carrier, LNG Carrier)和液化石油气船(liquefied petroleum gas carrier, LPG Carrier)运输液化气体。[4] 船舶的专业化减低了市场竞争上的可替代性。虽然在不定期租船运输所采用的船舶亦可以运输集装箱船舶所运送的件杂货时,班轮运输服务就是可以替代的,但是这样船舶的数量毕竟并不甚多。可以说,尽管不定期租船运输在某些情况下可以对班轮运输形成替代,然而由于运输船舶的专业化以及待运货物对于专业化运输船舶的需求,不定期租船运输与班轮运输表现出实质性的不同。因此这是在这一意义上,二者应当被区隔为两个单独的市场,而不具有一般意

---

[1] See Amos Herman, *Shipping Conferences*, Deventer: Kluwer Law and Taxation Publisher, 1983, p. 85.

[2] See Felix Dinger, *The Future of Liner Conferences in Europe: A Critical Analysis of Agreements in Liner Shipping under Current European Competition Law*, Frankfurt: Peter Lang, 2004, pp. 39-40.

[3] See Jan Owen Jansson and Dan Shneerson, *Liner Shipping Economics*, London: Chapman and Hall, 1987, p. 19.

[4] See Felix Dinger, *The Future of Liner Conferences in Europe: A Critical Analysis of Agreements in Liner Shipping under Current European Competition Law*, Frankfurt: Peter Lang, 2004, p. 40.

义上的可替代性。[1]

其三,对于来自航空运输的竞争,与班轮运输相比,即使具有最大运载能力的飞机也仅能运载较少数量的货物。[2] 航空运输的优势在于其高速与可以直达内陆的优势,这种优势使得一些高价值同时容量小的货物,以及一些对于时间要求极高的货物,如水果、鲜花,倾向于采用航空运输这种方式进行。[3] 虽然航空运输使得班轮运输流失了一些高价值的货物运送服务,但考虑到海运与空运之间在运输成本上的巨大差异,航空运输并不构成对班轮运输实质意义上的替代。

其四,对于来自陆地运输的竞争,陆地运输无疑具有低价、适宜集装箱运送、可能在某些情况下快速于海运的特征。[4] 陆地运输所可能具有的另外一个优点在于,班轮公会与托运人之间的“忠诚契约”往往并不限制托运人选择陆地运输方式,因此如果托运人选择陆地运输以替代班轮公会会员的海运,并不构成对于忠诚契约的违约。[5] 在这个意义上,陆地运输的确可能对班轮运输形成替代,现有的陆地运输网络主要有贯穿西伯利亚地区的铁路网以及美国州际运输网络,但是目前世界上却并不存在足以广泛替代海运的陆地运输网络。

对于第三点,垄断意味着进入壁垒的存在,即其他的竞争者不能轻易地进入垄断者的垄断市场。由于班轮公会仅能控制班轮运输经营者的入会与

---

[1] See Jan Owen Jansson and Dan Shneerson, *Liner Shipping Economics*, London: Chapman and Hall, 1987, p. 19; Felix Dinger, *The Future of Liner Conferences in Europe: A Critical Analysis of Agreements in Liner Shipping under Current European Competition Law*, Frankfurt: Peter Lang, 2004, p. 40.

[2] See Jan Owen Jansson and Dan Shneerson, *Liner Shipping Economics*, London: Chapman and Hall, 1987, p. 19; Felix Dinger, *The Future of Liner Conferences in Europe: A Critical Analysis of Agreements in Liner Shipping under Current European Competition Law*, Frankfurt: Peter Lang, 2004, p. 40.

[3] Amos Herman, *Shipping Conferences*, Deventer: Kluwer Law and Taxation Publisher, 1983, p. 98.

[4] Amos Herman, *Shipping Conferences*, Deventer: Kluwer Law and Taxation Publisher, 1983, p. 150.

[5] Eberhardt Kühne, *Kooperationen in der internationalen Seeschiffahrt und Europäisches Kartellrecht*, Frankfurt am Main: Peter Lang Europäisches Verlag der Wissenschaften, 1996, p. 64, cited by Felix Dinger, *The Future of Liner Conferences in Europe: A Critical Analysis of Agreements in Liner Shipping under Current European Competition Law*, Frankfurt: Peter Lang, 2004, p. 41.

退会，却无力控制班轮运输经营者进入与退出市场，从这一视角看来，班轮运输市场的进入与退出机制因不存在壁垒所以是完全自由的。很多班轮公会都坚持从这一视角来看待班轮市场的进入壁垒问题。[1] 但实际上，从这一视角切入而进行的分析却刻意无视了班轮市场进入机制中存在的隐性壁垒，即进入成本壁垒与获得市场份额壁垒。[2] 首先，由于国际航运业对于资本的要求，无论是租用船舶还是购买船舶来经营航线都是资本密集的，[3]国际航运业本身的高成本就决定了其进入机制不可能是完全自由的。其次，由于与托运人之间忠诚契约的存在，班轮公会实际上通过忠诚折扣的方式控制了托运人的货物运输，使托运人为了获得忠诚折扣在一定程度上丧失了自由选择航运经营者的自由，这就导致新进入市场者就很难在原有市场中分得一杯羹，从而成为除资本外班轮市场进入的又一隐性壁垒。

上述分析表明，虽然班轮公会影响下的班轮运输市场中不存在广泛性的可替代运输方式，也存在使得其他竞争者不能轻易进入市场的隐性壁垒，但是考虑到班轮公会并不是班轮市场上唯一的班轮运输服务提供者，因此不宜将其认定为构成班轮运输市场的纯粹垄断力量。[4]

(二)寡头垄断的分析

寡头垄断存在于市场上同时有几个竞争者可以提供相同或者类似商品

---

[1] See Council of European and Japanese National Shipowners' Associations, CENSA, *Submission to the OECD Inquiry relating to Regulatory Reform in International Maritime Transport*, March 2001, p. 1; Trans-Atlantic Conference Agreement, TACA, *Trans-Atlantic Conference Agreement Submission to the OECD Inquiry relating to Regulatory Reform in International Maritime Transport*, 2001, p. 1.

[2] See Mike Fusillo, *Excess Capacity and Entry Deterrence: The Case of Ocean Liner Shipping Markets*, 5 Maritime Economics and Logistics, 2003, pp. 100-115.

[3] 事实上，这种高进入壁垒除了表现在资本要求方面，还体现在与码头作业安排、广告宣传等有关航线运营的其他费用，参见 H. E. Haralambides, P. Cariou and M. Benacchio, *Costs, Benefits, and Pricing of Dedicated Container Terminals*, 4 International Journal of Maritime Economics, pp. 21-34; see also William Sjoström, *Ocean Shipping Cartels: A Survey*, 3 Review of Network Economics, 2004, p. 109。

[4] See Gunnar K. Sletmo and Ernest W. William Jr., *Liner Conferences in the Container Age: U.S. Policy at Sea*, New York: Macmillan Publishing Co., 1981, p. 194.

的情况下,[1]尽管每一个竞争者都可能具有影响商品价格、操纵市场的能力,但是每一个竞争者在作决策时却必须将其他竞争者的行为考虑进去。[2]在寡头市场中,少数的几个竞争者之间可以就商品生产与价格达成一致,实现默示共谋,也可以联合起来直接形成卡特尔。一旦形成了卡特尔,市场实际上就相当于由一个垄断者提供服务。[3] 卡特尔不仅就总产量水平达成一致,而且还要就每个成员的生产量达成一致。卡特尔的每个成员都想要有较大的市场份额,因为市场份额越大,利润就越大。[4] 但同时,对于垄断性超额利润的追逐也是寡头垄断市场中竞争者联合组成卡特尔的动机。[5]

寡头垄断与纯粹垄断的区别就在于,垄断市场中只有一个经营者,而寡头市场中有少数几个经营者,但是这一区别却从根本上决定了垄断市场与寡头市场中经营者不同的市场行为。寡头市场最主要的问题在于,虽然卡特尔联合行为可以使卡特尔中的每一个成员实现联合条件下的利润最大化,但这种联合条件下的最大化利润却低于成员背离卡特尔单独行为时的利润,因为在单独行为时,经营者可以选择低于卡特尔联盟的价格以吸引更多的顾客来扩大绝对收入与利润。因此,在寡头市场中存在一个隐性的囚徒困境,虽然每个经营者都可以通过寡头联合获利,但在利润动机的驱使下,每一个经营者又都有背离卡特尔的可能。所以,寡头的关键特征是合作与利己之间的冲突。寡头集团合作起来并像一个垄断者那样行事——生产少量产品并收取高于边际成本的价格——情况会最好。但由于每个寡头只关心自己的利润,因此有一种强大的激励在起作用,这是卡特尔很难维持垄

---

[1] [美] 曼昆:《经济学原理(第 5 版):微观经济学分册》,梁小民、梁砾译,北京大学出版社 2009 年版,第 367 页;N. Gregory Mankiw, *Principles of Economics* (*2nd ed.*), Fort Worth: Harcourt College Publishers, 2001, p. 350.

[2] See Roy J. Ruffin and Paul R. Gregory, *Principles of Microeconomics*, Boston: Addison Wesley, 2001, p. 238.

[3] [美] 曼昆:《经济学原理(第 5 版):微观经济学分册》,梁小民、梁砾译,北京大学出版社 2009 年版,第 368 页。

[4] [美] 曼昆:《经济学原理(第 5 版):微观经济学分册》,梁小民、梁砾译,北京大学出版社 2009 年版,第 368 页。

[5] See William Baumol and Alan Blinder, *Economics, Principles and Policy* (*8th ed.*), Fort Worth: The Dryden Press, 1999, p. 254.

断的结果。[1]

很多航运经济学以及航运法律学者认为相较于市场独占而言班轮公会的性质更类似于卡特尔。[2] 班轮公会实际上是一种班轮运输经营者之间的联合,而且往往是大型班轮运输经营者之间的联合。班轮公会不但控制成员的运价水平,还控制成员的船舶营运并进行货载安排,因此可以说班轮公会是具有卡特尔性质的组织。但是,必须指出的是,这样的结论并不等于认为班轮公会构成了班轮运输市场上的寡头垄断。理由同样来自班轮运输市场上的班轮公会呈现多家并存的局面,虽然每一个班轮公会都是一个具有卡特尔性质的组织,但是它们彼此之间也存在竞争。如果因为班轮公会对于公会成员安排而具有卡特尔性质就认为其在班轮运输市场构成寡头垄断,就等于错误地将班轮运输市场中的运输服务经营者等同于班轮公会内部的运输服务经营者,但显然,这二者的数量是不吻合的,前者远大于后者。否定班轮公会构成寡头垄断的另外一个理由在于,班轮市场的数据并不支持寡头垄断市场中经营者可以在提高产出的同时提升价格的现象。[3] 经济合作与发展组织(Organisation for Economic Co-operation and Development, OECD)提供的近些年班轮市场中的数据表明,在运力供给不断提升的情况下,运费率却总体上呈现下降趋势。[4]

但否定了班轮公会对于班轮运输市场的寡头垄断之后,却并不妨碍用

---

[1] [美]曼昆:《经济学原理(第5版):微观经济学分册》,梁小民、梁砾译,北京大学出版社2009年版,第367页。

[2] 持这种观点的著作,可以参见 Daniel Marx Jr., *International Shipping Cartels: A Study of Industrial Self-Regulation by Shipping Conferences*, Princeton: Princeton University Press, 1953; Luis Ortiz Blanco, *Shipping Conferences under EC Antitrust Law: Criticism of a Legal Paradox* (Andrew Read trans.), Oxford, Portland: Hart Publishing, 2007, p. 3; Brian M. Deakin and T. Seward, *Shipping Conferences: A Study of Their Origins, Development and Economic Practices*, London: Cambridge University Press, 1973, p. 204; Amos Herman, *Shipping Conferences*, Deventer: Kluwer Law and Taxation Publisher, 1983, p. 21。对于班轮运输的寡头垄断分析,还可以参见 Nancy Ruth Fox, *An Oligopoly Model of Ocean Liner Service*, 9 Review of Industrial Organization, 1994, pp. 343-355。

[3] See Felix Dinger, *The Future of Liner Conferences in Europe: A Critical Analysis of Agreements in Liner Shipping under Current European Competition Law*, Frankfurt: Peter Lang, 2004, p. 83.

[4] See Organisation for Economic Co-operation and Development, *Final Report on Competition Policy in Liner Shipping*, DSTI/DOT (Directorate for Science, Technology and Industry/ Division of Transport), Apr. 16, 2002, p. 53.

卡特尔寡头垄断模型来分析班轮公会的内部结构。卡特尔寡头垄断分析模型的好处在于,它可以合理地解释为什么形成了卡特尔的班轮公会不追求高额垄断利润,它也可以用来解释班轮公会的价格控制与公会成员独立行动之间的冲突。实际上,不追求高额垄断利润正是班轮公会卡特尔与成员背离公会单独行动权之间冲突的结果,这也正是作为班轮公会成员的班轮运输经营者面临的"囚徒困境"。[1] 每一个班轮公会成员实际上有两种选择:按照班轮公会的统一定价收取运费,或者背离公会定价而独自采用低于公会统一运价的标准收取运费。当然,对于每一个成员而言,低于公会统一价格的独立运价会使其吸引更多的顾客,因此获得更多的利润,但是这种做法无疑损害了其他公会成员的利益。[2] 如果一旦其他公会成员也采用独立定价的方法,那么最终的结果就是任何一个经营者都无法通过低价获利。因此,虽然对于每个成员是非利润最大化的次优选择,但共同遵守班轮公会的统一定价无疑可以使得每个成员都能够维持一定的利润,而不至于导致恶性竞争。同时,班轮公会为了防止单个航运经营者通过独立采用低价格背离公会的统一价格,也就不会将统一价格制定得太高,因为相差过于悬殊的价格与过于高额的垄断利润,会使得单个航运经营者背离公会统一价格的利益驱动增大。一般而言,班轮公会会将运费率维持在一定的水平之上,在这一水平上,成员可以获取一定的利润,同时也可以确保班轮公会的有效运作。[3] 班轮公会不会追逐高额垄断利润的另外一个原因还在于班轮公会也要面临来自公会外部的竞争,一旦采取过分高价,则其市场份额就有可

---

〔1〕 See Felix Dinger, *The Future of Liner Conferences in Europe: A Critical Analysis of Agreements in Liner Shipping under Current European Competition Law*, Frankfurt: Peter Lang, 2004, p. 83.

〔2〕 克莱德(Paul Clyde)与雷特兹(James Reitzes)1995年的《反垄断豁免下共谋的有效性:以班轮公会为例》一文证实了在班轮公会没有有力的惩罚机制的情况下,公会成员会选择采用背离公会统一价格的低价运费的观点,他们的研究显示公会成员可以将价格比照班轮公会统一的运价降低19%的水平,参见 Paul Clyde and James Reitzes, *The Effectiveness of Collusion under Antitrust Immunity: The Case of Liner Shipping Conferences*, Dec. 1995, available at https://www.ftc.gov/sites/default/files/documents/reports/effectiveness-collusion-under-antitrust-immunity-case-liner-shipping-conferences/232349.pdf。

〔3〕 See Organisation for Economic Co-operation and Development, *Final Report on Competition Policy in Liner Shipping*, DSTI/DOT (Directorate for Science, Technology and Industry/ Division of Transport), Apr. 16, 2002, p. 59.

能被其他班轮公会的公司、非班轮公会的航运公司或者不定期租船经营者等抢占。卡特尔寡头垄断模型尤其适用于承认班轮公会成员独立行动权的立法域，比如，美国法下就特别强调班轮公会必须赋予成员独立行动的权利。

由上述分析可见，虽然由于班轮公会之间并不存在明显的共谋与联合垄断行为，因此不宜认为国际航运市场尤其是班轮市场由于班轮公会的存在而具有寡头垄断的市场结构，但是就班轮公会自身这一个体而言，其无疑呈现出一种对于卡特尔性质的契合，当然，这种契合仅仅表现在班轮公会自体，而不是与班轮公会有关的市场结构。在具有卡特尔性质的班轮公会之内，卡特尔寡头垄断模型可以用来解说为什么班轮公会不追求也无法追求高额垄断利润，也可以用来解说班轮公会成员独立行动权与会员身份对其的约束之间所存在的张力。最有意思的是，国际贸易对于寡头垄断认定问题上的新视角也为分析班轮公会的垄断性带来了新的思考，这种新思考在某种意义上有些类似于反垄断法上的结构主义垄断认定模式。国际贸易的存在为寡头垄断的认定提供了新的视角，就表现在国际贸易扩充了界定垄断的相关市场。美国经济学家曼昆（Gregory Mankin）采用一个例子说明寡头分析会受到国际贸易的影响：设想日本只有丰田和本田两家汽车制造商，德国只有大众和宝马两家汽车制造商，美国只有福特和通用两家汽车制造商。如果这些国家禁止汽车贸易，每个国家就都是只有两个成员的寡头市场。而且，市场的结果可能远远背离了竞争的理想水平。但是，有国际贸易时，汽车市场是一个世界市场，而且，在这个例子中寡头市场有六个成员。[1] 可见，由于扩大了地理市场范围，允许自由贸易增加了每个消费者可以选择的生产者数量，增加的竞争使价格接近于边际成本。[2]

此外，寡头垄断模型还可以用来分析班轮运输运输竞争者之间的信息

---

〔1〕［美］曼昆：《经济学原理（第5版）：微观经济学分册》，梁小民、梁砾译，北京大学出版社2009年版，第371页。

〔2〕［美］曼昆：《经济学原理（第5版）：微观经济学分册》，梁小民、梁砾译，北京大学出版社2009年版，第371页。

交换协议(information exchange agreement),这是因为在寡头垄断市场中往往会出现一种有意识的协调行为(conscious parallelism)。所谓有意识的协调,是指在缺乏明确的固定价格协议的情况下,寡头垄断行业中的企业的对应定价决定。其中最为常见的例子是航空行业,每年两次或者三次,一家主要的航空公司都会宣布涨价或者降价,竞争者会在此类信息宣布后立刻采取协同行为。因此,会得出这样的结论,即主要航空公司会在自己的价格和产量决策中将其他公司的行为考虑在内。[1] 而市场结构的定性可能对班轮运输经营者之间的信息交换是否构成垄断有决定性的影响。如果存在一个真正竞争性的市场,市场透明性可能将导致供应商之间的竞争变得更为激烈。但是,在一个高度集中的寡头垄断市场,竞争已经被极大降低,如果主要竞争者频繁交换单个销售的精确信息,就有可能严重损害供应商之间的竞争。在这种情况下,定期的、频繁的分享有关市场运行的信息将导致定期地向所有竞争者披露各种单独竞争者的市场处境和策略,从而使竞争者之间产生一种内在的协同行为。[2]

(三)结构主义与行为主义的分析

既然班轮公会本身并不符合经济学意义上的纯粹垄断与寡头垄断认定标准,那么在法律上能否认为班轮公会是操纵市场的垄断性质组织呢?各国的实践表明,对于垄断的界定主要采取了两种方法,即结构主义的方法和行为主义的方法。[3] 从法律对垄断的控制模式角度考察,各国的立法呈现出两种模式:即结构主义的垄断控制模式和行为主义的垄断控制模式。结构主义的垄断控制模式(structuralism monopoly control mode),是指为了控

---

[1] [美]基斯·希尔顿:《反垄断法——经济学原理和普通法演进》,赵玲译,北京大学出版社2009年版,第17页。

[2] European Commission Guidelines on the application of Article 81 of the EC Treaty to maritime transport services, OJ C 245/2, 26. 9. 2008, para. 43.

[3] 有学者指出,结构主义与行为主义的垄断规制形成于滥用市场支配地位行为的规制问题上,后来演变为规制整个垄断现象的基本路径,参见周彧:《反垄断法律问题研究》,中国社会科学出版社2007年版,第12页;王先林:《论滥用市场支配地位行为的法律规制——〈反垄断法(草案)〉相关部分评析》,载王晓晔:《反垄断立法热点问题》,社会科学文献出版社2007年版,第63页。

制行业集中度而对行业集中状态进行规范的垄断控制方式。在结构主义垄断控制模式下，为了维护有效竞争，法律“不仅规范占市场支配地位企业的市场行为，而且还担负着对阻碍了市场竞争的市场结构予以调整的任务”。[1] 也就是说，结构主义控制模式判断垄断的方法是以市场份额来判断一个市场是否达到了垄断状态。当一个企业或几个企业在某市场上所占的份额达到或超过一定的百分比时，就断定其垄断了该市场。[2] 因此，在结构主义下，如何界定相关市场与市场份额，是判断垄断问题的重要标准。而所谓“行为主义的垄断控制模式”(behaviorism monopoly control mode)，是指“仅规范占市场支配地位的企业的市场行为，而不关心行业集中度的垄断控制方式”。[3] 行为主义控制模式判断垄断的方法就是以企业行为为调整对象，不认为企业在市场的支配能力就是违法，只有当发生了垄断行为时才构成违法。[4] 也就是说，行为主义关于垄断认定的构成要件中，除了当事经营者具有市场支配地位外，更重要的是在达到一定比例的市场份额后还实施了滥用市场支配地位的行为，并且具有限制竞争的后果或者可能性。[5] 如果说行为主义模式主要规制滥用市场支配地位的行为，结构主义模式则通过控制市场结构阻止经营者市场支配地位的形成，或者说消除经营者的市场支配地位。这两种立法模式曾长期并存，有学者指出目前纵观世界各国反垄断法的发展历史，无论是立法模式还是司法实践，都已越来越明显地呈现出从结构主义到行为主义转变的发展趋势。行为主义的垄断控制模式已成为当代各国反垄断立法和反垄断政策的主流。[6] 笔者将结合这两种

---

[1] 曹士兵:《反垄断法研究》,法律出版社 1996 年版,第 97 页。

[2] 王长斌:“垄断的定义——对西方国家反垄断法的初步研究”,载《外国法议评》1994 年第 3 期。

[3] 曹士兵:《反垄断法研究》,法律出版社 1996 年版,第 97 页。

[4] 王长斌:“垄断的定义——对西方国家反垄断法的初步研究”,载《外国法议评》1994 年第 3 期。

[5] 周彧:《反垄断法律问题研究》,中国社会科学出版社 2007 年版,第 13 页。

[6] 钟瑞栋:“从结构主义到行为主义——反垄断法的历史演进、发展趋势及我国的立法选择”,载《厦门大学法律评论》2001 年第 2 期。也有学者对结构主义进行了批判,参见 Thomas C. Heller, *Structuralism and Critique*, 36 Stanford Law Review, 1984, pp. 127-198; see also David Kennedy, *Critical Theory, Structuralism and Contemporary Legal Scholarship*, 21 New England Law Review, 1985-1986, pp. 209-290。

模式分别予以论述,以期可以廓清有关班轮公会这一组织的垄断定性问题。

经常被用来认定班轮公会构成垄断性组织的佐证是班轮公会的价格歧视行为,[1]因为班轮公会不按照集装箱收取运价而是依据货物价值收取“从价运费”。[2] 经济学上所谓的“价格歧视”是指企业以不同价格将同一种物品卖给不同顾客,尽管对两个顾客的生产成本是完全相同的。[3] 价格歧视行为虽然可能带来社会总福利的增加,但是价格歧视带来的福利增加却表现为生产者剩余更高,而不是消费者剩余更高。[4] 这种价格歧视行为的发生实际上和市场结构具有密切关联,因为当一种物品在完全竞争市场上出售时,实行价格歧视是不可能的。在竞争市场上,许多企业以市场价格出售同一种物品。没有一个企业愿意向任何一个顾客收取低价格,因为企业可以以市场价格出售它想出售的所有物品;另外,如果任何一个企业想向顾客收取高价格,顾客就会转向另一个企业购买。因此,对于一个实行价格歧视的企业来说,它一定具有某种市场势力。[5] 按照这种理论,如果班轮公会的确从事价格歧视行为的组织,那么或许可以在一定程度上说明班轮市场是存在垄断性市场形态的,即使不是独占、寡头,或许也可能是垄断竞争的。[6]

但是班轮公会实施价格歧视的观点却遭到了反驳,反驳观点指出,班轮公会收取从价运费并不能构成价格歧视,班轮公会收取从价运费仅仅是由

---

[1] See William Sjoström, *Price Discrimination by Shipping Conferences*, 28 Logistics and Transportation Review, 1992, pp. 207-215.

[2] See Paul Clyde and James Reitzes, *The Effectiveness of Collusion under Antitrust Immunity: The Case of Liner Shipping Conferences*, Dec. 1995, available at https://www.ftc.gov/sites/default/files/documents/reports/effectiveness-collusion-under-antitrust-immunity-case-liner-shipping-conferences/232349.pdf, p. 6; Jan Owen Jansson and Dan Shneerson, *Liner Shipping Economics*, London: Chapman and Hall, 1987, p. 94; John A. Zerby and R. M. Colon, *Joint Cost and Intra-Tariff Cross-Subsidies: The Case of Liner Shipping*, 31 Journal of Industrial Economics, 1983, p. 394.

[3] [美] 曼昆:《经济学原理(第5版):微观经济学分册》,梁小民、梁砾译,北京大学出版社2009年版,第329页。

[4] [美] 曼昆:《经济学原理(第5版):微观经济学分册》,梁小民、梁砾译,北京大学出版社2009年版,第330~331页。

[5] [美] 曼昆:《经济学原理(第5版):微观经济学分册》,梁小民、梁砾译,北京大学出版社2009年版,第329页。

[6] 经济学上依照市场的集中度将市场结构划分为四种类型:完全竞争、垄断竞争、寡头竞争和垄断(即独占),参见[美] 曼昆:《经济学原理(第5版):微观经济学分册》,梁小民、梁砾译,北京大学出版社2009年版,第349页。

于货物价值的高低不同决定了运输上不同程度的注意义务以及由此而带来的不同运输成本、不同的运输保险费率,因此从价运费未必是价格歧视的产物。[1]那么,应当如何看待上述两种相反的观点?在上文关于国际航运业微观经济学分析的部分中已经指出,国际航运业是具有较大比例固定成本的行业,在班轮运输中有的航运经济学家甚至指出该固定成本可以占到班轮运输全部成本的80%。[2] 显然,因运输过程中的装载、保管、卸载时的处理费用是不会对运输成本产生决定性作用影响的,因此注意义务影响运输成本的理论学说似乎缺乏足够的说服力,上述观点也就未必能够为班轮公会的价格歧视行为构成合理可信的反驳。

班轮公会价格歧视的行为可以在一定程度上印证上文关于班轮公会本身是卡特尔性质组织的结论,但是笔者同样认为价格歧视的行为却不能得出班轮公会垄断或者寡占班轮运输市场的结论。价格歧视,仅仅是一种行为,但如果认为单纯凭借价格歧视行为就可以从行为主义模式切入而认定垄断,并不妥当。因为行为主义模式的垄断判定进路仍然需要占有相当比例的市场份额作为前提,既然不能证明某一个班轮公会占有实质性绝对比例的班轮运输市场份额,就不能单纯因为价格歧视行为而认定班轮公会构成垄断。而且,从价格歧视行为的存在去反推市场结构的寡占性或者垄断性也并不妥当。经济学上关于价格歧视与垄断竞争性市场结构之间的关系只是一种统计学意义上一定比例概然性的结论,但却不应当引入法律判定机制中来,否则任何的价格歧视行为都将被在法律上认定为垄断,显然是有失妥当的。对于班轮公会是否构成市场垄断问题的判定也不应当带有一种预设假定,即歧视价格的行为都当然地构成垄断,事实上,无论是结构主义抑或行为主义模式的垄断判定,一般都先要存在一定比例的市场份额,如果班轮公会在相关市场中所占的市场份额不能达到一定的比例,是不宜以价

---

〔1〕 See David Butz, *Ocean Shipping Economics: Free Trade and Antitrust Implications*, 3 Contemporary Policy Issues, pp. 69-80; see also William Sjoström, *Ocean Shipping Cartels: A Survey*, 3 Review of Network Economics, 2004, p. 122.

〔2〕 See Bernard Franck and Jean-Claude Bunel, *Contestability, Competition and Regulation: The Case of Liner Shipping*, 9 International Journal of Industrial Organisation, 1991, pp. 141-159.

格歧视行为的存在反推班轮公会存在市场支配地位的。

(四) 目的主义的分析

目的主义进路的分析往往为班轮公会不构成垄断性组织找到了一个有利的理由。虽然有观点认为班轮公会完全是以一种垄断者的身份干预班轮运输业,因为在其控制下的运费水平远高于完全竞争市场中托运人所应当承受的运费。理论界却有一种观点从目的主义的路径介入,通过论证班轮公会不以获取高额垄断利润为经营目的而否定班轮公会的垄断性,市场竞争压力也迫使班轮公会无法坚持高额的垄断利润,因此认为班轮公会不是绝对垄断性的组织。虽然班轮公会不以追求高额垄断利润为目的,但从反垄断法意义上看,行为动机不应当成为垄断认定的决定因素。因为按照结构主义,只要达到一定的市场份额,就构成垄断,就应当拆分;按照行为主义,只要在占有一定市场份额的情况下,存在扭曲市场的垄断性操纵行为,就构成垄断,反垄断法就要介入。目的,最多作为一个可以参考的考量因素,而绝不是垄断认定的标准,而且这一参考因素往往多用在垄断豁免的考虑中。也就是说,在垄断判定后,对于是否要豁免班轮公会的垄断责任,才应当将班轮公会不追求高额垄断利润的动机考虑进来。

一种用来解释班轮公会利润无法最大化的观点是其"产出无效率"(inefficient production)。这种观点认为在不存在班轮公会的情况下,每一个班轮运输经营者都会最大化地利用自己船舶的运载能力,从而存在更多的运力供给,也就是产出。但是在班轮公会存在的情况下,由于班轮运输经营者受制于班轮公会对于船舶营运的安排,同时还可能受制于班轮公会依据货载分配制度而进行的货载分配安排,每一个航运经营者无法像在不存在班轮公会的情况下那样将船舶运载能力最大化,这也就导致了产出的无效率。[1]

另一种用来解释班轮公会利润无法最大化的观点则从其"收入最大化"

---

[1] Meyrick and Associate Pty Ltd. ,*Economics of Liner Shipping Conferences*,Apr. 1999,available at http://www. pc. gov. au/__data/assets/pdf_file/0005/33737/sub005. pdf,p. 30.

(maximise of sales revenue)入手,认为班轮公会所追逐的目标本来就不在于利润最大化,而在于收入最大化。[1] 这一观点沿用了公司制度中所有权与管理权分离理论,管理者与所有者关注的不同偏向往往决定了管理者倾向于采用一种收入最大化而不是利润最大化的目标来经营管理公司。管理者的收入最大化倾向可以从以下三个方面予以解释。第一,管理者的边际收入往往与企业收入而不是企业的利润率相关;第二,银行以及其他金融机构往往更愿意提供担保或者贷款给那些具有较高收入并且收入呈不断递增趋势的公司,而这种银行的担保和贷款对于公司的经营管理多具有积极意义;第三,能够有效地扩充公司的收入对于管理者的声誉而言也有重要意义。[2]但是这样的分析存在问题。首先,如上文所述,班轮公会的存在形式并不是公司或是企业,也不具有独立经营的法律人格;其次,由于国际航运业的固定成本很高,可变成本往往只占非常小的比例,这会使得收益最大化在一定程度上趋近等同于利润最大化;最后,就班轮公会将收入最大化作为其目标的观点本身也未必能够成立。诚如所指出的那样,如果班轮公会的目标在于收入最大化,那么考虑到班轮运输业需求对于价格的弹性非常小,运价的提升并不能使顾客马上减少,托运人往往会愿意承担高运价,因此在这个意义上,收入最大化的方式无疑是提高价格。因为由于价格提高而增加的收入大于由于价格提高顾客减少而减低的收入,这就使总收入增加。但是航运实践却不是如此发展的,班轮公会或者航运经营者为了吸引顾客,往往还是采取减低运价而不是提高运价的方法。在这个意义上,很难说班轮公会是收入最大化的。[3]

因此,班轮公会不以追求高额垄断利润为目的或许从其面临的来自非公会船舶、其他班轮公会等竞争压力,以及防止公会成员通过单独行动背离

---

[1] Meyrick and Associate Pty Ltd. ,*Economics of Liner Shipping Conferences*,Apr. 1999,available at http://www. pc. gov. au/__data/assets/pdf_file/0005/33737/sub005. pdf,p. 38.

[2] See Felix Dinger,*The Future of Liner Conferences in Europe:A Critical Analysis of Agreements in Liner Shipping under Current European Competition Law*,Frankfurt:Peter Lang,2004,pp. 80–81.

[3] See Felix Dinger,*The Future of Liner Conferences in Europe:A Critical Analysis of Agreements in Liner Shipping under Current European Competition Law*,Frankfurt:Peter Lang,2004,p. 81.

公会定价的角度来分析更为合适。而且目的主义的考虑并不应当作为判定班轮公会是否构成市场垄断的绝对标准，而应当被放在是否对其赋予垄断协议的反垄断豁免、滥用市场支配地位的合理性抗辩的问题上加以考虑。

（五）班轮公会垄断问题上的“空核理论”

另一个被经济学家用来分析班轮公会的存在及其行为的理论被称为“空核理论”（empty core theory）。[1] 传统上对于班轮公会的看法主要围绕在其是否应当被视为构成垄断性组织或者构成寡头垄断组织，但是在20世纪80年代，对于如何看待班轮公会的垄断问题产生了一种新的观点。这种观点认为，尽管班轮公会可能构成垄断或者寡头垄断因而对市场结构产生负面影响，但是班轮公会这种联合的形式对于维护航运市场的稳定，防止恶性竞争却有积极作用。班轮公会的这种特殊性使其应当被赋予反垄断法中的豁免，以区别于传统的垄断性卡特尔。[2] 这就是将“空核理论”运用在对于班轮运输业的分析后得出的结论。区别于我们上述论及的理论的是，“空核理论”不以界定班轮公会的垄断为主要内容，也不认为班轮公会构成垄断或者寡头垄断，而倾向于认为班轮公会的存在对于维持班轮市场这一具有内在不稳定性的市场的秩序稳定是必要的。[3]

究竟什么是经济学意义上的“空核理论”呢？根据经济学理论的看法，

---

〔1〕 有关空核理论的论述，可以参见 Stephen Craig Pirrong, *An Application of Core Theory to the Analysis of Ocean Shipping Markets*, 35 Journal of Law and Economics, 1992, pp. 89 – 131; William Sjoström, *Collusion in Ocean Shipping, A Test of Monopoly and Empty Core Models*, 97 Journal of Political Economy, 1989, pp. 1160–1179; William Sjoström, *Antitrust Immunity for Shipping Conferences: An Empty Core Approach*, 38 Antitrust Bulletin, 1993, pp. 419–423；也有学者将空核理论分析延伸到航空运输领域，参见 Kenneth J. Button, *Liberalising European Aviation: Is There an Empty Core Problem?*, 30 Journal of Transport Economics and Policy, 1996, pp. 275–291。

〔2〕 See William Sjoström, *Collusion in Ocean Shipping, A Test of Monopoly and Empty Core Models*, 97 Journal of Political Economy, 1989, pp. 1160–1179.

〔3〕 See Stephen Craig Pirrong, *An Application of Core Theory to the Analysis of Ocean Shipping Markets*, 35 Journal of Law and Economics, 1992, p. 89; William Sjostöm, *Collusion in Ocean Shipping, A Test of Monopoly and Empty Core Models*, 97 Journal of Political Economy, 1989, p. 1161.

固定价格并不总是一个对社会有害的安排。[1] 与反垄断有关的经济学上出现了一种所谓的“核心理论”(core theory),该理论解释并证明了在符合某些特定条件下固定价格协议可能是具有合理性的。[2] 按照核心理论,当市场中存在一种“价格产出组合”(price/quantity combination)使得所有买方和卖方都可以达到福利最大化的情形,则此时市场的均衡就构成了这个“核心”。在这种核心均衡的市场状态下,没有人会通过改变价格与产出的组合来获利。但是,在一个不存在“核心”的市场中就不存在这种稳定的价格与产出的组合,总是会有市场经营者通过打破这种核心市场均衡状态来获利,从而实现个人利益的最大化。[3] 美国反垄断法学家基斯·希尔顿(Keith Hylton)指出了核心理论的观点围绕在一个“空核心”(empty core)观念的周围。在这一理论中,存在一个可以进行讨价还价博弈的市场中,竞争者有不同的选择,可以选择联合,也可以选择背离这种联合而通过自己的单独行为获利。而这里博弈的核心就在于一组稳定的均衡分配,从而构建出竞争者之间的有效联合。如果不存在这样一种稳定的均衡分配,那么博弈的核就是空的,也就是所谓的“空核”。[4] 核心理论家认为,固定价格协议可能出现在具有导致空核心问题产生的特征的行业之中,[5]而显然,国际航运业

---

[1] [美]基斯·希尔顿:《反垄断法——经济学原理和普通法演进》,赵玲译,北京大学出版社2009年版,第92页。

[2] 对于核心理论的有关论述,可以参见 Lester G. Telser, *A Theory of Efficient Cooperation and Competition*, New York: Cambridge University Press, 1987; Lester G. Telser, *Economic Theory and the Core*, Chicago: Chicago University Press, 1978; Lester G. Telser, *The Usefulness of Core Theory in Economics*, 8 Journal of Economic Perspectives, 1994, pp. 151-164; Lester G. Telser, *Competition and the Core*, 104 Journal of Political Economy, 1996, pp. 85-107; William W. Sharkey, *The Theory of Natural Monopoly*, New York: Cambridge University Press, 1982; John Shepard Wiley Jr., *Antitrust and Core Theory*, 54 University of Chicago Law Review, 1987, pp. 556-589。

[3] See Organisation for Economic Co-operation and Development (OECD), *Final Report on Competition Policy in Liner Shipping*, DSTI/DOT (Directorate for Science, Technology and Industry/Division of Transport), Apr. 16. 2002, p. 61.

[4] [美]基斯·希尔顿:《反垄断法——经济学原理和普通法演进》,赵玲译,北京大学出版社2009年版,第92页。

[5] [美]基斯·希尔顿:《反垄断法——经济学原理和普通法演进》,赵玲译,北京大学出版社2009年版,第93页。

中的班轮运输就明显存在这样的特征。[1]

“空核理论”又是如何被应用到班轮运输行业的呢？朱作贤教授指出，班轮运输的需求弹性小、供给刚性的特点使得航运班轮运输市场却被认为是“空核”的，无法实现帕累托最优，这是因为在该市场中失灵的价格机制无法调节供求机制，同样供求机制亦无法改变价格，任由航运市场自由竞争，则只能导致恶性竞争。[2] 经济合作与发展组织在其关于班轮运输竞争政策的最终报告中举了这样一个例子来说明班轮市场本身的空核心特征。如果一个班轮市场的均衡状态以两个班轮运输经营者为限，也就是说，在两个经营者经营的情况下他们可以按照平均成本来定价，此时经营者与消费者都可以增进福利，是市场的最优均衡状态。但是因为其他经营者也可以进入班轮运输业，其他人的进入会打破市场均衡状态。假设第三个经营者进入市场，那么市场上的三个经营者都被迫降低价格。如果此时一个经营者不能承受降价带来的损失而退出市场，则市场又回复到原来两个经营者的均衡状态。但是均衡状态下可以获得的利润又会吸引市场外的经营者进入市场，而一旦其他经营者进入市场，就又会打破原有的市场均衡。[3] 结果就是，这样的市场机构呈现出一种不稳定的状态。[4] 那么为什么联合是班轮运输经营者的第一选择呢？“空核理论”回答了这一问题，因为联合是不稳定市场结构下一种防止竞争混乱的有效方法，[5]班轮公会这种联合的形式对于维护航运市场的稳定，防止恶性竞争有积极作用。

但无疑，就这一“空核理论”而言，其本身存在若干问题。首先，“空核理

---

〔1〕 See Stephen Craig Pirrong, *An Application of Core Theory to the Analysis of Ocean Shipping Markets*, 35 Journal of Law and Economics, 1992, pp. 89-131.

〔2〕 朱作贤：“反思当代国际航运反垄断规制的欧美法路径”，载《中国海商法研究》2015 年第 26 卷第 1 期。

〔3〕 See Organisation for Economic Co-operation and Development (OECD), *Final Report on Competition Policy in Liner Shipping*, DSTI/DOT (Directorate for Science, Technology and Industry/Division of Transport), Apr. 16, 2002, p. 61.

〔4〕 See Felix Dinger, *The Future of Liner Conferences in Europe: A Critical Analysis of Agreements in Liner Shipping under Current European Competition Law*, Frankfurt: Peter Lang, 2004, p. 87.

〔5〕 See Stephen Craig Pirrong, *An Application of Core Theory to the Analysis of Ocean Shipping Markets*, 35 Journal of Law and Economics, 1992, pp. 89-131.

论”的支持者往往通过班轮公会存续的百余年历史来论证其存在的合理性,[1]认为班轮公会在班轮公会长期存在的过程中,从不以获取高额垄断性利润为目的,因此可以认为其存在是为了其他目的,即维护班轮运输市场的竞争秩序。[2] 然而,这样的经验法则却并不能回答正确地解释新成立的班轮公会存在的动机。[3] 其次,“空核理论”认为班轮市场的不稳定状态在某种程度上受到班轮市场进入退出自由的影响,因为经营者可以随时自由地进入和退出,这就会破坏市场的均衡状态,就好像上面经济合作与发展组织所举的例子中所发生的那样。但是如前文所指出的,由于班轮市场的隐性进入壁垒,以及沉没成本带来的退出壁垒,班轮市场的进入与退出都未必是完全自由的,这一点无疑会对“空核理论”带来某种弱化。最后,“空核理论”对于班轮公会的分析中存在的最大问题在于,班轮公会的价格控制行为并不必然会带来班轮市场秩序的稳定,班轮市场秩序的问题也并不是仅能靠价格控制来实现。通过与托运人订立运费延期折扣制的忠诚契约,或者通过与托运人订立较为长期的服务合同,都可以起到稳定班轮市场秩序的作用,因为这些机制都可以在一定程度上起到防止新进入市场者抢占市场份额的作用。[4] 考虑到这些疑问,或许“空核理论”为我们提供了一个如何看待班轮公会垄断问题的新视角,但就其本身的论证而言,可能是有失周延的。

(六) 小结:组织理论视角下如何看待班轮公会的垄断性

通过前述讨论可见,任何关于班轮公会是否构成垄断性组织的讨论或

---

〔1〕 See Stephen Craig Pirrong, *An Application of Core Theory to the Analysis of Ocean Shipping Markets*, 35 Journal of Law and Economics, 1992, p. 118.

〔2〕 See Stephen Craig Pirrong, *An Application of Core Theory to the Analysis of Ocean Shipping Markets*, 35 Journal of Law and Economics, 1992, p. 124.

〔3〕 See Organisation for Economic Co-operation and Development (OECD), *Final Report on Competition Policy in Liner Shipping*, DSTI/DOT (Directorate for Science, Technology and Industry/Division of Transport), Apr. 16, 2002, p. 62; N. Shashikumar, *Competition and Models of Market Structure in Liner Shipping*, 15 Transport Reviews, 1995, pp. 3-26.

〔4〕 See Felix Dinger, *The Future of Liner Conferences in Europe: A Critical Analysis of Agreements in Liner Shipping under Current European Competition Law*, Frankfurt: Peter Lang, 2004, p. 88.

许都是没有确定结果的,而且也未必是一条适当的思考进路。在组织视角下班轮公会不会完全契合任何一种类型的垄断的定义,因此也就不宜从班轮公会的组织本身入手去论述其是否构成对于班轮市场的垄断。实际上,对于班轮公会垄断问题的判断与“市场操纵力”(market power)一词紧密相关,但是市场操纵力是一个关于程度的描述,这一操纵力的强度可以体现出从弱到强的多种不同程度,因此市场操纵力没有一个绝对非有即无的标准,市场操纵力的大小必须结合个案中的诸多相关予以判定。[1] 这种个案判断的方法也体现在欧盟海运竞争法的最新改革中,在取消了班轮公会反垄断法上的整体豁免让航运业受制于一般竞争法之后,2008 年欧盟颁布的《有关海上运输适用欧共体条约第 81 条的指南》中在具体解释在海运领域适用欧共体条约一般竞争法的规定时就强调了个案判断的方法,一种竞争法适用于航运领域时个案分析的思路贯穿整个指南。[2] 在这种个案判断中,市场结构、市场份额与行为都将成为考量因素。笔者认为,在班轮公会垄断分析上的“去组织化”是应当采用的研究范式。实际上现今学理上对于国际航运垄断协议的研究往往专注于组织形态的研究,如将其界分为班轮公会、运价协商协议组织、联营体、战略联盟等具体形式,然而考虑到航运竞争者垄断合作形式的形态边界不清,以垄断协议之内容为基础的研究抑或更益于理解与讨论航运垄断协议的竞争抑制效应与反垄断豁免的产业经济逻辑。同理亦适用于国际航运组织滥用市场支配地位行为的分析之中。

---

〔1〕 See Gunnar K. Sletmo and Ernest W. William Jr. ,*Liner Conferences in the Container Age*:*U. S. Policy at Sea*,New York:Macmillan Publishing Co. ,1981,p. 195.

〔2〕 See European Commission Guidelines on the application of Article 81 of the EC Treaty to maritime transport services,OJ C 245/2,26. 9. 2008,paras. 7,15,24,29,45,62.

第四节 国际航运市场垄断问题之现状

国际航运市场的垄断问题不仅表现在班轮公会的存在,还表现在其他形式组织的存在,如航运稳定化协议组织(Capacity Stabilisation Agreement)、运价协商协议组织(Discussion Agreement),以及不定期租船市场中的联营协议组织(Tramp Shipping Pools),还有航运业的兼并而带来的市场集中问题。事实上,相较于过去国际航运市场的垄断问题,国际航运市场垄断问题之现状可以被概括为班轮公会力量开始衰退,航运经营者对于托运人的控制被逐渐削弱,[1]但航运企业之间却进一步走向联合。因此,国际航运市场垄断问题的核心在于如何看待衰落的班轮公会对于国际航运市场的垄断操纵力,以及如何看待新兴起的航运联盟等形式的国际航运组织以及兼并浪潮对于国际航运市场的垄断性问题的影响。

一、班轮运输市场集中度与班轮公会引发的垄断问题

(一)班轮运输市场的集中度

资本密集、高进入门槛与相对较强的集中度是班轮运输市场的特点。[2]为了维持稳定的船期,班轮运输经营者必须具有若干条类似的船舶来经营一条航线,而购买这些船舶则需要高额的资本前期投入与后续融资。[3] 由于国际航运市场对于资本的高额需求抬高了市场进入壁垒,也减少了市场经营者的数量,这使得国际航运市场本身容易出现寡占或者垄断竞争的特

[1] 张辉:"国际航运竞争形态的转变及其法律规制",载《武汉理工大学学报》(社会科学版)2009年第22卷。

[2] See Alla Pozdnakova, *Liner Shipping and EU Competition Law*, AH Alphen aan den Rijn, The Netherlands: Kluwer Law International, 2008, p. 4.

[3] See Organisation for Economic Co-operation and Development (OECD), *Final Report on Competition Policy in Liner Shipping*, DSTI/DOT (Directorate for Science, Technology and Industry/Division of Transport), Apr. 16, 2002, p. 18.

点。拉姆(Jasmine Lam)等分析了1998~2005年世界前20大集装箱航运公司的船舶运载能力的变化。[1] 根据他们提供的数据(见图2-3),1998年世界前10大集装箱航运公司的船舶运载份额占世界全部运载份额的38%,世界前20大集装箱航运公司的船舶运载份额占世界全部运载份额的53%,然而到了2005年这两个数字均呈现攀升状态,2005年世界前10大集装箱航运公司的船舶运载份额占世界全部运载份额上升至49%,世界前20大集装箱航运公司的船舶运载份额占世界全部运载份额上升至71%。根据经济合作与发展组织2002年的研究报告也可以看出,世界前20大班轮公司的市场份额占全部班轮市场份额的72%(见图2-4)。[2] 据航运信息平台Alphaliner公布的最新数字,全球排名前20大的集装箱班轮公司,拥有运力约占全球班轮总运力近80%。其中排前三名的欧洲三家公司丹麦马士基(Maersk)、瑞士的地中海航运(Mediterranean Shipping Company,MSC)和法国达飞轮船(Companie Maritime D' Affertment-Companie General Maritime,CMA-CGM)的运力占20大班轮总运力的42.6%。[3] 班轮运输市场集中度的不断加强被有些航运法学者认为是班轮运输市场近期最为显著的变化。[4] 班轮运输市场集中度的加强与全球经济一体化密不可分,因为全球化的经济要求全球化的运输,而海运又是运输中对于全球化要求最高的,也是受全球化影响最深远的,因为只有大型国际航运经营者才能提供全球化

---

[1] See Jasmine S. L. Lam et al., *Structure, Conduct and Performance on the Major Liner Shipping Routes*, 34 Maritime Policy and Management, 2007, pp. 359-381.

[2] See Organisation for Economic Co-operation and Development (OECD), *Final Report on Competition Policy in Liner Shipping*, DSTI/DOT (Directorate for Science, Technology and Industry/Division of Transport), Apr. 16, 2002, p. 14.

[3] 佚名:"20大班轮占全球运力80%",载《航海》2009年第5期。《美国托运人》(American Shipper)杂志2010年第9期公布全球20大集装箱班轮公司运力排名可以参见冬隆:"2010年全球20大集装箱班轮公司",载《集装箱化》2010年第10期。2009年世界前20大集装箱航运公司的具体运力数字,可以参见United Nations Conference on Trade and Development (UNCTAD), *Review of Maritime Transport*, 2009, p. 100。

[4] See Felix Dinger, *The Future of Liner Conferences in Europe: A Critical Analysis of Agreements in Liner Shipping under Current European Competition Law*, Frankfurt: Peter Lang, 2004, p. 30.

的物流体系。[1] 无疑,班轮市场本身集中度的上升进一步加强了市场的垄断竞争效果。当然,这仍然不能得出某一国际航运企业具有垄断市场市场垄断力的结论,因为就单一班轮公司而言,以排名第一的马士基来说,它仍然也仅占有16%的市场份额;而且在主要航线上,也至少有约30家航运公司竞争运输业务。[2]

Rank		1998		2005
1	Maersk	346,123(11.1%)	Maersk-Sealand	1,005,554(15.1%)
2	Evergreen	280,237(9.0%)	MSC	713,808(10.8%)
3	PONL	250,858(8.1%)	PONL	490,435(7.4%)
4	MSC	220,745(7.1%)	Evergreen	450,927(6.8%)
5	Hanjin	213,081(6.8%)	CMA-CGM	426,994(6.4%)
6	Sealand	211,358(6.8%)	APL	322,520(4.9%)
7	COSCO	202,094(6.5%)	China Shipping	304,788(4.6%)
8	APL	201,075(6.5%)	COSCO	299,961(4.5%)
9	NYK	163,930(5.3%)	Hanjin	296,938(4.5%)
10	MOL	133,681(4.3%)	NYK	287,137(4.3%)
世界前十 以市场份额计		2,223,182 38%		4,599,062 49%
11	Hyundai	116,644(3.7%)	NYK	236,018(3.6%)
12	Zim	111,293(3.6%)	K Line	231,419(3.5%)
13	CP Ships	105,322(3.4%)	Zim	226,105(3.4%)
14	CMA-CGM	91,600(2.9%)	OOCL	219,560(3.3%)
15	Hapag-Lolyd	90,879(2.9%)	China Shipping	215,694(3.3%)
16	OOCL	90,063(2.9%)	Hapag-Lolyd	210,407(3.2%)
17	K Line	89,717(2.9%)	Hyundai	191,333(2.9%)
18	Yangming	79,840(2.6%)	Yangming	189,939(2.9%)
19	UASC	59,331(1.9%)	PIL	179.209(2.7%)
20	Safmarine	55,584(1.8%)	CSAV	142.257(2.1%)
世界前二十 以市场份额计		3,113,455 53%		6,641,003 71%

图2-3 1998年与2005年世界前二十大集装箱航运公司的市场份额对比

资料来源:Jasmine S. L. Lam et al., *Structure, Conduct and Performance on the Major Liner Shipping Routes*, 34 Maritime Policy and Management, 2007, p. 360。

[1] See Jan Hoffmann, *Concentration in Liner Shipping: Causes and Impacts*, 1 World Sea Trade Review, 1998, available at http://www.eclac.cl/transporte/perfil/HoffmannConcentration.pdf, p. 68.

[2] See Mercer Management and Consulting, *Analysis of Supply and Demand of Liner Shipping Services*, 1997, available at http://europa.eu.int/comm/transport/extra/final_reports/waterborn/asdss.pdf., p. 61.

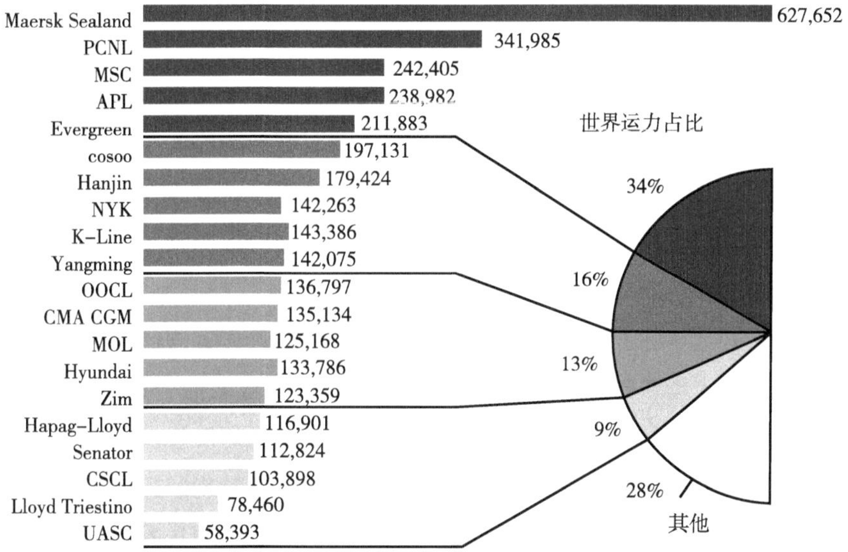

图 2-4　2002 年世界前二十大班轮运输公司的市场份额

资料来源：Organisation for Economic Co-operation and Development (OECD), *Final Report on Competition Policy in Liner Shipping*, DSTI/DOT (Directorate for Science, Technology and Industry/ Division of Transport), 16 Apr. 2002, p. 14。

（二）班轮公会日渐衰退化的垄断趋势

19 世纪末班轮运输市场的恶性竞争催生了班轮公会，而班轮公会的存在也往往被认为是班轮运输市场对于防止运力过剩与恶性降价以维护市场稳定的内在需求。这一点直到今天也一直被用来作为支撑班轮公会所从事的固定价格与运载控制行为的正当性。班轮运输经营者认为这种正当性的根源在于班轮运输市场本身的市场结构特点，尤其是因为班轮运输经营者从事的是“公共承运人运输”（common carriage），船舶必须按照固定的船期表开航，而不管船舶所载有的货物量。为了维持稳定的船期，班轮运输经营者必须具有若干条类似的船舶来经营一条航线，而购买这些船舶则需要高额的资本前期投入与后续融资。其次，航运经营者还不得不面对国际贸易量不稳定性的风险，国际贸易量的不稳定变动往往会造成运载能力的过剩，而且为了满足贸易量而预备的充足运力往往导致完成航次回程时的运力过剩与空载。[1] 再者，班轮运输行业本身具有服务同质化的特点。在这种市场条件下，如果不进行运力控制与价格协定，航运经营者恐怕难以避免地会像19世纪末期时那样恶性竞争。因此，班轮公会的存在被认为可以帮助航运经营者面对班轮运输市场供需失衡，避免恶性价格竞争，同时托运人也得以因此享有稳定的运输服务。[2] 但是在托运人看来，航运经营者的价格固定与运力控制实际上是对于市场操纵力的滥用，而且协定的价格也往往高于完全竞争市场条件下的运价。[3] 因此，托运人呼吁政府介入，对国际航运市场的运力控制与运价协议予以规制以保护托运人的权益。

但是现今，历来强势的“海上卡特尔”班轮公会却呈现衰退趋势。班轮公会在组织性质与实践效果上都呈现多元化的趋势，有些具有完全的组织形态，采用书面公会协议且有专门的秘书处负责公会的日常运作，也有少数一些公会并不存在书面性的公会协议，但是也仍然被称为公会，还有一些公会采用的是“组织”(association)或者其他类似名称的称谓。[4] 根据经济合作与发展组织的统计，截至2002年，世界上大约有150家班轮公会，它们仅从事件杂货运输，而不从事干散货运输。[5] 但是就班轮公会的数量而言，航运法学者斯约斯特洛姆(William Sjoström)则指出班轮公会的数量呈下降

---

[1] See Organisation for Economic Co-operation and Development (OECD), *Final Report on Competition Policy in Liner Shipping*, DSTI/DOT (Directorate for Science, Technology and Industry/Division of Transport), Apr. 16, 2002, p. 18.

[2] See Organisation for Economic Co-operation and Development (OECD), *Final Report on Competition Policy in Liner Shipping*, DSTI/DOT (Directorate for Science, Technology and Industry/Division of Transport), Apr. 16, 2002, pp. 18-19.

[3] See Organisation for Economic Co-operation and Development (OECD), *Final Report on Competition Policy in Liner Shipping*, DSTI/DOT (Directorate for Science, Technology and Industry/Division of Transport), Apr. 16, 2002, p. 19.

[4] See Organisation for Economic Co-operation and Development (OECD), *Final Report on Competition Policy in Liner Shipping*, DSTI/DOT (Directorate for Science, Technology and Industry/Division of Transport), Apr. 16, 2002, p. 19.

[5] See Organisation for Economic Co-operation and Development (OECD), *Final Report on Competition Policy in Liner Shipping*, DSTI/DOT (Directorate for Science, Technology and Industry/Division of Transport), Apr. 16, 2002, p. 19.

趋势,且班轮公会数量上的下降与法律环境的变化直接相关。他指出,自20世纪末至21世纪初的10余年间,班轮公会的数量开始呈现下降趋势。美国联邦海事委员会(Federal Maritime Commission,FMC)的数据显示,1982年在联邦海事委员会报备的班轮公会有99个,然而1998年报备的班轮公会的数量却跌至35个,到2001年则仅为15个。[1]

班轮公会的衰退趋势被认为与国际社会加强国际航运市场竞争规制的立法倾向、非公会班轮公司的崛起、全球航运联营体与联盟的蓬勃发展有关。[2]

目前美国、加拿大以及欧盟等主要海运国家和地区对于班轮公会日趋严格的法律规制可能逐渐使得班轮公会对于航运公司而言丧失了吸引力。[3] 以美国为代表的海运法律制度推动班轮公会的开放性,鼓励班轮公会成员的独立行动权,强制允许作为班轮公会成员的航运经营者与托运人之间单独的秘密契约(confidential contracts),都极大程度削弱了班轮公会对于会员航运公司的约束力。美国《1984年航运法》(Shipping Act of 1984)赋予了美国班轮公会中航运经营者在公会之外与托运人签订单独的秘密契约的权利,尽管班轮公会可以不允许其会员这么做。美国后来的《1998年航运改革法》(Ocean Shipping Reform Act of 1998)则走得更远,不允许班轮公会禁止其会员与托运人订立单独的秘密契约。[4] 美国航运法下有关航运经营者独立行动权的法律规定使得运输服务在保持原有水平基础上仍得以减低运价。但是有关公会成员独立行动权的法律制度同时也削弱了班轮公会,导致一些班轮公会的解散。例如,在远东/北美航线上,由于1999年5月1日开始实施的美国《1998年航运改革法》允许船东单独与货主签订服务合

---

〔1〕 See William Sjoström, *Ocean Shipping Cartels: A Survey*, 3 Review of Network Economics, 2004, p. 110.

〔2〕 See United States Federal Maritime Commission, *The Impact of the Ocean Shipping Reform Act of* 1998, Sep. 2001, available at http://www.fmc.gov/assets/1/page/osra_study.pdf, p. 3.

〔3〕 See William Sjoström, *Ocean Shipping Cartels: A Survey*, 3 Review of Network Economics, 2004, p. 110.

〔4〕 See J. D. Reitzes and K. L. Sheran, *Rolling Seas in Liner Shipping*, 20 Review of Industrial Organization, 2002, p. 54.

同,班轮公会作为运价卡特尔对各成员公会已没有约束力,使班轮公会纷纷解散。目前已有亚洲北美东向运费协议组织(Asia North America Eastbound Rate Agreement, ANERA)、泛太平洋西向运费协议组织(Transpacific Westbound Rate Agreement, TWRA)和美洲区域内航线班轮公会(Intra-Americas Conference)宣布解散,日本美国东向班轮公会(The Japan U. S. Eastbound Freight Conference, JUEFC)宣布停止制定运价的活动。[1] 实际上,这种公会航运经营者的独立行动权侵蚀了班轮公会的垄断权力,班轮公会正面临着会员的"脱会狂潮"。[2] 另外,不但班轮公会本身的数量在减少,班轮公会所占的市场份额也在减少。[3] 在北美/欧洲航线上,只有低于10%市场份额的班轮运输是在公会协议条件下的运输。[4]

国际立法也正在削弱班轮公会的运价决定机制的约束力。联合国1974年《班轮公会行为守则公约》虽然对班轮公会的存在持肯定态度,但却从两

〔1〕 魏家福:"21世纪的航运业与中远",载中远集团网,http://www.cosco.com/cn/knowledgebase/detail.jsp? docId=1315,2010年12月7日访问。

〔2〕 王杰、王琦:《国际航运组织的垄断与竞争》,大连海事大学出版社2000年版,第43~44页。

〔3〕 研究数据显示,在远东至欧洲航线上,20世纪70年代远东班轮公会(Far East Freight Conference, FEFC)按照运力统计的市场份额可以达到远东至欧洲航线上总运力的85%,但是在1990年这一份额则下降至57%,参见Meyrick & Associate Pty Ltd., *Economics of Liner Shipping Conferences: A Critical Review of the Literature and Its Implications for Australian Policy*, paper commissioned by Liner Shipping Services as a submission to the Australian Productivity Commission Inquiry into International Liner Cargo Shipping (A review of Part X of the Trade Practices Act), Apr. 1999, available at http://www.pc.gov.au/__data/assets/pdf_file/0005/33737/sub005.pdf, p. 15。在跨大西洋航线上,1990年跨大西洋公会航运公会(Transatlantic Conference Agreement, TACA)市场份额跌至48.7%,虽然市场份额在1998年出现了短暂增长至63%,但在2001年的市场份额则又跌至46%,参见Trans-Atlantic Conference Agreement (TACA), *Trans-Atlantic Conference Agreement Submission to the OECD Inquiry relating to Regulatory Reform in International Maritime Transport*, 2001。在跨太平洋航线上,1990年主要班轮公会在东太平洋上的市场份额可以达到56.7%,在西太平洋上的市场份额可以达到68.9%,在2001年跨太平洋航线稳定协议组织(Trans-Pacific Stabilization Agreement)在太平洋航线上的全部市场份额为80%,参见Trans-Pacific Stabilization Agreement (TSA), *Trans-Pacific Stabilization Agreement Submission to the OECD Inquiry relating to Regulatory Reform in International Maritime Transport*, 2001, p. 4。上述内容也可以参见Organisation for Economic Co-operation and Development (OECD), *Final Report on Competition Policy in Liner Shipping*, DSTI/DOT (Directorate for Science, Technology and Industry/Division of Transport), Apr. 16, 2002, p. 22; Mary R. Brooks, *Sea Change in Liner Shipping: Regulation and Managerial Decision-Making in a Global Industry*, Oxford: Pergamon, 2000, pp. 3-4。

〔4〕 See Organisation for Economic Co-operation and Development (OECD), *Final Report on Competition Policy in Liner Shipping*, DSTI/DOT (Directorate for Science, Technology and Industry/Division of Transport), Apr. 16, 2002, p. 22.

个方面对班轮公会的组成加以改进以减少其反竞争效果。其一是以开放性公会取代封闭性公会;其二是托运人组织参与班轮公会决定运费。这使得班轮公会的运价垄断效果大不如前。[1] 由于班轮公会本身并不具有独立的法律人格,会员的共同行动系基于利益而非法律义务。在法律和市场竞争发生变化时,在利益面前会员企业开始各自行动,不再执行公会的参考运价,班轮公会逐渐失去对会员企业的控制能力。[2] 而且由于美国航运法和欧盟海运竞争判例法制度的要求,班轮公会不得限制班轮公会成员的独立行动权,因此班轮公会成员单独与托运人缔结"独立服务合同"(individual service contract)的数量越来越多,这也在一定程度上削减了班轮公会的市场份额。[3] 此外,经济合作与发展组织的研究报告也意在推动全球范围内取消国际航运反垄断整体豁免制度。[4] 可以说,日趋严格的法律规制在一定程度上削弱了传统班轮公会对于成员的约束力,动摇了长期以来的班轮公会反垄断豁免惯例,使班轮公会的存续面临挑战。有学者认为在,现今时代,班轮公会的作用主要在于其确立运费率基准作用,班轮公会所采用的运费率对于会内航运经营者和会外航运经营者而言既是制定运费率水平时重要的参考标准,也是航运经营者与托运人对运费讨价还价时的议价基础。[5]

除了法律的变化,非公会班轮公司的崛起,也使传统的班轮公会面临巨大的竞争压力。随着集装箱运输的迅速发展和成熟打破了进入班轮行业的技术性壁垒,并且在20世纪80年代后各国对交通运输行业的市场准入限制

---

〔1〕 张辉:"国际航运竞争形态的转变及其法律规制",载《武汉理工大学学报》(社会科学版)2009年第22卷。

〔2〕 张辉:"国际航运竞争形态的转变及其法律规制",载《武汉理工大学学报》(社会科学版)2009年第22卷。

〔3〕 See Marco Benacchio et al., *The Liner Shipping Industry and EU Competition Rules*, 14 Transport Policy, 2007, pp. 8-9.

〔4〕 See Organisation for Economic Co-operation and Development (OECD), *Final Report on Competition Policy in Liner Shipping*, DSTI/DOT (Directorate for Science, Technology and Industry/Division of Transport), Apr. 16, 2002.

〔5〕 See Marco Benacchio et al., *The Liner Shipping Industry and EU Competition Rules*, 14 Transport Policy, 2007, p. 9.

逐渐放松,使得大批独立承运人进入班轮市场。[1] 非公会班轮经营者是一些大型独立航运经营者,这些大型独立航运经营者往往具有足够的资源与资金可以提供能够满足班轮运输运载能力的运力,保证船期。而且,还有一些服务水平较低的独立航运经营者,但是由于这些服务水平较低的独立航运经营者具有合适的市场,可以服务于那些低价值且对于运输时间要求不高的货物的运送,也在一定程度上对于传统的公会运输带来竞争压力与挑战。[2]

除此之外,班轮公会还面临着源自不定期租船经营者,以及其他经营相同或者可替代航线或市场的班轮公会的竞争。[3] 更为重要的是,一种以松散的合作形式为特点的新兴航运联盟的出现,使得班轮运输经营者加入班轮公会的积极性大为减低。[4]

但需要特别指出的是,虽然班轮公会具有被瓦解,班轮公会垄断力量具有不断被削弱的趋势,但是班轮公会仍然是目前国际航运市场上不可小觑的具有反竞争效果的组织之一,这不仅是因为新兴的航运联营、联盟与运价协议组织仍然在一定程度上维持着班轮公会的特征。[5] 而且,班轮公会市场份额的下降不等于班轮运输市场竞争程度的增加,这是因为经济合作与发展组织的研究报告显示那些独立的班轮运输经营者在运价水平制定上往

---

〔1〕 张辉:“国际航运竞争形态的转变及其法律规制”,载《武汉理工大学学报》(社会科学版)2009年第22卷。

〔2〕 See Organisation for Economic Co-operation and Development (OECD), *Final Report on Competition Policy in Liner Shipping*, DSTI/DOT (Directorate for Science, Technology and Industry/Division of Transport), Apr. 16, 2002, p. 22.

〔3〕 See Daniel Marx Jr., *International Shipping Cartels: A Study of Industrial Self-Regulation by Shipping Conferences*, Princeton: Princeton University Press, 1953, p. 23.

〔4〕 See Organisation for Economic Co-operation and Development (OECD), *Final Report on Competition Policy in Liner Shipping*, DSTI/DOT (Directorate for Science, Technology and Industry/Division of Transport), Apr. 16, 2002, p. 21.

〔5〕 See Organisation for Economic Co-operation and Development (OECD), *Final Report on Competition Policy in Liner Shipping*, DSTI/DOT (Directorate for Science, Technology and Industry/Division of Transport), Apr. 16, 2002, p. 23.

往倾向于与班轮公会的运价保持一致，而不是与其竞争定价。[1] 再者，很多小型航运经营者所提供的运输服务可能既不能满足地理范围的要求，也不能保证船期，因此往往无法与班轮公会航运经营者竞争。[2] 因此，如何在班轮公会日渐衰退的宏观环境下重新审视班轮公会的垄断性，判断是否应当赋予班轮公会反垄断整体豁免，是目前国际航运反垄断法律制度中尚待深入研究论证的核心问题之一。

二、航运协商协议组织的出现及相关垄断问题

（一）航运协商协议组织的由来与内容

虽然在很多主要海运国家的航运竞争立法中都涉及航运协商协议竞争规制的问题，但是国际社会目前鲜有有关航运协商协议组织的法律界定。欧盟的海运研究报告中将协商协议界定为“作为班轮公会成员的承运人与公会外的承运人之间就运价及其他运输条件进行灵活协商的一种框架协议”。[3] 但是经济合作与发展组织的研究报告中则认为航运协商协议组织既可以是班轮公会成员与公会外承运人之间的协议，也可以是班轮公会内部成员之间的协议。[4] 根据航运协商协议组织的内容，可将其分为运力稳

---

〔1〕 See Organisation for Economic Co-operation and Development (OECD), *Final Report on Competition Policy in Liner Shipping*, DSTI/DOT (Directorate for Science, Technology and Industry/Division of Transport), Apr. 16, 2002, p. 23.

〔2〕 See Organisation for Economic Co-operation and Development (OECD), *Final Report on Competition Policy in Liner Shipping*, DSTI/DOT (Directorate for Science, Technology and Industry/Division of Transport), Apr. 16, 2002, p. 23.

〔3〕 European Commission, White Paper on the Review of Regulation 4056/86, Applying the EC Competition Rules to Maritime Transport, COM (2004) 675 final, Brussels, Oct. 13, 2004, p. 6. 美国航运法学者也持该观点，参见 Paul Clyde and James Reitzes, *The Effectiveness of Collusion under Antitrust Immunity: The Case of Liner Shipping Conferences*, Dec. 1995, available at https://www.ftc.gov/sites/default/files/documents/reports/effectiveness-collusion-under-antitrust-immunity-case-liner-shipping-conferences/232349.pdf, p. 39, footnote 54。事实上，这种观点也是目前航运界的主流观点。我国也有学者持该观点，参见陈继红、王学锋：“国际航运协议组织的制度变迁分析”，载《集装箱化》2005 年第 1 期。

〔4〕 See Organisation for Economic Co-operation and Development (OECD), *Final Report on Competition Policy in Liner Shipping*, DSTI/DOT (Directorate for Science, Technology and Industry/Division of Transport), Apr. 16, 2002, p. 25.

定协议组织（Capacity Stabilization Agreements）和运价协商协议组织（Rate Disussion Agreements）。虽然航运协商协议组织往往不限于单纯就运力、运价而进行的协调，但是通常都包含竞争者之间就敏感的商业信息进行交流的内容。[1]

尽管航运协商协议组织的内涵与外延尚不甚清晰，但是与传统班轮公会相比较而言，协商协议组织最大的特点是在于，无论是部分成员还是全体就运力、运价达成的协议对成员均不具有强制性的约束力，[2]而且在大多数情况下航运协商协议组织实施的是多梯度运价机制，而非统一的运费率，我将此称为“多梯度运价软约束机制”。欧盟在泛大西洋航线协议组织案（Trans-Atlantic Agreement，TAA）的判决中就披露了泛大西洋航线协议组织的这种多梯度运价软约束机制。TAA 的运价决定机制实际上分为四个梯度，区分公会航运经营者和非公会航运经营者分别适用不同的运价机制：第一，以 20 英尺标准集装箱为标准，非公会航运经营者可以以低于公会航运经营者 100 美元的价格从事运输；第二，在必要情况下非公会航运经营者可以实施更低的运费价格；第三，非公会航运经营者可以参与 TAA 组织中服务合同委员会订立的服务合同运输中，但是公会航运经营者却不允许参与到非公会航运经营者订立的服务合同运输中；第四，即便是对于同一种服务合同，在有些时候非公会航运经营者者和公会航运经营者也会收取不同价格的运费。[3] 航运稳定化协议与运价协商协议在内容上一般并不固定运价，不但不制定统一的运价，而且也没有执行运价的权力，但航运稳定化协议组织与运价协商协议组织可以为其成员公司制定所谓“自愿遵守”（self-policing）的规则，依然可以讨论运价的制定，可以分享彼此在运价和服务等

[1] 郑丙贵：“公会协议和协商协议比较研究”，载《海大法律评论 2009》，上海社会科学院出版社 2010 年版，第 358 页。

[2] 於世成、郑丙贵：“国际航运协议组织及其反垄断豁免制度研究”，载《海大法律评论 2005》，上海社会科学院出版社 2006 年版，第 249 页。

[3] See Judgment of the Court of First Instance of 28 February 2002 in Case No. T-395/94 Atlantic Container Line AB and Others v. Commission of the European Communities（TAA），[2002] ECR II-875, para. 175.

方面的协议。[1] 航运稳定化协议组织与协商协议的主要内容在于,各家航运公司必须根据航线上货运量的季节波动,封存或者冻结自己一定的集装箱船舶运力,通过减少供给,即减少运量产出的方法防止运价继续下跌以期稳定各班轮航线的市场秩序。[2] 可见,航运稳定化协议组织与运价协商协议组织最主要的特征在于它们构建了一种班轮公会与公会外航运公司之间的联合,并且这种联合并不体现在运价方面,而主要在于通过采用冻结与封存运力的运力控制手段起到稳定市场的作用。

对于航运协商协议组织的由来,有学者认为其出现与美国航运法对于班轮公会日趋严格的竞争规制有关。例如,於世成和郑丙贵指出,航运协商协议组织最初在与美国有关的航线上产生,是班轮公会的一种替代组织形式,这与美国传统上对班轮公会的限制要比世界上其他国家更严格有直接关系。[3] 但是也有学者认为航运协商协议组织是 20 世纪末国际航运市场恶性竞争促成班轮公会与会外航运经营者之间达成的新合作形式。[4] 如果说班轮公会的产生源自 19 世纪末航运市场的恶性竞争,那么航运稳定化协议组织与运价协商协议组织的由来则源自 20 世纪末班轮运输市场的恶性竞争。20 世纪 80 年代以来,国际集装箱运输取得了很大的进展,集装箱海运量剧增。但是,集装箱运输量的增长并未使航运经营者获得丰厚的利润回报;相反,运力与运量之间的供需严重失衡却始终困扰着集装箱班轮公司。这种集装箱运输市场的运力严重过剩导致了各班轮公司间的激烈竞争,世界三大航线的运价在 20 世纪 80 年代后期大幅度滑落,甚至导致很多航运公司陷入破产危机。班轮公会的航运公司与会外航运公司不得不坐在一起共同商讨运力协调的办法。于是,班轮运输领域的航运稳定化协议便应运而生。[5] 班轮公会或班轮公会成员与会外航运公司之间缔结协议主

---

[1] 王杰、王琦:《国际航运组织的垄断与竞争》,大连海事大学出版社 2000 年版,第 31 页。

[2] 郑丙贵教授具体分析了航运协商协议的文本内容与特征,参见郑丙贵:"公会协议和协商协议比较研究",载《海大法律评论 2009》,上海社会科学院出版社 2010 年版,第 362~366 页。

[3] 於世成、郑丙贵:"国际航运协议组织及其反垄断豁免制度研究",载《海大法律评论 2005》,上海社会科学院出版社 2006 年版,第 249~250 页。

[4] 王杰、王琦:《国际航运组织的垄断与竞争》,大连海事大学出版社 2000 年版,第 30 页。

[5] 王杰、王琦:《国际航运组织的垄断与竞争》,大连海事大学出版社 2000 年版,第 30~31 页。

要发生在因为非公会船舶数量激增导致的班轮公会无法有效控制市场运力的情况下,或者采用开放式班轮公会的情况下。[1]

布兰科从行为激励的视角解释了独立航运经营者选择与班轮公会组成航运协商协议的动机和合作类型。班轮公会一般是相关市场上运价制定的领导者,因此独立航运经营者在进行运价决策时会充分考虑班轮公会的运费率水平而制定更低的运费,而班轮公会则倾向于利用其市场势力将独立航运经营者排挤出市场,这会导致二者不断降低运价的恶性竞争,因此也就催生了二者进行合作的动机。[2] 班轮公会与独立航运经营者之间的合作可以通过三种方式进行:一是独立航运经营者选择加入班轮公会,二是独立航运经营者自愿选择避免与班轮公会竞争以避免班轮公会采用使用战斗船等方式的恶性报复与排挤行为,三是独立航运经营者接受班轮公会给予的部分货物运输或者在特定港口货物的运输。[3] 第三种方式实际上就是航运协商协议组织的合作方式,这种合作方式不计入班轮公会的市场份额和市场势力计算,但却在实质意义上减少了相关市场的竞争程度。采用航运协商协议来减少外部竞争,是班轮公会经常采用的一种限制市场竞争方式。[4]

目前,世界上主要的航运稳定化协议组织与运价协商协议组织有,跨太平洋航线稳定协议组织(Trans-Pacific Stabilization Agreement,TSA)[5]、泛大西洋航线协议组织(Trans-Atlantic Agreement,TAA)[6]、欧亚贸易协议组织

---

[1] Organisation for Economic Co-operation and Development (OECD), *Final Report on Competition Policy in Liner Shipping*, DSTI/DOT (Directorate for Science, Technology and Industry/Division of Transport), Apr. 16, 2002, p. 25.

[2] See Luis Ortiz Blanco, *Shipping Conferences under EC Antitrust Law: Criticism of a Legal Paradox* (Andrew Read trans.), Oxford, Portland: Hart Publishing, 2007, p. 235.

[3] See Luis Ortiz Blanco, *Shipping Conferences under EC Antitrust Law: Criticism of a Legal Paradox* (Andrew Read trans.), Oxford, Portland: Hart Publishing, 2007, p. 235.

[4] See Luis Ortiz Blanco, *Shipping Conferences under EC Antitrust Law: Criticism of a Legal Paradox* (Andrew Read trans.), Oxford, Portland: Hart Publishing, 2007, p. 236.

[5] 关于跨太平洋航线稳定协议组织(Trans-Pacific Stabilization Agreement, TSA)成立的详细过程,可以参见 Luis Ortiz Blanco, *Shipping Conferences under EC Antitrust Law: Criticism of a Legal Paradox* (Andrew Read trans.), Oxford, Portland: Hart Publishing, 2007, pp. 31-33。

[6] 现为跨大西洋公会航运公会(Transatlantic Conference Agreement, TACA), See Bernard Gardner, *EU Competition Policy and Liner Shipping Conferences*, 31 Journal of Transport Economics and Policy, 1997, p. 318。

(Europe Asia Trade Agreement, EATA)、西行泛太平洋稳定协议组织(Westbound Transpacific Stabilization Agreement, WTSA)、亚洲区内讨论协议组织(Intra Asia Discussion Agreement, IADA)等。

(二)航运协商协议组织的有关的垄断问题

1. 比较法上的考察:各国针对航运协商协议组织的不同立法规定

从比较法的视角来看,航运稳定化协议组织与运价协商协议组织是航运竞争法下各国法律处理差异最大的领域。[1] 澳大利亚、新西兰、日本、挪威以及美国的法律允许班轮公会或者班轮公会成员与非公会航运公司缔结航运稳定化协议与运价协商协议。但是在澳大利亚,如果此类协议中含有反竞争条款,则它们必须经过备案才能享有《2010年竞争与消费者法》第十部分(Part X of the Competition and Consumer Act of 2010)所规定的竞争法豁免。[2] 同样,在美国此类协议也必须经过联邦海事委员会的一般性审查程序才能获得反托拉斯法下的豁免。在加拿大,虽然班轮公会协议可以适用《1987年班轮公会豁免法》(Shipping Conference Exemption Act 1987),但是班轮公会成员与非公会成员之间的航运协商协议却不能享有该法规定的反垄断豁免。欧盟法下对于此类班轮公会或班轮公会成员与会外航运公司之间协议的处理也比较严格,往往不允许此类协议享有班轮公会协议的反垄断豁免权,欧盟委员会会审慎审查此类协议,这是因为欧盟认为此类协议可能减少独立航运经营者与公会航运经营者之间的竞争,而此类竞争往往被欧盟委员会视为是赋予班轮公会反垄断豁免权后一种重要的可以重塑竞争、

[1] See Organisation for Economic Co-operation and Development (OECD), *Final Report on Competition Policy in Liner Shipping*, DSTI/DOT (Directorate for Science, Technology and Industry/Division of Transport), Apr. 16, 2002, p. 25.

[2] See Ian Harper et al., *The Australian Government Competition Policy Review Final Report*, Mar. 2015, available at http://competitionpolicyreview.gov.au/files/2015/03/Competition-policy-review-report_online.pdf, p. 39.

平衡市场的力量。[1]

2. 航运协商协议组织的垄断性与反垄断豁免制度适用上的价值判断

除了上述程序性的报备要求与能否享有反垄断豁免权上的争议之外，航运协商协议组织本身也被置于反垄断法的风口浪尖，航运经营者与航运市场消费者托运人各执一词，争执不下。托运人认为，航运稳定化协议组织与运价协商协议组织可能进一步将班轮公会对于国际航运市场的操控通过与非公会成员联合的方式扩展到班轮公会之外，因此是“超级的班轮公会”，具有比班轮公会更严重的反竞争效果。[2] 但是班轮公司的态度则与托运人组织相左。他们认为，运力限制与管理计划是缓解中短期运力过剩的最好办法，因为目前运力过剩影响了班轮费率的稳定性，限制运力可被看作是一种技术手段，并不会破坏自由竞争的原则，具体理由如下：首先，航运稳定化协议及其运力限制计划可适应国际航运市场运力供求关系的变化并向托运人保证运输质量；其次，运力限制并不会破坏自由竞争，因为全球的集装箱班轮公司不可能达成对运力供给严格限制的共识；最后，运力限制也只是短期措施。[3] 航运协商协议的确扩展了传统意义上班轮公会的垄断性，将其垄断从会内传导至会外，那么究竟应当如何看待航运协商协议组织在国际航运市场中的垄断性，班轮公会反垄断整体豁免的权利又是否应当延展到缔结于班轮公会与会外航运经营者之间的航运协商协议？

在这一问题上，欧盟对于泛大西洋航线协议组织（Trans-Atlantic Agreement，TAA）案件的审理或许可以为我们提供参考。该案例涉及欧盟第4056/86号条例[4]废止前如何对该条例进行解释的问题，主要争议焦点之一在于不是以班轮公会组织形式存在的TAA能否享有欧盟第4056/86号条

〔1〕 See Organisation for Economic Co-operation and Development (OECD), Final Report on Competition Policy in Liner Shipping, DSTI/DOT (Directorate for Science, Technology and Industry/Division of Transport), Apr. 16, 2002, p. 25; see also Bernard Gardner, *EU Competition Policy and Liner Shipping Conferences*, 31 Journal of Transport Economics and Policy, 1997, pp. 318-322.

〔2〕 王杰、王琦：《国际航运组织的垄断与竞争》，大连海事大学出版社2000年版，第35页。

〔3〕 陈继红、王学锋、周浩：“航运协议组织发展新趋势”，载《水运管理》2005年第27卷第5期。

〔4〕 Council Regulation (EEC) No. 4056/86 of 22 December 1986 laying down detailed rules for the application of Articles 85 and 86 of the Treaty to maritime transport, OJ L 378, 31. 12. 1986.

例第3条所规定的班轮公会反垄断整体豁免。[1] 这一案件可以追溯自1992年。就在TAA取代美国北欧运价协议组织(USA North Europe Rate Agreement,USANERA)与北欧美国运价协议组织(North Europe USA Rate Agreement,NEUSARA),并获得美国联邦海事委员会批准后还有两个月即将生效之时,TAA在1992年6月收到了欧共体竞争总局的书面信函,认为TAA协议不能享有第4056/86号条例第3条规定的班轮公会反垄断整体豁免。欧共体竞争总局还主张,即使TAA是班轮公会,协议中所规定的运力控制计划也不能获得反垄断豁免。[2] 欧共体竞争总局还强调:欧共体竞争法从不能容忍同时进行价格协同与运力削减的行为,而且第4056/86号条例第3条所规定的反垄断豁免必须以符合欧共体竞争法总体原则的方式进行解释。[3] 1994年10月19日,欧共体委员会裁决禁止TAA协议,认为TAA推行的运力调整计划、双重运费结构、多式联运订价三项政策违反了欧共体有关竞争法律的规定,并且不得适用第4056/86号条例规定的班轮公会反垄断整体豁免。[4] 欧共体委员会的观点也得到了欧洲初审法院的支持。欧洲初审法院从对第4056/86号条例的文义解释,参照联合国《1974年班轮公会行动守则公约》进行体系解释,以及适用判例制度中Compagnie maritime belge de transports案件的判决结果,最后得出TAA协议不得享有班轮公会反垄断整体豁免的结论。[5] 欧洲初审法院认为,第4056/86号条例所规定

---

〔1〕 See Judgment of the Court of First Instance of 28 February 2002 in Case No. T-395/94 Atlantic Container Line AB and Others v. Commission of the European Communities (TAA), [2002] ECR II-875; Judgment of the Court of First Instance of 30 September 2003 in Joined Cases No. T-191/98, T-212-214/98 Atlantic Container Line AB and Others v. Commission of the European Communities (TACA), [2003] ECR II 3275, [2005] 4 CMLR 20.

〔2〕 See Bernard Gardner, *EU Competition Policy and Liner Shipping Conferences*, 31 Journal of Transport Economics and Policy, 1997, p. 318.

〔3〕 See John B. Dean, *Shipper's Perspective*, 34 American Shipper, 1992, pp. 28-30. 对于这一案件还可以参见,王杰、王琦:《国际航运组织的垄断与竞争》,大连海事大学出版社2000年版,第35~37页。

〔4〕 See Commission Decision of 19 October 1994 in Case No. IV/34. 446-Trans-Atlantic Agreement, OJ L 376/1, 31. 12. 1994.

〔5〕 See Judgment of the Court of First Instance of 28 February 2002 in Case No. T-395/94 Atlantic Container Line AB and Others v. Commission of the European Communities (TAA), [2002] ECR II-875, paras. 134-178.

的反垄断整体豁免仅适用于班轮公会协议,班轮公会协议的重要特征在于公会成员必须采用“共同运费率”或者“统一运费率”(common or uniform tarrif),[1]TAA不属于班轮公会性质的组织,因为TAA多层次的运费率协商机制给予组织成员在制定运费决策时更大的灵活性,从而背离了统一运费率的要求。这种运费率机制对于组织成员而言既不具有强制性约束力,亦缺乏运费率上的统一性,因此TAA不构成班轮公会性质组织,就不得享有第4056/86号条例所规定的反垄断整体豁免。[2]

欧盟判例制度中禁止航运协商协议组织享有第4056/86号条例所规定的班轮公会反垄断整体豁免体现了一定的价值判断,即考虑到了航运协商协议组织的反竞争效果。尽管航运协商协议组织并不采用统一的,具有强制约束力的运费率,但是其可以有效地构筑班轮公会与独立航运经营者之间的价格联合,因此反竞争效果不可小觑。[3] 航运协商协议组织可以减少班轮公会面临的市场竞争,特别需要将此类协议区别于可以享有反垄断整体豁免的班轮公会协议以防止班轮公会利用此类协议扩大其反竞争效果。欧盟在2004年《对于第4056/86号条例的评估》的白皮书中指出,航运协商协议具有的反竞争效果在一定程度上要超过班轮公会,因为航运协商协议组织减少了班轮公会会外独立航运经营者的数量,从而降低了国际航运市场整体上的竞争程度。[4] 考虑到航运协商协议可能加强班轮公会的反竞争效果,欧盟禁止航运协商协议享有班轮公会的反垄断整体豁免。可能有人会提出疑问,认为否定航运协商协议的反垄断整体豁免会导致非公会航运经营者直接加入班轮公会,与班轮公会采用统一的,具有强制约束力的运

---

[1] See Judgment of the Court of First Instance of 28 February 2002 in Case No. T-395/94 Atlantic Container Line AB and Others v. Commission of the European Communities (TAA), [2002] ECR II-875, para. 167.

[2] See Judgment of the Court of First Instance of 28 February 2002 in Case No. T-395/94 Atlantic Container Line AB and Others v. Commission of the European Communities (TAA), [2002] ECR II-875, para. 172, para. 177.

[3] See Alla Pozdnakova, *Liner Shipping and EU Competition Law*, AH Alphen aan den Rijn, The Netherlands: Kluwer Law International, 2008, p. 51.

[4] European Commission, *White Paper on the Review of Regulation* 4056/86, *Applying the EC Competition Rules to Maritime Transport*, COM (2004) 675 final, Brussels, Oct. 13, 2004, p. 6, para. 17.

费机制，这会带来比航运协商协议组织下更为严重的反竞争效果。但是研究显示，独立航运经营者选择与班轮公会达成航运协商协议的前提往往是因为其不愿意直接加入班轮公会，接受班轮公会统一运费率的约束。[1] 因此，禁止航运协商协议组织享有班轮公会反垄断整体豁免，只会削弱而不是加强班轮公会的市场势力。其次，更为重要的否定航运协商协议组织反垄断整体豁免的理由在于，航运协商协议加强了班轮公会的市场垄断力，却并不会同时产生班轮公会所可能具有的潜在好处，即稳定国际航运服务市场运费率水平，保证班轮运输可靠的船期与服务。再次，已经具有市场优势地位的班轮公会如果与会外独立航运经营者达成航运协商协议进行运价或者运力的协同，在欧盟竞争法下还可能被视为滥用市场支配地位的行为，从而根本性丧失班轮公会反垄断整体豁免的权利。[2] 最后，如果不严格依据班轮公会的特性（统一运费）而限缩解释班轮公会反垄断整体豁免的适用范围，就会导致任何涉及班轮公会运费率协调的联合协议均可以不受竞争法律制度的规制，这会导致班轮垄断反垄断豁免的不当扩大适用。[3] 基于上述诸多原因的综合性考量，欧盟对于航运协商协议组织的反垄断豁免持否定态度，这一立场及其理由或许在我国制定航运竞争规则时可以引为借鉴。

三、航运联营与航运联盟的兴起及相关垄断问题

班轮公会因其可能具有的反竞争效果而一直备受诟病，国际社会的法律制度对于班轮公会不但采用越来越严格的规制要求，也开始呈现出剥夺班轮公会反垄断豁免特权的趋势，这导致班轮公会正在日益被航运联营和航运联盟等新兴合作形式所取代。有学者认为分别于20世纪70年代与90年代出现的航运联营与航运联盟开始替代班轮公会，成为国际市场上的新

---

〔1〕 See Luis Ortiz Blanco, *Shipping Conferences under EC Antitrust Law: Criticism of a Legal Paradox* (Andrew Read trans.), Oxford, Portland: Hart Publishing, 2007, p. 237.

〔2〕 See Judgment of the Court of First Instance of 30 September 2003 in Joined Cases No. T-191/98, T-212-214/98-Atlantic Container Line AB and Others v. Commission of the European Communities (TACA), [2003] ECR II 3275, [2005] 4 CMLR 20, para. 1024.

〔3〕 See Luis Ortiz Blanco, *Shipping Conferences under EC Antitrust Law: Criticism of a Legal Paradox* (Andrew Read trans.), Oxford, Portland: Hart Publishing, 2007, pp. 237-238.

兴组织力量。[1] 航运联营与航运联盟也涉及运力协调与运营安排的行为，这种协调行为往往被认为有效地利用了联合所产生的规模经济效应。[2] 根本不同于班轮公会的是，航运联营与航运联盟往往并不涉及对于运价的协同，并且给予参与者极大程度的自由度和灵活性，较大的自由度也吸引着航运经营者的加入。[3] 有学者将航运联营与航运联盟统称为“航运运营协议组织”。[4] 因为在联合的形式和紧密程度上完全不同于国际航运市场合作性组织形态，航运联营与航运联盟的出现为国际航运市场的垄断问题提出了新的挑战，也为航运反垄断法律制度提供了新的研究课题。

（一）航运联营及其垄断问题

航运联营（consortia）是航运公司之间通过各种技术、运营或商业合作协议，如舱位互租、船舶共享、码头共享、市场策略共、航运辅助服务共享，来实现彼此间的合作，目的在于可以提供共同安排下的航运服务。[5] 联营的好处在于可以通过航运公司之间的联合实现规模经济效应，尤其在集装箱运输时代可以通过船舶和舱位的灵活协调，统一运送具有标准规格尺寸的集

---

〔1〕 See Bruce Farthing, *International Shipping: An Introduction to the Policies, Politics, and Institutions of the Maritime World* (*2nd ed.*), London: Lloyd's of London Press, 1993, pp. 109–110.

〔2〕 See A. S. Bergantino and A. W. Veenstra, *Interconnection and Co-ordination: An Application of Network Theory to Liner Shipping*, 4 International Journal of Maritime Economics, 2000, pp. 231–248.

〔3〕 於世成教授还从机构组织形式的角度指出了这些国际航运组织之间的差异。班轮公会通常是有组织的机构，具有组织章程、运作机制、办事机构等。航运协商协议组织一般具有组织形式，有专门的办事机构，但不像班轮公会那样严密。航运联营体和战略联盟可以有协调机构，但一般没有专门的组织机构。参见於世成：《美国航运法研究》，北京大学出版社 2007 年版，第 64 页。

〔4〕 於世成、郑丙贵：“国际航运协议组织及其反垄断豁免制度研究”，载《海大法律评论 2005》，上海社会科学院出版社 2006 年版，第 250 页；陈继红、王学锋、周浩：“航运协议组织发展新趋势”，载《水运管理》2005 年第 27 卷第 5 期。

〔5〕 Organisation for Economic Co-operation and Development (OECD), *Final Report on Competition Policy in Liner Shipping*, DSTI/DOT (Directorate for Science, Technology and Industry/Division of Transport), Apr. 16, 2002, p. 25; see also Commssion Regulation (EC) No. 906/2009 of 28 September 2009 on the application of Article 81 (3) of the Treaty to certain categories of agreements, decisions and concerted practices between liner shipping companies (consortia), OJ L 256/33, 29. 9. 2009, art. 3.

装箱货物。[1] 目前,加入航运联营组织的航运经营者在运输服务领域的合作主要表现为航线和挂靠港口互补、船期协调、船舶共享、舱位互租等,而在运输辅助服务领域则信息互享、共建共用码头和堆场、共用内陆物流体系等。[2] 航运联营与班轮公会的区别在于,前者专注于集装箱货物运输服务的合理化整合,后者则注重成员之间运费率的统一性。[3] 虽然并不采用统一的,具有强制约束力的运价制度,但是航运联营的合作范围比班轮公会主要限于统一运价要广泛得多,因此得到了广泛采用,形成了规模、合作形式、合作范围各不相同的航运联营组织。[4]

航运联营以合作协议为共同行动的约束,根据协议可以在一定程度上达到行动的协同性,从而使原本分散的自由竞争的航运经营者成为一个整体。这些联营组织与单个航运公司相比,无疑在船队规模、运输成本、航线航班等方面占有优势,从而具有潜在的垄断协议合作可能。[5]但是有学者指出,目前情况看,联营组织对国际航运竞争的消极作用还不十分明显。从合作的目的看,联营主要是为了实现航运企业的优势互补,降低运营成本,扩大服务领域,提高服务水平,来提高航运企业的竞争力,而不是为了在某些领域形成垄断地位,获取垄断利润。更为重要的是,与班轮公会不同,联营组织不使用运力控制、运价限制等竞争手段,而是在运力配置、增值服务等领域进行竞争。此外,当前国际航运供大于求的总体格局也使联营组织

---

[1] Organisation for Economic Co-operation and Development (OECD), *Final Report on Competition Policy in Liner Shipping*, DSTI/DOT (Directorate for Science, Technology and Industry/Division of Transport), Apr. 16, 2002, p. 25.

[2] 张辉:"国际航运竞争形态的转变及其法律规制",载《武汉理工大学学报》(社会科学版)2009年第22卷。

[3] Organisation for Economic Co-operation and Development (OECD), *Final Report on Competition Policy in Liner Shipping*, DSTI/DOT (Directorate for Science, Technology and Industry/Division of Transport), Apr. 16, 2002, p. 25.

[4] Organisation for Economic Co-operation and Development (OECD), *Final Report on Competition Policy in Liner Shipping*, DSTI/DOT (Directorate for Science, Technology and Industry/Division of Transport), Apr. 16, 2002, p. 25; 张辉:"国际航运竞争形态的转变及其法律规制",载《武汉理工大学学报》(社会科学版)2009年第22卷。

[5] 张辉:"国际航运竞争形态的转变及其法律规制",载《武汉理工大学学报》(社会科学版)2009年第22卷。

缺乏实施垄断行为的市场环境;相反,航运企业必须借助联营等合作形式来化解面临的危机,联营组织存在有较大合理性。[1] 实际上,航运联营协议往往属于技术性合作协议,其本身不以价格协同为目标与追求,而在于将运力配置合理化,提高运输服务的效率并降低运输成本,在不损及消费者利益的前提下往往具有完全的社会效率提升效应。

航运联营的效率提升、规模经济效应与其潜在的垄断可能性形成了冲突,这种冲突也为航运联营的反垄断法规制提出了难题:航运联营能否享有反垄断豁免?对此,各国的法律处理方法也不尽一致。例如,在澳大利亚、加拿大、日本、新西兰以及美国,航运联营协议一般可以享有反垄断豁免,而不要求此类协议必须符合班轮公会协同运价的特征。[2] 但是在欧盟,航运联营虽然享有竞争法豁免,但是享有豁免权的前提是航运联营符合若干条件。按照欧盟赋予航运联营竞争法豁免的第906/2006号条例的规定,[3]第一,航运联营不得从事"核心限制竞争行为",包括固定价格、限制运力(国际航运市场供需失衡时的运力限制除外)、市场划分。[4] 第二,航运联营不得在相关市场上超过30%的市场份额,而且市场份额的计算以航运联营成员的市场份额为标准累计计算,即使航运联营成员只将其一部分运力投入联

[1] 张辉:"国际航运竞争形态的转变及其法律规制",载《武汉理工大学学报》(社会科学版)2009年第22卷。

[2] Organisation for Economic Co-operation and Development (OECD), *Final Report on Competition Policy in Liner Shipping*, DSTI/DOT (Directorate for Science, Technology and Industry/Division of Transport), Apr. 16, 2002, p. 25.

[3] 欧盟原有专门的针对航运联营竞争法豁免的规定是第823/2000号条例。在这一条例中,欧盟对于联营体享有反垄断豁免的条件作出了非常严格的限制,不仅规定了什么样的联营不能享有豁免,还规定了班轮公会成员进行联营可以享有豁免时班轮公会必须满足的条件,航运联营享有豁免时的市场份额条件,可以变通适用的有关市场份额的反对程序,以及航运联营本身所必须满足的条件。第823/2000号条例本应于2005年4月失效,但是欧盟委员会通过了第611/2005号条例首先将第823/2000号条例延期至2010年,后来又通过第906/2009号条例决定再给予航运联营协议为期5年的反垄断豁免,将目前的豁免延至2015年4月。

[4] See Commssion Regulation (EC) No. 906/2009 of 28 September 2009 on the application of Article 81(3) of the Treaty to certain categories of agreements, decisions and concerted practices between liner shipping companies (consortia), OJ L 256/33, 29. 9. 2009, art. 4.

营中,也要按照联营成员的全部市场份额进行计入。[1] 第三,航运联营必须给予联营成员退出联营的退出权,并不得对退出权附限制条件或者惩罚机制。[2] 欧盟的做法较为可取,一则因为赋予航运联营反垄断豁免充分考虑了联营协议的效率提升效果与社会福利增进效果,航运联营组织不使用运力控制、运价固定等反竞争手段而仅在提升航运服务资源配置方面进行合作,即使按照一般竞争法下的垄断协议豁免机制来分析,航运联营协议也可以获得反垄断豁免;二则因为市场份额的限制条件与成员独立行动权的保障机制,已经足以弱化航运联营所可能具有的市场垄断力。

(二)航运联盟及其垄断问题

航运联盟(strategic/global alliances)始于1996年。经济合作与发展组织将其界定为,数量较多的一组航运经营者之间组成的,旨在全球范围开展国际航运合作的组织形式。[3] 有学者通过总结航运联盟实践推导其构成要素,指出,联盟不涉及承运人之间的运价调控从而区别于班轮公会和航运协商协议组织;联盟的运营范围往往为多条具体的国际航线;联营的内容主要是按约定投入一定船舶或设备来联合经营,而市场营销等管理功能由各自负责;航运联盟注重同业成员的竞合关系,淡化同业排斥性。[4] 但实际上,航运联盟的最重要标志在于,其在广泛区域内的多条航线,尤其是国际航运市场中东西半球的三大主要航线上进行合作(欧洲—亚洲航线,亚洲—北美航线,北美—欧洲航线)。航运联盟力图通过整合成员的航运服务来实现一

---

〔1〕 See Commssion Regulation (EC) No. 906/2009 of 28 September 2009 on the application of Article 81(3) of the Treaty to certain categories of agreements, decisions and concerted practices between liner shipping companies (consortia), OJ L 256/33, 29. 9. 2009, art. 5.

〔2〕 See Commssion Regulation (EC) No. 906/2009 of 28 September 2009 on the application of Article 81(3) of the Treaty to certain categories of agreements, decisions and concerted practices between liner shipping companies (consortia), OJ L 256/33, 29. 9. 2009, art. 6.

〔3〕 See Organisation for Economic Co-operation and Development (OECD), *Final Report on Competition Policy in Liner Shipping*, DSTI/DOT (Directorate for Science, Technology and Industry/Division of Transport), Apr. 16, 2002, p. 26.

〔4〕 蔡莉妍:“航运联盟反垄断的法律规制研究”,载《大连海事大学学报》2014年第13卷第5期。

种全球范围的全面合作。[1] 虽然有些国家将航运联盟视为航运联营的一种,[2]但是经济合作与发展组织则认为考虑到航运联盟的运作以及商业组织形式,它是一种全新的航运市场合作组织形式。[3]

就具体合作内容而言,航运联盟的合作内容广泛多样,包括在全球范围体系内实现舱位互租、共同派船、共享码头经营、联合内陆运输、集装箱互换、设备共享、信息交换与共享等各种致力于集装箱运输合理运作的技术、经营或商业协议。[4] 但是航运联盟的合作协议不包括:实施统一运价、联合拥有船舶所有权、使用统一提单、分享利润、共同管理、运费公摊,因此区别于班轮公会与航运协商协议组织。[5] 航运联盟与航运联营之间的区别除了前者的联合内容较后者更为广泛和深远,更主要的在于它们运营的地理范围差异。航运联营一般仅覆盖一条航线,而航运联盟则覆盖多条航线,而且更可能形成一种全球范围内的联合,[6]是一种在更广阔多元航线上采用更加灵活组织形式,并且联合形式更为紧密的航运合租组织。[7] 表 2-1 体现了前述国际航运协议组织与航运联盟的区别。

---

〔1〕 梁慎刚:“论国际航运业战略联盟的若干问题”,载《水运管理》2002 年第 2 期;Organisation for Economic Co-operation and Development (OECD), *Final Report on Competition Policy in Liner Shipping*, DSTI/DOT (Directorate for Science, Technology and Industry/ Division of Transport), Apr. 16, 2002, p. 26。

〔2〕 布兰科就认为航运联盟更类似于一种具有灵活组织安排与结构的,在地域广阔的贸易航线上运行的大型航运联营体,参见 Luis Ortiz Blanco, *Shipping Conferences under EC Antitrust Law: Criticism of a Legal Paradox* (Andrew Read trans.), Oxford, Portland: Hart Publishing, 2007, p. 15。

〔3〕 See Organisation for Economic Co-operation and Development (OECD), *Final Report on Competition Policy in Liner Shipping*, DSTI/DOT (Directorate for Science, Technology and Industry/ Division of Transport), Apr. 16, 2002, p. 26.

〔4〕 See Organisation for Economic Co-operation and Development (OECD), *Final Report on Competition Policy in Liner Shipping*, DSTI/DOT (Directorate for Science, Technology and Industry/ Division of Transport), Apr. 16, 2002, p. 26.

〔5〕 See Organisation for Economic Co-operation and Development (OECD), *Final Report on Competition Policy in Liner Shipping*, DSTI/DOT (Directorate for Science, Technology and Industry/ Division of Transport), Apr. 16, 2002, p. 26.

〔6〕 See Felix Dinger, *The Future of Liner Conferences in Europe: A Critical Analysis of Agreements in Liner Shipping under Current European Competition Law*, Frankfurt: Peter Lang, 2004, p. 31.

〔7〕 See Luis Ortiz Blanco, *Shipping Conferences under EC Antitrust Law: Criticism of a Legal Paradox* (Andrew Read trans.), Oxford, Portland: Hart Publishing, 2007, p. 15.

表 2-1　国际航运协议组织分类比较

协议组织	产生年代	主要合作内容	组织效力	约束对象
班轮公会	1875 年	制定统一的运价、联合安排营运	封闭性公会具有强制性约束力	各成员公司
航运协商协议组织	20 世纪 80 年代末	就费率控制和运力调控方面达成有约束力的协议或没有约束力的谅解	较弱约束力或无强制性约束力	公会与非公会成员之间
航运联营	20 世纪 70 年代初	舱位互租、共同派船等各种技术、经营或商业性协定	有较强的约束力	公会内部成员间或公会与非公会成员之间
航运联盟	1996 年年初	舱位互租、共同派船、码头经营、内陆运输、集装箱互换、设备共享等各种致力于集装箱运输的合理运作的技术、经营或商业性协定	约束力	经营全球航线的航运经营者

资料来源：陈继红、王学锋：《国际航运协议组织的制度变迁分析》，载《集装箱化》2005 年第 1 期。

现今国际航运市场几乎被四大“超级航运联盟”瓜分——2M、O3、G6 和 CKYHE。全球前 20 大集装箱班轮公司只剩四家没有加入联盟。G6 联盟于 2011 年年底成立，2012 年 3 月在亚欧和地中海贸易航线上正式开始运营，成员包括美国总统轮船（American President Lines，APL）、德国赫伯罗特（Hapag-Lloyd，HPL）、韩国现代商船（Hyundai Merchant Marine，HMM）、日本商船三井（Mitsui O. S. K. Lines，MOL）、日本邮船（Nippon Yusen Kaisha，NYK）、中国香港东方海外（Orient Overseas Container Line，OOCL）。CKYHE 联盟成立与 2014 年。2014 年 2 月 20 日，中国中远集运（Cosco Container Lines）、日本川崎汽船（Kawasaki Kisen Kaisha，K-line）、中国台湾阳明海运（Yang Ming）、韩国韩进海运（Hanjin Shipping Co. Ltd.）和中国台湾长荣海运（Evergreen Marine Corporation）对外宣布：五方对组成新的海运联盟已达成共识，并冠名为 CKYHE 联盟，该联盟合作范围仅限于亚洲—欧洲和地中海的航线。2M 成立于 2014 年，是由丹麦马士基和瑞士地中海航运组成的航运联盟，在亚欧、跨大西洋、跨太平洋航线上进行为期 10 年的船舶共享协议合作。O3 也成立于 2014 年，成员包括中国中海集运（China Shipping Container Lines, CSCL）、法国达飞、阿拉伯航运（United Arab Shipping Company, UASC），三方共同签署了《亚洲—欧洲区域合作协议》、《亚洲—地中海、亚得里亚海、黑海区域合作协议》、《跨太平洋区域合作协议》三项协议，在协议范围内开展联盟合作。四大联盟的运力将占到全球总运力的近 80%，这无疑会进一步压缩中小型航运经营者的生存空间。

航运联盟的垄断与限制竞争难题，首先，在于应当如何看待航运联盟的垄断性质？航运联盟不涉及统一运费率的安排，这是否意味着航运联盟不具有反竞争效果？经济合作与发展组织对此予以否定，指出，不采用共同的运价并不等于会形成联盟成员之间的实质性运价差异，这是因为：①航运联盟通过更为有效的运载控制实际上完全可以控制运力的供给，并且航运经营者也认为这种运力控制具有稳定运价的作用；②航运联盟协议本身也并不禁止成员协商采用共同运价；③如果任何联盟成员采用"倾销性低价"（dumping freight rates），这可能被视为是导致联盟不稳定的因素，会被即刻予以制止；④当航运联盟成员运输服务之间的整合度越来越高的时候，他们的市场服务就越难以呈现实质性的区别。[1]

其次，航运联盟强化的是全球范围内极大型航运经营者之间的联合，反竞争效果涉及的地域范围甚广，这会带来反垄断全球执法的困境。航运联盟有潜在可能使得航运垄断行为可以超越国家的边界而在全球范围内构成垄断，危及的已不再单纯是某个特定国家的货主利益。如果各个国家航运反垄断法律制度不统一（比如有些国家给予航运联盟反垄断豁免，有些国家却禁止航运联盟），又都坚持自己航运反垄断法的域外效力，就不仅会带来

---

[1] See Organisation for Economic Co-operation and Development (OECD), *Final Report on Competition Policy in Liner Shipping*, DSTI/DOT (Directorate for Science, Technology and Industry/Division of Transport), Apr. 16, 2002, p. 27.

管辖权的冲突,也可能带来对于垄断界定问题上的判决结论和处理结果的冲突。

最后,航运联盟和航运联营具有共同的反垄断法问题:如何在法律上界分松散型联盟和紧密型联盟?适用垄断协议规制制度和经营者集中事前审查批准制度的边界又在哪里?联盟协议如果在交通部事前备案,是否等于豁免其适用反垄断规制制度,协议报备与反垄断审查之间的关系到底如何?在商务部禁止P3经营者集中案就凸显了此类问题。[1] 有学者指出,传统分散型的联营体除履行协议报备程序之外几乎无反垄断法上的限制性规定,但是如果构成紧密型航运联营或者航运联盟,就会受到更多的反垄断法调查。[2] 很多航运界人士认为P3航运联盟其实质只是船舶共享协议,并不属于我国反垄断法上的经营者集中,原本只要向交通部进行协议报备即可,商务部作为经营者集中的执法机构或多或少有些管辖权欠缺,或者最多只能"准用"经营者集中的相关规定。[3] 还有业内人士搬出国际公约指出,我国1980年加入了《1974年联合国班轮公会行动守则公约》,认可了班轮公会这种以价格协同、运输条件统一、市场划分为目标的反竞争性极其严重的"海上卡特尔",而P3航运联盟只是三家非价格同盟的联合经营,其并不谋求市场垄断,是三方合并航线网络使得集装箱班轮运输更有效率,其反竞争性比班轮公会的价格同盟轻得多,对P3航运联盟予以禁止似乎与我国的国际公约义务自相矛盾。[4] 在P3联盟被商务部否决后,马士基迅速联手地中海航运准备组建2M航运联盟,并且称2M联盟只需要向交通部备案即可,无须经过商务部审批。商务部对于P3经营者集中的禁止决定引发了很多值得思考的问题。例如,2M与P3的联盟形式有何区别,为何2M所采用

---

〔1〕《商务部关于禁止马士基、地中海航运、达飞设立网络中心经营者集中反垄断审查决定的公告》(商务部公告2014年第46号),2014年6月1日发布。

〔2〕李思慈、邹盈颖:"论海运联营体的反垄断法规制——以P3联盟被禁止为视角",载《中国海商法研究》2015年第26卷第1期。

〔3〕朱作贤:"P3航运联盟引发的国际航运反垄断思考",载《大连日报》2014年6月11日,第B05版。

〔4〕周健:"P3航运联盟有望获中美欧放行",载http://www.shbiz.com.cn/Item/228691.aspx,2014年3月3日访问。

的航运合作形式就可以不受经营者集中申报审查制度的限制,P3 设立网络中心又如何导致航运经营者之间的连结过于紧密?中国商务部是否对于该项经营者集中有管辖权;如果有,商务部对于航运联营的经营者集中审批权与交通部对于航运协议备案监管权的界限在哪里;交通部的航运协议备案制度与工商行政管理机关对于垄断协议的监管是否冲突?这些问题均亟待航运法律和反垄断法律学界的理论回应。

四、国际航运市场的兼并与收购

国际航运业的兼并与收购也被视为是一种重要的推动航运经营者实现联合的市场力量。与班轮公会、航运协商协议组织、航运联营、航运联盟相比,兼并和收购将原本分散的两个航运经营者统一在一个单一公司制主体中,形成了比前述国际航运协议组织更为稳定、可靠的航运联合体。[1] 有学者特别指出,国际海运市场具有寡头垄断的市场结构,最初的古诺竞争行为将导致部分航运经营者进行联盟,但由于"囚徒困境"等问题导致联盟并不稳定,因此随后进行斯塔克博格竞争将导致航运经营者最终通过并购使自己成为行业的领导者,以获取更大更稳定的利润。[2]

(一)国际航运市场的主要并购案

最早的航运业大规模并购有 1885 年日本三菱汽船(Mitsubishi)与日本共同运输会社(Kyodo Unyu Kaisha,KUK)通过并购成立的日本邮船。[3] 还有 1902 年 J. P. 摩根(J. P. Morgan)通过并购成立的国际商业海运公司

---

〔1〕 See Luis Ortiz Blanco, *Shipping Conferences under EC Antitrust Law: Criticism of a Legal Paradox* (Andrew Read trans.), Oxford, Portland: Hart Publishing, 2007, p. 15.

〔2〕 刘康兵、申朴:"从联盟到并购:国际海运业发展战略的博弈分析",载《经济评论》2004 年第 3 期。

〔3〕 See *Nippon Yusen Kabushiki Kaisha* (*NYK*), http://www.referenceforbusiness.com/history/Mi-Nu/Nippon-Yusen-Kabushiki-Kaisha-NYK.html, Jan. 15, 2015 last visit.

(International Mercantile Marine Company,IMM)。[1] IMM 又通过并购吸收了美国、比利时、英国的航运公司,并且与汉堡美国班轮公司(Hamburg-American Line)联合控制了荷兰美国班轮公司(Holland America Line)。[2] 但这起并购最后以灾难性的失败告终。IMM 的资本虽然高达 1 亿 3 千万美元,但是其全部收入却需要用于还债而不是分红以及支付股息,并且在 1914 年 IMM 开始拖欠债务。[3] IMM 的股价一直以几乎每年 25% 的水平跌落,[4]最终在 1937 年关门。[5] 为何 IMM 的并购以失败告终尚不完全清楚,但是德龙(J. B. Delong)指出 IMM 并购的失败是一直以来得以实现资本增值的 J. P. 摩根并购操作的一次重要例外。[6] 赛博(C. F. Sabel)认为 IMM 并购失败的原因可能是由于受到 1899~1902 年布尔战争带来的国际航运市场短暂繁荣的误导而过高地估算了被收购企业的价值,[7]也有可能是由于 J. P. 摩根低估了不定期租船市场的崛起给班轮运输业带来的竞争影响。[8] 在 20 世纪 90 年代国际航运市场的兼并热潮中,影响较大的如下:

---

[1] 著名的泰坦尼克号的一部分建造资金就来自 IMM。英国皇家邮船泰坦尼克号(RMS Titanic)是 20 世纪初由英国白星航运公司(White Star Line)制造的一艘巨大豪华客轮。1901 年英国白星公司被美国 J. P. 摩根的 IMM 国际商业海运公司收购。泰坦尼克号的建造资金来自 J. P. 摩根和其 IMM 海运公司。有关 IMM 的详细信息可以参见维基百科,Wikipedia,*International Mercantile Marine. Co*,available at http://en.wikipedia.org/wiki/International_Mercantile_Marine_Co,Jan. 15,2015 last visit。

[2] See Daniel Marx Jr. ,*International Shipping Cartels:A Study of Industrial Self-Regulation by Shipping Conferences*,Princeton:Princeton University Press,1953,p. 48.

[3] See A. D. Chandler, *The Invisible Hand: The Managerial Revolution in American Business*, Cambridge:Harvard University Press,1977,p. 192.

[4] See J. Bradford DeLong, *Did J. P. Morgan's Men Add Value?*, in *Inside the Business Enterprise:Historical Perspectives on the Use of Information* (Peter Temin ed.), Chicago: University of Chicago Press,1991,p. 219.

[5] See A. D. Chandler, *The Invisible Hand: The Managerial Revolution in American Business*, Cambridge:Harvard University Press,1977,p. 192.

[6] See J. Bradford DeLong, *Did J. P. Morgan's Men Add Value?*, in *Inside the Business Enterprise:Historical Perspectives on the Use of Information* (Peter Temin ed.), Chicago: University of Chicago Press,1991,p. 219.

[7] See C. F. Sabel,*Comment on J. Bradford. DeLong*, "*Did J. P. Morgan's Men Add Value?*",in *Inside the Business Enterprise: Historical Perspectives on the Use of Information* (Peter Temin ed.), Chicago:University of Chicago Press,1991,p. 241.

[8] See C. F. Sabel,*Comment on J. Bradford. DeLong*, "*Did J. P. Morgan's Men Add Value?*",in *Inside the Business Enterprise: Historical Perspectives on the Use of Information* (Peter Temin ed.), Chicago:University of Chicago Press,1991,p. 241.

1. 铁行与渣华合并组建铁行渣华

1996 年英国铁行集装箱运输公司（P&O Containers）与荷兰渣华运输公司（Royal Nedlloyd）合并组建铁行渣华（P&O Nedlloyd）。这一并购被认为是国际航运业中第一个大型集装箱航运市场的并购。2004 年，渣华从铁行那里购买了铁行对于铁行渣华的 25% 的股份，从而成为铁行渣华的最大股东，并将在阿姆斯特丹泛欧证券交易所（Euronext Amsterdam）上的公司名称改为皇家铁行渣华（Royal P&O Nedlloyd）。皇家铁行渣华于 2005 年被丹麦 A. P. 穆勒—马士基（A. P. Møller-Maersk Group）收购，并与马士基—海陆（Maersk-Sealand）共同组成了现在的海运巨头——马士基航运（Maersk Line）。[1]

2. 东方海皇收购美国总统轮船

1997 年新加坡东方海皇公司（Neptune Orient Lines，NOL）用 2.85 亿美元收购具有 150 多年历史的美国总统轮船。虽然很多分析家认为收购价格过高，但是这次收购仍然使新加坡东方海皇受益，因为它因此可以享用美国总统轮船的物流网络及其在美国以及国外的码头终端设施和航运代理服务系统。收购之后的很短几年内，新加坡东方海皇通过出售一部分资产和通过价值 5 亿美元的国际股份配售（international share placement）全部清偿了其因为此次收购所欠的债务，并将美国总统轮船整合为新加坡东方海皇集团的一部分。从 1999 年起，作为新加坡东方海皇子公司的美国总统轮船又开始盈利，并且在第二年以 1.78 亿美元的盈利创下历史纪录。[2] 根据联合国贸易和发展会议《2014 年世界海运回顾》的报告中显示美国总统轮船目前是世界第九大班轮运输公司。[3]

---

〔1〕 See Wikipedia, *P&O Nedlloyd*, http://en.wikipedia.org/wiki/P%26O_Nedlloyd, Jun. 25, 2013 last visit.

〔2〕 See Alvin Chua, *Neptune Orient Lines*, National Library Board Singapore, Jul. 26, 2010, http://infopedia.nl.sg/articles/SIP_1688_2010-07-26.html.

〔3〕 See United Nations Conference on Trade and Development (UNCTAD), *Review of Maritime Transport*, 2014, available at http://unctad.org/en/PublicationsLibrary/rmt2014_en.pdf, p. 40.

3. 韩进海运收购德国胜利

1997 年,航运企业的收购还有韩进海运收购德国胜利海运公司(DSR-Senator Lines)。韩进海运购买了德国胜利海运公司 75%的股权之后,德国胜利海运公司还是独立运作。由于胜利海运在欧洲地区有着完善的服务网络和忠实的客户群基础,通过收购,韩进在地中海、欧洲航线上开始拥有了很大的优势。目前,韩进海运是世界第八大集装箱班轮航运公司。[1]

4. 长荣并购意大利邮船

1998 年,中国台湾长荣海运并购意大利邮航运公司(Lloyd Triestino di Navigazione S. p. A.)。[2] 早在并购之前的 1993 年,意大利邮航运公司就与中国台湾长荣海运合作开展英国梅德韦港的运输服务,这次合作取得了很大的成功,为后来的并购提供了基础。[3] 1998 年,意大利邮航运公司正式易主,股权从意大利海上运输信贷公司(Societdà Finan ziaria Marittima, Finmare)转手至荷兰巴尔森地产公司(Balsam Estate B. V.),该公司是中国台湾长荣集团的一个子公司。因此,从 1998 年起,意大利邮航运公司正式成为中国台湾长荣的一部分。[4] 目前,中国台湾长荣是世界第四大集装箱班轮航运公司。[5]

5. 日本邮船兼并昭和海运

1998 年 6 月,日本邮船兼并昭和海运(Showa Line Ltd. ,SWAL),这次

[1] See United Nations Conference on Trade and Development (UNCTAD), *Review of Maritime Transport*, 2014, available at http://unctad. org/en/PublicationsLibrary/rmt2014_en. pdf, p. 40.

[2] See *Evergreen Group' s Expansion Combines Old and New*, Journal of Commerce, Aug. 8, 2005, available at http://www. evergreen-marine. com/tbn1/html/2005 _ JOC _ Evergreen _ Special. pdf, p. 16.

[3] See Janet Porter, *Evergreen, Lloyd Triestino Agree to Start Joint Service*, Journal of Commerce, Sep. 6, 1993, http://www. joc. com/maritime-news/evergreen-lloyd-triestino-agree-start-joint-service _ 19930906. html.

[4] See *Lloyd Triestino di Navigazione S. p. A.* , http://www. oceanlinermuseum. co. uk/Lloyd%20Triestino%20history. html, Jan. 15, 2013 last visit.

[5] See United Nations Conference on Trade and Development (UNCTAD), *Review of Maritime Transport*, 2014, available at http://unctad. org/en/PublicationsLibrary/rmt2014_en. pdf, p. 40.

并购是通过股权置换的方式完成的。[1] 在这次并购以后,日本邮船与大阪商船三井公司、川崎汽船以及 Navix 海运株式会社并立为日本四大海运公司。而且在日本邮船并购昭和海运后,日本邮船运营船舶达到 510 艘。[2] 有专家分析了日本邮船兼并昭和海运的原因,指出除了全球范围内出现的船公司间联营、兼并浪潮导致日本航运企业寻求强强联合,日本政府的推动也对本次航运企业的兼并成功起到重要作用。日本大企业与日本政府有着千丝万缕的联系。日本邮船、昭和海运就是 1964 年在日本政府为振兴和促进日本海运业的集约化,扶植大型航运企业而对航运企业实施"海运企业集约合兼"的背景下发展壮大起来的。当日本航运业出现衰退、航运企业经营陷入困境的形势下,日本政府不会坐视不管,对此次日邮与昭和海运的兼并也起到了推波助澜的作用。[3] 日本邮船目前为世界排名第 15 位的集装箱班轮航运公司。[4]

6. 大阪商船三井兼并 Navix 海运株式会社

1999 年 4 月,大阪商船三井兼并当时日本排名第四位的海运公司 Navix 海运株式会社,使日本市场呈现日本邮船、商船三井与川崎汽船三足鼎立的局面。实际上,大阪商船三井的主要源流有二,分别是成立于 1884 年的大阪商船和 1942 年的三井船舶,分属日本的两大财团住友财阀和三井财阀。1964 年,大阪商船与三井船舶合并为大阪商船三井船舶株式会社,开创了日本跨财阀大公司合并的先例。1999 年 4 月,大阪商船三井船舶兼并 Navix 后,改名为商船三井。根据商船三井 2000 年年报,兼并 Navix 不仅增加了 152 艘船的船队规模,而且由于规模的扩大,增强了公司与包括燃油和保险在内的所有供货商的议价能力,降低了航运经营成本。尽管在 1999 ~ 2000

[1] See Marcus Hand, *NYK to Take Over Ailing Showa Line in Share Swap*, Business Times Singapore, Mar. 31, 1998.

[2] 陶健:"日本邮船兼并昭和海运——日邮散货船队将成为超级'航母'",载《中国远洋航务公告》1998 年第 5 期。

[3] 陶健:"日本邮船兼并昭和海运——日邮散货船队将成为超级'航母'",载《中国远洋航务公告》1998 年第 5 期。

[4] See United Nations Conference on Trade and Development (UNCTAD), *Review of Maritime Transport*, 2014, available at http://unctad.org/en/PublicationsLibrary/rmt2014_en.pdf, p. 40.

财年,燃油价格由上年的80美元/吨增加到117美元/吨,但公司航运营运成本却比合并前双方之和下降了9.1%,管理费同样也下降了10.3%。[1] 而且到2000年3月底,商船三井公司长期负债与上年合并前双方之和相比下降了20%,股东权益增长了2.8%,股东权益在总资产中的比例由11.1%增长到12.7%,资产负债率由合并前的88.4%下降到86.6%。[2] 商船三井目前为世界排名第十一位的集装箱班轮航运公司。[3]

7. A. P. 穆勒—马士基兼并美国海陆

1999年,丹麦A. P. 穆勒—马士基兼并由美国CSX铁路运输集团控股的海陆集装箱班轮服务公司(Sea-Land Service Inc.),是国际航运市场轰动一时的兼并案。欧盟委员会接到兼并申报申请后,通过对二者在各条航线上的市场份额及其参与的班轮公会的市场份额进行分析后,认为并购操作符合关于控制企业集中的第4064/89号条例,[4]并且不会对现有班轮运输市场产生严重的限制竞争影响。[5] 马士基与海陆合并后的企业组成了马士基—海陆(Maersk Sea-Land),成为当时国际集装箱班轮运输市场中排名第一大的航运巨头。

8. 威廉母森和瓦勒纽斯收购韩国现代商船汽车船队

2002年,挪威威廉母森航运公司(Wilhelmsen)和瑞典瓦勒纽斯航运公司(Wallenius)收购韩国现代商船汽车船队(Car-carrier Division of Hyundai Merchant Marine),成为滚装船运输历史上最大的交易。这一收购与1997年合资组成的华尔威廉臣滚装航运公司(Wallenius Wilhelmsen Lines, WWL)有关。1999年7月,挪威威廉母森航运公司和瑞典瓦勒纽斯航运公司合资

[1] 孔凡华:"国际海运业兼并重组的原因分析",载《中远香港季刊》2002年第5期。

[2] 孔凡华:"国际海运业兼并重组的原因分析",载《中远香港季刊》2002年第5期。

[3] See United Nations Conference on Trade and Development (UNCTAD), *Review of Maritime Transport*, 2014, available at http://unctad.org/en/PublicationsLibrary/rmt2014_en.pdf, p. 40.

[4] See Council Regulation (EEC) No. 4064/89 of 21 December 1989 on the control of concentrations between undertakings, OJ L 395/1, 30. 12. 1989.

[5] See Commission Decision of 6 October 1999 in Case No. IV/M. 1651-Maersk/Sea-Land, OJ L 2985, 29. 11. 2002.

组成华尔威廉臣,双方各占华尔威廉臣50%的股份。[1] 2002年,华尔威廉臣的所有者挪威威廉母森航运公司和瑞典瓦勒纽斯航运公司收购韩国现代商船汽车船队。华尔威廉臣的所有者挪威威廉母森航运公司和瑞典瓦勒纽斯航运公司分别购买了韩国现代商船汽车船队80%的股份,余下20%的股份由韩国现代商航运公司旗下的韩国现代汽车公司(Hyundai Motor Company,HMC)及其子公司(Kia Motors Corporation,KMC)购买。此次收购耗资13亿美元。[2] 收购后的公司改名为Eukor汽车航运公司(Eukor Car Carriers)以体现它的欧洲与韩国血统。也就是说,挪威威廉母森航运公司持有Eukor40%的股份、瑞典瓦勒纽斯航运公司持有Eukor40%的股份、韩国现代汽车公司及其子公司KIA持有Eukor20%的股份。

由于Eukor的两大所有者挪威威廉母森航运公司和瑞典瓦勒纽斯航运公司已经合资成立了华尔威廉臣公司经营滚装船运输业务,这增加了后来它们收购韩国现代商船汽车船队的法律难度,因为韩国现代商船汽车船队同样以经营汽车和卡车的滚装船运输为主要业务,购买韩国现代商船汽车船队无疑会增加威廉母森航运公司和瓦勒纽斯航运公司在滚装船市场上的操控力。因此,欧盟在评估了国际汽车航运市场后,指出该次收购会影响到北欧至近东航线,以及地中海至近东航线的市场竞争,因为威廉母森航运公司和瓦勒纽斯航运公司合资组成华尔威廉臣,而华尔威廉臣与其主要竞争者日本邮航运公司组成了WALLNYK班轮公会,此次由华尔威廉臣的股东收购韩国现代汽车航运公司将实质性增强WALLNYK班轮公会的市场操纵力。[3] 为了使合并成功,最后收购当事方同意退出WALLNYK班轮公会,

---

[1] European Commission Press Release Database, *Commission Clears Acquisition by Wallenius and Wilhelmsen of Hyundai Merchant Marine's Car Carrier Business, Subject to Commitments*, Ref. IP/02/1780, 29. 11. 2002, http://europa.eu/rapid/pressReleasesAction.do? reference=IP/02/1780.

[2] Chris Dupin, *After the Eukor Deal: Wallenius Wilhelmsen Expands Its International Atuo Transport Business*, Journal of Commerce, Feb. 10, 2003, http://www.accessmylibrary.com/coms2/summary_0286-6024191_ITM.

[3] European Commission Press Release Database, *Commission Clears Acquisition by Wallenius and Wilhelmsen of Hyundai Merchant Marine's Car Carrier Business, Subject to Commitments*, Ref. IP/02/1780, 29. 11. 2002, http://europa.eu/rapid/pressReleasesAction.do? reference=IP/02/1780.

并且保证在未经欧盟委员会事先同意的前提下,不会与其他竞争对手在可能涉嫌违反欧盟竞争法的航线上缔结任何类似的合作协议。[1]

9. 马士基并购皇家铁行渣华

2005年5月,丹麦马士基以23亿欧元并购英荷合资的皇家铁行渣华。因为皇家铁行渣华的股票在过去短短两年时间已经从9欧元涨到了57欧元,股东认为其可能已经失去了继续上涨的空间,因此同意了马士基的并购。在2005年8月13日,马士基购买了皇家铁行渣华的全部股份,皇家铁行渣华于2005年9月5日正式终止。在并购前,皇家铁行渣华占有全球集装箱运输6%的市场份额,马士基—海陆有12%的市场份额,合并后的马士基以占据近18%的市场份额位列世界第一大集装箱班轮航运公司。[2] 2006年2月,并购了皇家铁行渣华的马士基将其与马士基—海陆整合,成为现在著名的世界第一大航运公司——马士基航运。马士基与铁行渣华的成功合并将形成一个拥有船舶550余艘、运力规模在150万TEU以上的"超级航母",是当时运力排名全球第二的地中海航运的2倍多,是排名第三的长荣海运的3倍多。[3] 马士基并购铁行渣华可以说是国际航运业有史以来最大的企业并购案。英国著名海运日报《劳埃德航运日报》(Lloyd' s List)评价此次并购称:"这是在集装箱运输领域迄今为止最大和最富有挑战性的一次并购交易,将会造就一家世界最大的航运巨头,其规模将是排名第二的竞争对手两倍多。"[4]"这一收购将使马士基公司南美至美国东海岸的集装箱运量的市场份额达到近60%,对从新西兰到南非间集装箱运输占有主导地位。"[5]

---

[1] See Commission Decision of 29 November 2002 in Case No. COMP/M. 2879 - 3-Wallenius Lines AB/Wilhelmsen ASA/Hyundai Merchant Marine, OJ L 2985, 29. 11. 2002.

[2] See Wikipedia, *P&O Nedlloyd*, http://en. wikipedia. org/wiki/P%26O_Nedlloyd, Jun. 25, 2013 last visit.

[3] 刘斌、洪林:"大兼并、大震撼——航运业巨无霸马士基兼并铁行渣华",载《世界海运》2005年第28卷第5期。

[4] 刘斌、洪林:"大兼并、大震撼——航运业巨无霸马士基兼并铁行渣华",载《世界海运》2005年第28卷第5期。

[5] 丹麦经商处:"马士基收购铁行渣华的交易引起对市场份额的担心",载 http://dk. mofcom. gov. cn/aarticle/jmxw/200507/20050700142996. html, 2015年7月1日访问。

对于马士基并购铁行渣华的原因，有研究者分析指出，在竞争对手迅速扩张、亚洲贸易份额快速增长、造船能力紧张、班轮运费市场高涨、收购成本高的情况下，马士基作出了以高价现金收购铁行渣华的战略决策不难看出其意在长期保持集装箱海运业的领导地位、迅速扩充亚洲市场和确立低成本竞争优势的战略意图。[1] 还有专家指出，马士基并购铁行渣华体现了四大战略意图：意图成为行业领导者，扩大核心主业的规模和竞争能力，扩大亚洲市场尤其是中国市场的市场份额，在市场下跌前降低船队经营成本。[2] 此次并购无疑使马士基已成为国际航运市场的领先者，国际海运市场尤其是集装箱班轮运输市场也将因此趋向垄断化，这无疑对其他集装箱班轮公司而言意味着未来与马士基的竞争将变得更加困难。有学者认为，集装箱班轮运输市场往往被认为历来是一个带有垄断性的市场，经营集装箱班轮运输的企业必然是规模大而数目少。马士基收购铁行渣华后，其经营的班轮航线的垄断地位将进一步加强，很可能导致并购之后的马士基借助垄断性市场势力提高运价，获得垄断利润。[3] 马士基并购铁行渣华也可能给国际航运市场带来全新的发展格局，引发了业界对于市场并购导致强者更强，市场一股独大的忧虑。[4]

10. 赫伯罗特收购太平洋航运

2005 年，德国赫伯罗特航运集团以 20 亿美元收购加拿大太平洋航运(Canada Pacific Shipping Co. , CP Ships)。[5] 实际上这次并购由欧洲最大的旅游与运输集团德国途易集团(TUI AG)出资，收购了太平洋航运，并将太平洋航运合并到旗下的赫伯罗特。[6] 目前，赫伯罗特是世界第六大集装

[1] 刘斌、洪林："大兼并、大震撼——航运业巨无霸马士基兼并铁行渣华"，载《世界海运》2005 年第 28 卷第 5 期。

[2] 段国栋："收购铁行渣华，马士基实现四大战略意图"，载《水运文献信息》2005 年第 7 期。

[3] 邵瑞庆："马士基收购铁行渣华协同价值不可低估"，载《中国交通报》2005 年 6 月 3 日。

[4] 吴明华："大并购：班轮业演绎重组与竞合"，载《中国远洋航务公告》2005 年第 10 期。

[5] See Wikipedia, *Hapag-Lloyd*, http://en. wikipedia. org/wiki/Hapag-Lloyd, Jun. 25, 2013 last visit.

[6] 我国的中海集团也参与了并购太平洋航运的竞争，但是最后没有成功。

箱班轮航运公司。[1]

除了这次并购之外,太平洋航运本身的兼并扩张经营战略也值得一提。曾几何时,太平洋航运还只是一家默默无闻的跨太平洋市场航运经营者。经过近10年时间的发展历程,太平洋航运公司依靠其独特的兼并扩张战略和卓有成效的经营管理策略,已成长为北大西洋航线市场上最大的集装箱航运公司,并在当时跻身世界前20位集装箱班轮运输经营者。[2] 1984年,太平洋航运与比利时航运公司(Compagnie Maritime Belge,CMB)合资成立加拿大海运公司(Canada Maritime)来开展北大西洋集装箱运输业务及其在蒙特利尔的铁路运输辅助业务,这一合资公司成功地使太平洋航运实现了资本增值。1993年,太平洋航运从合资伙伴手中购买了全部加拿大海运公司的资本,兼并了加拿大海运公司,从此也开始了太平洋航运接下来10余年的通过兼并发展壮大的历程。1995年,太平洋航运购买了已进入破产程序的卡斯特集团(Cast Group),后来又先后于1997年7月购买了破产的美国莱克斯航运公司(Lykes Lines)。通过收购,该公司在南大西洋、中大西洋、佛罗里达、墨西哥湾等地区扩大了市场份额,并首次进入海湾地区航运市场。[3] 1997年10月太平洋航运购买了康特适普集装箱班轮公司(Contship Containerlines),1998年5月购买了伊瓦尔兰航运公司(Ivaran Lines),1998年12月购买了澳新航运(Australia-New Zealand Direct Line),1999年1月购买了墨西哥航运(Transportacion Maritime Mexicana Lines,TMM)50%的股权,又在2000年购买了墨西哥航运余下50%的股权。在2000年8月,太平洋航运还购买了克里斯坦森加拿大非洲航运(Christensen Canadian African Lines,CCAL),并于2002年8月购买了意大利航运公司

---

〔1〕 See United Nations Conference on Trade and Development (UNCTAD), *Review of Maritime Transport*, 2014, available at http://unctad.org/en/PublicationsLibrary/rmt2014_en.pdf, p. 40.

〔2〕 周咏:"兼并扩张——加拿大太平洋轮船公司的经营战略",载 http://www.chinawuliu.com.cn/zixun/200203/11/39067.shtml,2015年3月11日访问。

〔3〕 周咏:"兼并扩张——加拿大太平洋轮船公司的经营战略",载 http://www.chinawuliu.com.cn/zixun/200203/11/39067.shtml,2015年3月11日访问。

(Italia Line)。[1] 这一系列的并购为太平洋航运进入多条贸易航线市场打开了方便之门,相继进入了欧洲—澳大利亚、欧洲—南太平洋、欧洲—地中海和欧洲/中东/印度次大陆市场,并很快在这些市场占据了领先地位。[2] 到了2001年,太平洋航运成为当时世界第七大航运公司,并且主宰了北大西洋的航运。[3]

11. 达飞的一系列并购

法国达飞航运集团的一系列并购也颇值得关注。达飞的历史可以追溯自1851年法兰西火轮船公司(Messageries Maritimes)的成立。1855年,另外一家航运公司法国航运总公司(Compagnie Générale Maritime)成立,在1861年改名为大西洋轮船总公司(Compagnie Générale Transatlantique),并于1973年合并成立了现在的CGM——一个被称为法国国家航运公司的法国企业。1978年,雅克·萨德(Jacques Saadé)创立了达飞航运公司(Compagnie Maritime d'Affrètement, CMA)。在1996年CGM进行了私有化,并且被CMA购买,形成了现在的达飞航运集团(CMA-CGM)。[4] 正是通过这次并购,达飞航运集团开始了走向跻身世界排名前列的大型国际航运公司的历程。此后,达飞又开展了一系列全球范围的并购,首先在1998年并购了澳大利亚国家航运公司(Australian National Lines, ANL),2002年收购英国近洋班轮公司马克安德鲁公司(MacAndrews),又在2005年以6亿欧元从法国波洛莱集团(Bolloré group)集团购买了作为其竞争对手的达贸轮船(Delmas)。[5] 并购达贸轮船使达飞航运集团一跃成为仅次于地中海航运与马士基之后的世界第三大集装箱班轮航运公司。2007年,达飞收购

[1] 周咏:"兼并扩张——加拿大太平洋轮船公司的经营战略",载 http://www.chinawuliu.com.cn/zixun/200203/11/39067.shtml,2015年3月11日访问。

[2] 周咏:"兼并扩张——加拿大太平洋轮船公司的经营战略",载 http://www.chinawuliu.com.cn/zixun/200203/11/39067.shtml,2015年3月11日访问。

[3] See Wikipedia, *CP Ships*, available at http://en.wikipedia.org/wiki/CP_Ships, Jun. 25, 2013 last visit.

[4] See Wikipedia, *CMA-CGM*, http://en.wikipedia.org/wiki/CMA_CGM, Jun. 25, 2013 last visit.

[5] See Wikipedia, *CMA-CGM*, http://en.wikipedia.org/wiki/CMA_CGM, Jun. 25, 2013 last visit.

中国台湾正利航运公司(Cheng Lie Navigation,CNC)、美国轮船(US Lines)和摩洛哥航运(Comanav)。实际上,通过不断兼并收购来扩充市场份额,也是达飞滚雪球式的一贯扩张策略。从2002年收购马克安德鲁公司开始,达飞并购中小型班轮公司,保留其原有品牌和网络,拓展地区性航线网络的步伐就没有停止过。[1] 2014年12月,达飞获欧洲5家银行8.8亿美元融资收购德国短程航运企业(Oldenburg-Portugiesische Dampfschiffs-Rhederei,OPDR),为其地区性班轮公司系列收购案再添浓重一笔。[2] 根据联合国贸易和发展会议的排名,达飞目前是世界排名第三的集装箱班轮航运公司。[3]

12. 汉堡南方的收购扩张战略

值得一提的还有德国汉堡南方航运公司(Hamburg Süd)的收购扩张战略。从1956年起,汉堡南方就通过收购德国黎凡特航运公司(Deutsche Levante Linie)开始进入地中海航线的运输业务。1986年,汉堡南方又通过收购德国Nah-Ost航运公司(Deutsche-Nah-Ost-Linie)实现了再次扩张。1989年,汉堡南方收购了西班牙亿芭利南美航运公司(Ybarra y Cia. Sudamerica S. A.)航运公司50%的股权。1990年,汉堡南方又收购了传统船运公司英国皇家邮政(Royal Mail Line)和太平洋航运公司(Pacific Steam Navigation Company,PSNC)旗下的英国佛尼斯维集团(Furness Withy)。同年,汉堡南方还收购了其他的一些航运公司,诸如瑞典莱塞航运公司(Laser Lines)、鹿特丹南美航运公司(Rotterdam Zuid-America Lijn)、海文航运公司(Havenlijn)。1998年,汉堡南方又通过收购实现了再次扩张,这次,它购买了巴西的安莎航运公司(Aliança)和南海蒸汽船(South Seas Steamship)航运公司。其后,在1999年,汉堡南方又收购了南太平洋集装箱船运公司(South Pacific Container Lines)和创世罗尔(Transroll)的欧洲—南美东海岸航线业务。2000年,汉堡南方继续收购了跨美洲班轮公司克罗利海运公司

[1] 徐伟:“达飞轮船收购战略进行时”,载《航运交易公报》2015年1月14日。

[2] 徐伟:“达飞轮船收购战略进行时”,载《航运交易公报》2015年1月14日。

[3] See United Nations Conference on Trade and Development (UNCTAD), *Review of Maritime Transport*, 2014, available at http://unctad.org/en/PublicationsLibrary/rmt2014_en.pdf, p. 40.

(Crowley American Transport, CAT)。2003年,汉堡南方则通过收购艾勒曼(Ellerman)得以拓展地中海线路,通过收购建恒船务(Kien Hung)得以拓展通往印度和巴基斯坦的运输。2005年,汉堡南方收购了前述西班牙亿芭利南美航运公司所有的股权。2006年,汉堡南方,接管俄罗斯远东海洋轮船公司(FESCO)在澳大利亚、新西兰和亚洲、北美的口岸货运业务,并以FANZL俄罗斯远东海洋轮船公司澳大利亚新西兰航运服务公司(FANZL FESCO Australia New Zealand Liner Services)的名称运营该部分业务。2007年,汉堡南方继续通过收购进行扩张,收购了歌诗达集装箱运输有限公司(Costa Container Lines)从地中海到南美东、北海岸和中美洲,以及从加勒比海到加拿大、古巴的航线,以进一步拓展其地中海业务、南美东西海岸以及加勒比还的运输业务。[1] 并且从2006年起,前述西班牙亿芭利南美航运公司正式更名为汉堡南方比利亚航运公司(Hamburg Süd Iberia S. A.)。2008年,前述FANZL俄罗斯远东海洋轮船公司澳大利亚新西兰航运服务公司的名称也正式被汉堡南方航运公司取代。从2009年歌诗达集装箱运输有限公司的名称也被汉堡南方航运公司所取代。从此在世界范围内统一了“汉堡南方”的品牌名称。[2] 目前,汉堡南方是世界排名第13位的集装箱航运公司。[3]

(二)国际航运市场并购带来的垄断问题

1. 并购将提升大型航运企业的市场垄断力与国际航运市场集中度

上述案例表明了兼并与收购已经成为大型航运公司扩展经营范围和规模的常用手段,同时兼并与收购也是航运公司实现扩张的最直接也是最有

---

〔1〕 See the official website of Hamburg Süd Group, *History of Hamburg Süd: On a Successful Course Since* 1871, http://www.hamburgsud.com/group/cn/corporatehome/aboutus/history/hamburgsdhistory.html, Jun. 25, 2013 last visit.

〔2〕 See the official website of Hamburg Süd Group, *History of Hamburg Süd: On a Successful Course Since* 1871, http://www.hamburgsud.com/group/cn/corporatehome/aboutus/history/hamburgsdhistory.html, Jun. 25, 2013 last visit.

〔3〕 See United Nations Conference on Trade and Development (UNCTAD), *Review of Maritime Transport*, 2014, available at http://unctad.org/en/PublicationsLibrary/rmt2014_en.pdf, p. 40.

效的方法。航运企业通过兼并收购而实现的扩张,以及航运企业之间通过加入国际航运组织而形成的联盟,都使得国际航运市场的集中度变高,因此也对于反垄断法下如何规制航运经营者集中提出了挑战。由于航运经营者的兼并与收购实质性减少了国际航运市场中经营者的数量,可能导致航运经营者通过并购获得优势的市场地位或财力,反而限制或阻碍了市场正常竞争秩序,损害航运市场消费者托运人的利益。因此,航运经营者的兼并与收购需要被纳入反垄断法的监督规制框架下,从而保障航运市场良性竞争秩序,保障航运市场消费者的利益,保障我国航运企业尤其是中小型航运企业的生存权与市场竞争权利。当然,对于如何设计构建航运经营者集中的反垄断规制规则,其中首要的问题我已在上一部分指出,即如何在法律上界分松散型联盟和紧密型航运联盟,从而对前者适用垄断协议规制制度,对后者适用经营者集中事前审查批准制度?对于这一问题,或许欧盟竞争法上有关全功能合营企业、美国反托拉斯法中有关完全整合型的企业联营的相关理论与司法实践可以引为借鉴。[1]

2. 发展大型航运集团的产业政策与竞争政策的内在矛盾需要协调

在我国,航运经营者之间的并购还特别触及国家鼓励航运产业要素集聚、发展大型航运集团的产业政策与竞争政策的内在矛盾。在目前国际航运市场整体运力过剩、行业不景气的宏观环境下,航运界人士多认为,目前海运运力严重过剩,海运业大而不强,海运业需要涌现一批有竞争力的大型企业,一些小而弱的企业需要退出市场。[2] 2014年8月,国务院发布《关于促进海运业健康发展的若干意见》(以下简称《意见》),[3]部署促进海运业健康发展,加快推进海运强国建设。这是我国第一次国家层面发布海运发展战略。《意见》指出,海运业是经济社会发展的重要基础产业,在维护国家经济安全和海洋权益、推动产业转型升级、促进对外贸易发展等方面具有重

---

〔1〕 江山、黄勇:“论中国企业联营的经营者集中控制”,载《法学杂志》2012年第10期;李青:“论合营企业的反垄断法规制”,载《江苏社会科学》2011年第2期。

〔2〕 张彬:“国内海运企业或现兼并重组潮”,载《经济参考报》2014年9月4日。

〔3〕 2014年《国务院关于促进海运业健康发展的若干意见》(国发〔2014〕32号)。

要作用。《意见》将航运业的兼并重组、提高航运企业国际竞争力列为重点任务。[1] 这表明在推进海运强国建设中，我国也吸收了国际航运市场大型航运企业藉由并购实现扩张与壮大的战略手段。虽然交通部澄清航运业的兼并重组不限于大型央企，凡是在我国注册的航运企业都属于该范围，[2] 但是更多人则认为既南北车合并[3]、中电投与国家核电重组成立国家电力投资集团公司[4]、电信三大运营商合资成立铁塔公司[5]之后，国内的四大航运集团存在强烈整合预期，特别是中远、中海两大航运央企的兼并重组。[6] 有评论指出："如果说南北车合并可集中二者优势更利于参与国际竞争，那么航运集团之间的合并则可以剔除无效产能。相比于高铁行业而言，航运业产能过剩问题更为突出，且受国际经济周期的影响更大，任何一家航运企业均无力逆周期而动。"[7] 然而与发展大型航运企业集团，进一步提升市场中大型航运央企市场份额的产业政策矛盾的是，《意见》同时也强调强化顶层设计和战略研究，完善统一开放、竞争有序的市场体系。[8] 竞争政策的根本理念在于对于垄断型市场结构的不信任以及对于规模日趋膨

[1] 《国务院关于促进海运业健康发展的若干意见》第 6 项规定："推动海运企业转型升级。完善海运企业治理结构，转变发展理念，创新技术、产品和服务。加快兼并重组，促进规模化、专业化经营，提升抗风险能力和国际竞争力。在做强做优海运主业的同时，适度开展多元化经营。实施'走出去'战略，鼓励中资海运企业对外投资和跨国经营。有序发展中小海运企业，促进就业。"

[2] 原金："海运业发展战略升级国家层面，240 余家企业列入兼并重组范围"，载 http://www.nbd.com.cn/articles/2014-09-04/861066.html，2014 年 9 月 4 日访问。

[3] 中国南车与中国北车 2014 年 12 月 30 日晚双双发布重组公告，正式宣布双方以南车换股吸收北车的方式进行合并，合并后的新公司更名为"中国中车股份有限公司"。

[4] 国家电力投资集团公司成立于 2015 年 5 月 29 日，由中国电力投资集团公司与国家核电技术有限公司合并重组而成。

[5] 中国移动、中国联通和中国电信于 2014 年 7 月 11 日共同签署了《发起人协议》，将以现金方式出资设立中国通信设施服务股份有限公司，后更名为中国铁塔股份有限公司。

[6] 李雪峰："四大航运集团会否合并?"，载《证券时报》2015 年 4 月 17 日，第 A07 版。

[7] 李雪峰："四大航运集团会否合并?"，载《证券时报》2015 年 4 月 17 日，第 A07 版。

[8] 《国务院关于促进海运业健康发展的若干意见》第 13 项规定："加强和改进行业管理。加快推动海运业立法，强化顶层设计和战略研究，完善船舶技术政策和标准规范，做好监测预警、监督检查和应急处置等工作。完善统一开放、竞争有序的市场体系，引导运力有序投放和合理增长。强化诚信管理体系建设，提高服务质量。清理规范行政审批事项，优化流程，提高效率。规范海员劳务市场和派遣机构管理，健全海员权益保障机制。加快建设进出境船舶联合查验单一窗口系统，推进口岸通行便利化。"

胀的大型企业的不信任。[1] 虽然现代的反垄断政策已经不再强调保护小企业的竞争权利,而将“竞争”解释为低价格、高产出和最大的创新机会,[2] 但是整合大型央企无疑可能剥夺小型航运企业的生存权利,从而产生航运产业的国进民退现象,会与党的十八届三中全会《关于全面深化改革若干重大问题的决定》明确指出要积极发展混合所有制经济,实现国有资本、集体资本、非公有资本等交叉持股、相互融合不符。因此,发展大型航运集团的产业政策与竞争政策的内在矛盾亟待协调。

反垄断法学者们早已注意到在我国推动市场化进程中产业政策与竞争政策的冲突问题。产业政策作为国家促进产业发展所采取的一种措施,它的主要作用是在市场机制充分调节市场供求结构的前提下,干预市场调节过程,以推动产业间的协调发展,实现产业结构的合理化、现代化,是国家宏观调控的重要手段。但是在反垄断法的视野中,产业政策的实施可能会出现对竞争的限制甚至消除的情形,面对产业政策对经济的调节作用和对自由、公平竞争机制的损害后果,反垄断法在立法和实施过程中如何进行协调是一个值得研究的问题。[3] 在协调产业政策与竞争政策时需要明确的是,产业政策与竞争政策二者均是市场失灵时的矫正机制,产业政策重在补充市场机制的资源配置作用,竞争政策重在维护市场竞争的存在。对此,李剑论述道:“产业政策在尊重市场机制的基础上对市场机制的资源配置作用进行补充,尤其是对市场机制失灵的领域进行促进,但产业结构的合理化主要还是依靠市场机制来调节,这是产业政策离不开的基础。而反垄断法的目的就是为了维护市场机制中竞争机制的存在,当垄断和限制竞争行为使市场机制的资源配置作用出现障碍,使产业的创新活力被窒息,使消费者失去讨价还价的能力,反垄断法的介入将消除市场障碍,使市场机制继续发挥作

---

〔1〕 See Barak Orbach, *The Antitrust Curse of Bigness*, 85 Southern California Law Review, 2012, pp. 605-656.

〔2〕 See Herbert Hovenkamp, *The Antitrust Enterprise: Principle and Execution*, Cambridge, Massachusetts: Harvard University Press, 2005, p. 2.

〔3〕 孟雁北:“论产业政策与反垄断法的冲突与协调”,载《社会科学研究》2005 年第 2 期。

用。”[1]因此，发展大型航运集团推动航运业发展的产业政策唯有在确保市场竞争机制的存在，并且维护市场竞争机制的前提下进行，才能确保推动航运产业的兼并不会导致市场结构变成央企垄断，才能与竞争政策兼容。

3. 鼓励航运企业兼并的产业政策面临反垄断选择执法的质疑需要回应

尤其是在2014年商务部禁止欧洲三大航运企业设立网络中心经营者集中之后，[2]鼓励国内航运企业的兼并和收购、发展大型航运集团的产业政策更面临西方关于中国反垄断选择性执法的质疑。2014年6月17日，商务部发布公告对三大国际航运巨头丹麦穆勒马士基集团、瑞士地中海航运公司、法国达飞海运集团组成的航运联营予以禁止。该禁止决定迅速在国际社会引起广泛报道，原因不仅在于商务部此前很少对域外企业的经营者集中予以直接否决，更因为三大国际航运巨头的联合运营此前已在竞争法层面获得世界反垄断两大主要法域美国和欧盟的双重批准，却唯独在中国遭遇反垄断利剑出鞘。因此，对内鼓励发展大型航运企业集团、对外禁止外国航运企业联营，使得中国反垄断存在“内外有别”的选择性与主观性执法的批评不但被外媒借此老调重弹，[3]更有评论意见认为中国政府否决这一航运联营显示中国在成为世界反垄断执法中坚力量的同时却正在分化反垄断执法的国际协调，[4]还有战略评论家认为中国借该案释放出强烈的贸易保护主义信号，即中国政府将毫不犹豫地封杀哪些可能有损中国航运企业

[1] 李剑：“反垄断法实施与产业政策的协调——产业政策与反垄断法的冲突与选择”，载《东方法学》2011年第1期。

[2] 《商务部关于禁止马士基、地中海航运、达飞设立网络中心经营者集中反垄断审查决定的公告》（商务部公告2014年第46号），2014年6月1日发布。

[3] 认为中国反垄断存在选择性执法的文章很多，例如 Angela Huyue Zhang, *The Enforcement of the Anti-Monopoly Law in China: An Institutional Design Perspective*, 56 Antitrust Bulliten, 2011, pp. 639-656; Mark Williams, *Foreign Investment in China: Will the Anti-Monopoly Law be a Barrier or a Facilitator?*, 45 Texas International Law Journal, 2009, pp. 153-154; United States Chamer of Commerce, *Competiting Interests in China's Competition Law Enforcement: China's Anti-Monopoly Law Application and the Role of Industrail Policy*, 2014, available at https://www.uschamber.com/sites/default/files/aml_final_090814_final_locked.pdf, p. 1。

[4] See DavisPolk & Wardwell LLP, *MOFCOM Blocks P3 Shipping Joint Venture*, Jun. 19, 2014, available at http://www.davispolk.com/sites/default/files/06.19.14.MOFCOM.Blocks.P3.Shipping.Joint_.Venture.pdf.

与不利中国外贸出口的交易。[1] 尽管在决定书中商务部并未特别论述该航运联盟对我国国家利益所可能产生的影响,但外国媒体却将这一禁止决定诠释为商务部审理经营者集中案件时将国家经济利益、产业政策与纯竞争要素杂糅考量的代表性案例。[2] 可见,发展大型航运集团的产业政策已经不单纯是与竞争政策的内在矛盾,如果回应不当,很可能发展成西方对我国藉由反垄断推行贸易保护主义的指责。[3]

4. 航运央企的并购整合面临西方国有企业规则的适用需要应对

目前全球化国际竞争治理陷入僵局,[4]欧盟和美国正力求通过双边或区域竞争协定以及涉及竞争条款的贸易协定和投资协定,输出竞争法律制度,影响竞争治理的国际法建构,以欧美为代表的发达国家发难于新兴经济体国有企业在国际市场上的优异表现,认为这些国家的国有企业因获得政府支持而形成不公平竞争优势,倡导设立针对国有企业的竞争中立规则。[5]西方学者更是将新兴经济体国有企业、主权财富基金的海外投资与"国家资本主义"(state capitalism)[6]联系在一起,将其视为国家资本主义模式下新兴经济体的国际扩张模式,[7]认为该模式对公平竞争的国际经济

[1] See Abheek Bhattacharya, *China Sends Shipping Consolidation Adrift*, Wall Street Journal, Jun. 18, 2014, http://online. wsj. com/articles/heard-on-the-street-china-sends-shipping-consolidation-adrift-1403099233.

[2] See Abheek Bhattacharya, *China Sends Shipping Consolidation Adrift*, Wall Street Journal, Jun. 18, 2014, http://online. wsj. com/articles/heard-on-the-street-china-sends-shipping-consolidation-adrift-1403099233.

[3] See Anu Bradford, *Chinese Antitrust Law: The New Face of Protectionism?*, The Huffington Post, Aug. 2008, http://www. huffingtonpost. com/anu-bradford/chinese-antitrust-law-the_b_116422. html.

[4] See Anu Bradford, *International Antitrust Negotiations and the False Hope of the WTO*, 48 Harvard International Law Journal, 2007, pp. 383-439.

[5] 杨静:"竞争中立规则:国企'走出去'面临的挑战",载《光明日报》2015年4月19日。

[6] 布莱默将"国家资本主义"定义为"国家作为首要经济参与者的经济体制,在该体制中国家运用市场机制追求政治目的"。国家资本主义模式意味着国家对于经济的严重干预,显著背离自由市场的经济体制。布莱默将国家石油公司、国有企业、国家扶持的私人巨型企业、主权财富基金视为国家资本主义模式下的四大市场参与者。参见 Ian Bremmer, *State Capitalism Comes of Age: The End of the Free Market?*, 88 Foreign Affairs, 2009, p. 41。

[7] 也有专门针对中国国家资本主义所涉及竞争问题的研究,例如 Li-Wen Lin and Curtis J. Milhaupt, *We are the (National) Champions: Understanding the Mechanisms of State Capitalism in China*, 65 Stanford Law Review, 2013, pp. 723-724, 758; Curtis J. Milhaupt and Wentong Zheng, *Beyond Ownership: State Capitalism and the Chinese Firm*, 103 Georgetown Law Journal, 2015, pp. 708-713。

秩序构成了新威胁，主张在全球推行“竞争中立框架”以平衡竞争环境，矫正新兴经济体国家国有企业的竞争优势。[1] 在国家资本主义的理论背景下，西方竞争法律实践也开始出现将中国国有企业视为国资委隶属关系下的同一主体，对中国国有企业适用“单一主体理论”（single entity theory）的发展趋势。[2] 航运央企的并购整合无疑因为这种趋势受到巨大影响：发展大型航运集团会被批评为以国家权力推动企业壮大，在国际航运市场上塑造不公平的竞争优势；在航运业不景气的市场环境下补贴国内企业也会被批评为企业因获得政府支持而形成不公平竞争优势；中国远洋、中海集运、中外长航集团、招商局集团更可能被视为国资委控股下的单一主体，在计算市场份额与占有率时被视为一个整体。这不但将严重影响航运企业的并购整合，也会显著削弱我航运企业的国际竞争力。

然而，西方理论与实践忽视了中国在向市场经济体制迈进过程中所作出的巨大努力，也忽视了中国作为转型国家所面临的不同经济和政治制度环境。脱离制度环境自外而内地要求中国航运企业去政府扶持、适用国有企业规则，不但容易产生水土不服，也与中国渐进式转轨过程不相融合。运用产业政策来支持本国产业和企业的发展并非新兴经济体国家之独创。虽然新古典主义经济学理论强调自由市场，反对政府过度干预，但是历史发展显示国家政治对于市场机制的创设、重塑和运行具有重要作用，新兴国家运用产业政策发展经济传承自发达国家的成功经验。[3] 特别是在价格机制无法有效影响市场供需失衡、市场易呈现周期化萧条的国际航运市场中，国家扶持可以成为市场失灵时的有效补充机制，因此不宜在缔结区域性、多边

---

〔1〕 See Robert D. Hormats, *Ensuring a Sound Basis for Global Competition*: *Competitive Neutrality*, U. S. Department of State Official Blog, May 6, 2011, http://blogs. state. gov/stories/2011/05/06/ensuring-sound-basis-global-competition-competitive-neutrality.

〔2〕 See Angela Huyue Zhang, *The Single Entity Theory*: *An Antitrust Time-Bomb for Chinese State-Owned Enterprises*?, 8 Journal of Competition Law and Economics, 2012, pp. 805-830; see also Curtis J. Milhaupt and Wentong Zheng, *Beyond Ownership*: *State Capitalism and the Chinese Firm*, 103 The Georgetown Law Journal, 2015, p. 709.

〔3〕 See Joe Studwell, *How Asia Works*: *Success and Failure in the World's Most Dynamic Region*, New York: Grove Press, 2013, p. 225.

性贸易、投资、反垄断合作协定时，为了缔约便利而迎合西方国家提出的国有企业规则。国有企业竞争规则的确立必须与我国国有企业的现实发展实际和未来发展需求相适应。

5. 航运企业兼并带来的反垄断执法国际协调问题

航运企业兼并还会带来反垄断执法国际协调问题。由于航运业高度的国际化特质，航运企业的合并可能涉及诸多国家的利益，那么这些航运企业的合并到底要向哪个国家提出合并申请？倘若要向有所涉及的每个国家都进行申报，则会使得合并处于一种很不稳定的状态，因为一旦其中一个国家的反垄断执法部门认为该合并可能产生垄断市场的效果，则合并就无法按期实施。我国商务部禁止 P3 航运经营者集中一案即是范例。在世界反垄断执法的两大主要法域美国和欧盟业已批准 P3 航运联盟的背景下，中国反垄断法禁止 P3 营运致其瓦解，这一案例也被评论为在显示中国成为世界反垄断执法主要力量的同时，却分化了反垄断执法的国际协调。[1] 这一案件使得学界开始反思一系列航运业的经营者集中问题，诸如在世界反垄断执法两大主要法域欧盟和美国都对 P3 予以放行的背景下，该项禁止集中决定是否意味着我国的航运反垄断执法更为严格，商务部偏离国际主流反垄断执法的禁止集中决定又是否适当；航运市场的特殊性是否需要对此类航运经营者之间的集中宽容以待？

虽然有学者认为随着市场的全球化，作为市场调控规则的竞争法律制度也出现了全球化趋势，[2] 但是国际社会到目前为止几乎仍然不存在具有国际“硬法”性质的竞争规则实现可以与全球化贸易治理相匹配的全球化竞争治理。跨国企业的兼并和收购仍然受制于区隔化的主权国家或地区性（欧盟）竞争法规则的约束。不同国家的管辖权与不同反垄断法律制度的适

---

[1] See DavisPolk & Wardwell LLP, *MOFCOM Blocks P3 Shipping Joint Venture*, Jun. 19, 2014, available at http://www.davispolk.com/sites/default/files/06.19.14.MOFCOM.Blocks.P3.Shipping.Joint_.Venture.pdf.

[2] See David J. Gerber, *Global Competition: Law, Markets and Globalization*, New York: Oxford University Press, 2010; David J. Gerber, *Economic Development and Global Competition Law Convergence*, in *Competition Law and Development* (D. Daniel Sokol et al. eds.), Stanford: Stanford University Press, 2013, pp. 13-35.

用为规制具有跨国影响的航运企业的并购带来了新问题。考虑到国家间利益冲突对于航运反垄断规则国际统一化可能性的制约，规制跨国性航运垄断可以依赖于通过订立双边或多边协定与其他国家进行航运领域的合作和协调。但同时值得重视的是，在订立双边或多边海运协定协调国际航运市场垄断问题的同时，海运协定可能也存在有关开放国内海运市场的要求，市场开放面对的必将是外国航运资本的渗入，因而反过来可能更对我国的航运反垄断规制提出挑战。

五、不定期租船运输市场的垄断问题

不定期船运输服务往往指，船舶出租人向承租人提供船舶或船舶部分舱位，按照航次或者一定时间段装运约定的货物，从一港运至另一港。[1]欧盟法律从所运送货物的性质、合同缔约方式、运输服务的性质三方面界定了不定期租船运输的内涵和外延：首先，不定期租船运输市场中的货物多是散装货物（bulk cargo）和传统方式装载之杂货（break bulk cargo）；其次，不定期租船运输合同实际上是船舶租用合同或者舱位租用合同；最后，在不定期租船中，运费是根据供需条件以个案为基础自由协商确定的，有关航线和港口、运输货物的种类，航行时间等也往往都由承租人与船舶出租人协商确定。[2] 班轮运输与不定期租船运输都不同程度地受制于“自我规制”与政府法律规制。[3] 基于不定期租船运输与班轮运输的不同特质，对于二者的法律规制程度往往不同，法律不同的规制介入程度可以从市场主体力量对比与市场运价形成机制予以考虑：

其一，从市场主体的力量对比来看，不定期租船运输是海事商人主体之间一对一的谈判，出租船舶的是财力巨大的船东，承租船的是财力也同样巨

〔1〕 傅廷中：《海商法论》，法律出版社2007年版，第103页。

〔2〕 See Lia I. Athanassiou, *Competition in Liner and Tramp Maritime Transport Services: Uniform Regulation, Divergent Application?*, in *Competition and Regulation in Shipping and Shipping Related Industries* (Antonis Antapassis et al. eds.), Leiden: Martinus Nijhoff Publishers, 2009, p. 72.

〔3〕 See N. R. Fox and L. J. White, *U. S. Ocean Shipping Policy: Going Against the Tide*, 533 Annuals of the American Academy of Political and Social Sciences, 1997, pp. 75-86.

大的货主。对于这具有平等对话可能的二者之间,法律更倾向于保护他们之间的缔约自由。但在班轮运输中,托运人往往是拥有少量件杂货的单个货主,船货双方力量不对等的情况下,法律对其的规制力往往更强。不同的法律介入程度这一点在海商法中可以得到佐证。在船货双方实力不对等的前提下,需要限制承运人滥用合同自由在运输合同中加入对自己有利的条款,同时还需要保护善意受让提单的运输合同第三人。[1] 基于对承运人、托运人、提单持有人三方面利益的衡平,海商法对于班轮提单运输没有像租船合同一样,将商业安排更多地留给商人自由协商,而是直接规定了承运人的若干法定义务和法定免责,从而在承运人与货主之间建立起一个强制性的平衡。[2]

其二,从商业机制的视角来看,不定期租船市场的运价形成依靠承租人与出租人讨价还价、自由协商,而不像班轮运输市场那样预先由承运人拟定运价,因此租船市场价格机制的形成更多地遵循正常的市场供求形成的价格条件,可以说租船市场一般是具有高度竞争性的。但是由于班轮市场由航运经营者自己预先拟定运价,又存在以统一运价为目的的班轮公会将航运经营者联合起来,使得本来就属于强势一方的航运经营者变得更加强大,因此也更具话语权。

基于此,传统国际航运反垄断法律制度也建立在班轮运输与租船运输的二元划分基础上,航运业垄断监管主要围绕如何规制班轮运输市场的反竞争行为,尤其针对班轮公会的反垄断特质展开。早在 20 世纪初,英美便开始对班轮公会的垄断行为进行调查。[3] 英国政府在 1906 年指定海运集团皇家委员会对班轮公会进行调查,美国政府则指定亚历山大委员会进行调查。[4] 相比规制班轮运输的百年历史,国际社会最近才开始将反垄断触

---

〔1〕 See John F. Wilson, *Carriage of Goods by Sea* (*7th ed.*), London: Longman, 2010, p. 115.

〔2〕 郭瑜:《海商法的精神:中国的实践和理论》,北京大学出版社 2005 年版,第 183 页。

〔3〕 彭先伟:"班轮公会反垄断豁免",载《月旦民商法杂志》2009 年第 26 期。

〔4〕 See Daniel Marx Jr., *International Shipping Cartels: A Study of Industrial Self-Regulation by Shipping Conferences*, Princeton: Princeton University Press, 1953, pp. 50-52.

角介入到不定期租船运输市场,以欧盟海运竞争法为代表。[1] 但是除欧盟的立法之外,各国反垄断规则均较少介入不定期租船市场,因为一般认为不定期租船市场基本符合自由竞争市场的构成要素——多个经营者存在,任何经营者都不足以影响市场价格,商品同质化,信息透明,市场进入自由。最为重要的原因是,自由协商的运费率机制使得反垄断法保护消费者利益的诉求在不定期租船运输市场中被认为不如像班轮运输市场一样重要。

但是自2015年以来,不定期租船市场航运联营的合作形式正如火如荼地开展。全球五大散货船船东金海洋集团(Golden Ocean Group)、星散航运(Star Bulk Carriers)、波士玛国际航运公司(Bocimar International)、C运输控股公司(C Transport Holding)以及金色联合航运公司(Golden Union Shipping)将共同成立一个包含超过100艘好望角型散货船的航运联营,联营企业命名为海岬型船租船公司(Capesize Chartering)。[2] 随着大量新造的极限灵便型散货船(ultramax)准备投放市场,天蝎座散货船公司(Scorpio Bulkers)等极限灵便型散货船的船东们也正在接洽关于建立新极限灵便型散货船联营体的事宜。[3] 这一发展趋势使得长久以来建立在市场主体力量对比和商业安排自由化基础上不介入租船市场的现状正随着欧盟海运竞争法的变革被打破,国际社会开始反思区分班轮运输与租船运输分别规制带来的法律双轨制与碎片化问题,探索国际航运市场竞争规制一体化规则的构建。航运竞争法律学术界也开始注意到不定期租船运输市场中航运联营协议所具有的潜在反竞争效果,讨论如何在此类协议的反竞争效果和效率提高、福利提升效果之间进行平衡,构建合理的垄断协议规制制度与反垄断豁免制度。立足于这一国际变革的宏观背景,有必要对不定期租船市场中航运联营协议的垄断性及其反竞争效果予以分析,在比较考察国际社会

---

〔1〕 Council Regulation (EC) No. 1419/2006 of 25 September 2006 repealing Regulation (EEC) No. 4056/86 laying down detailed rules for the application of Articles 85 and 86 of the Treaty to maritime transport, and amending Regulation (EC) No. 1/2003 as regards the extension of its scope to include cabotage and international tramp services, OJ L 269, 28. 9. 2006.

〔2〕 王留:"全球五大散货船船东联手",载《珠江水运》2015年第2期。

〔3〕 [美]凯利(Aaron Kelley):"船东推动建立极限灵便型散货船联营体",载《中国远洋航务》2015年第1期。

有关不定期租船市场竞争规制法律制度的基础上，探索航运联营协议竞争规制的价值选择。

(一)航运联营的概念界定与反竞争效果评估

虽然不定期租船市场中航运经营者的联合形式不限于航运联营，还包括单次船舶共享(ad hoc vessel sharing agreement)、联合外包(joint outsourcing)、联合服务(co-service agreement)、多次期租(multiple time charters)等形式，但是考虑到这些联合形式目前并非租船市场中常见的经营者联合形式，又往往多出现于租船市场分支产业(如冷冻船运输市场、油轮市场)中而缺少产业共性，因此本书仅论及航运联营。[1]

1. 航运联营的概念界定

不定期租船运输市场中航运联营(shipping pool)的合作方式，是指不同船舶所有人或经营者或管理人，将其各自所控制商业经营的相同或相似类型的船舶，通过合同方式联合在一起，进行统一的管理和经营。[2] 航运联营协议是船舶所有人或经营者之间相对灵活的松散型联合，也是不定期租船运输市场中航运经营者最为常见的合作形式。[3] 不定期租船市场中航运联营协议与班轮运输市场中的班轮公会(Liner Conference)和航运联营体(Consortia)之区别在于，航运联营协议下的经营者联合更为松散，不但不固定运价，而且合作也一般仅限于共享船舶、共享货源。由于是不定期租船市场中的合作形式，因此协议内容往往不涉及舱位互租，而是船舶的共享共用。在上述意义上，不定期租船市场中的航运联营协议在本质上实际上更类似于船舶共享协议。[4] 不定期租船市场中航运联营协议的优点在于：第

---

〔1〕 有关这些具体合作形式的分析，可以参见 Fearnley Consultants AS et al., *Legal and Economic Analysis of Tramp Maritime Services*, EU Report COMP/2006/D2/002, Feb. 22, 2007, available at http://ec.europa.eu/competition/sectors/transport/reports/tramp_report.pdf, pp. 365-369。

〔2〕 刘瑞仪、许椿："亚洲航运联营体的经营"，载《中国海商法年刊》2005年第15卷。

〔3〕 於世成：《美国航运法研究》，北京大学出版社2007年版，第64页。

〔4〕 Marjorie Holmes and Heiko Koch, *Shipping Pools*, ReedSmith Richards Butler LLPs, Jul. 2007, available at http://m.reedsmith.com/files/Publication/f455a72e-aaf7-4d48-9142-1aa34f5a5747/Presentation/PublicationAttachment/1590de69-9f0b-4c35-8f1e-65e02e636861/shipping_pools.pdf.

一，它可以使小型船公司通过联营迅速壮大规模，避免了通过建造新船、购买二手船或期租船舶扩充船队运力的商业风险；第二，航运联营可以帮助航运经营者有效调节运力结构，合理安排营运，提高租船运输回程航次的利用率，避免由于回程航次船舶空载而不得不使用压舱物运输从而浪费回程航次；第三，航运联营可以提高联营方对于商业投资的吸引力，也有利于在融资时向银行等投资方提供强有力的担保；第四，航运联营协议这种联合形式相较设立合资企业或者合伙企业而言，无论在合作经营方式还是合作存续期间方面都更为灵活。[1]

2. 航运联营协议条款的反竞争效果评估

虽然不定期租船市场的航运联营协议由航运经营者自由拟定因而内容各异，但核心内容包括：船舶投入、船舶统一使用安排、协定运费率、收入分享。航运联营协议会规定，船东应将其船舶投入联营，由联营经营者以船东、联营船舶管理人或者联营成员代理人的身份对联营船舶进行运营及管理。联营经营者有权经营联营船舶从事运输业务，有权租进第三方船舶并运营该船舶，有权从事与联营船舶使用及经营有关的任何活动，有权从事联营经营者认为有利于联营业务发展的任何其他活动。[2] 联营经营者对联营船舶商业经营及管理具有排他的权利，包括但不限于：联营运输服务的推销；市场合同的处理、船期的安排、货物运载空间的分配、代理的安排、燃油的购买及货物和运费的保险等；运输费用及收入的支付及收取等。[3] 在收入分配上，联营协议会规定，航运联营所取得的营业收入在扣除适当的营运费用和运输成本费用之后按照联营点数在联营体各成员之间进行分配。"联营点数"（pool points），是基于期租确定的代表各联营船舶收入能力的主要参数，该参数由为评定联营点数而指定的独立海事咨询人确定。通常情况下，咨询人将设立一个基本点数，然后依据各联营船舶的具体船龄、船舶

[1] See Hercules E. Haralambides, *The Economics of Bulk Shipping Pools*, 23 Maritime Policy and Management, 1996, pp. 224-225.

[2] 刘瑞仪、许椿："亚洲航运联营体的经营"，载《中国海商法年刊》2005 年第 15 卷。

[3] 刘瑞仪、许椿："亚洲航运联营体的经营"，载《中国海商法年刊》2005 年第 15 卷。

状况进行加减以确定联营点数。[1]

但是将船舶联合营运、统一安排、协定运费率可能涉及固定价格、协同产出、限制联营成员竞争的反垄断法律问题。通过缔结航运联营协议，联营成员无疑认可了彼此之间停止竞争，在相关市场上协同行为的默示条款，这也正是航运联营之目的所在。对于如何看待这种联合运营下的默示固定价格条款和不竞争条款的反竞争效果，学理上存在争议。有学者认为联合营运时采用统一的市场销售策略和统一的价格本身即是具有固定价格效果的严重限制竞争协议；但是也有学者认为航运联营中的固定价格内容在性质上只是辅助性或从属性的，采用统一的价格为联合营运市场销售策略所必需，固定价格只是手段而并非目的。[2] 评估航运联营中固定价格、限制产出内容的反竞争效果取与航运联营本身的性质定位有关。如果航运联营被认为具有协议性质，即航运经营者通过联营建立松散性的协议合作模式，则固定价格、限制产出的确存在严重限制竞争嫌疑，可能受到协议垄断规制制度的直接禁止。但是由于垄断协议规制制度允许经营者通过证明豁免事由的存在，免除反垄断法律的规制处罚，所以此时联营经营者可以通过证明航运联营具有效率提升、实现规模经济、节约成本、增进社会福利的重要作用，并且航运联营不会在相关市场上排除竞争等因素来主张豁免。如果航运联营被认为具有企业合营性质，即采用紧密组织形式将联营方或者参与联营的船舶形成独立性组织实体，则要适用经营者集中申报审查制度。然而，在反垄断法理论界关于联营的讨论中，一般将卡特尔协议和完全并购视作两极，而将企业联营视为处于二者的中间地带，由于其竞争效果和反竞争效果同样明显，不能简单地认定其违法，而必须就个案进行考察。[3] 但是个案认定的方法并未从根本上回答如何看待航运联营限制竞争效果的问题。

---

[1] 刘瑞仪、许椿："亚洲航运联营体的经营"，载《中国海商法年刊》2005 年第 15 卷。

[2] Filippo Lorenzon and Renato Nazzini, *Setting Sail on a Sea of Doubt: Tramp Shipping Pools, Competition Law and the Noble Quest for Certainty*, in *Competition and Regulation in Shipping and Shipping Related Industries* (Antonis Antapassis et al. eds.), Leiden: Martinus Nijhoff Publishers, 2009, p. 114.

[3] 江山、黄勇："论中国企业联营的经营者集中控制"，载《法学杂志》2012 年第 10 期。

笔者支持将航运联营中固定价格、协同产出内容在性质视为是辅助性或从属性的理论学说,因此主张无须对联营中固定价格、协同产出内容独立进行反竞争效果评估,而应当将整个航运联营视为一个整体进行反竞争效果评估。这是因为如果直接按照垄断协议规制制度将航运联营中涉及运价固定、产出协同的内容视为严重违反竞争的卡特尔协议而予以禁止,就会从根本上否定航运联营在竞争法下的存在,使不定期租船市场中的航运经营者失去通过联合寻求发展的机会。另一个理由在于,因为航运联营协议涉及固定价格、协同产出的内容而直接禁止联营会导致松散的协议形式联营比紧密的组织形式联营受到更严的反垄断法规制处罚,会导致反垄断法律制度的不合理适用。实际上,整体评估航运联营限制竞争效果的观点也得到欧盟竞争法的支持。在欧盟《关于横向合作协议适用〈欧盟运行条约〉第101条的指南》中,生产型协议(production agreement)和生产型合营(production joint venture)下从事的销售所生产的产品并为销售产品进行统一定价的行为,不适用禁止固定价格协议制度和禁止限制产出制度,而应当在相关市场上综合考虑整个生产型协议的限制竞争效果。[1] 当然,在对航运联营限制竞争效果进行总体性评估时除了对联营所可能存在的固定价格、协同产出内容予以考虑外,还需要综合考察联营终止条款、联营退出限制机制[2]、船舶搁置条款[3]对于竞争所可能产生的限制作用,以及结合市场结构特征考察航运联营中敏感技术和商业信息交换对于联营限制竞争作用的影响。

(二)租船市场竞争规制的比较法考察

由于一直认为不定期租船市场高度竞争,运费率自由协商,经营者和消

---

〔1〕 See European Commission, Guidelines on the applicability of Article 101 of the Treaty on the Functioning of the European Union to horizontal co-operation agreements, OJ C 11, 14. 1. 2011, para. 155.

〔2〕 航运联营往往对于成员撤船和退出联营附加提前通知的期限要求,参见 Yvonne Baatz et al., ed., Maritime Law (3rd ed.), New York: Informa Law from Routledge, p. 512。

〔3〕 See Filippo Lorenzon and Renato Nazzini, *Setting Sail on a Sea of Doubt: Tramp Shipping Pools, Competition Law and the Noble Quest for Certainty*, in *Competition and Regulation in Shipping and Shipping Related Industries* (Antonis Antapassis et al. eds.), Leiden: Martinus Nijhoff Publishers, 2009, p. 100.

费者实力相当,因此无论是主权国家海运竞争立法还是国际海运竞争立法一直以来都不特别规制租船市场的垄断与限制竞争问题。直到2006年欧盟改革其海运竞争法,将一般性竞争法律规则适用于不定期租船运输,才引发国际社会对于租船市场竞争监管的重视。[1] 欧盟1986年颁布了第4056号条例,赋予了班轮公会反垄断的整体豁免(block exemption),同时排除了欧盟竞争法规则对于不定期租船市场的规制。[2] 因此按照第4056/86号条例,不定期租船市场的限制竞争规制不是由欧盟负责,而是由欧盟成员国各自负责。[3] 2004年欧盟《对第4056/86号条例评议》的白皮书中开始反思将不定期租船运输市场中航运经营者的合作排除在竞争规则之外是否合适的问题。[4] 欧盟理事会在2006年颁布了第1419号条例来废止第4056/86号条例。[5] 第4056/86号条例废止后,欧盟一般竞争法规则,即第1/2003号条例[6]和第773/2004号条例[7]从2006年10月18日起适用于不定期租船运输服务。而且在2008年欧盟颁布的《有关海上运输适用欧共体条约第81条的指南》中还特别指出了如何在不定期租船市场适用欧盟一般性竞争法规则的具体操作细则。[8] 但遗憾的是,该指南重点说明了不定期租船

[1] See Francesco Munari, *Liner Shipping and Antitrust after the Repeal of Regulation* 4056/86, Lloyd's Maritime and Commercial Law Quarterly, 2009, p. 43.

[2] See Council Regulation (EEC) No. 4056/86 of 22 December 1986 laying down detailed rules for the application of Articles 85 and 86 of the Treaty to maritime transport, OJ L 378, 31. 12. 1986.

[3] See Lia I. Athanassiou, *Competition in Liner and Tramp Maritime Transport Services: Uniform Regulation, Divergent Application?*, in *Competition and Regulation in Shipping and Shipping Related Industries* (Antonis Antapassis et al. eds.), Leiden: Martinus Nijhoff Publishers, 2009, p. 71.

[4] European Commission, White Paper on the Review of Regulation 4056/86, Applying the EC Competition Rules to Maritime Transport, COM (2004) 675 final, Brussels, Oct. 13, 2004, p. 8, para. 25.

[5] Council Regulation (EC) No. 1419/2006 of 25 September 2006 repealing Regulation (EEC) No. 4056/86 laying down detailed rules for the application of Articles 85 and 86 of the Treaty to maritime transport, and amending Regulation (EC) No. 1/2003 as regards the extension of its scope to include cabotage and international tramp services, OJ L 269, 28. 9. 2006.

[6] Council Regulation (EC) No. 1/2003 of 16 December 2002 on the implementation of the rules on competition laid down in Articles 81 and 82 of the Treaty, OJ L 1, 4. 1. 2003.

[7] Commission Regulation (EC) No. 773/2004 of 7 April 2004 relating to the conduct of proceedings by the Commission pursuant to Articles 81 and 82 of the Treaty, OJ L 123/18, 27. 4. 2004.

[8] European Commission Guidelines on the application of Article 81 of the EC Treaty to maritime transport services, OJ C 245/2, 26. 9. 2008.

市场的相关市场界定标准，但对于不定期租船市场中最重要的联合形式航运联营，欧盟委员会仅指出其特点为“共同销售，附加共同生产”，[1]但是对于如何评估航运联营协议的反竞争效果以及如何适用竞争规制豁免的问题，欧盟委员会主张以个案为基础进行分析的观点[2]显然无益于实践问题的解决。因此，欧盟航运竞争的专家学者们对于不定期租船市场中航运联营的竞争规制问题观点各异，有学者主张对航运联营直接“推定具有竞争法下的合法性”（presumption of legality），除非异议一方提出证据证明航运联营不符合欧盟竞争法垄断协议的豁免要件。[3] 但也有学者则认为航运联营如何适用欧盟竞争法取决于联营在性质上是一般性商业联营（commercialization agreement）还是生产型联营（production agreement），前者适用垄断协议规制制度，而后者不适用垄断协议规制制度。界分商业联营和生产型联营的标准在于联营合作的目的以及联营合作中各项合作内容的整合程度。[4] 可见，《有关海上运输适用欧共体条约第 81 条的指南》不但没有澄清问题，学理上观点各异的多种解释又进一步增加了分歧，因此当《有关海上运输适用欧共体条约第 81 条的指南》在 2013 年到期之后欧盟委员会为了防止航运业的解释构成对于一般竞争法规则适用的背离与分歧，决定终止该指南，[5]统一适用《关于横向合作协议适用〈欧盟运行条约〉第 101 条的指南》[6]来处理包括海运业在内的竞争法问题。

---

〔1〕 European Commission Guidelines on the application of Article 81 of the EC Treaty to maritime transport services, OJ C 245/2, 26. 9. 2008. , para. 62.

〔2〕 European Commission Guidelines on the application of Article 81 of the EC Treaty to maritime transport services, OJ C 245/2, 26. 9. 2008. , para. 62.

〔3〕 See Filippo Lorenzon and Renato Nazzini, *Setting Sail on a Sea of Doubt: Tramp Shipping Pools, Competition Law and the Noble Quest for Certainty*, in *Competition and Regulation in Shipping and Shipping Related Industries* (Antonis Antapassis et al. eds.), Leiden: Martinus Nijhoff Publishers, 2009, p. 116.

〔4〕 See Nikolaosx Koukos, *EC Competition Law in the Tramp Shipping Sector*, Master Thesis, University of Oslo, 2009, available at https://www.duo.uio.no/bitstream/handle/10852/22858/trampxfinal-NikolaosxKoukos.pdf? sequence=1, p. 49.

〔5〕 See European Commission, Press Release, Commission decides not to prolong maritime transport antitrust guidelines, Feb. 19, 2013, http://europa.eu/rapid/press-release_IP-13-122_en.htm.

〔6〕 European Commission, Guidelines on the applicability of Article 101 of the Treaty on the Functioning of the European Union to horizontal co-operation agreements, OJ C 11, 14. 1. 2011.

美国反托拉斯法中无论是成文法制度还是判例法制度都不存在豁免不定期租船市场反托拉斯规制的规则。但是美国航运法却对班轮运输市场差别以待,特别赋予班轮公会协议反托拉斯豁免,只要班轮公会协议已经预先向联邦海事委员会进行报备,则享有反托拉斯法的豁免。可见,美国法下将班轮运输业视为管制产业,反托拉斯监管要让位于产业监管机构的监管,[1]但是租船市场则不属于管制产业,也不享有反托拉斯监管上的任何特别待遇。因此,需要依据反托拉斯规则判定租船市场中的航运联营是否合法。《谢尔曼法》第1条规定:"任何限制州际间或与外国之间的贸易或商业的契约,以托拉斯形式或其他形式的联合,或共谋,都是非法的。"航运联营往往符合该条规定的经营者联合、限制竞争、影响与外国之间的贸易三个要件。美国最高法院在判例法制度中适用本身违法原则(per se rule)和合理原则(rule of reason)判定联合协议的竞争合法性。虽然航运联营中可能涉及固定价格、协同产出的内容,本应适用本身违法判断,但是由于航运联营并不以固定价格、协同产出为唯一的行为目的和合作内容,甚至在某种程度上价格和运力供给的安排仅是航运联营合作的辅助性手段,而且由于联营在很多时候往往具有竞争促进效果,因此很可能要适用合理原则而不是本身违法原则进行判断。[2]

日本和澳大利亚法一般允许航运经营者参与航运联营。日本认可联营协议的竞争促进效果,因此只要联营参与方在联营前向国土交通省进行符合要求的报备,则一般可以自由缔结联营协议或者参与联营体。[3] 日本《海运法》允许航运经营者之间订立有关运费率、附加费、运输条件、航线、船

---

[1] See Phillip E. Areeda, *Antitrust Laws and Public Utility Regulation*, 9 Antitrust Law and Economics, 1978, p. 481.

[2] See Fearnley Consultants AS et al., *Legal and Economic Analysis of Tramp Maritime Services*, EU Report COMP/2006/D2/002, Feb. 22, 2007, available at http://ec.europa.eu/competition/sectors/transport/reports/tramp_report.pdf, p. 398.

[3] See Marjorie Holmes and Heiko Koch, *Shipping Pools*, ReedSmith Richards Butler LLPs, Jul. 2007, available at http://m.reedsmith.com/files/Publication/f455a72e-aaf7-4d48-9142-1aa34f5a5747/Presentation/PublicationAttachment/1590de69-9f0b-4c35-8f1e-65e02e636861/shipping_pools.pdf.

舶调配、货物装卸的协议,并且此类协议可以获得反垄断豁免。[1] 由于该条文并未说明仅适用于班轮运输经营者之间的协议,因此不定期租船航运经营者的联合协议适用该条款,可以享有反垄断豁免。但是如果存在证据表明航运经营者之间的协议构成不公平贸易行为,或者限制竞争行为将不正当地侵害消费者利益,则不得豁免。[2] 1982 年日本公平贸易委员会发布通知,将航运经营者之间的联合拒绝交易、歧视性定价、歧视性运输条件、不合理低价销售、不合理高价购买、欺骗和误导消费者行为、搭售、排他交易、转售价格维持、附限制条件交易、滥用市场支配地位、干扰竞争企业交易、干预竞争企业的内部运营界定为"不公平贸易行为"。[3] 如果航运联合协议涉及上述不公平贸易行为,航运经营者要获得反垄断豁免就必须在缔结协议时预先向国土交通省进行符合要求的报备。在澳大利亚竞争法下,尽管不定期租船市场中的垄断问题不适用《竞争与消费者法》第十章"国际班轮货物运输"的竞争规制豁免,但是根据第七章的规定,租船运输经营者可以向澳大利亚竞争与消费者委员会(Australian Competition and Consumer Commission)寻求批准航运联营,[4]如果航运联营获得批准则可以豁免适用卡特尔规制制度。[5] 协议能否获得批准取决于是否符合"公益标准"(public benefit test)。澳大利亚判例法制度显示,如果通过联营协议提升经济效率,实现经营者信息交换的需求的确需要优于公众因为联营限制竞争而受到的利益损害而予以保护,那么联营就一般会被批准。[6] 虽然这一判例法标准不是针对租船市场航运联营的专门判决,但是有学者主张航运联营在寻求批准时

---

[1] See Japanese Marine Transport Law, Law No. 1949/187, amended lastly by Law No. 2006/19, art. 28.

[2] See Japanese Marine Transport Law, Law No. 1949/187, amended lastly by Law No. 2006/19, art. 28.

[3] See Japanese Fair Trade Commission Notification No. 15 of 1982 on the "Designation of Unfair Trade Practices", Jun. 10, 1982.

[4] See Australia Competition and Consumer Act of 2010, section 88.

[5] See Australia Competition and Consumer Act of 2010, section 44.

[6] See Australian Competition and Consumer Commission (ACCC), ACCC Final Determination of Application for the Authorisation by Port Waratah Services Ltd. in respect of Proposed Capacity Distribution System Authorisation No. A90906, A90907, A90908, 2004.

可以参照适用该判例法标准。[1] 日本和澳大利亚的豁免不同在于,日本的豁免可谓是租船市场的反垄断整体豁免,澳大利亚则与欧盟一样是一般竞争法下的单独豁免。

通过比较法研究可以发现,对于不定期租船市场的垄断规制问题,国际立法鲜有关注,而主要由主权国家各自立法。在主权国家的立法中,航运立法也较少涉及租船市场的垄断规制,而主要适用一般性竞争法规则。这一立法体例特征与长期以来班轮运输与租船运输法律规制体系的二元论划分相关,航运产业立法一般仅将班轮运输业视为管制产业,而将不定期租船运输业视为自由竞争产业,因此更多依靠竞争治理而非产业治理。因为不存在类似于班轮运输产业从产业特殊性视角出发而构建的特殊化竞争规制制度,不定期租船市场的垄断问题特别是航运联营往往不能直接豁免竞争规制,只有当其符合单独豁免的实体性和程序性要求时,才能在竞争法下豁免其限制竞争可罚性。

(三)租船市场竞争规制制度设计中的利益协调与制度统合

合理评价租船市场中航运经营者之间联合所可能具有的限制竞争效果,并在此基础上构建适当的竞争监管规则,需要结合不定期租船市场的市场结构特征权衡航运经营者联合的竞争抑制与效率促进效果,探讨联合是增进抑或减损市场消费者承租人的福利,也需要有效协调班轮运输业与租船运输业法律规制体系的二元论划分。

1. 竞争抑制与效率促进之间的权衡

如前所述,不定期租船市场中航运经营者的联合特别是航运联营既具有竞争抑制效果,又具有提升运营效率、节约运营成本、促进规模经济的效果,因此很难直接得出这种联合是增加还是减损消费者福利的结论,这无疑给联合行为的竞争法规制制度的设计和实施带来了难题。有学者举例说明

---

〔1〕 See Fearnley Consultants AS et al. ,*Legal and Economic Analysis of Tramp Maritime Services*, EU Report COMP/2006/D2/002, Feb. 22, 2007, available at http://ec. europa. eu/competition/sectors/transport/reports/tramp_report. pdf, p. 398.

了这一问题：假定跨大西洋干散货市场的市场集中程度较低，每个经营者的市场份额都不超过8%，只有几个经营者的市场份额超过4%，一些小船东组成了市场占有率为4%的航运联营，此时航运联营不但不会损害市场消费者承租人利益，还反而会促进市场竞争，正是因为航运联营，小船东才得以通过联合取得可以和大型船东相抗衡的竞争条件。在这个意义上，航运联营即便抑制了联营成员之间的竞争，但是对于联营外部市场环境而言则非但没有限制竞争，反而既提升效率又促进了市场竞争。[1] 有关不定期租船市场结构的调查研究实际上支持了上述案例假设，研究显示，在这一市场上约有4800家航运企业，其中只有4家航运企业的船舶数量超过300艘（拥有6%的市场份额），而平均每家航运企业的船舶数量为5艘。[2] 因此，评估航运联营协议对于消费者福利的影响必须结合市场结构和联营体的市场份额进行分析，或许在未来立法时可以考虑以市场份额附加禁止性行为为限定条件，推定不定期租船市场中航运联营符合反垄断豁免的构成要件。同时，允许消费者或其他异议人举证证明航运联营侵害其合法权益，减损消费者福利，或者证明航运联营不具有效率提升、技术革新作用，而只是以联营形式掩盖限制竞争之目的，从而推翻航运联营的反垄断豁免推定。通过市场结构条件限制、举证责任倒置的制度设计在航运竞争立法中平衡航运联营的竞争抑制与竞争促进效果。

2. 班轮运输业与租船运输业区隔化竞争规制体系的协调统合

由于一直认为班轮运输具有特殊的产业属性和市场结构，因此班轮公会享有反垄断整体豁免，班轮运输产业也长期以来都被排除在一般竞争法的规制框架之外。但是不定期租船市场则被视为是不具有特殊化产业属性的完全竞争产业，因此与其他非管制产业一样受到一般竞争法规则的约束。

---

〔1〕 See Filippo Lorenzon and Renato Nazzini, *Setting Sail on a Sea of Doubt*: *Tramp Shipping Pools*, *Competition Law and the Noble Quest for Certainty*, in *Competition and Regulation in Shipping and Shipping Related Industries* (Antonis Antapassis et al. eds.), Leiden: Martinus Nijhoff Publishers, 2009, p. 110.

〔2〕 See Proshanto K. Mukherjee and Mark Brownrigg, *Farthing on International Shipping* (*4th ed.*), Berlin, Heidelberg: Springer, 2013, p. 160.

这导致了班轮运输与租船运输法律规制体系的二元论划分，也人为地区隔了班轮运输与租船运输市场的竞争治理。随着欧盟取消班轮公会反垄断整体豁免的法律变革，国际社会开始反思豁免班轮运输业竞争规制的必要性，出现了将一般竞争法规则适用于班轮运输业的发展趋势。实际上，国际社会法律变革、航运市场结构变迁、消费者福利减损、产业比较视域下的差别待遇无疑都对班轮运输行业整体豁免理论提出挑战。从产业政策与竞争规制协调视野来看，豁免班轮运输产业的垄断未必是鼓励航运业发展的最优选择。在此背景下，可以考虑通过竞争法律制度协调统合长期以来实施区隔化法律治理的班轮运输业与租船运输业，将二者统一适用一般化竞争规则下的单独豁免制度。在单独豁免制度下，租船中的航运联营和班轮运输中的联营在竞争抑制、效率提升、消费者福利影响方面都具有较大共性，而且由于这二者一般往往符合单独豁免的要件，因此制定一元论的航运竞争规则是较为可行的做法，以市场份额附加禁止性行为为限定条件给予豁免推定，同时允许异议人提出证据推翻豁免。

六、小结：强化集中度的班轮运输与开始被纳入竞争规制的租船运输

随着经济全球化对于能满足全球化经济贸易需求的大型航运经营者的要求，只有那些“钱袋最富”的航运经营者才能生存，所以班轮运输市场出现了集中度不断加强的趋势，世界前 20 大集装箱班轮运输公司几乎占有了近 80%的市场份额。而且，这些大型集装箱班轮运输公司又通过加入班轮公会的方式实现公会协议下的联合经营。但是由于各国通过航运立法加强了对于班轮公会的竞争法规制，在很大程度上限制了班轮公会的行动权以及对于公会成员的控制权，极大地削弱了班轮公会的权力结构，使班轮公会对于班轮运输市场的控制力有所折扣。

随着法律制度削弱了班轮公会的市场力量，一系列其他形式的国际航运组织相继出现。由于非公会船舶数量激增导致班轮公会无法有效控制市场上的运力，也由于以美国为代表的海运法强制要求班轮公会采用开放形式，班轮公会不得不开始尝试与会外航运公司之间缔结航线稳定协议或者运价协商协

议,通过采用冻结与封存运力的运力控制手段起到稳定市场的作用。虽然目前来讲并没有对于此类航运组织形式的国际范围内较为统一的规定,但是这类航运稳定协议组织或者运价协商协议组织实际上可能形成比班轮公会作用范围更为广泛的航运联盟,因此引起了国际社会在其竞争规制制度上的广泛讨论,特别是有关航运协商协议是否应当享有班轮公会反垄断豁免的争论。这一争论的根源在于航运协商协议在垄断性质上可能存在的矛盾:一方面,航运协商协议将班轮公会与非公会航运经营者联合在一起,在更广的范围内限制了国际航运市场的竞争;但是另外一方面,航运协商协议这种联合形式不采用共同或者统一运费率机制,而且对于协议成员的联合又不如班轮公会紧密,因此对于竞争的限制又在一定程度上被弱化。强化反竞争效果和弱化反竞争效果的同时存在使得如何规制航运协商协议组织的垄断成为难题。

除了航运协商协议组织,航运联营和航运联盟的存在也强化了国际班轮运输市场的集中度。航运联营的效率提升、规模经济效应与其潜在的限制竞争效果形成了冲突,这种冲突也为航运联营的反垄断法规制提出了难题。

国际班轮运输市场集中度强化的又一原因在于国际海运业的兼并热潮。航运市场的并购不仅因为其强化市场竞争而引发争议,更重要的在于航运业的国际性为并购带来了市场开放与国家管制如何平衡,产业政策与竞争政策如何协调,反垄断执法如何既保护我国航运企业利益又不构成内外有别、选择性执法的贸易保护主义做法,航运央企的整合重组如何摆脱国家资本主义下政府对于市场的干预等一系列问题。

国际班轮运输市场集中度的强化无疑进入了法律制定者的视野。经济合作与发展组织在2002年名为《班轮运输的竞争政策》的最终报告中指出,目前由于大型化航运经营者不断提高的市场份额而导致的"绝对市场集中"(absolute concentration),与大型航运经营者通过联合而导致的"相对市场集中"(relative concentration)均不断加强。[1] 在这样的宏观背景下,赋予班轮

〔1〕 See Organisation for Economic Co-operation and Development (OECD), *Final Report on Competition Policy in Liner Shipping*, DSTI/DOT (Directorate for Science, Technology and Industry/Division of Transport), Apr. 16, 2002, p. 28.

公会以及航运联盟的反垄断豁免特权的合理性必然受到质疑，允许反垄断豁免只会让本已强化集中度的市场结构向更为集中的方向发展。航运反垄断豁免制度的未来立法走向是目前航运竞争法律领域最为敏感和核心的问题。航运反垄断豁免制度被视为航运产业政策与竞争规制融合与协调的交汇点，决定着反垄断法意义上非可责难性航运反竞争行为的范畴与边界。以历史成因、行业特性说、经济利益说为理论依据的航运业整体性豁免论认为豁免国际航运业竞争规制能够防止航运市场恶性竞争、提升规模经济、促进我国航运业发展。然而国际社会法律变革、航运市场结构变迁、消费者福利减损、产业比较视域下的差别待遇无疑对传统航运业行业整体豁免理论提出挑战。从产业政策与竞争规制协调视野来看，豁免垄断未必是鼓励航运业发展的最优选择。在否定航运业行业整体性反垄断豁免基础上可以按照对竞争的负面影响程度及效率标准有区别地建构多元化阶梯式航运垄断协议豁免体系。全球化承运人电子信息交换系统[1]亦可以替代班轮公会的组织形式以更为松散的合作模式实现国际航运资源的协调配置。

同时值得注意的是，近年来不定期租船市场航运经营者之间的合作不断加强，这一发展趋势使长久以来建立在市场主体力量对比和商业安排自由化基础上不介入租船市场的法律现状正随着欧盟海运竞争法的变革被打破，国际社会开始反思区分班轮运输与租船运输分别规制带来的法律双轨制与碎片化问题，探索国际航运市场竞争规制一体化规则的构建。合理评价租船市场中航运经营者之间联合所可能具有的限制竞争效果，并在此基础上构建适当的竞争监管规则，需要结合不定期租船市场的市场结构特征权衡航运经营者联合的竞争抑制与效率促进效果，也需要有效协调统合班轮运输业与租船运输业法律规制体系的二元论划分。

---

[1] See Peter Marlow and Rawindaran Nair, *Liner Shipping and Information Exchange: A European Perspective*, 30 Marine Policy, 2006, p. 684.

CHAPTER 03> 第三章

国际社会规制航运业垄断问题的法律规范

从1875年世界上第一个班轮公会——加尔各答班轮公会诞生之日起，班轮公会具有卡特尔性质的协议就为该航线上的国家所允许或默认，并且这种允许和默认迅速延伸至世界主要贸易航线上的国家。有学者将1875年班轮公会诞生到1998年的100年时间称为班轮公会的“反垄断豁免世纪”。[1] 航运经营者一直坚持由于航运市场自身的特点，如果不进行运力控制与价格协同，恐怕难以避免地会发生像19世纪末期时那样的恶性竞争，班轮公会与国际航运联盟的存在可以帮助航运经营者面对班轮运输市场供需失衡，避免恶性竞争，因此班轮公会的存在不但具有合理性，托运人也因为班轮公会与航运联盟的存在得以享有稳定的货物运输服务。[2] 但是，航运市场消费者却似乎并不这么认为。在托运人看来，航运经营者的价格固定与运力控制实际上是对于市场操纵力的滥用，而且协定的价格也往往高于完全竞争市场条件下的运价，因此航运经营者在密谋价格歧视行为并进行垄断市场的操作，这会减损消费者福利。因此，托运人呼吁政府介入对国际航运市场的运力控制与运价协议予以规制以保护托运人权益。然而，几乎各国的国内立法却还是都确立了对于班轮公会的反垄断豁免制度，

[1] See Sock Yong Phang, *Competition Law and the International Transport Sectors*, 5 Competition Law Review, 2009, p. 194.

[2] See Organisation for Economic Co-operation and Development (OECD), *Final Report on Competition Policy in Liner Shipping*, DSTI/DOT (Directorate for Science, Technology and Industry/Division of Transport), Apr. 16, 2002, pp. 18-19.

将国际航运市场中经营者的运力控制与运价固定的行为排除在反垄断法的适用范畴之外。[1] 经济合作与发展组织指出，虽然经济合作与发展组织成员国一直在对航运经营者之间的运力控制与固定价格协议进行论证，但是至少澳大利亚、加拿大、日本与美国四个经济合作与发展组织成员国在对班轮运输市场竞争政策进行评估之后加强了对于班轮公会的规制，但是这四个国家都没有取消其国内法中的班轮公会反垄断整体豁免特权。[2] 实际上，边际成本小、需求弹性小、供给刚性的特点使国际航运市场的竞争异常激烈且颇具破坏性，而班轮公会通过在其航运公司成员之间采用共同运价、统一运输条件、运费公摊等方式，来防止成员之间的恶性竞争以维持成员航运公司的高额利润。这也就产生了通过维持垄断促进航运业的发展与通过抵制垄断、鼓励竞争促进航运业发展之间的悖论。因此，主权国家国内立法以及国际组织的有关法律虽然对班轮公会的反竞争行为进行介入，但介入程度往往都比较有限，也几乎都倾向于赋予班轮公会反垄断豁免特权。

但是随着对于运营效率以及规模经济的追求，航运企业通过兼并收购与航运联盟壮大实力的发展趋势不断增强，这种趋势也在一定程度上影响着航运反垄断法律制度的新走向，像美国、加拿大、澳大利亚的航运竞争法律规制体系就随着航运市场趋势的变化而呈现加强反垄断管制的趋势。[3] 美国从《1984 年航运法》就开始采取措施促进航运市场的竞争，确立了班轮公会成员的独立行动权，而且又通过《1998 年航运改革法》进一步促进竞争。针对美国《1998 年航运改革法》的出台，加拿大也开始重新评议其航运市场竞争规则，于 2001 年修订《班轮公会豁免法》(Shipping Conferences Exemption Act，SCEA)时加入了与美国法相类似的规定。澳大利亚也着手

---

〔1〕 See Organisation for Economic Co-operation and Development (OECD), *Final Report on Competition Policy in Liner Shipping*, DSTI/DOT (Directorate for Science, Technology and Industry/Division of Transport), Apr. 16, 2002, p. 19.

〔2〕 See Organisation for Economic Co-operation and Development (OECD), *Final Report on Competition Policy in Liner Shipping*, DSTI/DOT (Directorate for Science, Technology and Industry/Division of Transport), Apr. 16, 2002, p. 19.

〔3〕 ICF Consulting, *Economic Assistance Study on Liner Shipping* (*Revised Final Report*), prepared for Directorate General for Energy and Transport European Commission, May, 2005, p. 7.

修改《1974年贸易行为法》(Trade Practices Act 1974)第十章"国际班轮货物运输"中的规则[1]以提升航运市场竞争程度。[2] 更值得一提的是,欧盟在2006年颁布了第1419号条例废止了第4056/86号条例所赋予班轮公会的反垄断整体豁免,从而引发国际社会是否要废除对于班轮公会反垄断整体豁免的重大争议。

总体而言,国际社会有关班轮公会反垄断规制的立法演进体现出由允许反垄断豁免到对豁免施以严格条件限制再到废除豁免的整体演进趋势。有学者从新制度经济学中的制度变迁理论[3]入手,检视了班轮公会等国际航运组织结构变迁与主权国家管制性立法和国际规范之间的互动关系,指出:班轮公会是航运经营者为了应对19世纪末运力过剩危机而自发产生的组织形式,班轮公会及其内部限制竞争协议均属于"诱致性制度变迁",但是班轮公会由封闭式向开放式转变及其对于垄断行为的自我限制则属于"强制性制度变迁"。这是因为美国反托拉斯法禁止卡特尔及垄断化行为,所以出现了这种成员自由度极大和限制竞争程度较低的开放式公会,以此取代在美国对外贸易航线上营运的封闭式公会。此外,许多其他国家制定的诸多约束班轮公会行为的法律制度也在很大程度上引入了竞争机制并约束了公会的垄断行为。这些政府颁行的法律制度在很大程度上重塑了班轮公会的组织结构与行为模式,因此属于在班轮公会外部自外而内推动其变迁的强制性变迁。[4] 延循着这种国际航运组织结构变迁与主权国家管制性立法和国际规范之间的互动关系,本章通过论述各国对于航运业垄断问题的规制法律制度,试图以一种比较法的视角呈现出目前以欧盟和美国为代表的不同的航运竞争法律制度之雏形。分析各国家和地区国际航运法律体系及其制度变革的背景、动因以及变革前后的具体内容将有助于把握中国未

---

[1] 现在的《竞争与消费者法》第十章"国际班轮货物运输"部分。

[2] ICF Consulting, *Economic Assistance Study on Liner Shipping* (*Revised Final Report*), prepared for Directorate General for Energy and Transport European Commission, May, 2005, p. 7.

[3] See Justin Yifu Lin, *An Economic Theory of Institutional Change: Induced and Imposed Change*, 9 CATO Journal, 1989, pp. 1-33.

[4] 陈继红、王学锋:"国际航运协议组织的制度变迁分析",载《集装箱化》2005年第1期。

来航运竞争规则构建的总体架构与具体规则设计。

第一节 早期国际社会针对班轮公会的法律规制

早期关于国际航运市场垄断问题的争议往往围绕班轮公会展开。班轮公会组织虽然以便利成员船公司,为托运人提供更为稳定的船期服务,确保运价的合理程度为成立初衷,但是其是否已经发展成了一个敲诈托运人的恶意垄断性组织,是19世纪末到20世纪初班轮公会面临的最大争议。1897年一本名为《大英帝国的贸易与来自于外国的竞争》(*The Trade of the British Empire and Foreign Competition*)的书中就认为班轮公会采用的按照货物价值收取从价运费率的做法正在损害英国的贸易。[1] 1899年英国铁矿石贸易协会(The British Iron Trade Association)通知英国贸易委员会班轮公会所实施的从价运费做法所具有的负面影响,因此引发了这一时期英国殖民贸易部门对于班轮公会垄断问题的质询与调查,并且于1902年班轮公会垄断问题被正式提交到英国国会进行调查。[2] 同一时期,澳大利亚和新西兰也对班轮公会的延期折扣制度展开调查,1906年澳大利亚皇家委员会认为这种行为非法。[3] 1906年英国商会也抗议航运公司的延期折扣制度,并对从英国运输货物远高于美国运输的运费率表示不满。而此时,美国的托运人也开始对不断强势的航运公司表达不满。[4] 因此,英国和美国最先对班轮运输市场的垄断问题展开调查。

---

〔1〕 See Daniel Marx Jr., *International Shipping Cartels: A Study of Industrial Self-Regulation by Shipping Conferences*, Princeton: Princeton University Press, 1953, p. 48.

〔2〕 See Daniel Marx Jr., *International Shipping Cartels: A Study of Industrial Self-Regulation by Shipping Conferences*, Princeton: Princeton University Press, 1953, p. 48.

〔3〕 See Daniel Marx Jr., *International Shipping Cartels: A Study of Industrial Self-Regulation by Shipping Conferences*, Princeton: Princeton University Press, 1953, p. 48.

〔4〕 See Daniel Marx Jr., *International Shipping Cartels: A Study of Industrial Self-Regulation by Shipping Conferences*, Princeton: Princeton University Press, 1953, pp. 48-49.

一、英美早期有关班轮公会的判例

(一)英国 Mogul 案

Mogul 案是 19 世纪的一个著名案件,发生在 Mogul 航运公司(The Mogul Steamship Co., Mogul)与中日贸易航运公会(Agreement for the Working of the China and Japan Trade,以下简称班轮公会)成员之间。[1] 中日贸易航运公会就是后来著名的远东班轮公会(FEFC)的前身。Mogul 案被视为英国普通法中规制垄断行为的里程碑式判例,围绕这一案例存在众多学者评论与著述。[2]

1879 年,从事英国至中国贸易运输的几家航运经营者成立了名为"中日贸易航运公会"的班轮公会来协同在中英航线上的运价,目的是通过排挤其他竞争者来增加利润,同时这一班轮公会采用了 5% 比例的运费延期折扣来确保托运人将货物交给公会船舶运送。[3] 原告 Mogul 航运公司成立于 1883 年,是一家不属于该公会的独立航运经营者,主要从事澳大利亚航线的货物运输。[4] 1884 年,Mogul 接受公会成员公司的委托授权按照班轮公会的运输条件运营两艘从汉口至伦敦的运茶船。几个月后,Mogul 要求加入班轮公会,按照与公会其他会员同等的条件进行运输,并威胁到如果不被接受加入公会,则其将以低于公会的运价条件进行运输。公会拒绝了 Mogul 的入会请求,因此 Mogul 开始实施上述威胁,以低运价进行运输。作为对于 Mogul 低运价的回应,班轮公会采取了两个措施:第一,公会首先发表了一个

---

〔1〕 Mogul Steamship Co. v. McGregor, Gour and Co. et al., [1889] 23 Q. B. D. 598, affirmed in the House of Lords [1892] A. C. 25.

〔2〕 See e. g. Amos Herman, *Shipping Conferences*, Deventer: Kluwer Law and Taxation Publisher, 1983, pp. 8-9; Eric Jennings, *Cargoes: A Centenary Story of the Far Eastern Freight Conference*, Singapore: Meridian Communications, 1980, p. 31.

〔3〕 See B. S. Yamey, *Predatory Price Cutting: Notes and Comments*, 15 Journal of Law and Economics, 1972, p. 138.

〔4〕 See B. S. Yamey, *Predatory Price Cutting: Notes and Comments*, 15 Journal of Law and Economics, 1972, p. 138.

通告,通告中特别强调运费延期折扣仅适用于那些对班轮公会保持忠诚,将货物排他性地交给公会成员进行运输的托运人,任何采用 Mogul 运输的进口商与出口商都将丧失获得运费延期折扣的权利;第二,公会成员公司联合派船至那些 Mogul 从事运输的港口,不惜一切代价抢夺货源以防止货源被 Mogul 获得,试图将 Mogul 排挤出中国至英国的茶叶运输市场。尽管 Mogul 已经采用了低于公会的运价,但是这些公会成员派来的船舶则采用比 Mogul 更低的运价,迫使 Mogul 只能将运价降得更低。与此同时,公会中未被派来的船舶则仍然采用公会运价,而此次与 Mogul 竞争所带来的竞争成本则由公会所有会员分摊。因此,这是世界上第一个涉及使用“战斗船”(fighting ships)的案例。[1]

1885 年,Mogul 向英国法院提起诉讼,希望班轮公会停止对使用 Mogul 船舶进行运输的托运人拒绝支付运费延期折扣的行为,但并未获得法院支持。1887 年,Mogul 再次向法院提起诉讼,理由则是公会成员共谋阻碍独立航运经营者从事扬子江港口至伦敦线的货物运输,并且贿赂、胁迫、引诱托运人联合抵制 Mogul 的船舶,因此公会行为违反了公共政策(public policy),但是 Mogul 的诉讼请求仍然没有得到法院支持。[2] Mogul 将案件上诉至上诉法院(Court of Appeals),上诉法院却并未支持 Mogul 的诉讼请求,而是判决班轮公会行为合法。鲍恩(Bowen)大法官从原被告双方权利衡平的视角阐述了判决理由:“本案中存在两种法律权利的冲突,一种是原告从事贸易行为的合法权利,另一种是被告在不损害他人权益的情况下以最有利于自己的方式从事商业行为的权利。”“自由从事贸易的权利虽然是为法律承认和保护的权利,但是这一权利并不赋予权利人优于他人的特殊地位。任何人在商业行为中不得以欺诈、虚假陈述等方式侵犯他人权利,也禁止实施胁迫、妨害、侵扰的行为,这些禁止性规定同样适用于国际商业行

---

〔1〕 See Luis Ortiz Blanco, *Shipping Conferences under EC Antitrust Law: Criticism of a Legal Paradox* (Andrew Read trans.), Oxford, Portland: Hart Publishing, 2007, p. 20.

〔2〕 See Luis Ortiz Blanco, *Shipping Conferences under EC Antitrust Law: Criticism of a Legal Paradox* (Andrew Read trans.), Oxford, Portland: Hart Publishing, 2007, p. 21.

为。但是被告的行为不属于上述禁止性行为中的任何一种,被告仅仅只是为了保护自己合法的贸易权利而选择以一种较为残酷的方式终结与原告之间的竞争战。"[1]班轮公会的行为是为了实现合法目的,即保护和增加班轮公会利润,并且班轮公会也并未采用任何非法手段实现该合法目的,仅仅采用更优惠消费者的贸易条件来进行商业竞争并不构成对于竞争对手贸易自由权利的限制,因此 Mogul 的诉讼请求不能获得支持。[2]

1891 年,Mogul 将案件上诉至英国上议院(House of Lords)。案件的争议焦点在于,为了与其他竞争者竞争而缔结价格同盟并且为了控制货源而降低价格是否构成不公平竞争?英国上议院维持了上诉法院的判决,分别从侵权和不公平竞争视角给出了判决理由:

在侵权视角下,无正当理由故意实施损害他人财产权或贸易权的侵权行为是可以被提起诉讼的可诉行为。被告的行为属于国际性行为,并且对原告的贸易权利造成了损害。但是,认定被告行为是否违法取决于被告的行为是否有正当理由。被告仅仅只是为了保护自己合法的贸易权利而选择以一种较为残酷的方式终结与原告之间的竞争战。此前并无先例判定在贸易中此类商业动机和目的构成非正当理由。如果一方面赋予贸易商人自由贸易的权利,但是同时又禁止其吸引顾客的贸易行为对其他商人造成损害,未免不甚合理。

在不公平竞争视角下,尽管非法共谋可能构成刑法处罚的行为,但是在认定非法共谋时必须非常审慎,只有在保护公共或者个人权利的必要情况下才可以将行为人的行为认定为非法共谋。为了贸易和竞争的目的而进行合作有别于以排挤他人,损害他人利益为目的的合作。无论竞争的程度多么激烈,只要竞争手段不存在欺诈、胁迫、侵扰妨害或其他相类似的非法行为,普通法下就不存在对于该竞争行为的诉因(cause of action)。[3]

---

[1] See Mogul Steamship Co. v. McGregor, Gour and Co. et al., [1889] 23 Q. B. D. 598.

[2] See Eric Jennings, *Cargoes: A Centenary Story of the Far Eastern Freight Conference*, Singapore: Meridian Communications, 1980, p. 31.

[3] See Mogul Steamship Co. v. McGregor, Gour and Co. et al., [1892] A. C. 25, 44-49.

国际航运市场中的班轮公会产生于反垄断法律制度出现之前,而且班轮公会的运营具有跨国性质,因此其行为具有域外效力与影响力。在19世纪时主权国家尽量避免域外适用自己国家的法律规则,国家往往无法对跨国性质的班轮公会实施有效管制。Mogul案就是在这一背景下产生的。[1] Mogul案是一个重要的标志,这不仅因为它奠定了英国法下班轮公会的合法性地位,而且也成为日后如何处理经营者结成联盟损害市场上其他经营者利益案件的先例。[2] 虽然这一案件中班轮公会的行为在现代反垄断法下看来属于典型的掠夺性定价,也构成共谋限制竞争的卡特尔行为,但是当时英国法院认为班轮公会的限制竞争是为了保护合法贸易利益,因此不属于侵犯独立航运经营者权利的侵权行为。[3] 只要多人联合起来从事追求非法目的的行为,或者以非法手段从事具有合法目的的行为,均构成法律所谴责的共谋行为。即使班轮公会的行为导致竞争对手不得不退出市场的后果,但是只要班轮公会的限制竞争行为本身不违法,则仍然不能就此认定班轮公会的行为非法。可以说,普通法在这里实际上采用了一种单纯的行为目的和行为主义的分析方法,而不论后果,并且将班轮公会垄断市场的目的与故意造成竞争对手损害的目的作以截然区分。有学者认为此处英国普通法的立场可以被理解为:如果班轮公会协议的目的是垄断贸易,而不以故意损害竞争对手为直接目的,那么这就不能被视为是非法协议。[4] 对于上议院而言,班轮公会通过采用忠诚契约与使用战斗船的来防止其他独立航运经营者的竞争并不应当受到法律的谴责与制裁。[5] 这一案例引发了学术界的广泛讨论,有很多学者对这一判决结论提出异议,例如,伦敦政治经济

[1] See Francesco Munari, *Competition in Liner Shipping*, in *The Hamburg Lectures on Maritime Affairs* 2009-2010 (Jürgen Basedow et al. eds.), Berlin, Heidelberg: Springer, 2012, p. 8.

[2] See Luis Ortiz Blanco, *Shipping Conferences under EC Antitrust Law: Criticism of a Legal Paradox* (Andrew Read trans.), Oxford, Portland: Hart Publishing, 2007, p. 21.

[3] See Barry Rodger and Angus MacCulloch, *Competition Law and Policy in the European Community and United Kingdom* (*2nd ed.*), London: Cavendish Publishing, 2001, pp. 18-19.

[4] See Amos Herman, *Shipping Conferences*, Deventer: Kluwer Law and Taxation Publisher, 1983, p. 9.

[5] See Luis Ortiz Blanco, *Shipping Conferences under EC Antitrust Law: Criticism of a Legal Paradox* (Andrew Read trans.), Oxford, Portland: Hart Publishing, 2007, p. 21.

学院的B. S. 雅梅(B. S. Yamey)就认为,在Mogul案中班轮公会的行为实际上已经构成了采用掠夺性定价通过恶意压低运价排挤竞争对手Mogul,这样的掠夺性定价可能对于一个进入退出自由的市场带来新的进入壁垒。[1]

(二) 美国汉堡美国航运公司案

1914年美国汉堡美国航运公司案[2]也是一个涉及运费延期折扣协议与使用战斗船协议合法性问题的案件。在汉堡美国航运公司案中,纽约州法院判决班轮公会使用战斗船的行为构成违反美国反托拉斯法的不适当限制贸易行为。但是当案件上诉到美国联邦最高法院则时爆发了第一次世界大战,导致国际海运受阻,班轮公会无法继续运营,美国最高法院以第一次世界大战爆发导致诉因丧失为由决定对案件的实体问题不予考虑,并以此为理由驳回了起诉。[3] 尽管这一案件最后仅停留在第一审领域,但是至少表明了早期美国法院对于班轮公会实施运费延期折扣以及使用战斗船行为的反对性态度。有学者指出:“这种态度表明美国对于规制班轮公会这一卡特尔的态度从一开始就表现出了强于其大西洋彼岸欧洲邻居的决心。”[4] 但是由于这一案例仅仅涉及班轮公会中的运费延期折扣协议与使用战斗船协议,不能因为这一案例的法院态度得出美国判例法下认定班轮公会为非法性组织的结论。

二、英美早期关于班轮公会的调查

虽然在早期并没有托运人起诉班轮公会的案例,但是托运人对于班轮公会的抱怨可谓由来已久,其不满丝毫不少于那些受到班轮公会排挤的独立航运经营者,而抱怨则主要集中在班轮公会按照货物价值收取从价运费

---

[1] See B. S. Yamey, *Predatory Price Cutting: Notes and Comments*, 15 Journal of Law and Economics, 1972, p. 142.

[2] United States v. Hamburg-American S. S. Line et al., 216 Fed. 971 (S. D. N. Y. 1914).

[3] See Luis Ortiz Blanco, *Shipping Conferences under EC Antitrust Law: Criticism of a Legal Paradox* (Andrew Read trans.), Oxford, Portland: Hart Publishing, 2007, p. 22.

[4] See Luis Ortiz Blanco, *Shipping Conferences under EC Antitrust Law: Criticism of a Legal Paradox* (Andrew Read trans.), Oxford, Portland: Hart Publishing, 2007, p. 22.

的做法，以及班轮公会实施的并不透明的运费延期折扣制度。托运人的不满与抱怨也促使各国政府开始对班轮公会展开调查。[1] 据考证，第一个对班轮公会进行调查的是1902年在新加坡成立的“海峡事务处理委员会”（Straits Settlements Commission）。海峡事务处理委员会的成立就是由于当时从事殖民贸易的商业组织集团对于“海峡至英国班轮公会”（Straits Homeward Conference）的各种限制竞争以至于抬高运费的做法相当不满，投诉其强迫托运人排他性将货物交给自己运输，并且将其他航运经营者排挤出新加坡殖民地至英国航线的运输。英国政府因此特别成立了这一委员会对“海峡至英国班轮公会”展开调查。虽然调查报告中指出，班轮公会强迫托运人排他性使用公会船舶、使用战斗船驱逐竞争者以及收取过高运费的价格不合理，但是却并未提出是否要对班轮公会的行为进行处理以及如何处理的具体结论。[2] 在1906年澳大利亚皇家委员会（Australian Royal Commission）也发布了一个关于班轮公会的调查报告，建议澳大利亚政府禁止班轮公会采用运费延期折扣制度。[3] 尽管存在上述有关班轮公会行为的政府建议报告，但是在这一时期最为重要的两个调查委员会当属英国海运集团皇家委员会和美国亚历山大委员会。

（一）1909年英国海运集团皇家委员会的调查

海运集团皇家委员会（Royal Commission on Shipping Rings，RCSR）成立于1906年，负责处理来自从事大英帝国及其海外殖民地贸易的托运人对于班轮公会使用运费延期折扣制以及不公平运费的指责。海运集团皇家委员会的人员构成体现着不同利益团体的诉求，委员会的委员有大英帝国货物出口贸易商利益的代表，也有英国海外殖民地托运人利益的代表，还有承运

〔1〕 See Luis Ortiz Blanco, *Shipping Conferences under EC Antitrust Law: Criticism of a Legal Paradox* (Andrew Read trans.), Oxford, Portland: Hart Publishing, 2007, pp. 22-23.

〔2〕 See Eric Jennings, *Cargoes: A Centenary Story of the Far Eastern Freight Conference*, Singapore: Meridian Communications, 1980, pp. 35-37.

〔3〕 See Daniel Marx Jr., *International Shipping Cartels: A Study of Industrial Self-Regulation by Shipping Conferences*, Princeton: Princeton University Press, 1953, p. 49.

人与班轮公会团体利益的代表,[1]这种人员构成本身就体现着委员会内部的利益博弈。在调查班轮公会行为时兼听托运人与承运人各自的利益诉求和立场,也深刻反映着殖民时期英国的海上霸主地位。[2] 19 世纪初,英国海运运力占全世界运力总量的一半以上,早已超出了本国贸易量的需求,因此英国还向其他国家出口运力,英国航运经营者在世界各地揽货运输,也成为海运服务的净出口国。[3] 海运已经成为英国早期服务贸易的重要部分,因此有必要予以特殊保护,这就需要在处理班轮公会问题上特别考虑航运经营者的利益诉求以实现整体国家利益。然而,由于要同时兼顾不同团体的利益诉求,这导致海运集团皇家委员会的调查工作并不顺利,不仅需要召开若干次会议来让各方利益代表充分发表意见,还必须考虑如何协调充满争议的各种观点。[4] 直到 1909 年,在海运集团皇家委员会的工作启动 3 年后,委员会成员仍然无法达成一致意见,最终不得不出具两份调查结论报告:一份是由 11 名委员会成员签名的代表多数观点的报告,另一份则是由 5 名委员签名的代表少数观点的报告。[5] 丹尼尔·马克思的研究发现,出具多数观点报告的很多委员与英国的航运经营者和航运集团有直接或间接利害关系,而前述少数观点报告的委员则不存在利害关系。[6]

代表大多数观点的报告中陈述了以下建议:首先,班轮公会的存在及其实施的运费延期折扣制度并无不妥,运费延期折扣制度是班轮公会确保托

---

〔1〕 See Daniel Marx Jr., *International Shipping Cartels: A Study of Industrial Self-Regulation by Shipping Conferences*, Princeton: Princeton University Press, 1953, p. 50.

〔2〕 See Peter N. Davies, *British Shipping and World Trade: Rise and Decline*, 1820 - 1939, in *Business History of Shipping* (Tsunehiko Yui and Keiichiro Nakagawa eds.), Tokyo: University of Tokyo Press, 1985, p. 39.

〔3〕 See Luis Ortiz Blanco, *Shipping Conferences under EC Antitrust Law: Criticism of a Legal Paradox* (Andrew Read trans.), Oxford, Portland: Hart Publishing, 2007, p. 24.

〔4〕 See Luis Ortiz Blanco, *Shipping Conferences under EC Antitrust Law: Criticism of a Legal Paradox* (Andrew Read trans.), Oxford, Portland: Hart Publishing, 2007, p. 24.

〔5〕 Royal Commission on Shipping Rings, *Report of the Royal Commission on Shipping Rings, with Minutes of Evidence and Appendices*, in *Parliament Papers by Command* (Great Britain Parliament House of Commons ed.), London: Printed for H. M. Stationery Office, by Darling & Son, Ltd., 1909, pp. 4668 - 4670.

〔6〕 See Daniel Marx Jr., *International Shipping Cartels: A Study of Industrial Self-Regulation by Shipping Conferences*, Princeton: Princeton University Press, 1953, p. 50.

运人不会将货物交由其他具有竞争者进行运输的保障;其次,班轮公会并未在航运市场中滥用市场权力,只有当班轮公会滥用市场支配力的情况出现时才需要对其权力进行规制以防止滥用。[1] 该报告同时指出得以限制班轮公会市场垄断力的三要素:第一,市场上应当存在来自不定期租船运输与独立航运经营者的竞争;第二,班轮公会内部成员之间也应当有可以不断提升服务质量的竞争;第三,托运人应该能够联合起来采取对抗班轮公会的行动。[2] 可见,虽然报告肯定了班轮公会的存在,但是同时报告建议通过将托运人的力量联合起来以形成足以与班轮公会对抗的实力相当组织,从而在权力抗衡上形成新的平衡。对于班轮公会采用运费延期折扣捆绑托运人的做法,调查报告肯定了班轮公会可以实施运费延期折扣制度,但同时报告也提出通过构建备案登记制度有效监管班轮公会行为的设想,建议班轮公会协议及其运费率应当向英国贸易委员会(Board of Trade)备案并且向公众公开。[3] 此外,报告还建议在有理由认为重要国家利益受到影响的情况下,贸易委员会应当被授权对班轮公会进行调查。[4]

代表少数观点的报告却认为前述多数观点报告既不能有效保护航运经营者利益,亦不能有效保护托运人利益。少数观点报告并不倾向于制定新的严格的法律制度来对班轮公会行为进行规制,而建议班轮公会及其消费者托运人应当首先被给予协商处理问题的磋商机会。少数观点报告也不认同多数观点报告中贸易委员会启动调查的前提,即有理由认为存在影响国家利益的情况发生才能进行调查,而主张只要托运人组织要求对班轮公会进行调查,则贸易委员会就可以启动调查程序。此外,虽然少数观点的报告

---

[1] See Luis Ortiz Blanco, *Shipping Conferences under EC Antitrust Law: Criticism of a Legal Paradox* (Andrew Read trans.), Oxford, Portland: Hart Publishing, 2007, p. 24.

[2] See Daniel Marx Jr., *International Shipping Cartels: A Study of Industrial Self-Regulation by Shipping Conferences*, Princeton: Princeton University Press, 1953, p. 62; Luis Ortiz Blanco, *Shipping Conferences under EC Antitrust Law: Criticism of a Legal Paradox* (Andrew Read trans.), Oxford, Portland: Hart Publishing, 2007, pp. 24-25.

[3] See Daniel Marx Jr., *International Shipping Cartels: A Study of Industrial Self-Regulation by Shipping Conferences*, Princeton: Princeton University Press, 1953, p. 63.

[4] See Daniel Marx Jr., *International Shipping Cartels: A Study of Industrial Self-Regulation by Shipping Conferences*, Princeton: Princeton University Press, 1953, p. 63.

支持了多数观点的报告中有关通过报备与公开制度提升班轮公会协议与运费率透明度的建议,但却进一步要求贸易委员会应当对所有的报备情况进行年度汇总,并将年度报备汇总提交国会审阅。[1]

虽然少数观点报告并未像多数观点报告中那样肯定了班轮公会存在的适当性,但是上述两个报告却都并未否定班轮公会及其实施的运费延期折扣制度。同时,两个报告也都提出了对于班轮公会协议通过报备登记制度进行规制的建议,也都注意到了构建一个可以和班轮公会抗衡的托运人联合组织的重要作用。

(二) 1914 年美国亚历山大委员会的调查

在 20 世纪初的美国,围绕已成事实并日益在航运市场发挥重要作用的班轮公会应当采取什么政策问题产生了激烈争论。美国对国际航运市场同样信奉自由市场经济的立场,强调自由竞争,但是 1890 年《谢尔曼法》通过后,拥有强大市场控制力的班轮公会与《谢尔曼法》的规定产生了冲突,[2] 因此美国有关班轮公会的调查特别需要结合其严格的反托拉斯法律制度来考察和评估班轮公会的行为。[3] 1912 年美国众议院批准了商船与渔业委员会(Merchant Marine and Fisheries Committee)主席乔舒亚 · 亚历山大(Joshua W. Alexander)的建议案,授权商船与渔业委员会应当对班轮公会进行调查。[4] 虽然该调查委员会一般按照其主席的名字被称为亚历山大委员会(The Alexander Committee),但实际主导调查的高级智囊却是 S. S. 休伯纳(S. S. Huebner)教授。[5] 该委员会通过给从事美国贸易的利益相关者

---

[1] See Daniel Marx Jr., *International Shipping Cartels: A Study of Industrial Self-Regulation by Shipping Conferences*, Princeton: Princeton University Press, 1953, p. 64.

[2] 於世成:《美国航运法研究》,北京大学出版社 2007 年版,第 27 页。

[3] See Hongyan Liu, *Liner Conferences in Competition Law: A Comparative Analysis of European and Chinese Law*, Heidelberg: Springer, 2010, p. 4.

[4] Luis Ortiz Blanco, *Shipping Conferences under EC Antitrust Law: Criticism of a Legal Paradox* (Andrew Read trans.), Oxford, Portland: Hart Publishing, 2007, p. 26.

[5] See S. S. Huebner, *Steamship Line Agreements and Affiliations in the American Foreign and Domestic Trade*, 55 Annuals of the American Academy of Political and Social Science, 1914, p. 75.

发放调查问卷的方法进行调查,并且还开展了长达两个月的公开听证,试图对班轮公会在美国的活动情况有更好的掌握。[1]

亚历山大委员会的调查报告指出:"如果班轮公会能够诚信、公允行事,将带来效率更高的航运服务,更加稳定和统一的运费率,还会产生海运服务的规模经济效应,更合理地分配运力资源,也可以通过遏制承运人采用秘密契约和私自实施歧视性待遇,来确保对于所有托运人而言从美国和欧洲运输至海外市场的运费率水平都是一致和公平的。"[2] 总体而言,亚历山大委员会的调查结论与英国海运集团皇家委员会的调查结论相类似,不但认为班轮公会的存在及其实施的运费延期折扣制度是航运市场的现状,就连航运经营者与托运人的意见也与英国的情况一致。亚历山大委员会的调查报告同样认为,班轮市场中完全自由竞争是不可能的,因为不加任何限制的运费恶性竞争会给船东带来灾难性打击。如果能够有效地对班轮公会进行规制,那么班轮公会的存在可能惠及托运人以及航运经营者,因此应当允许船东就运费率与信息交换进行合作。[3] 亚历山大委员会的调查结论更多地考虑到航运业的产业特性和与该特性相适应的产业政策。[4]

但是亚历山大委员会的调查报告中同时指出,滥用市场操纵力是班轮公会的内在缺陷,这种缺陷只能通过有效的政府规制来根除。亚历山大委员会具体提出了以下六项建议:第一,任何与运费控制有关的承运人之间的协议都应当受到州际商业委员会(Interstate Commerce Commission, ICC)监管;第二,任何承运人之间的协议、谅解以及班轮公会都应当在州际商业委员会备案登记,当发现存在歧视性行为,不公平行为,或有损美国商业贸易

---

〔1〕 See Daniel Marx Jr., *International Shipping Cartels: A Study of Industrial Self-Regulation by Shipping Conferences*, Princeton: Princeton University Press, 1953, p. 52.

〔2〕 See House Committee on The Merchant Marine and Fisheries, *Report on Steamship Agreements and Affiliations in the American Foreign and Domestic Trade*, House of Representatives Document No. 805, 63rd Congress, 2nd Session, 1914.

〔3〕 See House Committee on The Merchant Marine and Fisheries, *Report on Steamship Agreements and Affiliations in the American Foreign and Domestic Trade*, House of Representatives Document No. 805, 63rd Congress, 2nd Session, 1914.

〔4〕 See Hongyan Liu, *Liner Conferences in Competition Law: A Comparative Analysis of European and Chinese Law*, Heidelberg: Springer, 2010, p. 4.

的行为时,州际商业委员会有权要求停止上述行为;第三,运费延期折扣制度以及其他针对托运人的歧视性做法都将被视为非法;第四,州际商业委员会有权就有关不公平运费、歧视性价格行为的投诉自行启动调查与处理程序;第五,无论是从美国进口还是出口货物的运输,都禁止使用战斗船行为与运费延期折扣行为,承运人不得对托运人采取任何性质的报复行为;第六,如果存在上述滥用权力的行为,则有关行为人应当缴纳适当罚金。[1]

正是在这一报告所建议内容的基础上,美国制定了世界上第一部规制班轮公会行为的法律制度——《1916 年航运法》。[2] 美国最高法院的观点也基本与亚历山大委员会的报告保持一致。在美国亚洲运输公司案(American Asiatic S. S. Co.)和王子航运公司案(Prince Line Ltd.)中,[3]美国联邦最高法院判决班轮公会这一组织形式并不本身违反反托拉斯法,《谢尔曼法》只禁止不合理限制贸易的行为,除非有证据证明存在不合理限制贸易的行为,否则不违反《谢尔曼法》。[4]

(三)1921 年英联邦国家的调查

在 1921 年帝国航运会议(Imperial Shipping Conference)上,英联邦国家的首相共同商讨制定英联邦统一的国际海运政策,特别是在与美国和加拿大的贸易往来中采用统一的海运政策。[5] 在本次会议上,英联邦国家政府共同决定对班轮公会展开调查。尽管此次调查的内容与 1909 年英国海运集团皇家委员会的调查内容相近,但是调查的视角和范围却基于英联邦国

[1] See House Committee on The Merchant Marine and Fisheries, *Report on Steamship Agreements and Affiliations in the American Foreign and Domestic Trade*, House of Representatives Document No. 805, 63rd Congress, 2nd Session, 1914.

[2] See Luis Ortiz Blanco, *Shipping Conferences under EC Antitrust Law: Criticism of a Legal Paradox* (Andrew Read trans.), Oxford, Portland: Hart Publishing, 2007, p. 28.

[3] United States v. American-Asiatic Steamship Company, et al. and United States v. Prince Line Ltd. , et al. , 242 U. S. 537 (1917) (Certiorari denied by the Supreme Court of the United States, Jan. 22, 1917).

[4] See Hongyan Liu, *Liner Conferences in Competition Law: A Comparative Analysis of European and Chinese Law*, Heidelberg: Springer, 2010, p. 4.

[5] See Clive M. Schmitthoff, Clive M. Schmitthoff's Select Essays on International Trade Law (Chia Jui Cheng ed.), The Netherlands: Martinus Nijhoff Publishers, 1988, p. 370.

家的共同利益。调查委员会最终作出了如下调查结论:第一,如果班轮公会以维持稳定的船期服务为目的而实施忠诚契约,并且忠诚契约不歧视性对待大型托运人与小型托运人,则忠诚契约的做法是适当的。第二,运费延期折扣制度不会受到法律谴责,但是建议采用其他赋予托运人更多选择机会和自由度的替代性机制取代运费延期折扣制度。第三,建议班轮公会在变更运费率水平之前与托运人之间进行更多的磋商,建议成立托运人组织来代表托运人利益来与班轮公会进行谈判磋商。[1]

第二节 欧盟海运竞争法律体系

早期的欧洲国家几乎并未对控制班轮公会采取任何措施,因此在宽松的制度环境下,班轮公会得以快速扩展到几乎世界所有的贸易航线,有学者将这一时期欧盟对于航运市场的竞争法规制概括为“政府不规制条件下的班轮公会自我规制”(unregulated self-regulation)。[2] 早期的欧洲国家并无统一航运政策的主要原因在于此时海运在欧洲经济共同体成立时期的六国中并不占据重要地位,而且六国之间也完全靠内陆运输连结。[3] 直到后来随着英国、爱尔兰、丹麦以及希腊的加入,海运问题才逐渐重要起来。[4]

欧盟海运领域竞争规则的发展体现了一个从没有专门立法需要解释适用一般竞争规则,到适用海运领域专门的竞争规则,再到取消海运领域专门竞争规则重新适用一般竞争规则的海运竞争法律体系变迁过程。

---

〔1〕 See Proshanto K. Mukherjee and Mark Brownrigg, *Farthing on International Shipping* (*4th ed.*), Berlin, Heidelberg: Springer, 2013, p. 131.

〔2〕 See Luis Ortiz Blanco, *Shipping Conferences under EC Antitrust Law: Criticism of a Legal Paradox* (Andrew Read trans.), Oxford, Portland: Hart Publishing, 2007, p. 45.

〔3〕 See Mark Clough and Fergus Randolph, *Shipping and EC Competition Law*, London: Butterworths, 1991, p. 48.

〔4〕 See Felix Dinger, *The Future of Liner Conferences in Europe: A Critical Analysis of Agreements in Liner Shipping under Current European Competition Law*, Frankfurt: Peter Lang, 2004, p. 53.

一、初期面临的首要问题：一般性竞争法是否适用于航运市场？

《建立欧洲共同体条约》[1]第3条第f款以及第70条表明了欧共体要建立共同运输政策的意图，第五章尤其是其中的第80条第2款特别指出欧共体理事会有权以特别多数决定海运领域规则的适用问题。因此对于成立初期的欧盟而言，这一条文即是海运领域规则的法律基础。[2] 但随之而来的主要问题在于，上述关于航运领域的法律规则是否准许将条约中关于竞争法规则的一般性规定适用于海运领域，成为航运竞争规则的法律基础？[3]

这一问题首先引起关注是在欧洲法院审理的欧共体委员会诉法国的海员案（Commission v. France）。在这一案件中，欧共体委员会起诉法国是因为其认为法国 French Code du Travail 运输公司要求法国船舶上必须有一定比例的具有法国国籍的船员的行为违反了《欧共体条约》第1条、第4条、第39条以及第1612/68号条例中关于劳动者自由流动的规定。[4] 虽然这一案件与航运竞争规则无关，但是它表明了欧洲法院处理《欧共体条约》能否适用于航运领域的态度，而且这种态度间接地决定了航运市场能否适用《欧共体条约》的一般竞争规则的问题。欧洲法院在其判决中首先考察《欧共体条约》第五章关于运输的规则是否排除《欧共体条约》其他一般性规则的适用问题；如果关于运输市场的规则不排除条约中其他一般性规则的适用，然后再针对第80条第2款关于水路运输的特别规定考虑该特别规定是否排除

---

[1] Consolidated Version of the Treaty Establishing the European Community, OJ C 325/33, 24. 12. 2002.

[2] Eberhard Grabitz and Meinhard Hilf, Das Recht der Europäischen Union, Vol. 1, Verlag C. H. Beck, München, 2002, cited by Felix Dinger, *The Future of Liner Conferences in Europe: A Critical Analysis of Agreements in Liner Shipping under Current European Competition Law*, Frankfurt: Peter Lang, 2004, p. 54.

[3] See Jürgen Erdmenger, Zur Anwendung des EG-Kartellrechts auf die Seeschiffahrt, in: Festschrift for Peter Raisch, Carl Heymanns Verlag, Köln, 1995, pp. 387, 389, cited by Felix Dinger, *The Future of Liner Conferences in Europe: A Critical Analysis of Agreements in Liner Shipping under Current European Competition Law*, Frankfurt: Peter Lang, 2004, p. 54; see also Anna E. Bredimas, *The Common Shipping Policy of the EEC*, 19 Common Market Law Review, 1981, pp. 9-10.

[4] Judgment of the European Court of Justice of 4 April 1974 in Case No. 167/73-Commission of the European Communities v. French Republic, [1974] ECR 359.

条约中一般性规则的适用。欧洲法院的立场是《欧共体条约》中的一般性竞争规则适用于运输市场,包括空运和海运这些特殊的运输市场。[1] 欧洲法院认为《欧共体条约》具有首要重要的地位,它的适用不能被轻易排除或者限制,除非条约自身明确排除或者限制了自己的适用,例如,《欧共体条约》第 36 条明确排除了竞争规则对于农业领域的适用。由于第五章运输领域规则中并不存在类似的排除性规定,因此应当认为《欧共体条约》的一般性规则适用于运输领域。接下来欧洲法院开始判定航运市场的条约适用问题,认为《欧共体条约》第 80 条第 2 款仅限制了第五章关于运输的规则适用于航运领域,却并未明示排除条约中其他的规则适用于航运领域,因此《欧共体条约》的其他一般性规则适用于航运市场。[2] 同样,1978 年欧共体委员会诉比利时案中(Commission v. Belgium),欧洲法院也确认竞争法规则是《欧共体条约》一般性规则之组成部分。[3]

1986 年,在 Nouvells Frontières 案的判决中,欧洲法院肯定了欧共体委员会诉法国案中的观点,认为一般性竞争规则适用于航空运输市场,[4] 也就由此可以推知其关于航运市场适用一般性竞争规则的态度。1989 年欧洲法院在 Ahmed Saeed 案中也确认了《欧共体条约》第 82 条关于滥用市场支配地位的规定适用于航运领域。[5]

可以说,1986 年海运特殊竞争法规则出台之前,欧洲法院的若干判决表

[1] Judgment of the European Court of Justice of 4 April 1974 in Case No. 167/73-Commission of the European Communities v. French Republic, [1974] ECR 359. ,p. 370.

[2] Judgment of the European Court of Justice of 4 April 1974 in Case No. 167/73-Commission of the European Communities v. French Republic, [1974] ECR 359. ,p. 370.

[3] Judgment of the European Court of Justice of 12 October 1978 in Case No. 156/77-Commission of the European Communities v. Kingdom of Belgium, [1978] ECR 1881.

[4] Judgment of the European Court of Justice of 30 April 1986 in Case No. 209-213/84-Ministere Public v. Lucas Asjes et al. (Nouvelles Frontières), [1986] ECR 1425.

[5] Judgment of the European Court of Justice of 11 April 1989 in Case No. 66/86-Ahmed Saeed Flugreisen v. Zentrale zur Bekampfung Unlauteren Wettbewerbs, [1989] ECR 803. 但是第 81 条却不能直接适用于航运领域,这是因为第 81 条第 3 款本身存在一个豁免此条文适用的豁免条款,因此对于第 81 条对于航运领域的适用问题,还需要按照第 80 条第 2 款规定的程序来决定其可适用性,参见 Ulrich Immenga and Ernst-Joachim Mestmäker, EG-Wettbewerbsrecht, Vol. 2, Verlag C. H. Beck, München, 1997, p. 1469, cited by Felix Dinger, *The Future of Liner Conferences in Europe: A Critical Analysis of Agreements in Liner Shipping under Current European Competition Law*, Frankfurt: Peter Lang, 2004, p. 56。

明《欧共体条约》一般性竞争规则适用于航运市场,可以规制航运市场的垄断与限制竞争行为。

二、在海运特别竞争规则中设定反垄断整体豁免的欧盟传统海运竞争法律体系

欧盟传统航运竞争法体系由基础法律《欧共体条约》中的竞争法规定及其实施细则与特殊制定的航运竞争法为基础,以班轮公会反垄断豁免制度为核心。欧洲法院通过判例法制度确立了《欧共体条约》作为基础性法律,其一般竞争法规定及其实施细则第 1/2003 号条例适用于航运领域。同时,欧盟还制定了航运领域的特殊竞争规则,即由第 4055/86 号、第 4056/86 号、第 4057/86 号、第 4058/86 号四个条例共同构成的包括对内规制与对外协调全面内容的 1986 年一揽子条例,内容涵盖对于海运领域适用竞争法规则问题,海运服务的自由提供问题,当第三国的货载保留政策损及欧盟成员国利益是如何采取行动问题,以及欧盟如何制止不公平竞争等问题。其中最为重要的当属第 4056/86 号条例,该条例确立了班轮公会的反垄断豁免制度,将班轮公会协议排除在《欧共体条约》第 81 条关于协议垄断的规定之外。而且由于一直被认为市场特点是完全竞争的,因此此时不定期租船运输也一直被排除在竞争法的规制之外。此外,欧盟还通过第 823/2000 号条例(现为第 906/2006 号条例)确立了航运联营协议的反垄断豁免制度。实际上,传统的欧盟航运竞争法体系是以规制班轮运输业为核心的,但是这种规制又以赋予其反垄断豁免为核心,可以说传统的欧盟航运竞争法体系是以对航运业给予较大运营自由为特点的。

(一)以排除一般竞争法的适用为立法导向而制定的欧盟海运竞争法

1. 排除一般竞争规则适用于航运领域的第 141/62 号条例

前文论述了欧洲法院是如何通过判例制度将《欧共体条约》一般竞争规则适用于航运领域的,但实际上此时欧共体理事会已经开始酝酿制定航运领域特殊竞争法规则,试图以此排除一般竞争法规则的适用。1962 年欧共

体第17号条例——《执行欧共体条约第85条和第86条的第一个条例》是第一个关于如何具体实施《欧共体条约》一般竞争规则的程序性规定,[1]然而1962年第141号条例——《豁免运输业适用第17号规则的141条例》却明确排除了前述第17/62号条例适用于运输领域。[2] 其规定第17/62号条例不适用于运输领域的固定价格、限制运输服务供给、分享市场的行为,也不适用于运输领域滥用市场支配地位的行为。[3] 欧共体认为,考虑到航运领域的特殊性,更为合适的方法是制定一个独立的航运竞争法体系以通过共同海运政策将成员国更为紧密地结合起来。[4] 由于第141/62号条例对于铁路运输、公路运输以及内陆水运领域对于第17/62号条例的排除适用规定了一个期限,要求欧共体理事会采取措施研究这些领域的规则适用问题,[5]因此在到期后需要一个新的条例来阐明铁路运输、公路运输以及内陆水运这些特定运输领域的竞争法规则的适用问题,因此欧共体又出台了第1017/68号条例《适用于铁路、公路和内陆水路运输的欧共体1017号竞争规则》。[6] 但是第141/62号条例排除海运领域的适用一般竞争规则的规定却并无期限,因此可以认为欧共体的一般竞争法规则并不适用于海运领域。因此,第141/62号条例实际上意味着海运领域竞争法的实施必须等待新的竞争法实施机制的制定,但是直到1986年,欧共体航运竞争领域的立

---

[1] Council Regulation (EEC) No. 17 First Regulation implementing Articles 85 and 86 of the Treaty, OJ 13, 21. 2. 1962. 实际上这一条例正是后来第1/2003号条例的前身,第1/2003号条例,即《实施〈欧共体条约〉第81条和第82条竞争法规则的条例》取代了第17/62号条例, Council Regulation (EC) No. 1/2003 of 16 December 2002 on the implementation of the rules on competition laid down in Articles 81 and 82 of the Treaty, OJ L 1, 4. 1. 2003. 当时对于改革第17/62号条例的分析,可以参见Frank Montag, *The Case for a Reform of Regulation 17/62: Problems and Possible Solutions From a Practitioner's Point of View*, 22 Fordham International Law Journal, 1998, pp. 819–852。

[2] Council Regulation (EEC) No. 141 exempting transport from the application of Council Regulation No. 17, OJ 124, 28. 11. 1962.

[3] Council Regulation (EEC) No. 141 exempting transport from the application of Council Regulation No. 17, OJ 124, 28. 11. 1962., art. 1.

[4] Council Regulation (EEC) No. 141 exempting transport from the application of Council Regulation No. 17, OJ 124, 28. 11. 1962., recital 2.

[5] Council Regulation (EEC) No. 141 exempting transport from the application of Council Regulation No. 17, OJ 124, 28. 11. 1962., art. 3.

[6] Council Regulation (EEC) No. 1017/68 of 19 July 1968 applying rules of competition to transport by rail, road and inland waterway, OJ L 175, 23. 7. 1968.

法一直都处于空白状态，所以才导致上文中法院不得不通过对欧共体条约一般性竞争规则进行解释予以适用于航运领域的问题。[1]

2. 协调联合国《班轮公会行动守则公约》与《欧共体条约》的第954/79号条例

1974年联合国贸易与发展会议制定了《联合国班轮公会行动守则公约》来约束世界航运市场中班轮公会的行为。这一公约规定了40∶40∶20的货载保留政策，[2]而且还规定了班轮公会应当将运费率确定在得以维持合理利润水平前提下的最低水平。[3] 欧共体委员会担心《1974年班轮公会行动守则公约》的内容会与欧共体竞争规则产生冲突，因此在1974年至1975年的两年时间内，欧共体先后出台了三个建议案试图阻止其成员国在欧共体共同立场出台前签署或批准该公约。但是1975年6月30日《1974年班轮公会行动守则公约》开放签署的最后一天，比利时、法国和德国签署了公约，这使得欧共体变得相当被动，不得不提出第四个建议案来取代上述三个曾经的建议案，建议欧共体成员加入公约最好建立在欧共体内部自由贸易原则的基础之上，并在这个建议案的基础上出台了1979年第954号条例。[4] 实际上，第954/79号条例[5]是一个妥协的产物，一方面它试图解决欧共体条约与国际公约之间的冲突问题，另一方面它也对成员国加入的国际公约进行了变通适用。[6] 这一条例的目的是确保欧共体成员国加入《1974年班轮公会行动守则公约》不会与其在《欧共体条约》下的义务冲突。

---

〔1〕 See Philippe Ruttley, *International Shipping and EEC Competition Law*, 12 European Competition Law Review, 1991, p. 6.

〔2〕 1974 United Nations Code of Conduct for Liner Conferences, art. 2.

〔3〕 1974 United Nations Code of Conduct for Liner Conferences, art. 12.

〔4〕 See Vermote Lieven, *Le code de conduite des conferences maritimes et le compromise de Bruxelles*, European Transport Law, 1986, p. 3, cited by Felix Dinger, *The Future of Liner Conferences in Europe: A Critical Analysis of Agreements in Liner Shipping under Current European Competition Law*, Frankfurt: Peter Lang, 2004, pp. 59-60.

〔5〕 Council Regulation (EEC) No. 954/79 of 15 May 1979 concerning the ratification by Member States of, or their accession to, the United Nations Convention on a Code of Conduct for Liner Conferences, OJ L 121, 17. 5. 1979.

〔6〕 See Felix Dinger, *The Future of Liner Conferences in Europe: A Critical Analysis of Agreements in Liner Shipping under Current European Competition Law*, Frankfurt: Peter Lang, 2004, p. 60.

第954/79号条例对《1974年班轮公会行动守则公约》所规定的40∶40∶20的货载保留制度进行了变通，规定40∶40∶20的货载保留制度不适用于欧共体内部以及欧共体与其他OECD成员国的公会条件下的贸易运输。[1]

3. 1986年海运竞争一揽子立法

(1)欧洲议会诉欧共体理事会与1986年一揽子立法的出台。虽然欧共体有排除一般竞争法规则适用于航运领域的第141/62号条例，也有协调《1974年班轮公会行动守则公约》与《欧共体条约》的第954/79号条例，但是仍然不明确的问题是，排除一般竞争法规则适用于航运业后，欧共体对于航运产业的限制竞争问题是否需要规制，如果规制的话具体规则又是什么？

1983年，欧洲议会(European Parliament)将欧共体理事会(European Council)一举告上欧洲法院，起诉的理由就是欧共体理事会在制定共同海运政策上的不作为违反《欧共体条约》。欧洲法院判决欧共体理事会违反了《欧共体条约》，因其未能采取措施确保欧共体运输产业的服务提供自由。[2] 欧洲法院的这一判决促使欧共体委员会开始采取行动。在1985年3月欧共体委员会发布了名为《向共同海运政策迈进的努力：海上运输》的建议报告，[3]内容包括海运市场竞争法规则适用，海运服务的自由提供，当第三国货载保留政策损及欧共体成员国利益时如何采取行动，如何确保欧共体成员国的航运经营者能够与第三国班轮运输经营者进行竞争，并在不公平竞争损及欧共体航运经营者利益的情况下，欧共体如何制止不公平竞争的问题。在欧共体委员会的这一建议报告基础上，欧共体理事会1986年

---

[1] See Council Regulation (EEC) No. 954/79 of 15 May 1979 concerning the ratification by Member States of, or their accession to, the United Nations Convention on a Code of Conduct for Liner Conferences, OJ L 121, 17. 5. 1979, art. 4.

[2] See Judgment of the European Court of Justice of 22 May 1985 in Case No. 13/83-European Parliament v. Council of the European Communities, [1985] ECR 1513.

[3] European Commission, *Progress towards a Common Maritime Policy: Maritime Transport*, Commission communication and proposals to the Council transmitted on 19 March 1985, COM (85) 90 final, Mar. 14, 1985, available at http://aei. pitt. edu/5448/01/001081_1. pdf; see also Philippe Ruttley, *International Shipping and EEC Competition Law*, 12 European Competition Law Review, 1991, p. 7; Louise Butcher, *Shipping: EU Policy*, UK Parliament Standard Note No. SN/BT/595, Feb. 25, 2010, available at http://www. parliament. uk/briefingpapers/commons/lib/research/briefings/snbt-00055. pdf, p. 4.

12月22日颁布了四个条例:[1]《欧共体成员国之间以及欧共体成员国与第三国之间适用海运服务自由原则》的第4055/86号条例,[2]《确立海运领域适用欧共体条约第85条和第86条的具体规则》的第4056/86号条例,[3]《海运领域的不公平定价行为》的第4057/86号条例,[4]《保证自由取得远洋运输货载的协同行为》的第4058/86号条例。[5]

上述四个条例被称为"1986年一揽子条例"(1986 Package),构成欧共体航运市场规制的基本法律框架体系。第4055/86号条例允许任何在欧共体注册的航运经营者在公平的基础上在欧共体内自由提供国际海上运输服务。正是通过这一条例欧共体将自由化原则引入航运市场规制,因此该条例往往被视为是欧共体构建海上运输服务开放性市场的支柱之一。[6] 第4056/86号条例尤为重要,因为它构成了欧共体海运竞争法的核心,该条例赋予班轮公会反垄断整体豁免特权,同时它也规定了对班轮公会限制竞争行为的调查程序。[7] 欧共体委员会于1994年和1998年分别作出的关于泛大西洋协议和泛大西洋公会协议案的裁决就以这一条例为法律依据。第4057/86号条例与第4058/86号条例则被视为处理欧共体外部关系的手段和工具。第4057/86号条例主要是为了解决来自前苏联集团各国的不公平定价的限制竞争行为。第4058/86号条例则是为了解决与联合国《1974年

---

[1] See Felix Dinger, *The Future of Liner Conferences in Europe: A Critical Analysis of Agreements in Liner Shipping under Current European Competition Law*, Frankfurt: Peter Lang, 2004, pp. 61-62.

[2] Council Regulation (EEC) No. 4055/86 of 22 December 1986 applying the principle of freedom to provide services to maritime transport between Member States and between Member States and third countries, OJ L 378 ,31. 12. 1986.

[3] Council Regulation (EEC) No. 4056/86 of 22 December 1986 laying down detailed rules for the application of Articles 85 and 86 of the Treaty to maritime transport, OJ L 378 ,31. 12. 1986.

[4] Council Regulation (EEC) No. 4057/86 of 22 December 1986 on unfair pricing practices in maritime transport, OJ L 378 ,31. 12. 1986.

[5] Council Regulation (EEC) No. 4058/86 of 22 December 1986 concerning coordinated action to safeguard free access to cargoes in ocean trades, OJ L 378 ,31. 12. 1986.

[6] 刘慧:"欧盟航运政策述评",载《水运管理》2003年第1期。

[7] 特殊的调查程序的具体实施机制规定在第4260/88号条例中,该条例被后来第2842/98号条例而删除,参见 Commission Regulation (EC) No. 2842/98 of 22 December 1998 on the hearing of parties in certain proceedings under Articles 85 and 86 of the EC Treaty, OJ L 354,30. 12. 1998。

班轮公会行动守则公约》的协调问题，[1]尤其针对其货载保留政策而规定了自由取得货载的权利，如果外国政府及其主管机构对欧共体成员航运公司实施限制承运货物的行为，欧共体各成员国将采取联合报复或对抗措施，包括强制实行装载、运输、卸载货物的许可制度，强制规定货物限额，强制征税。

（2）传统欧盟航运竞争规则之核心——第4056/86号条例。第4056/86号条例可谓是欧共体海运竞争法的核心，这一条例制定的政策性背景在于欧共体委员会认可了班轮公会业已长期存在的事实以及它的存在对于维护航运市场稳定上的作用，同时维持现有的班轮公会也有利于航运经营者为航运市场消费者提供更为稳定的船期和更为可靠的服务，因此认为赋予班轮公会反垄断整体豁免在仍然存在航运市场竞争的条件下是适当的做法。欧共体委员会也并未像美国法下那样要求班轮公会必须采取开放形式，而允许了封闭性班轮公会的存在。[2] 在此基础上制定的第4056/86号条例赋予了班轮公会反垄断整体豁免权，而这一条例也正是因为该豁免权一直备受争议。[3]

① 适用范围。第4056/86号条例第1条规定："该条例对于海运领域如何适用欧共体条约第85条和第86条确立具体细则。该条例应当仅适用于驶出或驶入一个或多个欧共体成员国港口的除不定期租船服务外的国际海运服务。"[4]这一看似明确的规定在具体的解释适用上却存在争议。

首先，该条例适用于海运，但是应当如何解释第1条第1句中所谓的"海运领域"？欧共体委员会在一些公开场合指出，对于"海运"应当作狭义

[1] 刘慧："欧盟航运政策述评"，载《水运管理》2003年第1期。

[2] See European Commission, *Progress towards a Common Maritime Policy: Maritime Transport*, Commission communication and proposals to the Council transmitted on 19 March 1985, COM (85) 90 final, Mar. 14, 1985, available at http://aei.pitt.edu/5448/01/001081_1.pdf, para. 62.

[3] 因此在2000年之后，欧盟对第4056/86号条例进行了一系列的重新审议评估，具体的评估文件包括：2003年欧盟委员会咨询建议书、2004年欧盟委员会白皮书、2005年欧盟委员会废止第4056/86号条例的建议，参见 Marco Benacchio et al., *The Liner Shipping Industry and EU Competition Rules*, 14 Transport Policy, 2007, pp. 5-8。

[4] Council Regulation (EEC) No. 4056/86 of 22 December 1986 laying down detailed rules for the application of Articles 85 and 86 of the Treaty to maritime transport, OJ L 378, 31.12.1986, art. 1.

解释,仅指海运区段,因此即使是与海运相连的内陆运输也不在“海运”的范围之内,而应当适用第1017/68号条例。[1] 然而这种狭义解释却因其忽视了集装箱化时代多式联运不断发展的现代海运特点而受到批评,因为多式联运的发展已经将与海运相连的内陆运输与海运之间的关系越来越紧密地整合起来。这种狭义解释所导致的根本问题在于其对于整体豁免权适用范围的影响,如果对“海运”进行狭义解释,那么多式联运航运经营者虽然负责全程运输,但却只能在海运区段享有竞争法上的豁免。这一点可以说是第4056/86号条例本身未能明确的模糊之处。[2]

其次,该条例不适用于不定期租船运输也引发了争议。欧共体声明排除不定期租船运输的目的在于维持不定期租船市场的公平与自由竞争体系。[3] 此处有关适用范围的问题在于条文中对于不定期租船运输的定义。根据第4056/86号条例第1条第3款第(a)项的规定,“不定期租船运输服务是指采用航次租船或定期租船或其他形式的不定期租船运输合同,将大宗货或散装货全部或者部分运送至一个或多个托运人,运费率完全由当事人根据具体的供求情况自由协商。”[4]那么,那些不是根据当事人自由协商,而是事先决定好运费率的一揽子租船合同是否符合此处不定期租船运输的定义,是否应当被排除在第4056/86号条例的适用范围之外呢?显然,对于这一点,单纯根据该条例的定义来看是不甚清楚的。[5]

---

[1] See Philippe Ruttley, *International Shipping and EEC Competition Law*, 12 European Competition Law Review,1991,p. 8.

[2] See Hannu Honka, *EC Competition Law on Multimodal Transport: Recent Development*, 39 Scandinavian Studies in Law,2000,p. 92.

[3] Council Regulation (EEC) No. 4056/86 of 22 December 1986 laying down detailed rules for the application of Articles 85 and 86 of the Treaty to maritime transport,OJ L 378 ,31. 12. 1986,recital 6.

[4] Council Regulation (EEC) No. 4056/86 of 22 December 1986 laying down detailed rules for the application of Articles 85 and 86 of the Treaty to maritime transport,OJ L 378 ,31. 12. 1986,art. 1(3)(a).

[5] See Philippe Ruttley, *International Shipping and EEC Competition Law*, 12 European Competition Law Review,1991,p. 9.

② 技术性协议的竞争法除外适用与班轮公会的反垄断整体豁免。整体豁免(block exemption)是相对于单独豁免(individual exemption)而言的。单独豁免是由欧共体委员会对个案作出反垄断豁免决定。在无法以整体豁免方式取得协议的豁免时,企业需向欧共体委员会以自行申报的方式提出单独豁免申请。[1] 整体豁免的产生主要是为了协调大量同类协议欲得到豁免而不断向委员会提出申请的局面,欧共体理事会特别授权委员会针对各类协议制定专门的整体豁免规则。委员会采取公告的形式宣布对具备某种条件的一类协议给予整体豁免,凡符合要求者,不必向委员会进行申报或提出审查申请,即视为得到反垄断豁免,只有在特殊情况下启动单独豁免程序。[2] 为了减少申请要求豁免的协议数量,在理事会的授权下,委员会制定了一系列的整体豁免制度,对符合《欧共体条约》第 81 条第 3 款条件的某类协议或在没有报备、审查的情况下给予反垄断豁免。整体豁免是最为宽松的一种反垄断豁免制度,因为整体豁免可以使那些严重反竞争的"核心限制竞争行为"(hard-core restricitions)也被纳入豁免范围内,并且无须经过特殊审议机制来评估具体的限制竞争行为享有反垄断豁免的正当性和合理性,更重要的是,整体豁免的存续完全取决于整体豁免规则的存续期间而不会因为存续期内的情势变更影响反垄断豁免权。[3] 有学者指出,"整体豁免制度实际上是一种程序上的豁免制度,其他国家的豁免是实体豁免制度,即规定有些协议享有不适用反垄断法的特殊待遇,因此,在其他国家不存在相对应的制度。"[4]第 4056/86 号条例的重要意义就在于它确立了航运领域技术性协议不适用欧共体一般竞争法,班轮公会协议享有反垄断整体豁免:

第一,第 4056/86 号条例确立了技术性协议不适用欧共体一般竞争法。第 4056/86 号条例第 2 条是针对技术性协议的规定,其规定:"《欧共体条

[1] See Bernard Gardner, *EU Competition Policy and Liner Shipping Conferences*, 31 Journal of Transport Economics and Policy, 1997, p. 318.

[2] 黄渝娜:"关于欧盟海运竞争法的研究",上海海事大学 2007 年硕士学位论文。

[3] See Marco Benacchio et al., *The Liner Shipping Industry and EU Competition Rules*, 14 Transport Policy, 2007, p. 4.

[4] 徐士英、郑丙贵:"欧盟竞争法的新发展及对我国的启示",载《法学》2004 年第 8 期。

约》第 85 条(后变更为《欧共体条约》第 81 条,现为《欧盟运行条约》第 101 条)第 1 款的禁止性规定不适用于唯一目标及效果在于促进技术进步或合作的协议、决定或者其他协同一致的行为,其实现途径包括:(a)使用船舶及其他形式的运输、设备、供给或固定装置,或者运用统一标准或运输类型;(b)为经营海上运输,共享或者合伙经营船舶、舱位以及其他形式的运输、供给、设备和固定装置;(c)组织并进行连续性或辅助性的海上运输经营以及为实现这样的经营制定、运用相关的费率和条件;(d)调节相关航线的船期表;(e)合并单独托运的货物;(f)制定、运用统一的影响费率变动结构和条件的规则。"[1]《欧共体条约》第 85 条禁止经营者实施协议垄断行为,并且规定了应予禁止的垄断协议、决定和协调一致的行为的范围。但是,在实践中班轮公会成员之间联营船舶,互租舱位,协调船期等行为是经常发生的。如果机械地套用《欧共体条约》第 85 条垄断协议规制制度的规定一概反对航运经营者之间的协议、决定和协调一致的行为,将不利于在班轮运输中提高技术水平和促进合作,因此第 4056/86 号条例特别将技术协议排除在欧共体竞争法的适用范围之外。[2] 但是根据这一条的规定,仅那些以促进技术进步或推动合作为唯一目标和效果的协议才不适用《欧共体条约》第 85 条第 1 款关于垄断协议的禁止性规定,而那些以营利为目的但同时具有促进技术进步效果的协议则仍受到该禁止性规定的约束。[3] 因此可以说,第 4056/86 号条例关于技术性协议对于竞争法规则的排除适用,其范围是相对有限的。

第二,第 4056/86 号条例确立了班轮公会的反垄断整体豁免。第 4056/86 号条例第 3 条是针对班轮公会协议的反垄断整体豁免,也是整个条例的核心,其规定:"一个或数个班轮公会的全部或部分成员之间以固定运价、调节运力供给和其他内容为目标制定的协议、决定或者其他协同一致的行为,

[1] Council Regulation (EEC) No. 4056/86 of 22 December 1986 laying down detailed rules for the application of Articles 85 and 86 of the Treaty to maritime transport, OJ L 378, 31. 12. 1986, art. 2 (1).

[2] 於世成:"论欧共体的海运竞争法",载《中国海商法年刊》1994 年第 5 卷。

[3] See Philippe Ruttley, *International Shipping and EEC Competition Law*, 12 European Competition Law Review, 1991, p. 10.

可豁免适用《欧共体条约》第 85 条第 1 款的禁止性规定，但须遵守本条例第 4 条的前提条件。前述的其他内容包括：(a)协调船期表、开航日期或者挂港日期；(b)决定班期频率；(c)协调班轮公会成员之间开航航班或挂靠港分配；(d)调节班轮公会成员的运力投入；(e)在班轮公会成员之间分配货源或收入。"[1] 於世成教授指出：从这一条文规定的整体豁免的范围来看，它实际上是容忍了国际海运市场中班轮运输市场中的卡特尔现象，因为规则豁免的正是班轮公会的主要业务活动，因此在很大程度上缓和了《欧共体条约》第 85 条和第 86 条的刚性。豁免班轮公会成员之间含有上述内容的协议、决定和协调一致的行为，客观上就是豁免了班轮公会成员对欧共体一般竞争法规则的违反。这既是考虑到国际海运业的特点，也是对班轮运输中卡特尔现象的一种无奈。[2] 除了班轮公会内部班轮运输经营者之间的限制竞争协议可以享有反垄断豁免，第 4056/86 条例第 6 条还规定了班轮公会与消费者之间有关运费率、运输条件与运输服务质量的协议亦享有反垄断豁免。[3]

第 4056/86 号条例在赋予班轮公会反垄断整体豁免的同时也限定了班轮公会协议享有反垄断豁免的条件以及应当承担的相应义务：

第 4056/86 号条例第 4 条规定了班轮公会协议享受反垄断豁免的条件，即在欧共体航运市场范围内，协议、决定或其他协同一致的行为对于同类货物运输不得因原产国或目的地或装港或卸港的不同而使用不同的运费率或运输条件，从而有损于某些港口、消费者或者航运经营者利益，除非不同运费率或运输条件的使用可以被证明在经济上是合理的。[4] 这一条件的作用是，班轮公会成员之间的协议、决定和协调一致的行为，必须对有关各方一视同仁，不得歧视。需要指出的是，此处所使用的"有损于某些港口、运输

---

[1] Council Regulation (EEC) No. 4056/86 of 22 December 1986 laying down detailed rules for the application of Articles 85 and 86 of the Treaty to maritime transport, OJ L 378, 31. 12. 1986, art. 3.

[2] 於世成："论欧共体的海运竞争法"，载《中国海商法年刊》1994 年第 5 卷。

[3] Council Regulation (EEC) No. 4056/86 of 22 December 1986 laying down detailed rules for the application of Articles 85 and 86 of the Treaty to maritime transport, OJ L 378, 31. 12. 1986, art. 6.

[4] Council Regulation (EEC) No. 4056/86 of 22 December 1986 laying down detailed rules for the application of Articles 85 and 86 of the Treaty to maritime transport, OJ L 378, 31. 12. 1986, art. 4.

服务使用者或者航运经营者利益”是根本不同于使其置于竞争劣势的。[1]还有学者指出，对于如何理解此处的“经济上是合理的”（economically justified）也是不甚明确的，需要根据判例法的规定予以综合考虑。[2] 欧洲法院在 1978 年 United Brands v. Commission 案中关于经济合理性标准确立的规则为，不同价格的采用可以通过判断诸如税收、劳动力成本、汇率因素等被证明是合理的。[3]

第 4056/86 号条例第 5 条分别从磋商机制、忠诚契约、多式联运内陆运输服务、运价公开机制、仲裁结果通知制度五方面规定了班轮公会协议享受豁免的同时所负有的义务。第一，当航运市场消费者和班轮公会之间就有关运费率、运输条件和定期海运服务产生纠纷时，双方应进行磋商以寻求纠纷解决。[4] 第二，班轮公会成员有权与消费者订立和保持忠诚契约，其形式和条款由双方协商决定。忠诚契约的安排应保证明确双方的权利，并建立在合同制度或任何其他合法的制度上。此外，忠诚契约还必须遵守下列条件：班轮公会在订立合同时应该向消费者提出即期折扣或在即期折扣和延期折扣之间进行选择的制度，不能单方面强行规定全部货载都执行忠诚契约。[5] 第三，运输消费者有权选择内陆运输和码头服务由其他运输服务经营者提供。[6] 第四，班轮公会成员应提供运价本，公会运价本应能够方便公众查询。[7] 第五，关于反垄断豁免条件等产生的争议，其仲裁裁决和

---

[1] See Philippe Ruttley, *International Shipping and EEC Competition Law*, 12 European Competition Law Review, 1991, p. 12.

[2] See Philippe Ruttley, *International Shipping and EEC Competition Law*, 12 European Competition Law Review, 1991, p. 12.

[3] See Judgment of the European Court of Justice of 14 February 1978 in Case No. 27/76-United Brands Company and United Brands Continentaal BV v. Commission of the European Communities, [1978] ECR 207.

[4] Council Regulation (EEC) No. 4056/86 of 22 December 1986 laying down detailed rules for the application of Articles 85 and 86 of the Treaty to maritime transport, OJ L 378, 31. 12. 1986, art. 5 (1).

[5] Council Regulation (EEC) No. 4056/86 of 22 December 1986 laying down detailed rules for the application of Articles 85 and 86 of the Treaty to maritime transport, OJ L 378, 31. 12. 1986, art. 5 (2).

[6] Council Regulation (EEC) No. 4056/86 of 22 December 1986 laying down detailed rules for the application of Articles 85 and 86 of the Treaty to maritime transport, OJ L 378, 31. 12. 1986, art. 5 (3).

[7] Council Regulation (EEC) No. 4056/86 of 22 December 1986 laying down detailed rules for the application of Articles 85 and 86 of the Treaty to maritime transport, OJ L 378, 31. 12. 1986, art. 5 (4).

调解书应提交欧共体委员会备案。[1]

③ 将滥用市场支配地位作为剥夺班轮公会反垄断豁免的事由。第4056/86号条例第8条特别指出了对于那些与《欧共体条约》第86条(后变更为《欧共体条约》第82条,现为《欧盟运行条约》第102条)的规定,即滥用市场支配地位规制制度不兼容的班轮公会行为,则应当取消其反垄断豁免权,诉诸一般竞争法规则(第1/2003号条例[2])规定的调查程序。[3] 之所以将滥用市场支配地位规制制度与反垄断豁免结合在一起,并将滥用市场支配地位作为剥夺班轮公会反垄断整体豁免的前提条件,是考虑到国际航运市场中的滥用市场支配地位不仅可能发生于单个航运企业,更可能发生在多个航运企业组成的航运组织特别是班轮公会之中,从而构成一种"共同市场支配地位"(collective dominant position),这就会产生航运组织及其成员船公司的行为同时属于协议垄断与滥用市场支配地位的竞合问题。例如,若干航运企业联合起来或者国际航运组织将大型船公司聚合在一起在相关市场上共同占有市场支配地位,实施统一的运价或采用统一的运输条件,并利用共同市场支配地位索要高额运价。虽然航运经营者的协议垄断行为可以通过豁免制度而阻却行为的垄断可责性,但却不能延及滥用共同市场支配地位行为。考虑到协议联合的企业共同实施滥用支配地位行为的反竞争效果要比单个企业在非联合的情况下更加严重,联合协议反垄断豁免的授权和存续往往均以不存在滥用市场支配地位的行为为首要条件,因此,反垄断豁免不但不能延至滥用行为,垄断协议的豁免亦会因为滥用行为而丧失。

④ 班轮公会协议的监管制度。第4056/86号条例第7条规定了如何对享有反垄断整体豁免的班轮公会垄断协议进行有效监管。监管制度的构建

[1] Council Regulation (EEC) No. 4056/86 of 22 December 1986 laying down detailed rules for the application of Articles 85 and 86 of the Treaty to maritime transport, OJ L 378, 31. 12. 1986, art. 5 (5).

[2] Council Regulation (EC) No. 1/2003 of 16 December 2002 on the implementation of the rules on competition laid down in Articles 81 and 82 of the Treaty, OJ L 1, 4. 1. 2003.

[3] Council Regulation (EEC) No. 4056/86 of 22 December 1986 laying down detailed rules for the application of Articles 85 and 86 of the Treaty to maritime transport, OJ L 378, 31. 12. 1986, art. 8.

主要围绕在航运经营者是否违反第4056/86号条例所规定的经营者义务，是否存在与垄断协议规制制度中的单独豁免要求不兼容，是否存在滥用市场支配地位行为三方面。首先，如果班轮公会及其成员存在违反第4056/86号条例第5条所规定的义务的行为，则欧共体委员会可以采用禁止班轮公会继续其行为或者取消其反垄断豁免的方式阻止此类行为。[1] 其次，虽然班轮公会及其成员之间的协议、决议和协同行为已经可以根据第4056/86号条例第3条和第6条享有反垄断豁免，但是当发生特殊情况时，此类协议、决议和协同行为可能产生与垄断协议规制制度中的单独豁免制度(《欧共体条约》第85条第3款，后来的《欧共体条约》第81条第3款，现《欧盟运行条约》第101条第3款)不兼容的效果，此时欧共体委员会可以基于投诉启动调查程序，也可以自行决定启动调查，并在调查之后决定对此类协议、决议和协同行为采取措施。措施的采取必须与协议、决议和协同行为的反竞争效果和严重程度成比例。[2] "特殊情况"包括：班轮公会的行为导致市场竞争严重受限，或者特殊市场条件发生改变以至于市场不存在竞争或者竞争程度受限；或者，班轮公会的行为将阻碍技术和经济进步或减损消费者福利；或者，第三国政府行为阻碍非公会成员进入市场，或第三国政府要求班轮公会成员实施不公平运费率，或第三国政府要求班轮公会及其成员采用会阻碍技术和经济进步的合同(如货载分享合同、船舶类型限定合同)。[3] 欧共体委员会可以采用禁止班轮公会继续其行为或者取消其反垄断豁免的方式阻止此类与垄断协议单独豁免制度不兼容的班轮公会行为。[4] 最后，

---

[1] Council Regulation (EEC) No. 4056/86 of 22 December 1986 laying down detailed rules for the application of Articles 85 and 86 of the Treaty to maritime transport, OJ L 378, 31. 12. 1986, art. 7 (1).

[2] Council Regulation (EEC) No. 4056/86 of 22 December 1986 laying down detailed rules for the application of Articles 85 and 86 of the Treaty to maritime transport, OJ L 378, 31. 12. 1986, art. 7 (2) (a).

[3] Council Regulation (EEC) No. 4056/86 of 22 December 1986 laying down detailed rules for the application of Articles 85 and 86 of the Treaty to maritime transport, OJ L 378, 31. 12. 1986, art. 7 (2) (b).

[4] Council Regulation (EEC) No. 4056/86 of 22 December 1986 laying down detailed rules for the application of Articles 85 and 86 of the Treaty to maritime transport, OJ L 378, 31. 12. 1986, art. 7 (2) (c).

如果欧共体委员会发现班轮公会存在滥用市场支配地位行为，可以采用剥夺反垄断整体豁免或者第 1/2003 号条例所规定的所有合理措施来制止班轮公会滥用市场支配地位的行为。[1]

综上所述，第 4056/86 号条例通过反垄断整体豁免制度将班轮公会协议以及技术性协议排除在欧共体竞争法垄断协议规制制度之外，但却不允许班轮公会滥用市场支配地位行为被排除在竞争法滥用市场支配地位规制制度之外。同时，该条例还规定了班轮公会享有反垄断豁免的条件与相应的义务，并构建一套较为完善的可豁免协议监管体系随时监督可豁免协议的限制竞争影响。可以说，第 4056/86 号条例从豁免条件、豁免义务、豁免监管这三个重要层面为欧共体对于航运业限制竞争问题的监管构筑了一个较为系统完备的法律框架。

4. 赋予航运联营反垄断豁免的第 823/2000 号条例（第 906/2009 号条例）

随着航运业新的运输形式——航运联营体的出现与发展，欧盟制定了第 870/95 号条例[2]专门对航运联营进行规制。在第 870/95 号条例过期后，欧盟又颁布了《关于将欧共体条约第 81 条第 3 款适用于班轮航运公司之间联营协议的规定》的第 823/2000 号条例来专门规制航运联营的限制竞争问题。[3] 第 823/2000 号条例其根本内容就是赋予班轮航运经营者组成的航运联营体以反垄断整体豁免权，因为欧盟委员会认为航运联营当然地符合欧盟竞争法垄断协议规制制度的豁免要求（即《欧共体条约》第 81 条第 3 款，现为《欧盟运行条约》第 101 条第 3 款），应当通过赋予整体豁免的方式

---

[1] Council Regulation (EEC) No. 4056/86 of 22 December 1986 laying down detailed rules for the application of Articles 85 and 86 of the Treaty to maritime transport, OJ L 378, 31. 12. 1986, art. 8.

[2] Commission Regulation (EC) No. 870/95 of 20 April 1995 on the application of Article 85(3) of the Treaty to certain categories of agreements, decisions and concerted practices between liner shipping companies (consortia) pursuant to Council Regulation (EEC) No. 479/92, OJ L 89/7, 21. 4. 1995.

[3] Commission Regulation (EC) No. 823/2000 of 19 April 2000 on the application of Article 81 (3) of the Treaty to certain categories of agreements, decisions and concerted practices between liner shipping companies (consortia), OJ L 100, 20. 04. 2000.

豁免航运联营协议的限制竞争可罚性。[1]

但是在第823/2000号条例中,航运联营虽然享有竞争法豁免,欧盟对于航运联营体享有反垄断豁免的条件则作出了非常严格的限制,不但规定了什么样的联营不能享有豁免,[2]还规定了班轮公会成员进行联营可以享有豁免时班轮公会必须满足的条件,[3]航运联营享有豁免时的市场份额条件,[4]可以变通适用的有关市场份额的反对程序,[5]以及航运联营本身所必须满足的条件。[6] 第823/2000号条例本应于2005年4月失效,但是欧盟委员会通过了第611/2005号条例[7]首先将第823/2000号条例延期至2010年,后来又通过第906/2009号条例[8]决定再给予航运联营协议为期5年的反垄断豁免,将目前的豁免延至2015年4月。第906/2009号条例对于第823/2000号条例中航运联营反垄断豁免的条件作出了一定修改。按照欧盟赋予航运联营竞争法豁免的第906/2006号条例的规定,第一,航运联营不

---

〔1〕 Commission Regulation (EC) No. 823/2000 of 19 April 2000 on the application of Article 81 (3) of the Treaty to certain categories of agreements, decisions and concerted practices between liner shipping companies (consortia), OJ L 100, 20. 04. 2000, recital 6.

〔2〕 Commission Regulation (EC) No. 823/2000 of 19 April 2000 on the application of Article 81 (3) of the Treaty to certain categories of agreements, decisions and concerted practices between liner shipping companies (consortia), OJ L 100, 20. 04. 2000, art. 4.

〔3〕 Commission Regulation (EC) No. 823/2000 of 19 April 2000 on the application of Article 81 (3) of the Treaty to certain categories of agreements, decisions and concerted practices between liner shipping companies (consortia), OJ L 100, 20. 04. 2000, art. 5.

〔4〕 Commission Regulation (EC) No. 823/2000 of 19 April 2000 on the application of Article 81 (3) of the Treaty to certain categories of agreements, decisions and concerted practices between liner shipping companies (consortia), OJ L 100, 20. 04. 2000, art. 6.

〔5〕 Commission Regulation (EC) No. 823/2000 of 19 April 2000 on the application of Article 81 (3) of the Treaty to certain categories of agreements, decisions and concerted practices between liner shipping companies (consortia), OJ L 100, 20. 04. 2000, art. 7.

〔6〕 Commission Regulation (EC) No. 823/2000 of 19 April 2000 on the application of Article 81 (3) of the Treaty to certain categories of agreements, decisions and concerted practices between liner shipping companies (consortia), OJ L 100, 20. 04. 2000, art. 8.

〔7〕 Commission Regulation (EC) No. 611/2005 of 20 April 2005 Amending Regulation (EC) No. 823/2000 on the Application of Article 81(3) of the Treaty to certain categories of agreements, decisions and concerted practices between liner shipping companies (consortia), OJ L 101, 21. 4. 2005.

〔8〕 Commission Regulation (EC) No. 906/2009 of 28 September 2009 on the Application of Article 81(3) of the Treaty to certain categories of agreements, decisions and concerted practices between liner shipping companies (consortia), OJ L 256/31, 29. 9. 2009.

得从事“核心限制竞争行为”,包括固定价格、限制运力(国际航运市场供需失衡时的运力限制除外)、市场划分。[1] 第二,航运联营不得在相关市场上超过30%的市场份额,而且市场份额的计算以航运联营成员的市场份额为标准累计计算,即使航运联营成员只将其一部分运力投入联营中,也要按照联营成员的全部市场份额进行计入。[2] 第三,航运联营必须给予联营成员退出联营的退出权,并不得对退出权附限制条件或者惩罚机制。[3]

(二)欧盟原有海运竞争法律体系的特点及争议

欧盟传统海运竞争法律体系以在海运特别竞争规则中设定反垄断整体豁免,排除一般竞争法规则之适用为根本特点。然而正是反垄断整体豁免权使欧盟的海运竞争法律体系备受争议。

首先,首要之争议源于海运业反垄断豁免权的赋予本身是否合理,尤其是第4056/86号条例的班轮公会反垄断豁免权是否合理。第4056/86号条例给予班轮公会反垄断豁免的政策性背景在于欧共体委员会认可了班轮公会业已长期存在的事实,同时认为维持现有的班轮公会有利于航运经营者为航运市场消费者提供更为稳定的船期和更为可靠的服务。但是随着国际航运市场集中度不断加强,航运经营者的数量正在减少,如果法律再鼓励这些有限的航运经营者进行联合,可能会使航运市场最终走向寡头垄断,或者完全垄断。[4] 另外,那种认为维持班轮公会反垄断豁免的合理性在于其可以带来稳定的运费率以及稳定船期表的航运服务的观点也遭到了航运市场

[1] See Commssion Regulation (EC) No. 906/2009 of 28 September 2009 on the application of Article 81(3) of the Treaty to certain categories of agreements, decisions and concerted practices between liner shipping companies (consortia), OJ L 256/33, 29. 9. 2009, art. 4.

[2] See Commssion Regulation (EC) No. 906/2009 of 28 September 2009 on the application of Article 81(3) of the Treaty to certain categories of agreements, decisions and concerted practices between liner shipping companies (consortia), OJ L 256/33, 29. 9. 2009, art. 5.

[3] See Commssion Regulation (EC) No. 906/2009 of 28 September 2009 on the application of Article 81(3) of the Treaty to certain categories of agreements, decisions and concerted practices between liner shipping companies (consortia), OJ L 256/33, 29. 9. 2009, art. 6.

[4] See Organisation for Economic Co-operation and Development (OECD), *Final Report on Competition Policy in Liner Shipping*, DSTI/DOT (Directorate for Science, Technology and Industry/Division of Transport), Apr. 16, 2002, p. 72.

消费者的质疑。[1] 美国学者指出，反垄断法允许班轮公会实施限制竞争的行为将提高航运业的成本，而这一部分成本将由航运市场的消费者最终承担。[2]

其次，欧盟航运反垄断豁免权之范围也备受争议。第4056/86号条例给予班轮公会协议反垄断豁免，其可豁免的协议内容包括班轮运输经营者之间固定运价、调节运力供给等行为。然而与这种规定不兼容的是，虽然固定价格这种最严重危害竞争的行为获得了反垄断豁免，欧盟对其他一些限制竞争效果相对较小的行为却表现出不能容忍的态度。例如，对于多式联运中内陆运输区段的固定价格协议[3]、班轮航运公司与独立航运经营者之间的某些协议[4]就都被欧共体委员会甚至欧洲法院所否定，不给予这些限制竞争程度较小的协议以反垄断豁免。实际上，虽然第4056/86号条例给予班轮公会协议反垄断豁免，但是欧盟法院却始终坚持用最严格的标准来决定海运协议是否符合该条例的规定而适用反垄断豁免，这就导致很多限制竞争效果不如班轮公会协议严重的协议反而无法获得反垄断豁免。

最后，欧盟航运反垄断豁免权之实施程序所采用的整体豁免也存在争议。"整体豁免"区别于一般垄断协议规制制度中的"单独豁免"。单独豁免是由欧盟委员会对个案单独作出反垄断豁免决定，企业需向欧盟委员会以自行申报的方式提出单独豁免申请；而整体豁免则是由欧盟理事会特别授权委员会针对各类协议制定专门的整体豁免规则，对具备某种条件的一类协议给予整体豁免，凡符合要求者，不必向委员会进行申报或提出审查申请，即获得反垄断豁免。在享有单独豁免的构成要件问题上，《欧共体条约》

---

〔1〕 See Chris Sagers, *The Demise of Regulation in Ocean Shipping: A Study in the Evolution of Competition Policy and the Predictive Power of Microeconomics*, 39 Vanderbilt Journal of Transnational Law, 2006, p. 805.

〔2〕 See Paul G. Cassel, *Exemption of International Shipping Conferences from the American Antitrust Laws: An Economic Analysis*, 20 New England Law Review, 1984-1985, p. 1.

〔3〕 See Commission Decision of 19 October 1994 in Case No. IV/34. 446 - Trans Atlantic Agreement, OJ L 376/1, 31. 12. 1994, para. 372.

〔4〕 See Commission Decision of 19 October 1994 in Case No. IV/34. 446 - Trans Atlantic Agreement, OJ L 376/1, 31. 12. 1994, paras. 341-358.

第 81 条第 3 款规定:“如果企业间订立的限制竞争协议、企业联合组织的决议或者企业间的协同行为同时满足以下四个条件,则不适用《欧共体条约》第 81 条第 1 款的禁止性规定:有助于改善商品的生产或者分配,或者有助于推动技术或者经济进步;使消费者能够从由此获得的利益中分享公平的份额;不对有关企业施加并非为达到上述目标所必不可缺少的限制;限制竞争不能大到排除竞争的地步。”对某类协议实施整体豁免的前提是限制竞争协议至少符合第 81 条第 3 款的规定,通过整体豁免此类协议以免除逐一实施个别审查而带来的重复审查,以简化行政与司法成本。然而赋予班轮公会协议反垄断整体豁免的理由在于其能够带来稳定、可靠的船期服务,显然这与欧共体竞争法下的一般豁免条件相背离,过度强调市场稳定却忽视了竞争性结构对于市场发展的重要作用。

三、第 1419/2006 号条例出台后的欧盟新海运竞争法律体系

(一)将一般竞争法适用于海运市场的欧盟现行海运竞争法律体系

2006 年 10 月欧盟理事会通过第 1419/2006 号条例,[1]引发了欧盟航运竞争法体系的根本变革,正是这一变革构成了欧盟新航运竞争法体系,同时也将国际航运竞争法律体系的发展变革推向了风口浪尖。此前,不定期租船运输与沿海运输是被排除在欧盟竞争法之外的,要在这些领域适用欧盟竞争法规则必须按照《欧共体条约》第 84 条规定的程序,通过欧盟成员国关于在这些领域适用欧共体条约的特别授权。[2] 而且此前,通过第 954/79 号条例,欧盟批准采用了联合国《1974 年班轮公会行动守则公约》确立的班轮公会反垄断豁免,且通过后续第 4056/86 号条例构建了一个具体的班轮公会反垄断整体豁免制度。然而,2006 年第 1419/2006 号条例的颁布改变了这

[1] Council Regulation (EC) No. 1419/2006 of 25 September 2006 repealing Regulation (EEC) No. 4056/86 laying down detailed rules for the application of Articles 85 and 86 of the Treaty to maritime transport, and amending Regulation (EC) No. 1/2003 as regards the extension of its scope to include cabotage and international tramp services, OJ L 269, 28. 9. 2006.

[2] See EC Treaty, art. 84.

一切。第1419/2006号条例的实质性内容只有三条：第1条规定取消第4056/86号条例，第2条规定取消第1/2003号条例第32条的规定，第3条规定该条例从发布之日起20天开始生效。但是这三个条文却为欧盟航运竞争法带来了三个根本性变革：第一，随着第1419/2006号条例的生效，2006年10月开始实施欧盟竞争法第81条和第82条的实施细则第1/2003号条例，第773/2004号条例〔1〕也适用于不定期租船运输与沿海运输，从而使班轮运输和不定期租船运输领域开始受制于欧盟一般性竞争法规则；第二，经过两年过渡期，从2008年10月18日起，班轮公会的反垄断豁免制度将被正式废除；第三，从2008年10月18日起，第954/79号条例将被1490/2007号条例〔2〕所取代，因此就在欧盟法的层面上将成员国必须遵守联合国《1974年班轮公会行动守则公约》班轮公会反垄断豁免的规定取消了，从而与欧盟取消第4056/86号条例中班轮公会反垄断豁免的法律变革相协调。〔3〕

第1419/2006号条例引发的根本变革重构了欧盟海运竞争法律体系，学者往往将重构后的体系称为“欧盟新海运竞争法律体系”。〔4〕 这一新海运竞争法律体系取消了班轮公会协议的反垄断整体豁免，将欧盟一般竞争法规则适用于班轮运输市场、不定期租船运输市场与沿海运输市场，从而将原有通过排除适用或者豁免适用一般竞争法的海运市场重新纳入一般竞争法的规制框架内。

（二）欧盟重构海运竞争法律体系的原因分析

实际上在决定彻底废除第4056/86号条例前，欧盟竞争法委员会实施了

〔1〕 Commission Regulation (EC) No. 773/2004 of 7 April 2004 relating to the conduct of proceedings by the Commission pursuant to Articles 81 and 82 of the Treaty, OJ L 123/18, 27. 4. 2004.

〔2〕 Commission Regulation (EC) No. 1490/2007 of the European Parliament and of the Council of 11 December 2007 repealing Council Regulation (EEC) No. 954/79 concerning the ratification by Member States of, or their accession to, the United Nations Convention on a Code of Conduct for Liner Conferences, OJ L 332/1, 18. 12. 2007.

〔3〕 See Francesco Munari, *Liner Shipping and Antitrust after the Repeal of Regulation* 4056/86, Lloyd's Maritime and Commercial Law Quarterly, 2009, p. 43.

〔4〕 See Francesco Munari, *Liner Shipping and Antitrust after the Repeal of Regulation* 4056/86, Lloyd's Maritime and Commercial Law Quarterly, 2009, p. 43.

一个三阶段的评议程序来对第4056/86号条例进行评估，讨论欧盟是否应当继续赋予班轮公会反垄断豁免。而发动评估的背景是受到了2002年经济合作与发展组织《班轮运输的竞争政策》的最终报告[1]中建议成员国考虑取消班轮公会反垄断豁免的影响。[2] 维持班轮公会反垄断豁免的合理性在于能够证明班轮公会的存在可以带来稳定的运费率以及稳定船期表的航运服务，[3]因此欧盟在第一阶段的技术性报告中着重评估以下内容：是否有清楚的证据表明班轮公会的价格协定行为可以为欧盟成员国带来稳定的海运运费；是否能够保证托运人以及其他运输服务消费者可以享有稳定海运的船期；如果班轮公会反垄断豁免制度可以带来稳定的运费率和船期服务，那么这种结果是否可以通过其他方面减轻法律规制带来，比如在船舶共享协议、航运联营协议、舱位互租协议方面减少规制，而不是在价格固定协议方面减少规制。[4] 第二阶段的评估则是一个建立在数据分析基础上的深入研究，包括对于第一阶段技术报告的进一步分析，分析结论将以绿皮书或者白皮书的形式发布，并邀请欧盟成员国政府对研究结果进行评论。[5] 第三阶段的报告则以立法建议书的形式发布，来为欧盟新的立法提供建议。

经过评估，欧盟认为应当取消班轮公会的反垄断豁免，重构海运竞争法律体系。原因在于班轮公会协议反垄断整体豁免的做法与欧盟一般竞争法的单独豁免条件相违背，即班轮公会协议不符合《欧共体条约》第81条第3款规定的垄断协议个别享有豁免的四个构成要件，分述如下：

---

〔1〕 郏丙贵："欧盟航运竞争规则新体系探讨"，载《上海海事大学学报》2009年第30卷。

〔2〕 See Joos Stragier, *Recent Developments in EU Competition Policy in the Maritime Sector*, speech at the Shipping Forecast Conference, London, Apr. 25, 2002, available at http://ec.europa.eu/competition/speeches/text/sp2002_015_en.pdf, pp. 9–10.

〔3〕 See Council Regulation (EEC) No. 4056/86 of 22 December 1986 laying down detailed rules for the application of Articles 85 and 86 of the Treaty to maritime transport, OJ L 378, 31. 12. 1986, recital 8.

〔4〕 See Joos Stragier, *Recent Developments in EU Competition Policy in the Maritime Sector*, speech at the Shipping Forecast Conference, London, Apr. 25, 2002, available at http://ec.europa.eu/competition/speeches/text/sp2002_015_en.pdf, p. 10.

〔5〕 See Joos Stragier, *Recent Developments in EU Competition Policy in the Maritime Sector*, speech at the Shipping Forecast Conference, London, Apr. 25, 2002, available at http://ec.europa.eu/competition/speeches/text/sp2002_015_en.pdf, p. 11.

第一,对于有助于改善商品的生产或者分配,或者有助于推动技术或经济进步之要件,由于越来越严格的法律规制和海运市场中航运经营者其他联合形式的出现,很多班轮公会已经不再能够约束成员不从事背离公会要求的单独行为,不再能够有效实施公会的统一运价,而且也没有证据表明班轮公会的存在必然会带来更加稳定的费率与质量更高的班轮运输服务,因此不符合有助于商品的生产、销售或者有利于推动技术或经济进步的豁免条件。[1]

第二,对于使消费者能够从由此获得的利益中分享公平的份额之要件,班轮公会的价格控制协议其本身是非常严重的限制竞争行为,而且其所导致的负面效果并无有效的正效应来弥补,因此不符合消费者可以通过补偿来抵消限制竞争行为带来的负面效果的豁免条件。[2]

第三,对于限制竞争是绝对必要之要件,航运市场的实践表明,可以采用一种比第4056/86号条例的价格固定与运量控制行为相比对于市场竞争限制作用更小的方式来实现提供更为稳定和高效的服务的结果。例如,可以采用航运联营这种不进行价格协同的航运企业联合协议来实现航运企业的规模经济效应。故不符合限制竞争是实现目的的绝对必要条件的豁免条件。[3]

第四,对于限制竞争不能大到排除竞争的地步之要件,即使在航运市场中班轮公会与其他外部竞争者之间存在运费率的竞争,但是由于附加费往往是由班轮公会确定,而独立航运经营者也会随之采用班轮公会的附加费价格,完全可能产生排除竞争的效果,因此不符合限制竞争不能大到排除竞

[1] See Council Regulation (EEC) No. 4056/86 of 22 December 1986 laying down detailed rules for the application of Articles 85 and 86 of the Treaty to maritime transport, OJ L 378, 31. 12. 1986, recital 4.

[2] See Council Regulation (EEC) No. 4056/86 of 22 December 1986 laying down detailed rules for the application of Articles 85 and 86 of the Treaty to maritime transport, OJ L 378, 31. 12. 1986, recital 5.

[3] See Council Regulation (EEC) No. 4056/86 of 22 December 1986 laying down detailed rules for the application of Articles 85 and 86 of the Treaty to maritime transport, OJ L 378, 31. 12. 1986, recital 6.

争的程度的豁免条件。[1]

此外,在将一般竞争法适用于不定期租船与沿海运输市场的问题上,由于其本来不受竞争法规制的依据就不甚合理,自由协商的竞争性市场结构以及尚未对成员国间的贸易产生影响并不意味着应当免受竞争法之规制,因此将这两个海运市场纳入一般竞争法的规制框架之内,是弥补立法疏漏的应有之义。

第1419/2006号条例出台后,由于一般竞争法适用于海运市场,航运经营者在从事联合行为时就必须评估其联合是否具有反竞争效果,并确保行为不会背离第81条之规定。航运经营者需要证明联合行为存在如下情况之一,方能不被禁止:联合行为并不具有显著反竞争效果,或者联合行为符合仍然保留的特别整体豁免范围(如航运联营协议的反垄断整体豁免),或者联合行为符合第81条第3款中单独豁免的条件。笔者认为,在欧盟新海运竞争法律框架下,航运经营者间的联合协议或行为适用单独豁免的空间较小,由于独立经营者与实际或潜在竞争对手的联合必定会在一定程度上涉及联合市场计划、固定价格和运力供给协调从而影响市场自由竞争,即使航运经营者主张合作可以提高效率、增进消费者福利,然而要证明联合行为是达成上述效果之唯一方式,却并不容易。

第1419/2006号条例出台后的欧盟新海运竞争法律体系将直接影响海运市场的定价机制、市场结构、市场运力,因而引起了国际社会的广泛关注。[2] 有学者认为其可能会影响主要海运国家的海运反垄断与竞争立法:"由于改革后的欧盟新海运竞争法律体系只承认航运联营体协议以及符合《欧共体条约》第81条第3款反垄断豁免条件的协议具有合法地位,因此,即使其他国家的航运法授权班轮公会或国际航运协议反垄断整体豁免权,这种反垄断豁免的适用范围却将直接受到限制,只能在与欧盟无关的航线

---

[1] See Council Regulation (EEC) No. 4056/86 of 22 December 1986 laying down detailed rules for the application of Articles 85 and 86 of the Treaty to maritime transport, OJ L 378, 31. 12. 1986, recital 7.

[2] 徐步、张功:"欧盟第4056/86号条例废止的影响及建议",载《世界海运》2008年第31卷第4期。

上实施。”[1]所以此次欧盟重构海运竞争法的变革才会引起国际社会的强烈反响，很多国家开始重新评估本国海运竞争法并进一步探讨是否应当取消班轮公会反垄断整体豁免制度。

（三）欧盟重构海运竞争法律体系的影响

经过两年过渡期，第4056/86号条例于2008年10月18日起正式废除，将远洋运输的垄断问题与其他部门置于统一的竞争规则之下。虽然欧盟理事会在2006年颁布了第1419号条例[2]废止了第4056/86号条例所赋予班轮公会的反垄断整体豁免，但是这并不等于剥夺了班轮公会的反垄断豁免，2009年第906号条例[3]特别指出在废除整体豁免后，如果班轮公司之间的联合行为符合《欧共体条约》第81条第3款所规定的豁免条件，仍然可以获得反垄断豁免。在2008年欧盟颁布的《有关海上运输适用欧共体条约第81条的指南》中特别指出了如何在不定期租船市场适用欧盟竞争法的具体操作细则，这一细则也建立在个案分析进路的基础之上。[4] 该指南在界定航运服务相关市场的基础上，重点对如何评估技术协议、信息交流协议和航运分摊协议的影响提出指导性规则。废除第4056/86号条例的第1419/2006号条例开创了欧盟航运竞争法的新篇章，变革后的欧盟航运竞争法之立法渊源由《欧共体条约》第81条协议垄断的规定与第82条滥用市场支配地位的规定，加上第906/2009号条例延续了第823/2000号条例关于班轮企业联营协议的规定构成。变革后的欧盟航运竞争法之反垄断豁免制度有两种：一是航运联营协议仍然可以根据第823/2000号条例享有反垄断整体豁免，

---

[1] 郑丙贵：“欧盟航运竞争规则新体系探讨”，载《上海海事大学学报》2009年第30卷。

[2] Council Regulation (EC) No. 1419/2006 of 25 September 2006 repealing Regulation (EEC) No. 4056/86 laying down detailed rules for the application of Articles 85 and 86 of the Treaty to maritime transport, and amending Regulation (EC) No. 1/2003 as regards the extension of its scope to include cabotage and international tramp services, OJ L 269, 28. 9. 2006.

[3] Commission Regulation (EC) No 906/2009 of 28 September 2009 on the Application of Article 81(3) of the Treaty to Certain Categories of Agreements, Decisions and Concerted Practices between Liner Shipping Companies (Consortia), OJ L 256, 29. 9. 2009.

[4] European Commission Guidelines on the application of Article 81 of the EC Treaty to maritime transport services, OJ C 245/2, 26. 9. 2008.

二是班轮公会等其他航运协议则需要根据《欧共体条约》第 81 条第 3 款主张单独豁免。变革后的欧盟航运竞争法之适用范围不再仅限于班轮运输，而扩展至不定期租船运输与沿海运输，从而使班轮运输、不定期租船运输与沿海运输受制于统一的航运竞争法。

欧盟理事会第 1419/2006 号条例废止第 4056/86 号条例，宣告“后班轮公会时代”(Post Liner Conference Era)的来临。[1] 欧盟竞争法律体系的变革深刻影响着国际航运市场的结构和组织形式，很多班轮公会不得不因为欧盟法律的变革而宣告解散，有着 120 年历史的远东班轮公会宣布为了回应欧盟法律的变化，其将在 2008 年 10 月 18 日终止运营。[2] 对于航运经营者来说，他们之间具有运价和运力协调内容，对航运市场竞争有较大限制作用的协议很可能因为不符合《欧共体条约》第 81 条第 3 款反垄断豁免条件而在涉及欧盟的航线上不能享有反垄断豁免，因此在欧盟竞争法体系变革之后，航运经营者必须更加谨慎行事以确保其行为的竞争合规。

欧盟竞争法律体系的变革也深刻影响着国际社会对于航运业竞争规制法律制度的变革。郑丙贵教授指出，欧盟航运竞争规则的变化引起国际社会的广泛关注，可能会影响主要航运国家的立法。由于欧盟改革后的新航运竞争法律体系只承认航运联营体协议以及符合《欧共体条约》第 81 条第 3 款反垄断豁免条件的协议具有合法地位，因此，即使其他国家授权班轮公会或相关航运协议具有反垄断豁免权，但是其他国家反垄断豁免的适用范围将直接受到限制，只能在与欧盟无关的航线上实施，所以此次欧盟对于航运竞争法的变革才会引起国际社会的强烈反响。[3] 由于欧盟航运竞争法的变革，很多国家开始重新评估本国的航运竞争法并进一步探讨是否应当取消国内航运法中的班轮公会反垄断豁免制度。例如，新西兰就决定取消班

[1] 郑丙贵：“后班轮公会时代国际班轮市场管制”，载《大连海事大学学报》(社会科学版)2007 年第 6 卷第 5 期；郑丙贵、王学锋：“后班轮公会时代班轮公司之间合作问题前瞻”，载《上海海事大学学报》2007 年第 28 卷第 4 期。

[2] 王守仁：“远东班轮公会将于今年 10 月 18 日停止运作”，载《中国经贸》2008 年第 6 期。

[3] 郑丙贵：“欧盟航运竞争规则新体系探讨”，载《上海海事大学学报》2009 年第 30 卷。

轮公会反垄断豁免,目前如何具体修订取消班轮公会反垄断豁免后的法律制度尚待新西兰议会(New Zealand Parliament)决定。[1] 印度货主已经向印度竞争委员会(Competition Commission of India,CCI)投诉,要求核查班轮公会的定价机制是否对货主利益产生了不利影响。印度竞争委员会也开始考虑取消班轮公会价格垄断豁免权,并允许各班轮公司对货主独立报价。[2] 日本贸易委员会也正在积极征求日本和世界各地业内人士意见就有关公会制度是否有存在的必要而达成共识。[3] 目前,在取消班轮公会反垄断豁免的法律变革进程中,各种货主协议和托运人组织成为重要的推动力量。马来西亚竞争委员会(Malaysia Competition Commission,MyCC)在2013年12月宣布将赋予班轮公会公会协议为期三年的竞争法豁免后,各种产业协会和组织就向法院起诉要求法院启用司法审查制度审查竞争委员会这一做法是否合法,马来西亚地方高等法院(Kota Kinabalu High Court)判决认为竞争委员会的做法符合马来西亚《2010年竞争法》(Competition Act 2010)的要求。[4] 美国虽然并不打算跟随欧盟海运竞争法律体系的变革修改航运法,但是却对欧盟法律的变化高度重视,立刻着手评估欧盟海运竞争法律体系变革对于美国航运业发展的影响。美国联邦海事委员会于2012年发布了名为"关于2008年欧盟竞争法取消班轮公会反垄断豁免的研究"

[1] See Organisation for Economic Co-operation and Development (OECD), *Working Party No. 2 on Competition and Regulation Competition Issues in Liner Shipping-New Zealand*, Directorate for Financial and Enterprise Affairs, Competition Committee, Jun. 4, 2015, available at http://www.oecd.org/officialdocuments/publicdisplaydocumentpdf/?cote=DAF/COMP/WP2/WD(2015)6&docLanguage=En, p. 6.

[2] 虽然印度竞争委员会开始表现出希望禁止航运经营者实施协同价格行为的态度,也向印度航运部(Ministry of Shipping)提出禁止航运经营者协同运费的建议,但是印度航运部却认为对航运经营者协同价格的行为实施更为严格的监管比直接予以禁止要好,参见 Proshanto K. Mukherjee and Mark Brownrigg, *Farthing on International Shipping* (*4th ed.*), Berlin, Heidelberg: Springer, 2013, p. 169。

[3] 王守仁:"远东班轮公会将于今年10月18日停止运作",载《中国经贸》2008年第6期。

[4] See Malaysia Competition Commission, News Release, *Kota Kinabalu High Court Dismissed the Application for Judicial Review on Conditional Block Exemption Order*, Apr. 2015, available at http://mycc.gov.my/wp-content/uploads/2015/04/News-Release-Kota-Kinabalu-High-Court-Dismissed-the-Application-for-Judicial-Review-on-Block-Exemption-Order_final.pdf.

的调查报告。[1] 此份调查报告的结论指出：欧盟取消班轮公会反垄断整体豁免并未对美国航线的贸易带来负面影响，在美国从事对外贸易运输的航运经营者开出的运价并未呈现出比欧盟货物运输的运价更高的现象。[2]

四、欧盟规制国际航运业垄断问题的相关案例

在欧盟第4056/86号条例出台后，欧盟委员会与航运经营者之间围绕着如何解释适用这一条例的具体内容存在一系列争论。[3] 欧盟委员会一直坚持对第4056/86号条例进行严格的狭义解释，使解释的内容符合欧盟一般性竞争法规则中垄断协议规制制度的单独豁免要求(即《欧共体条约》第81条第3款，现《欧盟运行条约》第101条第3款)，并且在解释时参照适用欧盟有关《欧共体条约》第81条第3款的判例法规则。[4] 但是航运经营者则主张对第4056/86号条例所规定的豁免制度作出宽泛性解释，从而在实践中尽可能扩大反垄断豁免的覆盖范围。[5] 欧盟委员会与航运经营者关于反垄断整体豁免的观点冲突在第4056/86号条例未被取代之前一直存在。

(一)泛大西洋航线协议组织案

泛大西洋航线协议组织案(Trans-Atlantic Agreement, TAA)的具体案情可以追溯自1992年。就在TAA取代美国北欧运价协议组织(USA North

〔1〕 See United States Federal Maritime Commission, *Study of the 2008 Repeal of the Liner Conference Exemption from European Union Competition Law*, Jan. 2012, available at http://www.fmc.gov/assets/1/documents/fmc_eu_study.pdf.

〔2〕 See United States Federal Maritime Commission, *Study of the 2008 Repeal of the Liner Conference Exemption from European Union Competition Law*, Jan. 2012, available at http://www.fmc.gov/assets/1/documents/fmc_eu_study.pdf., p. x.

〔3〕 See Marco Benacchio et al., *The Liner Shipping Industry and EU Competition Rules*, 14 Transport Policy, 2007, p. 4; See Eric Fitzgerald, *Recent Judgments in the Liner Shipping Sector*, in EU Directorate-General Competition's Competition Policy Newsletter, No. 2, Jun. 2002, available at http://ec.europa.eu/competition/publications/cpn/2002_2_41.pdf, p. 41.

〔4〕 See Marco Benacchio et al., *The Liner Shipping Industry and EU Competition Rules*, 14 Transport Policy, 2007, p. 4.

〔5〕 See Marco Benacchio et al., *The Liner Shipping Industry and EU Competition Rules*, 14 Transport Policy, 2007, p. 4.

Europe Rate Agreement,USANERA)与北欧美国运价协议组织(North Europe USA Rate Agreement,NEUSARA),并获得美国联邦海事委员会(Federal Maritime Commission,FMC)批准后还有两个月即将生效之时,TAA在1992年6月收到了欧盟竞争总局的书面信函。信函指出,TAA不是班轮公会,因此不能享有第4056/86号条例第3条班轮公会所享有的反垄断整体豁免;即使TAA是班轮公会,TAA协议中所规定的运力控制计划也不能获得反垄断豁免。[1] 这封信中欧盟竞争总局还强调:欧盟竞争法从不能容忍同时进行价格协同与运力削减的行为,而且对于第4056/86号条例第3条必须以符合欧盟竞争法总体原则的方式进行解释。[2] 面临这种不利于己的形势,TAA决定自我改造,1994年7月正式以泛大西洋班轮公会(Trans-Atlantic Conference Agreement,TACA)向欧美有关机构申请备案,准备由此取代TAA。[3]

TAA案的争议焦点在于如何解释第4056/86号条例的反垄断豁免制度问题,具体而言包括三方面问题:①第4056/86号条例的反垄断豁免制度是否适用于多式联运中的内陆运输区段,即班轮公会及其成员如果在多式联运的内陆区段也进行价格协同是否可以享有反垄断豁免;②TAA并未采用统一的运费率机制(Uniform Rates),而是使用双重费率(Two-Tier Tariff),这是否影响TAA的组织性质从而将其排除在班轮公会之外,并不得享有班轮公会反垄断豁免;③TAA实施的运力控制计划是否符合第4056/86号条例第3条第(d)项的"调节班轮公会成员的运力投入"行为,该项所规定的"调节班轮公会成员的运力投入"行为是否仅指可以促进技术或经济进步的运力调节,或是出现市场供需失衡等特殊情况下才可以使用封存、控制运力

---

〔1〕 See Bernard Gardner, *EU Competition Policy and Liner Shipping Conferences*, 31 Journal of Transport Economics and Policy, 1997, p. 318.

〔2〕 See John B. Dean, *Shipper's Perspective*, 34 American Shipper, 1992, p. 28;对于这一案件还可以参见王杰、王琦:《国际航运组织的垄断与竞争》,大连海事大学出版社2000年版,第35~37页。

〔3〕 王杰、王琦:《国际航运组织的垄断与竞争》,大连海事大学出版社2000年版,第36页。

的行为。[1]

1994年10月19日,欧盟委员会决定裁决禁止TAA协议,认为TAA违反欧盟竞争法,原因在于:第一,TAA的多重运费(Multi-Tier Tariff)与运力控制协议违反欧盟竞争法第81条第1款;第二,TAA不满足能够获得第4056/86号条例第3条规定的班轮公会反垄断整体豁免的条件;第三,TAA不满足能够获得欧盟竞争法第81条第3款规定的单独豁免的条件;第四,TAA对于内陆运输的价格协同行为违法了欧盟竞争法第81条第1款,而且TAA不满足能够获得单独豁免的条件。[2]

TAA不服欧盟委员会的裁决,向法院申请要求暂时中止欧盟委员会的裁决,并且在1995年7月19日收到了欧洲初审法院的法庭令状获准暂时中止执行。[3] TAA分别对欧盟委员会的各项主张提出了抗辩:首先,关于TAA内部多重运价体系的设定、运力调整计划、多式联运运价协同行为,欧盟委员会认为其超出了第4056/86号条例第3条规定的班轮公会反垄断整体豁免范围;TAA则认为上述行为从来就是公会的合法性行为,并特别强调运力调整对稳定大西洋航线所起到的正面作用。其次,关于TAA内部提高运价政策,欧盟委员会指责是滥用垄断或支配权力;TAA则主张除了供小于需而进行的运力调整外,运力调整本身与运价的不适当提高间并没有必然联系。最后,关于TAA的限制竞争效果,TAA主张在其协定内部各公司之间、协定内外公司之间均有激烈竞争,所以不存在消除或者限制竞争的

---

〔1〕 See Eric Fitzgerald, *Recent Judgments in the Liner Shipping Sector*, in EU Directorate-General Competition's Competition Policy Newsletter, No. 2, Jun. 2002, available at http://ec. europa. eu/competition/publications/cpn/2002_2_41. pdf, p. 41.

〔2〕 See Commission Decision of 19 October 1994 in Case No. IV/34. 446-Trans-Atlantic Agreement, OJ L 376/1, 31. 12. 1994.

〔3〕 See Elizabeth Canna, *Another European Court Victory for TAA*, 35 American Shipper, 1995, p. 6; ernard Gardner, *EU Competition Policy and Liner Shipping Conferences*, 31 Journal of Transport Economics and Policy, 1997, p. 319.

状况。[1]

欧洲初审法院在实体内容上维持了欧盟委员会的裁决，作出如下判决：

对于整体豁免问题，由于TAA并未采用统一或共同运费率机制，因此不是班轮公会，[2]所以不能享有班轮公会反垄断整体豁免。[3] 因为TAA不能享有班轮公会反垄断整体豁免，也就无须继续分析TAA实施的运力控制计划和多式联运内陆运输区段的价格协同是否可以享有反垄断整体豁免。[4] 在判决理由中，欧洲初审法院体现出严格解释第4056/86号条例整体豁免制度的态度。欧洲初审法院认为，已有判例制度表明任何排除《欧共体条约》第81条的规则都必须严格解释，这要求当事人援引第4056/86号条例的豁免制度时必须首先满足特定的前提条件。对此，欧洲初审法院陈述道："考虑到班轮公会反垄断整体豁免制度的无限期存续以及该制度对于市场竞争的限制性影响（特别是班轮公会的一些横向协议以追求固定价格为目的），第4056/86号条例第3条所规定的豁免不得宽泛性解释，班轮公会及其成员认为限制竞争的行为是有用的甚至是必要的不能作为获得第4056/86号条例第3条所规定的豁免的依据。"[5]

对于单独豁免问题，TAA在海运区段的价格协同和运力控制会导致在

---

[1] 王杰、王琦：《国际航运组织的垄断与竞争》，大连海事大学出版社2000年版，第36~37页；see also Bernard Gardner, *EU Competition Policy and Liner Shipping Conferences*, 31 Journal of Transport Economics and Policy, 1997, p. 319; Joos Stragier, *Recent Developments in EU Competition Policy in the Maritime Sector*, speech at the Shipping Forecast Conference, London, Apr. 25, 2002, available at http://ec.europa.eu/competition/speeches/text/sp2002_015_en.pdf, p. 6.

[2] See Judgment of the Court of First Instance of 28 February 2002 in Case No. T-395/94-Atlantic Container Line AB and Others v. Commission of the European Communities (TAA), [2002] ECR II 875, para. 176.

[3] See Judgment of the Court of First Instance of 28 February 2002 in Case No. T-395/94-Atlantic Container Line AB and Others v. Commission of the European Communities (TAA), [2002] ECR II 875, para. 177.

[4] See Judgment of the Court of First Instance of 28 February 2002 in Case No. T-395/94-Atlantic Container Line AB and Others v. Commission of the European Communities (TAA), [2002] ECR II 875, para. 178.

[5] See Judgment of the Court of First Instance of 28 February 2002 in Case No. T-395/94-Atlantic Container Line AB and Others v. Commission of the European Communities (TAA), [2002] ECR II 875, para. 146.

相关市场上消除竞争,因此 TAA 不符合享有单独豁免的条件。[1] 没有证据表明 TAA 在多式联运内陆运输区段的价格协同能够提升产出或者促进技术进步,也没有证据表明实施内陆运输区段的价格协同是防止海运区段运价恶性竞争的必要手段,因此,TAA 在内陆运输区段的价格协同行为不符合欧盟一般竞争法规则中的单独豁免条件。[2] 欧洲初审法院回应了当事方有关 TAA 可以起到稳定航运市场作用的主张,指出:“第 4056/86 号条例不得背离《欧共体条约》第 81 条和第 82 条。这是因为第 4056/86 号条例序言的第 13 项陈述指出,如果《欧共体条约》第 81 条第 3 款单独豁免的条件不满足的话,当事人不得享有豁免。对于当事人提出的稳定航运市场主张,欧盟理事会的观点是班轮公会具有稳定航运市场的作用,可以确保托运人获得船期可靠的航运服务,因此欧盟法赋予班轮公会反垄断整体豁免。但是,这种观点并不当然意味着任何班轮公会的任何行为都会提升海运市场的稳定性,也不意味着任何班轮公会的任何行为都可以因此被赋予反垄断整体豁免或者单独豁免,理由在于:第一,欧盟理事会并未声称市场稳定的重要程度高于市场竞争,而且欧盟理事会在第 4056/86 号条例序言陈述的第 9 项中说明,之所以在第 4 条、第 5 条、第 7 条中规定班轮公会反垄断豁免的条件和义务,是为了防止班轮公会从事与《欧共体条约》第 81 条第 3 款不兼容的限制竞争行为;第二,欧盟理事会的立法建立在对班轮公会市场稳定作用进行评估的基础上,第 4056/86 号条例序言陈述的第 8 项中指出,没有班轮公会内部成员之间的相互合作就无法产生这种稳定航运市场的结果,因此这种市场稳定的作用仅限于就班轮公会而言,却并未考虑其他不同于班轮公会的协议和组织形式。即使航运经营者之间的联合可以稳定航运市场进而为消费者带来船期更为可靠的运输服务,但是欧盟委员会也并没有义

〔1〕 See Judgment of the Court of First Instance of 28 February 2002 in Case No. T - 395/94 - Atlantic Container Line AB and Others v. Commission of the European Communities (TAA), [2002] ECR II 875, paras. 365-366.

〔2〕 See Judgment of the Court of First Instance of 28 February 2002 in Case No. T - 395/94 - Atlantic Container Line AB and Others v. Commission of the European Communities (TAA), [2002] ECR II 875, paras. 369-372.

务必须授予航运经营者联合反垄断单独豁免,欧盟委员会可以在第4056/86号条例的法律限制内,自由裁量决定是否适用以及如何适用《欧共体条约》第81条第3款的单独豁免制度。”[1]

(二)远东班轮公会案

远东班轮公会(Far Eastern Freight Conference, FEFC)案[2]与前述泛大西洋航线协议组织案类似,争议在于班轮公会对多式联运中的内陆运输区段实施价格协同是否享有反垄断豁免问题。欧盟委员会认为远东班轮公会成员在多式联运的内陆运输区段仍然实施价格协同行为,违反《欧共体条约》第81条和《适用于铁路、公路和内陆水路运输的欧盟1017号竞争规则》第1017/68号条例第2条,因此要求FEFC的成员停止此类行为,并对每个成员处以罚款。[3]

案件上诉到欧洲初审法院,欧洲初审法院拒绝支持FEFC成员航运公司的主张并维持了欧盟委员会的裁决,判决多式联运内陆运输区段的价格协同行为不在第4056/86号条例反垄断整体豁免制度的适用范围之内。[4] 欧洲初审法院通过FEFC案的判决界定了第4056/86号条例的适用范围:首先,从文义解释的视角来看,第4056/86号条例第1条的语词本身已经清楚说明这一条例适用于海上运输服务,如果欧盟理事会在立法时有将内陆运输区段也包括在反垄断豁免的范围内,理事会就会使用清楚的语词表明反

---

[1] See Judgment of the Court of First Instance of 28 February 2002 in Case No. T-395/94-Atlantic Container Line AB and Others v. Commission of the European Communities (TAA), [2002] ECR II 875, paras. 260-262.

[2] 此时远东班轮公会的成员有:Compagnie Générale Maritime, Hapag-Lloyd Aktiengesellschaft, Croatia Line, Kawasaki Kisen Kaisha Limited, Lloyd Triestino di Navigazione SpA, AP Moeller-Maersk Line, Malaysian International Shipping Corporation Berhad, Mitsui OSK Lines Ltd., Nedlloyd Lijnen BV, Neptune Orient Lines Ltd., Nippon Yusen Kabushiki Kaisha, Orient Overseas Container Line, P & O Containers Ltd.。

[3] See Commission Decision of 21 December 1994 in Case No. IV/33.218-Far Eastern Freight Conference, OJ L 378, 31.12.1994.

[4] See Judgment of the Court of First Instance of 28 February 2002 in Case No. T-86/95-Compagnie Générale Maritime and Others v. Commission of the European Communities (FEFC), [2002] ECR II 1011, paras. 124-130.

垄断豁免包括内陆运输区段。那种认为欧盟理事会在立法时希望将与海运相关联的内陆运输区段和装卸货过程也纳入“海运”范畴的观点将超出第4056/86号条例的语词本身的含义。〔1〕其次，从体系解释的视角来看，在Centro Servizi Spediporto案中欧洲法院判决第4055/86号条例适用于多式联运的内陆运输部分，但是仅限于海运服务到达港口或者近海设施才算履行完毕时的内陆运输部分，第4055/86号条例的适用并不延伸到货物已经从船上卸下后进行陆运的内陆运输部分。〔2〕但是Centro Servizi Spediporto案的规则并不适用于本案，因为第4055/86号条例和第4056/86号条例同属于“1986年一揽子立法”的组成部分，是由欧盟理事会在同一天颁布的，如果欧盟理事会在立法时希望对第4056/86号条例采用比第4055/86号条例更宽泛的范围，理事会就会在第4056/86号条例中明确规定。所以，第4056/86号条例的范围仅限于港至港的海运区段，并不包括多式联运的内陆运输区段。〔3〕

欧洲初审法不但判决FEFC在内陆运输区段的价格协同行为不能享有第4056/86号条例的反垄断整体豁免，也否定了内陆运输区段的价格协同行为获得《欧共体条约》第81条第3款单独豁免的可能性。理由在于：当事方没有提供证据证明内陆运输区段的固定价格这种严重限制竞争的行为是为了实现稳定航运市场的目的所必不可少的手段，因此当事方获得单独豁免的主张不符合《欧共体条约》第81条第3款第三个构成要件的要求。〔4〕欧洲初审法院也注意到欧盟委员会已经提出了其他比固定内陆运价损害更小

〔1〕 See Judgment of the Court of First Instance of 28 February 2002 in Case No. T-86/95-Compagnie Générale Maritime and Others v. Commission of the European Communities (FEFC), [2002] ECR II 1011, para. 235.

〔2〕 See Judgment of the Court of First Instance of 28 February 2002 in Case No. T-86/95-Compagnie Générale Maritime and Others v. Commission of the European Communities (FEFC), [2002] ECR II 1011, para. 239.

〔3〕 See Judgment of the Court of First Instance of 28 February 2002 in Case No. T-86/95-Compagnie Générale Maritime and Others v. Commission of the European Communities (FEFC), [2002] ECR II 1011, para. 241.

〔4〕 四个要件分别为：第一，限制竞争协议有助于改善商品的生产或者分配，或者有助于推动技术或经济进步；第二，限制竞争协议可以使消费者能够从由此获得的利益中分享公平的份额；第三，限制竞争是绝对必要的；第四，限制竞争不能大到排除竞争的地步。

化的方式可以实现同样的市场稳定效果。欧盟委员会提出,FEFC 的成员完全可以通过在协议中规定成员不得在内陆区段的运输中使用低于成本的运价来进行恶性竞争,从而起到稳定市场的作用,而没有必要通过固定内陆运输运价来稳定市场。[1] 欧盟委员会所提出的这种替代固定价格的做法可以通过激励班轮公会成员进行内陆运输区段的价格竞争,使班轮公会成员之间就海运区段固定价格的多式联运协议的整体运价产生竞争。即便加入班轮公会使成员无法就海运区段的运输实施价格竞争,但是成员仍然可以通过降低内陆运输区段的价格和提升服务质量来提升整个多式联运服务的竞争程度。[2]

欧洲初审法院在实体内容上支持了欧盟委员会的裁决,但是撤销了欧盟委员会对于 FEFC 成员的罚款决定,这是因为考虑到班轮公会长期以来可能具有协定各区段运价水平的实践传统,也考虑到案件争议点在法律和经济上的复杂性,以及考虑到在 TAA 判决中并未对 TAA 成员的同类行为施加罚款。[3]

(三)泛大西洋班轮公会案

泛大西洋班轮公会(Trans-Atlantic Conference Agreement, TACA)是泛大西洋航线协议组织案(Trans-Atlantic Agreement, TAA)的继任者,由于欧盟委员会和欧洲初审法院都不认可 TAA 是班轮公会,因此 TAA 不能享有第 4056/86 号条例的反垄断整体豁免,所以 TAA 决定将自己改造为班轮公会,TACA 就是 TAA 改造后的组织形式。1994 年 7 月 5 日 TACA 希望根据

---

〔1〕 See Judgment of the Court of First Instance of 28 February 2002 in Case No. T-86/95-Compagnie Générale Maritime and Others v. Commission of the European Communities (FEFC), [2002] ECR II 1011, para. 398.

〔2〕 See Judgment of the Court of First Instance of 28 February 2002 in Case No. T-86/95-Compagnie Générale Maritime and Others v. Commission of the European Communities (FEFC), [2002] ECR II 1011, para. 400.

〔3〕 See Eric Fitzgerald, *Recent Judgments in the Liner Shipping Sector*, in EU Directorate-General Competition's Competition Policy Newsletter, No. 2, Jun. 2002, available at http://ec.europa.eu/competition/publications/cpn/2002_2_41.pdf, p. 44.

第4056/86号条例向欧盟委员会进行报备,但是欧盟委员会却告知TACA委员会将根据第1017/68号有关内陆运输的规则审查TACA协议,因为TACA的一些行为不在第4056/86号条例的适用范围内。[1] 欧盟委员会在1998年9月16日发布了TACA案的裁决,认为TACA班轮公会协议由于涉及内陆运输区段的价格协同和对于货运代理人报酬的协同,因此与《欧共体条约》第81条第1款相抵触,并且其不在第4056/86号条例规定的可享有班轮公会反垄断豁免的范围之内,也不在《欧共体条约》第81条第3款的单独豁免范围之内。此外,由于TACA还试图限制成员单独与托运人缔结服务合同(service contract),欧盟委员会认为TACA的这种做法违反《欧共体条约》第81条,并不得享有第81条第3款的单独豁免,而且欧盟委员会还认为这种做法由于限制了服务合同的供给和内容,因此TACA已经构成滥用"共同市场支配"(collective dominant position),违反《欧共体条约》第82条。欧盟委员会还发现TACA试图诱劝潜在竞争者也采用与公会相同的服务合同缔结条件和价格,因此认为TACA的行为已经构成滥用市场支配地位,通过改变市场竞争结构的方式加强TACA的共同市场支配力。最终,欧盟委员会对TACA违反《欧共体条约》第81条的行为未施以罚款,但却对TACA滥用市场支配地位的行为作出金额为2亿7千3百万欧洲货币单位(european currency unit)的处罚。[2]

TACA在其后修改了其班轮公会协议以尽可能符合欧盟航运竞争法的要求。[3] 2002年11月14日,欧盟委员会裁决"修改后的TACA"(Revised TACA)可以享有反垄断整体豁免。[4] 欧盟委员会在裁决中就五方面问题

---

[1] See Maria Jaspers, *The TACA Judgment: Lessons Learnt and the Way Forward*, in EU Directorate-General Competition's Competition Policy Newsletter, No. 1, spring 2004, available at http://ec.europa.eu/competition/publications/cpn/2004_1_34.pdf, p. 34.

[2] See Commission Decision of 16 September 1998 in Case No. IV/35.134-Trans-Atlantic Conference Agreement (TACA), OJ L 95, 9.4.1999.

[3] See Jean-François Pons and Eric Fitzgerald, *Competition in the Maritime Transport Sector: A New Era*, in EU Directorate-General Competition's Competition Policy Newsletter, No. 1, Feb. 2002, available at http://ec.europa.eu/competition/publications/cpn/2002_1_10.pdf, p. 12.

[4] See Commission Decision of 14 November 2002 in Case No. COMP/37.396-Revised TACA, OJ L 26, 31.1.2003.

进行论述：第一，关于修改后的 TACA 中那些符合第 4056/86 号条例第 3 条的协议内容，只要修改后的 TACA 满足第 4056/86 号条例第 4 条和第 5 条规定的条件和义务，就可以享有符合第 4056/86 号条例第 3 条的反垄断整体豁免。〔1〕 第二，欧盟委员会认为修改后的 TACA 对敏感商业信息的交换制度进行修正，不会再对班轮公会成员独立订立服务合同的权利产生限制性影响，这种结论也符合目前 TACA 成员所缔结的独立服务合同的数量正在大量增加这一事实。〔2〕 第三，欧盟委员会认为修改后的 TACA 对成员之间的运力控制计划进行了修正，对于运力控制计划附各种限制条件，因此不会造成潜在的市场竞争扭曲。在修改后的 TACA 协议中，TACA 首先承诺将系统监管成员的运力控制计划，并制定报告向欧盟委员会进行定期报备以便欧盟委员会对 TACA 的运力控制计划进行监管。其次，TACA 承诺不会同时实施提高运价行为和运力控制行为，或者人为缩减运力造成市场运力供给不足来抬高运价。基于 TACA 的上述修改，欧盟委员会认为修改后的 TACA 运力控制计划可以享有班轮公会反垄断整体豁免。〔3〕 第四，欧盟委员会认为，修改后的 TACA 打算实施的“班轮公会联合服务合同”（agreement service contract）和“多承运人联合服务合同”（multicarrier service contract）〔4〕不在班轮公会反垄断整体豁免的适用范围内，但是可以享有单独豁免。由于修正后的 TACA 不再限制成员订立独立服务合同，“班轮公会联合服务合同”和“多承运人联合服务合同”的存在将与独立服务合同形成

---

〔1〕 See Commission Decision of 14 November 2002 in Case No. COMP/37. 396-Revised TACA, OJ L 26,31. 1. 2003. ,paras. 76-80.

〔2〕 See Commission Decision of 14 November 2002 in Case No. COMP/37. 396-Revised TACA, OJ L 26,31. 1. 2003. ,paras. 70-72.

〔3〕 See Commission Decision of 14 November 2002 in Case No. COMP/37. 396-Revised TACA, OJ L 26,31. 1. 2003. ,paras. 81-86.

〔4〕 “班轮公会联合服务合同”（Agreement Service Contract）是班轮公会全体成员作为合同一方与作为合同另一方的托运人订立的运输服务合同。“多承运人联合服务合同”（multicarrier service contract）则是班轮公会一部分成员作为合同一方与作为合同另一方的托运人订立的运输服务合同。“班轮公会联合服务合同”和“多承运人联合服务合同”与“独立服务合同”（individual service contract）的不同之处在于，前者是若干承运人乃至班轮公会与托运人订立的运输服务合同，而后者是单个承运人与托运人订立的运输服务合同。参见 Alla Pozdnakova, *Liner Shipping and EU Competition Law*, AH Alphen aan den Rijn, The Netherlands: Kluwer Law International, 2008, p. 83。

竞争关系,不会减少或消除市场竞争,还可能有助于促进效率提升,惠及托运人利益,因此可以根据《欧共体条约》第 81 条第 3 款获得反垄断单独豁免。[1] 第五,欧盟委员会论述了码头货物装卸服务(cargo handling service)报酬协同的反垄断豁免问题。欧盟委员会援引 FEFC 案中欧洲初审法院的判决,指出这些货物装卸处理服务仅在服务与港至港海运服务不可分离的部分才可以享有第 4056/86 号条例的反垄断整体豁免。虽然欧盟委员会认为修改后的 TACA 有关货物装卸服务的协议不在第 4056/86 号条例的适用范围之内,但是欧盟委员会认为这些协议根据第 17/62 号条例可以视为是可豁免的。这是因为航运经营者在一定程度上介入港口货物处理和装卸服务,可以在谈判实力强大的码头装卸公司或港口终端运营商与谈判力量弱小的托运人之间进行平衡,并在一定程度上抑制码头装卸公司或港口终端运营商利用其谈判实力制定不利于托运人的合同条件,增加小型独立托运人的港口服务议价筹码,因此有助于增进消费者托运人福利。[2]

欧洲初审法院在上述审中维持了欧盟委员会有关 TACA 违反《欧共体条约》第 81 条的裁决,认为 TACA 实施的在内陆运输区段进行运价协同,对货运代理人报酬进行协同,限制成员缔结独立服务合同的三项措施违反《欧共体条约》第 81 条。但是,欧洲初审法院仅部分维持了欧盟委员会有关 TACA 违反《欧共体条约》第 82 条的裁决,认为 TACA 限制成员缔结独立服务合同构成滥用市场支配地位,但是却撤销了欧盟委员会有关 TACA 试图诱劝潜在竞争者也采用与公会相同的服务合同缔结条件和价格构成滥用市场支配地位行为部分的裁决。[3]

在 TACA 违反《欧共体条约》第 81 条的判决理由中,欧洲初审法院分别对 TACA 实施的在内陆运输区段进行运价协同,对货运代理人报酬进行协

---

[1] See Commission Decision of 14 November 2002 in Case No. COMP/37. 396-Revised TACA, OJ L 26,31. 1. 2003,para. 90.

[2] See Commission Decision of 14 November 2002 in Case No. COMP/37. 396-Revised TACA, OJ L 26,31. 1. 2003,para. 96.

[3] See Judgment of the Court of First Instance of 30 September 2003 in Joined Cases No. T-191/98,T-212-214/98-Atlantic Container Line AB and Others v. Commission of the European Communities (TACA),[2003] ECR II 3275,[2005] 4 CMLR 20,para. 1381.

同,限制成员缔结独立服务合同的三项措施进行分析。第一,对于 TACA 在内陆运输区段进行运价协同行为,欧洲初审法院援用了在 TAA 和 FEFC 案中的判例法规则,指出第 4056/86 号条例的反垄断整体豁免因为属于《欧共体条约》第 81 条的例外性规定,因此必须采用严格的狭义解释。根据 TAA 和 FEFC 案中确立的规则,内陆运输区段的运价协同不适用反垄断整体豁免,也不享有反垄断单独豁免。第二,对于 TACA 对货运代理人报酬进行价格协同的行为,欧洲初审法院认为反垄断整体豁免不得延伸至海运辅助服务,即便辅助服务对于港至港的海运而言是附属性甚至是必要性的,因为在严格意义上海运辅助服务不属于第 4056/86 号条例第 1 条中所界定的“海运”的范围之内。[1] 第三,对于 TACA 试图限制成员单独与托运人缔结服务合同的行为,欧洲初审法院认可了欧盟委员会的主张,指出班轮公会协议的反垄断整体豁免不能宽泛性解释为整体豁免适用于各种不同类型的运输协议,欧盟委员会有权裁决禁止班轮公会限制成员单独与托运人缔结服务合同的行为。由于这种行为构成滥用市场支配地位的行为,也不得享有反垄断整体豁免。[2]

在 TACA 违反《欧共体条约》第 82 条的判决理由中,欧洲初审法院首先认定 TACA 具有市场支配地位。在认定市场支配地位时,欧洲初审法院援引了欧洲法院在 CEWAL 案中的判决,指出通过班轮公会组织的性质和目的可以认为班轮公会是一个“集合性实体”(collective entity),因此可能在相关市场上占有市场支配地位。虽然 TACA 提出证据证明 TACA 的内部成员之间存在彼此竞争,但是这些证据不足以排除 TACA 及其成员在相关市场上的市场控制力。因此,欧洲初审法院支持了欧盟委员会认为 TACA 及其

---

〔1〕 See Judgment of the Court of First Instance of 30 September 2003 in Joined Cases No. T-191/98, T-212-214/98-Atlantic Container Line AB and Others v. Commission of the European Communities (TACA), [2003] ECR II 3275, [2005] 4 CMLR 20, para. 568.

〔2〕 See Judgment of the Court of First Instance of 30 September 2003 in Joined Cases No. T-191/98, T-212-214/98-Atlantic Container Line AB and Others v. Commission of the European Communities (TACA), [2003] ECR II 3275, [2005] 4 CMLR 20, para. 1380.

成员在相关市场上具有市场支配地位的主张。[1] 在确立 TACA 具有市场支配地位之后，欧洲初审法院开始考查 TACA 是否滥用了这种市场支配地位。欧洲初审法院指出，滥用市场支配地位的行为应予以禁止，滥用行为可以提升效率，有益第三方利益，或者属于行业习惯性做法的理由并不能改变滥用行为应予禁止的结论。TACA 限制成员缔结独立服务合同构成滥用共同市场支配地位。[2] 但是，对于欧盟委员会关于 TACA 试图诱劝潜在竞争者也采用与公会相同的服务合同缔结条件和价格构成滥用市场支配地位行为部分的裁决，欧洲初审法院却并未予以支持。欧洲初审法院从信息交换的视角分析了 TACA 这一行为是否构成滥用市场地位的问题。欧盟委员会认为 TACA 及其成员与其他非成员航运经营者之间的信息交换不构成滥用市场支配地位的行为。这是因为美国航运立法要求航运经营者进行运价公开与协议披露，由于美国航运法的要求 TACA 及其成员的运输信息实际上已经属于公开的，可以供公众查阅的信息，任何航运经营者都很容易从中推知出 TACA 的运价与运输条件等信息，因此 TACA 及其成员与其他非成员航运经营者之间所交换的信息均属于公开信息，TACA 与其他非成员航运经营者之间的信息交换不属于诱导潜在竞争者也采用与公会相同的服务合同缔结条件和价格，不构成滥用市场支配地位。[3]

（四）中西非航线班轮公会案

国际航运市场中的滥用市场支配地位不仅可能发生于单个航运企业，更可能发生在多个航运企业组成的航运组织之中，从而构成一种“共同市场

---

〔1〕 See Judgment of the Court of First Instance of 30 September 2003 in Joined Cases No. T-191/98, T-212-214/98-Atlantic Container Line AB and Others v. Commission of the European Communities (TACA), [2003] ECR II 3275, [2005] 4 CMLR 20, para. 1085.

〔2〕 See Judgment of the Court of First Instance of 30 September 2003 in Joined Cases No. T-191/98, T-212-214/98-Atlantic Container Line AB and Others v. Commission of the European Communities (TACA), [2003] ECR II 3275, [2005] 4 CMLR 20, paras. 1122-1124.

〔3〕 See Judgment of the Court of First Instance of 30 September 2003 in Joined Cases No. T-191/98, T-212-214/98-Atlantic Container Line AB and Others v. Commission of the European Communities (TACA), [2003] ECR II 3275, [2005] 4 CMLR 20, para. 1154.

支配地位”。中西非航线班轮公会(Associated Central West Africa Lines, CEWAL)案[1]就是欧盟竞争法中有关“共同市场支配地位”的重要判决。[2] 1992年12月,欧盟委员会裁决CEWAL的行为违反了《欧共体条约》第81条第1款垄断协议和第82条滥用市场支配地位的规定。欧盟委员会将从欧洲港口至扎伊尔航线上的班轮运输作为相关市场,认为CEWAL在相关市场上已经占有近乎90%的市场份额,构成市场支配地位,并判定CEWAL构成滥用共同市场支配地位,违反《欧共体条约》第82条的规定。同时,欧盟委员会判定CEWAL与大陆西非班轮公会(Continent West African Conference,COWAC)和大不列颠和北爱尔兰联合王国/西非班轮公会(United Kingdom/West Africa Lines,UKWAL)之间的限制竞争协议违反《欧共体条约》第81条第1款垄断协议的规定。此外,CEWAL也涉及使用战斗船以及通过忠诚契约排挤会外竞争对手的行为,而违反欧盟竞争法。最终CEWAL被处以近1000万欧洲货币单位的罚款。[3]

CEWAL的成员不服欧盟委员会的裁决,其成员比利时海运公司(Compagnie Maritime Belge,CMB)等将欧盟委员会诉至欧洲初审法院要求撤销欧盟委员会的裁决,但是欧洲初审法院支持了欧盟委员会的观点,判决CEWAL存在滥用市场支配地位的行为。[4] 比利时海运公司等CEWAL成

---

〔1〕 See Commission Decision of 23 December 1992 relating to a proceeding pursuant to Articles 85 (IV/32.448 and IV/32.450: Cewal, Cowac and Ukwal) and 86 (IV/32.448 and IV/32.450: Cewal), OJ L 34, 10.2.1993; case affirmed by the Court of First Instance in Judgment of 16 March 2000 in Joined Cases No. T-24-26/93 and T-28/93-Compagnie maritime belge transports, Compagnie maritime belge SA, Dafra-Lines A/S, Deutsche Afrika Linien-GmbH & Co. and Nedllyod Linjen BV v. Commission of the European Communities (CEWAL I) [1996] ECR II 1201, [1997] 4 CMLR 273; case on appeal affirmed by the European Court of Justice in Judgment of 16 March 2000 in Joined Cases No. C-395/96 P and C-396/96 P-Compagnie maritime belge transports SA, Compagnie maritime belge SA and Dafra-Lines A/S v. Commission of the European Communities (CEWAL II), [2000] ECR I 1365.

〔2〕 See Giorgio Monti, *The Scope of Collective Dominance under Articles* 82 *EC*, 38 Common Market Law Review, 2001, pp. 131-157.

〔3〕 See Commission Decision of 23 December 1992 relating to a proceeding pursuant to Articles 85 (IV/32.448 and IV/32.450: Cewal, Cowac and Ukwal) and 86 (IV/32.448 and IV/32.450: Cewal), OJ L 34, 10.2.1993.

〔4〕 See Judgment of the Court of First Instance of 8 October 1996 in Joined Cases No. T-24/93, T-25/93, T-26/93and T-28/93, Compagnie Maritime Belge Transports SA and Others v. Commission of the European Communities, [1996] ECR II 1201.

员不服,进一步将案件诉至欧洲法院。欧洲法院的判决维持了欧盟委员会和欧洲初审法院的判决结果。欧洲法院在判决中强调,同一行为可能同时构成对于《欧共体条约》第 81 条第 1 款和第 82 条的违反,即产生垄断协议规制制度和滥用市场支配地位规制制度的竞合。通过班轮公会组织的性质和目的可以认为班轮公会是一个"集合性实体",因此可能在相关市场上占有市场支配地位。在判断共同市场支配地位时,市场结构因素是重要的判定标准之一。[1] CEWAL 在相关市场上占有几乎 90% 的市场份额,其定价策略即使不会对自身收入带来损失,仍会导致市场竞争结构受损,因此构成具有市场支配地位的组织。[2]

CEWAL 案有关共同市场支配地位的判决对于这一概念在欧盟判例法中的演进具有重要影响。共同市场支配地位概念源自欧盟判例法,最早出现于 1992 年意大利平板玻璃案。在该案中欧洲初审法院将企业间的"经济联结"(economic linkage)作为判定标准,如果这种以合同、特许权等形式的经济联结足以使企业在很大程度上可以脱离市场状况、竞争对手、消费者而独立决策,就认为企业间存在共同市场支配地位。[3] 2000 年 CEWAL 案则扩充了上述判断标准,指出经济联结并非必要考量因素,市场结构因素也可以作为判定共同市场支配地位的标准。[4] 这是因为欧洲法院虽然也援引了平板玻璃案中的"经济联结"标准,但是认为尽管 CEWAL 案中也存在足够证据证明 CEWAL 成员之间具有紧密的经济联结,然而没有必要将共同

---

〔1〕 See Judgment of the European Court of Justice in Joined Cases No. C-395/96 P and C-396/96 P Compagnie maritime belge transports SA, Compagnie maritime belge SA and Dafra-Lines A/S v. Commission of the European Communities (CEWAL II), [2000] ECR I 1365, paras. 35-45.

〔2〕 See Judgment of the European Court of Justice of 16 March 2000 in Joined Cases No. C-395/96 P and C-396/96 P-Compagnie maritime belge transports SA, Compagnie maritime belge SA and Dafra-Lines A/S v. Commission of the European Communities (CEWAL II), [2000] ECR I 1365, paras. 112-114.

〔3〕 See Judgment of the Court of First Instance of 10 March 1992 in Joined Casess No. T-68, T-77 & T-78/89 Societdà Italiana Vetro SpA, Fabbrica Pisana SpA and PPG Vernante Pennitalia SpA v. Commission of the European Communities (Italian Flat Glass), [1992] ECR II 1403, para. 358.

〔4〕 See Judgment of the European Court of Justice in Joined Cases No. C-395/96 P and C-396/96 P Compagnie maritime belge transports SA, Compagnie maritime belge SA and Dafra-Lines A/S v. Commission of the European Communities (CEWAL II), [2000] ECR I 1365, paras. 35-45.

市场支配地位的认定标准仅限于成员之间的经济联结。[1] 欧洲法院指出："存在共同市场支配地位可以从协议的性质和条款,协议执行方式,成员之间的联结等方面看出。不过,成员方之间存在协议或者其他形式的联结并不是认定共同市场支配地位的不可或缺因素。认定共同市场支配地位的存在还取决于联结要素之外的其他考量因素,取决于经济评估结果,特别是有关市场结构的评估结果。"[2]2002 年 airtours 案确立的判断共同市场支配地位的三要素——市场透明度、惩戒机制、寡头外竞争压力——是目前最为重要的判定标准。如果市场足够透明,企业间即使不通过合同形式合作也可以充分预知彼此的行为,从而一致行动形成共同行为体;如果存在背离共同行动的有效惩戒机制,这会有助于企业间形成更紧密的联合体;如果拥有共同支配地位的寡头们没有面临外在竞争压力,就更倾向于认定具有共同市场支配地位。[3] 2008 年索尼/BMG 合并案中,欧洲法院确认了 airtours 案的三要素标准,并且进一步澄清了市场透明度标准,指出判断市场透明度时也要考虑是否存在数据监督机制为企业了解其他企业的行为提供便利,从而有助于形成共同市场支配地位。欧洲法院在该案中也降低了惩戒机制标准的门槛,认为只要存在可信的背离行为威慑机制便足以满足惩戒机制标准。[4]

(五)远东运费与附加费航运协议组织案

2000 年远东运费与附加费航运协议组织(Far East Trade Tariff Charges and Surcharges Agreement,FETTCSA)案中,欧盟委员会宣布对 15 家班轮运输公司处以罚款,因为这 15 家班轮运输公司均为远东运费与附加费航运协

---

〔1〕 See Barry Rodger and Angus MacCulloch, *Competition Law and Policy in the European Community and United Kingdom* (*2nd ed.*),London:Cavendish Publishing,2001,p. 102.

〔2〕 See Judgment of the European Court of Justice in Joined Cases No. C-395/96 P and C-396/96 P Compagnie maritime belge transports SA, Compagnie maritime belge SA and Dafra-Lines A/S v. Commission of the European Communities (CEWAL II),[2000] ECR I 1365,para. 45.

〔3〕 See Judgment of the Court of First Instance of 6 June 2002 in Case No. T-342/99-Airtours plc v. Commission of the European Communities,[2002] ECR II 2585,para. 159,paras. 194-195.

〔4〕 See Judgment of the European Court of Justice of 10 July 2008 in Case No. C-413/06 P-Bertelsmann AG and Sony Corporation of America v. Independent Music Publishers and Labels Association (Impala),[2008] ECR I 4951,paras. 123,126.

议组织的成员，这些航运经营者在北欧至远东航线上占有近 80%的市场份额，但是却拒绝在公布的统一的运费率和附加费基础上给予消费者任何价格折扣。[1] FETTCSA 协议组织在 1991 年 6 月 4 日生效运行，1994 年宣告终止，协议主要涉及远洋运输的费率协调，特别是那些在海运运费中占有重要比重的运费和附加费协调。FETTCSA 本质上是一个运费协商协议组织，其成员包括远东班轮公会（FEFC）成员和与 FEFC 具有竞争关系的独立航运经营者。[2] 欧盟委员会认为 FETTCSA 的价格协定并不完全出于技术性考虑，不同于可以提升效率的技术性协议，由于这样的协议同时还具有商业效果的考虑，因此不能按照第 4056/86 号条例规定的技术性协议除外排除《欧共体条约》第 81 条第 1 款的适用；而且由于协议缔结于具有直接竞争关系的班轮公会成员与非班轮公会成员之间，因此也不能获得第 4056/86 号条例的班轮公会反垄断整体豁免。[3]

欧洲初审法院在上诉审中维持了欧盟委员会的裁决。[4] 尤为值得关注的是，欧洲初审法院在 FETTCSA 案中特别对行为人限制竞争的意图（intent）进行了论述，成为此后解释《欧共体条约》第 81 条（现《欧盟运行条约》第 101 条）行为人限制竞争意图标准的重要判例法规则。欧洲初审法院指出，《欧共体条约》第 81 条并不要求从事限制竞争的行为人必须在主观上具有要实施限制竞争行为的故意，只要这种限制竞争意图可以通过协议的目的和行为的方式来客观察知即可，[5] 即限制竞争意图不采用行为人意志

---

[1] See Commission Decision of 16 May 2000 in Case No. IV/34. 018 - Far East Trade Tariff Charges and Surcharges Agreement (FETTCSA), OJ L 268, 20. 10. 2000.

[2] See European Commission Press Release, *FETTCSA: Commission Fines Shipping Lines for An Illegal Price Agreement on the Europe / Far East Trade*, May 16, 2000, http://europa.eu/rapid/press-release_IP-00-486_en.htm? locale=en; see also Carsten Fink et al., *Trade in International Maritime Services: How Much Does Policy Matter?*, 16 The World Bank Economic Review, 2002, p. 88.

[3] See Commission Decision of 16 May 2000 in Case No. IV/34. 018 - Far East Trade Tariff Charges and Surcharges Agreement (FETTCSA), OJ L 268, 20. 10. 2000, paras. 1-2.

[4] See Judgment of the Court of First Instance of 19 March 2003 in Case No. T-213/00-CMA CGM and Others v. Commission of the European Communities, [2003] ECR II 913.

[5] See Judgment of the Court of First Instance of 19 March 2003 in Case No. T-213/00-CMA CGM and Others v. Commission of the European Communities, [2003] ECR II 913, paras. 5, 176.

为中心的主观标准，而采用客观可推断标准。[1]

（六）总结

通过上述案例可以发现，欧盟委员会与航运经营者之间围绕着航运业传统的限制竞争行为的博弈一直延续，航运经营者希望维持传统的运价协同、附加费协同、运力控制等诸多限制竞争行为，但是这些限制竞争行为越来越与现代竞争法的发展相悖离。通过总结欧盟航运竞争法中的判例，可以发现欧盟对于班轮公会反垄断整体豁免一直进行较为严格的狭义解释，在班轮公会协议的认定标准，非传统班轮公会组织形式是否可以享有班轮公会反垄断整体豁免，班轮公会对于内陆运输区段的价格协同是否享有反垄断豁免，运力控制计划是否享有反垄断豁免，班轮公会对于独立服务合同的限制是否合法，班轮公会滥用市场支配地位问题上都倾向于限制航运经营者权利，减少其行为的限制竞争影响：

第一，在班轮公会协议的认定上坚持以统一或共同运费率为标准。由于第 4056/86 号条例第 1 条将班轮公会界定为："两个或以上航运经营者组成的联合，该航运经营者联合在特定地域范围内的某一特定航线上从事国际班轮货物运输，在联合协议下航运经营者采用统一或共同运费率并且还可能对其他运输条件等内容达成约定。"[2]因此就特别需要澄清是否只有采用统一或共同运费率（uniform or common tariff）安排的班轮公会才能享有反垄断豁免。通过欧洲初审法院在 TAA 案中的判决可见，TAA 实施的是双重费率（two-tier tariff），即区分原有的班轮公会成员与独立航运经营者采用不同的运费率，并不是严格意义上的统一或共同运费率。欧盟委员会和欧洲初审法院均认为，统一运费率协议仅指那些全体班轮公会成员都对于托运人采用完全统一的运费率的协议，因此采用双重运费率的 TAA 不符合

---

[1] See Richard Markovits, *Economics and the Interpretation and Application of U. S. and E. U. Antitrust Law*, Berlin, Heidelberg: Springer, 2014, p. 120.

[2] See Council Regulation (EEC) No. 4056/86 of 22 December 1986 laying down detailed rules for the application of Articles 85 and 86 of the Treaty to maritime transport, OJ L 378, 31/12/1986, art. 1 (3) (b).

班轮公会的认定标准,不是班轮公会,[1]也就不得享有第4056/86号条例第3条规定的班轮公会反垄断整体豁免。[2]

第二,在班轮公会协议的认定上采严格标准,排除其他形式的国际航运协议组织。班轮公会协议不但必须采用统一或共同运费率,还必须是传统的班轮公会组织形式,如果班轮公会与其他非公会航运经营者组成新的国际航运协议组织,就无法享有第4056/86号条例规定的班轮公会反垄断整体豁免。例如,在FETTCSA案中,欧洲初审法院支持了欧盟委员会的裁决结论,认为缔结于具有直接竞争关系的班轮公会成员与非班轮公会成员之间的国际航运运价协商协议组织,不能获得第4056/86号条例第3条规定的班轮公会反垄断整体豁免。[3] 在TAA案中,欧洲初审法院也指出,欧盟理事会的班轮公会反垄断整体豁免立法建立在对班轮公会市场稳定作用进行评估的基础上,第4056/86号条例序言陈述的第8项中指出,没有班轮公会内部成员之间的相互合作就无法产生这种稳定航运市场的结果,因此这种市场稳定的作用仅限于就班轮公会而言,却并未考虑其他不同于班轮公会的协议和组织形式。至于其他形式的国际航运协议组织能否享有单独豁免,欧盟委员会有自由裁量权。[4]

第三,禁止多式联运内陆运输区段的价格协同行为享有班轮公会反垄断整体豁免和欧盟一般竞争法下的垄断协议单独豁免。在多式联运的发展下,多式联运中与海运段紧密相连的内陆运输是否也享有同海运区段一样的反垄断豁免是欧盟在很多案件中遇到的问题。对于这一问题,欧盟委员

---

[1] See Judgment of the Court of First Instance of 28 February 2002 in Case No. T-395/94-Atlantic Container Line AB and Others v. Commission of the European Communities (TAA), [2002] ECR II 875, para. 176.

[2] See Judgment of the Court of First Instance of 28 February 2002 in Case No. T-395/94-Atlantic Container Line AB and Others v. Commission of the European Communities (TAA), [2002] ECR II 875, para. 177.

[3] See Commission Decision of 16 May 2000 in Case No. IV/34. 018-Far East Trade Tariff Charges and Surcharges Agreement (FETTCSA), OJ L 268, 20. 10. 2000, paras. 1-2.

[4] See Judgment of the Court of First Instance of 28 February 2002 in Case No. T-395/94-Atlantic Container Line AB and Others v. Commission of the European Communities (TAA), [2002] ECR II 875, paras. 260-262.

会和欧盟法院也同样坚持严格解释原则。在1994年TAA案[1]与1994年FEFC案,[2]以及后来的1998年TACA案中,[3]欧盟委员会反对将固定价格协议的反垄断整体豁免适用于多式联运中的内陆运输区段,并对第4056/86号条例的适用范围进行严格解释,认为“海运”仅指狭义的海上运输区段。特别是在FEFC案中,欧洲初审法不但判决FEFC在内陆运输区段的价格协同行为不能享有第4056/86号条例的反垄断整体豁免,也否定了内陆运输区段的价格协同行为获得《欧共体条约》第81条第3款单独豁免的可能性。理由在于:当事方没有提供证据证明内陆运输区段的固定价格这种严重限制竞争的行为是为了实现稳定航运市场的目的所必不可少的手段,不符合《欧共体条约》第81条第3款第三个构成要件的要求,因此不得享有单独豁免。

第四,班轮公会的运力控制协议如果要获得反垄断整体豁免必须恪守严格的限制条件,以确保不会对市场竞争产生严重限制性影响。从TAA案到“修改后的TACA”案,欧盟委员会体现了从否定运力控制计划享有反垄断整体豁免到允许运力控制计划享有豁免的态度转变,但是究其根本欧盟委员会的态度转变与TAA/TACA协议的运力控制规定是否会限制市场竞争有关。由于TAA可以在适当时机封存运力的做法并不存在限制性条件,因此一旦实施将产生严重的限制竞争影响,特别是当TAA在相关市场的市场份额足以形成支配地位时,靠运力控制计划造成运力的供不应求将推高运价从而损害消费者利益。欧盟竞争总局在给TAA书面信函中就强调,欧盟竞争法不能容忍班轮公会同时进行价格协同与运力削减的行为。封存、冻结运力的做法应当在严格意义上符合第4056/86号条例第3条第(d)项的“调节班轮公会成员的运力投入”行为,一般仅指可以促进技术或经济进

[1] Commission Decision of 19 October 1994 in Case No. IV/34. 446-Trans-Atlantic Agreement, OJ L 376/1, 31. 12. 1994.

[2] See Commission Decision of 21 December 1994 in Case No. IV/33. 218-Far Eastern Freight Conference, OJ L 378, 31. 12. 1994.

[3] See Commission Decision of 16 September 1998 in Case No. IV/35. 134 - Trans-Atlantic Conference Agreement, OJ L 95, 9. 4. 1999.

步的运力调节,或是出现市场供需失衡等特殊情况下才可以使用封存、控制运力的行为。[1] 修改后的TACA协议就对运力控制计划附加了严格的限制条件,从而尽可能减少协议的限制竞争效果。在修改后的TACA协议中,TACA承诺将系统监管成员的运力控制计划,向欧盟委员会进行定期报备,还承诺不会同时实施提高运价行为和运力控制行为,或者人为缩减运力造成市场运力供给不足来抬高运价。[2] 基于上述附加条件,修改后的TACA实际上几乎已经将运力控制计划限缩在应对市场供需失衡情况下的特殊应急措施了,在航运市场供需失衡情况下的运力控制本身也是为第4056/86号条例所特别允许的。在这样的修改之后,欧盟委员会才认为修改后的TACA运力控制计划可以享有班轮公会反垄断整体豁免。

第五,对班轮公会限制成员与托运人缔结独立服务合同的行为予以禁止。在TACA案中,欧洲初审法院指出,班轮公会协议的反垄断整体豁免不能宽泛性解释为整体豁免适用于各种不同类型的运输协议,欧盟委员会有权裁决禁止班轮公会限制成员单独与托运人缔结服务合同的行为。具有市场支配地位的班轮公会限制成员与托运人缔结独立服务合同构成滥用市场支配地位的行为,不得享有反垄断整体豁免。[3]

第六,班轮公会的行为很可能构成滥用"共同市场支配地位"。国际航运市场中的滥用市场支配地位不仅可能发生于单个航运企业,更可能发生在多个航运企业组成的国际航运组织之中,从而构成一种"共同市场支配地位"。这是因为国际航运组织本身就是航运经营者之间的联合,而且联合协

---

〔1〕 See Eric Fitzgerald, *Recent Judgments in the Liner Shipping Sector*, in EU Directorate-General Competition' s Competition Policy Newsletter, No. 2, Jun. 2002, available at http://ec. europa. eu/competition/publications/cpn/2002_2_41. pdf, p. 41; Jean-François Pons and Eric Fitzgerald, *Competition in the Maritime Transport Sector: A New Era*, in EU Directorate-General Competition' s Competition Policy Newsletter, No. 1, Feb. 2002, available at http://ec. europa. eu/competition/publications/cpn/2002_1_10. pdf, p. 10.

〔2〕 See Commission Decision of 14 November 2002 in Case No. COMP/37. 396-Revised TACA, OJ L 26, 31. 1. 2003, paras. 81-86.

〔3〕 See Judgment of the Court of First Instance of 30 September 2003 in Joined Cases No. T-191/98, T-212-214/98-Atlantic Container Line AB and Others v. Commission of the European Communities (TACA), [2003] ECR II 3275, [2005] 4 CMLR 20, para. 1380.

议在很多时候都以限制彼此之间的竞争为目的，从事的行为也往往具有限制竞争效果，一旦班轮公会在相关市场的份额足够大而形成市场支配地位，其非法限制竞争的行为就构成对于市场支配地位的滥用。这就会产生航运组织及其成员船公司的行为同时属于协议垄断与滥用市场支配地位的竞合问题。例如，若干航运企业联合起来或者国际航运组织将大型船公司聚合在一起在相关市场上共同占有市场支配地位，实施统一的运价或采用统一的运输条件，并利用共同市场支配地位索要高额运价。欧洲法院在 CEWAL 案的判决中就指出，班轮公会同一行为可能同时构成对于《欧共体条约》第 81 条第 1 款和第 82 条的违反，即产生垄断协议规制制度和滥用市场支配地位规制制度的竞合。欧洲法院也在 CEWAL 案中给出了有关共同滥用市场支配地位的重要判例法规则：通过班轮公会组织的性质和目的可以认为班轮公会是一个“集合性实体”（collective entity），因此可能在相关市场上占有市场支配地位。在判断共同市场支配地位时，市场结构因素是重要的判定标准之一。[1] 根据第 4056/86 号条例，滥用市场支配地位也是剥夺班轮公会反垄断整体豁免的事由。[2]

但是对于航运经营者之间的信息交换协议、货物代理人报酬协同协议，欧盟则在上述案例中体现出较为宽容的态度：

第一，欧盟对于航运经营者之间信息交换协议的宽容态度与美国航运法下要求班轮运输经营者进行运价公开和协议报备的法律制度有关。在 TACA 案中，欧洲初审法院就指出，美国航运立法要求航运经营者进行运价公开与协议披露，由于美国航运法的要求班轮公会及其成员的运输信息实际上已经属于公开的，可以供公众查阅的信息，任何航运经营者都很容易从中推知出班轮公会的运价与运输条件等信息，因此班轮公会及其成员与其

---

〔1〕 See Judgment of the European Court of Justice in Joined Cases No. C-395/96 P and C-396/96 P Compagnie maritime belge transports SA, Compagnie maritime belge SA and Dafra-Lines A/S v. Commission of the European Communities (CEWAL II), [2000] ECR I 1365, paras. 35-45.

〔2〕 See Council Regulation (EEC) No. 4056/86 of 22 December 1986 laying down detailed rules for the application of Articles 85 and 86 of the Treaty to maritime transport, OJ L 378, 31. 12. 1986, art. 8.

他非成员航运经营者之间所交换的信息均属于公开信息。[1] 这种公开信息的交换有别于敏感的秘密商业信息交换。

第二,欧盟对班轮公会成员关于货运代理人的报酬协同持宽容态度则出于保护托运人,更好地平衡码头经营者利益与托运人利益的考虑。欧盟委员会历来严格解释第4056/86号条例的反垄断整体豁免范围,因此反垄断豁免仅适用于"海运"区段。在FEFC案中,欧洲初审法院指出,第4056/86号条例的范围仅限于港至港的海运区段,并不包括多式联运的内陆运输区段。[2] 在FEFC案中,欧洲初审法院提及了欧洲法院在Centro Servizi Spediporto案中的判决,第4055/86号条例适用于多式联运的内陆运输部分,但是仅限于海运服务到达港口或者近海设施才算履行完毕时的内陆运输部分,第4055/86号条例的适用并不延伸到货物已经从船上卸下后进行陆运的内陆运输部分,并将第4055/86号条例与第4056/86号条例进行比较。[3] 在修改后的TACA裁决中,欧盟委员会援引FEFC案中欧洲初审法院的判决,指出这些货物装卸处理服务仅在服务与港至港海运服务不可分离的部分才可以享有第4056/86号条例的反垄断整体豁免。虽然欧盟委员会认为有关货物装卸服务协议的价格协同不在第4056/86号条例班轮公会反垄断整体豁免的适用范围之内,但是欧盟委员会认为这些协议根据第17/62号条例可以视为是可豁免的。这是因为航运经营者在一定程度上介入港口货物处理和装卸服务,可以在谈判实力强大的码头装卸公司或港口终端运营商与谈判力量弱小的托运人之间进行平衡,并在一定程度上抑制码头装卸公司或港口终端运营商利用其谈判实力制定不利于托运人的合同条件,

[1] See Judgment of the Court of First Instance of 30 September 2003 in Joined Cases No. T-191/98, T-212-214/98-Atlantic Container Line AB and Others v. Commission of the European Communities (TACA), [2003] ECR II 3275, [2005] 4 CMLR 20, para. 1154.

[2] See Judgment of the Court of First Instance of 28 February 2002 in Case No. T-86/95-Compagnie Générale Maritime and Others v. Commission of the European Communities (FEFC), [2002] ECR II 1011, para. 241.

[3] See Judgment of the Court of First Instance of 28 February 2002 in Case No. T-86/95-Compagnie Générale Maritime and Others v. Commission of the European Communities (FEFC), [2002] ECR II 1011, para. 239.

增加小型独立托运人的港口服务议价筹码,因此有助于增进消费者托运人福利。[1]

第三节　美国航运业反托拉斯法律规制体系

尽管国际航运业是高度跨国性的产业因此其存在超越某一特定国家的国家边界,但是由于国际航运业对于一国贸易和出口产业国际竞争力的重要意义,美国特别重视采用国内政策对航运业进行规制,并将以海运为依托的国际贸易作为促进经济增长,提升国民福祉的基础。[2] 由于美国出口航线的运费一直远高于进口航线的运费率,[3]所以自20世纪初美国就已经开始对航运业进行规制,试图降低美国货物出口的运费率保障出口商利益。[4] 美国对航运业的政府规制有着比欧洲国家更为久远的历史,而且也在很多地方存在与欧盟不同的处理方法。美国至今有三部航运法,分别是《1916年航运法》、《1984年航运法》和《1998年航运改革法》。[5] 美国航运政策具有优先保护货主利益,平衡船货双方利益,鼓励本国航运业服务于出口贸易,限制外国航运竞争者等特点,美国航运法的规定充分体现了该国航运政策的价值取向。[6] 对于国际航运业中的垄断问题,三部航运法均赋予

---

[1] See Commission Decision of 14 November 2002 in Case No. COMP/37. 396-Revised TACA, OJ L 26,31. 1. 2003,para. 96.

[2] See Andrew M. Danas, *Deregulation of the Liner Conference System: The Creation of Countervailing Power in Shippers as a Means to Control Oligopoly Market Power*, 6 Northwestern Journal of International Law and Business, 1984, pp. 374-375.

[3] See id, p. 379; Stanford Law Review Editors, *The American Shipping Industry and the Conference System*, 11 Stanford Law Review, 1958, p. 136; Ralpk C. Walker, *Regulating Ocean Shipping: Powers and Problems of the Federal Maritime Commission*, 51 California Law Review, 1963, p. 986.

[4] 对于美国在20世纪以前零星立法的尝试,可以参见 Harold A. Shertz, *The Shipping Act of 1984: A Return to Antitrust Immunity*, 14 Transportation Law Journal, 1985-1986, pp. 154-155。

[5] 在美国,因为《1998年航运改革法》是对《1984年航运法》的修改,所以一般会将《1998年航运改革法》并入《1984年航运法》,所以严格意义上美国只有《1916年航运法》和《1984年航运法》两部航运法。但是我国多将《1998年航运改革法》单独使用。参见於世成:《美国航运法研究》,北京大学出版社2007年版,第26页。

[6] 於世成:《美国航运法研究》,北京大学出版社2007年版,第42~45页。

其反托拉斯豁免,不过航运业的反托拉斯豁免则是有条件的豁免,这种有条件的反托拉斯豁免使美国得以通过班轮公会成员独立行动权、独立服务合同、运价报备、协议报备等一系列特殊的海运监管制度对航运市场的垄断问题予以有效规制。

一、《谢尔曼法》颁布后航运业面临的反托拉斯法问题

1890 年美国通过了第一个联邦反垄断法——《谢尔曼法》,时值班轮公会开始运营美国贸易航线。[1] 《谢尔曼法》非但不允许一家公司独霸市场,还禁止几家大企业暗中达成协议,逃避竞争,其第 1 条规定:“任何限制州际间或与外国之间的贸易或商业的契约,以托拉斯形式或其他形式的联合,或共谋,都是非法的。”禁止限制自由贸易的企业联合行为一直以来是美国反托拉斯法的基本原则,因此《谢尔曼法》的出台给班轮公会及其协议带来了一系列反托拉斯法上的问题。例如,《谢尔曼法》是否适用于班轮公会的联合行为,班轮公会是否违反《谢尔曼法》第 1 条的规定,《谢尔曼法》是否会允许班轮公会这样一个具有限制航运市场竞争效果的协议组织存在?

对此,早期美国的法律实践中却并无统一的意见。[2] 1913 年,美国联邦最高法院在 United States v. Pacific and Arctic Railway and Navigation Company 案中判决航运公司与铁路运输公司在阿拉斯加白通育空航线(White Pass & Yukon)上对旅客运输实施运费控制的行为违反美国反托拉斯法。[3] 最高法院指出,根据《州际商业法》(Interstate Commerce Act),如果承运人以谋求在运输市场中的市场垄断力为目的联合或者共谋实施限制州际贸易的行为,此种航线运营联合的行为违反美国反托拉斯法,除非该联

---

〔1〕 Mark Munster, *Confidentiality in Service Contracting under the Ocean Shipping Reform Act of 1998*, 2001, http://www.wmcd.com/articles/maritime/reform.html, cited by Felix Dinger, *The Future of Liner Conferences in Europe: A Critical Analysis of Agreements in Liner Shipping under Current European Competition Law*, Frankfurt: Peter Lang, 2004, p. 167.

〔2〕 See Amos Herman, *Shipping Conferences*, Deventer: Kluwer Law and Taxation Publisher, 1983, p. 12.

〔3〕 United States v. Pacific and Arctic Railway and Navigation Company, 228 U. S. 87 (1913).

合是从事贸易行为的必然需要或者可以促进效率提升。[1] 1914 年,在汉堡美国航运公司(Hamburg American Line)案中,纽约州法院判决航运经营者使用战斗船的行为违反美国反托拉斯法。[2] 但是与前述判例法中对于班轮公会限制竞争行为实施严格反托拉斯法管制的做法不同,其后国会有关班轮公会的调查报告却认可了班轮公会及其限制竞争行为的合理性。[3] 1911 年,美国司法部(Department of Justice)提起了两个诉讼,指控三家班轮公会从事限制竞争行为涉嫌违反《谢尔曼法》。[4] 司法部的接连指控引起了美国国会对于班轮公会限制竞争问题的重视,并委托专门委员会进行调查。1914 年,美国亚历山大调查委员发布调查结论,不但认为班轮公会的存在及其实施的运费延期折扣制度是航运市场的现状,还认为班轮市场中完全自由竞争是不可能的,不加任何限制的运费恶性竞争会给船东带来灾难性打击,因此应当允许航运经营者就运费率与信息交换进行合作。[5] 随着国会对于班轮公会调查的进展,美国法院开始倾向对于班轮公会的限制竞争行为从国际礼让的视角予以一定程度的宽容。[6] 1916 年,美国联邦最高法院在 United States v. Hamburg-Amerikanische Packetfahrt-Actien Gesellschaft 案的判决中尽管认为远洋航运业应当受到反托拉斯法规制,但是在判决时却以第一次世界大战的爆发导致班轮公会在美国至欧洲航线上无法营运,因此诉因消失导致裁决将变得无实际意义(Moot)为理由拒绝对案件的实体

---

〔1〕 United States v. Pacific and Arctic Railway and Navigation Company, 228 U. S. 87 (1913)., p. 87.

〔2〕 United States v. Hamburg-American S. S. Line et al., 216 Fed. 971 (S. D. N. Y. 1914).

〔3〕 See American Bar Association Section of Antitrust Law, *Federal Statutory Exemptions from Antitrust Law*, Chicago: American Bar Association Book Publishing, 2007, p. 167.

〔4〕 See United States v. Prince Line, Ltd., 220 Fed. 230 (S. D. N. Y. 1915); United States v. Hamburg-American S. S. Line et al., 216 Fed. 971 (S. D. N. Y. 1914).

〔5〕 See House Committee on The Merchant Marine and Fisheries, *Report on Steamship Agreements and Affiliations in the American Foreign and Domestic Trade*, House of Representatives Document No. 805, 63rd Congress, 2nd Session, 1914.

〔6〕 See Andrew M. Danas, *Deregulation of the Liner Conference System: The Creation of Countervailing Power in Shippers as a Means to Control Oligopoly Market Power*, 6 Northwestern Journal of International Law and Business, 1984, p. 378.

内容进行审理。[1] 美国制定了《1916年航运法》,基本采用了1914年亚历山大报告中的观点,允许班轮运输经营者在向美国海事主管机构报备后联合提供服务。[2]

二、《1916年航运法》:确立附限制条件的航运业反托拉斯法豁免

(一)《1916年航运法》下的航运业反托拉斯规制模式

美国《1916年航运法》是世界上第一个专门针对班轮公会等航运卡特尔进行立法的航运单行法案。《1916年航运法》基于1914年亚历山大委员会关于班轮公会的调查结论而制定。当时面对航运市场的反竞争行为,国会有两种可供选择的航运业反托拉斯法规制模式:可以适用反托拉斯法解散班轮公会,也可以在海运领域豁免适用反托拉斯法但同时对班轮公会行为进行产业规制来克制某些具有严重限制竞争效果的班轮公会行为。美国国会最终选择了后一种模式,这是因为国会担心强制解散班轮公会将引发航运经营者竞相降价的恶性竞争,不利于美国贸易的发展。更重要的考虑在于,国会没有权力解散在美国境外成立的公会,如果仅解散美国境内的班轮公会将使美国航运经营者在市场竞争中处于相对不利的地位。[3] 根据亚历山大委员会提供的研究报告,美国国会认为基于当时的国际航运环境,美国很难采取单方行为禁止班轮公会的存在或者禁止其从事限制竞争行为,但是有必要确保不能让班轮公会在美国进出口贸易运输中享有不受限制的自由。因此,《1916年航运法》有关班轮运输经营者反托拉斯规制的最核心设计就是——以班轮公会向航运主管机构进行运价和协议报备为前提赋予

---

〔1〕 United States v. Hamburg-Amerikanische Packetfahrt-Actien Gesellschaft, 239 U. S. 466 (1916).

〔2〕 See American Bar Association Section of Antitrust Law, *Federal Statutory Exemptions from Antitrust Law*, Chicago: American Bar Association Book Publishing, 2007, p. 168.

〔3〕 See Claude A. Thompson, *Shipping Act of* 1916: *The Effect of Section* 15 *on the Sherman Anti-Trust Law*, 22 Michigan Law Review, 1923, pp. 110–111; see also R. O. Goss, *U. S. A. Legislation and the Foreign Shipowner: A Critique*, 12 Journal of Industrial Economics, 1963, p. 1.

班轮公会反托拉斯法豁免,允许其在不违反特定限制条件的前提下限制竞争。〔1〕可以说,考虑到班轮运输市场实现完全自由市场竞争的难度,也考虑到班轮公会的存在对于防止恶性竞争,维持航运市场费率稳定的积极作用,《1916 年航运法》决定对航运业以政府产业规制取代一部分的竞争规制,因此创设了航运业的反托拉斯法规制豁免。〔2〕与《1916 年航运法》一并构建的还有航运业的管理机构。美国的立法者希望建立一个独立于州际商业委员会的监督机构来负责航运法的实施,所以成立了美国航运局(United States Shipping Board,USSB),它正是现在美国联邦海事委员会的前身。〔3〕基于航运业产业机构监管制度和反托拉斯法豁免制度的建构,美国反托拉斯法与管制领域的很多学者都将班国际航运业视为管制产业,因此国际航运业的反托拉斯监管在一定程度上要让位于产业监管机构的监管。〔4〕

美国《1916 年航运法》有关国际航运业反托拉斯规制的具体制度表现在反托拉斯豁免及其限制性条件两方面:

《1916 年航运法》确立了国际航运经营者联合协议的反托拉斯法豁免。《1916 年航运法》第 15 条规定:"任何从事水路运输的公共承运人或其他人,如果与其他承运人或其他人缔结、修改或撤销内容涉及固定运费率,给予优惠运费、运输条件或其他特殊优惠待遇,控制、规制、妨碍或消除竞争,联营或分享利润、损失、货载,分配港口或限制港口间航次数量,以任何方式限制运力,或以任何方式实施的排挤性、优惠性或合作性协议的合同,应当立即向航运局进行报备。报备时应提交真实合同副本,如果合同以口头形式订立,则应提供真实和完整的合同内容备忘录。本条所称'合同'包括谅

〔1〕於世成:《美国航运法研究》,北京大学出版社 2007 年版,第 27 页。

〔2〕See Luis Ortiz Blanco, *Shipping Conferences under EC Antitrust Law: Criticism of a Legal Paradox* (Andrew Read trans.), Oxford, Portland: Hart Publishing, 2007, p. 30; see also Felix Dinger, *The Future of Liner Conferences in Europe: A Critical Analysis of Agreements in Liner Shipping under Current European Competition Law*, Frankfurt: Peter Lang, 2004, p. 168.

〔3〕See R. O. Goss, *U. S. A. Legislation and the Foreign Shipowner: A Critique*, 12 Journal of Industrial Economics, 1963, p. 3.

〔4〕See Phillip E. Areeda, *Antitrust Laws and Public Utility Regulation*, 9 Antitrust Law and Economics, 1978, p. 481.

解书、班轮公会协议或其他形式的协议安排。”“无论合同此前是否已获得批准，如果航运局发现合同在承运人、托运人、出口商、进口商之间存在不正当歧视或者不公平，或者在美国出口商与其外国竞争者之间存在不正当歧视或者不公平，或者将有损美国的贸易，或者将违反本法，航运局可以作出不批准、撤销或者变更合同的决定。但是对于除此之外的其他合同及其变更或撤销，航运局应当批准。”“任何合同、合同变更或合同撤销唯有经航运局批准之后方为合法。航运局批准前或者宣告不予批准后，任何试图实施合同的行为均为非法。”“任何合同、合同变更或合同撤销如果按照本条规定为合法，则豁免适用《谢尔曼法》。”[1]通过第15条的规定来看，《1916年航运法》对所豁免的协议采广义规定，不但包括班轮公会协议，还包括其他形式的航运经营者合作协议。[2]《1916年航运法》第15条以航运产业监管机构审查批准的方法来解决航运产业政策与反托拉斯法律制度协调的问题，也确立了国际航运限制竞争协议的合法性。航运经营者之间的协议需要提交给航运局，由航运局作出批准与否的决定，航运局的批准将决定此类具有限制竞争影响的航运协议的合法性。《1916年航运法》出台以前就存在且一直存续到该法出台时的航运协议，只要未经航运局特别作出不批准的决定，应当认定为合法；《1916年航运法》出台后的新航运协议，只要获得航运委员会的批准，则为合法。所有在《1916年航运法》下视为合法的航运协议应当被豁免在反托拉斯法之外。[3] 其逻辑即为：航运局的批准使航运协议合法化，如果没有航运局的批准，则此类航运限制竞争协议就违反了反托拉斯法。[4] 此外，要享有反托拉斯豁免，航运协议还必须满足若干条件：其必须

[1] United States Shipping Act of 1916, section 15.

[2] See Claude A. Thompson, *Shipping Act of* 1916: *The Effect of Section* 15 *on the Sherman Anti-Trust Law*, 22 Michigan Law Review, 1923, p. 107; Felix Dinger, *The Future of Liner Conferences in Europe: A Critical Analysis of Agreements in Liner Shipping under Current European Competition Law*, Frankfurt: Peter Lang, 2004, p. 169; see also Federal Maritime Commission v. Seatrain Lines Inc., 411 U. S. 726 (1973).

[3] See Claude A. Thompson, *Shipping Act of* 1916: *The Effect of Section* 15 *on the Sherman Anti-Trust Law*, 22 Michigan Law Review, 1923, p. 109.

[4] See Claude A. Thompson, *Shipping Act of* 1916: *The Effect of Section* 15 *on the Sherman Anti-Trust Law*, 22 Michigan Law Review, 1923, p. 109.

是无歧视的，不得有损于美国的商业贸易，航运经营者还必须保证不从事《1916年航运法》第14条所规定的禁止性行为，即不得有使用运费延期折扣，使用战斗船，或者报复使用非班轮公会船舶的托运人的行为。[1] 因此，很多学者将美国对班轮公会的管理体系称为“受规制的班轮公会体系”（regulated conference system）。[2]

《1916年航运法》对国际航运经营者联合协议的反托拉斯法豁免施加严格限制条件。《1916年航运法》存在总括禁止性规定，如果航运合同在承运人、托运人、出口商、进口商之间存在不正当歧视或者不公平，或者在美国出口商与其外国竞争者之间存在不正当歧视或者不公平，或者将有损美国的贸易，或者将违反本法，航运局将不予批准。[3] 在总括禁止性规定之外，《1916年航运法》还对国际航运经营者联合协议的反托拉斯法豁免附加具体的限制条件。首先，《1916年航运法》对国际航运协议组织形式采用了世界上最为严格的要求。《1916年航运法》要求班轮公会必须采用开放形式，不得采用封闭式班轮公会来限制班轮公会成员的进入和退出。[4] 其次，《1916年航运法》要求班轮公会及其他国际航运协议组织必须赋予成员独立行动权（right of independent action），否则海运局将不予批准协议。《1916年航运法》还要求国际航运协议组织在成员宣告退出组织时不得施以惩罚。[5] 最后，《1916年航运法》禁止航运经营者实施限制托运人自由订立合同的行为，诸如采用双重运费制与运费延期折扣制来捆绑消费者。国际航运协议组织也禁止使用运费延期折扣，使用战斗船，报复使用非公会船舶的托运人，采用不公平或者不合理的运费或运算条件歧视某些托运人的行为，

---

〔1〕 See United States Shipping Act of 1916, section 14; see also Felix Dinger, *The Future of Liner Conferences in Europe: A Critical Analysis of Agreements in Liner Shipping under Current European Competition Law*, Frankfurt: Peter Lang, 2004, p. 169.

〔2〕 See Ann B. FitzSimons, *Antitrust and the Shipping Industry: Interpretation of the Shipping Act of 1916*, 12 International Law and Politics, 1979, p. 116.

〔3〕 See United States Shipping Act of 1916, section 15.

〔4〕 See United States Shipping Act of 1916, section 15.

〔5〕 See United States Shipping Act of 1916, section 15.

否则不得享有反托拉斯法豁免。[1] 另外,《1916 年航运法》建立了航运协议组织的运价规制制度,并经过后来法律的修订,建立了全部航运经营者运价报备制度。

美国历来被认为是执行反托拉斯法最严厉的国家,但是却对航运业中的垄断行为区别以待,通过航运立法将航运产业的限制竞争行为排除在反托拉斯法之外的做法引起了国内外学术界和实务界的广泛讨论。[2] 对于为何允许在航运产业中豁免适用反托拉斯法,美国联邦海事委员会主席柯若尔(Harold Creel)解释为考虑到国际海运市场有其特殊性,不宜将其与一般的市场等同对待,他指出国际航运市场的以下特征要求作出反托拉斯法上的特殊处理:第一,除了高资金投入外,国际航运市场实际上没有其他进入障碍;第二,货物运输量具有周期性,并且在许多贸易中货物运出量和运入量是不平衡的;第三,由于在世界范围内广泛存在对造船业和航运经营者的补贴,所以海运业长期存在运力过剩的困扰;第四,航运运力需求受季节和经济波动的影响非常大;第五,航运经营者同时受数个国家法律或规章的影响。基于上述市场结构特征,允许航运经营者进行一定的协调是必要的。[3] 这种以航运产业特性为基础的反托拉斯豁免理论也一直是支持班轮公会豁免适用反托拉斯法的主要论证理由之一。[4] 除此之外,"国际礼让"(international comity)也是美国国会决定实施航运业反托拉斯法豁免的重要考虑因素,由于航运业具有高度国际性,实施反托拉斯法豁免可以避免美国单边将自己的反托拉斯法律制度适用于外国航运经营者,减少跨国法

---

〔1〕 See United States Shipping Act of 1916, section 14.

〔2〕 See Andrew M. Danas, *Deregulation of the Liner Conference System: The Creation of Countervailing Power in Shippers as aMeans to Control Oligopoly Market Power*, 6 Northwestern Journal of International Law and Business, 1984, pp. 347-388; see also Phillip E. Areeda, *Antitrust Laws and Public Utility Regulation*, 9 Antitrust Law and Economics, 1978, pp. 481-482.

〔3〕 See Harold J. Creel, Prepared Statement in *Antitrust Aspects of the Ocean Shipping Reform Act of* 1998, Hearing before the Committee of the Judiciary, House of Representative, 106th Congress, 1st Session, May 5, 1999, http://commdocs. house. gov/committees/judiciary/hju62447. 000/hju62447_0f. htm.

〔4〕 See Andrew M. Danas, *Deregulation of the Liner Conference System: The Creation of Countervailing Power in Shippers as a Means to Control Oligopoly Market Power*, 6 Northwestern Journal of International Law and Business, 1984, p. 376.

律适用的冲突。[1]

《1916年航运法》颁行后，如何协调该法与反托拉斯法律制度引起了学理论战，特别是针对反托拉斯救济问题更是在当时引起了重要的学术讨论。[2] 汤普森(Claude Thompson)从国会权力的视角论述了《1916年航运法》赋予国际航运协议组织反托拉斯法豁免的合法性。[3] 汤普森首先从国会立法赋予航运协议反托拉斯法豁免的合理性和目的正当性视角进行论证。他指出，国会充分考虑了亚历山大委员会有关班轮公会的调查结论，并将其建议报告中的重要内容直接引进成为《1916年航运法》的组成部分。在立法前，国会充分知晓各种班轮公会协议的存在，了解此类班轮公会协议在国际贸易中的作用，并认为在立法时只有两种路径：一是考虑到此类协议的限制竞争效果，一概禁止此类已经在国际航运实践中广为采用的协议形式；二是允许此类协议的存在，但是采取措施消除其潜在缺陷并防止协议被滥用以达到与禁止此类协议相同的防止限制竞争效果。国会选择了第二种路径进行立法，并且为了有效实施规制的目的创设航运局并授权航运局批准或禁止航运协议的权力。因此，国会授权航运局实施航运协议批准与监管是出于防止航运经营者滥用市场势力，保护社会公共利益之目的。[4] 其次，汤普森从美国宪法中国会立法权的视角切入论证国会立法赋予航运协议反托拉斯法豁免的合法性。美国宪法授予国会管理美国与外国之间商业事务的权力，[5]从事美国与其他国家之间的航运无疑属于美国与外国之间的商业事务，因此国会有权立法禁止航运市场中旨在对贸易和商业进行限

---

〔1〕 See Andrew M. Danas, *Deregulation of the Liner Conference System: The Creation of Countervailing Power in Shippers as a Means to Control Oligopoly Market Power*, 6 Northwestern Journal of International Law and Business, 1984, p. 378.

〔2〕 See Harvard Law Review Editors, *The Effect of the Shipping Act on Prior Common Law and Statutory Remedies*, 44 Harvard Law Review, 1931, pp. 955-959.

〔3〕 See Claude A. Thompson, *Shipping Act of* 1916: *The Effect of Section* 15 *on the Sherman Anti-Trust Law*, 22 Michigan Law Review, 1923, p. 110.

〔4〕 See Claude A. Thompson, *Shipping Act of* 1916: *The Effect of Section* 15 *on the Sherman Anti-Trust Law*, 22 Michigan Law Review, 1923, pp. 113-114.

〔5〕 United States Constitution, art. 1, section 8.

制的合同、联合和共谋。[1]

除了国会是否有权制定航运法来排除反托拉斯法适用上的争议外，《1916年航运法》在司法实践中面临着如何处理它与一般反托拉斯法规则关系的重要问题，特别是对于反托拉斯救济问题，在《1916年航运法》已经规定全额赔偿的情况下，[2]一般反托拉斯法规则中反托拉斯私人诉讼三倍损害赔偿制度、禁令(injunction)制度、民事罚款、刑事罚金等救济措施是否仍然适用于航运市场的垄断行为?[3] 美国联邦最高法院在1932年 United States Navigation Co. v. Cunard S. S. Co. 案中就遇到了这一问题，美国最高法院判决在班轮运输领域中《1916年航运法》所规定的救济措施应当优先于一般反托拉斯规则予以适用。[4] 这一判决结论被认为在美国确立了航运法优先适用于(supercede)反托拉斯法的重要判例法规则。

此外，由于《1916年航运法》采用赋予国际航运协议组织反托拉斯豁免并实施严格监管的做法，联邦海事委员会(1961年成立的独立机构，取代了原来航运局的航运协议批准权)因此被授权对航运业进行规制，可以决定是否批准航运协议，认定航运经营者的限制竞争行为并施以处罚。联邦海事委员会对于航运经营者协议不但有先于司法程序的"优先管辖权"(Primary Jurisdiction)，[5]而且自《1916年航运法》颁行后联邦海事委员还拥有解释和适用《1916年航运法》的权力，这种权力被学术界称为"准司法权"(quasi-

[1] See Claude A. Thompson, *Shipping Act of* 1916: *The Effect of Section* 15 *on the Sherman Anti-Trust Law*, 22 Michigan Law Review, 1923, pp. 114-115.

[2] United States Shipping Act of 1916, section 21, as amended by the Bonner Act 1961.

[3] See Harvard Law Review Editors, *The Effect of the Shipping Act on Prior Common Law and Statutory Remedies*, 44 Harvard Law Review, 1931, pp. 955-959; University of Chicago Law Review Editors, *Primary Jurisdiction and The Applicability of Antitrust Remedies in the Shipping Industry*, 26 The University of Chicago Law Review, 1959, pp. 598-623; Phillip E. Areeda, *Antitrust Laws and Public Utility Regulation*, 9 Antitrust Law and Economics, 1978, p. 482.

[4] United States Navigation Co. v. Cunard S. S. Co., 284 U. S. 474 (1932).

[5] See Phillip E. Areeda, *Antitrust Laws and Public Utility Regulation*, 9 Antitrust Law and Economics, 1978, p. 482.

judicial administration)。[1] 任何试图绕过联邦海事委员会规制权而起诉班轮公会限制竞争行为的反托拉斯法公诉或者私人诉讼,将被法院驳回。即使航运协议未按航运法的要求向联邦海事委员会或航运局报备并获得批准,仍然优先受到联邦海事委员会或航运局的规制,而不是由法院对其直接适用反托拉斯法。[2] 由于联邦海事委员会的这种"准司法权"在很大程度上侵蚀了司法部甚至法院在实施反托拉斯法中的权力,在美国引发很大的学理争议。[3] 而且由于联邦海事委员会对于航运业的严格监管,导致外国航运经营者因此获得了比美国航运经营者更大运营优势,很多人将美国航运业的衰落归结于联邦海事委员会的航运业监管权。[4] 除了联邦海事委员会"准司法权"引发的美国国内争议,由于航运业的跨国性,联邦海事委员会的监管权实际上会涉及对于外国航运经营者和外国班轮公会行为的监管而产生美国航运法和反托拉斯法的域外适用,因此也引起了其他国家特别是英国的不满。有学者指出,在很多其他国家看来,美国不仅通过航运立法促进美国航运业的发展,也通过联邦海事委员会的监管权向世界推行其反托拉斯法律制度,而反托拉斯法律制度在当时尚未在美国之外的其他国家形成立法共识。[5]

(二)判例法制度对《1916 年航运法》的扩充

《1916 年航运法》虽然禁止航运经营者使用运费延期折扣制,但是却并

---

[1] See Leslie L. Kanuk, *Liner Shipping Policy: A Summary of Alternative Positions*, Northwestern University Report, 1978; Ann B. FitzSimons, *Antitrust and the Shipping Industry: Interpretation of the Shipping Act of* 1916, 12 International Law and Politics, 1979, p. 121.

[2] See United States Navigation Co. v. Cunard S. S. Co., 284 U. S. 474, 487 (1932).

[3] See Ann B. FitzSimons, *Antitrust and the Shipping Industry: Interpretation of the Shipping Act of* 1916, 12 International Law and Politics, 1979, p. 125; Andrew M. Danas, *Deregulation of the Liner Conference System: The Creation of Countervailing Power in Shippers as a Means to Control Oligopoly Market Power*, 6 Northwestern Journal of International Law and Business, 1984, p. 385.

[4] See Andrew M. Danas, *Deregulation of the Liner Conference System: The Creation of Countervailing Power in Shippers as a Means to Control Oligopoly Market Power*, 6 Northwestern Journal of International Law and Business, 1984, pp. 382-383.

[5] See Ralpk C. Walker, *Regulating Ocean Shipping: Powers and Problems of the Federal Maritime Commission*, 51 California Law Review, 1963, p. 1000.

未提及是否应当禁止双重运费的规定,因此很多班轮公会通过采用双重运费来规避《1916 年航运法》的禁止性规定。[1]《1916 年航运法》颁布后美国联邦最高法院在联邦海事局[2]诉 Isbrandtsen 航运公司(Federal Maritime Board v. Isbrandtsen Company Inc.)案中就遇到了如何处理班轮公会双重运费制度的争议。Isbrandtsen 是一个独立航运公司,经营着美国东海岸至日本班轮航线,因此与在墨西哥湾与大西洋运营的日本至大西洋和墨西哥湾班轮公会(Japan-Atlantic and Gulf Freight Conference)属于直接竞争关系。通

---

〔1〕 See Amos Herman, *Shipping Conferences*, Deventer: Kluwer Law and Taxation Publisher, 1983, p. 64; see also Mark Munster, *Confidentiality in Service Contracting under the Ocean Shipping Reform Act of 1998*, 2001, available at http://www. wmcd. com/articles/maritime/reform. html, p. 5, cited by Felix Dinger, *The Future of Liner Conferences in Europe: A Critical Analysis of Agreements in Liner Shipping under Current European Competition Law*, Frankfurt: Peter Lang, 2004, p. 171.

〔2〕 美国航运局(United States Shipping Board)成立于一战后,一直存续到 1936 年。1936 年《商船法》(Merchant Marine Act of 1936)颁布并设立美国海事委员会(United States Maritime Commission)取代美国航运局。1950 年美国海事委员会被撤销,其职能分给两个机构:美国联邦海运局(United States Federal Maritime Board)和美国海运管理局(United States Maritime Administration, MARAD)。

美国联邦海运局是隶属于美国司法部的机构,在 1950~1961 年负责商船管理事务,于 1961 年被撤销。

美国海运管理局是隶属于交通运输部的机构,因此又称"运输部海运管理局"。运输部海运管理局是根据《1981 年海运法》的规定正式建立起来的,其职责是建立并维持一支充足的、平衡的商船队,能够足以承运国内的水路货物和相当部分对外运输中的水路货物,在战争时期或国家非常时期能够服务于海军。另外,海运管理局还负责造修船行业、港口管理、水陆多式联运系统建设等。海运管理局的执法目标是:商业流畅性,减少内陆水路、海运和陆地边缘基础设施在运输上的拥堵;国家安全,确保海运能力以支持重大的国家安全利益;环境保护,在各项活动中与有关机构合作,充分考虑环境保护;组织优化,通过持续改进提高执法效率。

美国联邦海事委员会(United States Federal Maritime Commission, FMC)1961 年作为独立机构而建立,与运输部海运管理局不同,它并非隶属于总统的行政管理部门,而是一个相对独立的机构。FMC 的主要职能有:保护从事对外商业活动的美国托运人和承运人的利益,避免受限制性的、不公平的外国法律、法规和商业惯例的损害;审查远洋公共承运人之间、码头经营人之间的经营协议和价格协议,以确保这些协议不会造成过度的反竞争后果;审查并维持服务合同管理系统,通过该系统防止反竞争的行为和其他被禁止的不公平行为;保证公众能够在私营的电子系统中获得公共承运人的运费率和其他费用标准的信息;对国有承运人或受控承运人的费率、费用和规则实施管制,确保其公平、合理,避免对私营竞争者造成不公平的损害;为客船签发已提供财务担保的证明;对远洋运输中介实行许可制度,避免公众受到不合格、无偿付能力、不诚实公司的侵害;确保远洋运输中介人维持足够的财务担保;对公共承运人、码头经营人和运输中介人在对外商业活动中实施的歧视性费率、费用、分类和行为进行调查。

联邦海事委员会与海运管理局在职能上有所不同:联邦海事委员会的主要职能是管制性的,主要负责实施航运法律中的管制性条款;而海运管理局是促进性的,主要职能是促进充足、高效的美国商船队的发展。

过收取比班轮公会更低的运费率，Isbrandtsen 得以获得这一航线上 30%的市场份额。班轮公会为了与 Isbrandtsen 竞争开始收取比 Isbrandtsen 更低的运费率以取得价格优势，同时为了有效地套牢托运人班轮公会采取了双重运费制。班轮公会规定，任何与班轮公会签订独家承运合同（Exclusive Patronage Contract）的托运人都可以获得更低的运费价格。Isbrandtsen 向联邦海事局提交报告主张班轮公会的行为违反《1916 年航运法》。然而联邦海事局却并未支持 Isbrandtsen 的观点，而是裁决班轮公会采用“双重运费制”的做法并不违反航运法的要求。Isbrandtsen 将联邦海事局的裁决起诉到哥伦比亚地区巡回法院，法院以根据《1916 年航运法》第 14 条的规定认为双重运费制属于本身违法的协议安排，决定撤销联邦海事局的裁决。[1] 该案最终由美国联邦最高法院以调卷令（certiorari）方式复审。最高法院支持了 Isbrandtsen 的观点，认为班轮公会使用双重运费制的动机明显是排挤独立航运经营者的竞争。[2] 美国最高法院指出，国会在《1916 年航运法》第 14 条中禁止班轮公会从事具有限制独立航运经营者竞争目的和效果的班轮公会行为，第 14 条的禁止性规定应广义理解为构成一个“兜底条款”（catch-all clause），国会的立法目的在于通过该兜底条款禁止一切航运法中未例举的班轮公会限制竞争行为。[3] 联邦海事局的裁决报告显示班轮公会所采用的双重运费制度具有限制竞争的效果，其目的在于使班轮公会成员可以获得更多的市场份额，因此属于采用歧视性和不公平做法限制外部竞争，违反第 14 条。[4] 尽管最高法院是以双重运费制属于采用歧视性和不公平做法限制竞争，因此违反《1916 年航运法》第 14 条，但却并未给出结论指明双重

---

〔1〕 See Isbrandtsen Company, Inc. v. United States of America and Federal Maritime Board, the Secretary of Agriculture, Intervenor, Japan-Atlantic and Gulf Freight Conference, Intervenors, 239 Fed. 2d 933 (D. C. Cir. 1957). 有关 Isbrandtsen 案在上诉到美国联邦最高法院之前的更详细诉讼过程，可以参见 Stanford Law Review Editors, *The American Shipping Industry and the Conference System*, 11 Stanford Law Review, 1958, pp. 144–147。

〔2〕 Federal Maritime Board v. Isbrandtsen Company Inc., 356 U. S. 481 (1958).

〔3〕 Federal Maritime Board v. Isbrandtsen Company Inc., 356 U. S. 481 (1958)., pp. 491–493.

〔4〕 Federal Maritime Board v. Isbrandtsen Company Inc., 356 U. S. 481 (1958)., p. 493.

运费制是否构成本身违法(per se violative)的限制竞争协议。[1] 根据该案的判决,所有航运经营者在驶入驶出美国航线上从事的双重运费制协议都可能因此而非法。这一案件一概否定双重运费制的判决结果也存在学理争议,有学者就提出处理双重运费制可以有一概禁止双重运费,基于托运人需要适当认定双重运费为合法,如果基于与其他经营者竞争而采用双重运费并确保不会胁迫托运人则为合法三种做法,一概禁止双重运费的做法或许未为最优。[2] 也有学者指出,美国最高法院在 Isbrandtsen 案中的判决不但将削弱双重运费制度,也将对美国航运法下班轮公会的整个管制体系构成挑战。[3]

在 1958 年 Isbrandtsen 案之后,三个非美国的船东组织成立起来专门处理因美国航运政策而带来的经营困境:航运协商组织(Consultative Shipping Group,CSG)、欧洲船东委员会(Committee of European Shipowners,CES)和欧洲国家船东协会委员会(Committee of European National Shipowners' Association,CENSA)。[4] 美国国会也不得不在 Isbrandtsen 案判决不久后迅速采取行动,一方面授权班轮公会可以暂时保留双重运费制,另一方面又开展了对于班轮运输业的全面调查。两个国会调查委员会——博纳(Bonner)委员会和席勒(Celler)委员会负责此次调查。博纳委员会是众议院商船与渔业委员会中负责管理航运公会的特别分委会(Special Subcommittee on Steamship Conferences of the House Merchant Marine),博纳为主席,专门负责有关双重运费问题的调查。席勒委员会是众议院司法委员会中负责反托拉斯法问题的分委会(Anti-Trust Subcommittee of the House Judiciary

---

〔1〕 See Stanford Law Review Editors, *The American Shipping Industry and the Conference System*, 11 Stanford Law Review, 1958, p. 147; Amos Herman, *Shipping Conferences*, Deventer: Kluwer Law and Taxation Publisher, 1983, p. 66.

〔2〕 See Jon Magnusson, *Shipping Conference Dual-Rate Contract Arrangements as a Competitive Weapon*, 38 St. John's Law Review, 1964, pp. 222-224.

〔3〕 See Stanford Law Review Editors, *The American Shipping Industry and the Conference System*, 11 Stanford Law Review, 1958, p. 148.

〔4〕 See Bruce Farthing, *International Shipping: An Introduction to the Policies, Politics, and Institutions of the Maritime World* (*2nd ed.*), London: Lloyd's of London Press, 1993, pp. 100-104.

Committee),席勒为主席,负责对班轮运输市场的竞争问题进行全面研究。[1] 博纳委员会的调查报告指出竞争法的规则不应当适用于班轮运输,维持双重运费制是保持班轮公会运作效率的合适方法。[2] 席勒委员会认同博纳委员会的看法,认为维持一定程度的班轮公会市场垄断力是有必要的,但是强调垄断力必须能够被有效地规制,同时指出随着主要由外国船东组成的班轮公会的力量逐渐强大,它们开始滥用自己的特权,如秘密缔结运价限制协议,未经批准擅自分割市场和航线,严格限制新成员加入公会,以及对托运人采取歧视性对待。[3] 这两份报告对于改革《1916 年航运法》影响深远。

三、1961 年航运法修订案:维持航运业反托拉斯法豁免并使限制条件更为严格化

(一) 1961 年航运法修订案

在历时三年的调查和听证之后,美国国会决定修订《1916 年航运法》,博纳委员会和席勒委员会的调查报告成为 1961 年美国航运法修订案的基础。[4] 1961 年修订案也被称为《博纳法》(the Bonner Act)或者《1961 年改革法》(the 1961 Reform),生效于 1961 年 10 月 3 日。[5] 1961 年修订案的主要内容包括如下方面:首先,在 1961 年修订案中,原来联邦海事局(Federal Maritime Board,FMB)的职能分别交由交通部下属的海运管理局(United States Maritime Administration,MARAD)和联邦海事委员会来行使,其中海

---

[1] See Luis Ortiz Blanco, *Shipping Conferences under EC Antitrust Law: Criticism of a Legal Paradox* (Andrew Read trans.), Oxford, Portland: Hart Publishing, 2007, p. 32.

[2] See Subcommittee on Merchant Marine of the Committee on Merchant Marine and Fisheries of the House of Representatives, *Review of Dual-Rate Legislation*, 1961-1964, Aug. 11, 1964.

[3] See Luis Ortiz Blanco, *Shipping Conferences under EC Antitrust Law: Criticism of a Legal Paradox* (Andrew Read trans.), Oxford, Portland: Hart Publishing, 2007, pp. 32-33.

[4] See Ralpk C. Walker, *Regulating Ocean Shipping: Powers and Problems of the Federal Maritime Commission*, 51 California Law Review, 1963, p. 989.

[5] See Felix Dinger, *The Future of Liner Conferences in Europe: A Critical Analysis of Agreements in Liner Shipping under Current European Competition Law*, Frankfurt: Peter Lang, 2004, p. 171.

运管理局负责促进航运业的发展，而联邦海事委员会则负责航运业的管理与规制。1961 年联邦海事委员会的成立，标志着美国国际航运管理体制实现了促进航运业发展职能和管理规制航运业职能的分离。[1] 其次，1961 年修订案也明确否定了最高法院在 Isbrandtsen 案的判决结论，允许班轮公会实施双重运费协议，只要联邦海事委员会未宣告此类协议对美国贸易造成歧视，未违反公共利益，未对特定当事方构成不适当的歧视或者不公平。[2] 最后，与《1916 年航运法》相比，1961 年修订案提高了联邦海事委员会对于航运协议的批准门槛，在该法第 15 条关于海运理事会是否批准向其报备的协议的标准中，加入了"公共利益"（Public Interest）这一标准。[3] 除了像原来《1916 年航运法》那样要求航运协议不得在承运人、托运人、出口商、进口商之间存在不正当歧视或者不公平，或者在美国出口商与其外国竞争者之间存在不正当歧视或者不公平，或者将有损美国的贸易，或者将违反本法，1961 年修订案还加入了一个特别的规定，即向联邦海事委员会报备的航运协议必须不得与公共利益相抵触才能获得联邦海事委员会的批准。[4] 根据联邦海事委员会和法院对"公共利益"的解释，一方面要考虑反托拉斯法关于垄断和反垄断的解释，另一方面要同时考虑该种行为是否为国际班轮运输所必需。当班轮公会所带来的利益超过其对竞争限制所造成的不利时才是有利于公共利益的，反托拉斯豁免才是合理的。[5] 1961 年修订案的变化还体现在它要求不在同一班轮公会的航运经营者之间的协议，即非班轮

---

[1] See Luis Ortiz Blanco, *Shipping Conferences under EC Antitrust Law: Criticism of a Legal Paradox* (Andrew Read trans.), Oxford, Portland: Hart Publishing, 2007, p. 33；关于美国航运管理机构的发展变迁也可以参见於世成：《美国航运法研究》，北京大学出版社 2007 年版，第 149～150 页；关于美国联邦海事委员会的介绍，可以参见 Ernst G. Frankel, *Regulation and Policies of American Shipping*, Boston, Massachusetts: Auburn House Publishing, 1982, p. 83。

[2] United States Shipping Act of 1916, section 14, as amended by the Bonner Act 1961.

[3] See Luis Ortiz Blanco, *Shipping Conferences under EC Antitrust Law: Criticism of a Legal Paradox* (Andrew Read trans.), Oxford, Portland: Hart Publishing, 2007, p. 33.

[4] United States Shipping Act of 1916, section 14, as amended by the Bonner Act 1961.

[5] 但是《1984 年航运法》和《1998 年航运改革法》关于协议审查标准中并没有出现"公共利益"这一标准，於世成教授指出，这是由于这两部法律已将"公共利益"标准具体化，通过对协议应该具备的具体条件的规定确保公共利益的实现。参见於世成：《美国航运法研究》，北京大学出版社 2007 年版，第 28～29 页。

公会协议的其他航运协议，或者在不同航线上的班轮公会之间的协议必须并入独立行动权(independent action)条款，允许缔约航运经营者自愿背离协议约定。[1] 此外，1961年修订案对于《1916年航运法》的修订还体现在运价报备制度上，1961年修订案要求全部航运经营者，无论是否为班轮公会成员，都必须向联邦海事委员会进行运价报备，从而扩大了运价报备制度的适用范围。[2]

在1961年修订案下，联邦海事委员会的权限也进一步扩大。联邦海事委员会可以根据当事人申请和自主决定启动对于航运协议的审查程序。联邦海事委员会有权在外国航运经营者实施违反航运法的行为时将其驱逐出美国港口，也有权对实施了违反航运法行为的航运经营者处以民事罚款或刑事罚金，还有权不予批准、撤销或变更有损美国商业利益或公共利益的航运协议。根据修订案联邦海事委员会也有权决定是否批准双重运费协议。[3] 联邦海事委员会还负责监督航运经营者所报备的运价的实施情况，不允许秘密费率的存在以防止歧视，联邦海事委员会还有权拒绝批准那些它认为不合理的过高或者过低有可能对美国贸易构成损害的运费率。[4] 此外，联邦海事委员会还可以要求航运经营者定期提交自我评估报告，也有权传唤证人来评估航运协议是否合法，并有权采取实施航运法所必要的措施。[5]

综上，1961年修订案通过施加更加严格的航运协议批准条件与扩大联邦海事委员会的监督权，在保留航运业反托拉斯法豁免的同时却进一步加强了美国对于航运业的管理规制。

---

〔1〕 於世成：《美国航运法研究》，北京大学出版社2007年版，第28~29页。

〔2〕 於世成：《美国航运法研究》，北京大学出版社2007年版，第28~29页。

〔3〕 See Ralpk C. Walker, *Regulating Ocean Shipping: Powers and Problems of the Federal Maritime Commission*, 51 California Law Review, 1963, pp. 989-990.

〔4〕 Advisory Commission on Conferences in Ocean Shipping: Report of the Advisory Commission on Conferences in Ocean Shipping, Washington DC, Apr. 10, 1992, p. 8, 14, cited by Luis Ortiz Blanco, *Shipping Conferences under EC Antitrust Law: Criticism of a Legal Paradox* (Andrew Read trans.), Oxford, Portland: Hart Publishing, 2007, p. 34.

〔5〕 See Ralpk C. Walker, *Regulating Ocean Shipping: Powers and Problems of the Federal Maritime Commission*, 51 California Law Review, 1963, p. 990.

然而,《1916年航运法》及其1961年修订案却因航运协议批准程序的复杂和规定的模糊不清而遭致了来自船方的猛烈批评:首先,任何航运经营者之间的协议与运费率必须在实施之前向联邦海事委员会报备,并且需要获得联邦海事委员会批准方可付诸实施,这使得航运协议的实施必须经过听证和审查等程序,而走完这些程序往往需要时日,从而导致航运企业因难以灵活迅速应对市场变化而错失商机。[1] 其次,《1916年航运法》及其1961年修订案关于联邦海事委员会批准航运协议的条件之规定也较为原则和模糊。在具体判定何种情况构成在承运人、托运人、出口商、进口商之间造成不正当歧视或者不公平,或者在美国出口商与其外国竞争者之间造成不正当歧视或者不公平,何种情况构成损及美国商业贸易利益的情况,何种情况又构成损害公共利益,往往在实际执法中缺乏确定的具体的标准,联邦海事委员会需要根据其多年执法经验行使自由裁量权。[2] 这种在执法过程中的客观标准缺失将导致联邦海事委员会在行使"准司法权"时存在不确定性。[3] 最后,很多航运经营者还对实践中联邦海事委员会、司法部与法院的权限分界提出指责,指出在一些案件中航运经营者即使已经按照经联邦海事委员会批准的协议从事运输,仍然会遭到司法部以违反反托拉斯法为理由的起诉,有的航运经营者因此被法院判决需要按照反托拉斯法的规定向有关当事人支付三倍赔偿。也有航运经营者从本国与外国航运经营者的差别待遇角度提出指责,认为由于美国反托拉斯法不能适用于外国航运经营者,反而使美国航运经营者在与外国航运经营者的竞争中造成法律适用上的不平等。[4]

---

〔1〕 於世成:《美国航运法研究》,北京大学出版社2007年版,第29页;See also Luis Ortiz Blanco, *Shipping Conferences under EC Antitrust Law: Criticism of a Legal Paradox* (Andrew Read trans.), Oxford, Portland: Hart Publishing, 2007, p. 34.

〔2〕 See George E. Garvey, *Regulatory Reform in the Ocean Shipping Industry: An Extraordinary U. S. Commitment to Cartels*, 18 George Washington Journal of International Law and Economics, 1984, pp. 23-28.

〔3〕 於世成:《美国航运法研究》,北京大学出版社2007年版,第29~30页。

〔4〕 於世成:《美国航运法研究》,北京大学出版社2007年版,第29~30页;See also George E. Garvey, *Regulatory Reform in the Ocean Shipping Industry: An Extraordinary U. S. Commitment to Cartels*, 18 George Washington Journal of International Law and Economics, 1984, p. 36.

对于航运经营者所指责的联邦海事委员会在《1916 年航运法》及其1961 年修订案下航运协议批准权上的模糊性规定,1968 年美国最高法院在Federal Maritime Commission v. Aktiebolaget Svenska Amerika Linien 案(以下简称 Svenska 案)[1]中确立了航运协议批准时的"公共利益"解释标准。在该案中,美国旅行社协会(American Society of Travel Agents)认为跨大西洋客运轮船公会(Transatlantic Passenger Steamship Conferences)在运输协议中使用"捆绑性条款"(tying rule)禁止已经在班轮公会船舶上订舱的旅行社与其他非公会船舶订立运输协议,并且在整个班轮公会内部采用"一致行动条款"(unanimity rule)要求班轮公会全体成员在支付给旅行社订舱佣金上采用一致的价格的做法违反《1916 年航运法》,因此向美国联邦海事委员会提出审查申请。联邦海事委员会经审查后认为班轮公会协议的捆绑性条款和一致行动条款均违反《1916 年航运法》第 15 条的规定,因此对班轮公会协议予以禁止。联邦海事委员会在审查班轮公会协议条款是否构成违反公共利益时采用了"推定违反公共利益"的标准,认为由于班轮公会无法用证据推翻前述推定,证明其采用的捆绑性条款和一致行动条款具有合法目的,所以就构成违反公共利益。上述法院以航运法并未规定联邦海事委员会所采用的"推定违反公共利益"标准为由撤销了联邦海事委员会的裁定。案件上诉到美国最高法院后,最高法院经审理判决:《1916 年航运法》仅赋予航运业有限的反托拉斯法豁免,联邦海事委员所采用的"推定违反公共利益"标准是判定航运协议是否违反公共利益时所采用的适当标准,应当予以维持。[2]最高法院认为,在审查航运协议是否符合公共利益时考虑反托拉斯法的要求是航运法下的适当审查标准,因为根据"实质证据标准"(substantial evidence)可以确定具有限制竞争效果的航运协议与公共利益相违背,因此将举证责任施加给航运经营者来证明具有限制竞争效果的航运协议是基于

[1] Federal Maritime Commission v. Aktiebolaget Svenska Amerika Linien 390 U. S. 238 (1968).

[2] Federal Maritime Commission v. Aktiebolaget Svenska Amerika Linien 390 U. S. 238 (1968)., pp. 242-246.

运输活动之必要,并将给公共利益带来好处是适当的。[1]

Svenska 案确立了在班轮运输领域如何具体适用"公共利益"的基本标准,首先推定班轮公会等航运协议违反反托拉斯法及竞争政策,因此与公共利益相抵触,除非班轮公会成员可以证明以下情况的存在,联邦海事委员会才应当批准航运协议:协议的存在可以基于航运业的迫切需求而被证明是合理的,或者协议的存在对于维持重要的公共利益是必要的,或者协议的缔结符合航运法促进航运业有效管理规制之目的。[2] 这一标准也被称为"Svenska 标准"(Svenska test)。可以说,"Svenska 标准"实际上是建立在对于班轮公会等航运组织协议"推定违法"的前提下的。[3] 按照"Svenska 标准",联邦海事委员会有权首先推定班轮公会的限制竞争协议在反托拉斯法下构成对于公共利益的本身违反,并因此应当无效;然后航运经营者承担举证责任证明班轮公会的限制竞争协议不违反公共利益。[4] 由于 Svenska 案确立的判例法标准,航运经营者之间的联合协议在向联邦海事委员会进行报备以获得批准时就需要提交证据证明其符合"Svenska 标准"。[5] 美国最高法院在 Svensak 案中的判决却遭致了众多航运经营者的批判,认为该标准实质性提高了联邦海事委员会批准航运协议的门槛,也就等于变相剥夺了航运协议可以享有的反垄断豁免权,并且这些新标准的出现只会使竞争对手更多地干预联邦海事委员会的航运协议批准程序,因此进一步拖延航运

〔1〕 Federal Maritime Commission v. Aktiebolaget Svenska Amerika Linien 390 U. S. 238 (1968)., p. 243.

〔2〕 Federal Maritime Commission v. Aktiebolaget Svenska Amerika Linien 390 U. S. 238 (1968)., p. 243.

〔3〕 See F. Conger Fawcett and David C. Nolan, *United States Ocean Shipping: The History, Development, and Decline of the Conference Antitrust Exemption*, 1 Northwestern Journal of International Law and Business, 1979, p. 558.

〔4〕 See Luis Ortiz Blanco, *Shipping Conferences under EC Antitrust Law: Criticism of a Legal Paradox* (Andrew Read trans.), Oxford, Portland: Hart Publishing, 2007, p. 34; see also Sidney Gilman, *The Competitive Dynamics of Container Shipping*, London: Gower Publishing, 1983, p. 85.

〔5〕 See Ann B. FitzSimons, *Antitrust and the Shipping Industry: Interpretation of the Shipping Act of 1916*, 12 International Law and Politics, 1979, pp. 127-128.

协议审查批准程序的时间。[1] 有学者也指出,最高法院在 Svenska 案中的判决实际上已经逾越了航运法的文本和国会在制定航运法时的立法意图,等于将反托拉斯法的规则强加在班轮公会协议的规制上,而国会制定航运法的目的反而是排除反托拉斯法规则对于某些航运协议的适用。[2]

(二) 修订后的《1916 年航运法》与反托拉斯法之间的冲突与协调

《1916 年航运法》及其 1961 年修订案在司法实践中面临着如何协调与一般反托拉斯法关系的重要问题,特别是在《1916 年航运法》已经规定全额赔偿的情况下,[3] 一般反托拉斯法规则中反托拉斯私人诉讼三倍损害赔偿制度是否仍然适用于航运领域的垄断与限制竞争问题?[4] 美国联邦最高法院首先在 1932 年 United States Navigation Co. v. Cunard S. S. Co. 案中遇到了这一问题,最高法院判决在班轮运输领域中航运法所规定的救济措施应当优先于一般反托拉斯规则予以适用。[5] 但是,在 1966 年 Carnation Co. v. Pacific Westbound Conference 案中,[6] 最高法院却改变了看法,认为《1916 年航运法》及其 1961 年修订案不能将班轮运输业完全排除在一般反托拉斯规则的适用范围之外,那些违反《1916 年航运法》及其 1961 年修订案的限制竞争行为应当适用一般反托拉斯规则,包括一般反托拉斯法中有关损害赔偿标准的规定。最高法院指出,反托拉斯法规则体现的是美国在反托拉斯问题上的基本立场与政策,因此除非立法者明确表示不适用,否则不应当轻

---

〔1〕 See Advisory Commission on Conferences in Ocean Shipping: Report of the Advisory Commission on Conferences in Ocean Shipping, Washington DC, Apr. 10, 1992, p. 9, cited by Luis Ortiz Blanco, *Shipping Conferences under EC Antitrust Law: Criticism of a Legal Paradox* (Andrew Read trans.), Oxford, Portland: Hart Publishing, 2007, p. 35; see also F. Conger Fawcett and David C. Nolan, *United States Ocean Shipping: The History, Development, and Decline of the Conference Antitrust Exemption*, 1 Northwestern Journal of International Law and Business, 1979, p. 568.

〔2〕 See Ann B. FitzSimons, *Antitrust and the Shipping Industry: Interpretation of the Shipping Act of* 1916, 12 International Law and Politics, 1979, pp. 128-130.

〔3〕 United States Shipping Act of 1916, section 21, as amended by the Bonner Act 1961.

〔4〕 See University of Chicago Law Review Editors, *Primary Jurisdiction and The Applicability of Antitrust Remedies in the Shipping Industry*, 26 The University of Chicago Law Review, 1959, pp. 598-623.

〔5〕 United States Navigation Co. v. Cunard S. S. Co., 284 U. S. 474 (1932).

〔6〕 Carnation Co. v. Pacific Westbound Conference and Others, 383 U. S. 213 (1966).

易被排除适用。[1] 菲利克斯·丁格指出，这意味着对于修订后的《1916 年航运法》而言，其第 15 条反托拉斯法豁免仅适用于那些按照航运法获得联邦海事委员会批准的航运协议，因此如果某一航运协议不满足获得航运法下反托拉斯法豁免的条件，就不能排除反托拉斯法规则的适用，也就要按照反托拉斯法规定的救济方式进行赔偿并适用反托拉斯私人诉讼的 3 倍赔偿，还有反托拉斯法律中的禁令、民事罚款、刑事罚金。[2] 福西特（F. Conger Fawcett）和诺兰（David Nolan）的研究认为，美国法院通过判例法制度将反托拉斯法适用于航运业实际上违背了国会制定航运法的立法意图，将不利于美国航运业和贸易的发展。[3]

四、《1984 年航运法》：航运业放松管制趋势下的反托拉斯法豁免扩张

《1984 年航运法》确立了现今美国航运业放松管制下管理体制的基本架构，[4]它扩大了美国航运反托拉斯法豁免制度体系，使航运业行政管理程序更为规范化，禁止了一些之前被允许的航运经营者限制竞争行为，而且通过构建托运人保护机制来增加托运人在与航运经营者谈判时的实力。[5] 但是《1984 年航运法》并未从根本上改变《1916 年航运法》所确立的航运业反托拉斯法豁免辅以限制条件和程序监管的基本架构，与其说《1984 年航运法》是美国对于其航运法的一次全面修订，不如说《1984 年航运法》是美国航运经营者、托运人、司法部、国会中航运反托拉斯法豁免的倡导者之间利

---

〔1〕 Carnation Co. v. Pacific Westbound Conference and Others, 383 U. S. 213 (1966)., p. 217.

〔2〕 See Felix Dinger, *The Future of Liner Conferences in Europe: A Critical Analysis of Agreements in Liner Shipping under Current European Competition Law*, Frankfurt: Peter Lang, 2004, pp. 175–176.

〔3〕 See F. Conger Fawcett and David C. Nolan, *United States Ocean Shipping: The History, Development, and Decline of the Conference Antitrust Exemption*, 1 Northwestern Journal of International Law and Business, 1979, p. 537.

〔4〕 於世成：《美国航运法研究》，北京大学出版社 2007 年版，第 30 页。

〔5〕 See Peter A. Friedmann and John A. Devierno, *The Shipping Act of* 1984: *The Shift from Government Regulation to Shipper "Regulation"*, 15 Journal of Maritime Law and Commerce, 1984, p. 313; Ernst G. Frankel, *Economic and Commercial Implications of the U. S. Shipping Act of* 1984, 22 Logistics and Transportation Review, 1986, p. 99; Nancy Ruth Fox, *Some Effects of the U. S. Shipping Act of* 1984 *on Ocean Liner Shipping Conferences*, 26 Journal of Maritime Law and Commerce, 1995, pp. 531–532.

益博弈所达成的妥协。[1] 《1984年航运法》的出台一方面是为了修订《1916年航运法》存在的不足,另一方面是为了促进美国航运业的发展。当时美国的航运业无论是按照悬挂美国国旗的船舶数量来看,还是按照出口贸易的运费率水平来看,均呈现衰退状态,而且美国的出口运费远高于进口运费。[2] 另外,随着1974年《联合国班轮公会行动守则公约》的出台,其他国家受到联合国立法的影响,不但允许班轮公会享有反垄断豁免,还允许班轮公会采用封闭形式,也允许各国实施货载保留,因此美国政策制定者认为在美国拒绝加入联合国公约的情况下,只有强化美国航运法下航运协议的反托拉斯法豁免才能使美国航运经营者在国际竞争中不产生劣势。面对航运经营者、出口商的异议,司法部要求强化航运业反托拉斯法适用的主张,联邦海事委员会不断面临的指责,以及国际立法的压力,美国航运政策制定者们建议通过放松管制来促进航运业发展,这些政策建议中的两个主要方面就是,弱化联邦海事委员会的航运业规制权,强化班轮公会法反托拉斯法豁免。[3] 然而在这些政策建议基础上提出的航运法改革方案由于与美国的竞争政策不符而一直受到抵制,直到1984年3月20日里根总统正式签署了《1984年航运法》才使得美国得以重塑其航运法律制度。[4]

《1984年航运法》最为显著的特征在于其体现出的航运业放松管制趋势,这种放松管制趋势也给美国航运业反托拉斯规制制度带来了变化:

首先,《1984年航运法》的放松管制趋势体现在其航运政策宣言上。该法明确了美国航运政策的三个目标:建立非歧视且放松管制的国际班轮运

〔1〕 See Charles L. O. Buderi, *Conflict and Compromise: The Shipping Act of* 1984, 3 Berkeley Journal of International Law, 1986, pp. 311-345.

〔2〕 See Andrew M. Danas, *Deregulation of the Liner Conference System: The Creation of Countervailing Power in Shippers as a Means to Control Oligopoly Market Power*, 6 Northwestern Journal of International Law and Business, 1984, p. 375.

〔3〕 See Andrew M. Danas, *Deregulation of the Liner Conference System: The Creation of Countervailing Power in Shippers as a Means to Control Oligopoly Market Power*, 6 Northwestern Journal of International Law and Business, 1984, pp. 377-384.

〔4〕 See Andrew M. Danas, *Deregulation of the Liner Conference System: The Creation of Countervailing Power in Shippers as a Means to Control Oligopoly Market Power*, 6 Northwestern Journal of International Law and Business, 1984, p. 375.

输法律体系，构建与国际海事实践相协调的有效运行的班轮运输体系，鼓励悬挂美国旗的班轮船队发展壮大以满足国内贸易需求。[1]

其次，《1984 年航运法》的放松管制趋势体现在航运协议报备与运价报备制度的程序性变革上。此前，班轮公会及其他航运经营者限制竞争的联合协议在实施前必须获得联邦海事委员会批准方为合法，未获批准而实施航运协议会使航运经营者面临违反美国反托拉斯法的诉讼。[2] 而且根据美国最高法院通过判例法制度确立的"Svenska 标准"，班轮公会及其限制竞争协议的批准程序要求班轮公会及其成员承担证明责任，推翻有关航运协议本身违反公共利益的推定。《1984 年航运法》的出台则彻底变革了联邦海事委员会的批准程序。《1984 年航运法》仍然保留了联邦海事委员会对航运协议的审查权，但是却规定航运协议在向联邦海事委员会报备后 45 日之内自动生效。[3] 这意味着航运协议从审查批准生效变成了报备自动生效。《1984 年航运法》重新理顺了联邦海事委员会、法院和司法部之间有关航运垄断的执法权：联邦海事委员会不再有权直接禁止航运协议实施，而只能向联邦法院申请禁令。联邦海事委员会可以请求联邦法院发布临时性或永久性禁令禁止航运协议生效，[4]但前提是联邦海事委员会必须证明航运协议存在有可能限制竞争，对运输服务造成不合理的损害，或者造成运输成本的不合理增加。[5] 显然，这样的改革变更了由判例法制度建构的举证责任规定，将原来由航运经营者承担的证明责任施加给联邦海事委员会，联邦海事委员会必须证明航运协议存在限制竞争的可能才能禁止航运协议。这一变革意味着美国最高法院通过判例法制度确立的"Svenska 标准"将不再适用，也意味着联邦海事委员会禁止航运协议的难度将显著增加，这就等于变相放松了对于航运业的管制。

---

[1] United States Shipping Act of 1984, section 2.

[2] See Ke Bakke, *The U. S. Shipping Act of* 1984: *An Assessment*, 18 Containerisation International, 1984, p. 45.

[3] United States Shipping Act of 1984, section 6 (f).

[4] United States Shipping Act of 1984, section 6 (h).

[5] United States Shipping Act of 1984, section 6 (g).

最后,《1984年航运法》的放松管制趋势也体现在航运协议反托拉斯法豁免范围的扩大化上。《1984年航运法》继续维持航运业反托拉斯法豁免,[1]维持了航运协议报备与运价报备制度,仍然要求班轮公会必须采用开放形式,也仍然对于运费延期折扣制与其他形式的运费外费用收取持禁止态度。[2] 但是,《1984年航运法》却扩大了航运协议反托拉斯法豁免的范围。[3] 《1984年航运法》第7条规定:美国的反托拉斯法律制度不适用于班轮公会协议、海运航运经营者之间的协议、班轮公会之间的协议、船舶共享协议以及劳资谈判方面的协议等,也不适用于符合本法的航运经营者联合行动。享有反托拉斯法豁免的航运协议的具体内容包括:固定运费率协议,联合营运协议,利润分享协议,港口分享和港口安排协议,限制运力协议,航运经营者之间联合实施的排他性、优惠性、合作性协议,航运经营者与港口经营人或无船承运人之间联合实施的排他性、优惠性、合作性协议,在国际市场实施的限制竞争协议,禁止航运组织成员采用独立服务合同的协议。[4] 但是,根据第7条的规定,反托拉斯法豁免不得被延伸适用到以下协议:①与航空、铁路、公路承运人或不受《1984年航运法》管辖的承运人签订

---

[1] 《1984年航运法》规定,美国的反托拉斯法律制度不适用于远洋公共承运人之间的下列协议,只要协议已经向联邦海事委员会报备,并且在实施协议规定的行为时协议已经生效:

(1) discuss, fix, or regulate transportation rates, including through rates, cargo space accommodations, and other conditions of service;

(2) pool or apportion traffic, revenues, earnings, or losses;

(3) allot ports or restrict or otherwise regulate the number and character of sailings between ports;

(4) limit or regulate the volume or character of cargo or passenger traffic to be carried;

(5) engage in exclusive, preferential, or cooperative working arrangements among themselves or with one or more marine terminal operators or non-vessel-operating common carriers;

(6) control, regulate, or prevent competition in international ocean transportation;

(7) regulate or prohibit their use of service contracts.

See United States Shipping Act of 1984, section 4 (a).

[2] See Luis Ortiz Blanco, *Shipping Conferences under EC Antitrust Law: Criticism of a Legal Paradox* (Andrew Read trans.), Oxford, Portland: Hart Publishing, 2007, pp. 38-39.

[3] See Peter A. Friedmann and John A. Devierno, *The Shipping Act of* 1984: *The Shift from Government Regulation to Shipper "Regulation"*, 15 Journal of Maritime Law and Commerce, 1984, p. 313; Nancy Ruth Fox, *Some Effects of the U. S. Shipping Act of* 1984 *on Ocean Liner Shipping Conferences*, 26 Journal of Maritime Law and Commerce, 1995, p. 531.

[4] United States Shipping Act of 1984, section 7 (a).

的协议或这些人之间签订的协议；②受《1984 年航运法》管辖的航运经营者之间就多式联运全程运费(Through Rate)中应付给内陆运输承运人的运费所缔结的协议；③受《1984 年航运法》管辖的航运经营者就建立、经营或维持海运码头所达成的协议；④任何忠诚契约。[1] 虽然反托拉斯法豁免不适用于多式联运航运经营者与内陆运输承运人达成的协议，但是却适用于多式联运中向公众公开的内陆运价部分，也就是说，《1984 年航运法》等于允许了航运经营者对多式联运中内陆区段的运价进行价格协同，这种行为是可以获得反托拉斯法豁免的。[2] 另外，《1984 年航运法》虽然禁止使用忠诚契约，但是却在忠诚契约上也体现出一定的放松管制趋势，规定忠诚契约是非法的，但是航运经营者可以证明其符合一般反托拉斯法的规定来排除协议非法性。[3] 但是，航运企业兼并收购所涉及的限制竞争问题不适用《1984 年航运法》，而是适用企业并购的一般性反托拉斯法规定，因此也就不能获得航运法下的反托拉斯法豁免。[4]

需要指出的是，与航运业放松管制、扩大反托拉斯法豁免的趋势相伴的是《1984 年航运法》在国际航运协议组织成员独立行动权问题上的严格化，以及构建了托运人保护机制来保护放松管制的航运产业中的消费者利益。首先，《1984 年航运法》除了要求班轮公会继续保持开放组织形式外，还扩展了《1916 年航运法》及其 1961 年修订案所确立的独立行动权制度的范围，不仅要求班轮公会成员必须有可以背离班轮公会的独立行动权，[5]还要求班轮公会之间的协议(interconference agreements)中每个班轮公会也应当享有自己的独立行动权。[6] 其次，《1984 年航运法》构建了托运人保护机制意图创设足以与航运营者抗衡的托运人力量。《1984 年航运法》允许托运人联合起来组成托运人组织与航运经营者就运费率、运输条件等内容讨价还价；托

〔1〕 United States Shipping Act of 1984, section 7 (a). , section 7 (b).

〔2〕 See Luis Ortiz Blanco, *Shipping Conferences under EC Antitrust Law: Criticism of a Legal Paradox* (Andrew Read trans.), Oxford, Portland: Hart Publishing, 2007, p. 38.

〔3〕 United States Shipping Act of 1984, section 10 (b) (9).

〔4〕 United States Shipping Act of 1984, section 4 (c).

〔5〕 United States Shipping Act of 1984, section 5 (b) (8).

〔6〕 United States Shipping Act of 1984, section 5 (c).

运人还可以利用航运法中的独立行动权内容推动航运经营者背离班轮公会,并给予其更低的运价和更为优惠的运输条件。[1] 有学者在分析了《1984年航运法》所构建的托运人保护机制后,得出结论认为美国航运业监管体现出放松政府管制的趋势,但是在放松政府管制的同时却在不断强化消费者托运人力量从而以强大的托运人力量促使航运经营者降低运价并提高服务质量,美国航运业监管正在从"政府规制"(government regulation)走向"托运人规制"(shipper regulation)。[2]

《1984年航运法》扩展了美国的航运业反托拉斯豁免制度,与航运业放松管制的趋势一脉相承,并且取消了很多原有的班轮运输业管制规定,扩大了航运协议反托拉斯法豁免的范围,在航运协议报备的程序性问题上则通过将证明责任转嫁给联邦海事委员会并用自动生效制度取代了原来的审查批准制度,从而让航运协议的批准更为容易。《1984年航运法》在放松航运业管制的同时,也体现着平衡托运人和航运经营者利益的特点,而这种利益平衡也始终是美国航运法的基本目标之一。有限反托拉斯法豁免或者说有条件的反托拉斯法豁免即是这种利益平衡的体现:允许航运经营者实施固定运价、限制运力等联合限制竞争协议,但同时维持班轮公会的开放性来确保市场的自由进入和退出,确立班轮公会成员的独立行动权来削弱班轮公会的市场垄断力,禁止使用忠诚契约来捆绑消费者托运人,鼓励设立托运人组织来增加托运人与航运经营者谈判时的议价实力——这种赋予航运经营者反托拉斯法豁免的同时却通过程序性监管制度来防止航运经营者滥用市场势力保护消费者利益的立法设计正是利益平衡理念的体现。[3]

---

[1] See Andrew M. Danas, *Deregulation of the Liner Conference System: The Creation of Countervailing Power in Shippers as a Means to Control Oligopoly Market Power*, 6 Northwestern Journal of International Law and Business, 1984, p. 387.

[2] See Peter A. Friedmann and John A. Devierno, *The Shipping Act of* 1984: *The Shift from Government Regulation to Shipper "Regulation"*, 15 Journal of Maritime Law and Commerce, 1984, pp. 311-351.

[3] 於世成:《美国航运法研究》,北京大学出版社2007年版,第30页。

五、《1998年航运改革法》:航运业国内管制放松同时强化规制外国经营者

《1984年航运法》出台后的10余年间对其进行改革的呼声不断,各种提案也相应而生,最后终于在1998年颁行了《1998年航运改革法》,该法于1999年5月1日生效。[1] 《1998年航运改革法》实际上是对《1984年航运法》的条文修改,所以《1998年航运改革法》是与《1984年航运法》的条文合并在一起使用的。《1998年航运改革法》力求在航运业放松管制与航运业的有效监管之间寻求平衡,[2]在服务合同,运价监管,确保航运组织成员独立行动权,反托拉斯法豁免的航运协议报备与公开义务,航运经营者禁止从事的行为,海运中介人制度,规制外国航运经营者等问题上进行了较为系统的规定。[3] 美国《1998年航运改革法》的主要内容有两部分,第一部分是放松政府对于航运业的管理规制,第二部分则是强化对于外国受控承运人的控制和歧视。[4]

第一,《1998年航运改革法》在《1984年航运法》的基础上进一步放松政府对于航运业的管制。虽然《1984年航运法》已经在一定程度上对航运业放松管制,但是1995年随着众议院1995年航运改革法案(Ocean Shipping

---

[1] 有关各种提案可以参见贾真:"美国航运法97年改革方案",载《中国远洋航务公告》1997年第6期;井艳:"简评美国《航运改革法》实施的效果与影响",载《中国海商法年刊》2002年第13卷;See also Felix Dinger, *The Future of Liner Conferences in Europe: A Critical Analysis of Agreements in Liner Shipping under Current European Competition Law*, Frankfurt: Peter Lang, 2004, pp. 180-181; Donald T. Bliss and David T. Beddow, *Should the Shipping Act of* 1984 *be Amended to Eliminate Conference Antitrust Immunity*?, 36 Federal Bar News and Journal, 1989, pp. 357-360; Patricia N. Snyder, *The Proposed Ocean Shipping Reform Act of* 1995: *An Interim Report*, 26 Journal of Maritime Law and Commerce, 1995, pp. 545-552; Andrew M. Danas, *Deregulation of the Liner Conference System: The Creation of Countervailing Power in Shippers as a Means to Control Oligopoly Market Power*, 6 Northwestern Journal of International Law and Business, 1984, pp. 373-458.

[2] See Ira Lewis and David B. Vellenga, The Ocean Shipping Reform Act of 1998, 39 Transportation Journal, 2000, p. 27.

[3] See Luis Ortiz Blanco, *Shipping Conferences under EC Antitrust Law: Criticism of a Legal Paradox* (Andrew Read trans.), Oxford, Portland: Hart Publishing, 2007, p. 41.

[4] 朱曾杰:"令人遗憾的美国《1998年航运改革法案》",载《中国远洋航务公告》1998年第11期。

Reform Bill of 1995)的提议,进一步对航运业放松规制的呼声越来越高。[1]《1998年航运改革法》对于航运业进一步放松管制表现在如下方面:

首先,体现在《1998年航运改革法》政策宣言部分的变化上。《1998年航运改革法》在《1984年航运法》的基础上在政策宣言部分增加了一个新的目标,即通过竞争的、有效率的、更大程度上依赖于市场机制的远洋运输,促进美国出口的增长和发展。[2] 可见,《1998年航运改革法》旨在使班轮航运业更多依靠竞争来提升效率,更多依靠市场的作用平衡航运与贸易产业中各个利益团体的关系。[3] 虽然《1998年航运改革法》的政策宣言中强调放松政府管制并以推动市场化来促进航运业发展,但这种宣誓性的规定实际上与《1998年航运改革法》其他条文存在冲突与分歧。尽管《1998年航运改革法》在《1984年航运法》的基础上进一步放松政府对于航运业的管制,但是却仍然维持航运业的反托拉斯法豁免,而反托拉斯法是推动市场化并矫正市场失灵的重要法律机制。[4]《1998年航运改革法》另外一个与推动市场化机制不符的做法在于其强化了对于外国航运经营者的控制,通过"受控承运人"(controlled carrier)制度对外国航运营者的运费率和收费标准进行严格管制,在很大程度上剥夺了一些外国航运经营者的商业和贸易自由。[5]《1998年航运改革法》要推动航运业市场化的宣言还与美国通过一系列立法授权政府补贴航运业的产业政策和法律存在矛盾与冲突。[6] 因此,不宜因《1998年航运改革法》的宣誓性规定而认为该法完全确立了航运

---

[1] See Christopher Clott and Gary S. Wilson, *Ocean Shipping Deregulation and Maritime Ports: Lessons Learned from Airline Deregulation*, 26 Transportation Law Journal, 1999, p. 211.

[2] United States Ocean Shipping Reform Act of 1998, section 2 (4).

[3] See Felix Dinger, *The Future of Liner Conferences in Europe: A Critical Analysis of Agreements in Liner Shipping under Current European Competition Law*, Frankfurt: Peter Lang, 2004, p. 182.

[4] See Richard A. Posner, *Antitrust Law* (*2nd ed.*), Chicago: University of Chicago Press, 2001, p. 1.

[5] United States Ocean Shipping Reform Act of 1998, section 9.

[6] See United States Congress Office of Technology Assessment, *An Assessment of Maritime Trade And Technology*, Washington, D. C.: United States Government Printing Office, 1983, pp. 152-156; Robert G. Vambery, *The Effects of Subsidies in the United States Shipping Industry*, 2 Journal of Transport Economics and Policy, 1968, pp. 79-93; Stanford Law Review Editors, *The American Shipping Industry and the Conference System*, 11 Stanford Law Review, 1958, p. 137.

业的市场化管理体制。

其次,《1998 年航运改革法》放松了航运服务合同的管制,以便利服务合同的使用来遏制航运业反托拉斯法豁免制度可能增加的航运组织市场垄断力。其一,《1998 年航运改革法》通过修改“服务合同”的定义使服务合同当事人可以扩大为多个托运人或多个公共承运人,而改变了原有服务合同往往指一个托运人与一个承运人的独立航运安排。[1] 这意味着托运人在拟定服务合同时可以同时与多个承运人达成运输安排,不但更加灵活也可以在更大程度上强化航运组织成员的独立行动权,从而削弱国际航运组织的市场垄断力。其二,《1998 年航运改革法》虽然仍然要求航运经营者将海运服务合同向联邦海事委员会进行报备并向公众公开,[2]但是却增加了海运服务合同的私密性。《1998 年航运改革法》规定,服务合同可以以秘密合同的形式向联邦海事委员会报备,报备的每项服务合同均需要包含下列合同内容:始发港和目的港的范围、多式联运中的起运地和目的地的地理区域、所运输的货物名称、所运输的货物的最低数量、全程运费、运输期间、服务承诺事项、合同不履行时的约定损害赔偿。[3] 但是对于服务合同的公开性要求上,《1998 年航运改革法》仅要求服务合同公开始发港和目的港的范围、所运输的货物名称、所运输的货物的最低数量、运输期间这四项内容必须向公众公开。[4] 可见,《1998 年航运改革法》为服务合同提供了更多的保密性,使服务合同的当事人更灵活,因此联邦海事委员会对合同的管制也更为放松。其三,服务合同管制的另外一个变化就是“相似货主”(similarly situated shippers)的“跟进”(me too)要求自动取消。因为《1998 年航运改革法》对服务合同除主要内容外不再要求公开,所以相似货主的“跟进”要求就自动失

---

〔1〕 United States Ocean Shipping Reform Act of 1998, section 8 (c) (1).

〔2〕 并非全部种类的货物运输都需要进行服务合同报备,对于散装货、木材、可回收的铁削、新组装的机动车、废纸的运输,则无须进行运输服务合同报备,参见 United States Ocean Shipping Reform Act of 1998, section 8 (c) (2)。

〔3〕 See United States Ocean Shipping Reform Act of 1998, section 8 (c) (2).

〔4〕 See United States Ocean Shipping Reform Act of 1998, section 8 (c) (3).

去了意义。〔1〕《1998 年航运改革法》颁布后,多数托运人可以和单独的航运经营者一对一地协商保密的服务合同,而不是和已经确定了费率的班轮公会公会或航运组织集体谈判。〔2〕根据美国联邦海事委员会的报告,《1998 年航运改革法》生效后 10 个月的时间内,在联邦海事委员会报备的服务合同数量达到 104000 多份,其中 32000 多份为新合同,72000 多份为对旧合同的修改。在联邦海事委员会报备的服务合同比上一年同期增长了 128%,并在 2001 年增加到 200%。〔3〕也因为《1998 年航运改革法》关于服务合同的规定,《1998 年航运改革法》表明了美国航运法从遵从航运业中公共承运人强势性商业习惯,变为尊重自由协商的合同安排并保护消费者利益的立法转变。〔4〕

再次,《1998 年航运改革法》进一步明确了班轮公会或其他航运组织中的航运经营者有独立行动的权利,〔5〕可以与托运人进行服务合同与运价的自由协商,独立行动权的规定为服务合同的缔结创造了条件,也在一定程度上限制了航运组织的市场垄断力。《1998 年航运改革法》通过程序上减少航运经营者行使独立行动权的告知时间来提高独立行动权行使的便利。《1998 年航运改革法》规定,航运组织成员行使独立行动权只需要提前 5 日通知班轮公会即可,〔6〕因此将采取独立行动的通知时间从原来的 10 日减少

〔1〕 井艳:"简评美国《航运改革法》实施的效果与影响",载《中国海商法年刊》2002 年第 13 卷;See also James D. Reitze and Kelli L. Sheran, *Rolling Seas in Liner Shipping*, 20 Review of Industrial Organization, 2002, p. 54; see also Felix Dinger, *The Future of Liner Conferences in Europe: A Critical Analysis of Agreements in Liner Shipping under Current European Competition Law*, Frankfurt: Peter Lang, 2004, p. 183; see also American Bar Association Section of Antitrust Law, *Antitrust Law Developments* (5th ed.), Chicago: American Bar Association Book Publishing, 2002, p. 1431。

〔2〕 井艳:"简评美国《航运改革法》实施的效果与影响",载《中国海商法年刊》2002 年第 13 卷;张京中:"保密服务合同带来的变化——写在美国《1998 年航运改革法》生效一年之际",载《中国远洋航务公告》2000 年第 5 期。

〔3〕 See United States Federal Maritime Commission, *The Impact of the Ocean Shipping Reform Act of* 1998, Sep. 2001, available at http://www.fmc.gov/assets/1/page/osra_study.pdf, p. 17.

〔4〕 See Felix Dinger, *The Future of Liner Conferences in Europe: A Critical Analysis of Agreements in Liner Shipping under Current European Competition Law*, Frankfurt: Peter Lang, 2004, p. 183; see also Jason Chuah, *The New Trans Atlantic Conference Agreement-An Evaluation of Liner Conferences under Threat*, 9 Journal of International Maritime Law, 2003, p. 289.

〔5〕 United States Ocean Shipping Reform Act of 1998, section 5 (c) (1).

〔6〕 United States Ocean Shipping Reform Act of 1998, section 5 (b) (8).

到现在的5日，便利了独立行动权的行使也进一步限制了航运组织对于成员的约束力。《1998年航运改革法》在放松航运业政府管制的同时加强航运协议组织成员的独立行动权，这实际上体现着美国航运法在鼓励航运业发展的情况下，也重视对航运业过度市场垄断力的控制，重视对于经营者和消费者双方利益的协调与衡平。独立行动权的规定实际上增加了航运协议下缔约航运经营者单独运作的灵活性，因此使得航运协议组织，尤其是班轮公会的市场势力被不断削弱，开始成为组织形态比较开放和内部约束比较松散的团体组织。

最后，《1998年航运改革法》也在一定程度上放松了运价管制制度。对于运价报备制度，《1998年航运改革法》将公共承运人和班轮公会的运价本必须向联邦海事委员会报备或登记的制度，改变为在自动信息网上向公众公布，供任何人有偿查阅，从而简化了航运经营者的运价报备程序。《1998年航运改革法》规定："每一公共承运人和班轮公会均应在自动运价系统中将运价本公之于众，以便查阅。运价本应当表明已经在从事经营的航线和联运路线所有港口间和两点间的运费率、费用、费用分类、费用规则。但是，不要求公共承运人单独表明或在运价本中显示联运的内陆运输区段运费。""运价本应允许以远程登录途径以电子版形式提供给任何人，不受时间、数量或其他方面的限制。"[1]

第二，《1998年航运改革法》强化了美国对于外国航运经营者的控制，并对一些外国航运经营者实施歧视性的受控承运人制度。如果说《1998年航运改革法》对内以通过放松管制促进美国航运业的发展，对外则通过管制外国航运经营者来压制外国船队的发展，这种对外国航运经营者的控制就体现在《1998年航运改革法》的受控承运人制度上。[2] 受控承运人制度出台的主要背景在于，20世纪70年代苏联等社会主义国家船队以低运价占据了一定份额的美国市场，而此时美国航运业和出口产业均发展不振，美国政策制定者往往将美国航运业的衰退和出口贸易运费的增长归因于社会主义国

〔1〕 United States Ocean Shipping Reform Act of 1998, section 8 (a) (1)-(2).

〔2〕 United States Ocean Shipping Reform Act of 1998, section 9.

家对船队实施国家补贴,使其船队可以采用低于成本的运价来抢占美国市场,因此为其船队创造了不公平的市场竞争优势。[1] 美国航运管理部门得出结论认为,远洋公共承运人或其营运资产如果由外国政府直接或间接控制,在经营决策中必定受到外国政府国家补贴、优先保障货载等非市场化措施的影响,就可能以低于市场的不合理运价从事航运经营,损害美国私有航运公司利益,扰乱国际航运市场和国际贸易市场秩序,因此,必须对受控承运人的定价加以限制才能有效维护航运市场公平竞争。[2] 可是当时美国航运法却并未涉及如何规制外国航运经营者的问题,于是美国分别制定了《1978 年受控承运人法》(Controlled Carrier Act 1978)和《1988 年外国航运行为法》(Foreign Shipping Practices Act of 1988)。根据《1978 年受控承运人法》,联邦海事委员会可以对受外国政府控制的航运经营者所采用的运费率进行审查和调整,以确保外国航运经营者不会采用不合理或者不公平的低运价使美国航运经营者在竞争中处于劣势;根据《1988 年外国航运行为法》,联邦海事委员会有权对那些使美国航运经营者在国际贸易运输中处于不利竞争地位的条款和条件进行调查处理。[3] 这些规制外国航运经营者的做法在后来被吸收进《1984 年航运法》和后来的改革法案《1998 年航运改革法》。[4] 《1998 年航运改革法》在放松对国内航运经营者管制的同时,却在原有《1984 年航运法》的基础上进一步加强了对外国航运经营者的管制。《1998 年航运改革法》将受控承运人定义为:"其本身或营运的资产直接或间接地由政府拥有或者控制的远洋公共承运人。任何承运人如果属于下列

---

〔1〕 See John A. Zerby et al., *Dumping of Non-Factor Services: Some Implications of Recent Experience with Controlled-Economy Shipping*, 4 Northwestern Journal of International Law and Business, 1982, pp. 37-57.

〔2〕 子言:"FMC《1998 年美国航运改革法实施情况报告》简述",载《中国远洋航务公告》2002 年第 4 期; See also John A. Zerby et al., *Dumping of Non-Factor Services: Some Implications of Recent Experience with Controlled-Economy Shipping*, 4 Northwestern Journal of International Law and Business, 1982, pp. 37-57。

〔3〕 See Harold J. Creel, *Maritime Services: Staying Competitive in a Global Market*, 5 Economic Perspectives: An Electronic Journal of the U. S. Department of State, 2000, p. 14.

〔4〕 姜圣复、陈柳松:"美国海运业的立法及其对我国的借鉴意义",载《世界海运》2003 年第 26 卷第 5 期。

情形之一的,则被认为是由政府控制或拥有:(A)该承运人收益的大部分由该政府、该政府控制的任何部门或由该政府控制的公职人员或私人以任何方式拥有或控制的;(B)该政府有权力任免承运人的大多数董事、主要经营负责人或主要执行官。”[1]这一定义改变了以往只有当航运经营者经营的船舶受其注册地国政府直接或间接控制才属于公共承运人的规定,从而扩大了《1984年航运法》中受控承运人的范围,排除了受控承运人改挂方便旗而规避受控承运人法管制的漏洞。[2] 而且,《1998年航运改革法》有关受控承运人的例外规定仅仅保留了两项来排除受控承运人制度的适用:①根据美国所签订的条约,有权享有国民待遇或者最惠国待遇国家的受控承运人;②仅由受控承运人提供服务的航线。[3] 取消了原有的关于受控承运人可以在本国和美国之间的运输使用的运费率即其他运输条件不受限制的规定,也使受控承运人不能像以前那样通过加入班轮公会而规避其受控承运人的不利地位,从而使受控承运人的豁免例外条件更为严格。

综上,通过服务合同、独立行动权的规定来进行承运人与托运人这两大海运主体的利益衡平,并通过鼓励使用服务合同和提升航运组织成员独立行动权来遏制反托拉斯法豁免所可能造成的航运组织市场垄断力,可谓是美国《1998年航运改革法》的最大特色。航运经营者可以与托运人自由订立秘密性的海运服务合同对于缔约双方而言都是双赢的,因为一方面,托运人可以通过与航运经营者协商单独的运输服务合同而避免班轮公会等航运协议组织的高价运费以及其他其认为不公平的运输条件;另一方面,航运经营者通过与托运人自由协商订立海运服务合同,实际上排除了班轮公会等航运协议组织对其的约束,这就等同于独立行动权的实现。而且《1998年航运改革法》对于服务合同的规定本身也体现着一种妥协,该法允许了服务合同维持一定程度的私密性,减少了需要报备和披露的内容,这样的规定容易为

[1] United States Ocean Shipping Reform Act of 1998, section 3 (8).

[2] See United States Federal Maritime Commission, *The Impact of the Ocean Shipping Reform Act of* 1998, Sep. 2001, available at http://www.fmc.gov/assets/1/page/osra_study.pdf, p. 5.

[3] United States Ocean Shipping Reform Act of 1998, section 9 (f).

航运经营者一方所接受，同时，由于航运经营者与托运人都往往希望对服务合同中的敏感性商业信息保密，因此这更增加了承托双方对于服务合同的接受度。据美国联邦海事委员会 2001 年的统计，30% 的服务合同都存在保密条款，[1] 2% 的服务合同还特别存在罚金条款来防止缔约者披露合同内容。[2]

虽然《1998 年航运改革法》较好地平衡了承运人与托运人双方的利益，但是也存在一些问题：第一，一直以来歧视性行为都为美国反托拉斯法和航运法所禁止，价格歧视也属于此类行为的一种，但由于《1998 年航运改革法》鼓励服务合同的自由协商订立，因此每一次的运费率问题势必要交由合同当事人自由协商，而协商所产生的不同运费率很可能因为属于歧视性行为而非法。对于是否应当将不同的运费率视为应当被禁止的行为，还是应当因为禁止价格歧视而否定服务合同对于运费率的自由协商，是《1998 年航运改革法》没有澄清的问题。第二，《1998 年航运改革法》通过降低航运经营者的运价报备义务使运费率的透明度降低，因此相比于实力强大的大型托运人，那些谈判实力弱小的中小托运人在运费率的自由协商上就可能存在不利。[3] 此外，围绕着是否应当废除航运业反托拉斯法豁免制度，特别是在欧盟废除了班轮公会反垄断整体豁免制度之后，是否应该借鉴欧盟做法在美国废除班轮公会以及其他航运协议组织的反托拉斯法豁免制度，是美国航运法与反托拉斯法领域目前引起了众多学理与实践讨论的问题。[4]

---

[1] See United States Federal Maritime Commission, *The Impact of the Ocean Shipping Reform Act of* 1998, Sep. 2001, available at http://www. fmc. gov/assets/1/page/osra_study. pdf, p. 22.

[2] See United States Federal Maritime Commission, *The Impact of the Ocean Shipping Reform Act of* 1998, Sep. 2001, available at http://www. fmc. gov/assets/1/page/osra_study. pdf, p. 23.

[3] See Andrew M. Danas, *The Impact of the Ocean Shipping Reform Act on Smaller Shippers and What They Will Demand form NVOCCs in the New Marketplace*, speech held before the Journal of Commerce Symposium on NVOCCs, New York, Oct. 7, 1998, http://www. gjcobert. com/danasjoc. html, p. 2.

[4] See John P. Meade, *The Antitrust Exemption in the U. S. Shipping Act: Should It be Eliminated or Modified?*, Lloyd's Maritime and Commercial Law Quarterly, 1976, pp. 401 – 411; see also *Antitrust Aspects of the Ocean Shipping Reform Act of* 1998, Hearing before the Committee of the Judiciary, House of Representative, 106th Congress, 1st Session, May 5, 1999, http://commdocs. house. gov/committees/judiciary/hju62447. 000/hju62447_0f. htm.

第四节　其他主要海运国家的航运反垄断法律制度

一、加拿大：单行立法模式的航运竞争法

在各国的航运反垄断法律制度中，加拿大的立法模式较为独特。加拿大并未像其他国家一样将航运反垄断法律制度规定在航运法或是反垄断法之中，而是单独制定了关于航运公会反垄断豁免的《1987年航运公会豁免法》（Shipping Conferences Exemption Act of 1987，SCEA）。[1] 有学者认为加拿大航运反垄断法律制度的单行法立法模式是最直接明确调整对象和立法目的的立法模式。[2]《1987年航运公会豁免法》是一部专门以豁免航运公会（shipping conferences）适用竞争法（Competition Act）规定为内容的法律，该法允许航运公会进行某些限制竞争行为而不受加拿大竞争法的规制。[3]《1987年航运公会豁免法》允许经营加拿大进出口贸易货物运输的航运卡特尔的存在。虽然加拿大没有自己的远洋运输船队来运营进出口货物的国际运输，因此必须依靠其他国家的船队运输，由于航运公司联合固定运费率，协同运输条件的航运实践业已存在了数十年，且为绝大多数国家的法律所接受，所以加拿大也通过立法豁免了航运经营者的联合和航运卡特尔受到竞争法的规制处罚。[4]

在调整对象上，《1987年航运公会豁免法》没有采用其他国家航运立法所使用的"班轮公会"（liner shipping conferences）的表述，而采用了"航运公会"（shipping conferences）。《1987年航运公会豁免法》规定的"航运公会"不仅包括班轮公会，还包括其他航运协议组织，如航运稳定化协议组织、航

---

〔1〕 加拿大《1987年航运公会豁免法》1987年制定，于2009年最新修订。

〔2〕 於世成：《美国航运法研究》，北京大学出版社2007年版，第55页。

〔3〕 See H. Stephen Harris, *Competition Laws Outside the United States* (2nd ed.), Chicago: American Bar Association Book Publishing, 2001, p. 103.

〔4〕 See Canadian Transportation Agency, *The Shipping Conferences Exemption Act*, Oct. 26, 2006, http://www.canadabusiness.mb.ca/home_page/guides/guides__by_department/canadian_transportation_agency/shipping_conferences_exemption_act/.

运协商协议组织等其他形式的非班轮公会合作。[1] 这种表述实际上表明了该法将航运公会做广义理解的立法态度,[2]涵盖内容宽泛的"航运公会"定义也使更多的航运协议组织可以豁免在加拿大竞争法的规制之外。

在竞争豁免制度及其限制条件上,加拿大的立法机制与美国航运法相似,均采用赋予航运协议组织反垄断豁免同时辅以限制条件遏制航运组织所可能具有的限制竞争效果。《1987 年航运公会豁免法》第 4 条明确规定,航运经营者有关运费率、运输条件、忠诚契约、港口分配、运力控制、货载共享和收入分享、航运公会成员进入退出条件等方面的协议不适用加拿大竞争法。[3] 但是,《1987 年航运公会豁免法》在赋予航运公会反垄断豁免,同时也规定享有竞争法豁免所必须满足的限制条件:第一,航运公会的竞争法豁免以向加拿大运输署(Canadian Transportation Agency)进行报备为首要前提。《1987 年航运公会豁免法》规定,航运公会必须将载有运输服务内容与运费率的协议向加拿大加拿大运输署进行报备,而且所有提升运费率的行为必须在提价前 30 天报备,提升附加费的行为必须在提价前 14 天报备。[4] 第二,航运公会要获得竞争法豁免还必须明确给予成员独立行动权,并允许成员与托运人订立独立服务合同。[5] 独立行动权和服务合同的规定提升了航运公会成员之间的内部竞争,从而可以抑制航运公会所可能产生的限制竞争效果。[6] 第三,航运公会如果实施掠夺性定价策略采用不合理低价运费,并会产生实质性限制竞争效果,则不得享有豁免。[7] 第四,航运公会要获得竞争法豁免必须不得从事排挤、限制航运公会外航运经营者竞争的

---

〔1〕 See Canada Shipping Conferences Exemption Act of 1987, section 2.

〔2〕 於世成:《美国航运法研究》,北京大学出版社 2007 年版,第 56 页;See also Transport Canada, *Canada Transportation Act Review*, Jun. 2001, available at http://publications.gc.ca/collections/Collection/T22-107-2001E.pdf, chapter 8.

〔3〕 Canada Shipping Conferences Exemption Act of 1987, section 4 (1).

〔4〕 Canada Shipping Conferences Exemption Act of 1987, section 4 (2).

〔5〕 Canada Shipping Conferences Exemption Act of 1987, section 4 (3).

〔6〕 See Calvin S. Goldman and J. D. Bodrug, *Competition Law of Canada*, Huntington, New York: Juris Publishing, 2013, p. 33.

〔7〕 Canada Shipping Conferences Exemption Act of 1987, section 4 (4).

行为,不得拒绝交易,不得不合理拒绝非航运公会成员接入港口、设施或服务。[1] 第五,航运公会的竞争法豁免不适用于多式联运中航运公会与内陆运输区段经营者订立的协议。[2]

在权利救济问题上,《1987 年航运公会豁免法》除了允许加拿大运输署在发现航运公会可能存在本法禁止的限制竞争行为时主动启动调查程序外,还允许任何人向加拿大运输署进行投诉从而启动调查。《1987 年航运公会豁免法》规定了一种"投诉机制"(complaint mechanism),任何人认为航运公会的协议或者行为可能损害航运市场的正常竞争秩序,并且导致运价不合理的增加或者运载能力不合理的减少,都可以向加拿大运输署提出投诉。[3]

目前,加拿大国内要求改革《1987 年航运公会豁免法》的呼声不断强烈,很多人认为随着国际航运市场结构的变迁,原有班轮公会的影响力在下降,而且班轮公会成员采用低于班轮公会的统一运价与托运人订立独立服务合同的做法也更为常见,因此加拿大究竟是否还应当继续保留航运公会的竞争法豁免是值得反思的问题。[4] 1999 年加拿大运输部(Transport Canada)开始着手评估美国、欧盟、日本以及澳大利亚有关班轮公会反垄断规制的立法变化,在当时形成了继续维持《1987 年航运公会豁免法》、废除该法、修订该法的三种不同的观点。[5] 考虑到完全废除航运公会的竞争法豁免可能

---

[1] Canada Shipping Conferences Exemption Act of 1987, section 5 (1).

[2] Canada Shipping Conferences Exemption Act of 1987, section 5 (2).

[3] *Id*, section 13; see also Canadian Transportation Agency, *The Shipping Conferences Exemption Act*, Oct. 26, 2006, http://www. canadabusiness. mb. ca/home_page/guides/guides__by_department/canadian_transportation_agency/shipping_conferences_exemption_act/.

[4] See Trevor D. Heavor, The Shipping Conferences Exemption Act: Review and Suggestions of Positions Appropriate for the Panel: Research conducted for the Canada Transportation Act Review, Apr. 2001, available at http://www. reviewcta-examenltc. gc. ca/ctareview/ctareview/english/reports/heaver_scea. pdf; see also Transport Canada, Canada Transportation Act Review, Chapter 8, Jun. 2001, available at http://publications. gc. ca/collections/Collection/T22-107-2001E. pdf.

[5] See Transport Canada, *Review of the Shipping Conferences Exemption Act*, 1987 (*SCEA*), consultation paper, Jul. 26, 1999, http://www. tc. gc. ca/eng/policy/acf-scea-consultationpaper-819. htm; see also Proshanto K. Mukherjee and Mark Brownrigg, *Farthing on International Shipping* (4th ed.), Berlin, Heidelberg: Springer, 2013, p. 168.

给航运市场带来不稳定性，带来航运市场的恶性竞争，并可能有损于加拿大的贸易利益与航运经营者利益，[1]最后加拿大还是选择了法律修改的方式。2001 年加拿大第 37 届国会通过了航运法修正案的第 C-14 号法案（Bill C-14），即《2001 年加拿大航运法》（Canada Shipping Act 2001），该法取代了原有的《加拿大航运法》（Canada Shipping Act，CSA），同时也修改了《1987 年航运公会豁免法》。[2]《1987 年航运公会豁免法》修改的目的是使加拿大有关航运公会豁免的法律制度与其他国家的法律变化相协调，[3]而修改后的《1987 年航运公会豁免法》也通过很多制度试图加强航运市场的竞争程度。《1987 年航运公会豁免法》修改的主要内容包括：第一，通过保障航运公会成员的独立行动权和鼓励秘密性服务合同来提升航运市场竞争程度。原来航运公会的成员如果要行使独立行动权必须提前 15 天通知航运公会的其他成员，在法律修改之后，协议组织成员在提前 5 天或协议组织规定的更短时间内通知其他成员后即可采取独立行动。第二，航运公会规定的不得阻止成员独立订立服务合同，服务合同可以以秘密合同方式进行报备，因此使用独立服务合同的航运经营者无须向其他成员披露相关内容。第三，在航运协议的报备上，除传统的纸质形式报备协议外，增加电子形式

---

[1] See Mary R. Brooks, *Canada and the Liner Code of Conduct: Consumerism and Public Policy*, 10 Maritime Policy and Management, 1983, p. 80. 但是加拿大的评估委员会建议跟随美国航运反托拉斯法的走向，当美国取消其班轮公会反垄断豁免制度时，加拿大可以考虑废除《1987 年航运公会豁免法》，参见 Transport Canada, *Review of the Shipping Conferences Exemption Act*, 1987（*SCEA*）, consultation paper, Jul. 26, 1999, http://www.tc.gc.ca/eng/policy/acf-scea-consultationpaper-819.htm。

[2] See Canada Law and Government Division, *Bill C-14: The Canada Shipping Act*, 2001, 37th Parliament, 1st Session, legislative summary prepared by David Johansen, Mar. 20, 2001, http://www2.parl.gc.ca/Sites/LOP/LEGISINFO/index.asp? List=ls&Query=2818&Session=9&Language=e; Joseph Monteiro and Gerald Robertson, *The Decline of Shipping Confernesces: Legislative Reforms in Canada, USA, EEC and Australia*, available at http://ctrf.ca/wp-content/uploads/2014/07/31MonteiroRobertson THEDECLINEOFSHIPPINGCONFERNECES.pdf, p. 6; see also Proshanto K. Mukherjee and Mark Brownrigg, *Farthing on International Shipping*（*4th ed.*）, Berlin, Heidelberg: Springer, 2013, p. 168.

[3] See Canada Law and Government Division, *Bill C-14: The Canada Shipping Act*, 2001, 37th Parliament, 1st Session, legislative summary prepared by David Johansen, Mar. 20, 2001, http://www2.parl.gc.ca/Sites/LOP/LEGISINFO/index.asp? List=ls&Query=2818&Session=9&Language=e.

报备,从而简化了航运经营者进行报备以获得竞争法豁免的程序。[1]《1987 年航运公会豁免法》修改的内容实际上参照了美国《1998 年航运改革法》的变化,体现着对航运业放松管制的立法倾向,[2]虽然继续维持航运公会的竞争法豁免,但是通过强化航运公会成员的独立行动权和鼓励秘密性服务合同来提升航运公会成员之间的内部竞争,因此在一定程度上削弱了以班轮公会为代表的航运协议组织的市场垄断力。

二、澳大利亚:作为竞争法一部分的航运竞争规则

澳大利亚关于国际班轮货物运输的规定(International Liner Cargo Shipping)是该国《1974 年贸易行为法》的一部分,规定在《1974 年贸易行为法》的第十章(Part X of the Trade Practices Act of 1974)。从 2011 年 1 月 1 日起,《1974 年贸易行为法》更名为《2010 年竞争与消费者法》(Competition and Consumer Act 2010),虽然法律名称改变,但是内容上基本保留了原有《1974 年贸易行为法》下国际班轮货物运输的规制制度。[3]《2010 年竞争与消费者法》是一部综合性的法律,涉及竞争、消费者保护、产品安全、产品责任以及班轮运输等诸多方面的内容,其核心是竞争法律制度。其他国家的航运反垄断法律制度立法模式要么向加拿大一样采用单独立法模式,要么往往将航运反垄断法律制度作为航运法的一部分,然而澳大利亚却采用将航运竞争规则作为竞争法一部分的立法模式。[4]

澳大利亚的航运竞争规则体现出强烈的以防止班轮公会滥用市场力量来保障澳大利亚贸易出口和航运业发展的国家利益导向。《2010 年竞争与消费者法》第十章"国际班轮货物运输"开篇指出本法律的目的在于:保障加

---

[1] 於世成:《美国航运法研究》,北京大学出版社 2007 年版,第 56 页;See also Proshanto K. Mukherjee and Mark Brownrigg, *Farthing on International Shipping* (*4th ed.*), Berlin, Heidelberg: Springer, 2013, p. 168.

[2] See Proshanto K. Mukherjee and Mark Brownrigg, *Farthing on International Shipping* (*4th ed.*), Berlin, Heidelberg: Springer, 2013, p. 168.

[3] See Australia *Competition and Consumer Act of* 2010 (*consolidated and annotated*), http://www.australiancompetitionlaw.org/legislation/2010cca.html.

[4] 於世成:《美国航运法研究》,北京大学出版社 2007 年版,第 56 页。

拿大的出口商可以持续享有充足可靠的国际班轮货物运输服务,并确保运费率是国际竞争市场上的一般竞争价格;促进国际班轮运输业运输条件的改善;保障悬挂澳大利亚国旗的船舶在经营澳大利亚货物出口的运输市场不被排挤;在可行的范围内力图将本法对于澳大利亚出口商的保护扩展到进口商。[1] 秉持着上述目标,该法指出了实现目标的手段是:在设定条件并采取充分措施防止班轮公会滥用市场力量,并且提高市场竞争环境的前提下,允许班轮公会的存在与运营。[2] 防止班轮公会滥用市场力量的条件和措施有:①对远洋航运经营者采用额外的竞争法限制;②要求班轮公会协议必须满足某些最低标准的要求;③使班轮公会协议在一般情况下公开;④仅允许班轮公会协议获得部分或者有条件的竞争法豁免;⑤要求班轮公会与托运人组织进行协商。[3] 可以说,与前述美国和加拿大的航运反垄断法律制度的基本架构类似,澳大利亚也是在赋予班轮公会反垄断豁免的同时通过条件的设定对反垄断豁免进行限制,以防班轮公会滥用市场垄断力量。

在规制对象上,《2010年竞争与消费者法》对于航运协议同样也采广义概念,规定其包括所有的航运协议、运营安排与谅解协议,无论其在澳大利亚境内还是境外缔结,但仅限于班轮货物运输市场中的航运协议。[4]

澳大利亚在《2010年竞争与消费者法》中构建了一个比较完整的规制体系来规制国际班轮货物运输市场的限制竞争问题。《2010年竞争与消费者法》第十章"国际班轮货物运输"明确将规范班轮公会协议的报备,对具有实质性市场势力(substantial market power)的非班轮公会远洋承运人进行规制,对班轮货物运输市场的不公平定价行为进行规制,规范远洋承运人之代理人的报备,[5]这四部分作为本法的基本内容。如果航运协议中含有反竞

[1] Australia Competition and Consumer Act of 2010, section 10.01 (1).

[2] Australia Competition and Consumer Act of 2010, section 10.01 (2).

[3] Australia Competition and Consumer Act of 2010, section 10.01 (2) (i)-(v).

[4] Australia Competition and Consumer Act of 2010, section 10.02 (1).

[5] Australia Competition and Consumer Act of 2010, section 10.01 A.

争条款，则它们必须经过备案才能享有《2010 年竞争与消费者法》第十部分 (Part X of the Competition and Consumer Act 2010) 所规定的竞争法豁免。[1] 而报备后的公会协议可以获得有条件的反垄断豁免，排除《2010 年竞争与消费者法》中规制卡特尔行为的规则[2]、规制协议垄断的规则[3]以及规制排他性销售的规则[4]的适用。可见，虽然澳大利亚在航运竞争制度的架构上采用类似于美国航运法下赋予豁免但却严格限制豁免条件的模式，但是就澳大利亚航运竞争法的核心内容而言，更类似于欧盟改革前的制度框架——豁免航运协议垄断行为，但是对滥用市场支配地位行为却不予豁免。更为严格的是，《2010 年竞争与消费者法》并不豁免全部的垄断协议，而仅豁免第 10.08 条规定的协议垄断行为。[5] 此外，《2010 年竞争与消费者法》还特别规定了班轮公会的共同市场垄断力将延及为每一个成员单独市场垄断力。第 10.04 条规定，如果班轮公会对于国际班轮货物运输市场具有实质性的市场垄断力，则每一个公会成员也将被认定为具有实质性的市场垄断力。[6] 还需要指出的是，对于忠诚契约制度，澳大利亚法下允许其获得反垄断豁免，但是特别规定了在托运人通知了竞争与消费者委员会，同时也通知了公会的每一个成员不希望反垄断豁免予以适用的情况下，反垄断豁免不适用于该忠诚契约。[7]

---

[1] See Ian Harper et al., *The Australian Government Competition Policy Review Final Report*, Mar. 2015, available at http://competitionpolicyreview.gov.au/files/2015/03/Competition-policy-review-report_online.pdf, p. 39.

[2] Australia Competition and Consumer Act of 2010, section 44ZZRF, 44ZZRJ and 44ZZRK.

[3] Australia Competition and Consumer Act of 2010, section 44ZZRF, 44ZZRJ and 44ZZRK., section 45.

[4] Australia Competition and Consumer Act of 2010, section 44ZZRF, 44ZZRJ and 44ZZRK., section 47.

[5] Australia Competition and Consumer Act of 2010, section 44ZZRF, 44ZZRJ and 44ZZRK., section 10.08.

[6] Australia Competition and Consumer Act of 2010, section 44ZZRF, 44ZZRJ and 44ZZRK., section 10.04 (1).

[7] Australia Competition and Consumer Act of 2010, section 44ZZRF, 44ZZRJ and 44ZZRK., section 10.21.

虽然澳大利亚一直严格限制航运协议反垄断豁免的适用,但是近年澳大利亚国内学术界和实务界要求废除航运业反垄断豁免的呼声不断。2014年澳大利亚著名经济学家哈珀教授(Ian Harper)领衔的竞争政策审查小组对澳大利亚竞争法进行了长达一年的审查,近日终于发布了审查报告,即哈珀审查报告(Harper Review)。[1] 审查报告建议彻底废除《2010年竞争与消费者法》中班轮运输业的反垄断豁免。[2] 澳大利亚竞争与消费者委员会主席西姆斯(Rod Sims)对哈珀审查报告中有关取消班轮运输业的反垄断豁免的建议表示支持。[3] 但是取消班轮运输业的反垄断豁免受到了以船东为代表的利益团体的反对和抵制。[4]

三、日本:在航运法中排除反垄断法的适用

日本航运反垄断立法采用了在《1949年海运法》(Marine Transportation Law of 1949)中排除一般反垄断规则适用的立法模式。[5] 日本法允许航运经营者之间订立有关运费率以及其他有关运输条件、航线等内容的协议,并且此类协议在向日本国土交通省进行报备并获得批准后可以享有反垄断豁免,除非协议通过实质性限制竞争,不适当地或者不公平地导致运费率及其他附加费的提升。航运经营者在享有反垄断豁免的同时,也要遵守该法关

---

〔1〕 See Ian Harper et al., *Competition Policy Review Final Report*, Mar. 2015, available at http://competitionpolicyreview.gov.au/files/2015/03/Competition-policy-review-report_online.pdf.

〔2〕 *Id*, p. 39; see also Greg Knowler, *Australia Competition Panel Wants Repeal Of Liner Block Exemption*, Journal of Commerce, Mar. 31, 2015, http://www.joc.com/maritime-news/australia-competition-panel-wants-repeal-liner-block-exemption_20150331.html.

〔3〕 See Greg Knowler, *Australia Competition Panel Wants Repeal of Liner Block Exemption*, Journal of Commerce, Mar. 31, 2015, http://www.joc.com/maritime-news/australia-competition-panel-wants-repeal-liner-block-exemption_20150331.html.

〔4〕 *Id*; see also Proshanto K. Mukherjee and Mark Brownrigg, *Farthing on International Shipping* (*4th ed.*), Berlin, Heidelberg: Springer, 2013, p. 171.

〔5〕 See Iwakazu Takahashi, *Anti-Monopoly Act Exemptions in Japan*, workshop between the Drafting Committee on Competition Law of Vietnam and the Japan Fair Trade Commission, Aug. 8, 2003, available at http://www.jftc.go.jp/eacpf/05/hanoiTaka.pdf, p. 7.

于禁止性行为的规定，不得从事那些具有不公平、不适当、或者歧视性的行为。[1]

1998年3月，日本政府开始对原有的航运反垄断豁免法律体系进行评估，并建议修改《海运法》，1999年该法通过《反垄断法豁免制度的修订案》(Bill for the Adjustment of the Immunity System from the Anti-Monopoly Law)正式被修订。[2] 日本修改原有《海运法》的主要意图在于进一步限制班轮公会等国际航运协议组织对国际海运市场竞争的限制作用，其修改重点体现在提高了航运协议组织享有反垄断豁免的条件，明确了取消航运反垄断豁免的具体情形，提高处罚标准三方面：首先，享有豁免的条件进行了变更。《海运法》更加具体规定了国际航运协议组织享有豁免的条件，包括：运输服务使用者的利益没有受到不恰当的损害，没有因此产生不适当的歧视，对参加或退出协议的行为没有不恰当的限制，协议应具有实现其目的的最低要求的内容。对于不符合以上条件的协议可要求其修改或取消报备。其次，修改增加了国土交通省取消豁免的情形。在下列情形下取消航运公司之间协议的豁免：在交易过程中使用了不公平的方法，对竞争构成了实质性的限制，对运输服务使用者的利益造成了不正当的损害，在公平贸易委员会要求运输主管部门采取修改等矫正措施一个月后，运输主管部门未采取措施的。最后，法律责任中有关处罚的条款也相应作出了修改，提高了经济处罚的标准，每次处罚最高标准提高到100万日元。[3]

日本《海运法》允许航运经营者之间订立有关运费率、附加费、运输条

---

[1] See Japanese Marine Transport Law, Law No. 1949/187, amended lastly by Law No. 2006/19, art. 28 see also Ronald G. Brown and Akinori Uesugi, *Japanese Regulation of Ocean Freight Shipments*, 11 Journal of Maritime Law and Commerce, 1980, p. 297; Mitsuo Matsushita, *The Antimonopoly of Japan*, in *Global Competition Policy* (Edward M. Graham and J. David Richardson eds.), Washington, D. C.: Institute for International Economics, 1997, p. 153; Proshanto K. Mukherjee and Mark Brownrigg, *Farthing on International Shipping* (*4th ed.*), Berlin, Heidelberg: Springer, 2013, p. 170.

[2] See Japan International Shipping Division, Maritime Transport Bureau and Ministry of Transport, *The Amendment of the Marine Transportation Law by the Law for the Adjustment of the Immunity System from the Anti-Monopoly Law*, Jul. 1999.

[3] 於世成：《美国航运法研究》，北京大学出版社2007年版，第57页。

件、航线、船舶调配、货物装卸的协议,并且此类协议可以获得反垄断豁免。[1] 由于该条文并未说明仅适用于班轮运输经营者之间的协议,因此不定期租船航运经营者的联合协议适用该条款,可以享有反垄断豁免。但是如果存在证据表明航运经营者之间的协议构成不公平贸易行为,或者限制竞争行为将不正当地侵害消费者利益,则不得豁免。[2] 1982 年日本公平贸易委员会发布通知,将航运经营者之间的联合拒绝交易、歧视性定价、歧视性运输条件、不合理低价销售、不合理高价购买、欺骗和误导消费者行为、搭售、排他交易、转售价格维持、附限制条件交易、滥用市场支配地位、干扰竞争企业交易、干预竞争企业的内部运营界定为“不公平贸易行为”。[3] 如果航运联合协议可能涉及上述不公平贸易行为,航运经营者要获得反垄断豁免就必须在缔结协议时预先向国土交通省进行符合要求的报备。日本法一般允许航运经营者参与航运联营。日本认可联营协议的竞争促进效果,因此只要联营参与方在联营前向国土交通省进行符合要求的报备,则一般可以自由缔结联营协议或者参与联营体。[4]

值得一提的是,2014 年日本滚装船公司的价格操纵案件在国际航运界产生了巨大影响,日本船公司的价格操纵行为在美国、欧盟、日本、南非、智利、中国等世界反垄断主要执法法域均受到调查甚至重罚。2014 年 3 月 18 日,日本邮船、川崎汽船、日产汽车运输公司以及华尔威廉臣因价格操纵行为违反日本反垄断法被日本公平贸易委员会处以 200 余万美元的罚款。商

[1] See Japanese Marine Transport Law, Law No. 1949/187, amended lastly by Law No. 2006/19, art. 28.

[2] See Japanese Marine Transport Law, Law No. 1949/187, amended lastly by Law No. 2006/19, art. 28.

[3] See Japanese Fair Trade Commission Notification No. 15 of 1982 on the “Designation of Unfair Trade Practices”, Jun. 10, 1982.

[4] See Marjorie Holmes and Heiko Koch, *Shipping Pools*, ReedSmith Richards Butler LLPs, Jul. 2007, available at http://m.reedsmith.com/files/Publication/f455a72e-aaf7-4d48-9142-1aa34f5a5747/Presentation/PublicationAttachment/1590de69-9f0b-4c35-8f1e-65e02e636861/shipping_pools.pdf.

船三井因为请求宽大处理而被日本公平贸易委员会免除处罚。[1] 2014 年 12 月,日本邮船因涉嫌在滚装船市场密谋操纵运价、划分客户以及串通投标远洋运输服务,被美国马里兰州地方法院判决罚款,日本邮船汽车运输部门经理同时因参与操纵运价获刑 15 个月。有媒体报道指出,日本邮船、川崎汽船、商船三井在美国同意认罪,并支付总计超过 1.36 亿美元的罚款。其中,日本邮船支付 5940 万美元,川崎汽船支付 6770 万美元,承认违反了美国反托拉斯法;商船三井则与美国联邦海事委员会达成一致,最终支付 1300 万美元的罚款。[2] 2015 年智利以共谋提高定价、划分市场、串通投标等理由对日本邮船、川崎汽船、商船三井处以 75 万美元的罚款,并对川崎汽船的负责人判处刑罚。[3] 同样在 2015 年,南非竞争委员会在一份声明中指出,日本邮船涉嫌在进出南非的滚装船货运市场,密谋操纵运价、划分客户以及串通投标远洋运输服务等行为。南非竞争委员会发现,日本邮船串通 14 家投标方及竞争对手操纵南非汽车进出口运输市场运价,其中包括宝马,丰田汽车、日产、本田等公司。日本邮船最终同意支付 850 万美元的罚金。[4] 目前,欧盟和中国也对日本海运公司的价格操纵行为展开调查。[5] 日本海运公司价格操纵案之所以能够产生如此广泛和巨大的国际影响,除了因为海运本身的高度国际性之外,也与目前国际社会日益严格的反垄断执法,严格

---

〔1〕 See Bruce Barnard, Wallenius Wilhelmsen Logistics Fined $34.6 Million, Journal of Commerce, Mar. 18, 2014, http://www.joc.com/maritime-news/international-freight-shipping/wallenius-wilhelmsen-logistics/wallenius-wilhelmsen-logistics-fined-346-million_20140318.html; Editorial Board of Orrick, *Japan Fair Trade Commission Fines Marine Transport Companies 22.7 Billion JPY*, Orrick Antitrust and Competition Newsletter, Apr. 8, 2014, http://blogs.orrick.com/antitrust/2014/04/08/japan-fair-trade-commission-fines-marine-transport-companies-22-7-billion-jpy/.

〔2〕 国际船舶网:"日本汽车运输船三巨头遭中国反垄断调查",载 http://www.eworldship.com/html/2015/ShipOwner_0728/104863.html,2015 年 7 月 28 日访问。

〔3〕 See Alex Lennane, *Price-fixing Shipping Lines Fined $75m by Chile, with K-Line Manager Sent to Prison*, Loadstar, Feb. 2, 2015, http://theloadstar.co.uk/freight-antitrust-shipping-lines-fined/.

〔4〕 See World Maritime News Staff, *Wallenius Wilhelmsen Admits to Price Fixing in Africa*, World Maritime News, Jul. 31, 2015, http://worldmaritimenews.com/archives/168089/wallenius-wilhelmsen-admits-to-price-fixing-in-africa/.

〔5〕 See World Maritime News Staff, *Japanese Vehicle Shipping Trio in China's Antitrust Probe*, World Maritime News, Jul. 27, 2015, http://worldmaritimenews.com/archives/167606/japanese-vehicle-shipping-trio-in-chinas-antitrust-probe/;国际船舶网:"日本汽车运输船三巨头遭中国反垄断调查",http://www.eworldship.com/html/2015/ShipOwner_0728/104863.html,2015 年 7 月 28 日访问。

限制航运业反垄断豁免的条件与要求有着密不可分的关系，这也体现着国际社会对于航运业垄断行为的包容性正在日益弱化。

第五节　航运业反垄断规制的国际法律规范

虽然主要航运发达国家都规定了以航运反垄断豁免为核心的较为完善的航运反垄断法律制度，但是却并没有全球性的统一法律来处理国际航运市场中的垄断问题。第二次世界大战后，随着发展中国家政治上的纷纷独立，经济上要求改变南北发展不平衡的呼声也日益高涨，尤其是近20年来，经济体制在世界范围内的一体化，世界各国贸易关系的密切化，使得国际航运市场比以往任何时候都更需要市场竞争的自由，需要发展中国家的参与制定新的国际航运秩序。[1] 而发展中国家自身也开始为了获得更多的政治与经济权利而努力，将依靠政府力量发展本国航运业视为是保护国家经济利益的重要手段，[2]并且为此采取了一些被西方国家称为贸易保护主义的措施。

在国际航运领域，新兴发展中国家面临的最为迫切的现实是，其国内出口贸易严重依赖于发达国家的航运公司。根据联合国贸易与发展会议的统计，1969年发展中国家需要海运的货物量占世界海运货物量的64.7%（按货物重量计算），但是发展中国家的运力却仅占世界运力总量的7.6%。[3] 除了严重依赖外国船队来从事本国的国际贸易，发展中国家还不得不面临对于不断上涨的运费率无力控制的现实，而只能听凭外国航运公司的要价。

---

〔1〕 See Francesco Munari, *Liner Shipping and Antitrust after the Repeal of Regulation* 4056/86, Lloyd's Maritime and Commercial Law Quarterly, 2009, p. 44; see also Lawrence Juda, *World Shipping, UNCTAD, and the New International Economic Order*, 35 International Organization, 1981, p. 494.

〔2〕 See Karl Fasbender and Wolfgang Wagner, *Shipping Conferences, Rate Policy, and Developing Countries*, Hamburg: Verlag Weltarchiv, 1973, p. 24, cited by Lawrence Juda, *World Shipping, UNCTAD, and the New International Economic Order*, 35 International Organization, 1981, p. 498.

〔3〕 See United Nations Conference on Trade and Development (UNCTAD), *Review of Maritime Transport*, 1970, 1971.

有学者因此认为高额运价已经构成发展中国家向发达国家出口商品的非关税贸易壁垒。[1] 事实上,高价的海运运费在一定程度上抵消了发展中国家通过出口可以获得的外汇,发展中国家在向发达国家卖出货物的同时却不得不购买发达国家的运输服务。[2] 再加上发达国家的航运公司还通过加入班轮公会的形式组成超级的海上卡特尔,形成了一种超级的航运市场垄断力量,这使得新兴发展中国家在航运市场以及国际贸易市场的话语权进一步减弱。在前述语境下,在这些新兴发展中国家看来,班轮公会的行动已经不仅仅是一种掠夺性的行为,而是带有强烈旧有殖民色彩的行为。[3] 因此,航运业的垄断问题此时已经超越航运本身,而成为协调国际社会南北矛盾,具有国际政治和经济意义的关涉国际社会新经济秩序建立的重要话题。[4]

为了抵制主要由欧洲航运发达国家控制的班轮公会,发展中国家在努力发展自己船队的同时,也采用了保护主义的贸易与航运政策,其具体的内容包括:通过"货载保留政策"(cargo reservation policy)保障本国船东利益;通过与航线另一端国家制定双边"货载分配条约"(cargo sharing agreements),保障航线终端的两国船东的货载量;通过税收优惠、补贴等方式激励本国航运公司,同时通过加重外国航运公司的税收以及其他形式的财政负担,排挤外国航运公司;通过其他一些间接方式鼓励本国航运公司,如为本国托运人设定必须使用 FOB 贸易术语缔结进口合同,使用 CIF 术语

[1] See Benjamin Parameswaran, *The Liberalization of Maritime Transport Services: with Special Reference to the WTO/GATS Framework*, Heidelberg: Springer, 2004, p. 47.

[2] See Iqbal Haji, *UNCTAD and Shipping*, 6 Journal of World Trade Law, 1972, p. 59; see also Alexander Yeats, *Trade Barriers Facing Developing Countries: Commercial Policy Measures and Shipping*, London: Macmillan, 1979, p. 182.

[3] See Lawrence Juda, *World Shipping, UNCTAD, and the New International Economic Order*, 35 International Organization, 1981, p. 495.

[4] See Okechukwu C. Iheduru, *The Political Economy of International Shipping in Developing Countries*, New Jersey: Associated University Press, 1996, p. 21, 229; Francesco Munari, *Competition in Liner Shipping*, in *The Hamburg Lectures on Maritime Affairs* 2009-2010 (Jürgen Basedow et al. eds.), Berlin, Heidelberg: Springer, 2012, p. 10.

缔结出口合同的义务,来促进本国航运业的发展。[1] 归根结底,这一时期新兴发展中国家由于本国船队实力的弱小,主要采用通过货载控制,而不是航运经营者控制的方法来实现航运业的发展。除了这种单边控制货载的方法,发展中国家还通过与航线终端其他国家缔结双边货载分配条约的形式,力图采用双边方式实现航线上的联合控制货载。上述航运保护主义的政策很难说在法律上不合法,也很难受到道义谴责,因为新兴发展中国家认为如何发展本国航运业属于其内在的"国家权利"(national rights),其有权决定如何分配自己国家的货载,这就如同当年西方发达国家通过海运征服世界时所采用的借口一样。[2]

实际上,发展中国家采用航运保护政策,通过保留和限制货载发展本国航运业的深层原因乃是迫于当时国际航运市场的现实。当时的国际航运市场主要由欧洲航运发达国家控制的班轮公会主宰,而由于当时班轮公会几乎均采用封闭形式,其他国家的航运公司没有机会通过加入班轮公会实现发展。而作为与班轮公会具有竞争关系的独立航运经营者,发展中国家的航运公司显然并不具备与这些海运巨头联合形成的海上卡特尔相竞争的实力,除非采用货载保留政策,否则在班轮公会早已与托运人签订忠诚契约的情况下,发展中国家本国的航运公司很难获得货载。[3] 除了要打破传统班轮公会对于国际航运市场的控制,新兴发展中国家努力发展本国船队的另外一个原因在于,自我船队的发展可以保障本国出口贸易,确保出口贸易不

---

〔1〕 See Elliot Schrier, Ernest Nadel and Bertram Rifas, *Outlook for the Liberalisation of Maritime Transport*, Trade Policy Research Centre, Thames Essays No. 44, London, 1985, p. 26, cited by Luis Ortiz Blanco, *Shipping Conferences under EC Antitrust Law: Criticism of a Legal Paradox* (Andrew Read trans.), Oxford, Portland: Hart Publishing, 2007, p. 59; see also Lawrence Juda, *World Shipping, UNCTAD, and the New International Economic Order*, 35 International Organization, 1981, p. 497.

〔2〕 See Luis Ortiz Blanco, *Shipping Conferences under EC Antitrust Law: Criticism of a Legal Paradox* (Andrew Read trans.), Oxford, Portland: Hart Publishing, 2007, p. 60.

〔3〕 See Murillo G. Valente, *The Participation of Developing Countries in Shipping*, in *Shipping and Developing Countries* (L. M. S. Rajwar et al. eds.), New York: Carnegie Endowment for International Peace, 1971, pp. 30-32.

会受到外国航运公司高价运费的要挟而导致出口阻滞。[1]

王杰教授将传统班轮公会对于新兴发展中国家的限制归纳为加入限制、竞争限制、协商限制三个方面,指出发展中国家认为班轮公会在下列三个主要方面对其本国的进出口运输形成了严重障碍:第一,加入限制,即发展中国家航运公司若要加入班轮公会必须接受公会方面的货裁量、航次和挂靠港口等项苛刻的加入条件,否则入会申请将遭到拒绝;第二,竞争限制,发展中国家航运公司即使以会外航运公司身份独立参加营运,但由于相同航线上班轮公会成员船公司的强力竞争与排挤性行为,发展中国家的独立航运经营者往往难以有利可图,甚至被驱逐出航线;第三,协商限制,即班轮公会总部大多设置在西方的发达国家境内,发展中国家的托运人难以直接与班轮公会协商运费以及其他有关问题,从而事实上使得班轮公会可以利用市场优势地位随意单方面提高运价与附加费。[2] 因为这些限制,新兴发展中国家对传统欧洲主导的班轮公会带有深深的敌意,虽然一度出现过一种“实用主义”的观点反对对班轮公会进行好坏之分的定性,只要班轮公会可以帮助发展中国家实现航运与贸易的发展就对其持开放态度,[3]但很快这种“实用主义”的观点就被“战略性海运”的观点所取代,发展中国家开始着手发展本国船队,并采用货载保留制度扶植与促进本国航运业发展。[4]

发展中国家将对于传统由欧洲主要航运国家控制的班轮公会的不满延伸到实施货载保留政策的实际行动,使航运变成了国际舞台上充满了政治

---

[1] See Svendsen A. Stromme, *Liner Conferences and the Determination of Freight Rates*, papers of the Institute of Economics of the Norwegian School of Economics and Business Administration (No. 5, Bergen, Norway, March 1957), p. 15, cited by Luis Ortiz Blanco, *Shipping Conferences under EC Antitrust Law: Criticism of a Legal Paradox* (Andrew Read trans.), Oxford, Portland: Hart Publishing, 2007, p. 61; see also J. W. Devanney III, V. M. Livanos and R. J. Stewart, *Conference Rate Making and the West Coast of South America*, 9 Journal of Transport Economics and Policy, 1975, pp. 154-157.

[2] 王杰、王琦:《国际航运组织的垄断与竞争》,大连海事大学出版社 2000 年版,第 131 页。

[3] See Murillo G. Valente, *The Participation of Developing Countries in Shipping*, in *Shipping and Developing Countries* (L. M. S. Rajwar et al. eds.), New York: Carnegie Endowment for International Peace, 1971, pp. 30-41.

[4] See Murillo G. Valente, *The Participation of Developing Countries in Shipping*, in *Shipping and Developing Countries* (L. M. S. Rajwar et al. eds.), New York: Carnegie Endowment for International Peace, 1971, pp. 30-41.

色彩的产业。为了促进发达国家与发展中国家关于航运领域的对话,联合国贸易与发展会议制定了以使更多发展中国家可以公平地参与班轮市场的运输服务为目的的《联合国班轮公会行动守则公约》,[1]其中的货载保留制度使缔约国通过保留固定数量的货载来保障其航运经营者的运营权利,即使本国的航运经营者的服务效率低于外国航运经营者仍然可以获得相当数量的货载,从而扶助在竞争中处于弱势的发展中国家的航运产业的发展。除了联合国,经济合作组织中的运输管理部门也对国际航运市场进行研究,制定了一些具有立法范本和政策建议性质但却对国际航运市场规制政策影响深远的国际性文件。当然,上述国际性文件不具有强制的国际法约束力,其效力取决于缔约国家和地区受其约束的自愿性意思表示。此外,世界贸易组织的海运服务谈判也涉及若干国际航运反垄断法律制度的内容。

一、联合国贸易与发展会议及其《班轮公会行动守则公约》

(一) UNCTAD 对海运领域发展中国家与发达国家矛盾的协调

伴随着 20 世纪五六十年代新兴国家寻求政治与经济独立的浪潮与对于国际社会新经济秩序的寻求,联合国开始致力于创造更多供发达国家与这些新兴发展中国家对话的机会,而 1964 年成立的联合国贸易与发展会议就是在这种背景下产生的一个政府间协商的友好性平台,其宗旨在于促进发展中国家更好地融入世界经济中来,海运经济无疑也是世界经济的一部分。面临发展中国家与发达国家之间海运不公平的状况,联合国贸易与发展会议专门设置了航运委员会(Committee on Shipping)来鼓励发展中国家通过壮大本国商船队,参与到世界航运经济中。而海运发达国家对此的态度是,虽然并不反对发展中国家商船队的成立与发展,但是却坚持发展中国家船队的发展必须建立在“适当经济标准”(sound economic criteria)的基础

[1] See United Nations Conference on Trade and Development (UNCTAD), *Establishment or Expansion of Merchant Marines in Developing Countries*, U. N. Document TD/26/Rev. 1,1968.

上,受到国际准则的约束。[1]

联合国贸易与发展会议在构建共同谅解措施(common measure of understanding)、协调海运领域的运费率问题与歧视性措施问题、发展中国家的出口贸易问题、争议协商解决机制问题、班轮公会问题等诸多方面,寻求国际性的协调,并藉此提升发展中国家在国际海运领域的参与程度。[2] 联合国贸易与发展会议航运委员会的首要工作是制定一个国际范围内共同接受的关于航运业的基本原则,即共同谅解措施,1964年共同谅解措施中所提出的基本原则包括:班轮公会的存在对于航运市场的稳定与维持固定的船期是必要的;航运经营者与托运人之间的合作对于航运市场的有效运作是必要的;对于运费的确定、运费率的变化、搭售服务、充足船期的保障、促进出口等问题,应当建立协商机制通过有效的协商确定;港口服务需要改进提升,需要鼓励以此为目的的国际援助;鼓励发展中国家的船队积极参与到国际海运市场中来,包括参与到班轮公会中来,但必须建立在"适当经济标准"的基础上。[3] 上述共同谅解措施可以说是一种建立在利益妥协基础上的对于国际航运市场发展的希冀。

(二) 1974年《联合国班轮公会行动守则公约》的出台

迄今,联合国贸易与发展会议对于国际航运领域的发展,尤其是推动发展中国家的海运事业,起到了巨大的作用,其中最为重要的贡献当属其对于班轮公会引发的国际政治性"东西问题"与"南北问题"的国际协调。由于将班轮公会看成是西方国家垄断性的海上组织,发展中国家一直对班轮公会的存在表示强烈不满,指责其抬高运价并且实施价格歧视的做法,认为其排挤了来自发展中国家的独立航运经营者,且经常在未与托运人协商的前提下随意提高运价。[4] 针对发展中国家的反对,西方国家一方面竭力为班轮

---

[1] See Iqbal Haji, *UNCTAD and Shipping*, 6 Journal of World Trade Law, 1972, p. 61.

[2] See Iqbal Haji, *UNCTAD and Shipping*, 6 Journal of World Trade Law, 1972, pp. 62-79.

[3] See Iqbal Haji, *UNCTAD and Shipping*, 6 Journal of World Trade Law, 1972, p. 62.

[4] See Clifford G. Holderness, *Economic Analysis of the United Nations Code of Conduct for Liner Conferences*, 29 Stanford Law Review, 1977, p. 857.

公会辩护，主张班轮公会行为属商业行为，应由当事者协商来自行解决问题，不应由政府出面干预，否则将会影响到航运业的自由经营与效率；另一方面，西方国家也认识到班轮公会的秘密主义和封闭性如果继续下去不仅会阻碍海上运输的顺利发展，而且还将导致发展中国家更强烈的反对，甚至可能造成某些国家单方面地采取严格限制公会的措施或极端的国轮优先政策。班轮公会的发源地与坚定支持者英国便于1970年发表了海运调查委员会报告书，认为应先制定一部可能为国际社会所接受的班轮公会守则，以防止发展中国家采用单边行为对班轮公会进行抵制。[1] 在此背景下，海运发达国家组成的航运协商组织（Consultation Shipping Group，CSG）1971年在日本东京召开的会议上决定制定一个国际性的有关班轮公会行动守则的公约，由欧洲与日本国家船东协会（Council of European and Japanese National Shipowners' Associations，CENSA）和欧洲国家托运人协会（European Shipping Councils，ESC）负责文件具体规则的制定，该规则名为《欧洲国家船东班轮公会行动守则》（CENSA Code of Practice for Conference）。[2]《欧洲国家船东班轮公会行动守则》幻想着这一守则会在国际范围内获得普遍的认同，从而成为目前班轮市场的行为守则。但显然，这种想法未免过于天真。就《欧洲国家船东班轮公会行动守则》其本身的内容而言，其并未从根本上对现有的由欧洲国家主导的班轮公会提出有效的改革措施，并且还维持了班轮公会的封闭形式，发展中国家的船队很难说可以从该守则公约中获取什么有利之处，因此该守则遭致了发展中国家的反对与抵制。[3] 发展中国家还进一步声明了对这种由发达国家制定并试图将发达国家单方面的观点强行向国际社会推销的立法思路是行不通的，唯有发展中国家能够充

---

〔1〕 王杰、王琦：《国际航运组织的垄断与竞争》，大连海事大学出版社2000年版，第131页。

〔2〕 王杰、王琦：《国际航运组织的垄断与竞争》，大连海事大学出版社2000年版，第132页；See also Luis Ortiz Blanco, *Shipping Conferences under EC Antitrust Law: Criticism of a Legal Paradox* (Andrew Read trans.), Oxford, Portland: Hart Publishing, 2007, p. 70。

〔3〕 See Lawrence Juda, *World Shipping, UNCTAD, and the New International Economic Order*, 35 International Organization, 1981, p. 495; see also Lawrence Juda, *The UNCTAD Liner Code: United States Maritime Policy at the Crossroads*, Boulder, Colorado: Westview Press, 1983, pp. 7-8.

分参与到规则的制定过程中,才有可能接受规则。[1]

无论是发展中国家通过单边或者多边的货载保留政策发展本国航运业,还是海运发达国家力图将自己制定的规则推销给发展中国家,对于实现国际航运市场规制制度的整体协调与规则统一,都是不可能的。鉴于发达国家与发展中国家在航运领域的尖锐矛盾,尤其是围绕班轮公会问题所产生的诸多争议,联合国贸易与发展会议试图以一个国际平台的角度来协调班轮公会引发的"东西矛盾"与"南北矛盾"。联合国贸易与发展会议秘书处在 1970 年提交给其海运委员会的报告《班轮公会的体系》(The Conference System)就指出,班轮公会制度为国际航运市场中取得稳定的运价和运输服务所必需,目前的主要任务是如何改进班轮公会的体系从而使航运经营者与消费者托运人实现利益双赢。[2] 联合国贸易与发展会议秘书处 1971 年的报告《对于班轮公会的规制》(The Regulation of Shipping Conferences)则指出,只有通过构建国际性公约的方式,设定班轮公会的行为准则,并建立国际仲裁程序的争端解决机制,才能实现对班轮公会的有效规制。[3] 这些报告成为了后来《联合国班轮公会行动守则公约》的基础。1972 年,在联合国贸易与发展会议在智利圣地亚哥召开的第三次会议上,由发展中国家组成的 77 国集团建议联合国大会制定班轮公会的行为守则,联合国大会采纳了这一建议,在 1973 年至 1974 年由联合国贸易与发展会议召开全权代表大会来审议和通过《联合国班轮公会行动守则公约》(United Nations Convention on a Code of Conduct for Liner Conferences)。[4]

---

〔1〕 See Lawrence Juda, *World Shipping, UNCTAD, and the New International Economic Order*, 35 International Organization, 1981, p. 499.

〔2〕 See *Report of the Committee on Shipping on its Fourth Session*, TD/B/C4/73, Resolution 12 (VI) 23, 1970, cited by S. G. Sturmey, *The Code of Conduct for Liner Conferences: A 1985 View*, 13 Maritime Policy and Management, 1986, p. 187.

〔3〕 United Nations Conference on Trade and Development, *The Regulation of Liner Conferences (A Code of Conduct for the Liner Conference System)*, U. N. Document TD/D/104/Rev. 1, 1972.

〔4〕 有关 1974 年《联合国班轮公会行动守则公约》起草过程的详细内容,可以参见王杰、王琦:《国际航运组织的垄断与竞争》,大连海事大学出版社 2000 年版,第 133~135 页;See also Lawrence Juda, *World Shipping, UNCTAD, and the New International Economic Order*, 35 International Organization, 1981, pp. 498-499; see also Herman, L. L., *The Code of Conduct for Liner Conferences: Frustrations on the Road to Utopia*, 14 Canadian Yearbook of International Law, 1976, pp. 258-259, 261-264。

1974年《联合国班轮公会行动守则公约》，是联合国贸易与发展会议主持制定的以在国际层面内规范航运市场中班轮公会行为目的的法律文件，它以对缔约国具有法律约束力的多边国际公约形式出台。该公约于1974年3月11日至4月6日在日内瓦召开的联合国班轮公会行动守则全权代表大会上通过，1983年10月6日生效。[1] 我国于1980年加入该公约，同时也作出了声明："中华人民共和国和其他国家之间，经过协商，在合适的基础上建立的联合航线，与班轮公会的性质完全不同，不适用联合国班轮公会行动守则公约的各项规定。"

（三）1974年《联合国班轮公会行动守则公约》的规制体系

1974年《联合国班轮公会行动守则公约》公约分为目标和原则，共计7章54条和1个关于争端解决的《国际强制调解的示范程序规则》附件，主要内容涉及班轮公会会籍、参加货载承运、忠诚契约、运费率、班轮公会的决定与协商程序几个方面。守则公约确立了著名的40∶40∶20的货载保留制度，制定了班轮公会与托运人之间关于运费变化等问题的协商机制，确立了班轮公会确定运费率的标准，以及班轮公会决定提升运费时对于托运人的事前通知义务，并且在协商机制之外还采用了国际强制调解程序来处理班轮公会与托运人之间的争议。[2]

1. 守则公约的目标与原则

公约指出："本公约缔约国希望改进班轮公会制度，认识到需要有一个普遍接受的班轮公会行动守则，考虑到发展中国家在承运其对外贸易货物的班轮公会的活动方面的特殊需要和问题，兹同意在守则内反映出下列基本目标和原则。"公约的目标是，"便利世界海洋货运的有秩序扩展；促进适

[1] 公约规定的生效条件是，"本公约在至少24个国家，其合计吨位至少占世界吨位的25%，依照第48条规定成为公约当事国之日算起6个月后开始生效。"参见1974年《联合国班轮公会行动守则公约》第49条第1款。

[2] 有关1974年《联合国班轮公会行动守则公约》争端解决机制的分析，可以参见M. J. Shah, *The Dispute Settlement Machinery in the Convention on a Code of Conduct for Liner Conferences*, 7 Journal of Maritime Law and Commerce, 1975, pp. 127–168。

应贸易需要的、定期的和有效率的班轮服务的发展;保证班轮航运服务的提供者和使用者之间的利益均衡。”公约的原则是,“公会的各种办法不应对任何国家的船东、托运人或对外贸易有任何歧视;公会与托运人组织、托运人代表和托运人就共同关心的事项进行有意义的协商,如经请求,有关当局亦可参加;公会的活动如与关系方面有关,公会应向他们提供有关其活动的资料,并应公布有关其活动的有意义的情报。”

2. 守则公约的主要内容

(1)确立本国航运经营者的班轮公会入会权。由于新兴发展中国家的航运公司经常被班轮公会拒绝入会,即使那些运营着涉及发展中国家港口的航线上的班轮公会也同样拒绝发展中国家航运公司的加入,这种拒绝被发展中国家视为是不可接受的,因此将班轮公会视为是殖民主义的代名词,将发展中国家与由发达国家主导的班轮公会之间的争议上升到了具有政治和经济含义的敏感性话题。[1]《联合国班轮公会行动守则公约》首先确定了这一点,任何国家的航运公司,都有权成为承运其国家对外贸易货物的班轮公会的正式会员,[2]只要申请参加公会的航运公司提出证据,证明其有能力和愿望,按照公会协议的规定,在公会营运范围内,长期地经营定期的、适当的和有效率的航运服务;并且保证遵守公会协议的一切条款,并应于公会协议中有此规定时,提出财务担保,以便在以后退会、会籍中断或被开除会籍时,能够履行未清偿的债务。[3] 当然,这并不是要求班轮公会必须接受任何航运公司的入会申请,班轮公会如拒绝一个航运公司入会或重新入会应同时以书面说明其拒绝的理由。[4] 将加入班轮公会作为发展中国家的一种权利的规定,使发展中国家对于班轮公会的态度立即发生了转变,从如何阻止班轮公会损害本国独立航运经营者利益,迅即转变为开始站在班

[1] See Lawrence Juda, *World Shipping, UNCTAD, and the New International Economic Order*, 35 International Organization, 1981, p. 499.

[2] 1974 年《联合国班轮公会行动守则公约》第 1 条第 1 款; See also Clifford G. Holderness, *Economic Analysis of the United Nations Code of Conduct for Liner Conferences*, 29 Stanford Law Review, 1977, p. 859。

[3] 1974 年《联合国班轮公会行动守则公约》第 1 条第 2 款。

[4] 1974 年《联合国班轮公会行动守则公约》第 1 条第 4 款。

轮公会的角度考虑班轮公会的利益如何不被非公会船舶影响。[1]

(2)确立航线两端国家参加货载承运的权利。货载分配是发展中国家最为关注的问题之一,守则公约中所规定的40∶40∶20的货载分配制度是整个公约最为核心的内容。按照公约规定,“两国之间的对外贸易由公会承运其货载时,这两国的国家航运公司集团参加承运彼此间对外贸易的、由公会承运的货物,在运价和数量上享有同等的权利。倘有第三国的航运公司参加该航线的货载承运,它们有权获得运价和数量中一个相当大的部分,如百分之二十。”[2]也就是说,在公会所经营的航线上,航线两端国家的会员航运公司在运费和运量上享有同等权利,各有权获得上述货载的40%,其余20%可由第三国会员公司承运,这就是著名的40∶40∶20货载分配原则。同时公约还规定了当公会承运其货载的国家因为各种原因不运输其货载情况下的公会货载分配原则:其一,如公会承运其货载的任何国家,没有国家航运公司参加承运其货载,则按照第2条第4款规定由国家航运公司承运的货载份额,应在参加货运的各个会员公司之间按照它们各自的份额比例加以分配。[3] 其二,如一国的国家航运公司决定不承运它们的全部货载份额,则它们货载份额中它们不承运的部分,应在参加承运的各个会员公司之间按照它们各自份额的比例加以分配。[4] 其三,如有关国家的国家航运公司不参加公会营运范围内的这些国家之间的营运,公会承运的这些国家之间的货载份额,应在参加的第三国会员公司之间通过商业谈判加以分配。[5] 但是这一40∶40∶20的货载保留制度是守则公约争论最大的内容。发达国家认为这样的货载保留安排实际上是对航运经营者自由承运货物权利的限制,是对自由竞争原则的减损,它会不必要地提高运输成本,降低运

[1] See Lawrence Juda, *World Shipping, UNCTAD, and the New International Economic Order*, 35 International Organization, 1981, p. 500.

[2] 1974年《联合国班轮公会行动守则公约》第2条第4款。

[3] 1974年《联合国班轮公会行动守则公约》第2条第5款。

[4] 1974年《联合国班轮公会行动守则公约》第2条第6款。

[5] 1974年《联合国班轮公会行动守则公约》第2条第7款。

输服务标准,因此有害于国际航运与国际贸易。[1] 相反,发展中国家则认为,货载保留制度为每个国家的航运公司提供了平等发展的平台,有利于发展中国家航运公司的发展与壮大,有利于第三世界国家参与国际运输从而为世界经济的多元化注入活力。[2]

(3)允许忠诚契约的存在。守则公约允许作为班轮公会会员的航运公司有权与托运人订立并维持忠诚契约,忠诚契约的形式和内容由班轮公会与托运人组织或托运人代表协商议定。忠诚契约应提供保障,明确规定托运人和班轮公会会员的权利。忠诚契约应以契约制度或任何其他合法制度为基础。[3] 在允许公会与托运人订立忠诚契约的同时,公约也严格限制了班轮公会采用忠诚契约时所必须恪守的运费率规定和程序性条件,要求"适用于忠诚托运人的运费率,应规定在适用于其他托运人运费率的一定百分比之内。如果两种费率之间的差数变动提高了对忠诚托运人的费率,则该差数变动只能在向该托运人提出为期 150 天的通知后才能实行,或依照区域的惯例及(或)协议实行。"[4]在对于忠诚契约权利和义务的要求上,守则公约要求托运人不得用规避、隐瞒或中间人的手法,企图违反忠诚契约,转移货物。[5] 如果契约内规定了赔偿金或违约金及(或)罚金,在托运人违反忠诚契约时,公会会员公司得决定征收较低额的违约金或放弃征收违约金。在任何情况下,托运人根据契约应付违约金的数目,不应超过对有关货物根据契约内规定费率计算的运费额。[6] 托运人在履行公会在忠诚契约中规定的条件后,应有权完全恢复忠诚地位。[7] 在对于忠诚契约内容的要求上,守则公约要求忠诚契约应载明:不在忠诚契约范围以内的货物清单,以

---

[1] See Leslie Kanuk, *The UNCTAD Code of Conduct for Liner Conferences: Trade Milestone or Millstone-Time Will Soon Tell*, 6 Northwestern Journal of International Law and Business, 1984-1985, p. 371.

[2] See Lawrence Juda, *World Shipping, UNCTAD, and the New International Economic Order*, 35 International Organization, 1981, pp. 500-501.

[3] 1974 年《联合国班轮公会行动守则公约》第 7 条第 1 款。

[4] 1974 年《联合国班轮公会行动守则公约》第 7 条第 2 款。

[5] 1974 年《联合国班轮公会行动守则公约》第 7 条第 3 款(a)项。

[6] 1974 年《联合国班轮公会行动守则公约》第 7 条第 3 款(b)项。

[7] 1974 年《联合国班轮公会行动守则公约》第 7 条第 3 款(c)项。

及关于该货物清单具体范围的特别界定，争议解决方法，托运人如何不受处罚地终止忠诚契约，给予托运人特免的条件。〔1〕

（4）系统性规制班轮公会的运费率。运费率问题不仅关系到发展中国家的运输，而且会间接对发展中国家的出口贸易产生重大影响，因为运费率的提升会影响发展中国家出口贸易的成本，从而导致其出口产品国际竞争力的减低，无形中构成了发展中国家出口货物的贸易壁垒。〔2〕因此运费率的规定也是守则公约中的一项重要内容。守则公约第12条至第17条从运费率的确定、公会运价表问题、运费率的提高、促进贸易性运费率、附加费几个方面作出了较为系统性的规定。

关于决定运费率的标准，守则公约规定了三个方面的标准：第一，运费率应当在商业上可行的范围内尽量确定在最低的水平，同时应当使船东能有合理的盈利。第二，班轮公会的营运成本，原则上应以船舶的往返航程估算，去程和回程视为一航程。在适用时，去程和回程应分开估算。运费率应考虑到，除别的因素外，货物的性质、货物体积与重量的相互关系以及货物的价值。第三，在确定特定货物的促进贸易性运费率及（或）特别运费率时，应考虑到在公会承运其货载的国家特别是发展中国家和内陆国家内这些货物的贸易情况。〔3〕因为将货物的性质、货物体积与重量的相互关系以及货物的价值作为计算运费率的标准，可见守则公约实际上允许班轮公会按照货物分类的不同采用不同的运费，而不将这种区别货物的运费确定方法视为歧视性做法。

关于公会运价表和运费率的分类，守则公约要求班轮公会运价表对相

---

〔1〕1974年《联合国班轮公会行动守则公约》第7条第3款第（d）项。守则公约在第8条中特别规定了忠诚契约中托运人的特免制度："公会应在忠诚契约的条款内规定，托运人请求特免时，应予迅速审查和作成决定；如扣留特免，应在对方请求时以书面说明理由。如公会未在忠诚契约规定的期间确认将为托运人的货物也在忠诚契约规定的期间内提供充分的舱位，托运人有权以任何船舶载运该项货物，而不受处罚。对于需有最低货载限额才予弯靠的港口，如托运人虽已及时发出通知，而航运公司未来装货，或航运公司未于议定期间内答复，则托运人自然有权以任何可用船舶载运其货物，而不损及其忠诚地位。"

〔2〕See Benjamin Parameswaran, *The Liberalization of Maritime Transport Services: with Special Reference to the WTO/GATS Framework*, Heidelberg: Springer, 2004, p. 47.

〔3〕1974年《联合国班轮公会行动守则公约》第12条。

同情况的托运人不得有不公平的不同待遇。[1]

关于运费率的全面提高,守则公约规定了班轮公会的通知义务,要求班轮公会应将其实行全面提高运费率的意图至少于150日前或依照区域惯例及(或)协议,通知托运人组织或托运人代表及(或)托运人,并于有此要求时通知公会经营其货运的各国有关当局。公约还要求通知内应指明提高的幅度,实行的日期,以及提高运费率的理由。[2] 守则公约同时规定,除非有关各方于协商时另有协议外,一次运费率全面提高的生效之日,与下一次运费率的全面提高发出通知之日,两者之间的间隔期间最短不得少于10个月。[3] 此外,公约还规定了当事方在提高运费率问题上存在争议时的协商与国际强制调解程序。[4] 虽然守则公约通过限制两次运费提价之间的时间间隔来防止运费过高,但是美国前联邦海事委员会主席莱斯利·卡努克(Leslie Kanuk)教授却认为这样的做法可能不但不能达到预期,反而会使得运费率比应有的水平更高。[5] 这是因为航运公司会出于商业风险防范的考虑,由于10个月之内无法提高运价,所以它们往往会故意将运费设置在比正常运费率略高的水平,这样就可以通过较高的运费率来防止10个月期间内由于不能提高运价所可能产生的不利后果。[6]

关于促进贸易性运费率,公约要求班轮公会应规定非传统出口商品的促进贸易性运费率。[7] 而规定促进贸易性运费率的一般程序是,有关的托运人、托运人组织或托运人代表应向班轮公会提出一切必要的和合理的资料,以证明促进贸易性运费率的必要。[8] 班轮公会应当制定特别程序,规

---

[1] 1974年《联合国班轮公会行动守则公约》第13条第1款。

[2] 1974年《联合国班轮公会行动守则公约》第14条第1款。

[3] 1974年《联合国班轮公会行动守则公约》第14条第9款。

[4] 1974年《联合国班轮公会行动守则公约》第14条第2~6款。

[5] See Leslie Kanuk, *The UNCTAD Code of Conduct for Liner Conferences: Trade Milestone or Millstone-Time Will Soon Tell*, 6 Northwestern Journal of International Law and Business, 1984-1985, p. 366.

[6] See Leslie Kanuk, *The UNCTAD Code of Conduct for Liner Conferences: Trade Milestone or Millstone-Time Will Soon Tell*, 6 Northwestern Journal of International Law and Business, 1984-1985, p. 366.

[7] 1974年《联合国班轮公会行动守则公约》第15条第1款。

[8] 1974年《联合国班轮公会行动守则公约》第15条第2款。

定应在收到这种资料之日起 30 天内对促进贸易性运费率的申请作出决定。[1] 促进贸易性运费率的采用通常应以 12 个月为期。[2] 但是海运发达国家往往对此类促进性运费却并不赞同,认为促进贸易性会带来不公平的结果,理由在于:第一,这种促进性运费率实际上是由发达国家的航运公司负担了一部分发展中国家货物出口的运输成本;第二,这种促进性运费率会带来多重补贴,因为此类货物在获得低价运费的同时,往往还可以享受进口或者出口的优惠条件,如税收减免或者出口补贴等。[3]

关于附加费,公约规定了两种附加费:一是公会因费用的突然增加或异常增加或收益减少而收取的附加费,二是对运往某一港口或由某一港口运出的货物征收的附加费,二者都应该是临时性的,并且应当随着所面临局势或条件,或该港情况的改善而减少,并应在促使其收取此项费用的局势或条件不再存在时立即撤销。[4] 同时,公约要求附加费的征收必须事先发出通知,并根据要求由有关公会同直接受附加费影响的其他当事各方协商。[5] 如果在发出通知后 15 天内,对于收取附加费问题不能达成协议时,则应按本守则所定有关解决争议的规定办理。[6]

(5)班轮公会的决定程序与协商程序。守则公约要求一项班轮公会协议所包含的作出决定的程序,应以全体正式会员航运公司一律平等的原则为基础,并且还特别规定,没有经过航线两端两国的国家航运公司的同意,不能对公会协议中规定的有关这两国间贸易方面的问题作出决定。[7] 此外,公约还规定了班轮公会的自我管制,要求公会应拟订并不断更新一份尽可能详尽的说明性明细单,载列被视为不当的行为和(或)违反公会协议的

〔1〕 1974 年《联合国班轮公会行动守则公约》第 15 条第 3 款。

〔2〕 1974 年《联合国班轮公会行动守则公约》第 15 条第 5 款。

〔3〕 See Leslie Kanuk, *The UNCTAD Code of Conduct for Liner Conferences: Trade Milestone or Millstone-Time Will Soon Tell*, 6 Northwestern Journal of International Law and Business, 1984-1985, pp. 366-367.

〔4〕 1974 年《联合国班轮公会行动守则公约》第 16 条第 1~2 款。

〔5〕 1974 年《联合国班轮公会行动守则公约》第 16 条第 3 款。

〔6〕 1974 年《联合国班轮公会行动守则公约》第 16 条第 4 款。

〔7〕 1974 年《联合国班轮公会行动守则公约》第 3 条。

行为,并应设立有效的自我管制机构来处理这些行为。[1] 还要求所有的班轮公会协议,都应在接到请求时,提供给其货载由公会承运的国家及其航运公司为公会会员的国家的有关当局。[2]

公约还规定了班轮公会与托运人组织的协商程序,在公会与托运人组织、托运人代表、托运人之间,应就共同关心的问题,诸如运价本的变动、忠诚契约、改进服务、采用新技术等问题,[3]进行协商。此种协商应根据上述任何一方的请求随时举行。[4] 但是莱斯利·卡努克(Leslie Kanuk)则对这种协商程序在发展中国家的运作提出质疑,指出,由于公约并不要求托运人组织必须是一个私人性质的主体,因此很多发展中国家的托运人组织实际上都是一个半官方性质的政府实体。如果航运公司也是政府所有,或者政府资助的,那么托运人组织与班轮公会和航运公司的协商可能就会因为存在太多共同利益而无法使协商机制的效力真正发挥出来。而由于公约要求班轮公会的决定需要全体会员同意,那么上述发展中国家的国有航运公司就可能将其并不中立的态度转嫁给班轮公会的全体会员,最终导致不公平的结果。[5]

3. 1974 年《联合国班轮公会行动守则公约》的实施及其对主要海运国家国内立法的影响

由于在守则公约出台时的 1974 年,除美国航运法的规制外[6]世界上的班轮公会实际上尚处在一种没有政府法律规制下的“自我规制”状态,因此守则公约的出台实际上对主要海运国家的航运立法产生了重要影响。但是,在是否实施守则公约以及如何实施的问题上,1974 年《联合国班轮公会行动守则公约》却面临着难题。难题一方面表现在广大发展中国家只是将

---

[1] 1974 年《联合国班轮公会行动守则公约》第 5 条。

[2] 1974 年《联合国班轮公会行动守则公约》第 6 条。

[3] 1974 年《联合国班轮公会行动守则公约》第 12 条。

[4] 1974 年《联合国班轮公会行动守则公约》第 11 条。

[5] See Leslie Kanuk, *The UNCTAD Code of Conduct for Liner Conferences: Trade Milestone or Millstone-Time Will Soon Tell*, 6 Northwestern Journal of International Law and Business, 1984 - 1985, pp. 365-366.

[6] 美国早在 1916 年便制定了其航运法,《1916 年航运法》中有很多规制班轮公会的内容。

守则公约作为它们争取更多航运权利的一个起点,而绝非终点;难题另一方面则表现为欧盟立法对于守则公约的变通适用,造成了公约效力的削弱,甚至将公约的制度规定解构得支离破碎;难题还表现在美国对于公约的强烈抵制态度与不加入公约的做法。

（1）守则公约并不能满足发展中国家获取更多航运权利的要求。对于发展中国家而言,守则公约关于货载保留制度的规定有利于发展中国家航运业的发展。实际上早在公约生效之前,货载保留制度已经在发展中国家十分盛行,而且守则公约也有利于发展中国家的航运公司加入班轮公会,因此发展中国家都乐于采纳守则公约货载保留的规定。[1] 但是主要的问题不在于守则公约通过货载保留制度确立了发展中国家的货运权利,而在于发展中国家并不满足于守则公约规定的40%的货载份额比例,而希望能够获得更多的对于本国货运的保留性权利。因此,对于希望大力发展本国航运业的广大发展中国家来说,守则公约中有关货载保留制度的规定并不是发展中国家希望达到的终点,而只是它们争取更多航运权利的一个起点。[2]

（2）欧盟立法对于守则公约的变通适用,造成了公约效力的削弱。对欧盟而言,由于守则公约出台时欧盟尚未制定统一的海运共同政策,而一旦欧盟成员国加入公约,适用公约规定的货载保留政策将对欧盟成员国之间的运输产生限制,这与《欧共体条约》对于成员国之间海运自由化的政策是不一致的。因此,欧盟在1979年出台了第954号条例,[3]一方面试图解决《欧共体条约》与1974年《联合国班轮公会行动守则公约》之间的冲突问题,另一方面也对欧盟成员国加入公约进行了变通适用。[4] 第954/79号条例

---

[1] See Luis Ortiz Blanco, *Shipping Conferences under EC Antitrust Law: Criticism of a Legal Paradox* (Andrew Read trans.), Oxford, Portland: Hart Publishing, 2007, pp. 86-88.

[2] See S. G. Sturmey, *The Code of Conduct and the Review Conference*, Athens, 1988, p. 63, cited by Luis Ortiz Blanco, *Shipping Conferences under EC Antitrust Law: Criticism of a Legal Paradox* (Andrew Read trans.), Oxford, Portland: Hart Publishing, 2007, p. 88.

[3] Council Regulation (EEC) No. 954/79 of 15 May 1979 concerning the ratification by Member States of, or their accession to, the United Nations Convention on a Code of Conduct for Liner Conferences, OJ L 121, 17. 5. 1979.

[4] See Luis Ortiz Blanco, *Shipping Conferences under EC Antitrust Law: Criticism of a Legal Paradox* (Andrew Read trans.), Oxford, Portland: Hart Publishing, 2007, pp. 100-104.

作出了如下规定：第一，守则公约 40：40：20 的货载保留制度不适用于欧盟内部航线上的班轮公会，也不适用于欧盟与 OECD 成员之间航线上的班轮公会；[1]第二，欧盟成员国在与发展中国家之间的班轮运输中，其分享的 40%货载份额及第三国运输的 20%份额应统一纳入欧盟成员国内，由各国以自由竞争方式进行运输；第三，欧盟成员国保证给予设立在本国领土上的其他成员国的航运公司同等待遇，保障共同体航运公司确能享有公平、自由和不受歧视地参加海上运输的权利；第四，守则公约有关运价上调间隔时间的规定，不适用于欧盟成员国之间，以及欧盟成员国与 OECD 国家之间；[2]第五，欧盟与 OECD 成员国之间货物运输争端采取仲裁方式解决，不采取守则公约中的强制调解程序。[3] 按照规定，欧盟成员国在加入守则公约时必须作出上述保留。[4]

可以说，欧盟第 954/79 号条例削弱了守则公约的货载保留制度，排除货载保留制度在欧盟成员之间，以及欧盟成员与 OECD 国家之间的适用，而主要适用于欧盟成员与发展中国家之间的运输。而且在欧盟成员与发展中国家之间的运输中，欧盟国家航运公司所享有的 40%作为航线一端的货载，以及其余其他国家航运公司 20%的货载，还需要在欧盟内部按照海运服务贸易自由竞争的原则来进行分配。后来欧盟在制定 1986 年海运一揽子立法时，其中《欧盟成员国之间以及欧盟成员国与第三国之间适用海运服务自由原则》的第 4058/86 号条例，要求欧盟各国单方面采取的货载保留措施应予以取消；欧盟成员国与第三国之间的任何有关货载份额安排的协定，除不

---

〔1〕 See Council Regulation (EEC) No. 954/79 of 15 May 1979 concerning the ratification by Member States of, or their accession to, the United Nations Convention on a Code of Conduct for Liner Conferences, OJ L 121, 17. 5. 1979, art. 4.

〔2〕 See Council Regulation (EEC) No. 954/79 of 15 May 1979 concerning the ratification by Member States of, or their accession to, the United Nations Convention on a Code of Conduct for Liner Conferences, OJ L 121, 17. 5. 1979, art. 4.

〔3〕 See Council Regulation (EEC) No. 954/79 of 15 May 1979 concerning the ratification by Member States of, or their accession to, the United Nations Convention on a Code of Conduct for Liner Conferences, OJ L 121, 17. 5. 1979, art. 4.

〔4〕 王杰、王琦：《国际航运组织的垄断与竞争》，大连海事大学出版社 2000 年版，第 147 页。

得已的情况之外一律禁止。[1] 除了变通了守则公约的货载保留制度，第954/79号条例对于守则公约中规定的运费提价的时间间隔条款，以及争端解决采用国际强制调解程序也不予适用，所以这使得守则公约对于欧盟国家的约束力相比守则公约所规定的条文而言，大打折扣。欧盟成员国加入守则公约时按照欧盟要求所必须作出的上述内容的保留，实际上已经架空了公约的结构与内容，因此在很大程度上也就架空了公约对于欧盟国家的约束力，使得守则公约在欧盟的实施背离了公约订立的初衷。

（3）美国对于公约的强烈抵制态度与不加入公约的做法。美国从一开始就对守则公约持抵制态度，因为美国认为公约与其国内经济政策不相符。[2] 由于早在守则公约出现之前，美国国内已经早已形成了一整套系统的航运法律体系，由联邦海事委员会负责实施，而且美国航运法规则的很多内容都与守则公约的规定不同，如果加入公约势必会违背其国内一贯施行的航运法律法规与航运政策。[3] 例如，美国航运法历来不允许班轮公会采用封闭形式，这与守则公约的态度显然不一致。另外，虽然是发达国家，但美国却是一个主要的货方国家，是出口大国，因此美国所采用的航运政策往往是通过政府直接扶持本国船队发展，保护美国航运公司，而不是像守则公约要求的那样对发展中国家给予照顾和优惠。[4] 除了守则公约与国内法与国内政策不一致，美国对守则公约持抵制态度并选择不加入公约的原因

---

〔1〕 See Council Regulation (EEC) No. 4055/86 of 22 December 1986 applying the principle of freedom to provide services to maritime transport between Member States and between Member States and third countries, OJ L 378, 31. 12. 1986.

〔2〕 See Leslie Kanuk, *The UNCTAD Code of Conduct for Liner Conferences: Trade Milestone or Millstone-Time Will Soon Tell*, 6 Northwestern Journal of International Law and Business, 1984–1985, p. 360.

〔3〕 See Joshua Bar-Lev, *UNCTAD Code of Practice for the Regulation of Liner Conferences*, 3 Journal of Maritime Law and Commerce, 1972, p. 788.

〔4〕 See Leslie Kanuk, *The UNCTAD Code of Conduct for Liner Conferences: Trade Milestone or Millstone-Time Will Soon Tell*, 6 Northwestern Journal of International Law and Business, 1984–1985, p. 368.

还缘于,担心加入守则公约将导致美国丧失对于本国贸易的控制权。[1]

对于守则公约中规定的有利于货方国家的货载保留制度,美国则认为加入公约从货载保留制度中所能获得的利益恐怕并不如想象的多。而且,即使货载保留制度可以使美国获得好处,美国也完全没有必要通过加入守则公约的方式实施货载保留制度,而将其利益置于多边条约的限制之下,美国完全可以通过自由选择对象去缔结双边或多边海运条约来实施货载保留制度。[2] 事实上,美国国内有着一套比较完善的货载保留制度,按照《1904年货载优先运送权法》(Cargo Preference Act of 1904),《1928 年商船法》(Merchant Shipping Act 1928)中有关货载保留的规定,还有《1954 年货载优先运送权法》(Cargo Preference Act of 1954)的规定,美国军事部门采购或拥有的物资,美国进出口银行贷款的货物,由美国籍船舶承运;政府方面货物的至少 50%,农业援助物资的至少 75%,也由美国籍船舶承运。另外,美国还同一些国家签订有双边海运协定,保留了双边贸易中 30%~40%比例不等的货载份额。可见,美国在实际活动中亦推行了守则公约中的货载保留制度。[3] 由于本来已经存在自成一体的国内货载保留制度体系,美国才不倾向于接受守则公约,从而在承担比原来更多国际义务的前提下享有同等的货载保留利益。

(4)国际航运实践的变化为守则公约带来新的实施难题。虽然截至 2015 年,1974 年《联合国班轮公会行动守则公约》的缔约国数量已经达到 76 个,[4]但是守则公约现在却面临着一系列由于航运实践发展变化而带来的

---

[1] See Leslie Kanuk, *The UNCTAD Code of Conduct for Liner Conferences: Trade Milestone or Millstone-Time Will Soon Tell*, 6 Northwestern Journal of International Law and Business, 1984-1985, p. 368.

[2] See Leslie Kanuk, *The UNCTAD Code of Conduct for Liner Conferences: Trade Milestone or Millstone-Time Will Soon Tell*, 6 Northwestern Journal of International Law and Business, 1984-1985, pp. 368-369.

[3] 王杰、王琦:《国际航运组织的垄断与竞争》,大连海事大学出版社 2000 年版,第 150~151 页。

[4] See the official website of United Nations Treaty Collection, Convention on a Code of Conduct for Liner Conferences, Status as at Sep. 23, 2015, https://treaties.un.org/pages/ViewDetails.aspx? src=TREATY&mtdsg_no=XII-6&chapter=12&lang=en, Sep. 23, 2015 last visit.

问题，因为这些变化在一定程度上使守则公约在解决新问题时出现了模糊不清之处。主要问题在于：第一，20世纪90年代出现的航运联营、航运稳定化协议组织与运价协商协议组织等航运联盟是否应当被视为守则公约意义下的班轮公会，从而受制于守则公约的规定。第二，随着国际货物多式联运的发展，与海运紧密相连的多式联运的内陆运输部分是否会因为海运段由班轮公会运输而被视为班轮公会保留货载，还是与海运段割裂开看待，而仅能由国内陆地运输公司承运。第三，随着越来越多大型独立航运公司的出现与发展，是否应当对这些班轮公会外航运公司制定行动守则进行管理，以保持班轮公会的竞争地位。第四，如何处理各缔约国由于公约保留制度而造成的公约实施与适用上的效力减损。[1]

（5）对1974年《联合国班轮公会行动守则公约》的评价。1974年《联合国班轮公会行动守则公约》是联合国第一部也是迄今为止唯一一部规范班轮运输业中各种组织的国际公约，它的出台对于规范国际班轮运输市场秩序具有重要作用，为班轮公会这一航运市场上的卡特尔提出了最为基本的一些规制要求，如运费决定标准的透明化、不得歧视、运费变动的提前通知义务等，并且守则公约允许了封闭性班轮公会的存在。重要的是，它还规定了一个40：40：20的货载保留制度，虽然被航运发达国家批评为具有贸易保护主义色彩的退步，但是至少这一规定将过去班轮公会内部秘密性的货载分配置于一个更为透明的环境中。但是在对班轮公会提出规制要求的同时，公约允许公会成员与托运人订立并维持忠诚契约，以及收取临时性附加费的权利。可见，必须协调各方利益的守则公约只能是一个妥协的产物，虽然力图通过规制班轮公会来维护国际航运市场秩序，但是却无力将对于班轮公会的规制深入到底。在对于班轮公会的反垄断法律规制问题上，守则公约的规定依然强烈体现着这种妥协。虽然守则公约规定班轮公会可以采取具有限制竞争作用的忠诚契约来吸引、捆绑航运市场的消费者托运人，但是公约却禁止班轮公会使用战斗船来与非公会船舶进行不正当竞争，班轮

[1] 王杰、王琦：《国际航运组织的垄断与竞争》，大连海事大学出版社2000年版，第144～145页。

公会会员不得在公会营运的航线上使用战斗船驱逐非公会会员的航运公司,以达到排除、防止或减少竞争的目的。[1]

虽然守则公约的出台实际上对主要海运国家的航运立法产生了重要影响,但是,守则公约的实施却并未达到理想预期。守则公约并不能满足发展中国家获取更多航运权利的要求,因此广大发展中国家只是将守则公约作为它们争取更多航运权利的一个起点,而绝非终点。而欧盟立法要求成员国在加入公约时作出保留,变通适用公约货载保留制度,并且不适用公约关于运费提升的规定,也不适用公约中规定的争端解决程序,可以说,在欧盟实施的守则公约,相较于公约本身的规定,已经面目全非。而且对公约实施的另一个打击在于,作为世界上主要的航运大国与贸易大国的美国对于公约强烈抵制的态度与不加入公约的做法。霍德尼斯(Clifford Holderness)采用法律经济分析的方法对守则公约进行分析,得出结论指出:守则公约恐怕无法实现其旨在追求的促进发展中国家利益,平衡发展中国家与发达国家航运利益与贸易利益的目标。[2]

二、经济合作与发展组织的研究报告

经济合作与发展组织成立于 1961 年,以其《资本移动自由化法规》(Code of Liberalization of Capital Movements)为指导,[3]致力于在成员国之

---

[1] 1974 年《联合国班轮公会行动守则公约》第 18 条。

[2] See Clifford G. Holderness, *Economic Analysis of the United Nations Code of Conduct for Liner Conferences*, 29 Stanford Law Review, 1977, p. 862.

[3] 《资本移动自由化法规》于 1961 年为经济合作与发展组织理事会所采用,至今已经被多次修改和更新,其最新的版本见 Organisation for Economic Co-operation and Development (OECD), *Code of Liberalization of Capital Movements* 2013, available at http://www.oecd.org/daf/inv/investment-policy/CapitalMovements_WebEnglish.pdf.《资本移动自由化法规》的内容涵盖不同领域的服务贸易,包括保险、银行、运输以及旅游业,其目的是致力于在经济合作与发展组织不同的成员国之间实现服务贸易的自由化,参见 Benjamin Parameswaran, *The Liberalization of Maritime Transport Services: with Special Reference to the WTO/GATS Framework*, Heidelberg: Springer, 2004, p. 174. 海运业作为运输服务贸易的一种,同样适用《资本移动自由化法规》。对于《资本移动自由化法规》的效力,根据经济合作与发展组织理事会的决定,法规中规定的义务对于成员国来说具有约束力,参见 Organisation for Economic Co-operation and Development (OECD), *Regulatory Issues in International Maritime Transport*, DSTI/DOT (Directorate for Science, Technology and Industry/ Division of Transport), 2001, p. 35。

间实现贸易的自由化。由于经济合作与发展组织成员在世界航运中的活跃表现和重要地位,经济合作与发展组织特别关注国际海运领域的管制改革,在推动国际航运放松管制过程中发挥着重要作用。王杰、王琦的研究指出,在世界班轮运量中,经济合作与发展组织成员国间的运量约占65%,经济合作与发展组织各国与发展中国家之间的运量约占30%,发展中国家相互之间的运量仅占5%左右,因此,经济合作与发展组织对国际航运业,尤其是国际航运业的竞争问题十分关注。[1] 经济合作与发展组织专设海运委员会,负责处理国家间的航运政策问题,解决成员国与发展中国家在航运事务方面联络与沟通中所遇到的问题,研究和讨论航运业的商业化问题。尽管经济合作与发展组织的政策及建议没有法律约束力,但是,其研究报告及政策建议对成员国制定政策却具有很大的影响。

1987年,经济合作与发展组织理事会发布了名为《经济合作与发展组织成员国航运政策之共同原则》(Common Principles of Shipping Policy for Member Countries)的文件,建议成员国政府保障和促进航运市场开放与公平竞争,防止任何航运经营者滥用市场支配地位,同时主张对航运业放松管制,将政府的介入最小化。但是同时该文件中指出,在对航运公会的基本行为提出一些必须遵守的行动守则后,航运公会的存在具有积极意义。[2]

然而随着航运市场的变化与发展,经济合作与发展组织对于班轮公会这一海上卡特尔的态度并不是一成不变的。1998年,经济合作与发展组织海运委员会发表了《关于提升国际班轮运输领域竞争政策兼容性的研究结论》,指出有必要在国际班轮运输领域提升航运业竞争规则与一般性竞争规则的兼容性。在国际班轮运输领域,基本的竞争法原则,如自由和公平竞争、维持市场的开放性、市场准入问题、经济效率问题、法律透明度问题等,

---

〔1〕 王杰、王琦:《国际航运组织的垄断与竞争》,大连海事大学出版社2000年版,第166页。

〔2〕 See Organisation for Economic Co-operation and Development (OECD), *Council Recommendation Concerning Common Principles of Shipping Policies for Member Countries*, Adopted by the Council at Its 656th meeting on 13th February, 1987.

应当被遵守。[1] 2001年，经济合作与发展组织《国际海运业的管制问题》的研究报告中在鼓励国际班轮运输领域竞争法与一般竞争法规则接轨的同时，认为对于班轮公会的竞争法规制可以存在某些例外。[2] 然而2002年，经济合作与发展组织最有影响力的有关国际班轮运输业竞争问题的最终研究报告《班轮运输竞争政策》就建议成员国重新审查班轮公会反垄断整体豁免制度，除非能够证明该政策确实有存在的特别理由，否则应该取消班轮公会的反垄断整体豁免特权。[3] 报告首先分析了目前国际班轮运输领域的发展变化，认为目前的班轮运输与其他运输领域比较并不存在重大的特别之处，比如资本密集、供需不平衡等在其他领域同样存在。同时，没有证据表明固定价格等公会的做法更能促进运费率的稳定和可靠的服务。经济合作与发展组织的报告通过大量的数据分析，认为班轮公会并没有实现运价稳定的目标。相反，在最具有竞争性的其他市场上，经营者提供的服务反而更加稳定。因此，没有理由继续给予班轮运输以固定运价或协商费率的反垄断豁免，经济合作与发展组织建议成员国重新审查班轮公会反垄断整体豁免制度，除非能够证明该政策确实有存在的特别根据，否则，应该取消这种特权。[4] 经济合作与发展组织建议成员国在废除班轮公会反垄断整体豁免制度的同时，在班轮运输竞争规制上采用"自由协商"（freedom to negotiate）、"自由保护合同"（freedom to protect contracts）、"自由合作运营"

---

〔1〕 See Organisation for Economic Co-operation and Development (OECD), *MTC Conclusions on Work on Promotion of Compatibility of Competition Policy Applied to International Liner Shipping Including Multimodal Transport with a Maritime Leg*, DSTI/SI/MTC (Directorate for Science, Technology and Industry/ Maritime Transport Committee), Jan. 22, 1998.

〔2〕 See Organisation for Economic Co-operation and Development (OECD), *Regulatory Issues in International Maritime Transport*, DSTI/DOT (Directorate for Science, Technology and Industry/ Division of Transport), 2001, p. 64.

〔3〕 See Organisation for Economic Co-operation and Development (OECD), *Final Report on Competition Policy in Liner Shipping*, DSTI/DOT (Directorate for Science, Technology and Industry/ Division of Transport), Apr. 16, 2002.

〔4〕 於世成：《美国航运法研究》，北京大学出版社2007年版，第54页。

(freedom to coordinate operations)的基本原则。[1]

经济合作与发展组织2002年的这一报告,可以被视为班轮运输领域竞争法变革的标志,它对国际航运业反垄断与竞争法律制度发展变化产生了巨大的影响。正是因为这一报告,很多国家正式将废除班轮公会反垄断整体豁免制度提上了日程。欧盟2006年彻底废除班轮公会反垄断整体豁免的做法就是建立在该报告的分析结论基础之上的。由于经济合作与发展组织2002年报告的出台恰逢欧盟开始对其竞争法规则进行改革,欧盟竞争法的现代化与经济合作与发展组织报告的建议最终使欧盟取消了班轮公会反垄断整体豁免的特别规定,使航运领域的竞争法规则与一般竞争法规则相一致。[2] 欧盟第1419/2006号条例在废除规定班轮公会反垄断整体豁免制度的第4056/86号条例时所写明的理由,几乎完全照搬于经济合作与发展组织2002年的报告,也认为目前班轮运输领域已经不存在特别之处,因为班轮运输企业的价格结构与其他企业并无实质性不同。[3]

三、世界贸易组织有关航运反垄断法律制度的规范

海运,是占世界贸易总量10%的重要贸易领域,也是国际货物贸易得以进行的支撑。但对于如此重要的海运服务,WTO目前的谈判成果却是有限的。[4] WTO将海运业放在国际服务贸易领域,在关贸总协定乌拉圭回合多边贸易谈判成果中,国际海运服务业被包括在服务贸易总协定(General Agreement on Trade in Services, GATS)之内。GATS由协议条文本身、部门

---

〔1〕 See Organisation for Economic Co-operation and Development (OECD), *Final Report on Competition Policy in Liner Shipping*, DSTI/DOT (Directorate for Science, Technology and Industry/Division of Transport), Apr. 16, 2002, pp. 79-80.

〔2〕 See Francesco Munari, *Liner Shipping and Antitrust after the Repeal of Regulation* 4056/86, Lloyd's Maritime and Commercial Law Quarterly, 2009, p. 47.

〔3〕 See Council Regulation (EC) No. 1419/2006 of 25 September 2006 repealing Regulation (EEC) No. 4056/86 laying down detailed rules for the application of Articles 85 and 86 of the Treaty to maritime transport, and amending Regulation (EC) No. 1/2003 as regards the extension of its scope to include cabotage and international tramp services, OJ L 269, 28. 9. 2006, recitals.

〔4〕 See Benjamin Parameswaran, *The Liberalization of Maritime Transport Services: with Special Reference to the WTO/GATS Framework*, Heidelberg: Springer, 2004, p. 243.

协议附则以及各国的承诺减让表三大部分组成。根据WTO于1995年公布的《国际服务贸易分类表》,海运服务属于第11类“运输服务”的A项,其内容包括六个方面:旅客运输;货物运输;船舶租赁;船舶的维护与修理;装卸与理货服务;海运服务代理服务。[1] 这六项内容,前两项是海上运输服务,后四项是海运辅助服务。根据各国的初始承诺表,海运业的范围主要包括:旅客运输、货物运输、班轮运输、集装箱运输、船舶租赁、货物仓储、光船租赁、非光船租赁、国际拖曳、沿岸设备、港口船上服务、海事公证及检验发证、客货转运码头经营、货代服务、助航通信及气象服务、船舶经纪、商港建设、常设代表机构。[2] GATS对于海运服务贸易的调整重在其自由化问题,从乌拉圭回合多边贸易谈判开始,海运服务贸易自由化是就一直是WTO多变谈判的重要议题之一,GATS海运服务谈判附录和《关于海运服务谈判的部长决议》是乌拉圭回合谈判结束时各参加方关于海运服务方面达成的主要文件。[3]而且从GATS所规定的成员国义务来看,也主要是涉及成员国开放国内航运市场的有关义务。[4]

迄今,WTO海运服务贸易谈判经历了乌拉圭回合谈判、1994~1996年海运服务贸易多边谈判、多哈回合谈判三个阶段,[5]但各方对海运领域的服务贸易与市场开放问题却未达成广泛的共识。

在第一阶段的乌拉圭回合谈判中,虽然各参加国对海运业多边谈判表示出很大的兴趣,但是可以说,海运是乌拉圭回合谈判落幕后少数几个尚未能达成协议的领域。GATS框架下的海运服务贸易谈判决定采用“正面清单

---

〔1〕 汪尧田、李力:《国际服务贸易总论》,上海交通大学出版社1997年版,第2页。

〔2〕 王杰、王琦:《国际航运组织的垄断与竞争》,大连海事大学出版社2000年版,第159页。

〔3〕 张湘兰、张辉:“WTO与中国海运服务贸易法律制度”,载《武汉大学学报》(社会科学版)2003年第56卷第1期;张湘兰、张辉:“WTO海运服务贸易法初探”,载《法学评论》2002年第3期。

〔4〕 GATS规定的义务分为一般义务和特定义务两种,前者是各成员方均须遵守的一般性的责任和纪律,包括最惠国待遇、透明度等,后者则是需要各成员方特别承诺的义务,包括国民待遇、市场准入。

〔5〕 See Lijun Zhao, *Transportation, Cooperation and Harmonization: GATS as a Gateway to Integrating the UN Seaborne Cargo Regimes into the WTO*, 27 Pace International Law Review, 2015, pp. 91-115; J. Michael Taylor, *Evaluating the Continuing GATS Negotiations Concerning International Maritime Transport Services*, 27 Tulane Maritime Law Journal, 2002, pp. 158-179.

模式”(positive list approach)进行规则的设计,但是美国却基于以正面清单模式开放国内海运市场将给国内航运产业带来很大的不稳定的考虑,一直对海运谈判持怀疑和保守的态度,美国的态度也间接地影响了其他一百余个参与海运谈判国家的态度。[1] 在海运谈判初期美国一直坚持整个海运服务的市场开放应当独立于GATS服务贸易制度的框架之外,认为单独对海运服务进行谈判,而不受制于GATS总体谈判框架和制度的约束是较为理想的做法。直到1993年美国为了换取欧盟在视听音像服务产业上自由化谈判的支持,才决定改变其在海运服务谈判上立场。[2] 除了美国的保守主义立场,参与海运谈判的很多国家和地区的代表出于保护保护本国航运业发展的立场,也认为服务贸易谈判的非歧视原则和国民待遇原则不应当适用于目前的海运服务贸易体系之中。[3] 此外,也有谈判代表对于海运服务贸易谈判究竟是应当采用多边自由化谈判模式,还是以互惠为基础的双边减让谈判模式争论不止。[4] 由于各国提交纳初步承诺开价单的附加条件太多,且有关各方面承诺与要价的分歧过大,因而无法达成协议。因此,谈判各方只是根据《关于海运服务谈判的部长决议》决定成立一个海运服务谈判组(Negotiating Group on Maritime Transport Service,NGMTS),负责乌拉圭回合结束后的后续谈判。[5] 该谈判组定于1996年6月前完成谈判,提出最终报告,并在报告中列明谈判结果的执行日期。[6] 乌拉圭回合海运服务贸易谈判的失败使各国意识到在海运领域达成服务贸易自由化,逐步消

---

〔1〕 See J. Michael Taylor, *Evaluating the Continuing GATS Negotiations Concerning International Maritime Transport Services*, 27 Tulane Maritime Law Journal, 2002, pp. 160-161.

〔2〕 See Terence P. Stewart, *The GATT Uruguay Round: A Negotiating History* (1986-1994), Vol. IV, The Hague, Boston: Kluwer Law International, 1999, p. 817.

〔3〕 See J. Michael Taylor, *Evaluating the Continuing GATS Negotiations Concerning International Maritime Transport Services*, 27 Tulane Maritime Law Journal, 2002, p. 161.

〔4〕 See J. Michael Taylor, *Evaluating the Continuing GATS Negotiations Concerning International Maritime Transport Services*, 27 Tulane Maritime Law Journal, 2002, p. 161.

〔5〕 World Trade Organization (WTO), *Decision on Negotiations on Maritime Transport Services*, Doc. No. LT/UR/D-5/5, Apr. 15, 1994, para. 2.

〔6〕 World Trade Organization (WTO), *Decision on Negotiations on Maritime Transport Services*, Doc. No. LT/UR/D-5/5, Apr. 15, 1994, para. 4.

除海运服务贸易壁垒，进行市场开放的难度。[1]

虽然乌拉圭回合仅以《关于海运服务谈判的部长决议》[2]和《关于海运服务谈判的附件》[3]达成继续进行海运服务贸易谈判的共识，[4]但是乌拉圭回合期间的正式会议与非正式的磋商并非是毫无价值可言的。具体而言，乌拉圭回合指明了海运谈判的程序性指导制度和后续谈判的重点领域，决定对海运谈判采用范围广泛的全面性谈判，确定了海运服务贸易的“三大支柱”领域，即海上运输、海运辅助服务以及港口服务，在这三大领域通过谈判实现服务市场开放和逐步减少限制。[5]《关于海运服务谈判的部长决议》也特别指明要在海上运输服务、海运辅助服务、港口服务三方面全面降低和消除贸易限制与壁垒。第一，在海上运输服务领域，很多各成员方作出承诺，包括逐步削减外资比例限制，逐步取消船舶登记时的本国所有制限制和国籍标准要求，逐步取消使用本国海运代理人的要求，取消对于政府所有货物运输的限制，取消歧视性税费和港口服务费。[6] 第二，在海运辅助服务领域，一些成员方在货物装卸、仓储、代理、货物运输前查验、清关、海港以外的集装箱中转或集散服务作出承诺。[7] 世界银行发展小组的研究指出，海运辅助服务的自由化实际上还有两个重要层面：一是确保从事东道国货物进出口运输的外国船舶可以非歧视地获得东道国的海运辅助服务；二是尽可能逐步开放海运辅助服务市场，允许包括外国海运辅助服务提供者在内

---

〔1〕 See Benjamin Parameswaran, *The Liberalization of Maritime Transport Services: with Special Reference to the WTO/GATS Framework*, Heidelberg: Springer, 2004, p. 243.

〔2〕 See World Trade Organization (WTO), *The Results of the Uruguay Round of Multilateral Trade Negotiations, The Legal Texts*, Geneva, 1995, pp. 495-461; see also World Trade Organization (WTO), *Decision on Negotiations on Maritime Transport Services*, Doc. No. LT/UR/D-5/5, Apr. 15, 1994.

〔3〕 See World Trade Organization (WTO), *The Results of the Uruguay Round of Multilateral Trade Negotiations, The Legal Texts*, Geneva, 1995, p. 359.

〔4〕 See Benjamin Parameswaran, *The Liberalization of Maritime Transport Services: with Special Reference to the WTO/GATS Framework*, Heidelberg: Springer, 2004, p. 243.

〔5〕 See GATT Secretariat, *Negotiations on Maritime Transport Services*, Doc. No. TS/NGMTS/W/1, May 2, 1994；张俊杰：“WTO 海运服务贸易谈判相关问题研究”，载《法商论丛》2009 年第 6 卷。

〔6〕 See World Trade Organization (WTO), *See Maritime Transport Services. Background Note by the Secretariat*, Doc. No. S/C/W/62, Nov. 16, 1998, para. 38.

〔7〕 See World Trade Organization (WTO), *See Maritime Transport Services. Background Note by the Secretariat*, Doc. No. S/C/W/62, Nov. 16, 1998, para. 38.

的国内外海运辅助提供者自由竞争。[1] 这些重要领域是目前海运谈判没有涉及的问题。第三,在港口服务领域,一些成员方就拖航、引航、港口疏浚、船舶修理等服务进行承诺,还有成员方制定了有关港口服务开放和实施非歧视待遇的日程表。[2] 但是有学者指出,在港口服务方面还有很多谈判未决问题,而这些问题则涉及 GATS 制度的核心,特别涉及 GATS 中境外消费、商业存在、自然人流动这三种服务贸易提供方式。[3] 除了海运谈判的三大支柱性实体议题外,乌拉圭回合海运谈判的成果还包括达成了一系列有关海运服务市场开放技术性规定的规则设计的初步共识,例如,如何界定海运服务的原产国,如何定义海运辅助服务。[4] 在乌拉圭回合谈判结束时,30 个成员国在减让承诺表中对海运服务贸易作出了减让承诺,21 个成员国在海运服务贸易上设定了最惠国待遇例外但决定继续进行后续的海运服务贸易谈判。[5]

在第二阶段 1994~1996 年海运服务谈判组协调下的海运服务贸易多边谈判中,56 个成员加入了谈判,并有 16 个成员以观察员身份参与海运服务贸易谈判。[6] 这一阶段的海运服务贸易谈判以欧盟提供的非正式减让承诺范本为基础,[7]谈判议题除涉及原先所立的海运"三大支柱",经美国提议,又加进了所谓的"第四大支柱",即多式联运。[8] 但由于各方态度不一,

---

[1] See Carsten Fink et al., *Trade in International Maritime Services: How Much Does Policy Matter?*, 16 The World Bank Economic Review, 2002, p. 90.

[2] See World Trade Organization (WTO), *Maritime Transport Services. Background Note by the Secretariat*, Doc. No. S/C/W/62, Nov. 16, 1998, para. 38.

[3] See J. Michael Taylor, *Evaluating the Continuing GATS Negotiations Concerning International Maritime Transport Services*, 27 Tulane Maritime Law Journal, 2002, p. 175.

[4] See GATT Secretariat, *Negotiations on Maritime Transport Services*, Doc. No. TS/NGMTS/W/1, May 2, 1994.

[5] See GATT Secretariat, *Negotiations on Maritime Transport Services*, Doc. No. TS/NGMTS/W/1, May 2, 1994.

[6] See World Trade Organization (WTO), *Report of the Negotiating Group on Maritime Services*, Doc. No. S/NGMTS/16, Jul. 3, 1996.

[7] See J. Michael Taylor, *Evaluating the Continuing GATS Negotiations Concerning International Maritime Transport Services*, 27 Tulane Maritime Law Journal, 2002, pp. 164-165.

[8] See J. Michael Taylor, *Evaluating the Continuing GATS Negotiations Concerning International Maritime Transport Services*, 27 Tulane Maritime Law Journal, 2002, pp. 171-176.

尤其是美国以其他国家提出的自由化承诺不充分为理由拒绝提出自己的自由化进程表,因而导致谈判失败。[1] 在此次谈判期间,美国阿拉斯加北坡油田(Alaskan North Slope Oil)的原油出口一直坚持货载保留制度,只能由悬挂美国国旗的船舶进行运输,欧盟、日本、挪威、马来西亚、香港均对此提出异议,认为美国的这一做法违反《关于海运服务谈判的部长决议》的规定,要求美国取消保护主义做法,积极参与海运服务贸易谈判推动海运服务贸易的自由化。但是美国则认为看不到其他成员方作出大幅度减让和承诺的诚意,拒绝改变其立场,拒绝在其他成员方给出更多承诺之前自己进行减让承诺,因此美国的谈判态度在很大程度上导致了这一阶段海运服务贸易谈判的僵局。[2] 世贸组织服务贸易理事会(Council for Trade in Services)于1996年6月28日决定在2000年之前暂时中止海运服务业谈判。中止期间,各国不得增加新的海运服务贸易限制以增强其谈判地位,海运服务业的最惠国待遇义务也相应中止。[3]

第三阶段的海运谈判在WTO多哈回合服务贸易谈判中。[4] 但是由于各成员在农业等问题上没有达成一致,多哈回合谈判陷入僵局。[5] 2005年12月香港部长级会议中,海运服务贸易谈判成员方决定根据各成员方的不同发展程度和阶段,采用更灵活的形式进行海运服务贸易谈判。[6] 相较于前两阶段的海运谈判,多和回合谈判则更少依赖于美国的减让承诺,即便在美国拒绝将海运服务贸易纳入GATS/WTO框架争端解决机制时,一些发展中国家还是作出了减少海运服务贸易市场政府限制的承诺。[7] 香港部长

---

[1] See J. Michael Taylor, *Evaluating the Continuing GATS Negotiations Concerning International Maritime Transport Services*, 27 Tulane Maritime Law Journal, 2002, p. 166.

[2] See J. Michael Taylor, *Evaluating the Continuing GATS Negotiations Concerning International Maritime Transport Services*, 27 Tulane Maritime Law Journal, 2002, p. 168.

[3] 王杰、王琦:《国际航运组织的垄断与竞争》,大连海事大学出版社2000年版,第161页。

[4] See Lijun Zhao, *Transportation, Cooperation and Harmonization: GATS as a Gateway to Integrating the UN Seaborne Cargo Regimes into the WTO*, 27 Pace International Law Review, 2015, p. 108.

[5] 张俊杰:"WTO海运服务贸易谈判相关问题研究",载《法商论丛》2009年第6卷。

[6] See World Trade Organization (WTO), *Ministerial Declaration of 18 December 2005: Doha Work Programme*, Doc. No. WT/MIN(05)/DEC, Annex C, C-2.

[7] See Benjamin Parameswaran, *The Liberalization of Maritime Transport Services: with Special Reference to the WTO/GATS Framework*, Heidelberg: Springer, 2004, pp. 339-341.

级会议声明中提出了对于成员方的两项单独复边要求（plurilateral requests），建议成员国取消货载保留制度，取消限制外资参与国内海上运输服务和海运辅助服务的资本限制要求和商业存在限制要求，对港口设施和国内多式联运服务的准入和使用作出更多承诺，考虑逐步取消最惠国待遇的例外。〔1〕但是多哈回合谈判的问题在于缺少独立的海运服务贸易谈判平台，这会导致谈判代表缺少海运领域专业知识和经验，也容易由于其他议题的跨议题补偿制度〔2〕从而牺牲海运领域的真正自由化。〔3〕

由于海运领域的市场准入、国家管制程度、非歧视待遇等基本问题尚难以达成最终协议，因此对于海运领域竞争规则的谈判更是尚未被列入谈判日程。然而值得注意的是，由于一个国家国内反垄断法律制度的确立可能会对改国国内市场的开放造成障碍，那么究竟应当如何看待此类问题，恐怕是 WTO 海运谈判所需要面对的更具体的问题。由于海运谈判被放置在 GATS 服务贸易谈判的整体框架下，GATS 框架下的最惠国待遇一般性义务和国民待遇特别性义务给海运谈判带来了困扰：如果一个国家承诺给予其他国家海运服务贸易的减让与优惠，由于最惠国待遇的一般性义务，这种优惠就可以直接适用于其他第三方国家，因此第三国可以在并未作出承诺的情况下获得海运服务贸易的税费减让与优惠待遇，但是由于第三国并未作出任何国内海运服务市场国民待遇的特别承诺，第三国因此可以既拒绝开放本国市场，拒绝提供给外国航运经营者国民待遇，却又可以在其他作出承

---

〔1〕 See the official website of the WTO, *Service: Maritime Transport*, https://www.wto.org/english/tratop_e/serv_e/transport_e/transport_maritime_e.htm, Sep. 25, 2015 last visit.

〔2〕 WTO 议题联结的重要作用在于以“转移性补偿”推动协商，扩大互惠的范围。转移性补偿的前提在于通过其他议题提供补偿的一方确定自己能够通过现有议题获益，参见 José E. Alvarez, *The WTO as Linkage Machine*, 96 The American Journal of International Law, 2002, p. 146; David W. Leebron, *Linkages*, 96 The American Journal of International Law, 2002, p. 6; Joel P. Trachtman, *Institutional Linkage: Transcending "Trade and..."*, 96 The American Journal of International Law, 2002, pp. 78–80; Andrew T. Guzman, *Antitrust and International Regulatory Federalism*, 76 New York University Law Review, 2001, p. 1163。

〔3〕 See Lijun Zhao, *Transportation, Cooperation and Harmonization: GATS as a Gateway to Integrating the UN Seaborne Cargo Regimes into the WTO*, 27 Pace International Law Review, 2015, p. 111.

诺的国家凭借最惠国待遇享有税费减让和优惠待遇。[1] 这种既可以充分保护本国航运业不受外资冲击,又可以通过“搭便车”(free-riding)获得外国市场开放和优惠待遇带来的好处,无疑限制了海运谈判的有效成果取得。基于对其他国家规避互惠承诺而“搭便车”的顾虑,成员方在以正面清单方式作出国民待遇承诺时无疑会更加小心谨慎。除此之外,发达国家与发展中国家在海运谈判上的分歧仍然存在。海运发达国家认为 1974 年《联合国班轮公会行动守则公约》已经在很大程度上容忍了发展中国家的海运贸易保护主义做法,因此无须再通过 GATS 的海运服务贸易谈判来给予发展中国家特别优惠待遇。[2] 另外,WTO 的竞争规则是否能够适用于海运领域,如果能够适用,那么如何适用的问题,也是 WTO 服务贸易法律框架下有待讨论的问题。有学者特别注意到班轮公会的限制竞争问题对于海运服务市场开放的限制性影响。例如,泰勒(J. Michael Taylor)指出,虽然主权国家往往对班轮公会进行反垄断法律规制,但是由于广泛给予班轮公会反垄断整体豁免,会使班轮公会形成市场垄断力并借助此种市场垄断力提高运价,从而产生海运服务贸易壁垒。[3] 世界银行发展研究小组认为,班轮公会这种由航运经营者私人主体结合而形成的航运组织通过垄断市场、提高运价将给航运市场带来比国家管制措施更大的贸易壁垒。[4]

---

[1] See J. Michael Taylor, *Evaluating the Continuing GATS Negotiations Concerning International Maritime Transport Services*, 27 Tulane Maritime Law Journal, 2002, p. 179.

[2] See Benjamin Parameswaran, *The Liberalization of Maritime Transport Services: with Special Reference to the WTO/GATS Framework*, Heidelberg: Springer, 2004, p. 253.

[3] See J. Michael Taylor, *Evaluating the Continuing GATS Negotiations Concerning International Maritime Transport Services*, 27 Tulane Maritime Law Journal, 2002, pp. 156-158.

[4] See Carsten Fink et al., *Trade in International Maritime Services: How Much Does Policy Matter?*, 16 The World Bank Economic Review, 2002, p. 83; J. Michael Taylor, *Evaluating the Continuing GATS Negotiations Concerning International Maritime Transport Services*, 27 Tulane Maritime Law Journal, 2002, pp. 157-158.

CHAPTER 04> 第四章

国际航运反垄断豁免制度

反垄断豁免,是基于经济运行效率、社会利益等考量而认为某些垄断行为不具有危害性和法律上的可责难性,对原本属于反垄断法禁止的事项不予追究。[1] 反垄断豁免制度是竞争政策与产业政策融合与协调的交汇点,以此划定受反垄断法及相关法律保护的垄断行为存在的领域或范围,其本质是反垄断法目标与其他经济、社会目标协调的结果,是法律权衡利弊后的理性选择,从而使反垄断法的双重职能得以实现,既可克服过度垄断造成的弊端,又可防止在反垄断的同时因过度竞争或盲目竞争而损害规模经济效益和社会公共利益,运用竞争的活力抵制垄断的停滞性,利用垄断的组织性克服竞争的无序性真正实现"有效竞争"。[2] 其体现着竞争公平之外的社会公平价值。[3] 航运反垄断豁免制度也往往被视为航运产业政策与竞争规制融合与协调的交汇点,决定着反垄断法意义上非可责难性航运反竞争行为的范畴与边界。虽然有学者将航运反垄断豁免制度视为关系到我国经济发展大局的重大法律问题,[4]对于我国现行法框架下是否存在航运反垄断豁免、豁免制度的范畴又如何等问题,无论是行政监管实践还是司法实践均甚少提及,在学理解读上又存在各种不同观点,难免让人动摇航运反垄断

[1] 种明钊:《竞争法》,法律出版社 1997 年版,第 290 页。

[2] 王先林、丁国锋:"反垄断法实施中对竞争政策与产业政策的协调",载《法学》2010 年第 9 期。

[3] 谢国旺:"论国际反垄断法适用除外制度的价值取向",载《河北法学》2011 年第 10 期。

[4] 李天生:"国际海运业反垄断豁免的法经济学分析",载《现代法学》2010 年第 32 卷第 1 期。

豁免制度是协调航运产业政策与竞争规制之核心的看法，甚至开始质疑航运反垄断豁免制度究竟是否基于航运产业政策价值目标而设立，给予航运反竞争行为竞争规制除外又能否通过"有效竞争"真正实现航运产业政策价值目标、维护我国海洋权益。以历史成因、行业特性说、经济利益说为理论依据的航运业整体性豁免论认为豁免国际航运业竞争规制能够防止航运市场恶性竞争、提升规模经济、促进我国航运业发展。然而国际社会法律变革、航运市场结构变迁、消费者福利减损、产业比较视域下的差别待遇无疑对传统行业整体豁免理论提出挑战。从产业政策与竞争规制协调视野来看，豁免垄断未必是鼓励航运业发展的最优选择。

反垄断豁免实际上不仅仅意味着一种反垄断法上的权利（right），更是一种特权（privilege），因此必须有足够的证据和理由证明这种反垄断法特权存在的合理性。而国际航运反垄断豁免制度的合理性一直以来都是被嵌入到一段班轮公会产生的历史中加以说明。19 世纪末，面对运力严重过剩的压力，航运经营者开始采用压低运价的方式吸引顾客。但是由于待运货物的数量是固定的，航运市场的运价下跌并不能催生新的需求，航运经营者这种压低运价的竞争方法最后演变成了一场惨烈的恶性竞争。这一时期航运业的恶性竞争催生了第一个班轮公会的诞生，采用对内协同维持运价，对外采用诸如忠诚契约等方式牵制托运人的方法，来稳定航运市场秩序，防止航运经营者之间的恶性竞争。虽然随着时代发展，班轮公会的组织形式与结构特点发生了一些变化，但是这些基本的手段与特征仍然被保留着。[1] 而班轮公会对于稳定航运市场的积极作用也一直被国际社会所肯定，各国几乎都确立了对于班轮公会的反垄断豁免制度，将班轮公会进行运力控制与运价固定的行为排除在反垄断法和竞争法的适用范畴之外。

但是随着航运市场的发展变化，对于是否仍应当维持班轮公会的反垄断豁免，却越来越受到质疑。集装箱时代的到来产生了能够运营大型集装箱船舶的超级航运经营者，同时对于大型船舶的要求也提高了航运市场对

〔1〕 See Luis Ortiz Blanco, *Shipping Conferences under EC Antitrust Law: Criticism of a Legal Paradox* (Andrew Read trans.), Oxford, Portland: Hart Publishing, 2007, p. 523.

于资本的要求,并进一步抬高了市场进入门槛,也减少了市场经营者的数量,这使得航运市场本身容易出现寡占或者垄断竞争的特点。在这种情况下,如果班轮公会再对市场进行介入,将此类超大型航运公司联合起来,那么整个国际社会的航运市场很可能会出现完全垄断的情况,这无疑会从根本上摧毁航运市场的竞争秩序。同时,班轮公会也遭到了航运市场的消费者——托运人的强烈批评,在托运人看来,航运经营者的价格固定与运力控制实际上是对于市场操纵力的滥用,而且协定的价格也往往高于完全竞争市场条件下的运价。托运人呼吁政府改变对于班轮公会垄断问题的放任态度,对航运市场的运力控制与运价协议予以规制,以保护托运人的权益。2002年,经济合作与发展组织发布了关于班轮公会竞争问题的最终研究报告——《班轮运输竞争政策》,报告建议成员国重新审查班轮公会反垄断豁免,除非能够证明该政策确实有存在的特别根据,否则应该取消班轮公会的反垄断豁免特权。[1] 受到该报告的影响,欧盟于2006年取消了以前赋予班轮公会的反垄断整体豁免,经过两年的过渡期,班轮公会反垄断豁免于2008年正式被取消。有人认为欧盟的这一法律改革表明了班轮公会走向消亡的趋势,[2]宣告了"后班轮公会时代"的到来。[3] 欧盟的做法引发了国际社会对于班轮公会反垄断豁免制度的重新评估。那么究竟应当如何看待对于国际航运垄断问题的法律规制,是保留其历史上一直享有的反垄断豁免,将其完全排除在反垄断的适用范围之外;还是彻底废除班轮公会及其他航运组织的反垄断豁免,使航运法与其他一般性行业一样,适用一般性反垄断法规则?

受航运法律体系双轨制影响[4]我国航运反垄断豁免也呈双轨制:一方

---

〔1〕 See Organisation for Economic Co-operation and Development (OECD), *Final Report on Competition Policy in Liner Shipping*, DSTI/DOT (Directorate for Science, Technology and Industry/Division of Transport), Apr. 16, 2002.

〔2〕 高鹏程:"海商法领域的反垄断去向何处——论班轮公会反垄断法豁免的发展和对中国的启示",载《研究生法学》2009年第24卷第1期。

〔3〕 安飞:"后班轮公会时代来临",载《中国船检》2008年第9期;郑丙贵:"后班轮公会时代国际班轮市场管制",载《大连海事大学学报》(社会科学版)2007年第6卷第5期;郑丙贵、王学锋:"后班轮公会时代班轮公司之间合作问题前瞻",载《上海海事大学学报》2007年第28卷第4期。

〔4〕 傅廷中:"论我国海上货物运输法的统一",载《中国法学》2003年第6期。

面,在国内航运上国家鼓励和保护水路运输市场的公平竞争,严格禁止垄断和不正当竞争行为,使航运产业政策完全让位于竞争规制;另一方面,在国际航运上法律规定态度模糊引发了观点迥异的学理解释。有学者从国际公约效力论视角切入认为由于我国是1974年《联合国班轮公会行动守则公约》缔约国,因此从条约必须遵守的角度主张我国已赋予班轮公会这一以统一运价、协调运力、划分市场为目的的"海上卡特尔组织"反垄断豁免。有学者则从程序法视角反推航运反垄断豁免实体制度的存在,认为《国际海运条例》规定班轮公会协议、运营协议、运价协议必须向交通部主管部门备案体现了反垄断豁免涵义,备案后的航运协议因为已经获得交通主管机构的批准,具有合法性,所以可以享有反垄断豁免。[1] 相反观点则采用体系解释方法指出我国现行法律框架下实际上并不存在航运反垄断豁免制度,前述国际公约效力论之瑕疵在于公约条文亦未明确使用反垄断豁免语词,且公约在容忍班轮公会卡特尔行为同时对其施加严格条件限制,其诸多反竞争行为仍留待缔约国根据主权自行规制;前述程序法论之瑕疵在于《国际海运条例》在要求协议备案同时规定了主管机构对于班轮公会协议、运营协议、运价协议在涉嫌对公平竞争造成损害时的调查权,这意味着交通主管部门的协议报备并不意味着限制竞争协议免受调查处罚,因此否定我国现行法下存在航运业的反垄断整体豁免。虽然在我国国内航运法律层面竞争规制优位于航运产业的政府管制,但是国际航运法律层面豁免制度立法不明反而使法律实施者可以在航运产业政策与竞争政策之间灵活摇摆,灵活的自由裁量也增加了法律制度的不确定性与当事人责任的不可预期性。

当航运经营者与外贸货主因航运反垄断豁免制度进行利益博弈而针锋相对时,当《航运法》立法工作正式重启之时,如何恰当地借助反垄断豁免制度在航运产业政策与竞争规制之间进行权衡就成为了立法工作的重中之重。但是豁免论、豁免否定论与豁免部分否定论三足鼎立的观点分歧在很大程度上阻滞了航运竞争体系规则的建构与完善,也延滞了《航运法》的出

〔1〕 李志文、王立志:"'零运价'、'负运价'引起的竞争法思考",载《2007年海商法研讨会论文集》,第71页。

台。而即便在豁免论内部,是采用行业整体豁免、协议类型化豁免还是适用反垄断法个案豁免,亦无定论。主流观点以赋予国际航运业反垄断整体豁免论为基础,认为国际航运反垄断豁免已成为一种国际立法惯例。实际上,无论国际航运行业整体豁免论还是国际航运协议类型化豁免观点往往以稳定航运市场、扶持航运业发展的航运产业政策为豁免制度之立论基础,因此豁免论与豁免否定论之争实际上彰显着航运产业政策、贸易政策与竞争规制之间的张力与冲突,也体现着国际立法惯例与主权国家国内反垄断规则、国家管制措施之间的冲突与协调。妥当选择航运业反垄断豁免制度的立场,决定着《航运法》的立法走向。

本章拟以航运产业政策与竞争规制的协调为视角探索航运特别法对于一般竞争法规则适用除外的合理边界,在考察航运市场结构性变化,比较法视域海运竞争规则国际变革的基础上对我国现有航运反垄断豁免理论基础作出反思,并尝试从立法可操作性角度在航运特别法中构建类型化协议豁免体系以弥合反垄断法豁免体系与航运产业政策的脱节,通过在航运产业政策、竞争监管、国际航运服务贸易自由化之间探求最佳平衡点保障在有序开放海运市场同时维护我国海洋权益。

第一节　国际航运反垄断豁免制度的历史与内容

一、国际航运反垄断豁免制度的历史

(一)班轮公会诞生的正当性:解决运力过剩和运价恶性竞争问题

班轮公会起源于一个大规模工业卡特尔逐渐在市场占据主导的时代。[1]而第一个班轮公会的出现是为了通过消除内部竞争、排挤外部竞争,以实现

---

[1] See Luis Ortiz Blanco, *Shipping Conferences under EC Antitrust Law: Criticism of a Legal Paradox* (Andrew Read trans.), Oxford, Portland: Hart Publishing, 2007, p. 523.

班轮会内部成员利润最大化的目的。[1] 早期,航运市场上唯一的航运公司联合性组织就是班轮公会。19 世纪七八十年代,技术革新推动下的蒸汽船的出现带来了航运业的巨大变革,大型蒸汽船的采用意味着船舶具有了比帆船时代更大的运载量,也就意味着运力供给的提升。同时,1869 年苏伊士运河的开通缩短了亚欧航线,提高了特定时期内船舶可以完成的航次数量,增加了实质意义上的船舶运载量。[2] 这两个因素共同推动了船舶货物运载能力的快速上升,使得国际航运市场的运力供给增长迅猛。[3] 但是 1873 年的经济大萧条直接导致了运力需求由于贸易缩水而大规模锐减,[4]锐减的需求使得运力供给过剩更为严重。面对运力严重过剩的压力,航运经营者开始采用压低运价的方式吸引顾客。但是由于待运货物的数量是固定的,航运市场的运价下跌并不能催生新的需求,航运经营者这种压低运价的竞争方法最后演变成了一场惨烈的恶性竞争。航运公司之间为了揽取有限的货物而激烈竞争,甚至不惜提供无利润的运价,这种恶性竞争结果使运价一落千丈,许多航运公司因此破产。残余航运公司为了生存,往往被迫以回扣和最低运价为条件,与托运人签订忠诚契约以确保货源。19 世纪末班轮运输市场的恶性竞争使得航运经营者不得不通过某种方式联合起来,解决运力过剩和单纯依赖压低运价而进行的恶性竞争问题,这直接导致了班轮公会的诞生。1875 年,在英国至印度加尔各答航线上出现了世界上第一个班轮公会——加尔各答班轮公会。而班轮公会的存在也往往被认为是班轮运输市场对于防止运力过剩与恶性降价以维护市场稳定的内在需求。直到今天,这一点也一直被用来作为支撑班轮公会所从事的固定价格与运力控

---

[1] See Luis Ortiz Blanco, *Shipping Conferences under EC Antitrust Law: Criticism of a Legal Paradox* (Andrew Read trans.), Oxford, Portland: Hart Publishing, 2007, p. 523.

[2] See Amos Herman, *Shipping Conferences*, Deventer: Kluwer Law and Taxation Publisher, 1983, p. 8.

[3] 彭先伟:"班轮公会反垄断豁免",载《月旦民商法杂志》2009 年第 26 期。

[4] See Andreas Jacobs, Zur Vereinbarkeit von Kartellabsprachen der internationalen Linienschiffahrt mit Artikel 85 EWG-Vertrag, Nomos Verlagsgesellschaft, Baden-Baden, 1991, p. 16, cited by Felix Dinger, *The Future of Liner Conferences in Europe: A Critical Analysis of Agreements in Liner Shipping under Current European Competition Law*, Frankfurt: Peter Lang, 2004, p. 22.

制行为的正当性。

（二）反垄断法律制度对于班轮公会反垄断豁免的认可

除了站在船方对立面的托运人偶有抱怨，班轮公会的存在不但在航运市场获得了航运经营者的认可，而且也获得了主权国家法律规定的认可。1906 年英国海运集团皇家委员会在对班轮公会的调查报告中，肯定了班轮公会存在的适当性，并且未否定班轮公会实施的运费延期折扣制度。1912 年美国亚历山大委员会对于班轮公会的调查结论与英国海运集团皇家委员会的调查结论相类似，认为班轮公会的存在及其实施的运费延期折扣制度是航运市场的现状，并无不妥。[1] 正是在亚历山大委员会这一调查报告的基础上，美国制定了世界上第一部规制班轮公会行为的法律制度——《1916 年航运法》，该法中确立了班轮公会的反垄断豁免制度。[2] 国际航运反垄断豁免制度从美国《1916 年航运法》首次确立以来，已有百年历史，各主要航运发达国家大多在航运立法或反垄断立法中均确立了国际航运领域的反垄断豁免制度，排除国内一般性反垄断法规则对于以班轮公会为代表的国际航运组织的适用。在有关国际航运业的立法中，赋予以班轮公会为代表的国际航运组织反垄断豁免，被很多学者视为是国际立法惯例。[3] 欧盟第 4056/86 号条例和第 823/2000 号条例的基本目的是将班轮公会、航运联营体作为《欧共体条约》一般性竞争法律制度适用的例外。美国的航运法虽然历经了多次变革，从《1916 年航运法》开始到《1984 年航运法》再到《1998 年航运改革法》，但是赋予国际航运协议组织以反托拉斯法豁免却是一直没有改变的内容。加拿大《1987 年航运公会豁免法》使班轮公会以及其他国际航运协议组织成为加拿大《竞争法》的适用例外。日本《海运法》也规定船舶经营者之间的协议享有反垄断豁免。澳大利亚的《2010 年竞争与消费者法》也

---

〔1〕 See Daniel Marx Jr., *International Shipping Cartels: A Study of Industrial Self-Regulation by Shipping Conferences*, Princeton: Princeton University Press, 1953, pp. 52–66.

〔2〕 See Luis Ortiz Blanco, *Shipping Conferences under EC Antitrust Law: Criticism of a Legal Paradox* (Andrew Read trans.), Oxford, Portland: Hart Publishing, 2007, p. 28.

〔3〕 於世成：《美国航运法研究》，北京大学出版社 2007 年版，第 61 页。

将航运经营者之间的限制竞争协议排除在竞争法的规制之外。

二、国际航运反垄断豁免制度的内容:实体与程序的结合

在对国际航运反垄断豁免制度进行论述之前,有必要界定清楚这一制度的含义及其所涵盖的具体内容。

(一)国际航运反垄断豁免制度的含义

国际航运反垄断豁免是一般反垄断豁免在国际航运业的体现。反垄断豁免实质上就是对于特定的限制竞争行为,基于特殊目的或理由而对其做合法化的法律技术处理。[1] 一般而言,反垄断法律制度适用于一个国家的所有行业和所有市场竞争行为,除非反垄断法明确赋予某些行业或行为以豁免待遇,或者规定符合豁免的一般性条件而享有豁免。国际航运反垄断豁免是指赋予国际航运业具有垄断性质的行为反垄断豁免的制度,这是一种行业豁免制度。国际航运反垄断豁免的主要对象是船舶经营者之间达成的各种协议。在广义上,国际航运反垄断豁免还延伸到托运人组织、港口经营者合作组织、无船承运人之间的合作等。[2] 按照於世成教授的上述界定,显然国际航运反垄断豁免制度不仅限于定期航运市场,也适用于不定期租船运输市场等其他航运业分支领域。

(二)国际航运反垄断豁免制度的内容

国际航运反垄断豁免制度并不是一个单纯以赋予航运组织反垄断豁免为内容的制度,而是一个涵盖了反垄断豁免实体性制度与配套性程序制度的一个制度体系。

由于以班轮公会为代表的国际航运组织本身具有卡特尔性质,从事的是固定运费价格、限制运力产出等为反垄断法所禁止的行为,虽然它们对于航运市场秩序稳定具有积极作用,但是如果对其不加限制,很难防止这些海

---

〔1〕 钟刚:《反垄断法豁免制度研究》,北京大学出版社 2010 年版,第 25 页。

〔2〕 於世成:《美国航运法研究》,北京大学出版社 2007 年版,第 61 页。

运市场垄断性的组织滥用其市场支配力量,损害航运市场消费者托运人的利益。正是因为这个原因,各国立法在赋予国际航运组织反垄断豁免的同时,实际上都规定了一些限定性的条件,这些条件包括航运组织及其协议的报备等程序性要求,还包括航运组织享有反垄断豁免所必须承担的义务,以及一些诸如市场份额比例等实体性的要求。

例如,1906年英国海运集团皇家委员会在对班轮公会的调查报告中,认为应当给予班轮公会反垄断豁免,但同时该报告也提出了对于班轮公会协议通过报备登记制度进行规制的建议,同时该报告注意到了构建一个可以和班轮公会抗衡的托运人联合组织的重要作用。[1] 1912年美国亚历山大委员会的调查报告在指出班轮公会的存在可能惠及托运人以及船东自己的同时也指出,滥用市场操纵力是班轮公会的内在缺陷,并且指出这种缺陷只能通过有效的政府规制来根除。[2] 亚历山大委员会具体提出了以下六项建议来对班轮公会进行规制,包括其公会协议报备、禁止使用运费延期折扣制、禁止使用战斗船、主管机构有权对班轮公会的反竞争行为进行调查、对滥用权力的班轮公会施以罚金。[3]

欧盟在取消班轮公会反垄断豁免之前,第4056/86号条例就体现出一个较为完整的国际航运反垄断豁免制度的体系,其规定的内容包括以下方面:适用范围、技术性协议与班轮公会的反垄断整体豁免、反垄断豁免的条件以及应当承担的相应义务、对于可豁免协议的监管体系。[4]

美国航运法也如此,虽然规定了航运协议的反托拉斯法豁免,但是协议

---

〔1〕 See Daniel Marx Jr. , *International Shipping Cartels*: *A Study of Industrial Self-Regulation by Shipping Conferences*, Princeton: Princeton University Press, 1953, pp. 63-64.

〔2〕 See *Report on Steamship Agreements and Affiliations in the American Foreign and Domestic Trade*, p. 416, cited by Daniel Marx Jr. , *International Shipping Cartels*: *A Study of Industrial Self-Regulation by Shipping Conferences*, Princeton: Princeton University Press, 1953, p. 65; see also Luis Ortiz Blanco, *Shipping Conferences under EC Antitrust Law*: *Criticism of a Legal Paradox* (Andrew Read trans.), Oxford, Portland: Hart Publishing, 2007, p. 27.

〔3〕 See *Report on Steamship Agreements and Affiliations in the American Foreign and Domestic Trade*, pp. 416-421, cited by Daniel Marx Jr. , *International Shipping Cartels*: *A Study of Industrial Self-Regulation by Shipping Conferences*, Princeton: Princeton University Press, 1953, pp. 65-66.

〔4〕 See Council Regulation (EEC) No. 4056/86 of 22 December 1986 laying down detailed rules for the application of Articles 85 and 86 of the Treaty to maritime transport, OJ L 378, 31. 12. 1986.

能否真正取得豁免权,取决于联邦海事委员会是否批准了该协议,而一个航运协议获得批准的前提条件是:航运协议不得在航运经营者、托运人、出口商、进口商或港口经营者之间造成不适当的歧视或者不公平,也不得在美国出口商与其他外国竞争者之间造成不适当的歧视或者不公平,亦不得对美国的贸易构成损害,不得与公共利益相抵触。[1] 虽然《1984 年航运法》的出台则彻底变革了批准程序,将航运协议报备制度由审查批准制改为登记自动生效制,[2]但是仍然保留着联邦海事委员会对航运协议的审查权,如果联邦海事委员会证明某一航运协议造成不公平竞争,或者存在歧视,或者损害美国贸易,或者违反公共利益,则可以终止该协议,因此协议也就无法获得反托拉斯豁免。[3]

加拿大《1987 年航运公会豁免法》在赋予航运公会反垄断豁免的同时,不但规定了可以豁免的协议的范围,也规定了较为详细的豁免条件,航运公会享有反垄断豁免必须满足该法规定的要求。该法所指的"航运公会"不仅包括班轮公会,还包括其他航运协议组织,如航运稳定化协议组织,航运运价协商协议组织等其他形式的非班轮公会合作。[4] 因此,反垄断豁免的协议范围的协议范围也不限于班轮公会协议,而扩大到其他形式的国际航运非班轮公会合作协议。《1987 年航运公会豁免法》第 4 条明确规定,航运经营者有关运费率、运输条件、忠诚契约、港口分配、运力控制、货载共享和收入分享、航运公会成员进入退出条件等方面的协议不适用加拿大竞争法。[5] 但是,《1987 年航运公会豁免法》在赋予航运公会反垄断豁免,同时也规定享有竞争法豁免所必须满足的限制条件:第一,航运公会的竞争法豁免以向加拿大运输署(Canadian Transportation Agency)进行报备为首要前

[1] See Luis Ortiz Blanco, *Shipping Conferences under EC Antitrust Law: Criticism of a Legal Paradox* (Andrew Read trans.), Oxford, Portland: Hart Publishing, 2007, p. 33.

[2] 美国《1998 年航运改革法》将运价必须向联邦海事委员会报备或登记的制度,改变为在自动信息网上向公众公布,供任何人有偿查阅, see United States Ocean Shipping Reform Act of 1998, section 8 (a) (2)。

[3] See United States Shipping Act of 1984, section 6 (f).

[4] 於世成:《美国航运法研究》,北京大学出版社 2007 年版,第 56 页。

[5] Canada Shipping Conferences Exemption Act of 1987, section 4 (1).

提。《1987年航运公会豁免法》规定，航运公会必须将载有运输服务内容与运费率的协议向加拿大加拿大运输署进行报备，而且所有提升运费率的行为必须在提价前30天报备，提升附加费的行为必须在提价前14天报备。[1] 第二，航运公会要获得竞争法豁免还必须明确给予成员独立行动权，并允许成员与托运人订立独立服务合同。[2] 独立行动权和服务合同的规定提升了航运公会成员之间的内部竞争，从而可以抑制航运公会所可能产生的限制竞争效果。[3] 第三，航运公会如果实施掠夺性定价策略采用不合理低价运费，并会产生实质性限制竞争效果，则不得享有豁免。[4] 第四，航运公会要获得竞争法豁免必须不得从事排挤、限制航运公会外航运经营者竞争的行为，不得拒绝交易，不得不合理拒绝非航运公会成员接入港口、设施或服务。[5] 第五，航运公会的竞争法豁免不适用于多式联运中航运公会与内陆运输区段经营者订立的协议。[6]

澳大利亚也是在赋予班轮公会反垄断豁免的同时通过条件的设定对其进行规制，以防其过度滥用市场力量。澳大利亚在《2010年竞争与消费者法》中构建了一个比较完整的规制体系来规制国际班轮货物运输市场的限制竞争问题。《2010年竞争与消费者法》第十章“国际班轮货物运输”明确将规范班轮公会协议的报备，对具有“实质性市场势力”(substantial market power)的非班轮公会远洋承运人进行规制，对班轮货物运输市场的不公平定价行为进行规制，规范远洋承运人之代理人的报备，[7]这四部分作为本法的基本内容。如果航运协议中含有反竞争条款，则它们必须经过备案才

[1] Canada Shipping Conferences Exemption Act of 1987, section 4 (2).

[2] Canada Shipping Conferences Exemption Act of 1987, section 4 (3).

[3] See Calvin S. Goldman and J. D. Bodrug, *Competition Law of Canada*, Huntington, New York: Juris Publishing, 2013, p. 33.

[4] Canada Shipping Conferences Exemption Act of 1987, section 4 (4).

[5] Canada Shipping Conferences Exemption Act of 1987, section 5 (1).

[6] Canada Shipping Conferences Exemption Act of 1987, section 5 (2).

[7] Australia Competition and Consumer Act of 2010, section 10.01 A.

能享有《2010年竞争与消费者法》第十部分所规定的竞争法豁免。[1] 而报备后的公会协议可以获得有条件的反垄断豁免,排除《2010年竞争与消费者法》中规制卡特尔行为的规则[2]、规制协议垄断的规则[3]以及规制排他性销售的规则[4]的适用。

日本1999年修改后的《海运法》也具体规定了国际航运协议组织享有豁免的条件,包括:运输服务使用者的利益没有受到不适当的损害,没有因此产生不适当的歧视,对参加或退出协议的行为没有不恰当的限制,协议应具有实现其目的的最低要求的内容。对于不符合以上条件的协议可要求其修改或取消报备。还规定了日本国土交通省取消豁免的情形,以及对于不能豁免的垄断行为的处罚标准。[5]

综上,国际航运反垄断豁免制度具体来说应当包括:反垄断豁免的协议范围、享有豁免的条件、报备程序、享有豁免时应该承担的义务、有关信息的披露、调查程序、违反法律的责任等内容,从而构成一个系统性的国际航运反垄断豁免制度体系。[6]

1. 国际航运反垄断豁免的适用范围

国际航运反垄断豁免的适用范围又包括豁免的协议的范围,可以豁免的"海运"的范围,以及可以豁免的垄断类型的范围三个方面。

第一,豁免的协议的范围是要指明何种国际航运协议可以获得反垄断豁免,是仅指航运经营者之间的班轮公会协议,还是也包括班轮公会与其他航运经营者订立的航运稳定化协议、协商协议等？对于这一点,美国的航运法就作了非常具体的规定,不但指明了协议的主体,也指明了协议的一般性

---

〔1〕 See Ian Harper, et al., *The Australian Government Competition Policy Review Final Report*, Mar. 2015, available at http://competitionpolicyreview. gov. au/files/2015/03/Competition-policy-review-report_online. pdf, p. 39.

〔2〕 Australia Competition and Consumer Act of 2010, section 44ZZRF, 44ZZRJ and 44ZZRK.

〔3〕 Australia Competition and Consumer Act of 2010, section 45.

〔4〕 Australia Competition and Consumer Act of 2010, section 47.

〔5〕 See Japanese Marine Transport Law, Law No. 1949/187, amended lastly by Law No. 2006/19, art. 28;於世成:《美国航运法研究》,北京大学出版社2007年版,第57页。

〔6〕 於世成:《美国航运法研究》,北京大学出版社2007年版,第62页。

内容。《1984 年航运法》第 7 条规定:美国的反托拉斯法律制度不适用于班轮公会协议、海运航运经营者之间的协议、班轮公会之间的协议、船舶共享协议以及劳资谈判方面的协议等,也不适用于符合本法的航运经营者联合行动。享有反托拉斯法豁免的航运协议的具体内容包括:固定运费率协议,联合营运协议,利润分享协议,港口分享和港口安排协议,限制运力协议,航运经营者之间联合实施的排他性、优惠性、合作性协议,航运经营者与港口经营人或无船承运人之间联合实施的排他性、优惠性、合作性协议,在国际市场实施的限制竞争协议,禁止航运组织成员采用独立服务合同的协议。[1] 而欧盟的第 4056/86 号条例则仅给予班轮公会反垄断整体豁免。[2] 再如,澳大利亚的航运竞争法律制度所规定的豁免的航运协议的范围包括班轮运输领域所有的航运协议、运营安排与谅解协议。

第二,可以豁免的"海运"的范围是要指明豁免的协议仅适用于海运区段,还是也适用于多式联运,包括多式联运中的内陆运输区段?在取消班轮公会反垄断整体豁免之前,欧盟委员会在一些公开场合指出,对于"海运"应当作狭义解释,仅指海运区段,因此即使是与海运相连的内陆运输也不在"海运"的范围之内,而应当适用第 1017/68 号条例。[3] 欧盟委员会和欧盟法院也同样坚持严格解释原则。在 1994 年泛大西洋航线协议组织(TAA)案[4]与 1994 年远东班轮公会(FEFC)案,[5]以及后来的 1998 年泛大西洋班轮公会(TACA)案中,[6]欧盟委员会反对将固定价格协议的反垄断整体豁免适用于多式联运中的内陆运输区段,并对第 4056/86 号条例的适用范围

---

〔1〕 United States Shipping Act of 1984, section 7 (a).

〔2〕 而且有学者认为对于欧盟第 4056/86 号条例中关于"班轮公会"的定义,还需要狭义理解,而不能任意扩张解释,参见 Jason Chuah, *Liner Conferences in the EU and the Proposed Review of EC Regulation* 4056/86, Lloyd' s Maritime and Commercial Law Quarterly, 2005, p. 214。

〔3〕 See Philippe Ruttley, *International Shipping and EEC Competition Law*, 12 European Competition Law Review, 1991, p. 8.

〔4〕 Commission Decision of 19 October 1994 in Case No. IV/34. 446- Trans-Atlantic Agreement, OJ L 376/1, 31. 12. 1994.

〔5〕 See Commission Decision of 21 December 1994 in Case No. IV/33. 218-Far Eastern Freight Conference, OJ L 378, 31. 12. 1994.

〔6〕 See Commission Decision of 16 September 1998 in Case No. IV/35. 134 - Trans-Atlantic Conference Agreement, OJ L 95, 9. 4. 1999.

进行严格解释，认为“海运”仅指狭义的海上运输区段。特别是在 FEFC 案中，欧洲初审法院不但判决 FEFC 在内陆运输区段的价格协同行为不能享有第 4056/86 号条例的反垄断整体豁免，也否定了内陆运输区段的价格协同行为获得《欧共体条约》第 81 条第 3 款单独豁免的可能性。

第三，可以豁免的垄断类型的范围是要指明豁免是否仅适用于协议垄断问题，还是对于滥用市场支配地位行为，以及航运企业的兼并与收购等所有垄断问题都适用豁免？澳大利亚的航运反垄断豁免制度适用于班轮企业之间的卡特尔协议、排他性销售协议等，但却并不适用于班轮公会或者航运企业滥用市场支配性质的垄断行为。〔1〕欧盟在实施海运竞争法律体系变革之前，第 4056/86 号条例所确立的班轮公会反垄断整体豁免制度不但不允许班轮公会协议滥用市场支配地位，还将滥用市场支配地位作为剥夺班轮公会反垄断整体豁免的前提条件。〔2〕

2. 国际航运反垄断豁免的限制条件

一般而言，各国航运法律制度在赋予航运协议组织以反垄断豁免的同时，都会严格规定在何种条件下才能享有该反垄断豁免。而航运协议享有反垄断豁免的条件一般又可以分为实体性条件与程序性条件，笔者将对于航运协议向当事国海事主管机构进行报备的要求作为获得反垄断豁免的程序性要求，而实体性要求则主要指航运协议不得损害当事国利益、不得对托运人造成歧视等方面的内容。例如，欧盟第 4056/86 号条例第 4 条规定了班轮公会协议享受反垄断豁免的条件，即在欧共体航运市场范围内，协议、决定或其他协同一致的行为对于同类货物运输不得因原产国或目的地或装港或卸港的不同而使用不同的运费率或运输条件，从而有损于某些港口、消费者或者航运经营者利益，除非不同运费率或运输条件的使用可以被证明在

---

〔1〕 Australia Competition and Consumer Act of 2010, Section 44ZZRF, 44ZZRJ and 44ZZRK, section 45, 47.

〔2〕 Council Regulation (EEC) No. 4056/86 of 22 December 1986 laying down detailed rules for the application of Articles 85 and 86 of the Treaty to maritime transport, OJ L 378, 31. 12. 1986, art. 8.

经济上是合理的。[1] 欧盟第906/2006号条例规定了航运联营享有反垄断豁免的条件：第一，航运联营不得从事“核心限制竞争行为”，包括固定价格、限制运力（国际航运市场供需失衡时的运力限制除外）、市场划分。[2] 第二，航运联营不得在相关市场上超过30%的市场份额，而且市场份额的计算以航运联营成员的市场份额为标准累计计算，即使航运联营成员只将其一部分运力投入联营中，也要按照联营成员的全部市场份额进行计入。[3] 第三，航运联营必须给予联营成员退出联营的退出权，并不得对退出权附限制条件或者惩罚机制。[4] 美国《1916年航运法》及其1961年修订案则要求，航运协议不得在航运经营者、托运人、出口商、进口商或港口经营者之间造成不适当的歧视或者不公平，也不得在美国出口商与其他外国竞争者之间造成不适当的歧视或者不公平，亦不得对美国的贸易构成损害，不得与公共利益相抵触。[5] 加拿大《1987年航运公会豁免法》在赋予航运公会反垄断豁免，同时也规定享有竞争法豁免所必须满足的限制条件，包括：航运协议报备，允许航运组织成员行使独立行动权，允许成员单独缔结服务合同，严禁使用掠夺性低价排挤竞争者。[6] 日本《1949年海运法》要求航运经营者在享有反垄断豁免的同时，也要遵守该法关于禁止性行为的规定，不得从事那些具有不公平、不适当或者歧视性的行为。[7]

---

[1] Council Regulation (EEC) No. 4056/86 of 22 December 1986 laying down detailed rules for the application of Articles 85 and 86 of the Treaty to maritime transport, OJ L 378, 31. 12. 1986, art. 4.

[2] See Commssion Regulation (EC) No. 906/2009 of 28 September 2009 on the application of Article 81(3) of the Treaty to certain categories of agreements, decisions and concerted practices between liner shipping companies (consortia), OJ L 256/33, 29. 9. 2009, art. 4.

[3] See Commssion Regulation (EC) No. 906/2009 of 28 September 2009 on the application of Article 81(3) of the Treaty to certain categories of agreements, decisions and concerted practices between liner shipping companies (consortia), OJ L 256/33, 29. 9. 2009, art. 5.

[4] See Commssion Regulation (EC) No. 906/2009 of 28 September 2009 on the application of Article 81(3) of the Treaty to certain categories of agreements, decisions and concerted practices between liner shipping companies (consortia), OJ L 256/33, 29. 9. 2009, art. 6.

[5] United States Shipping Act of 1916, section 14, as amended by the Bonner Act 1961; see also Luis Ortiz Blanco, *Shipping Conferences under EC Antitrust Law: Criticism of a Legal Paradox* (Andrew Read trans.), Oxford, Portland: Hart Publishing, 2007, p. 33.

[6] Canada Shipping Conferences Exemption Act of 1987, section 4-5.

[7] See Japanese Marine Transport Law, Law No. 1949/187, amended lastly by Law No. 2006/19, art. 28.

3. 以协议报备作为国际航运反垄断豁免的前提

要求航运协议必须向当事国海事主管机构进行报备，是航运协议获得反垄断豁免的程序性要求，报备的规定也几乎是所有采用航运反垄断豁免制度的国家的做法。美国、澳大利亚、加拿大、日本等很多国家都将航运协议报备并获得海事主管机构或反垄断执法机构的批准作为航运协议垄断性“合法化”的理由。[1]

4. 航运经营者享有豁免所应该承担的义务

航运组织在享有豁免时应该承担的义务也是国际航运反垄断豁免制度的一项重要内容之一，它实际上是在为可以获得反垄断豁免的航运组织提供行为上的约束。例如，第 4056/86 号条例第 5 条分别从磋商机制、忠诚契约、多式联运内陆运输服务、运价公开机制、仲裁结果通知制度五方面规定了班轮公会协议享受豁免的同时所负有的义务。第一，当航运市场消费者和班轮公会之间就有关运费率、运输条件和定期海运服务产生纠纷时，双方应进行磋商以寻求纠纷解决。[2] 第二，班轮公会成员有权与消费者订立和保持忠诚契约，其形式和条款由双方协商决定。忠诚契约的安排应保证明确双方的权利，并建立在合同制度或任何其他合法的制度上。此外，忠诚契约还必须遵守下列条件：班轮公会在订立合同时应该向消费者提出即期折扣或在即期折扣和延期折扣之间进行选择的制度，不能单方面强行规定全部货载都执行忠诚契约。[3] 第三，运输消费者有权选择内陆运输和码头服务由其他运输服务经营者提供。[4] 第四，班轮公会成员应提供运价本，公会运价本应能够方便公众查询。[5] 第五，关于反垄断豁免条件等产生的争

---

[1] See Claude A. Thompson, *Shipping Act of* 1916: *The Effect of Section* 15 *on the Sherman Anti-Trust Law*, 22 Michigan Law Review, 1923, p. 109.

[2] Council Regulation (EEC) No. 4056/86 of 22 December 1986 laying down detailed rules for the application of Articles 85 and 86 of the Treaty to maritime transport, OJ L 378, 31. 12. 1986, art. 5(1).

[3] Council Regulation (EEC) No. 4056/86 of 22 December 1986 laying down detailed rules for the application of Articles 85 and 86 of the Treaty to maritime transport, OJ L 378, 31. 12. 1986, art. 5(2).

[4] Council Regulation (EEC) No. 4056/86 of 22 December 1986 laying down detailed rules for the application of Articles 85 and 86 of the Treaty to maritime transport, OJ L 378, 31. 12. 1986, art. 5(3).

[5] Council Regulation (EEC) No. 4056/86 of 22 December 1986 laying down detailed rules for the application of Articles 85 and 86 of the Treaty to maritime transport, OJ L 378, 31. 12. 1986, art. 5(4).

议，其仲裁裁决和调解书应提交欧共体委员会备案。[1]

5. 航运协议信息的披露以及监督与调查程序

有关的信息披露主要指向海事主管机关报备后的航运协议是否需要向公众公开，如果公开，是应当要求将协议的全部内容公开，还是仅公开一部分内容？而监督与调查程序则是对于已经可以获得反垄断豁免的协议是否按照报备要求进行执行的一种监督。美国 1961 年航运法修订案扩大了联邦海事委员会的权限，由其负责监督航运经营者所报备的运价的实施情况，不允许秘密费率的存在，以防止歧视。联邦海事委员会还有权拒绝批准那些它认为不合理的过高或者过低，有可能对美国贸易构成损害的运费率，也可以对它认为执行中存在问题的协议进行调查，决定是否取消其反垄断豁免。[2]

6. 违反豁免制度限制条件和义务时的责任与救济

建构航运经营者违反豁免制度限制条件和义务时的责任与救济是为了明确当航运协议组织未履行其豁免义务时，或者存在其他违反豁免条件的行为时，其责任如何的问题：是应当丧失反垄断豁免，而受制于一般竞争法的调整；还是在此处作出单独的责任规定，规定其停止从事法律禁止性行为，缴纳一定数额的罚款等。另外，违反豁免制度限制条件和义务时的责任与救济还存在如何协调航运法制度与反垄断法律制度之间的关系问题。例如，在美国法下就存在关于这一问题引起的争议。《1916 年航运法》已经规定了全额赔偿，但是反托拉斯法规则中则存在反托拉斯私人诉讼三倍损害赔偿制度，所以就产生了如何适用赔偿救济标准的问题。美国最高法院在 1966 年 Carnation Co. v. Pacific Westbound Conference 案中[3]澄清了这一问题并指出，《1916 年航运法》及其 1961 年修订案不能将班轮运输业完全排除

〔1〕 Council Regulation (EEC) No. 4056/86 of 22 December 1986 laying down detailed rules for the application of Articles 85 and 86 of the Treaty to maritime transport, OJ L 378, 31. 12. 1986, art. 5(5).

〔2〕 Advisory Commission on Conferences in Ocean Shipping: Report of the Advisory Commission on Conferences in Ocean Shipping, Washington DC, Apr. 10, 1992, p. 8, 14, cited by Luis Ortiz Blanco, *Shipping Conferences under EC Antitrust Law: Criticism of a Legal Paradox* (Andrew Read trans.), Oxford, Portland: Hart Publishing, 2007, p. 34.

〔3〕 Carnation Co. v. Pacific Westbound Conference and Others, 383 U. S. 213 (1966).

在一般反托拉斯规则的适用范围之外，那些违反《1916年航运法》及其1961年修订案的限制竞争行为应当适用一般反托拉斯规则，包括一般反托拉斯法中有关损害赔偿标准的规定。最高法院指出，反托拉斯法规则体现的是美国在反托拉斯问题上的基本立场与政策，因此除非立法者明确表示不适用，否则不应当轻易被排除适用。[1]

第二节 国际航运反垄断豁免制度的合理性及其面临的挑战

一、国际航运反垄断豁免制度的合理性

主流豁免论往往将国际航运反垄断豁免视为一种以协议豁免或协议组织豁免为主要内容的行业整体性豁免。此观点多认为航运业行业整体性豁免论所倡导的价值目标在于防止航运市场恶性竞争、提升规模经济、保持航运市场稳定、维护宏观市场秩序，因此呼吁应当按照目前大多国家的做法给予国际航运业反垄断豁免以促进我国航运业发展。历史成因、行业特性说、经济利益说是国际航运业整体性反垄断豁免论的主要理论依据。

(一)垄断合理化之历史成因：扼制“割喉竞争”的班轮公会产生史

国际航运反垄断豁免制度的合理性一直以来都是被嵌入到一段班轮公会产生的历史中加以论说。班轮公会起源于大规模工业卡特尔逐渐在市场占据主导的时代，目的正是通过消除竞争实现会内成员利润最大化。[2] 19世纪末，技术革新推动下的蒸汽船的出现带来航运业的巨大变革，大型蒸汽船的采用意味着船舶具有了比帆船时代更大的运载量；同时1869年苏伊士运河的开通缩短了亚欧航线，提高了特定时期内船舶可以完成的航次数量，

[1] Carnation Co. v. Pacific Westbound Conference and Others, 383 U. S. 213 (1966). , p. 217.

[2] See Luis Ortiz Blanco, *Shipping Conferences under EC Antitrust Law: Criticism of a Legal Paradox* (Andrew Read trans.), Oxford, Portland: Hart Publishing, 2007, p. 523.

增加了实质意义上的船舶运载量。[1] 这两个因素共同推动国际航运市场运力供给的迅猛增长。然而1873年经济大萧条直接导致了运力需求由于贸易缩水而大规模锐减。[2] 但由于待运货物的数量固定,航运市场运价下跌并不能催生新的需求,船舶经营者的低价策略最终演变成了一场惨烈的割喉竞争。船公司之间为了揽取有限的货物而激烈竞争,甚至不惜提供无利润的运价,这种恶性竞争使运价一落千丈,许多船公司因此破产,承运人不得不寻求联合以解决运力过剩和低价恶性竞争的问题。这直接导致了以运力限制、运价协同为目的的加尔各答班轮公会。而班轮公会的存在也往往被认为是防止运力过剩与恶性降价以维护市场稳定的内在需求。

以垄断为内容的班轮公会也获得了主权国家法律规定的认可。1906年英国海运集团皇家委员会在对班轮公会的调查报告中肯定了班轮公会存在的适当性,并且未否定班轮公会实施的运费延期回扣制度。1912年美国亚历山大委员会的调查结论也认为班轮公会的存在及其实施的运费延期回扣制度并无不妥。[3] 正是在亚历山大委员会这一调查报告的基础上,美国制定了世界上第一部规制班轮公会行为的法律制度——《1916年航运法》。该法中确立了班轮公会协议反垄断豁免制度。国际航运反垄断豁免制度从美国《1916年航运法》首次确立以来已有近百年历史,各主要航运发达国家在立法中均确立了国际航运领域的反垄断豁免制度,排除了国内一般反垄断法规则对于以班轮公会为代表的国际航运协议组织的适用。立法赋予垄断性国际航运组织反垄断豁免被一些学者视为国际立法惯例。[4]

---

[1] See Amos Herman, *Shipping Conferences*, Deventer: Kluwer Law and Taxation Publisher, 1983, p. 9.

[2] See Andreas Jacobs, Zur Vereinbarkeit von Kartellabsprachen der internationalen Linienschiffahrt mit Artikel 85 EWG-Vertrag, Nomos Verlagsgesellschaft, Baden-Baden, 1991, p. 16, cited by Felix Dinger, *The Future of Liner Conferences in Europe: A Critical Analysis of Agreements in Liner Shipping under Current European Competition Law*, Frankfurt: Peter Lang, 2004, p. 22.

[3] See Daniel Marx Jr., *International Shipping Cartels: A Study of Industrial Self-Regulation by Shipping Conferences*, Princeton: Princeton University Press, 1953, pp. 52-66.

[4] 於世成:《美国航运法研究》,北京大学出版社2007年版,第61页。

(二)垄断合理化之行业特性说

反垄断豁免不仅意味着一种反垄断法上的权利,更是一种特权,因此授予反垄断豁免特权要求有充分理由证明豁免行为之合理性。以高进入壁垒导致的高市场集中度、高固定成本、高度服务同质化、较小的需求弹性为核心内容的"航运产业特性说"一直是国际航运反垄断豁免正当性之立论依据。其一,航运业属于技术和资金密集型行业,所要求的航线经营费用和固定资产投资规模十分巨大,这导致航运业竞争主体在数量上就是有限的,并且数量有限的竞争主体依赖追求资本联合以形成规模经济。其二,高固定成本特性则为航运经营者之间的联合提供了另外一个视角的解说。在高固定成本产业中越能提高回报率则越能分摊固定成本并增加利润,因此在一个航次中船舶越接近满载运营则越多的收入可以用来分摊成本、增加利润,联合运营无疑是避免恶性竞争、抵销船舶空载负面影响的最佳方法。其三,班轮运输业具有服务同质化特点,若不协同价格、控制运力将难以避免恶性竞争。[1] 更重要的是,航运市场较小的需求弹性使竞争带来的低价格并不能产生更多需求,待运货物数量不会因运价下跌而增加,这就使得引入竞争降低价格并通过降低价格刺激需求的机制在航运市场中完全失灵而难以实现原有法律预期。[2]

(三)垄断合理化之经济利益说

垄断在一些情况下也可能适应了经济合理性的要求,如自然垄断产业的垄断状态,正当竞争多产生的垄断状态,符合最低规模效益的垄断状态。[3] 国际航运反垄断豁免制度合理性的原因除了考虑到航运业行业的特殊性,也考虑到班轮公会等国际航运协议组织的存在可以为国际航运市

---

[1] See Organisation for Economic Co-operation and Development (OECD), *Final Report on Competition Policy in Liner Shipping*, DSTI/DOT (Directorate for Science, Technology and Industry/Division of Transport), Apr. 16. 2002, pp. 18-19.

[2] See Martin Stopford, *Maritime Economics* (3rd ed.), New York: Routledge, 2009, p. 173.

[3] 张道庆:"论反垄断法适用除外制度的理论基础",载《河北法学》2004 年第 10 期。

场带来的其他经济利益。经济合作与发展组织在其2002年研究报告《班轮运输的竞争政策》中指出，承运人认为国际航运组织的存在及其运价协同、运力限制的行为可以为国际航运市场带来如下好处：第一，承运人可以因此避免由于航运市场供需失衡而导致的运费率震荡，从而鼓励船舶经营者将这一部分风险防范的费用投资到提升运载能力和技术革新之中，并因此获得更高的投资回报，同时这种联合又可以帮助承运人维持稳定的船期。第二，此类国际航运协议安排可以防止航运业的恶性竞争，实际上有利于航运市场中避免承运人数量的不断减少而导致市场上仅剩下几个超级承运人最终形成寡头垄断的市场竞争结构。第三，此类国际航运协议的合作安排可以使托运人获得稳定船期的保证。第四，此类国际航运协议的合作安排可以保证拥有充足的运力来运输托运人所有待运的货物。第五，此类国际航运协议的合作安排可以使托运人获得较为稳定的运费率。[1]

二、国际航运反垄断豁免制度的合理性在当前所面临的挑战

虽然航运经营者往往认为国际航运协议组织的存在有利于航运市场秩序的问题，有利于通过保障稳定的船期和运费率的方式提升航运市场消费者的福利，但是航运市场的消费者却似乎并不这么认为。在托运人看来，航运经营者之间的价格固定与运力控制协议实际上是对于市场操纵力的滥用，而且协定的价格也往往高于完全竞争市场条件下的运价。因此，托运人呼吁政府介入对航运市场的运力控制与运价协议予以规制，废除航运经营者的反垄断豁免以创造一个完全竞争的航运市场，以保护托运人的权益。除了来自于航运市场消费者托运人的抱怨，国际航运反垄断豁免制度的合理性在当前所面临的挑战主要来自于国际航运市场结构的巨大变化，从而引发了国际航运反垄断豁免制度是否应当废除的争论。

---

〔1〕 See Organisation for Economic Co-operation and Development (OECD), *Final Report on Competition Policy in Liner Shipping*, DSTI/DOT (Directorate for Science, Technology and Industry/Division of Transport), Apr. 16. 2002, p. 19.

(一)市场结构变化引发的豁免论挑战

质疑国际航运反垄断豁免制度合理性的第一个理由在于,国际航运市场集中度逐渐加强的趋势使得航运经营者的数量正在减少,如果法律再鼓励这些有限的航运经营者进行联合,可能会使航运市场最终走向寡头垄断或者完全垄断。班轮运输市场集中度的不断加强被有些航运法学者认为是班轮运输市场近期最为显著的变化。[1] 根据经济合作与发展组织 2002 年的报告,世界前 20 大班轮公司的市场份额占全部班轮市场份额的 72%。[2] 据最新数据统计,目前,全球排名前 20 大的集装箱班轮公司,拥有运力约占全球班轮总运力近 80%。其中,排前三名的欧洲三家公司丹麦马士基、瑞士的地中海航运和法国达飞轮船的运力占 20 大班轮总运力的 42.6%。[3] 除了航运公司规模的壮大,20 世纪 90 年代出现的国际海运业的兼并热潮,也使得包括班轮运输在内的整个国际航运业的集中度加强。[4] 航运企业通过兼并收购而实现的扩张,以及航运企业之间通过加入航运组织而形成的联盟,都使得航运市场的集中度变高,在对竞争法下如何规制航运领域的经营者集中提出挑战的同时,也使得原有国际航运反垄断豁免制度面临是否

---

〔1〕 See Felix Dinger, *The Future of Liner Conferences in Europe: A Critical Analysis of Agreements in Liner Shipping under Current European Competition Law*, Frankfurt: Peter Lang, 2004, p. 30.

〔2〕 See Organisation for Economic Co-operation and Development (OECD), *Final Report on Competition Policy in Liner Shipping*, DSTI/DOT (Directorate for Science, Technology and Industry/Division of Transport), Apr. 16, 2002, p. 14.

〔3〕 佚名:"20 大班轮占全球运力 80%",载《航海》2009 年第 5 期;《美国托运人》杂志 2010 年第 9 期公布全球 20 大集装箱班轮公司运力排名可以参见冬隆:"2010 年全球 20 大集装箱班轮公司",载《集装箱化》2010 年第 10 期。2009 年世界前 20 大集装箱航运公司的具体运力数字可以参见 United Nations Conference on Trade and Development (UNCTAD), *Review of Maritime Transport*, 2009, p. 100。

〔4〕 见前述第二章中有关航运市场并购问题的论述。航运企业的并购主要有:1996 年英国铁行箱运公司与荷兰渣华运输公司合并组建铁行渣华、1997 年新加坡东方海皇收购美国总统轮船、1997 年韩进海运收购德国胜利、1998 年台湾长荣并购意大利邮船、1998 年日本邮船兼并昭和海运、1999 年大阪商船三井船舶兼并 Navix 海运株式会社、1999 年 A. P. 穆勒—马士基兼并美国海陆、2002 年威廉姆森航运公司和瓦勒纽斯航运公司收购韩国现代商船汽车船队、2005 年马士基并购铁行渣华、2005 年赫伯罗特收购加拿大太平洋航运、法国达飞的一系列并购、汉堡南方从 1956 年起的收购扩张战略。

应当取消的争议。虽然单一航运公司目前并不具有绝对的市场垄断力,[1]但是在市场集中度不断加强的条件下,如果继续维持航运业的反垄断豁免,是否不但不能起到稳定航运市场秩序的作用,反而会引发航运市场竞争秩序的混乱?高鹏程指出:“面对这样一种运力越来越集中在几个大型船舶公司,同时航运经营者越发交错联系,市场聚集化程度越来越高的情况,如果任由班轮垄断豁免发展下去,是否会进一步发出反竞争的信号是值得考虑的。其实更关键的是航运经营者最为强调的班轮公会在稳定市场方面起了重要作用这一结论现在是否仍然能够成立。”[2]

(二)消费者福利视角的豁免论质疑

质疑国际航运反垄断豁免制度合理性的第二个理由在于,维持班轮公会反垄断豁免的合理性在于能够证明其可以带来稳定的运费率以及稳定船期表的航运服务并因此增进消费者福利。然而这一点却遭到了航运市场消费者——托运人的质疑,他们认为国际航运组织的运价协同行为使得航运市场的运费价格高于完全竞争市场时的价格,[3]并不能导致航运市场消费者福利的增加。[4] 美国有研究者认为,反托拉斯法允许班轮公会实施限制竞争的行为,将提高航运业的成本,而这一部分成本将由航运市场的消费者最终承担。[5] 而且,要维持稳定的船期与稳定的运费率,也未必仅能依靠

---

[1] 因为就单一班轮公司而言,以排名第一的马士基来说,它也仅占有16%的市场份额,参见United Nations Conference on Trade and Development (UNCTAD), *Review of Maritime Transport*, 2009, p. 100。

[2] 高鹏程:“海商法领域的反垄断去向何处——论班轮公会反垄断法豁免的发展和对中国的启示”,载《研究生法学》2009年第24卷第1期。

[3] See Paul G. Cassel, *Exemption of International Shipping Conferences from the American Antitrust Laws: An Economic Analysis*, 20 New England Law Review, 1984–1985, pp. 16–17.

[4] See Chris Sagers, *The Demise of Regulation in Ocean Shipping: A Study in the Evolution of Competition Policy and the Predictive Power of Microeconomics*, 39 Vanderbilt Journal of Transnational Law, 2006, p. 805; see also Paul Clyde and James Reitzes, *The Effectiveness of Collusion under Antitrust Immunity: The Case of Liner Shipping Conferences*, Dec. 1995, available at https://www.ftc.gov/sites/default/files/documents/reports/effectiveness-collusion-under-antitrust-immunity-case-liner-shipping-conferences/232349.pdf, p. 2.

[5] See Paul G. Cassel, *Exemption of International Shipping Conferences from the American Antitrust Laws: An Economic Analysis*, 20 New England Law Review, 1984–1985, p. 1.

固定运价和限制运力的方式实现，通过减少船舶共享协议、航运联营协议、舱位互租协议等协议的法律限制，鼓励此类不以运价固定为目的的协议，也可以保障航运公司维持稳定的船期。[1] 因此，航运协议组织的运价固定于运力限制协议不但不能增进航运市场消费者福利，而且也并不是维持稳定船期的唯一手段，所以应当重新评估航运反垄断豁免制度存在的必要。

（三）产业比较视域下航运产业特性说之争议

质疑国际航运反垄断豁免制度合理性的第三个理由在于，虽然海运业成本结构中，固定成本在总成本中占有较大比重，船舶需要尽可能保证满载，才能获得更多的运营利润，而航运企业需要通过联合对货源进行整合，避免空载运营，然而这一点理由却受到质疑。质疑的原因首先在于，其他与航运业一样具有资金投入巨大、固定成本高特征的产业并未被赋予反垄断豁免，[2]而且其他具有固定成本高的特征的行业，也同样可以实现市场的完全竞争，如油轮市场[3]以及其他租船市场。[4] 而且国际航运反垄断豁免制度的反对者认为，即使在班轮运输领域，采用由于班轮运输经营者从事的是公共承运人的运输，船舶必须按照固定的船期表开航，而不管船舶所载有的货物量作为理由主张反垄断豁免，也是不能站得住脚的。反对者采用其他具有公共承运人性质，同时固定成本高的铁路运输行业作为对照，既然铁路运输需要受制于一般的反垄断法，似乎没有理由赋予具有同样行业特点

---

〔1〕 See Joos Stragier, *Recent Developments in EU Competition Policy in the Maritime Sector*, speech at the Shipping Forecast Conference, London, Apr. 25, 2002, available at http://ec. europa. eu/competition/speeches/text/sp2002_015_en. pdf, p. 10; see also Paul G. Cassel, *Exemption of International Shipping Conferences from the American Antitrust Laws: An Economic Analysis*, 20 New England Law Review, 1984-1985, pp. 13-14.

〔2〕 See Marco Benacchio, et al., *The Liner Shipping Industry and EU Competition Rules*, 14 Transport Policy, 2007, p. 9.

〔3〕 See Robert J. Larner, *Public Policy in the Ocean Freight Industry*, in *Promoting Competition in Regulated Markets* (Almarin Philips ed.), 1975, pp. 123-124, cited by Paul G. Cassel, *Exemption of International Shipping Conferences from the American Antitrust Laws: An Economic Analysis*, 20 New England Law Review, 1984-1985, p. 12.

〔4〕 See J. W. Devanney, et al., *Conference Rate Making and the West Coast of South America*, 9 Journal of Transport Economics and Policy, 1975, p. 156.

的航运业以反垄断豁免。[1]

(四)国际社会法律变革带来的豁免论冲击

质疑国际航运反垄断豁免制度合理性的第四个理由在于,由于反垄断与竞争法律制度的严格化,国际航运市场上班轮公会的数量已日渐减少,且由于受到某些国家有关班轮公会成员独立行动权法律制度的影响,班轮公会对于其会员的约束力已经大不如前,在法律已经对班轮公会的行为加以严格限制的条件下,仍然坚持反垄断豁免似乎未必有用武之地。虽然对航运业放松管制是各国以及国际航运法律制度的总体发展趋势,但是对于航运协议组织的监管,尤其是对于班轮公会的监管,法律却呈现出加强管制的趋势。美国通过几次航运立法不断加强对于班轮公会以及协定运价的监管,欧盟更是彻底取消了班轮公会的反垄断整体豁免。日趋严格的法律规制在一定程度上削弱了传统班轮公会的作用,使其存在面临挑战。例如,在欧盟法律改革后,有超过百年历史的远东班轮公会就宣告解散。除了法律的变化,非公会班轮公司的崛起,使传统的班轮公会面临巨大的竞争压力,同时全球航运联营体与联盟的蓬勃发展,也使班轮公会的作用进一步减弱。航运法学者斯约斯特洛姆(William Sjoström)则指出班轮公会的数量呈下降趋势,且班轮公会数量上的下降与法律环境的变化相关。[2] 如果日趋严格的法律规制已经使班轮公会为代表的航运协议组织的行为处处受限,以防止其从事可能损害市场秩序的限制竞争行为,这实际上已经等同于将反垄断与竞争法的规则适用于这些航运协议组织了,反垄断豁免制度也就因此而被架空,不会获得实际执行了。

一百多年来,班轮公会在国际班轮运输市场上一直占有重要地位,成为事实上国际航运资源的直接配置者。但自20世纪末21世纪初,班轮公会开

[1] See Chris Sagers, *The Demise of Regulation in Ocean Shipping: A Study in the Evolution of Competition Policy and the Predictive Power of Microeconomics*, 39 Vanderbilt Journal of Transnational Law, 2006, p. 805.

[2] See William Sjoström, *Ocean Shipping Cartels: A Survey*, 3 Review of Network Economics, 2004, p. 110.

始走向衰落。[1] 2006年10月欧盟理事会通过第1419/2006号条例，经过2年的过渡期，从2008年10月18日起，班轮公会的反垄断豁免制度将被正式废除。这一规定引发了欧盟航运竞争法体系的根本变革，同时也将班轮公会反垄断豁免制度的存废问题推向了风口浪尖，被认为这一改革开创了国际航运市场的“后班轮公会时代”。有学者指出，所谓“后班轮公会时代”，一方面表明班轮公会将在世界范围内逐渐走向衰落，甚至终结；另一方面表明运营协议等将成为班轮公司主要的合作形式。[2] 那么，是欧盟的法律改革使班轮公会这一存续了近一个半世纪的海上卡特尔走向没落，还是存在其他原因？在后班轮公会时代，国际航运市场又呈现出什么样的特点？班轮公会的衰落与现今国际航运业的特点又会对国际航运反垄断豁免制度造成什么样的影响？这些问题是“后班轮公会时代”所引发的一系列问题，值得深思。

对于班轮公会走向没落原因的探寻关系到班轮公会反垄断豁免制度的存在对于班轮公会的存续而言的必要性的问题。在笔者看来，并不是欧盟对于班轮公会反垄断整体豁免制度的取消使班轮公会走向消亡，如果说欧盟的这一法律改革对于班轮公会的消亡产生了影响，那么这一影响也仅限于加速了班轮公会的消亡过程而已。实际上，班轮公会的没落过程并不是由于废除其反垄断豁免制度引起的，而是由于法律制度对于班轮公会日趋严格的规制瓦解了班轮公会，从而引发了班轮公会走向消亡的过程。

第一，以美国航运法为代表的日趋严格的法律规制使班轮公会的存在越来越受到限制。其实，美国早在20世纪初其第一部航运法《1916年航运法》中就对班轮公会采用了比欧洲国家更为严格的规定，虽然在该部航运法下，班轮公会得享有反托拉斯豁免，但是却从此拉开了对于班轮公会严格规制的序幕，而正是这样的严格规制瓦解着班轮公会。《1916年航运法》不但

---

〔1〕 郑丙贵：“后班轮公会时代国际班轮市场管制”，载《大连海事大学学报》（社会科学版）2007年第6卷第5期。

〔2〕 郑丙贵、王学锋：“后班轮公会时代班轮公司之间合作问题前瞻”，载《上海海事大学学报》2007年第28卷第4期。

对班轮公会的组织形式进行限制，严格禁止了班轮公会采用封闭形式，也禁止其限制托运人自由订立合同的行为，如双重运费制与运费延期折扣制的采用。[1] 如果航运协议组织存在上述使用运费延期折扣，使用战斗船，或者报复使用非公会船舶的托运人的行为，则不得享有反垄断豁免。并且为了便于监管，《1916年航运法》还建立了航运协议组织的运价规制制度，并经过后来法律的修订，建立了全部航运经营者运价与协议报备制度。美国的这种做法为很多国家在进行航运立法时所效仿。目前，美国、加拿大以及欧盟对于班轮公会的法律规制可能都逐渐使得班轮公会对于航运公司而言丧失了吸引力。[2]

除了对班轮公会本身加强规制，美国在后来的航运法改革中还进一步采用了鼓励班轮公会成员与托运人订立独立于班轮公会的秘密契约，这极大地削弱了班轮公会对于会员航运公司的约束力。美国《1984年航运法》赋予了美国班轮公会中航运经营者在公会之外与托运人签订单独的秘密契约的权利，尽管班轮公会可以不允许其会员这么做。美国后来的《1998年航运改革法》则走得更远，不允许班轮公会禁止其会员与托运人订立单独的秘密契约。[3] 这种公会航运经营者的独立行动权侵蚀了班轮公会的权力，班轮公会作为运价卡特尔对各成员公会已没有实质上的约束力，班轮公会正面临着会员的“脱会狂潮”，使班轮公会纷纷解散。

第二，非公会班轮公司的崛起以及其他形式航运组织的发展，也使传统的班轮公会面临巨大的竞争压力。除了法律的变化，非公会班轮公司的崛起，也使传统的班轮公会面临巨大的竞争压力。非公会班轮经营者是一些大型独立航运经营者，这些大型独立航运经营者往往具有足够的资源与资金可以提供能够满足班轮运输运载能力的运力，保证船期。而且，还有一些服务水平较低的独立航运经营者，但是由于这些服务水平较低的独立航运

[1] United States Shipping Act of 1916, section 14-15.

[2] See William Sjoström, *Ocean Shipping Cartels: A Survey*, 3 Review of Network Economics, 2004, p. 110.

[3] See J. D. Reitzes and K. L. Sheran, *Rolling Seas in Liner Shipping*, 20 Review of Industrial Organization, 2002, p. 54.

经营者具有合适的市场，可以服务于那些低价值且对于运输时间要求不高的货物的运送，也在一定程度上对于传统的公会运输带来竞争压力与挑战。〔1〕 除此之外，班轮公会还面临着源自于不定期租船经营者，以及其他经营相同或者可替代航线或市场的班轮公会的竞争。〔2〕 更为重要的是，一种以松散的合作形式为特点的新兴航运联盟的出现，使得班轮运输经营者加入班轮公会的积极性大为减低。〔3〕 因此，考虑到国际班轮公司之间的合作形式和范围发生的重大变化，运营协议已经成为航运经营者更倾向的选择，所以班轮公会的衰落已不可避免。

"后班轮公会时代"国际航运市场呈现的特点一方面表现为班轮公会将在世界范围内逐渐走向衰落，甚至终结；另一方面表明运营协议等将成为班轮公司主要的合作形式。这一点可以从协议报备制度比较完善的美国的统计数据看出。美国联邦海事委员会在其 2009 年年度报告中指出，班轮公会协议过去对于涉及美国贸易航线的主导地位已经几乎消失了。从 2000 年至今，在联邦海事委员会报备的班轮公会的数量降低了 78%，从原有的 23 个降低至 5 个。在仅剩的 5 个班轮公会协议中，其中 3 个仅负责政府货物的运输，1 个协议实际上是两个成员之间的合作服务协议，另外 1 个仅涉及美国的内陆运输费用问题。美国联邦海事委员会就此认为航运经营者之间的班轮公会协议几乎已经消亡。〔4〕 随着班轮公会协议的消亡，价格协商协议开始成为涉及美国贸易航线上的一股新兴力量。截至 2009 年年底，在美国报备的班轮公会协议仅占全部航运经营者协议的 2%，而价格协商协议却占

---

〔1〕 See Organisation for Economic Co-operation and Development (OECD), *Final Report on Competition Policy in Liner Shipping*, DSTI/DOT (Directorate for Science, Technology and Industry/Division of Transport), Apr. 16, 2002, p. 22.

〔2〕 See Daniel Marx Jr., *International Shipping Cartels: A Study of Industrial Self-Regulation by Shipping Conferences*, Princeton: Princeton University Press, 1953, p. 23.

〔3〕 See Organisation for Economic Co-operation and Development (OECD), *Final Report on Competition Policy in Liner Shipping*, DSTI/DOT (Directorate for Science, Technology and Industry/Division of Transport), Apr. 16, 2002, p. 21.

〔4〕 United States Federal Maritime Commission, 48*th Annual Report for Fiscal Year* 2009, 2009, available at http://www.fmc.gov/assets/1/Page/Annual_Report_FY_2009.pdf, p. 108.

12%。[1] 但是就价格协商协议本身的发展趋势而言，根据联邦海事委员会的统计，从2000年至今，在联邦海事委员会报备的运价协商协议的数量也呈现下降趋势，数量从36个跌至26个，降幅达28%。[2]然而，相对于班轮公会协议的下降趋势，运营协议开始占据了报备协议的一大部分，据联邦海事委员会的统计，截至2009年年底，在美国联邦海事委员会报备的运营协议占全部协议的86%。[3]

第三节 国际航运反垄断豁免制度存废之争

究竟应当如何看待对于国际航运垄断问题的法律规制，是保留其历史上一直享有的反垄断豁免，将其完全排除在反垄断的适用范围之外；还是彻底废除班轮公会及其他航运组织的反垄断豁免，使航运法与其他一般性行业一样，适用一般性反垄断法规则？实际上，除了废除或是保留国际航运反垄断豁免制度两种截然对立的观点，还有一种折中观点，该折中观点主张部分废除国际航运反垄断豁免制度，即废除一些具有负面影响的限制竞争性协议内容的反垄断豁免，如取消对于与托运人之间忠诚契约的反垄断豁免，以及双重运费这种具有歧视性质的协议内容的豁免权。但是由于部分废除国际航运反垄断豁免制度并未深入触及国际航运组织固定价格、限制运力的垄断性实质，因此未能在学界产生较大的影响。[4] 本节从国际航运反垄

[1] United States Federal Maritime Commission, 48*th Annual Report for Fiscal Year* 2009, 2009, available at http://www.fmc.gov/assets/1/Page/Annual_Report_FY_2009.pdf, p. 108.

[2] United States Federal Maritime Commission, 48*th Annual Report for Fiscal Year* 2009, 2009, available at http://www.fmc.gov/assets/1/Page/Annual_Report_FY_2009.pdf, p. 109.

[3] 在统计中美国联邦海事委员会所指运营协议的范围较为宽泛，包括：船舶共享协议（Vessel-sharing Agreements）、联合服务协议（Joint Service Agreements）、合作经营协议（Cooperative Working Agreements）以及非运价协商协议（Non-rate Discussion Agreements），参见 United States Federal Maritime Commission, 48*th Annual Report for Fiscal Year* 2009, 2009, available at http://www.fmc.gov/assets/1/Page/Annual_Report_FY_2009.pdf, p. 109。

[4] See Paul G. Cassel, *Exemption of International Shipping Conferences from the American Antitrust Laws: An Economic Analysis*, 20 New England Law Review, 1984–1985, p. 28.

断豁免制度之利弊比较分析、取消国际航运反垄断豁免制度之影响评估入手，对国际航运反垄断豁免制度的存废问题进行讨论，并在此基础上探索我国在制定《航运法》时对于国际航运反垄断豁免制度的立场。

一、国际航运反垄断豁免制度之利弊比较

国际航运反垄断豁免制度之利弊实际上表现了从班轮公会诞生直至今天多种形式的国际航运协议组织共存的一个半世纪的发展变迁中，来自于协议航运经营者和大部分托运人始终针锋相对的观点。托运人、航运经营者与航运管理者们对于是否应当维持国际航运反垄断豁免制度各有自己的看法与思考侧重点。[1] 之所以将此处的利益称为"可能性利益"，弊端称为"可能性弊端"，是因为这些观点主要为支持豁免制度的船东或者豁免制度废除论者的托运人所秉持，由于附加了一定程度的利益考量，故观点可能未为客观。

（一）国际航运反垄断豁免制度之利益分析

国际航运协议反垄断豁免制度的支持者们主要以航运经营者为代表，他们认为虽然此类协议以运价以及运力控制为内容，但是却并未构成滥用市场操纵力，这一点可以从不断走低的运费率作为佐证。他们还认为，维持国际航运市场的运价稳定对于保障托运人利益具有积极作用，而此类协议的存在就是为了防止过度竞争而导致运价剧烈震荡。而且需要特别注意到的是，过去 20 年间，班轮公会航运经营者市场操纵力呈现不断减低的趋势。具体而言，支持豁免者将国际航运反垄断豁免制度的存在带来的好处归结为以下方面：

首先，国际航运反垄断豁免制度的存在有利于国际航运组织按照航运市场需求进行自我管理，能够避免航运市场的恶性竞争，维持国际航运市场

〔1〕 See Organisation for Economic Co-operation and Development (OECD), *Final Report on Competition Policy in Liner Shipping*, DSTI/DOT (Directorate for Science, Technology and Industry/Division of Transport), Apr. 16, 2002, p. 70.

的运价稳定，从而保障托运人利益。[1] 而且，那些以统一运价为内容的运价协议组织，并不会通过统一运价谋求高额垄断利润，这是因为运价协议组织的定价仍然要受到世界航运市场供求关系的影响，如果利润过高，运价协议组织及其成员航运公司将面临来自于组织外部的竞争。[2] 因此运价协议组织总是倾向于将运费率设置在一定的水平上，确保运费率既能够维持成员的利润，又不至于高到市场份额被组织外航运公司抢走。可见，运价协议组织通过在成员航运公司之间维持统一的费率所获得的利润是有限的，而非高额垄断利润，故并不会对国际航运市场的运价造成不利影响，相反，运价的稳定却可以惠及托运人。

其次，以班轮公会为代表的国际航运协议组织可以被看成一种合作机制，因为它们的存在鼓励了航运经营者与托运人之间的合作，也鼓励了成员航运公司之间的合作。班轮公会所提供的服务从某种程度来看为托运人运输货物提供了方便、减低了成本。在件杂货运输中，托运人往往不可能为了有限数量的货物而采用租船方式运输，因此为使货物及时付运，托运人必须了解班轮时刻表并在不同航运公司提供的费率中进行选择。显然，查找费率也将构成托运人的成本，而且这种方式并不能够总是保障托运人能够获得最低的运费。班轮公会的存在恰恰便捷了托运人对于信息的获取。班轮公会总是预先将船期以及费率予以公布，稳定的船期与稳定的费率价格使得托运人获取信息的成本最小化。[3] 因此，航运经济学家戈斯（R. O. Goss）指出："航运公会的存在对于维持商业行为的合理性是必要的，它们所可能具有的任何缺点与其可能存在的巨大优点相比都是微不足道的。没有

---

[1] See Organisation for Economic Co-operation and Development (OECD), *Final Report on Competition Policy in Liner Shipping*, DSTI/DOT (Directorate for Science, Technology and Industry/Division of Transport), Apr. 16, 2002, p. 30.

[2] See R. O. Goss, *The Regulation of International Transport I: Transport by Sea*, 21 The World Today, 1965, p. 413.

[3] See Paul G. Cassel, *Exemption of International Shipping Conferences from the American Antitrust Laws: An Economic Analysis*, 20 New England Law Review, 1984–1985, p. 28.

航运公会的存在,航运市场将会产生混乱。"[1]他进一步指出:"与其认为航运公会是限制竞争的机制,不如认为其是鼓励合作的合作机制。"[2]

再次,国际航运协议组织的存在鼓励了成员航运公司之间的合作,这种合作不仅仅限于采用统一的运输条件与运输费率,还表现为舱位互租、码头共享、运费公摊等形式的合作。特殊的商业运输可能需要具有特殊功能的船舶,例如,在巴西拉普拉塔河口(River Plate)或者孟加拉湾(Bay of Bengal)附近需要采用浅吃水货船(shallow draft),对于易腐烂货物则需要采用具有冷藏设备的船舶,对于比较重的货物则需要采用具有大型起重设备的船舶。如果缺少国际航运协议组织的风险保障,船东未必愿意提供特种船舶互换进行运输。因此,国际航运协议组织的存在可以从追求长远利益的角度进行决策,避免了单个航运公司追求短期利益的不正当竞争行为。[3]

最后,从国际私法法律冲突的视角切入,国际航运反垄断豁免制度的存在还具有国际政治与外交方面的好处。保留国际航运反垄断豁免制度,是因为从国际关系的角度来看,如果废除国际航运反垄断豁免,就可能会产生将本国一般反垄断法规则适用于其他国家经营国际运输的航运经营者的问题,让外国的航运公司受制于本国反垄断与竞争法律制度的规定,可能会损害本国与其他国家之间的国际关系。[4] 持这一观点的主要是美国,因为美国的反托拉斯法具有域外效力(extraterritorial effect),自从汉德(Learned

---

[1] See Paul G. Cassel, *Exemption of International Shipping Conferences from the American Antitrust Laws: An Economic Analysis*, 20 New England Law Review, 1984-1985, p. 412.

[2] See Paul G. Cassel, *Exemption of International Shipping Conferences from the American Antitrust Laws: An Economic Analysis*, 20 New England Law Review, 1984-1985, p. 413.

[3] See Paul G. Cassel, *Exemption of International Shipping Conferences from the American Antitrust Laws: An Economic Analysis*, 20 New England Law Review, 1984-1985, p. 413.

[4] See The Shipping Act of 1983: Hearings Before the Senate Committee on the Judiciary, 98th Congress, 1st Session, 1983, p. 41; see also U. S. Department of Justice, The Regulated Ocean Shipping Industry, 1977, pp. 33-34; see also George E. Garvey, *Regulatory Reform in the Ocean Shipping Industry: An Extraordinary U. S. Commitment to Cartels*, 18 George Washington Journal of International Law and Economics, 1984, p. 35; Paul G. Cassel, *Exemption of International Shipping Conferences from the American Antitrust Laws: An Economic Analysis*, 20 New England Law Review, 1984-1985, p. 24; Bernard Gardner, *EU Competition Policy and Liner Shipping Conferences*, 31 Journal of Transport Economics and Policy, 1997, p. 317.

Hand）大法官在美国诉美国铝案件（United States v. Aluminum Co. of America）判决美国的反托拉斯法律制度适用于那些对美国国内商业产生实际影响的外国的价格固定协议。[1] 虽然后来美国发展出“利益衡平”原则（balancing of interests）来决定是否将美国的反托拉斯法予以域外适用，[2] 并考虑外交礼让，但美国反托拉斯法的域外适用范围仍然相当广泛，时常导致美国与外国管辖权的冲突。为了应对美国反托拉斯法的域外效力问题，一些国家开始制定或者修改自己的国内法来阻止美国反托拉斯法通过域外效力对本国当事人的适用。例如，英国制定《1980年英国贸易利益保护法》（Protection of Trading Interests Act of 1980）了防止美国反托拉斯法适用于英国企业的动机之一，就是担心美国反托拉斯法可能适用于英国航运公司加入的班轮公会。[3]

---

〔1〕 United States v. Aluminum Co. of America, 148 Fed. 2d 416, 443-444 (2nd Cir. 1945).

〔2〕 See eg. Timberlane Lumber Co. v. Bank of America, 549 Fed. 2d 597 (9th Cir. 1976); Mannington Mills, Inc. v. Congoleum Corp., 595 Fed. 2d 1287 (3rd Cir. 1979). 在 Mannington Mills 一案中，在决定是否对美国反托拉斯法予以域外适用时，需要考虑以下因素：

(1) Degree of conflict with foreign law or policy;

(2) Nationality of the parties;

(3) Relative importance of the alleged violation of conduct here compared to that abroad;

(4) Availability of remedy abroad and the pendency of litigation there;

(5) Existence of intent to harm or affect American commerce and its foreseeability;

(6) Possible effect upon foreign relations if the court exercises jurisdiction and grants relief;

(7) If relief is granted, whether a party will be placed in the position of being forced to perform an act illegal in either country or be under conflicting requirements by both countries;

(8) Whether the court can make its order effective;

(9) Whether an order for relief would be acceptable in this country if made by the foreign nation under similar circumstances.

Cited by Paul G. Cassel, *Exemption of International Shipping Conferences from the American Antitrust Laws: An Economic Analysis*, 20 New England Law Review, 1984-1985, p. 25.

〔3〕 See A. Kapranos Huntley, *The Protection of Trading Interests Act of* 1980: *Some Jurisdictional Aspects of Enforcement of Antitrust Laws*, 30 International and Comparative Law Quarterly, 1981, pp. 213-214; see also Tina J. Kahn, *The Protection of Trading Interests Act of* 1980: *Britain's Response to U. S. Extraterritorial Antitrust Enforcement*, 2 Northwestern Journal of International Law and Business, 1980, pp. 476-516; A. Vaughan Lowe, *Blocking Extraterritorial Jurisdiciton: The British Protection of Trading Interests Act*, 1980, 75 American Journal of International Law, 1981, pp. 257-282.

（二）国际航运反垄断豁免制度之弊端分析

自班轮公会诞生以来，大部分托运人都一向反对航运经营者之间的价格固定与运力控制协议，因为在托运人看来，航运经营者之间的价格固定与运力控制协议实际上是对于市场操纵力的滥用。因此，对于维护这种价格固定与运力控制协议的反垄断豁免制度，托运人也一直呼吁将其废除。虽然航运经营者声称统一确定的运价并不以追求垄断利润为目的，但是国际航运组织的运价协同行为使得航运市场的运费价格高于完全竞争市场时的价格，并不能导致航运市场消费者福利的增加。[1] 航运竞争法学者布兰科（Luis Ortiz Blanco）指出：与一般反垄断法规则相对比就会发现，国际航运反垄断豁免制度实际上是这样一种规则，它将那些最为恶劣的限制竞争手段，如固定价格、划分市场、消除外部竞争机制（使用战斗船、忠诚契约与运费回扣制度）等为一般反垄断法所严格禁止的行为，视为是完全合理的。因此，国际航运反垄断豁免制度一旦确立，必将是对于一般反垄断法规则的背离。[2]

从上述利弊分析中可见，国际航运协议本身以及维持协议的豁免制度，究竟使得国际航运市场的运价走向稳定且维持在较低水平，惠及托运人利益；还是始终将运价抬高在一定程度（高于不存在反垄断豁免制度时完全竞争市场情况下的运价），损及托运人利益——是最终决定国际航运反垄断豁免制度存废的关键性因素。

---

〔1〕 See Paul G. Cassel, *Exemption of International Shipping Conferences from the American Antitrust Laws：An Economic Analysis*, 20 New England Law Review, 1984-1985, pp. 16-17; see also Chris Sagers, *The Demise of Regulation in Ocean Shipping：A Study in the Evolution of Competition Policy and the Predictive Power of Microeconomics*, 39 Vanderbilt Journal of Transnational Law, 2006, p. 805; also Paul Clyde and James Reitzes, *The Effectiveness of Collusion under Antitrust Immunity：The Case of Liner Shipping Conferences*, Dec. 1995, available at https://www.ftc.gov/sites/default/files/documents/reports/effectiveness-collusion-under-antitrust-immunity-case-liner-shipping-conferences/232349.pdf, p. 2.

〔2〕 See Luis Ortiz Blanco, *Shipping Conferences under EC Antitrust Law：Criticism of a Legal Paradox* (Andrew Read trans.), Oxford, Portland：Hart Publishing, 2007, p. 525.

二、取消国际航运反垄断豁免制度之影响评估

对于国际航运反垄断豁免制度存废问题的结论，不能仅建立在利弊评估之上，囿于确切数据的缺乏，[1]这些利弊评估恐怕都或多或少地带有一定的偏向性；对于国际航运反垄断豁免制度存废问题的结论，还应当建立在取消国际航运反垄断豁免制度的影响评估之上。在评估问题上，欧盟的法律改革恰好可以提供一个分析的范例，随着2008年欧盟取消班轮公会反垄断整体豁免的法律制度正式生效，不但对欧盟的进出口航线产生直接影响，而且也影响到其他海运国家的航运竞争立法。

提到取消国际航运反垄断豁免制度之影响评估，美国的评估做法值得我们借鉴。在欧盟取消班轮公会反垄断整体豁免后，美国联邦海事委员会就发出了专门的问卷调查，以更好地研究欧盟反垄断豁免制度取消对美国海外贸易可能造成的影响。问卷包含六个部分：

（1）一般性问题部分，调查内容主要涉及欧盟取消班轮公会反垄断整体豁免对于哪些航线上航运公司的运营造成影响；哪些主体会因为欧盟法律的改革而受益，或者被置于不利的竞争地位；美国与欧盟的不同规定是否会造成航运公司运营中的问题；运营协议的存在对于班轮运输服务与运费的稳定性具有积极、消极还是中立的影响。

（2）北大西洋贸易有关的问题（北欧/美国）：泛大西洋班轮公会解体前，该公会是否对航运公司对于北欧/美国的运营活动造成影响；在欧盟取消班轮公会反垄断整体豁免之后，是否有运费与附加费、远洋航运经营者竞争程度、服务合同条款、船期的稳定性与班轮运输服务质量等方面的变化可以归因于欧盟的法律改革；欧盟法律改革后远洋航运经营者建立了全球性信息交换系统“集装箱贸易数据统计”（Container Trade Statistics，Ltd.），航运公

---

〔1〕 See Organisation for Economic Co-operation and Development (OECD), *Final Report on Competition Policy in Liner Shipping*, DSTI/DOT (Directorate for Science, Technology and Industry/Division of Transport), Apr. 16, 2002, p. 30.

司对于这一系统的接受程度如何。[1]

(3)太平洋贸易有关的问题(远东/美国):在欧盟取消班轮公会反垄断豁免后,泛太平洋稳定协议组织或西向泛太平洋稳定协议组织,是否对航运公司对于远东/美国的运营活动造成影响;在欧盟取消班轮公会反垄断整体豁免之后,远东/美国航线上是否有变化可以归因于欧盟的法律改革。[2]

(4)欧亚贸易的有关问题(远东/欧洲):在远东班轮公会解散之前,该公会对远东/欧洲航线上的班轮运输是否存在影响;2008年当欧盟取消反垄断班轮公会反垄断豁免的法律生效后,远东班轮公会解体后,是否有运费与附加费、远洋航运经营者竞争程度、服务合同条款、船期的稳定性与班轮运输服务质量等方面的变化可以归因于欧盟的法律改革;航运公司对于"集装箱贸易数据统计"系统的接受程度如何。[3]

(5)贸易航线的比较:2008年当欧盟取消反垄断班轮公会反垄断豁免的法律生效后,远东/美国航线是否与远东/欧洲航线呈现出不同的特点,而且这种特点是由于美国与欧盟不同的班轮市场竞争法所导致的。[4]

(6)其他关于公共运输航运经营者的信息调查。[5]

---

〔1〕 See United States Federal Maritime Commission, *Notice of Inquiry: An Analysis of the European Union Repeal of the Liner Conference Block Exemption*, Nov. 1, 2010, available at http://www.fmc.gov/assets/1/News/EUStudy_NOI_110110.pdf, Section A, p. 7. 在欧盟取消班轮公会反垄断整体豁免后,远洋船东建立了一个全球性的信息交换系统"集装箱贸易数据统计"(Container Trade Statistics),大多数经营北欧/美国航线的航运经营者都参加了这一信息交换系统。

〔2〕 See United States Federal Maritime Commission, *Notice of Inquiry: An Analysis of the European Union Repeal of the Liner Conference Block Exemption*, Nov. 1, 2010, available at http://www.fmc.gov/assets/1/News/EUStudy_NOI_110110.pdf, section C, pp. 8-9.

〔3〕 See United States Federal Maritime Commission, *Notice of Inquiry: An Analysis of the European Union Repeal of the Liner Conference Block Exemption*, Nov. 1, 2010, available at http://www.fmc.gov/assets/1/News/EUStudy_NOI_110110.pdf, section D, pp. 9-10.

〔4〕 See United States Federal Maritime Commission, *Notice of Inquiry: An Analysis of the European Union Repeal of the Liner Conference Block Exemption*, Nov. 1, 2010, available at http://www.fmc.gov/assets/1/News/EUStudy_NOI_110110.pdf, section E, pp. 10-11.

〔5〕 See United States Federal Maritime Commission, *Notice of Inquiry: An Analysis of the European Union Repeal of the Liner Conference Block Exemption*, Nov. 1, 2010, available at http://www.fmc.gov/assets/1/News/EUStudy_NOI_110110.pdf, section F, pp. 11-12.

(一)航运经营者、托运人与航运管理者不同利益诉求导致的不同观点

航运经营者、托运人与航运管理者们对于取消国际航运反垄断豁免制度的影响问题,也各有自己的看法。很多航运经营者始终坚持国际航运反垄断豁免制度的存在对于维持稳定的运费率和航运服务是必要的,他们担心取消该制度将严重影响国际航运市场运费率的稳定,将打破现有航运市场船期服务的稳定性,因此必然会对世界贸易和消费者福利造成不利影响。他们还担心,取消反垄断豁免而试图打造一个更具竞争性的国际班轮运输市场,最终受益的可能并不是那些最具效率的航运经营者,而是那些可以获得多种补贴的航运经营者。因此,取消国际航运反垄断豁免制度实际上有利于那些国有航运公司以及受补贴航运经营者取得完全竞争市场上的优势地位。此外,一些航运经营者和航运管理者们担心,取消国际航运反垄断豁免制度可能会进一步提高国际航运市场的集中度,从而导致纯粹垄断或者寡头垄断的市场结构。[1]

对于航运经营者的上述担心,大部分托运人和航运管理者则认为是没有充分根据的。他们指出,取消国际航运反垄断豁免制度会带来更加低廉的运费,但却并不会影响国际航运服务的船期与质量。而且,几乎在绝大多数行业内鼓励竞争都会带来积极的效果,国际航运业亦不例外。与上述航运经营者的观点相反,这些托运人认为,国际航运业并未呈现出与其他产业根本不同的特征,以至于竞争机制的引入反而会有损于整个行业的发展,造成市场秩序的混乱。[2]

对上述两种不同的观点,经济合作与发展组织指出:“在上述两种观点中进行孰是孰非的裁断是困难的,但是考虑到国际班轮运输市场中竞争程

---

〔1〕 See Organisation for Economic Co-operation and Development (OECD), *Final Report on Competition Policy in Liner Shipping*, DSTI/DOT (Directorate for Science, Technology and Industry/Division of Transport), Apr. 16, 2002, p. 70.

〔2〕 See Organisation for Economic Co-operation and Development (OECD), *Final Report on Competition Policy in Liner Shipping*, DSTI/DOT (Directorate for Science, Technology and Industry/Division of Transport), Apr. 16, 2002, p. 70.

度不断提升的事实,有理由认为这种趋势发展下去会带来一个没有反垄断豁免的市场。"[1]

(二)以运价变动与稳定性、市场集中程度、运输服务稳定性与运力为主要考察对象

取消国际航运反垄断豁免制度的影响评估可以从对运价的影响、对市场集中程度的影响、对船期服务稳定性的影响、对服务质量和创新的影响、对中小规模航运经营者的影响、对运力投资的影响、对港口的影响以及对国际贸易的影响几个方面。[2]

1. 取消国际航运反垄断豁免制度对运价变动与稳定性的影响评估

取消国际航运反垄断豁免制度,实际上等同于在国际航运市场引入自由竞争机制,在自由竞争的市场机制下,运价变动就与航运市场的供求状况等因素相挂钩。在取消国际航运反垄断豁免制度的情况下,运价会相对降低。经济合作与发展组织指出,班轮公会与运价协议的组织的价格固定行为,抬高了供求关系水平上维持的运价,实际上对航运市场的运价造成了不适当的指引,使运价有利于那些经营效率低的航运经营者,而不是有利于那些可以通过高效率经营降低成本的航运经营者。[3] 虽然国际航运市场存在着供需失衡的问题,运价并不一定随着航运市场的供求关系而波动,但无疑的是,班轮公会与运价协议的组织的价格固定行为,在运价走低的时候限

---

〔1〕 See Organisation for Economic Co-operation and Development (OECD), *Final Report on Competition Policy in Liner Shipping*, DSTI/DOT (Directorate for Science, Technology and Industry/Division of Transport), Apr. 16, 2002, p. 70.

〔2〕 郑丙贵、王学锋:"后班轮公会时代班轮公司之间合作问题前瞻",载《上海海事大学学报》2007 年第 28 卷第 4 期;Organisation for Economic Co-operation and Development (OECD), *Final Report on Competition Policy in Liner Shipping*, DSTI/DOT (Directorate for Science, Technology and Industry/Division of Transport), Apr. 16, 2002, pp. 70-73。

〔3〕 See Organisation for Economic Co-operation and Development (OECD), *Final Report on Competition Policy in Liner Shipping*, DSTI/DOT (Directorate for Science, Technology and Industry/Division of Transport), Apr. 16, 2002, p. 71;正是因为这一点,航运竞争法学者 Luis Ortiz Blanco 认为传统班轮公会的存在与其说是提升了航运公司的运营效率,不如说是降低了效率,参见 Luis Ortiz Blanco, *Shipping Conferences under EC Antitrust Law: Criticism of a Legal Paradox* (Andrew Read trans.), Oxford, Portland: Hart Publishing, 2007, p. 530。

制其走低，在运价走高的时候却将其维持在高于完全竞争市场的运价水平之上。[1] 因此，建立在上述观察的基础上，经济合作与发展组织认为一个竞争性市场的开放性费率机制，会使运价下降，与那些可以通过高效率经营降低成本的航运经营者提供的运价相接近，因此是更具效率的。即便在面临航运市场供需关系不稳定的情况下，取消国际航运反垄断豁免制度之后，运价也会在总体走低时呈现出比原来更低的水平，在总体走高时呈现出不会高于原有水平的变动趋势。[2] 除了运费价格的高低，对于运费率的稳定性问题，经济合作与发展组织引用了欧洲托运人理事会（European Shippers Council）的报告，该报告显示，那些越是倾向于开放竞争的贸易航线，越呈现出稳定性的运费率。[3]

2. 取消国际航运反垄断豁免制度对市场集中程度的影响评估

一些航运经营者和航运管理者们担心，取消国际航运反垄断豁免制度可能会进一步提高国际航运市场的集中度，从而导致纯粹垄断或者寡头垄断的市场结构。但是，国际航运市场集中度不断提升是其自身的发展趋势，而不是由取消国际航运反垄断豁免制度而引起的。国际航运市场集中度的提升，是航运企业通过联盟、兼并以及其他合作形式减低运营成本而造成的。国际航运市场集中度不断加强的趋势从20世纪末就越来越明显，然而在20世纪末，国际航运反垄断豁免制度几乎通行全球主要海运国家。因此可以说，在国际航运反垄断豁免制度存在的情况下，国际航运市场的集中度也同样会增强。实际上，国际航运反垄断豁免制度因为包容了航运企业之间的联合，甚至还加强了航运市场的集中程度，只是这样一种加强不以并购

---

〔1〕 有关班轮公会将运价抬高可能性的论述还可以参见 Luis Ortiz Blanco, *Shipping Conferences under EC Antitrust Law: Criticism of a Legal Paradox* (Andrew Read trans.), Oxford, Portland: Hart Publishing, 2007, p. 530。

〔2〕 See Organisation for Economic Co-operation and Development (OECD), *Final Report on Competition Policy in Liner Shipping*, DSTI/DOT (Directorate for Science, Technology and Industry/Division of Transport), Apr. 16, 2002, p. 72.

〔3〕 See Organisation for Economic Co-operation and Development (OECD), *Final Report on Competition Policy in Liner Shipping*, DSTI/DOT (Directorate for Science, Technology and Industry/Division of Transport), Apr. 16, 2002, p. 72.

吸收小企业而导致市场主体数量减少为表现，而仅是通过协议实现联盟。然而，联盟其本质上就意味着联合行动，如果不同主体联合起来，采用一致的运费率与一致的行动，那么市场主体数目多少又有多大意义呢。因此，国际航运反垄断豁免制度不以防止市场集中为目的，它的存在也不能起到防止市场集中的作用。

取消国际航运反垄断豁免制度对于国际航运市场集中程度的影响可能仅起到，在航运业大幅度集中化的趋势下，小幅度提高集中度的作用。[1]

国际航运市场集中度加强有利有弊，利在提高了航运经营者的服务范围，同时有助于带来规模经济效益，提升航运经营者在集装箱时代经营多式联运的能力；但是弊在由于经营主体数量的减少而降低了托运人的选择范围。对于如何在国际航运市场集中度不断加强的情况下，防止实力越来越强大的大型航运经营者滥用市场支配地位，保障航运市场消费者托运人的权益，实际上有赖于一个更加完善的反垄断与竞争法制环境，有赖于建立国内以及国际性监管机构，有力地防止航运市场中的市场操纵力滥用，保障航运市场消费者的权益。[2] 因此，国际航运市场集中度不断加强的问题只要能够得到有效的监管，其本身并不会对航运市场造成负面影响。

3. 取消国际航运反垄断豁免制度对运输服务稳定性与运力的影响评估

大部分航运经营者都认为国际航运反垄断豁免制度的存在能够确保国际班轮运输市场中船期的稳定，因此给托运人带来可靠的运输服务，然而过去20年国际航运市场所呈现出的趋势却是班轮公会的市场力量不断减弱，随着很多有实力的独立航运经营者的壮大，国际航运市场的竞争程度越来越高，而逐渐增加的竞争在使得运费率减低的同时，却并未对运输服务的质量带来负面影响，国际航运市场的运输服务质量反而在不断提升。经济合

---

〔1〕 See Organisation for Economic Co-operation and Development (OECD), *Final Report on Competition Policy in Liner Shipping*, DSTI/DOT (Directorate for Science, Technology and Industry/Division of Transport), Apr. 16, 2002, p. 72.

〔2〕 See Organisation for Economic Co-operation and Development (OECD), *Final Report on Competition Policy in Liner Shipping*, DSTI/DOT (Directorate for Science, Technology and Industry/Division of Transport), Apr. 16, 2002, p. 72.

作与发展组织认为,这样的现象实际上是市场竞争机制下的必然产物,面对其他经营者的竞争为了保住现有的市场份额,也为了从其他经营者那里获取更多的市场份额,经营者必须能够提供"消费者导向的服务"(consumer-oriented services)。因此,有理由认为如果取消航运企业固定价格与限制协议的反垄断豁免,托运人以及航运市场的其他消费者可以从航运经营者的服务竞争中获益。[1]

综上所述,在国际航运市场竞争程度不断加强的趋势下,取消国际航运运价协议方面的反垄断豁免制度,有助于更进一步将竞争机制引入国际航运市场,可以带来更低的运费率,并且不会减低原有的运输服务水平。虽然国际航运市场可能呈现集中度加强的趋势,但如果能够将航运业置于有效的监管之下,集中度的加强并不会带来市场紊乱,这与其他具有跨国性的行业有着相同的道理。

三、国际航运反垄断豁免制度存废之争

从1875年世界上第一个以统一运价为目的的班轮公会的出现至今,近一个半世纪里国际航运市场发生了巨大的变化。随着集装箱时代的到来,大型独立航运经营者的出现与发展为国际班轮定期运输市场引入了更多竞争机制,同传统的班轮公会展开市场份额的争夺。那些一开始对班轮公会统一价格的行为持支持态度的国家也开始重新审视本国的立法,试图通过立法增加对班轮公会的权力约束,同时鼓励可以提供制衡力量的托运人组织的发展。这些做法实际上使得原来的国际航运反垄断豁免成为一种"有限的"反垄断豁免,并且与"有限的"反垄断豁免相伴的是,航运市场上托运人的话语权不断加强,航运协议成员航运经营者与托运人缔结单独服务合同的独立行动权不断加强,国际航运协议组织的行为方式与协议内容的限制不断加强。上述这种国际航运市场发展变迁的宏观背景,将成为笔者探

---

〔1〕 See Organisation for Economic Co-operation and Development (OECD), *Final Report on Competition Policy in Liner Shipping*, DSTI/DOT (Directorate for Science, Technology and Industry/Division of Transport), Apr. 16, 2002, p. 71.

讨国际航运反垄断豁免制度存废问题的语境，因此，以下所有的分析都将立足于国际航运市场变化，去审视一个具有百年历史的制度在当今与以后的命运如何。

（一）国际班轮运输市场的特殊性：是否还能够作为反垄断豁免的充分理由

支持国际航运反垄断豁免制度的重要理由之一就是国际班轮运输市场具有特殊性，因此需要反垄断与竞争法给予特殊的立法处理，将法律规制让位于国际航运组织的自我规制才能有效地稳定国际航运市场，促进航运业的发展。这种观点除了为绝大部分航运经营者所坚持，早期的一些学者也在论述班轮公会的反垄断豁免问题时也都倾向于从航运市场的结构特点切入，以此作为反垄断豁免合理性的根据。大多数研究成果倾向于认为，将班轮运输市场限制竞争合理化会比鼓励自由竞争更具有效率。[1] 例如，航运经济学家戈斯（R. O. Goss）指出："航运公会的存在对于维持商业行为的合理性是必要的，它们所可能具有的任何缺点与其可能存在的巨大优点相比都是微不足道的。没有航运公会的存在，航运市场将会产生混乱。"[2]联合国贸易与发展会议 1964 年在《航运业问题的共同政策》的报告中也提到，班轮公会体系对于稳定费率与保障航运服务的稳定供给具有不可或缺的作用。[3]

---

〔1〕 See Robert A. Ellsworth, *Competition or Rationalization in the Liner Industry?*, 10 Journal of Maritime Law and Commerce, 1979, pp. 497 – 517; Allen R. Ferguson, *Markets and Competition*, in *The Economic Value of the United States Merchant Marine* (Allen R. Ferguson ed.), Evanston, Illinois: Northwestern University Transportation Center, 1961, pp. 312 – 319; Robert J. Larner, *Public Policy in the Ocean Freight Industry*, in *Promoting Competition in Regulated Markets* (Almarin Phillips ed.), Washington, D. C.: The Brookings Institution, 1975, pp. 99 – 134; Gunnar K. Sletmo, *The Impact of US Regulatory Practices on the Productivity of Ocean Liner Services*, 9 Maritime Policy and Management, 1982, pp. 189–205; Gunnar K. Sletmo and Ernest W. William Jr., *Liner Conferences in the Container Age: U. S. Policy at Sea*, New York: Macmillan Publishing Co., 1981.

〔2〕 See R. O. Goss, *The Regulation of International Transport I: Transport by Sea*, 21 The World Today, 1965, p. 412.

〔3〕 United Nations Conference on Trade and Development (UNCTAD), *Common Measures of Understanding on Shipping Questions*, 1964.

然而,囿于航运业,尤其是班轮运输也自身的发展变化,原有的分析实际上已经无法与今天的行业发展相适应。目前,班轮公会作为最悠久的国际航运组织之一,已经逐渐被联营体、战略联盟等航运组织形式所替代。班轮公会的存续也正在逐渐丧失其起源伊始维护航运市场秩序、防止恶性竞争的价值定位。也就是说,即使国际班轮运输市场存在特殊的市场结构特点,班轮公会的存在也未必还能像历史上那样起到维护航运市场秩序,保障运价与服务稳定的作用。

除了力量削弱的国际航运组织在今天已经不足以肩负抵销市场结构特点所引发的问题的任务,国际班轮市场本身是否存在比其他行业更为特殊的"特殊性"也是越来越受到质疑的。经济合作与发展组织指出,很难理解为什么国际班轮运输相比其他行业具有根本性的不同,以及为什么在统一运价与运价协商的问题上,它应当受到不同于其他运输服务提供者的特殊待遇?班轮运输的成本结构与其他运输行业并无根本性差异,而且班轮运输的收益回报也与其他具有固定时刻表的定期运输相类似。事实上,并不是国际班轮市场的特殊性,使国际航运组织应当在反垄断法上获得差别待遇;而是反垄断法上的差别待遇,使得国际班轮运输市场甚至国际航运市场的固定价格行为产生了与公路运输市场、铁路运输市场、航空运输市场的差别。〔1〕有学者指出,如果认为班轮公会等运价协议组织的存在对于防止航运市场秩序混乱是必要的,那么恐怕这种观点就可以用来论说任何产业中卡特尔行为的合法性了。〔2〕

(二) 国际航运组织的存在对于维持运价稳定作用:是否能够作为反垄断豁免的充分理由

航运经营者也多采用国际航运组织在稳定运价方面的作用,来论证国

〔1〕 See Organisation for Economic Co-operation and Development (OECD), *Final Report on Competition Policy in Liner Shipping*, DSTI/DOT (Directorate for Science, Technology and Industry/Division of Transport), Apr. 16, 2002, p. 75.

〔2〕 See Luis Ortiz Blanco, *Shipping Conferences under EC Antitrust Law: Criticism of a Legal Paradox* (Andrew Read trans.), Oxford, Portland: Hart Publishing, 2007, p. 531.

际航运反垄断豁免制度存在的必要。然而国际航运市场近30年的变迁反映出，随着传统统一运价班轮公会的衰落，国际航运市场的运价呈现下降的趋势，而且这种下降并未表现出剧烈的运费震荡，亦未损害航运市场的稳定。经济合作与发展组织将国际平均运费率降低的趋势归因于传统班轮公会力量的衰退，正是因为班轮公会市场操纵力的瓦解，加之面临独立航运经营者的竞争，国际航运市场的运费率才会下降。[1] 事实上，班轮公会与运价协议组织的存在，通过价格固定行为，抬高了供求关系水平上维持的运价，实际上对航运市场的运价造成了不适当的指引，使运价有利于那些经营效率低的航运经营者，而不是有利于那些可以通过高效率经营降低成本的航运经营者。这一点从根本上是不利于国际航运市场正常秩序的。

对于班轮公会等运价协议组织而言，在面临对其有利的市场条件时，并不会选择维持运价的稳定。有利市场条件是指，独立航运经营者的竞争少，班轮公会占有较大市场份额而且市场条件有利于航运经营者时（如不存在运力过剩时），运价协议组织就往往会索要高价。相反，如果航运市场存在更多的竞争，并且托运人可以不经过运价协议组织与航运经营者单独订立合同的话，运价就会下降。这实际上意味着，如果不存在足够的竞争和有效的约束机制，运价协议组织会通过滥用权力试图获取较高的运价。[2]

而且班轮公会以及运价协议组织不但不合理地将运价维持在一个相对较高的水平，在很多托运人看来，其所统一征收的附加费也是不尽合理的。一些托运人组织指出，虽然可以认为航运经营者集体收取的一些附加费是合理的，如燃油附加费、币值调整附加费，但是却很难理解具有不同工作效率的航运公司，为何会征收一致价格的设备重置附加费（equipment repositioning charges）、文书工作备案附加费（paperwork filing charges）等。

---

[1] See Organisation for Economic Co-operation and Development (OECD), *Final Report on Competition Policy in Liner Shipping*, DSTI/DOT (Directorate for Science, Technology and Industry/Division of Transport), Apr. 16, 2002, p. 75.

[2] See Organisation for Economic Co-operation and Development (OECD), *Final Report on Competition Policy in Liner Shipping*, DSTI/DOT (Directorate for Science, Technology and Industry/Division of Transport), Apr. 16, 2002, p. 37.

而且,这些附加费的征收往往缺乏透明度,因此究竟征收这些附加费的依据如何,就常会引发争议。[1] 并且,班轮公会收取附加费的行为会引起独立航运经营者的追随。在附加费的收取问题上,独立航运经营者不但不会与班轮公会竞争,反而会随着班轮公会的征收而征收,加价而加价。[2]

因此,班轮公会与其他运价协议组织不合理的确定统一运费,且不合理地联合征收附加费的行为,已经偏离了维持航运市场秩序稳定的宗旨,不能视为是国际航运反垄断豁免制度的充分立论依据。在论及班轮公会对于国际航运市场的影响时,布兰科将其归结为:①班轮公会通过使成员服务形态同质化,减少了国际航运市场中服务种类的多元化;②班轮公会在成员间限制,甚至消除有关运费的竞争;③班轮公会取代了原来的独立航运经营者来进行商业上的决策,如决定运费率,而班轮公会决策的首要目的不是提高成员的运营效率,而仅是在成员间实现统一化。[3]

(三)国际航运市场新的发展趋势:增强的竞争程度和航运经营者间的运营合作,使以价格协同行为为主要豁免内容的豁免制度与国际航运市场发展需要不再协调

虽然国际航运市场的集中度在加强,但是由于班轮公会等传统上具有绝对市场操纵力的海上卡特尔力量的削弱,实际上当前国际航运市场的竞争程度呈现出不断增强的趋势,协议成员航运公司有了更多的自由度,托运人也有了更多的选择权。这样的发展趋势可以归因于大型独立航运经营者的出现与发展以及班轮公会市场力量被侵蚀后的不断衰退,但究其根本原因乃是因为规制班轮公会法律制度的严格化,在为新兴独立航运经营者与

[1] See Organisation for Economic Co-operation and Development (OECD), *Final Report on Competition Policy in Liner Shipping*, DSTI/DOT (Directorate for Science, Technology and Industry/Division of Transport), Apr. 16, 2002, p. 43.

[2] See Organisation for Economic Co-operation and Development (OECD), *Final Report on Competition Policy in Liner Shipping*, DSTI/DOT (Directorate for Science, Technology and Industry/Division of Transport), Apr. 16, 2002, p. 44.

[3] See Luis Ortiz Blanco, *Shipping Conferences under EC Antitrust Law: Criticism of a Legal Paradox* (Andrew Read trans.), Oxford, Portland: Hart Publishing, 2007, p. 531.

托运人创造更广阔生存空间的同时,侵蚀了传统班轮公会的生存空间。然而,随着市场竞争度的加强,班轮公会力量的削弱,国际航运市场却并未出现不稳定或者服务水平降低的现象,比原来更多的竞争反而促进航运市场的技术革新与服务质量提高。

为了保障更为稳定的服务提供机制,航运经营者之间开始寻求一种价格之外的新的联合形式,即运营合作。通过船舶共享、舱位互租、联盟、联营,航运经营者可以提高运营效率、减低运营成本,在竞争的市场环境下提高利润率。可以说,目前航运经营者之间的联合已经从传统的"协调"(coordination)走向"合作"(cooperation),[1]即以运营方面的合作为内容的运营协议正在取代传统的以价格协同为内容的运价协议。在此种宏观背景下,以价格协同行为为主要豁免内容的豁免制度就显得与国际航运市场发展需要不相协调,也失去必要了。

(四)法律层面的考虑:在国际航运协议组织越来越严格的法律规制下,反垄断豁免制度是否还有足够的应用空间

现在,去强化对于班轮公会等以统一运价为目的的运价协议组织的反垄断豁免,是与国际航运反垄断与竞争法律制度总的发展趋势不相符的。虽然国际航运业总体呈现出放松管制的发展趋势,但是航运竞争法领域的法律规制却与这一总体走势背离,呈现不断加强管制之趋势,国际航运组织的各种义务被各国法律所不断加强。例如,国际航运协议组织往往需要进行运价报备与协议报备,而且要获得法律的认可就必须给予成员以独立行动权,必须允许成员可以在任何条件下背离协议去与托运人协商订立单独的运输合同。实际上这样的规定已经使国际航运组织的垄断行为不再像以前那么容易了,而且加上有的规定要求班轮公会占有市场份额必须低于一

[1] See Organisation for Economic Co-operation and Development (OECD), *Final Report on Competition Policy in Liner Shipping*, DSTI/DOT (Directorate for Science, Technology and Industry/Division of Transport), Apr. 16, 2002, p. 76.

定比例，方能享有反垄断豁免，[1]豁免制度的适用空间在某种程度上已经被架空了，这就好比在一个无法发挥市场优势地位的不太可能发生垄断的语境下给予当事人以垄断豁免权。

随着欧盟法律进一步的改革取消了班轮公会的反垄断整体豁免，加之欧盟之前也并未将反垄断豁免给予运价协议组织，这就使得经营欧盟航线的航运经营者的行为必须受制于一般竞争法。重要的是，欧盟的这一法律改革会影响到其他国家反垄断豁免制度的适用。因为根据欧盟的要求，无论是进口欧盟还是出口欧盟的贸易运输，都要遵守欧盟的竞争法，因此即使贸易航线另一端国家的法律中存在国际航运反垄断豁免制度的规定，但囿于欧盟法律的规定，这些航运公司仍然不能享有反垄断豁免——或者更准确地说，后果是对于同样的航运企业的联合提高运价的行为，欧盟可以进行处罚，而保留反垄断豁免的航线另一端的国家却不能处罚。无疑，这会给保留国际航运反垄断豁免制度的国家带来不公平的后果。

（五）国际政治与外交层面的考虑：以国际航运反垄断豁免制度来避免反垄断法域外效力带来的法律冲突与外交摩擦是否合适

有观点认为，从国际关系的角度来看，如果废除国际航运反垄断豁免，就可能会产生将本国一般反垄断法规则适用于其他国家经营国际运输的航运经营者的问题，让外国的航运公司受制于本国反垄断与竞争法律制度的规定，可能会损害本国与其他国家之间的国际关系，尤其是在本国的一般性反垄断与竞争法律制度存在域外适用效力的情况下。但是，关于外交方面的考量却并不能作为保留航运业反垄断豁免制度的有力理由，这是因为，其他国家同样可能存在具有域外效力的反垄断法律制度，可以对外国的班轮公会等国际航运组织进行反垄断法规制。如果一个国家对国际航运组织的垄断问题给予豁免，但是其他不豁免的国家却可以以本国反垄断法具有域

[1] See Commission Regulation (EC) No. 823/2000 of 19 April 2000 on the Application of Article 81(3) of the Treaty to Certain Categories of Agreements, Decisions and Concerted Practices between Liner Shipping Companies (Consortia), OJ L 100, 20. 04. 2000.

外效力为由对同样的行为进行管辖与司法裁决，显然对于因豁免制度而放弃管辖的国家而言，其避免国际争端的良好意图反而使自己失去了对于航运市场的控制力。[1]

（六）废除国际航运运价协议的反垄断豁免，对运营协议的豁免具体考虑——是国际航运反垄断豁免制度的未来走向

国际班轮运输领域的反垄断豁免存与废的争论持续了一个多世纪，争论在这一制度产生伊始就相伴制度而生，而且观点基本呈现出或存或废的两极化表现，并且似乎很难说服某一方根本放弃自己的观点，因为豁免制度的保留显而易见地有利于航运经营者利益，而豁免制度的废除显而易见地有利于托运人，二者分别代表了海运市场中承托双方这一对始终存在利益冲突与制衡的主体。但是，根据前述分析，笔者认为，国际航运反垄断豁免制度的未来走向应当是：废除国际航运运价协议的反垄断豁免，对国际航运运营协议的反垄断豁免具体考虑。这样的结论实际上呼应了本节一开始对于国际航运协议的界分，即按照其内容大体分为运价协议与运营协议两类。也呼应了国际班轮运输市场中运价协议所占比例在下降，而运营协议的比例却在增加的发展趋势。[2] 主张废除国际航运运价协议的反垄断豁免，对国际航运运营协议的反垄断豁免具体考虑的观点，在面对航运领域来自于航运经营者与托运人，船方国家与货方国家等的各种利益冲突时，也有较强的可接受性。[3]

主张废除国际航运运价协议的反垄断豁免，是考虑到运价协议组织这类以固定运价为内容的组织并不是为了维持航运市场运价稳定，以及抵销

---

〔1〕 See Paul G. Cassel, *Exemption of International Shipping Conferences from the American Antitrust Laws: An Economic Analysis*, 20 New England Law Review, 1984-1985, p. 26.

〔2〕 美国联邦海事委员会的统计数据显示了运价协议与运营协议的发展趋势。截至2009年年底，在美国报备的班轮公会协议仅占全部航运经营者协议的2%，价格协商协议占12%，运营协议占全部协议的86%。从2000年至今，在联邦海事委员会报备的运价协商协议的数量也呈现下降趋势，数量从36个跌至26个，降幅达28%，参见 United States Federal Maritime Commission, *48th Annual Report for Fiscal Year 2009*, 2009, available at http://www.fmc.gov/assets/1/Page/Annual_Report_FY_2009.pdf, pp. 108-109。

〔3〕 See Felix Dinger, *The Future of Liner Conferences in Europe: A Critical Analysis of Agreements in Liner Shipping under Current European Competition Law*, Frankfurt: Peter Lang, 2004, pp. 186-187.

国际航运市场结构的潜在缺陷所必需，相反，运价协议组织存在的实际影响是抬高了国际航运市场中的运费率。而且随着运价协议组织的减少以及市场影响力的减弱，国际班轮航运市场并未出现运输服务船期不可靠以及服务质量降低的问题，相反呈现出服务质量不断提升的发展态势。因此，国际航运运价协议的反垄断豁免制度已经不符合豁免制度存在初始的宗旨与目的了。[1] 而且，即使那些自愿性且不具约束力的运价协商协议，也不宜获得反垄断豁免，因为航运经营者之间关于运价这一敏感性商业信息的讨论和价格指导的协议，都可能对于扭曲航运市场正常的价格机制产生潜在的不利影响。[2] 有学者指出，目前国际航运市场中限制竞争的重要问题实际上在于如何防止班轮公会以及其他形式的国际航运组织滥用共同市场支配地位，从事扭曲市场竞争结构，减损消费者福利的行为，而赋予这些国际航运组织反垄断整体豁免不但将纵容航运经营者之间的共谋行为，也会导致反垄断执法机构在判定市场支配地位时缺乏透明的、公开的材料作为证据，实际上等于隐瞒和助长了国际航运组织滥用市场支配地位行为的发生。[3]

主张对国际航运运营协议的反垄断豁免具体考虑，是考虑到运营协议对于国际航运市场竞争效果潜在的双重作用。一些以封存运力为内容的运营协议可能对于市场条件的变化带来根本性的不利影响，因为通过人为减低运力的方法，可以迅速使航运市场的供小于求，从而推高运价。而那些船舶共享协议、舱位互租协议等则可以有效地利用现有的航运资源，提高航运业整体的运营效率，有利于保障航运市场消费者享有更加稳定与可靠的运

[1] See Organisation for Economic Co-operation and Development (OECD), *Final Report on Competition Policy in Liner Shipping*, DSTI/DOT (Directorate for Science, Technology and Industry/Division of Transport), Apr. 16, 2002, p. 77.

[2] See Organisation for Economic Co-operation and Development (OECD), *Final Report on Competition Policy in Liner Shipping*, DSTI/DOT (Directorate for Science, Technology and Industry/Division of Transport), Apr. 16, 2002, pp. 77-78.

[3] See Marco Benacchio, et al., *The Liner Shipping Industry and EU Competition Rules*, 14 Transport Policy, 2007, pp. 9-10.

输服务。[1] 因此,对于国际航运运营协议的反垄断豁免问题,应当具体考虑,对那些可以产生联合运营效力并对航运市场具有积极作用的运营协议予以豁免,只要这些协议不构成滥用市场操纵力;但是对那些通过运营协议限缩运力,变相操纵航运市场运价的运营协议不予豁免。实际上,对于运营协议的反垄断豁免的具体考虑,究其本质,是与反垄断法中豁免的规定一致的,因为这种协议的存在在某些情况下有利于行业的整体发展。因此就具体的立法技术而言,完全可以采取总体上取消国际航运反垄断豁免的制度,因为这些有利于航运业发展,有利于为航运经营者和托运人双方增进福利的运营协议,即使航运反垄断制度没有赋予其反垄断整体豁免,这些协议也可以获得一般性反垄断法下的豁免。

需要指出的是,上述讨论主要是基于国际班轮运输市场展开的,对于国际不定期租船市场,由于其一直呈现接近完全竞争的市场结构,因此更应当受制于一般的反垄断法律制度。

第四节　国际航运反垄断豁免制度的中国立场

一、我国现有航运业垄断规制的法律框架

目前,我国尚未制定《航运法》,在现有的《国际海运条例》及其实施细则中涉及航运市场竞争规则的内容中并没有明确规定国际航运反垄断豁免制度,这可以得出我国目前在立法上尚未确立国际航运反垄断豁免制度的结论,因此国际航运反垄断豁免问题要适用一般性的法律——《反垄断法》。有观点认为,《国际海运条例》要求订立集体运营协议和运价协议要向交通

---

[1] See Organisation for Economic Co-operation and Development (OECD), *Final Report on Competition Policy in Liner Shipping*, DSTI/DOT (Directorate for Science, Technology and Industry/Division of Transport), Apr. 16, 2002, p. 77.

部报备,体现了反垄断豁免的含义。[1] 但是笔者认为,除非法律条文中明确规定国际航运反垄断豁免制度,否则不应以法律条文中未出现的规定反推其可能存在豁免的意图。因为反垄断豁免实际上不仅仅意味着一种反垄断法上的权利,更是一种特权,因此必须有足够的证据和理由证明这种反垄断法特权存在的合理性。[2] 有关报备制度的规定可能是出于对于航运业实施有效监管的必要,也可能是作为国际航运反垄断豁免制度的程序性要求,但是在我国法律制度中没有明确赋予国际航运组织反垄断豁免制度的前提下,只能将报备制度的存在理解为行政监管的手段之一。可以说,目前我国尚不存在国际航运反垄断豁免制度的规定。

因此,在我国的现有法律制度框架下,国际航运协议组织能否享有反垄断豁免,决定于其是否符合《反垄断法》第 15 条的规定,具体而言会涉及第 15 条第 5 项"因经济不景气,为缓解销售量严重下降或者生产明显过剩的",第 6 项"为保障对外贸易和对外经济合作中的正当利益的",以及第 7 项"法律和国务院规定的其他情形"。其中,第 5 项的适用有着较为严格的前提条件,不仅要存在经济不景气而导致的航运市场运力明显过剩,而且航运业经营者还应当证明所达成的协议不会严重限制相关市场的竞争,并且能够使航运市场的消费者分享由此产生的利益。[3]

需要注意的是,上述《反垄断法》的豁免规定仅限于对协议垄断在满足特定要求下给予豁免,《反垄断法》对于滥用市场支配地位与经营者集中没有规定任何的豁免空间,必须严格适用《反垄断法》的规定来考察国际航运协议组织是否存在滥用市场支配地位的行为,国际航运企业的兼并与收购

---

〔1〕《国际海运条例》第 22 条规定:"从事国际班轮运输的国际船舶运输经营者之间订立涉及中国港口的班轮公会协议、运营协议、运价协议等,应当自协议订立之日起 15 日内将协议副本向国务院交通主管部门备案。"这一观点可以参见李天生:"国际海运业反垄断豁免的法经济学分析——从 THC 风波谈起",载《现代法学》2010 年第 32 卷第 1 期;李志文、王立志:"'零运价'、'负运价'引起的竞争法思考",载《2007 年海商法研讨会论文集》,第 71 页。

〔2〕 American Bar Association Section of Antitrust Law, *Amended Comments on the Shipping Act Antitrust Exemption*, 2006, available at http://www. americanbar. org/content/dam/aba/migrated/antitrust/at-comments/2008/12-08/comments_HR1650_S772. authcheckdam. pdf, p. 3.

〔3〕《中华人民共和国反垄断法》第 15 条第 2 款。

是否符合该法关于经营者集中的要求。

二、是否确立国际航运反垄断豁免的学理争议

由于我国现有的《国际海运条例》及其实施细则中涉及航运市场竞争规则的内容中并没有明确规定国际航运反垄断豁免制度,因此是否在取代过渡性质的《国际海运条例》的未来《航运法》中规定豁免制度,是目前我国学界争议较大的问题。一种观点坚持建立我国的国际航运反垄断豁免制度,认为考虑到班轮公会的存在对运价的稳定乃至整个航运市场的稳定将起到非常重要的作用,在我国确立国际航运反垄断豁免制度将有利于我国航运业的发展。[1] 另一种相反观点则对国际航运反垄断豁免制度持否定态度,认为由于欧盟已经取消了班轮公会的反垄断整体豁免,有理由相信会有更多的其他国家效仿欧盟的做法,最终形成一个取消豁免的总体发展趋势,而且考虑到国际班轮运输行业应当由市场机制,而非国际航运协议组织来配置资源,因此我国应当通过立法禁止航运公司订立国际航运协议,否定了国际航运反垄断豁免制度。[2] 除了上述支持与抵制国际航运反垄断豁免制度的两派针锋相对的学术观点,还有一种介于两者之间的折中观点。虽然存在不同的表述方式,但该折中观点的主要内容是,禁止签订稳定运价、分配市场、限制运力等方面的垄断协议,明确给予设施共享、联合派船等生产性协议反垄断豁免权,这实际上是不给予国际航运运价协议反垄断豁免,但

---

〔1〕 蓝鹭安:“论班轮公会反垄断豁免法”,载《中国海商法年刊》2007 年第 17 卷;李桢:“论我国航运反垄断豁免制度的建立”,载《2007 年海商法国际研讨会论文集》,第 404 页;王增坤、刘淑芬:“班轮公会反垄断豁免制度”,载《集装箱化》2009 年第 4 期。除了学术界的观点,大型航运经营者一般都是国际航运反垄断豁免制度的支持者,亚洲船东协会(Asian Shipowners Forum, ASF)的一份长期投资规划认为,反垄断豁免体制将是确保航运业健康发展的关键因素,参见亚洲船东协会:“ASF:航运业健康需要反垄断豁免”,载 http://news. sol. com. cn/news/20060602/55934. html,2006 年 6 月 2 日;东方海外主席董建成也呼吁欧盟尽快放宽对航运企业的反垄断规定豁免,暂缓实行一部分过于严格的反垄断措施,参见“董建成再次呼吁欧盟放宽反垄断”,载《大公报》,http://news. sol. com. cn/html/2010-03-26/A6540298903441945. shtml,2010 年 3 月 26 日访问;还可以参见“我国航运业需要反垄断豁免”,载《中国交通报》, http://www. chinaccia. com/news. php? id=8920,2015 年 8 月 7 日访问。

〔2〕 林忠明:“欧共体班轮公会豁免规则及其最新发展”,载《中国海商法年刊》2007 年第 17 卷;李志文、王立志:“‘零运价’、‘负运价’引起的竞争法思考”,载《2007 年海商法研讨会论文集》,第 71 页。

是给予那些对于市场有良性效果的国际航运运营协议反垄断豁免。[1]

三、产业政策与竞争规制协调视野下我国航运反垄断豁免的立场选择

受航运法律体系双轨制影响，国际航运业的反垄断豁免是最受学术关注之领域，诸多研究主张国际航运业应享有行业整体性反垄断豁免以促进其发展。在笔者看来，航运业整体性反垄断豁免之授予是否立足于我国航运产业政策考量，又能否有效实现其所倡导的价值目标，恐怕是值得商榷的。笔者认为，为了使那些具有反竞争效果的班轮公会协议与其他运价协议被置于反垄断法规则之下，同时又可以保障那些对于效率提升具有积极作用的运营协议，我国在制定《航运法》时，取消国际航运运价协议的反垄断豁免，对国际航运运营协议的反垄断豁免具体考虑，是应当采取的立场。这一立场看似支持了折中说的观点，但其实质却是取消国际航运反垄断豁免制度，因为在一个存在完善的一般性反垄断豁免制度的法律体系内，这一类具有良性作用的运营协议其实可以直接通过反垄断制度中的豁免规定得以豁免，而无须航运特别法对其作出规定。但是就我国现有《反垄断法》所设定的豁免制度来说，除非按照第 15 条第 7 项"法律和国务院特别作出规定"，否则运营协议很难根据《反垄断法》的豁免制度取得豁免权。显然，如果要作出这样的特别规定，就立法操作而言，就需要在制定《航运法》时特别规定国际航运运营协议的反垄断豁免，并在规定豁免权的同时限定其可以获得豁免的条件。因此，我国宜坚持不确立国际航运协议反垄断整体豁免制度的立场，由《反垄断法》来调整国际航运组织的协议及其行为，但囿于《反垄断法》在规定一般性豁免制度时没有考虑航运业发展的一部分特殊需要，需要特别在制定《航运法》时对于那些具有积极市场作用的运营协议给

[1] 徐剑华、邝光海："班轮运输业反垄断豁免前瞻"，载《世界海运》2005 年第 28 卷第 5 期；郑丙贵："后班轮公会时代国际班轮市场管制"，载《大连海事大学学报》（社会科学版）2007 年第 6 卷第 5 期。一些托运人组织也提出对于国际航运反垄断豁免制度的不满，例如，美国货方联盟就写信给联邦海事委员会呼吁终止航运公司的反垄断豁免权利，参见上海航运交易所："美国货方联盟要求终止航运公司反垄断豁免权"，载 http://www.simic.net.cn/news_show.php? id=62700，2015 年 9 月 17 日访问；上海航运交易所："航运公司反垄断豁免权'存废'之战"，载 http://www.sisi-smu.org/viewarticle.asp? ArticleID=16011，2015 年 10 月 31 日访问。

予反垄断豁免,只要缔结协议的航运公司或者航运组织不存在滥用市场支配地位,或者造成市场价格扭曲等不正当限制竞争,减损消费者福利的效果。

坚持在我国不确立国际航运反垄断豁免制度的立场选择,建立在如下理由之上:

(一)"后班轮公会时代"运价协议组织的市场力量走向衰退,并有扭曲航运市场价格的行为,赋予其反垄断豁免不利于我国海运秩序维持与出口贸易发展

在"后班轮公会时代",班轮公会以及其他运价协议组织,因为对于成员的约束力被各国越来越严格的航运竞争法律制度所限制,在国际航运市场中的总体影响力逐渐减弱。在"后班轮公会时代"这些运价协议组织的作用已经越来越偏离其历史上的初衷,不但不再以稳定航运市场为目的,反而通过联合提价行为、乱收附加费的行为扰乱着国际航运市场的正常秩序。我国远洋航运市场中也存在此类问题。例如,早在 2001 年 12 月,泛太平洋运价稳定协会组织(Transpacific Stabilization Agreement,TSA)、西行泛太平洋稳定协议组织(Westbound Transpacific Stabilization Agreement,WTSA)、亚洲区内讨论协议组织(Intra Asia Discussion Agreement,IADA)、远东班轮公会(Far Eastern Freight Conference,FEFC)等班轮公会和班轮公司之间通过运价协议在中国港口在同一时间、以同一标准收取码头作业费(Terminal Handling Charge,THC)。[1] 2007 年非正式运价协议组织(Informal Rate Agreement,IRA)、非正式南亚运价协议组织(Informal South Asia Agreement,ISAA)、非正式红海运价协议组织(Informal Red Sea Agreement,IRSA)及亚洲区域内运价协议组织(Intra Asia Discussion Agreement,IADA)四大班轮运价协议组织致函中国对外贸易经济合作企业协会,声明将于 5 月 15 日和 6

[1] 交通部、国家发展和改革委员会、国家工商行政管理总局公告(2006 年第 9 号):《关于公布国际班轮运输码头作业费(THC)调查结论的公告》;陆艳平:"论码头作业费的收取",载《海商法研究》2003 年第 1 辑(总第 9 辑)。

月 1 日分别向广东、广西、海南、云南的进出口贸易货主增收最高 340% 的码头作业费。2010 年,泛太平洋运价稳定协会组织(TSA)、加拿大泛太平洋运价稳定组织(Canada Transpacific Stabilization Agreement,CTSA)以及境外班轮公司将上海港港口附加费(Shanghai Port Surcharge,SPS)更名为上海港码头作业费(THC),且该收费标准比过去高出三成。

此类运价协议组织通过统一征收附加费的方式,大幅度地抬高了总体运价,这种加倍征收附加费的行为看不出对于维持航运市场或者运价的稳定有何积极作用。且由于其行为的一致性,我国出口贸易货主几乎没有与航运经营者协商运费率的机会,这实际上限制了托运人自由缔约与自由贸易的权利。可见,此类运价协议组织的存在,不但未能惠及我国海运秩序之维持,反而有损于我国出口贸易的发展,使一部分出口贸易顺差通过缴纳高价运费以及附加费的方式,变相地被折抵了。在这种情况下,若在我国确立国际航运反垄断豁免制度,反而使得上述行为"合法化"了,而变得难以规制,实则不利于我国航运利益与对外贸易利益的保护。[1]

就我国面临的运价走势而言,经济合作与发展组织的报告显示,亚洲的出口贸易运费呈现出一种递增趋势。虽然国际航运市场的总体运价呈现不断减低趋势,但有的航线却呈现不同的运价变化趋势。根据经济合作与发展组织的统计数据可以看出,从 1993 年至 2001 年,无论是从亚洲航行至欧

[1] 有学者从产业经济学的角度提出,我国是否应当确立国际航运反垄断豁免制度取决于海运业与对外贸易对我国的重要性孰重孰轻。该观点认为,给予国际海运业反垄断豁免待遇,就是维护国际海运业中垄断者的利益,这必然会损害作为交易相对方的国际海运"消费者"——货主的利益。在制定是否给予国际海运业反垄断豁免的法律制度时,必须考虑是应当以保护国际海运垄断者的利益为重,还是以保护国际海运的"消费者"——货主的利益为重。就中国经济产业而言,海运业目前占我国 GDP 的比例约为 2%,对外贸易占中国 GDP 比例已达到 60%~70%,可见,海运业在国民经济中的比例是无法与外贸行业相比拟的。因此,该观点得出结论认为我国的反垄断豁免不应适用于国际海运业。参见李天生:"国际海运业反垄断豁免的法经济学分析——从 THC 风波谈起",载《现代法学》2010 年第 32 卷第 1 期。虽然这种观点的结论支持了不确立国际航运反垄断豁免制度的观点,但是就其本身的论述而言,却是值得商榷的。因为从立法操作来看,是否确立国际航运反垄断豁免制度,将体现在我国未来制定的《航运法》之中,要在制定《航运法》时不考虑如何促进航运业的发展,而是考虑如何促进对外贸易的发展而限缩航运业的发展,恐怕是未必现实的,而且航运业本身的强大,也是一个国家发展对外贸易的有力保障,海运业与对外贸易并不是截然相对的。有关我国《航运法》制定的原则的建议,可以参见胡正良:"论我国《航运法》制定的目的和应遵循的原则",载《大连海事大学学报》(社会科学版)2004 年第 3 卷第 3 期。

洲的航线上，还是从亚洲航行至美国的航线上，运费都出现不断增加的趋势。[1] 而从欧洲至亚洲，以及美国至亚洲的航线上，运费却呈现出不断减低的趋势。这种现象可以说与欧盟以及美国对于班轮公会以及运价协议组织行为的严格规制不无关系。

根据上述讨论，赋予国际航运运价协议组织反垄断豁免，已经不符合反垄断豁免制度存在的初衷了，即通过限制竞争来维持一定程度的规模经济，从而促进社会整体福利的增加。从社会福利增加的角度考虑，取消国际航运反垄断豁免制度，将竞争机制以及一般性竞争法规则引入航运市场，有利于航运市场消费者福利的提高，因为在一个垄断竞争结构下的航运市场中，航运企业统一价格的联合行为只能使其自身获益，而不是使航运市场的消费者真正获益，而且在这种市场结构下，也并没有任何激励机制使航运企业愿意与消费者共同分享联合带来的好处，因此获益总是被这些航运市场的经营者所独享。[2]

（二）考虑到其他国家与国际组织有关法律制度的变化趋势，赋予国际航运运价组织反垄断豁免可能将使我国在规制国际航运组织行为时陷入被动

在判断我国对于国际航运反垄断豁免制度的立场选择时，应当充分考虑这一制度在国际平台上的未来发展趋势。之所以需要充分考虑到其他国家的法律制度的变化，是因为国际航运涉及多个国家，如果航线一端的国家禁止某类协议，那么，该航线上的另一端国家即使允许某类协议，这些协议组织也不能从事协议约定的活动。[3] 在这个意义上，评估与预测其他国家法律制定的现在与未来，对我国在判断对于国际航运反垄断豁免制度的立场选择时，相当重要。

---

〔1〕 See Organisation for Economic Co-operation and Development (OECD), *Final Report on Competition Policy in Liner Shipping*, DSTI/DOT (Directorate for Science, Technology and Industry/Division of Transport), Apr. 16, 2002, p. 30, Figure 3. 1 and Figure 3. 2.

〔2〕 See Luis Ortiz Blanco, *Shipping Conferences under EC Antitrust Law: Criticism of a Legal Paradox* (Andrew Read trans.), Oxford, Portland: Hart Publishing, 2007, p. 531.

〔3〕 郑丙贵：“后班轮公会时代国际班轮市场管制”，载《大连海事大学学报》（社会科学版）2007年第6卷第5期。

在2008年以前,几乎世界各国都确立了班轮公会等国际航运组织的反垄断豁免制度,虽然制度的具体内容和覆盖范围可能不尽相同。在有些学者看来,在有关国际航运业的立法中,赋予以班轮公会为代表的国际航运组织反垄断豁免,可以说是一种国际立法惯例。[1] 但是,2006年欧盟第1419号条例的颁布决定在2年过渡期后取消班轮公会的反垄断整体豁免,无疑对这一国际立法惯例构成一记重创。2008年欧盟取消班轮公会反垄断整体豁免的规定已经正式生效,欧盟取消班轮公会的反垄断豁免的理由在于班轮公会不符合《欧共体条约》第81条第3款规定的享有反垄断豁免的四个条件。欧盟指出,由于很多班轮公会已经不再能够有效实施公会统一的运价,不再能够保证航运业效率的提升,而且也没有证据表明班轮公会的存在必然会带来更加稳定的费率与质量更高的班轮运输服务。[2] 并且,班轮公会的价格控制协议其本身是非常严重的限制竞争行为。[3] 除了统一运价,班轮公会集体征收附加费的行为,不但不会起到稳定航运市场秩序、稳定运价的作用,而且是一种在完全不存在市场竞争条件下的统一要价,这种要价会引起其他独立航运经营者的跟风行为,因此损害货主利益。[4] 在指出了班轮公会的不当行为后,欧盟认为即使航运企业需要通过联合实现规模经济,进路也并不是只有班轮公会等运价协议一种,完全可以单纯地通过运营

---

〔1〕 於世成:《美国航运法研究》,北京大学出版社2007年版,第61页。

〔2〕 See Council Regulation (EC) No. 1419/2006 of 25 September 2006 repealing Regulation (EEC) No. 4056/86 laying down detailed rules for the application of Articles 85 and 86 of the Treaty to maritime transport, and amending Regulation (EC) No. 1/2003 as regards the extension of its scope to include cabotage and international tramp services, OJ L 269, 28. 9. 2006, recital 4.

〔3〕 See Council Regulation (EC) No. 1419/2006 of 25 September 2006 repealing Regulation (EEC) No. 4056/86 laying down detailed rules for the application of Articles 85 and 86 of the Treaty to maritime transport, and amending Regulation (EC) No. 1/2003 as regards the extension of its scope to include cabotage and international tramp services, OJ L 269, 28. 9. 2006, recital 5.

〔4〕 See Council Regulation (EC) No. 1419/2006 of 25 September 2006 repealing Regulation (EEC) No. 4056/86 laying down detailed rules for the application of Articles 85 and 86 of the Treaty to maritime transport, and amending Regulation (EC) No. 1/2003 as regards the extension of its scope to include cabotage and international tramp services, OJ L 269, 28. 9. 2006, recital 7; see also Francesco Munari, *Liner Shipping and Antitrust after the Repeal of Regulation* 4056/86, Lloyd's Maritime and Commercial Law Quarterly, 2009, p. 50.

协议的方式实现,而无须控制和固定运价。[1] 综合上述考虑,欧盟取消了班轮公会的反垄断整体豁免制度,认为班轮公会的面临的内在与外在竞争是一个十分复杂的问题,故不宜通过整体豁免来处理,而应当适用一种个案的分析的思路(case by case basis)来处理有关问题。[2]

欧盟的这一法律改革,在国际社会引发了关于是否应当取消国际航运反垄断豁免的讨论,受欧盟改革的影响,其他国家开始重新评估本国航运法与航运政策,将是否继续保留本国国际航运反垄断豁免制度作为一项重要议题展开研究。例如,新西兰就决定取消班轮公会反垄断豁免,目前,如何具体修订取消班轮公会反垄断豁免后的法律制度尚待新西兰议会决定。[3] 印度货主已经向印度竞争委员会(Competition Commission of India, CCI)投诉,要求核查班轮公会的定价机制是否对货主利益产生了不利影响。印度竞争委员会也开始考虑取消班轮公会价格垄断豁免权,并允许各班轮公司对货主独立报价。[4] 日本贸易委员会也正在积极征求日本和世界各地业内人士意见就有关公会制度是否有存在的必要而达成共识。[5] 目前,在取消班轮公会反垄断豁免的法律变革进程中,各种货主协议和托运人组织成为重要的推动力量。马来西亚竞争委员会(Malaysia Competition Commission, MyCC)在 2013 年 12 月宣布将赋予班轮公会公会协议为期三年的竞争法豁

---

[1] See Council Regulation (EC) No. 1419/2006 of 25 September 2006 repealing Regulation (EEC) No. 4056/86 laying down detailed rules for the application of Articles 85 and 86 of the Treaty to maritime transport, and amending Regulation (EC) No. 1/2003 as regards the extension of its scope to include cabotage and international tramp services, OJ L 269, 28. 9. 2006, recital 6.

[2] See Francesco Munari, *Liner Shipping and Antitrust after the Repeal of Regulation* 4056/86, Lloyd's Maritime and Commercial Law Quarterly, 2009, p. 50.

[3] See Organisation for Economic Co-operation and Development (OECD), *Working Party No.* 2 *on Competition and Regulation Competition Issues in Liner Shipping-New Zealand*, Directorate for Financial and Enterprise Affairs, Competition Committee, Jun. 4, 2015, available at http://www.oecd.org/officialdocuments/publicdisplaydocumentpdf/? cote=DAF/COMP/WP2/WD(2015)6&docLanguage=En, p. 6.

[4] 虽然印度竞争委员会开始表现出希望禁止航运经营者实施协同价格行为的态度,也向印度航运部(Ministry of Shipping)提出禁止航运经营者协同运费的建议,但是印度航运部却认为对航运经营者协同价格的行为实施更为严格的监管比直接予以禁止要好,参见 Proshanto K. Mukherjee and Mark Brownrigg, *Farthing on International Shipping* (4th ed.), Berlin, Heidelberg: Springer, 2013, p. 169。

[5] 王守仁:"远东班轮公会将于今年 10 月 18 日停止运作",载《中国经贸》2008 年第 6 期。

免后，各种产业协会和组织就向法院起诉要求法院启用司法审查制度审查竞争委员会这一做法是否合法，马来西亚地方高等法院（Kota Kinabalu High Court）判决认为竞争委员会的做法符合马来西亚《2010 年竞争法》（Competition Act 2010）的要求。[1] 美国虽然并不打算跟随欧盟海运竞争法律体系的变革修改航运法，但是却对欧盟法律的变化高度重视，立刻着手评估欧盟海运竞争法律体系变革对于美国航运业发展的影响。美国联邦海事委员会于 2012 年发布了名为“关于 2008 年欧盟竞争法取消班轮公会反垄断豁免的研究”的调查报告。[2] 此份调查报告的结论指出，欧盟取消班轮公会反垄断整体豁免并未对美国航线的贸易带来负面影响，在美国从事对外贸易运输的航运经营者开出的运价并未呈现出比欧盟货物运输的运价更高的现象。[3]

美国联邦海事委员会就发出了调查问卷，讨论欧盟取消班轮公会反垄断整体豁免制度后可能产生的影响，并将在此基础上进一步考虑是否要变革美国航运法中的豁免制度。[4] 实际上早在 20 世纪 90 年代末期，美国制定修改《1984 年航运法》的《1998 年航运改革法》时，就在如何规制远洋运输与通过《1998 年航运改革法》问题上的争议也表现出对于班轮公会反对与支持并存的观点。[5] 在《1998 年航运改革法》出台前的 1995 年草案阶段，美国几乎持完全取消国际航运协议组织反垄断豁免制度的立场。但是最后

---

〔1〕 See Malaysia Competition Commission, News Release, *Kota Kinabalu High Court Dismissed the Application for Judicial Review on Conditional Block Exemption Order*, Apr. 2015, available at http://mycc. gov. my/wp-content/uploads/2015/04/News-Release-Kota-Kinabalu-High-Court-Dismissed-the-Application-for-Judicial-Review-on-Block-Exemption-Order_final. pdf.

〔2〕 See United States Federal Maritime Commission, *Study of the* 2008 *Repeal of the Liner Conference Exemption from European Union Competition Law*, Jan. 2012, available at http://www. fmc. gov/assets/1/documents/fmc_eu_study. pdf.

〔3〕 See United States Federal Maritime Commission, *Study of the* 2008 *Repeal of the Liner Conference Exemption from European Union Competition Law*, Jan. 2012, available at http://www. fmc. gov/assets/1/documents/fmc_eu_study. pdf. , p. x.

〔4〕 See United States Federal Maritime Commission, *Notice of Inquiry: An Analysis of the European Union Repeal of the Liner Conference Block Exemption*, Nov. 1, 2010, available at http://www. fmc. gov/assets/1/News/EUStudy_NOI_110110. pdf.

〔5〕 See Richard L. Clarke, *An Analysis of the International Ocean Shipping Conference System*, 36 Transportation Journal, 1997, pp. 17–29.

通过的法律继续保留了豁免制度,因为考虑到毕竟当时还不具备完全取消该制度的环境,美国率先取消该制度将使美国进出口贸易面临很大的风险,对从事美国进出口航线运输的航运经营者也极为不利。[1] 后来对于航运法的评估和讨论中,美国也一直关注着是否取消国际航运反垄断豁免制度。[2] 作为一个贸易大国,美国货主在外贸出口过程中也面临着和中国一样的被运价协议组织集体提高运费的问题,[3]这使得美国2010年航运法议案,即《H. R. 6167 议案》(H. R. 6167-Shipping Act of 2010)中取消了给予航运公司的反垄断豁免权,目前该议案尚待美国两院的投票表决。[4]

2004年澳大利亚对"国际班轮货物运输法"(《1974年贸易行为法》第十章)进行了继1999年评估后的再次评估,[5]评估的重要任务之一就是考察"国际班轮货物运输法"对竞争的限制程度,以及这种限制是否为澳大利亚航运业所必需。[6] 在2005年的最终报告中,澳大利亚生产力委员会(Productivity Commission)指出,取消第十章国际航运反垄断豁免制度,将国际航运业纳入一般竞争法规则进行规范,适用第八章一般性反垄断豁免的规定,是最优选择。[7]

主要海运国家对于航运竞争政策和法律制度的重新评估结果体现了取消国际航运反垄断豁免制度的倾向。如前所述,由于海运是跨国性的,如果

---

〔1〕 於世成:《美国航运法研究》,北京大学出版社2007年版,第58页。

〔2〕 See *Antitrust Aspects of the Ocean Shipping Reform Act of* 1998, Hearing before the Committee of the Judiciary, House of Representative, 106th Congress, 1st Session, May 5, 1999, http://commdocs.house.gov/committees/judiciary/hju62447.000/hju62447_0f.htm; see also Chris Sagers, *The Demise of Regulation in Ocean Shipping: A Study in the Evolution of Competition Policy and the Predictive Power of Microeconomics*, 39 Vanderbilt Journal of Transnational Law, 2006, pp. 816-818.

〔3〕 See Patrick Burnson, *Transpacific Stabilization Agreement to Raise Rates in* 2011, Nov. 22, 2010, http://www.logisticsmgmt.com/article/transpacific_stabilization_agreement_to_raise_rates_in_2011/.

〔4〕 这一议案由奥博斯达(James Oberstar)于2010年9月22日提出,但该议案尚待美国两院的投票表决。

〔5〕 在5年之内进行两次评估,一是由于2000年澳大利亚对《国际班轮货物运输法》的修改是不彻底的,二是国际班轮市场环境和其他国家法律制度发生了较大的变化,参见於世成:《美国航运法研究》,北京大学出版社2007年版,第110页。

〔6〕 於世成:《美国航运法研究》,北京大学出版社2007年版,第110~112页。

〔7〕 See Australia, The Productivity Commission Inquiry Report, *Review of Part X of the Trade Practices Act* 1974: *International Liner Cargo Shipping*, No. 32, Feb. 23, 2005, pp. 154-155.

航线一端的国家禁止反垄断豁免,即使该航线上的另一端国家允许豁免,这些协议组织也不能从事反竞争的行为。如果某一个协议组织从事了反竞争的行为,禁止反垄断豁免的国家就可以用自己的反垄断法来对此类行为作出处罚;保留反垄断豁免制度的国家则无从以限制竞争、损害航运市场消费者利益为由,禁止此类行为并进行处罚。如果其他国家取消航运反垄断豁免后,若继续采用航运业整体性反垄断豁免理论就意味着对于我国至欧盟航线上的反竞争行为欧盟有权规制处罚,而我国对其规制处罚却成为无法律依据的越权行为。同时,行业整体性反垄断豁免理论也可以成为外国航运企业的保护伞,使其将在欧盟港口的利润减损通过在我国港口联合抬高运费或收取附加费转嫁给我国货主并可以不受处罚。可见整体性反垄断理论在实践中的法律后果将是我国贸易利益与航运利益的双输:当外国航运企业在我国实施反竞争行为损害货主权益却不受处罚时,我国航运企业的海运服务却因受外国严格竞争监管而束手束脚。

(三)不确立国际航运反垄断豁免制度并不会对我国的航运业发展造成不利

不确立国际航运反垄断豁免制度,也并不会抑制本国航运业的发展。要理解这一点,首先,需要厘清国际航运反垄断豁免制度所适用的对象,并不是仅适用于本国航运公司的,而是适用于任何国家的航运公司所组成的运营涉及我国航线的航运协议组织,只要该组织的协议行为可能损害我国货主的利益,或者我国的对外贸易利益,或者危害我国航运市场的正常秩序。因此,从对象上看,与其说不确立国际航运反垄断豁免制度是抑制我国航运业之发展,不如说更多的是防止我国与其他国家的航运公司之间,或者其他国家的航运公司之间通过共谋损害我国利益。不确立国际航运反垄断豁免制度,不但我国的航运公司要遵守我国一般反垄断法规则的规定,运营涉及我国航线的外国航运公司亦要遵守,因此并不会对我国航运业造成不利或者损害。

其次,要理解这一点还要厘清国际航运反垄断豁免制度的功能。国际航运反垄断豁免制度的存在从来就不能鼓励航运业的发展,也不以鼓励航运业的发展为目的。从历史上看,该制度也仅是起到一个最后性的屏障作用,即当国际航运市场中可能会产生恶性竞争时,为了防止市场秩序的混乱,允许班轮公会等协议组织来对航运业的价格作出一定的调节,从而不至于发生惨烈的恶性竞争,造成运价的剧烈震荡。要想鼓励本国航运业的发展,可以通过补贴、低税、货载保留制度等措施,[1]但显然依靠的不应当是建立反垄断豁免制度,因为如上所述,适用对象的涉外性决定了这一制度如果对航运业存在激励作用,那么受到激励的也不单纯是本国航运经营者,那些外国航运经营者也一样会受惠,更何况该制度却并不能起到这种鼓励航运业发展的作用。因此该制度不能起到鼓励本国航运业发展的作用,不建立豁免制度,也就不会对我国航运业的发展造成不利。

综上所述,航运反垄断整体豁免理论混同了鼓励垄断与航运业扶持政策,不当地将竞争规制与航运业发展对立起来。产业政策与竞争政策不但并不对立,反而可以互为补充。一方面,产业政策通常是贯穿于反垄断法的实施过程中的,特别是经济学分析方法在反垄断法实施过程中的广泛运用。以经济效果理论为核心的"合理原则"往往注重在反垄断与经济效益方面进行合理权衡。[2] 另一方面,产业政策本身并不能保证、避免相关企业不采取反竞争措施,这就为反垄断法发挥作用提供了空间。[3] 扶持航运业发展可以通过鼓励垄断外的一系列诸如适度政府补贴、优惠税率、低息贷款、货载优先等措施进行,反垄断豁免从来就不能鼓励航运业发展也不以鼓励航运业发展为目标。即使从历史上看该制度也仅仅只是市场失灵时的最后选择,即当海运市场可能产生割喉恶性竞争时为防止混乱才允许航运组织对价格作出一定调节。即便假定行业整体性反垄断豁免有利于激励航运业,从加入 WTO 后法律实施的国民待遇视角来看,海运相关法律规制适用对象

---

〔1〕 张琳:"中美海运开放若干法律问题之比较研究",载《海商法研究》2003 年第 9 辑。

〔2〕 王先林、丁国锋:"反垄断法实施中对竞争政策与产业政策的协调",载《法学》2010 年第 9 期。

〔3〕 韩立余:"反垄断法对产业政策的拾遗补缺作用",载《法学家》2008 年第 1 期。

的涉外性决定了整体性反垄断豁免制度除了激励我国航运企业发展外，也会使同样享有反垄断豁免特权的外国航运企业获利，因此反而使以鼓励我国航运业发展为初衷的立法变相惠及外国企业，导致我国航运企业丧失国际竞争优势。

此外，该理论也错误解读了一般竞争法下的单独豁免。实际上即使取消航运业整体性反垄断豁免也并不意味着航运业被严格排斥在反垄断豁免框架体系之外，如果航运联营等协议符合单独豁免的构成要件仍然得以依据一般竞争法享有豁免。从社会福利增加的角度考虑，取消海运反垄断豁免制度，将竞争机制以及一般性竞争法规则引入航运市场，有利航运市场消费者福利的提高。因为在一个垄断竞争结构下的航运市场中，航运企业统一价格的联合行为只能使其自身获益而不是使航运市场的消费者真正获益，而且在这种市场结构下，也并没有任何激励机制使航运企业愿意与消费者共同分享联合带来的好处，因此获益总是被这些航运市场的经营者所独享。

从产业政策与竞争政策价值导向的差异来看，竞争政策的价值导向是通过鼓励市场主体之间开展积极竞争，追求整体消费者福利的提升和社会公平竞争秩序的维持，其保护竞争而不是竞争者从而惠及消费者利益。产业政策的价值导向主要是通过政策倾斜对弱势行业、企业进行扶持而体现某种差别待遇，注重的是特定市场主体的后发优势与整个市场的规模效益，具有明确的产业指向性，很少直接顾及消费者利益。[1] 因此完全强调航运产业政策的行业整体性豁免制度实际上将可能成为我国外贸出口事业的绊脚石。

如果废除国际航运反垄断豁免，将一般的反垄断法规制适用于航运业，其效果如何？有学者认为，国际航运反垄断豁免的取消，将为航运市场引入

〔1〕 王先林、丁国锋："反垄断法实施中对竞争政策与产业政策的协调"，载《法学》2010 年第 9 期。

竞争机制,使得航运企业在价格的基础上彼此竞争以实现生存与发展。[1]但是在此情形下,如果航运企业要实现利润最大化,就会倾向于在利润高的航线上运营,如北美/欧洲航线、北美/亚洲航线、欧洲/亚洲航线,无疑在没有任何协调机制的情况下,这些航线上可能会出现激烈的竞争而使得利润越来越低,而那些利润较低的航线上却可能存在很少船舶运营的情况,从而无法保障固定的船期,使国际航运市场陷入混乱。实际上,这种全部集中于某些热门航线进行疯狂竞争的情况是几乎不会发生的。这是因为在国际航运领域是无法实现竞争均衡的,在国际航运市场中,每个国家为了使本国的航运公司具有更大的竞争力,为了更好地实现本国经济利益与外贸利益,往往都通过各种形式给予本国船队以补助。所以,即使航运业利润微薄甚或亏损经营,但是出于经济、政治甚至军事的考虑,这些没有竞争力的航运公司也未必会像在一般市场机制下那样因为优胜劣汰而倒闭。[2]

基于上述理由,笔者倡导推动我国从国际航运业整体反垄断豁免向适用反垄断法一般性豁免的变革,主张在单独豁免论基础上重构我国航运竞争规则。为了使那些具有反竞争效果的班轮公会协议与其他运价协议被置于反垄断法规制之下,同时又可以保障那些对于效率提升具有积极作用的运营协议,我国在制定《航运法》时对航运协议进行类型化界定并分采不同豁免做法是应当采取的立场。

第五节 行业整体豁免否定论基础上的航运竞争规则体系重构

一、产业政策与竞争规制协调视野下类型化协议豁免体系重构

在否定航运业行业整体性反垄断豁免基础上可以按照对竞争的负面影

---

〔1〕 See Paul G. Cassel, *Exemption of International Shipping Conferences from the American Antitrust Laws:An Economic Analysis*, 20 New England Law Review, 1984-1985, p. 27.

〔2〕 See the Shipping Act of 1983: Hearings Before the Senate Committee on the Judiciary, 98th Congress, 1st Session, 1983, p. 94, cited by Paul G. Cassel, *Exemption of International Shipping Conferences from the American Antitrust Laws:An Economic Analysis*, 20 New England Law Review, 1984-1985, p. 27.

响程度及效率标准有区别地建构多元化阶梯式航运垄断协议豁免体系。一般而言,海运经营者之间的固定价格协议属于价格卡特尔协议,依靠这种固定价格协议,承运人可以将运价水平提升到完全竞争市场运价水平之上从而获得限制竞争带来的利润,对此应当直接禁止、不予豁免而无须进行限制竞争目的与效果的评估。对于海运经营者之间的统一运输条件与联合服务协议以及海运经营者之间的合理化协议,虽然其限制竞争严重性不如固定运价协议,但却可能使承运人失去获取竞争优势的激励机制,也剥夺了托运人的自由选择权,因此应一般性禁止同时允许经营者提供证据证明符合单独豁免的条件。对于海运经营者之间的信息交换协议是否构成垄断协议,则要结合诸如信息交换行为的性质、所交换的信息的具体内容、市场结构特点等因素以个案为基础予以具体判断。对于单纯以排挤非协议承运人为目的的使用战斗船协议,则应适用本身违法原则完全予以禁止并不予豁免。对于捆绑海运市场消费者的忠诚契约,则应当进行合理性判断,若能证明其存在对于航运市场必要的积极作用,并且消费者切实可以从忠诚契约中获得福利,则该契约可能获得反垄断豁免。

二、通过全球化电子信息交换系统实现资源协调配置

2008 年欧盟取消班轮公会反垄断整体豁免后,欧洲班轮事务协会(European Liner Affairs Association)提出了一个新的构想——在竞争法律框架内建立一个全球性的承运人信息交换机制。[1] 这一全球性承运人信息交换机制目前由欧洲班轮事务协会的专属代理机构“集装箱贸易数据统计公司”来运营。欧洲班轮事务协会的建议案中指出,承运人之间有关的下列内容信息交换机制应当获得新航运竞争法律体系的垄断豁免:航运公司可以以运输地区为单位就总运力使用情况与运输需求量进行信息交换和讨论,对于货物商品市场的发展状况进行信息交换,讨论和评估贸易市场总的

〔1〕 See European Liner Affairs Association, *ELAA Final Proposal of* 6 *August* 2004, available at http://europa.eu.int/comm/competition/antitrust/others/maritime/elaa_proposal/elaa_proposal_6_august_2004_en.pdf.

供给与需求状况,航运公司可以获得有关其自己的市场份额信息(包括按货物计算的市场份额、按区域计算的市场份额以及按港口计算的市场份额),运价指数信息将予以公开(包括按照船舶运载类型分类的运价指数与按照货物类型分类的运价指数)等内容。[1] 按照欧洲班轮事务协会的构想,这一信息交换机制包含"输入"(input)与"输出"(output)两方面。在"输入"方面,每个承运人都需要将自己的提单信息、船舶货物实际装载量、船舶运载量以及其他货物贸易信息与港口信息输入信息交换机制。这些信息会经过数据处理和汇总统计进入"输出"系统,承运人均可获得这些信息,包括市场需求状况、运力使用情况、市场份额、货物贸易发展状况、价格指数信息。这些数据在"输入"发布之前,会经过特定机构的处理,以确保信息的发布不涉及承运人的具体信息与数据,而仅是针对行业中整体数据进行分析得出的结果,且该机构负责在公布信息前先行过滤信息内容以确保该做法符合反垄断法。[2] 欧洲班轮事务协会认为,此种信息交换机制可以减低航运经营者错误估算了航运市场运力需求时的运营风险。[3]

然而船舶经营者信息交换协议对于市场竞争的不确定影响为反垄断规制提出了新问题。[4] 原则上看,船舶经营者可以通过相互交换信息在更加透明化的市场上得到好处,减低在运力过剩时面临的风险;然而,如果信息的交换成为船舶经营者之间协调与控制市场的工具,这种信息交换就构成违法反垄断法的垄断协议。例如,信息交换可能是为某一反竞争行为提供便利的机制,如监控执行一个卡特尔协议,在此情况下的信息交换是附属于此类反竞争行为的,具有反竞争效果。由于并不能直接认定信息交换协议会限制竞争、损害消费者福利,因此无论在欧盟、美国还是我国,反垄断法律

---

〔1〕 See European Commission, White Paper on the Review of Regulation 4056/86, Applying the EC Competition Rules to Maritime Transport, COM (2004) 675 final, Brussels, 13. 10. 2004, p. 6.

〔2〕 See Peter Marlow and Rawindaran Nair, *Liner Shipping and Information Exchange: A European Perspective*, 30 Marine Policy, 2006, p. 684.

〔3〕 See Peter Marlow and Rawindaran Nair, *Liner Shipping and Information Exchange: A European Perspective*, 30 Marine Policy, 2006, p. 684.

〔4〕 See European Commission Guidelines on the application of Article 81 of the EC Treaty to maritime transport services, OJ C 245/2, 26. 9. 2008, para. 38.

制度都并未将信息交换协议作为直接予以禁止的垄断协议而适用本身违法原则，对于信息交换协议是否属于垄断协议，要结合诸如信息交换行为的性质、所交换的信息的具体内容、市场结构特点等因素以个案为基础予以具体判断。

CHAPTER 05> 第五章

国际航运协议的反垄断规制

如果不确立国际航运反垄断豁免制度，那么国际航运业就要适用一般反垄断规则，包括一般反垄断规则所确立的一般性单独豁免制度。那么，如何在一般性反垄断法下架构出航运业具体的可适用细则，就是本章要解决的问题。在国际航运市场中，航运经营者至少有独立运营与合作经营两种市场策略，这两种市场策略决定着反垄断法律制度在航运市场中的适用框架。航运经营者之间的合作协议要受制于反垄断法律制度中的垄断协议规制，而航运经营者的独立运营要受制于反垄断法律制度中的滥用市场支配地位规制，当然航运企业之间的兼并和收购也要受制于反垄断法律制度中的经营者集中规制。一般来说，航运经营者之间的垄断性协议应当受到比滥用市场地位行为更为严格的反垄断法调整，甚至在某些特定类型的垄断协议问题上，可以适用本身违法原则而无须考虑行为的目的与实际效果，这是因为多边性的联合行动比单边行为更可能危害市场消费者，反垄断法学家霍温坎普（Herbert Hovenkamp）指出："在反托拉斯法下，单边行为受到的反托拉斯审查强度是最低的。如果是纯粹的单边行为，则只有当属于垄断化或企图垄断的类型时才有可能非法，而且其市场力量要件和行为要件都是非常严格的。"〔1〕

垄断协议，是指排除、限制竞争的协议、决定或者其他协同行为。〔2〕 有

〔1〕［美］赫伯特·霍温坎普：《联邦反托拉斯政策：竞争法律及其实践》（第3版），许光耀等译，法律出版社2009年版，第211页。

〔2〕《中华人民共和国反垄断法》第13条第2款。

学者将协议垄断制度称为联合限制竞争制度，指出作为各国反垄断法基本实体制度的三大支柱之一的协议垄断制度是纯粹的行为规制，而不需要市场结构的要素。[1] 垄断协议的特征在于，以两个或两个以上在经济上和法律上具有独立性的竞争者为主体要件，以竞争者之间明示或者默示的联合行为作为行为要件，以妨碍、限制或者扭曲竞争为目的要件或者后果要件。[2] 由于垄断协议对市场竞争具有明显的限制作用与危害性，因此主要国家和地区的反垄断法律制度均对此予以严格规制。《欧共体条约》第81条第1款规定："所有可能影响成员国间的贸易，并以阻碍、限制或扭曲共同市场内的竞争为目的或有此效果的企业间协议、企业联合组织的决议和企业间的协同行为，均被视为与共同市场不相容而被禁止。"美国《谢尔曼法》第1条规定："任何限制州际间或与外国之间的贸易或商业的契约，以托拉斯形式或其他形式的联合，或共谋，都是非法的。"我国《反垄断法》也对垄断协议制度作出专章规定。

虽然基于垄断协议严重的反竞争性质，各国反垄断法律制度对其一律禁止，[3]但考虑到某些具有反竞争效果的垄断协议可能在特殊的市场条件下带来更优的市场资源配置效果，在这种情况下，通过联合实现的合理化就比自由竞争更可取，因此各国法律在禁止垄断协议的同时也认定某些垄断协议的合法性，并对其给予反垄断法上的豁免。由此，有学者将反垄断法律制度中垄断协议的立法思路归结为两个步骤：首先，判断是否存在具有反竞

---

[1] 王先林教授将联合限制竞争行为界定为：两个或两个以上的企业，采取协议或默契等形式，共同对特定市场的竞争加以限制的行为。相对于滥用市场支配地位和企业结合等结构性垄断行为而言，垄断协议属于非结构性垄断行为；相对于滥用市场支配地位在多数情况下由单个企业所实施而言，协议垄断行为总是由双方或多方所实施，因而又被称为共同行为或联合行为。上述内容参见王先林："论联合限制竞争行为的法律规制——《中华人民共和国反垄断法（草拟稿）》的相关部分评析"，载《法商研究》2004年第5期。

[2] 王晓晔："反垄断法中的卡特尔"，载王晓晔：《反垄断法实施中的重大问题》，社会科学文献出版社2010年版，第107页；王先林："论联合限制竞争行为的法律规制——《中华人民共和国反垄断法（草拟稿）》的相关部分评析"，载《法商研究》2004年第5期。

[3] 许光耀教授指出，此处的"一律禁止"是指管辖权意义上的一律禁止，目的是把所有对竞争产生限制的协议都拿来审查，并不是最终认定其违法，参见许光耀："《关于禁止垄断协议行为的有关规定（征求意见稿）》的意见"，载王晓晔：《反垄断法实施中的重大问题》，社会科学文献出版社2010年版，第70页。

争性质的垄断协议;其次,即使某一协议构成了垄断协议,也并不必然要受到禁止,要衡量其积极效果与消极效果后予以合理化评估。[1] 在垄断协议的豁免制度上,《欧共体条约》第 81 条第 3 款规定,如果企业间订立的限制竞争协议、企业联合组织的决议或者企业间的协同行为同时满足以下四个条件,则不适用《欧共体条约》第 81 条第 1 款的禁止性规定:有助于改善商品的生产或者分配,或者有助于推动技术或者经济进步;使消费者能够由此获得的利益中分享公平的份额;不对有关企业施加并非为达到上述目标所必不可缺少的限制,即为实现上述目的,限制竞争是不可避免的;不向有关企业提供在所涉及产品的相当范围的领域内消除竞争的机会,即限制竞争尚未达到消除竞争的程度。美国则采用由判例法发展出的“合理原则”来对《谢尔曼法》的垄断协议进行具体解释适用。美国联邦最高法院在 1911 年美孚石油公司案[2]中指出,市场上的反竞争行为并不必然违法,应视案件的具体情况进行判定,有些行为虽然出于限制竞争的目的,或者能够产生限制竞争的后果,但如果它们同时还具有推动竞争的作用,或者能够显著改善企业的经济效益,从而能够更好地满足消费者的需求,或者有利于整体经济利益或者社会公共利益时,则应当被视为合法。[3]

在国际航运反垄断法律制度中,航运经营者之间的合作协议是海上货物运输市场中较为常见的一种实践做法。然而由于此类协议加强了航运经营者之间的联合,为它们从事协同性行为(如联合提价、联合收取附加费、统一运输条件等)提供了平台与空间,可能成为反垄断法垄断协议制度规制的对象。欧盟与美国在规制国际航运垄断协议的做法上并不完全一致,前者取消了班轮公会协议的反垄断整体豁免,而后者仍然给予航运业的垄断协议豁免,但是就二者法律的最终实施效果而言,却都极大程度地限制了航运

---

〔1〕 许光耀:“《反垄断法》中垄断协议诸条款之评析”,载《法学杂志》2008 年第 1 期;许光耀:“《关于禁止垄断协议行为的有关规定(征求意见稿)》的意见”,载王晓晔:《反垄断法实施中的重大问题》,社会科学文献出版社 2010 年版,第 70~71 页。

〔2〕 Standard Oil Co. of New Jersey v. United States, 221 U. S. 1 (1911).

〔3〕 王晓晔:“紧盯国际卡特尔——美国反托拉斯法及其新发展”,载《国际贸易》2002 年第 3 期。

豁免的适用。就我国现有的法律框架来看,作为海运竞争特别法的《国际海运条例》并没有关于垄断协议制度的具体规定,作为一般法的《反垄断法》又缺乏可以应用到航运市场的具体操作标准,从而导致在何种航运协议可获得反垄断豁免,不能获得豁免的协议应当如何适用垄断协议制度进行垄断判定等一系列问题上都不甚明确,因而仅凭现有规定无力解决航运市场中的垄断协议问题。因此,在对国际航运垄断协议制度进行研究,对欧盟与美国的相关制度进行比较考察的基础上,如何构建我国《航运法》中具体完善的航运垄断协议规制制度,是需要重点研究的议题。

第一节　国际航运垄断协议的范畴

在国际航运市场适用垄断协议规制制度,首先要解决适用对象范围的问题,即何种协议构成国际航运垄断协议而应适用垄断协议规制制度来进行调整?一般来说,航运经营者之间的合作协议、航运组织的决议与航运经营者之间的协同行为,都可能产生限制竞争的效果,因此受到垄断协议规制调整的,不仅应包括那些书面形式的协议,也应包括那些航运经营者之间达成了一致意见而在实践中进行合作的协同行为。同时,考虑到班轮公会等航运协议组织的决议对于成员航运公司的约束力,也应当将其视为限制竞争的垄断性协议。[1]

一、国际航运经营者之间的合作协议与协同行为

在海事实践的具体操作中,存在一些有关国际航运垄断协议的细节问题需要加以澄清。

首先,在协议的形式要求上,对于航运经营者之间的合作协议,它不仅指那些以协议形式或名称存在的一致性意思表示,也涵盖那些形式多样的

〔1〕 关于班轮航运经营者之间的合作协议,可以参见 Amos Herman, *Shipping Conferences*, Deventer: Kluwer Law and Taxation Publisher, 1983, p. 15。

谅解书、备忘录等，如果这些文书表明了航运经营者之间的合作意图或者会产生实质性的合作效果。[1] 在拜尔集团公司案中（Bayer AG v. Commission），欧洲初审法院在判决中指出："要满足《欧共体条约》第81条第1款规定的'协议'的要求，仅需要经营者表明其在特定市场上从事某种联合行为的意图即可。至于该种联合意图的表现形式，并不需要构成国内法意义上的有效且具有约束力的合同。"[2]不但对协议的形式进行宽泛性解释，欧盟还将那些尚未完成的协议也纳入其中。在石墨电极案中（Graphite Electrodes），欧盟委员会认为："《欧共体条约》第81条第1款规定的'协议'包括那些尚未制定完成的谅解书，以及尚在协商过程中的协议，如果协商将产生明确的协议。"[3]

其次，在协议的实施上，由于并不是所有航运协议都能获得航运经营者的遵守，例如，当航运经营者在航运法下被明确赋予独立行动权时，航运组织的协议不得要求会员必须严格遵守协议，那么在航运经营者并未遵守协议的情况下，此类协议是否仍然要受到反垄断法的限制呢？答案是肯定的，协议未能获得实际实施，并不构成反垄断法排除适用的理由。有学者指出，只要存在联合的目的，协议成员之间的内部冲突与反对，甚至背离协议的行为，都不能排除反垄断法的适用。非法的航运卡特尔协议的可执行性与判断其是否构成"协议"之间不具有相关性。[4]

最后，由于航运经营者之间的协同行为也可能产生与联合协议一样的限制竞争效果，故亦被纳入垄断协议的范畴，然而此种协同行为存在着证明困难的问题，因为航运经营者的协同行为并不存在任何形式的协议，而是通过彼此的默契配合来实现。对于这一问题，美国的司法实践可以作为借鉴。

---

〔1〕 See Alla Pozdnakova, *Liner Shipping and EU Competition Law*, AH Alphen aan den Rijn, The Netherlands: Kluwer Law International, 2008, p. 19.

〔2〕 See Judgment of the Court of First Instanc of 26 October 2000 in Case No. T-41/96-*Bayer AG v. Commission of the European Communities*, [2000] ECR II 3383.

〔3〕 See Commission Decision of 18 July 2001 in Case No. COMP/E - 1/36. 490 - *Graphite Electrodes*, OJ L 100, 2002, para. 105.

〔4〕 See Alla Pozdnakova, *Liner Shipping and EU Competition Law*, AH Alphen aan den Rijn, The Netherlands: Kluwer Law International, 2008, p. 22.

美国联邦最高法院在一些案件中判决,缺乏明示合作协议的协同行为可以构成《谢尔曼法》所指的非法共谋,而且创造出一种"环境证据"(circumstance evidence)的方法来推断存在通谋,从而解决协同行为垄断判定中证据难以获得的问题。[1] 所谓环境证据,是指违反《谢尔曼法》的合并或共谋可以通过当事人之间的交易过程或其他环境条件等来证明,如果当时的交易事实、过程可以让陪审团认为共谋者之间存在统一的目的或具有共同的设计和理解,或在有关某一非法安排上达成了合意,那么可以认定存在共谋。[2] 可供参考的附件因素包括:市场结构是寡头垄断的,各企业预先公布的价格相同,该市场在历史上发生过固定价格的行为,企业间存在交换价格信息的行为等。[3] 在航运市场中,如果航运经营者之间存在有关当前或者未来运费率以及其他商业信息的交换,这种信息交换很可能影响航运经营者彼此运费率水平的制定,因此有可能被认定为构成协同行为。

二、国际航运组织的决议

在国际航运市场中,航运经营者之间的合作并不仅仅表现在水平合作协议或者协同行为,实际上还存在一种更为广泛应用的形式,即通过国际航运协议组织的平台,通过会员制,实现多个会员航运经营者之间的协议合作。这种合作,有着比单个航运经营者之间的联合更大的反竞争效果。例如,作为世界上最早出现的国际航运协议组织,班轮公会就采用了一系列限

---

〔1〕 在州际巡回放映公司诉美国案中,美国联邦最高法院认定存在协同行为依据的是环境证据,即销售商们的回应与自身利润的最大化是相违背的,除非这些企业间存在某种协议,推断协同行为的存在,参见 Interstate Circuit, Inc. v. United States, 306 U. S. 208 (1939)。在美国烟草公司诉美国案中,美国联邦最高法院认为三个控制市场 90%份额的烟草公司同时发起相当剧烈的涨价行为,这种关于价格变化的记录是存在共谋的环境证据,参见 American Tobacco Co. v. United States, 328 U. S. 781 (1946)。也有学者将此称为是辅助行为调查,指出:"辅助行为通常能够体现垄断协议的意图,其存在可以作为企业有意向对方传达自己的信息,以便双方做出协同行为的证据",参见张白沙:"隐蔽垄断协议的调查和分析法",载王晓晔:《反垄断法实施中的重大问题》,社会科学文献出版社 2010 年版,第 110 页。有关环境证据的论述还可以参见 Douglas Broder, *U. S. Antitrust Law and Enforcement*, Oxford: Oxford University Press, 2010, pp. 39-40。

〔2〕 沈四宝、刘彤:《美国反垄断法原理与典型案例研究》,法律出版社 2006 年版,第 200 页。

〔3〕 [美] 赫伯特·霍温坎普:《联邦反托拉斯政策:竞争法律及其实践》(第 3 版),许光耀等译,法律出版社 2009 年版,第 187~188 页。

制竞争的会内与会外政策,包括在会员航运经营者之间协定运价、统一安排营运、实施运费公摊(pooling agreement)以及联合服务(joint service);对外与托运人签订忠诚契约,要求托运人必须将货物排他性地交由其运输,并通过运费延期折扣制度保障托运人对运输合同的忠诚,一旦托运人选择了公会外的航运经营者,则公会将剥夺其可以通过忠诚契约获得的全部运费回扣;此外,班轮公会还通过使用战斗船的方法对会外航运公司实施联合抵制,将其排挤出市场。

虽然此类国际航运协议组织具有垄断协议的限制竞争效果,但是具体而言,是将其视为航运经营者之间的合作协议,还是应当将其视为可以作出决议的航运组织,或者是行业协会却并不明确。有学者将行业协会界定为:"以同一行业共同的利益为目的,以为同行业企业提供各种服务为对象,以政府监督下的自主行为为准则,以非官方机构的民间活动为方式的非营利的法人组织。"[1]如果按照此种概念,由于国际航运协议组织一般并不具备法人地位,因此也就不属于行业协会。但是,很多其他研究却仅指出行业协会的合作性与非营利性,而并不以法人地位作为行业协会的构成要件,[2]指出:"行业协会是由竞争者组成的,在一个广泛而快速扩张的领域通过相互利益所构成的一个合作性组织;行业协会是一种非营利性组织,它是由商业中的竞争者所构成,其目的在于促进和提高该行业中的一个或多项经济利益或者是该领域所覆盖成员的经济利益。"[3]由此,实际上国际航运协议组织兼具航运经营者之间的合作协议、航运组织的决议与行业协会三种形态,由于我国《反垄断法》将这三类都规定在垄断协议制度的框架内,因此不会产生垄断规制适用上的问题,即使欧盟竞争法中的企业和企业集团之间

〔1〕 梁上上:"论行业协会的反竞争行为",载《法学研究》1998年第4期。

〔2〕 See Joseph F. Bradley, *The Role of Trade Association and Professional Business Societies in America*, University Park: Pennsylvania State University Press, 1965, p. 4;鲁篱:《行业协会限制竞争法律规制研究》,北京大学出版社2009年版,第1~4页;徐士英:"行业协会限制竞争行为的法律调整——解读《反垄断法》对行业协会的规制",载《法学》2007年第12期;叶明:"行业协会限制竞争协议的反垄断规制",载王晓晔:《反垄断法实施中的重大问题》,社会科学文献出版社2010年版,第90页。

〔3〕 See George P. Lamb and Sumner S. Kittelle, *Trade Association Law and Practice*, Boston: Little, Brown and Company, 1956, p. 3.

也没有明确的界限,企业间就限制竞争订立的协议同时也可以被视为是一个企业集团的决议。在这种情况下,这个决议就是集团成员关于市场行为的协调,这个组织本身就是卡特尔。[1] 但是很多情况下,由于国际航运协议组织可能存在一个管理和监督机构,因此就其运营过程而言,更像是一个"组织"或者"协会",尽管这一"组织"或"协会"存在的基础是航运经营者之间的联合协议。[2] 需要注意的是,虽然企业组织可以作为一个独立主体承担反垄断法上的责任,[3]但是如果企业组织的决议实际上是由企业组织内部那些具有绝对影响力的大企业作出的,[4]那么企业组织就可能因此而不被认为实施了反垄断法禁止性行为。例如,欧盟委员会在焊接钢管网案(Welded Steel Mesh)中就裁决行业协会并未参与垄断协议的反竞争行为,因为该垄断协议是由协会中那些最具影响力的成员实际作出并实施的。[5]

第二节　具体国际航运协议的反竞争效果与豁免合理性分析

国际航运业中的协议垄断是航运经营者之间就统一运费、限制运力、划分市场、分配货载、运费公摊等内容达成的航运卡特尔。[6] 传统上往往认为,带有这些限制竞争内容的垄断协议的存在,是维持航运市场稳定的运费

---

〔1〕 王晓晔:"反垄断法中的卡特尔",载王晓晔:《反垄断法实施中的重大问题》,社会科学文献出版社 2010 年版,第 108 页。

〔2〕 有学者将运输经营者之间的这种协议组织视为是行业协会,参见鲁篱、周道树:"行业协会价格卡特尔反垄断法规制的比较研究",载《河北法学》2007 年第 25 卷第 9 期。

〔3〕 有关行业协会限制竞争行为的责任问题,可以参见鲁篱:《行业协会限制竞争行为的责任制度研究》,载《中国法学》2009 年第 2 期。

〔4〕 有关这一点可以参见王海栗:"行业协会中强势会员的不正当行为",载《西南政法大学学报》2008 年第 10 卷第 2 期;梁上上:"论行业协会的反竞争行为",载《法学研究》1998 年第 4 期。

〔5〕 See Commission Decision of 2 August 1989 in Case No. IV/31. 553-Welded Steel Mesh, OJ L 260, 1989, para. 207.

〔6〕 See Anne C. B. McIntosh, *Anti-trust Implications of Liner Conferences: Alternatives to the Regulation of Liner Trades with Emphasis on the European Approach*, Lloyd's Maritime and Commercial Law Quarterly, 1980, p. 141.

率与运输服务之必需。[1] 因此，发展至今，航运经营者之间的此类合作协议已经成为国际海上货物运输市场中的一种通常的实践做法。[2] 由于此类航运卡特尔协议是在实际的或潜在的航运市场竞争者之间达成的，并可能对竞争要素造成负面影响，因此应当受到垄断协议制度的调整规制。按照协议内容，可以将航运卡特尔归纳为：固定价格协议、统一运输条件与联合服务协议、限制运力的合理化协议、信息交换协议、技术协议、与托运人之间的忠诚契约和服务协议。现拟对上述协议内容的限制竞争效果与豁免合理性展开分析。

一、固定价格协议

航运经营者之间的固定价格协议是航运市场中的价格卡特尔协议，[3] 按照这种固定价格协议，航运经营者可以将运价水平提升到完全竞争市场的运价水平之上，从而获得限制竞争而带来的利润。固定价格协议，是最早出现的航运经营者之间垄断协议，一个半世纪以前的班轮公会协议就以固定价格作为其首要的目的与内容。发展到今天，航运经营者之间的固定价格协议的表现形式也不再仅限于班轮公会协议，而是呈现出一种更加灵活的形式，包括航运经营者之间关于折扣率的协同，采用不具有约束力的运费率水平指导，或者协同对托运人使用歧视性运费率等多种表现形式。[4] 此处，航运经营者之间的固定价格协议所指的“价格”一词，需采用广义含义进行解释，除了指海运段的固定运价，也包括固定多式联运内陆运输区段的运价，固定码头作业费及其他形式的附加费，同时也应当将航运经营者协同彼

---

〔1〕 See Daniel Marx Jr. , *International Shipping Cartels: A Study of Industrial Self-Regulation by Shipping Conferences*, Princeton: Princeton University Press, 1953, p. 46.

〔2〕 See European Commission Guidelines on the application of Article 81 of the EC Treaty to maritime transport services, OJ C 245/2, 26. 9. 2008, para. 35.

〔3〕 “价格卡特尔是指两个或两个以上处于竞争关系之中的经营者为确定商品或服务的价格而组成的联合”，参见游钰：“论价格卡特尔的界定”，载《法学评论》2001 年第 4 期。

〔4〕 See Alla Pozdnakova, *Liner Shipping and EU Competition Law*, AH Alphen aan den Rijn, The Netherlands: Kluwer Law International, 2008, pp. 44-55.

此给予托运人的运费折扣,或者协同给予船舶代理人的报酬都包括进来。[1]

固定价格协议实质性减少了航运经营者之间的运价竞争,而且在市场条件待运货物充足时,固定价格协议可以为航运经营者带来相当可观的垄断利润,[2]但是固定价格与附加费的协议却将对航运市场消费者托运人造成福利上的减损。[3] 在反垄断法上,价格卡特尔一般被视为是严重限制竞争的垄断协议,各国反垄断法对此往往不进行目的或者效果判断而适用本身违法原则。[4] 虽然航运经营者之间的固定价格协议同其他固定价格协议一样严重限制竞争,但是在传统上却一直以航运业的特殊性为理由得以享有反垄断法上的整体豁免。然而,正如经济合作与发展组织所指出的:"很难理解为什么国际班轮运输相比其他行业具有根本性的不同,以及为什么在统一运价与运价协商的问题上,它应当受到不同于其他运输服务提供者的特殊待遇。班轮运输的成本结构与其他运输行业并无根本性差异,而且班轮运输的收益回报也与其他具有固定时刻表的定期运输相类似。"[5] 美国联邦最高法院对于与航运公司具有类似行业特点的铁路公司的固定价格协议持禁止态度,早在 1897 年,联邦最高法院就在"泛密苏里案"(United States v. Trans-Missouri Freight Association)中将反托拉斯法适用于铁路公司

---

〔1〕 See Alla Pozdnakova, *Liner Shipping and EU Competition Law*, AH Alphen aan den Rijn, The Netherlands: Kluwer Law International, 2008, pp. 44-55.

〔2〕 固定价格协议也并不是在任何时候都能保障可观的垄断性利润,因为航运协议组织要面临来自外部的竞争,以及内部成员通过与托运人单独订立服务合同而背离协议,参见 Daniel Marx Jr., *International Shipping Cartels: A Study of Industrial Self-Regulation by Shipping Conferences*, Princeton: Princeton University Press, 1953, p. 251; see also Organisation for Economic Co-operation and Development (OECD), *Final Report on Competition Policy in Liner Shipping*, DSTI/DOT (Directorate for Science, Technology and Industry/Division of Transport), Apr. 16, 2002, p. 59。

〔3〕 See Organisation for Economic Co-operation and Development (OECD), *Final Report on Competition Policy in Liner Shipping*, DSTI/DOT (Directorate for Science, Technology and Industry/Division of Transport), Apr. 16, 2002, p. 70; see also Chris Sagers, *The Demise of Regulation in Ocean Shipping: A Study in the Evolution of Competition Policy and the Predictive Power of Microeconomics*, 39 Vanderbilt Journal of Transnational Law, 2006, p. 805.

〔4〕 王晓晔:"加重制裁——本身违法的卡特尔类型及法律后果",载《国际贸易》2004 年第 8 期。

〔5〕 See Organisation for Economic Co-operation and Development (OECD), *Final Report on Competition Policy in Liner Shipping*, DSTI/DOT (Directorate for Science, Technology and Industry/Division of Transport), Apr. 16, 2002, p. 75.

组织的固定价格协议。虽然当时在该案中的18家铁路公司组成的协议组织就以其固定价格协议的动机是避免毁灭性竞争为理由进行抗辩,但是联邦最高法院最后仍判决不论价格是否合理,固定价格本身已经极大程度地限制了竞争自由,因此违反《谢尔曼法》。[1] 对于航运固定价格协议,1994年欧盟委员会在泛大西洋航运协议组织案(Trans-Atlantic Agreement,TAA)中指出:"泛大西洋航运协议组织的协议在海运段与内陆运输区段固定价格,且还存在封存运力的内容,这属于严重限制竞争的行为。这些限制竞争的行为违反了《欧共体条约》第81条第1款。"[2]鉴于航运经营者的固定价格协议具有严重的限制竞争影响,这种协议本身已经构成了垄断性质的协议,其实施必然会侵害消费者的利益,且这种固定运价与附加费的协议已经超出了航运实践之必须,因此应当与其他价格卡特尔协议一样予以反垄断法上的禁止。

对于航运经营者之间的固定价格协议,还可能存在的一个问题是,不具有约束力的运费率水平指导协议是否也应当为反垄断法所禁止?这种不具有约束力的运费率水平指导协议,是目前"后班轮公会"时代国际航运实践中较为广泛采用的一种运价协议,[3]它不像传统班轮公会协议那样以具有绝对约束力的固定运价作为其首要内容,而是为其成员公司制定"自愿遵守"的规则,即协议成员之间可以讨论统一运价,但是运价的实际执行取决于成员的自愿遵守,并不像班轮公会协议那样建立统一运价的执行监督机制。尽管此类运价指导与建议协议对缔约航运经营者无实际约束力,但是它们同样可能产生反竞争效果,故从效果上来看,是与运价固定协议相似的。此外,这种运价指导与建议协议的存在,实际上可能导致航运经营者最

---

[1] United States v. Trans-Missouri Freight Association, 166 U. S. 290 (1897).

[2] See Commission Decision of 19 October 1994 in Case No. IV/34. 446-Trans-Atlantic Agreement, OJ L 376/1, 31. 12. 1994, para. 69.

[3] 班轮公会协议与运价协商协议的数量比例可以参见美国联邦海事委员会的统计,United States Federal Maritime Commission, 48*th Annual Report for Fiscal Year* 2009, 2009, available at http://www. fmc. gov/assets/1/Page/Annual_Report_FY_2009. pdf, p. 108。

终采用的运价高于完全竞争市场上不存在此类价格协议时的运价。[1] 因此,虽然不具有约束力的运价指导与建议协议并不必然确保航运经营者之间采用统一的运价,但是因为通过此类协议,航运经营者可以对市场同行的运价进行大致评估,从而决定自己的运费率水平,所以这种协议的确在一定程度上限制了航运经营者之间的竞争,应当与航运经营者之间的固定运价协议一样受到禁止。

二、统一运输条件与联合服务协议

除了航运市场中的价格卡特尔协议,运输服务水平与质量也是国际航运市场中重要的竞争要素,航运经营者之间可以通过制定统一的运输条件或联合采用某种市场策略,来限制竞争。就统一运输条件的协议而言,统一化的内容可以包括:在航运经营者运输责任上适用统一的规则、[2]采用统一的滞期费与滞期损失赔偿、采用相同的服务条款、采用统一的仲裁争议解决程序、对托运人提供统一运载量与装置的相似船舶运载货物、提供一致或者相似的港口装卸操作服务等。[3] 从反垄断法上看,航运经营者之间统一运输条件的协议,使航运经营者失去了获取竞争优势的激励机制,也剥夺了托运人的自由选择权,因此构成限制竞争的垄断协议。而且不同于以改进技术或优化航运资源配置的技术协议,航运经营者之间此种统一运输条件的协议的实质是航运经营者就统一适用一种较低标准的服务条件而达成的一致,其存在只会使航运经营者失去改进服务条件的动力,而不是促进航运业的发展,因此是不应当给予反垄断豁免的。航运经营者之间的固定运价

---

〔1〕 See Alla Pozdnakova, *Liner Shipping and EU Competition Law*, AH Alphen aan den Rijn, The Netherlands: Kluwer Law International, 2008, pp. 51-52.

〔2〕 目前国际上有关航运经营者责任的公约有:《1924 年统一提单的若干法律规定的国际公约》(简称《海牙规则》)与《1968 年修改统一提单若干法律规定的国际公约议定书》(简称《维斯比规则》),《1978 年联合国海上货物运输公约》(简称《汉堡规则》),与《全程或部分海上货物运输合同公约》(简称《鹿特丹规则》)。各公约关于航运经营者责任制度的规定是不同的,因此航运经营者在运输合同中选择不同的公约,将产生不同的责任。

〔3〕 See Trans-Atlantic Conference Agreement, United States Federal Maritime Commission No. 11375-059, art. 5 (1) (c).

协议与统一服务条件协议,还可以通过联合服务协议来实现。联合服务协议使经营者之间不再彼此竞争,是具有反竞争性质的协议,尤其是当这种联合服务协议与固定运价一起使用时,就可能严重限制竞争。

三、合理化协议

航运经营者之间的协议不限于固定运价与统一运输条件,还涉及限制运力、规定航次比例、划定营运区域、货载分配、运费公摊等协议内容,这些被统称为"合理化协议"(rationalization agreement)。有学者将横向卡特尔的类型归结为:规定销售条件的卡特尔(价格卡特尔)、规定销售范围的卡特尔(市场划分卡特尔)、限定产量的卡特尔(产量卡特尔)和分配利润的卡特尔(份额卡特尔),〔1〕这些卡特尔在反垄断法上往往适用本身违法原则。〔2〕按照这种分类,航运经营者之间的合理化协议同时构成产量卡特尔、市场划分卡特尔和份额卡特尔。其一,限定产量的卡特尔表现在,合理化协议可以规定为,为了解决市场运力供给过剩的问题,成员暂时封存一部分运力,从而通过数量限制将买方市场扭转为卖方市场。合理化协议有时还规定航次比例,决定一定时期内投入航线营运船舶的总航次次数以及各航次间的时间间隔,然后按照一定的比例将航次数分配给各成员公司。〔3〕其二,市场划分卡特尔表现在,合理化协议可以为成员公司划定装卸港口从而确定成员航运公司的营运区域,还可以通过货载分配制度来对成员在每一港口可以运输的货物量进行分配。因此,合理化协议既可能划分地理市场,又可能划分产品市场,抑或二者兼具。〔4〕其三,分配利润的份额卡特尔表现在,合理化协议可能带有运费公摊的内容,所谓"运费公摊",是指将各航线的经营

---

〔1〕王先林:"论联合限制竞争行为的法律规制——《中华人民共和国反垄断法(草拟稿)》的相关部分评析",载《法商研究》2004年第5期。

〔2〕王晓晔:"加重制裁——本身违法的卡特尔类型及法律后果",载《国际贸易》2004年第8期。

〔3〕王杰、王琦:《国际航运组织的垄断与竞争》,大连海事大学出版社2000年版,第15页。

〔4〕王杰、王琦:《国际航运组织的垄断与竞争》,大连海事大学出版社2000年版,第16页;See also Alla Pozdnakova, *Liner Shipping and EU Competition Law*, AH Alphen aan den Rijn, The Netherlands: Kluwer Law International, 2008, p. 61。

业务分别委托给一个或几个成员公司经营,每隔一段时间,所有成员公司按事先约定的比例分摊盈利或者亏损。[1] 运费公摊协议往往同时具有划分市场与限制运力的效果,而且经常是那些低效率的航运经营者因运费公摊协议获得更多利润与限制竞争的好处。[2]

《欧共体条约》第 81 条第 1 款特别禁止"限制或者控制生产、市场、技术发展或者投资"与"分割市场或者货源"的垄断协议,[3]因此,在欧盟取消班轮公会的反垄断整体豁免之后,航运经营者之间的协议要适用一般的竞争法规则,那么航运合理化协议中的运力限制、市场划分、货载分配等内容就属于违反竞争法的垄断协议,除非能够同时满足第 81 条第 3 款规定的豁免条件,才能获得单独豁免。

其实欧盟早在取消班轮公会反垄断整体豁免之前,就已经表现出对运力封存协议的禁止性态度,1994 年欧盟委员会在泛大西洋航运协议组织案中(Trans-Atlantic Agreement,TAA)指出:"封存运力实际上是以提高运价为目的的限制竞争行为。"[4]既然航运价格卡特尔是被严格禁止的垄断协议,那么以联合提高运价为目的的运力限制卡特尔当然会受到反垄断法的禁止。在中西非航线班轮公会案中(Associated Central West Africa Lines,CEWAL),欧盟委员会判定中西非航线班轮公会与大陆西非班轮公会(Continent West African Conference,COWAC)和大不列颠及北爱尔兰联合王国/西非班轮公会(United Kingdom/West Africa Lines,UKWAL)之间的协议,将欧洲大西洋海岸划分为几个特定的区域,将每一区域交由特定的协议成员负责运输,其目的与效果都是阻止、限制与扭曲成员在欧洲共同市场上

---

〔1〕 王杰、王琦:《国际航运组织的垄断与竞争》,大连海事大学出版社 2000 年版,第 17 页;See also Daniel Marx Jr., *International Shipping Cartels: A Study of Industrial Self-Regulation by Shipping Conferences*, Princeton: Princeton University Press, 1953, p. 156; Denys Hickey, *Pooling Agreements under European Community Law*, EMLO Conference London, Jun. 18, 2004, p. 3。

〔2〕 See Amos Herman, *Shipping Conferences*, Deventer: Kluwer Law and Taxation Publisher, 1983, p. 25.

〔3〕 2009 年《里斯本条约》(the Treaty of Lisbon)生效后的《欧盟运行条约》(The Treaty on the Functioning of the European Union, TFEU)第 101 条。

〔4〕 See Commission Decision of 19 October 1994 in Case No. IV/34. 446-Trans-Atlantic Agreement, OJ L 376/1, 31. 12. 1994, para. 77.

的竞争,因此属于《欧共体条约》第81条第1款第c项所禁止的分割市场的协议。并且因为该协议限制了托运人可以从每一成员那里获得的运力供给,因此属于违反《欧共体条约》第81条第1款第b项的限制或者控制生产协议。[1] 对于货载分配与运费公摊协议,在1992年法国西非船东协会(French-West African shipowners' committees)案中,欧盟委员会认为货载分配与运费公摊协议属于《欧共体条约》第81条第1款第c项所禁止的分割市场协议。[2]

虽然在美国,国际航运协议组织仍然可以获得反垄断豁免,但是随着欧盟取消班轮公会反垄断整体豁免制度,美国开始重新评估国际航运反垄断豁免制度存在的必要,并提出了一个2010年航运法议案,即《H. R. 6167议案》(H. R. 6167-Shipping Act of 2010),该议案取消了给予航运公司的反垄断豁免权,但该议案能否最后通过尚待美国两院的投票表决。一旦美国像欧盟一样取消国际航运反垄断豁免制度,那么航运合理化协议就可能因为属于划分市场协议而适用本身违法原则。因为在1958年北太平洋铁路公司案中(Northern Pacific Railway Co. v. United States),[3]美国联邦最高法院指出,价格固定协议、联合抵制协议、搭售协议、划分市场协议适用本身违法原则。这里的划分市场协议包括限额分配、限制生产或控制供应以及划分客户或生产区域等内容。[4] 我国《反垄断法》第13条也特别指明"限制商品的生产数量或者销售数量"和"分割销售市场或者原材料采购市场"属于反垄断法禁止的垄断协议。由于我国尚未出台《航运法》,现有的《国际海运条例》中未规定国际航运反垄断豁免制度,因此此类国际航运合理化协议应当受到《反垄断法》的规制。

---

[1] Commission Decision of 23 December 1992 relating to a proceeding pursuant to Articles 85 (IV/32. 448 and IV/32. 450: Cewal, Cowac and Ukwal) and 86 (IV/32. 448 and IV/32. 450: Cewal) of the EEC Treaty, OJ L 34, 10. 2. 1993, para. 38.

[2] Commission Decision of 1 April 1992 in Case No. IV/32. 450-French-West African Shipowners' Committees, OJ L 134/1, 10. 2. 1993, para 40.

[3] Northern Pacific Railway Co. v. United States, 356 U. S. 1 (1958).

[4] 许光耀:"'合理原则'及其立法模式比较",载《法学评论》2005年第2期;王晓晔:"加重制裁——本身违法的卡特尔类型及法律后果",载《国际贸易》2004年第8期;Thomas R. Webb, *Fixing the Price Fixing Confusion: A Rule of Reason Approach*, 92 Yale Law Journal, 1983, p. 708。

四、技术性合作协议

国际航运经营者之间的技术性合作协议之表述源于欧盟航运竞争法的规定,2008 年欧盟《有关海上运输适用欧共体条约第 81 条的指南》中指出:“特定类型的技术协议因未对竞争构成限制可能不属于《欧共体条约》第 81 条的禁止性规定。例如,以改进技术或实现技术合作为唯一目的和效果的横向协议就属于豁免范畴。有关执行环境标准的航运协议也可能被认为属于豁免范畴。竞争者之间有关价格、运力或者其他竞争要素的协议则原则上不予豁免。”〔1〕虽未清晰界定技术性合作协议的内涵与外延,但可以明确的是,技术性合作协议往往不具有明显的反竞争效果,此种技术性联合不但有助于推动技术或经济进步,能够使消费者从技术进步中获益,且往往以限制竞争为绝对必要条件,并不会在市场产生排除竞争的效果。欧盟的这一指南特别强调了航运经营者之间的技术协议不属于《欧共体条约》第 81 条规定的垄断协议,但实际上即使欧盟不做这种强调,技术协议也可能因为符合第 81 条第 3 款规定的豁免条件而获得单独豁免。〔2〕

五、信息交换协议

航运经营者之间的信息交换可以通过协议进行,也可以以航运协议组织为平台而进行信息交换,〔3〕还可能是一种航运经营者之间不存在协议或

---

〔1〕 See European Commission Guidelines on the Application of Article 81 of the EC Treaty to Maritime Transport Services, OJ C 245, 26. 9. 2008, para. 35.

〔2〕 即同时满足以下四个条件即可获得单独豁免:有助于改善商品的生产和销售,或者有助于推动技术和经济进步;消费者可以从中得到适当好处;为了实现上述目的,限制竞争是不可避免的;该限制尚未达到严重影响市场竞争的程度。

〔3〕 例如,欧洲班轮事务协会(European Liner Affairs Association)在反对取消班轮公会反垄断整体豁免的同时,提出了一个新的构想:在竞争法律框架内,建立一个全球性的航运经营者信息交换机制(Information Exchange Mechanism),参见 European Liner Affairs Association, *ELAA Final Proposal of* 6 *August* 2004, available at http://europa. eu. int/comm/competition/antitrust/others/maritime/elaa_proposal/elaa_proposal_6_august_2004_en. pdf. 并且欧洲班轮事务协会委托 Charles River Associates 对这一信息交换机制的经济效果对竞争的影响展开评估, See Charles River Associates, *Competitive Impacts of Information Exchange*, by Rainer Nitsche and Nils von Hinten-Reed, Brussels, Jun. 2004, available at http://www. elaa. net/files/pdf/NoteonInformationExchange. pdf.

者平台条件下的共同行为，因此航运经营者之间的信息交换协议有时被视为是企业间的协议，有时被视为是航运组织的决议，有时被视为是企业间的协同行为。欧盟委员会指出："信息交换系统需要达成一项协议，经营者以此协议为基础进行信息交换，或者将信息提供给一共同机构，而该机构以商定的形式和频率负责集中、编辑和处理信息，然后再反馈给参与者。"〔1〕航运经营者之间信息交换协议对于市场竞争所可能带来的不确定的影响，为反垄断法是否规制以及如何规制此类行为提出了新的问题。从原则上看，航运经营者可以通过相互交换信息在更加透明化的市场上得到好处，降低在运力过剩时面临的风险；然而，如果信息的交换成为航运经营者之间协调与控制市场的工具，这种信息交换就构成违反反垄断法的垄断协议。〔2〕例如，信息交换可能是为某一反竞争行为提供便利的机制，例如，监控执行一个卡特尔协议，在此情况下的信息交换是附属于此类反竞争行为的，具有反竞争效果。〔3〕由于并不能直接认定信息交换协议会限制竞争、损害消费者福利，〔4〕因此无论在欧盟、美国还是中国，反垄断法律制度都并未将信息交换协议作为直接予以禁止的垄断协议而适用本身违法原则，对于信息交换协议是否属于垄断协议，要结合诸如信息交换行为的性质、所交换的信息的具体内容、市场结构特点等因素以个案为基础予以具体判断。其中，航运经营者信息交换所处的市场的结构和信息交换的特点是进行垄断评估时审查

---

〔1〕 European Commission Guidelines on the application of Article 81 of the EC Treaty to maritime transport services, OJ C 245/2, 26. 9. 2008, para 38.

〔2〕 See Peter Marlow and Rawindaran Nair, *Liner Shipping and Information Exchange-A European Perspective*, 30 Marine Policy, 2006, p. 684; see also European Commission, *White Paper on the Review of Regulation* 4056/86, *Applying the EC Competition Rules to Maritime Transport*, COM (2004) 675 final, Brussels, Oct. 13, 2004, p. 7, para. 21.

〔3〕 See Judgment of the European Court of Justice in Case No. C-49/92 P-*Commission of the European Communities v. Anic Partecipazioni SpA*, [1999] ECR I 4125, paras. 121-126.

〔4〕 See Kai-Uwe KŸhn and Xavier Vives, *Information Exchange Among Firms and Their Impact on Competition*, Report to DG IV of the European Commission, Jun. 1994, Revised Dec. 1994, available at http://webprofesores. iese. edu/xvives/Docs/reports/Information% 20Exchanges% 20and% 20their% 20Impact%20on%20Competition. pdf, p. 110.

的两个关键因素。[1] 此外,对于信息交换协议的评估还必须考虑到信息交换实际或潜在效果,只有当信息交换对竞争参数产生显著负面影响的,才构成违反反垄断法的垄断协议。

(一)信息交换协议所处的市场结构特征

市场结构特征往往能够决定信息交换协议所发挥的限制竞争效果的程度。[2] 如果存在一个完全竞争的市场,那么信息交流所带来的市场透明性可能将导致供应商之间的竞争变得更为激烈。但是,在一个高度集中的寡头垄断市场,竞争已经被极大降低,如果主要竞争者频繁的交换单个销售的精确信息,就有可能严重损害供应商之间竞争。在这种情况下,定期的、频繁的分享有关市场运行的信息将导致定期地向所有竞争者披露各种单独竞争者的市场处境和策略。[3] 在如何判断市场结构对信息交换协议反竞争效果的影响上,欧盟颁布的《有关海上运输适用欧共体条约第 81 条的指南》中建议考虑两方面的因素:特定市场的集中程度和供需结构,指出:“市场的集中程度尤其相关,因为相对于一个较不集中的市场,在一个高度集中的寡头垄断市场,限制竞争的效果更有可能发生并且也更为持久。在一个集中的市场上更大的透明度可能会加强企业间的依赖性,并降低竞争强度。”[4] “供需结构也很重要,特别是相互竞争的经营者的数量,以及其市场份额的对称性和稳定性、竞争者之间存在的任何结构性联系。”[5]此外,在个案中

---

〔1〕 See Alla Pozdnakova, *Information Exchange Agreements between Liner Shipping Companies under EC Competition Law*, in *Competition and Regulation in Shipping and Shipping Related Industries* (Antonis Antapassis et al. eds.), Leiden: Martinus Nijhoff Publishers, 2009, p. 34.

〔2〕 游钰:《卡特尔规制制度研究》,法律出版社 2006 年版,第 146 页;See also Richard Whish, *Information Agreements*, in *The Pros and Cons of Information Sharing* (Swedish Competition Authority ed.), 2006, pp. 29–31.

〔3〕 See Judgment of the European Court of Justice of 28 May 1998 in Case No. C–7/95 P-*John Deere Ltd. v. Commission of the European Communities*, [1998] ECR I 3111, paras. 88–89.

〔4〕 See European Commission Guidelines on the application of Article 81 of the EC Treaty to maritime transport services, OJ C 245/2, 26. 9. 2008, para 48.

〔5〕 See European Commission Guidelines on the application of Article 81 of the EC Treaty to maritime transport services, OJ C 245/2, 26. 9. 2008, para 49.

可能还需要分析其他因素,如服务的同质性,市场的总体透明度。[1]

(二)信息交换协议本身的特征

信息交换协议本身的特征体现在:所交换信息的内容、所交换信息的时间性、信息交换的频率、所交换信息的公开程度,这些方面的特征对于判定某一信息交换协议的限制竞争影响具有重要的参考价值。[2]

就所交换信息的内容而言,要着重考虑所交换信息的敏感程度与公开程度,以及信息是关于个别企业的还是关于行业总量的。[3] 如果航运经营者之间交换商业上敏感的、涉及竞争因素的信息,如关于运价、运载量与成本的信息,则更有可能违反反垄断法。[4] 而交换那些已经公开的信息,如已经向有关国家的海运当局进行报备并向公众公开的信息,则一般不违反反垄断法。所交换的信息可能是单独的或集合的。单独的资料涉及一个指定的或可辨别的企业。集合的资料结合了来自足够多数量的独立企业的资料,从而使辨别出单独资料变为不可能。竞争者之间交换单独资料比交换集合资料更容易违反反垄断法,后者在原则上不构成反垄断法所禁止的垄断协议。[5] 由于国际班轮运输市场目前呈现出集中度不断加强的趋

[1] See European Commission Guidelines on the application of Article 81 of the EC Treaty to maritime transport services, OJ C 245/2, 26. 9. 2008, para 49.

[2] 游钰:《卡特尔规制制度研究》,法律出版社 2006 年版,第 147 页。

[3] See European Commission Guidelines on the application of Article 81 of the EC Treaty to maritime transport services, OJ C 245/2, 26. 9. 2008, paras. 50-52.

[4] See Douglas Broder, *U. S. Antitrust Law and Enforcement*, Oxford: Oxford University Press, 2010, pp. 40-41; see also Kai-Uwe KŸhn and Xavier Vives, *Information Exchange Among Firms and Their Impact on Competition*, Report to DG IV of the European Commission, Jun. 1994, Revised Dec. 1994, available at http://webprofesores. iese. edu/xvives/Docs/reports/Information% 20Exchanges% 20and% 20their%20Impact%20on%20Competition. pdf, p. 111.

[5] See European Commission Guidelines on the application of Article 81 of the EC Treaty to maritime transport services, OJ C 245/2, 26. 9. 2008, para 52.

势,[1]因此在评估交换信息时就需要特别的注意,因为即使是集合性的信息,也可能在集中度较强的市场上产生反竞争效果。[2] 欧盟委员会指出:“在班轮市场,载货量资料是协调竞争行为的关键因素,并对价格有直接影响。如果交换集合载货量预测信息则可能导致若干或所有的航运经营者采取一个共同的政策,并致使以高于竞争性的价格提供服务,那么就可能违反竞争法。此外,对资料进行拆解的风险也存在,因为该资料可以与班轮航运经营者所作的单独声明相结合。这将使得企业有能力辨别竞争者的市场处境和策略。”[3]

就所交换信息的时间性而言,交换的信息可以是过去已经发生的生产、销售、存货等方面的信息,可以是当前正在发生的有关情况的信息,如目前正在执行的销售价格、产量等,还可以是关于将来有关情况的信息,例如,对未来一段时间价格、市场需求、产量的预测。竞争法对信息交换进行规制的目的在于防止经营者通过信息交换而协同行为,限制竞争,如果竞争者之间仅交换那些历史信息,其对市场竞争的影响甚微,且几乎不可能对企业的未来行为有任何实质的影响,因此不被视为禁止性行为。[4] 然而,未来信息的交换则可能被经营者用来协调行动与限制竞争,因为未来数据涉及经营者有关市场将如何发展的观点及其市场策略。[5]

---

〔1〕 See Felix Dinger, *The Future of Liner Conferences in Europe: A Critical Analysis of Agreements in Liner Shipping under Current European Competition Law*, Frankfurt: Peter Lang, 2004, p. 30. 目前全球排名前20大的集装箱班轮公司,拥有运力约占全球班轮总运力近80%,其中排前三名的欧洲三家公司丹麦马士基(Maersk)、瑞士地中海航运(Mediterranean Shipping Company, MSC)和法国达飞轮船(CMA-CGM)的运力占20大班轮总运力的42.6%,参见 United Nations Conference on Trade and Development (UNCTAD), *Review of Maritime Transport*, 2009, p. 100。

〔2〕 See Alla Pozdnakova, *Liner Shipping and EU Competition Law*, AH Alphen aan den Rijn, The Netherlands: Kluwer Law International, 2008, p. 71.

〔3〕 European Commission Guidelines on the application of Article 81 of the EC Treaty to maritime transport services, OJ C 245/2, 26. 9. 2008, para 53.

〔4〕 游钰:《卡特尔规制制度研究》,法律出版社2006年版,第149页。欧共体委员会认为超过一年时间的信息是历史信息,不足一年时间的信息是最近的信息,参见 Commission Decision of 17 February 1992 in Case No. IV/31. 370-UK Agricultural Tractor. Registration Exchange, OJ L 68, 13. 3. 1992, p. 19, 50; see also Commission Decision of 26 November 1997 in Case No. IV/36. 069-Wirtschaftsvereinigung Stahl, OJ L 1/10, 1. 3. 1998, para. 17。

〔5〕 游钰:《卡特尔规制制度研究》,法律出版社2006年版,第150页。

就信息交换的频率而言,经常性的彼此交换经营信息更可能产生限制市场竞争的效果,尤其在市场结构是不完全竞争的情况下更有可能限制竞争,因为经常性信息交换的实质是经营者定期地将其市场情况与未来营运策略提供给处于竞争地位的其他经营者,从而在一定程度上具有协同竞争者间行为的作用。[1]

就所交换信息的公开程度而言,信息越多的公开与消费者分享,就越不可能产生限制竞争的影响;然而,如果信息交换所带来的市场透明度提高却仅能使经营者获益,那么就极可能构成垄断,因此信息的公开程度也作为考察信息交换协议限制竞争效果的一个因素。1925 年美国枫木地板经营者协会案中,由于枫木地板经营者协会所组织实施交换信息的公开程度很高,法院因此认定该信息交换合法。[2] 在国际航运领域,尤其是班轮运输市场中,运价往往以运价指数的形式表现出来予以公开,一般不属于被反垄断法禁止的信息交换。[3]

(三) 信息交换协议的限制竞争效果评估:合理化的依据

对于航运经营者之间的信息交换协议的垄断效果,不但需要结合上述市场结构特征与协议本身的特征加以评估,审慎地认定其限制竞争的性质,而且即使存在限制竞争的可能,还需要以合理原则考察其是否可以获得反垄断豁免。1993 年欧洲法院在木浆案中裁决,生产商对使用者独立制作的单边季度价格公告的行为并没有减少每个经营者对其竞争对手的未来态度的不确定性,因此,如果生产者之间没有任何事先的协同行为,则其本身不

---

〔1〕 See Alla Pozdnakova, *Liner Shipping and EU Competition Law*, AH Alphen aan den Rijn, The Netherlands: Kluwer Law International, 2008, pp. 71-72.

〔2〕 Maple Flooring Manufacturers' Association v. United States, 268 U. S. 563 (1952).

〔3〕 European Commission Guidelines on the application of Article 81 of the EC Treaty to maritime transport services, OJ C 245/2, 26. 9. 2008, para 57.

构成对《欧共体条约》第81条第1款的违反。[1] 在可能产生限制竞争效果或者具有限制竞争目的的情况下，如果能证明航运经营者之间的限制竞争协议可以提升效率，例如更好的规划投资以及更有效的使用承载量，且消费者可以更加便利的获取信息或者获得更好的运输服务，那么信息交换协议就有可能获得反垄断豁免。[2] 徐剑华、邝光海指出："班轮公司之间交流以下信息，有助于实现班轮运输市场的供求均衡：①关于市场规模、容量利用率等方面的历史数据；②关于特定商品流量发展趋势的信息；③根据进出口贸易的发展情况和全行业的运力发展趋势对班轮运输市场总供求得出的预测数据；④通过汇总计算得出的各种集装箱型号的价格指数。但是，班轮公司就价格和其他关系到特定客户的合同条款进行信息交流，则可能会形成串通共谋。"[3]

六、排他性协议：忠诚契约与使用战斗船协议

国际航运市场中航运经营者的排他性协议既包括纵向限制竞争的内容，也包括横向限制竞争的内容，前者表现在航运经营者与托运人订立包含运费延期折扣或者双重运费内容的忠诚契约，后者表现在航运经营者之间以联合抵制其他经营者为唯一目的的使用战斗船协议。有学者认为航运经营者之间的排他性协议是严重限制航运竞争的垄断协议，指出："远洋航运市场中排他性协议的首要目的是扩大航运卡特尔的市场操纵力，而不是提高效率与增进消费者福利。"[4]

---

[1] See Judgment of the European Court of Justice of 31 March 1993 in Joined Cases No. C-89/85, C-104/85, C-114/85, C-116/85, C-117/85, C-125/85, C-126/85, C-127/85, C-128/85 and C-129/85 -A. Ahlström Osakeyhtiö and Others v. Commission of the European Communities, [1993] ECR I 1307, paras. 59-65.

[2] European Commission Guidelines on the application of Article 81 of the EC Treaty to maritime transport services, OJ C 245/2, 26. 9. 2008, para 58.

[3] 徐剑华、邝光海："班轮运输业反垄断豁免前瞻"，载《世界海运》2005年第28卷第5期。

[4] See Pedro L. Marín and Richard Sicotte, *Exclusive Contracts and Market Power: Evidence from Ocean Shipping*, 51 Journal of Industrial Economics, 2003, p. 194.

（一）航运经营者之间的横向排他性协议：使用战斗船协议

战斗船是早期班轮公会与会外航运公司在航线上进行公开对抗式竞争的一种原始的策略。其具体内容是，当公会控制的航线上出现非成员公司的营运船舶时，公会就派遣专门的公会船只紧随会外船，与之同时开航和靠港，并以相同或低于会外船的运价争取其货物。不计营运成本和利润，经过反复削价的价格竞争直到非公会船只被迫退出该航线或接受公会条件为止。使用战斗船所造成的损失由公会全体成员共同承担。[1] 使用战斗船的协议显然属于本身违法的联合抵制的排他性协议，因为使用战斗船协议中缔约者联合降价的目的在于排挤竞争对手而不惜牺牲利润，从总体而言必然不会带来社会福利的总体增加。有些学者认为这种使用战斗船的协议本身已经构成了“掠夺性定价”（predatory pricing）。[2]

（二）航运经营者之间的纵向排他性协议：忠诚契约

“忠诚契约”（loyalty contract）是一种航运经营者用来限制托运人缔约自由的方式，航运经营者通过采用运费回扣或者双重运费机制来阻止托运人与其他航运经营者缔约，从而要求托运人排他性地使用自己的船舶运输货物。[3] 所谓“延期折扣”（deferred rebate），是指由航运经营者将一部分运费退还给托运人，作为其在某一段确定的时间内将托运的货物的全部或部分交给该航运经营者的回报，但是回扣却并不马上支付，而是延期至运输服务完成后，并且该托运人同意将继续由该航运经营者承运其货物时才支付。一旦托运人与其他航运经营者订立运输合同，那么航运经营者不但不支付该次货物运输的运费回扣，也将剥夺其之前所能获得的运费回扣。[4] “双

〔1〕 See United States Shipping Act of 1984, art. 3(10)；王杰、王琦：《国际航运组织的垄断与竞争》，大连海事大学出版社 2000 年版，第 19 页。

〔2〕 See John S. McGee, *Ocean Freight Rate Conference and the American Merchant Marine*, 27 University of Chicago Law Review, 1960, pp. 191–314; see also William Sjoström, *Ocean Shipping Cartels: A Survey*, 3 Review of Network Economics, 2004, p. 120.

〔3〕 See United States Ocean Shipping Reform Act of 1998, art. 3(13).

〔4〕 See United States Ocean Shipping Reform Act of 1998, art. 3(9).

重运费机制”(dual rate system)与运费延期折扣机制一样，都是试图绑定消费者托运人的机制，是指航运经营者规定合同运价和非合同运价两种价格，如果托运人与航运经营者签订忠诚契约，保证将全部货物交由航运经营者的船只运送，托运人就可以立即享受比非合同运价低廉的合同运价；反之则需按照非合同运价收费。

对于如何看待忠诚契约以及与其相关的运费延期折扣与双重运费制度的限制竞争作用，存在较大争议。有学者认为航运经营者并不能通过忠诚契约获利，因为为了获得更多的货物进行运输，航运经营者实际上通过返还回扣的方式变相压低了运费，消费者反而会因此增加福利而不是利益受损，所以不宜直接禁止此类协议。〔1〕 也有很多学者对此观点持反对态度，认为忠诚契约的存在阻碍了新的经营者进入市场，也限制了航运市场的竞争秩序，〔2〕甚至有学者认为，航运实践表明忠诚契约的使用实际上是航运组织市场操纵力的滥用。〔3〕 笔者认为，就忠诚契约本身而言，虽然其的确已经构成了捆绑消费者的排他性协议，其限制竞争作用却并不像使用战斗船协议那样严重，因为是否与航运经营者订立忠诚契约选择权始终掌握在托运人手中，如果托运人认为忠诚契约对其构成一种不公平的捆绑，托运人大可不必选择与航运经营者订立忠诚契约。实际上，忠诚契约的排他性限制竞争作用取决于航运经营者市场操纵力的大小，占有较大市场份额、谈判实力强大的航运经营者往往比那些市场份额小的航运经营者，更容易滥用强大谈判实力胁迫托运人与其订立忠诚契约，对托运人进行交易绑定，从而限制竞争。因此，应当允许对忠诚契约进行具体的合理性判断，若能证明其存在

---

〔1〕 See W. A. Lewis, *Overhead Costs: Some Essays in Economic Analysis*, New York: Rinehart, 1949, pp. 72–83; see also Robert. H. Bork, *The Antitrust Paradox: A Policy at War with Itself*, New York: The Free Press, 1978, pp. 326–328.

〔2〕 See William Sjoström, *Monopoly Exclusion of Lower Cost Entry: Loyalty Contracts in Ocean Shipping Conferences*, 22 Journal of Transport Economics and Policy, 1988, pp. 339–344; Jong-Say Yong, *Excluding Capacity-Constrained Entrants Through Exclusive Dealing: Theory and an Application to Ocean Shipping*, 44 Journal of Industrial Economics, 1996, pp. 115–129; Anthony R. Cotton, *Conference-shipper Loyalty Contracts: Time for A Rethink?*, 11 Maritime Policy and Management, 1984, p. 94.

〔3〕 See Pedro L. Marín and Richard Sicotte, *Exclusive Contracts and Market Power: Evidence from Ocean Shipping*, 51 Journal of Industrial Economics, 2003, p. 211.

对于航运市场有必要的积极作用，并且消费者切实可以从忠诚契约中获得福利，则该契约可能获得反垄断法上的豁免。当然，忠诚契约获得豁免的另外一个前提还需要证明忠诚契约的使用不构成航运经营者或者航运经营者组织对于市场支配地位的滥用。

第三节　欧美国际航运垄断协议规制的比较考察

虽然欧盟与美国在规制国际航运垄断协议的做法上并不完全一致，前者取消了班轮公会的反垄断整体豁免，而后者仍然给予航运业的垄断协议豁免，但是就二者法律的最终实施效果而言，却都极大程度地限制了航运豁免的适用。[1] 对于欧盟与美国有关国际航运垄断协议规制的考察，从比较法的视角审视这两个世界海运主体的立法与司法态度，有助于为我国《航运法》中关于国际航运垄断协议问题的立法提供参照与借鉴。

一、欧盟国际航运垄断协议规制制度考察

欧盟的国际航运垄断协议规制制度与其航运竞争法律制度的变革联系在一起。法律变革前的国际航运协议主要受第 4056/86 号条例[2]和第 823/2000 号条例[3]的调整，班轮公会协议和航运联营协议一般都可以享有反垄断整体豁免。但是 2006 年颁布的第 1419/2006 号条例[4]废止了前述

[1] See Jason Chuah, *The New Trans Atlantic Conference Agreement-An Evaluation of Liner Conferences under Threat*, 9 Journal of International Maritime Law, 2003, p. 289.

[2] Council Regulation (EEC) No. 4056/86 of 22 December 1986 laying down detailed rules for the application of Articles 85 and 86 of the Treaty to maritime transport, OJ L 378, 31. 12. 1986.

[3] Commission Regulation (EC) No. 823/2000 of 19 April 2000 on the Application of Article 81 (3) of the Treaty to Certain Categories of Agreements, Decisions and Concerted Practices between Liner Shipping Companies (Consortia), OJ L 100, 20. 04. 2000.

[4] Council Regulation (EC) No. 1419/2006 of 25 September 2006 repealing Regulation (EEC) No. 4056/86 laying down detailed rules for the application of Articles 85 and 86 of the Treaty to maritime transport, and amending Regulation (EC) No. 1/2003 as regards the extension of its scope to include cabotage and international tramp services, OJ L 269, 28. 9. 2006.

第4056/86号条例，因此，原有班轮公会协议的反垄断整体豁免在经过两年的过渡期后于2008年被正式取消，但是航运联营协议的第823/2000号条例却仍然未作变动。[1]

第4056/86号条例关于国际航运垄断协议的规定体现了两种不同的立法思路。第4056/86号条例的航运协议规制制度实际上包括两方面：技术性协议与班轮公会协议。条例第2条是关于技术性协议的规定："《欧共体条约》第85条第1款（后来的第81条第1款）的禁止性规定不适用于唯一的目标及效果在于促进技术进步或合作的协议、决定或者其他协同一致的行为，其实现途径包括：(a)使用船舶及其他形式的运输、设备、供给或固定装置，或者运用统一标准或运输类型；(b)为经营海上运输，共享或者合伙经营船舶、舱位以及其他形式的运输、供给、设备和固定装置；(c)组织并进行连续性或辅助性的海上运输经营以及为实现这样的经营制定、运用相关的费率和条件；(d)调节相关航线的船期表；(e)合并单独托运的货物；(f)制定、运用统一的影响费率变动结构和条件的规则。"这里所谓的技术性协议，其性质类似于航运经营者之间的运营协议，按照前述规定，欧盟并不是给予此类协议豁免，而是规定竞争法上的垄断协议制度根本不能适用于此类技术性协议。[2] 条例第3条是关于班轮公会协议的规定："一个或数个班轮公会的全部或部分成员之间以固定运价、调节运力供给和其他内容为目标制定的协议、决定或者其他协同一致的行为，可豁免适用《欧共体条约》第85条第1款（后来的第81条第1款）的禁止性规定。"不同于技术性协议的立

[1] 第823/2000号条例本应于2005年4月失效，但是欧共体委员会通过了第611/2005号条例，首先将第823/2000号条例延期至2010年，后来又通过第906/2009号条例决定再给予航运联营协议为期5年的反垄断豁免，将目前的豁免延至2015年4月。Commission Regulation (EC) No. 611/2005 of 20 April 2005 Amending Regulation (EC) No. 823/2000 on the Application of Article 81(3) of the Treaty to Certain Categories of Agreements, Decisions and Concerted Practices between Liner Shipping Companies (Consortia), OJ L 101, 21. 4. 2005; Commission Regulation (EC) No. 906/2009 of 28 September 2009 on the Application of Article 81(3) of the Treaty to Certain Categories of Agreements, Decisions and Concerted Practices between Liner Shipping Companies (Consortia), OJ L 256/31, 29. 9. 2009.

[2] See Emmanuel P. Mastromanolis, *E. U. and U. S. Competition Laws Compared: The Paradigm of Horizontal Co-operation in Maritime Trade*, in *Competition and Regulation in Shipping and Shipping Related Industries* (Antonis Antapassis et al. eds.), Leiden: Martinus Nijhoff Publishers, 2009, p. 51.

法思路，班轮公会协议不能排除欧盟竞争法垄断协议规定的适用，但是在按照欧盟竞争法的规定被认定为构成垄断时，可以在符合豁免条件的前提下被予以反垄断豁免。

第4056/86号条例反垄断整体豁免的规定，实际上反映了保护船东与航运经营者的立法态度。[1] 国际航运垄断协议不但可能被归属为技术性协议而不适用欧盟竞争法中的垄断协议规制制度，还可能获得反垄断豁免，在被认定为垄断的条件下仍然不受竞争法的处罚。第4056/86号条例制定的政策性背景在于当时欧盟委员会认可了班轮公会业已长期存在的事实，以及它的存在对于维护航运市场稳定上的作用已经获得了来自航运经营者与托运人双方的支持，同时维持现有的班轮公会也有利于航运经营者为航运市场消费者提供更为稳定的船期和更为可靠的服务，因此认为赋予班轮公会反垄断整体豁免在仍然存在航运市场竞争的条件下是适当的。[2]

2006年颁布的第1419/2006号条例废止了第4056/86号条例，经过2年的过渡期，从2008年10月18日起，班轮公会协议的反垄断豁免制度被正式废除。因此在这一法律改革后，欧盟的国际航运垄断协议规制制度受到欧盟一般竞争法的调整，即适用《欧共体条约》第81条的规定。有学者将欧盟在第1419/2006号条例中体现出的国际航运规制法律思路转变归结为："减少对于国际航运业的管制；鼓励那些经营效率高的航运经营者的发展；通过航运经营者与托运人之间单独运输服务合同的订立，提升运输服务的质量。"[3]

虽然取消了第4056/86号条例及其确立的技术性协议不适用欧盟一般

[1] See Emmanuel P. Mastromanolis, *E. U. and U. S. Competition Laws Compared: The Paradigm of Horizontal Co-operation in Maritime Trade*, in *Competition and Regulation in Shipping and Shipping Related Industries* (Antonis Antapassis et al. eds.), Leiden: Martinus Nijhoff Publishers, 2009, p. 51.

[2] See European Commission, *Progress towards a Common Maritime Policy: Maritime Transport*, Commission communication and proposals to the Council transmitted on 19 March 1985, COM (85) 90 final, Mar. 14, 1985, available at http://aei.pitt.edu/5448/01/001081_1.pdf, para. 62.

[3] See Emmanuel P. Mastromanolis, *E. U. and U. S. Competition Laws Compared: The Paradigm of Horizontal Co-operation in Maritime Trade*, in *Competition and Regulation in Shipping and Shipping Related Industries* (Antonis Antapassis et al. eds.), Leiden: Martinus Nijhoff Publishers, 2009, p. 54.

竞争法，班轮公会协议享有反垄断整体豁免的规定，但是目前仍然有一类航运协议享有反垄断整体豁免——航运联营协议根据第823/2000号条例享有反垄断整体豁免。因为欧盟委员会认为航运联营当然符合《欧共体条约》第81条第3款豁免的要求，应当通过赋予整体豁免的方式将航运联营协议排除在竞争法的规制之外。[1] 但是在这一条例中，欧盟对于联营体享有反垄断豁免的条件则作出了非常严格的限制。区别于此前第4056/86号条例班轮公会协议反垄断整体豁免的规定，按照第823/2000号条例，航运联营协议享有反垄断豁免必须满足严格的市场份额条件。第823/2000号条例第6条第1款规定："航运联营协议享有豁免的条件是，该航运联营如果属于班轮公会，则其按照运输货物量计算的市场份额不应超过30%；该航运联营如果不属于班轮公会，则其按照运输货物量计算的市场份额不应超过35%。"

在取消第4056/86号条例后，就如何在国际航运领域适用一般竞争法的规定，2008年欧盟颁布了《有关海上运输适用欧盟条约第81条的指南》(Guidelines on the Application of Article 81 of the EC Treaty to Maritime Transport Services)，其中特别指出了技术协议、信息交换协议和联营协议适用《欧共体条约》第81条时的分析框架与思路。[2]

二、美国国际航运垄断协议规制制度考察

美国的国际航运垄断协议规制制度，在从《1916年航运法》及1961年修订案，到《1984年航运法》，再到《1998年航运改革法》的法律修订与发展过程中不断变化。然而，如果与欧盟航运竞争法的剧烈变革相比，美国航运反垄断法律制度的变化可以说是相对缓慢的。[3]

---

[1] See Commission Regulation (EC) No. 823/2000 of 19 April 2000 on the application of Article 81(3) of the Treaty to certain categories of agreements, decisions and concerted practices between liner shipping companies (consortia), OJ L 100, 20. 04. 2000, recital 6.

[2] See European Commission Guidelines on the application of Article 81 of the EC Treaty to maritime transport services, OJ C 245/2, 26. 9. 2008.

[3] See Emmanuel P. Mastromanolis, *E. U. and U. S. Competition Laws Compared: The Paradigm of Horizontal Co-operation in Maritime Trade*, in *Competition and Regulation in Shipping and Shipping Related Industries* (Antonis Antapassis et al. eds.), Leiden: Martinus Nijhoff Publishers, 2009, p. 66.

《1916年航运法》给予国际航运协议反垄断豁免,但同时规定此类协议必须向主管机关进行报备,获得批准后才能生效,这里的主管机关就是后来的美国联邦海事委员会。事实上,《1916年航运法》在国际航运协议的规制问题上,采用了一种较为特殊的方法——以主管机构对于协议的批准作为协议合法性的前提,即具有固定运价、限制运力、货载与市场分配、公摊运费等内容的航运协议,只要经过主管机构的批准,即为合法的,得以享有反托拉斯法的豁免;相反,如果未经批准,则此类协议就是反托拉斯法下的非法协议。[1] 此外,要享有《1916年航运法》的反垄断豁免,航运协议还必须满足几个前提条件:协议必须是无歧视的,且不能有损于美国的商业贸易,航运经营者还必须保证不从事第14条所禁止的行为,即不得有使用运费延期折扣,使用战斗船,或者报复使用非公会船舶的托运人的行为。[2]

《1916年航运法》在1961年被修订,1961年修订案提高了联邦海事委员会对于航运协议的批准门槛,在该法第15条关于海运理事会是否批准向其报备的协议的标准中,加入了"公共利益"(public interest)标准,除了像原来《1916年航运法》那样要求航运协议不得在航运经营者、托运人、出口商、进口商或港口经营者之间造成不适当的歧视或者不公平,也不得在美国出口商与其他外国竞争者之间造成不适当的歧视或者不公平,亦不能有损于美国的商业贸易,还不得与公共利益相抵触。[3]

《1984年航运法》通过程序上要求上的变革,使国际航运协议获得美国反托拉斯法下的豁免变得更为容易。此前,航运协议在实施前必须获得主

---

〔1〕 See Claude A. Thompson, *Shipping Act of* 1916: *The Effect of Section* 15 *on the Sherman Anti-Trust Law*, 22 Michigan Law Review, 1923, p. 109.

〔2〕 See Felix Dinger, *The Future of Liner Conferences in Europe*: *A Critical Analysis of Agreements in Liner Shipping under Current European Competition Law*, Frankfurt: Peter Lang, 2004, p. 169.

〔3〕 See Luis Ortiz Blanco, *Shipping Conferences under EC Antitrust Law*: *Criticism of a Legal Paradox* (Andrew Read trans.), Oxford, Portland: Hart Publishing, 2007, p. 33; see also Emmanuel P. Mastromanolis, *E. U. and U. S. Competition Laws Compared*: *The Paradigm of Horizontal Co-operation in Maritime Trade*, in *Competition and Regulation in Shipping and Shipping Related Industries* (Antonis Antapassis et al. eds.), Leiden: Martinus Nijhoff Publishers, 2009, p. 59.

管机构的批准,没有批准则可能面临违反美国反托拉斯法的起诉。[1] 而且根据美国联邦最高法院在 Svenska 案中的判决,国际航运协议的批准程序要求协议成员承担证明责任,以证明协议合法。[2] 《1984 年航运法》的出台则彻底变革了这种批准程序,虽然仍然保留着联邦海事委员会对航运协议的审查权,但是在该法下,航运协议在向联邦海事委员会报备 45 日后自动生效。[3] 同时,联邦海事委员会可以请求哥伦比亚地区法院发布临时性或永久性禁令使航运协议不能生效,[4]但前提是联邦海事委员会必须证明航运协议存在有可能限制竞争,对运输服务造成不合理的减损,或者造成运输成本的不合理增加。[5] 可见,《1984 年航运法》在程序上改变了原有的举证责任,将原来由航运经营者负担的证明协议合法性的责任转给联邦海事委员会,这样的规定增加了联邦海事委员会禁止航运协议的难度,等于变相放松了对于航运协议的管制。

《1998 年航运改革法》实际上是对于《1984 年航运法》的修订,其生效对于进出美国港口的国际航运经营者在适用反垄断法律制度的问题上产生了较大的变化。这种变化主要体现该法鼓励航运经营者与托运人订立独立服务合同,这种独立服务合同的订立实际上加强了国际航运协议组织中航运经营者背离协议的独立行动权,而且《1998 年航运改革法》为服务合同设置了较低的公开要求,只要求对于"服务合同的商品、数量或比例、始发港与目的港名称和合同期限"这 4 项内容必须向公众公开。[6] 可以说,改革法为服务合同提供了更多的保密性,使服务合同的当事人更灵活,联邦海事委员会对服务合同的管制是较为放松的。美国联邦海事委员会的调查显示,在《1998 年航运改革法》生效 2 年后的 2001 年,采用独立运输服务合同运输的货物有了极大的增长,有学者认为,这实际上表明了国际航运市场中的货物

[1] See Ke Bakke, *The U. S. Shipping Act of* 1984:*An Assessment*, 18 Containerisation International, 1984, p. 45.

[2] Federal Maritime Commission v. Aktiebolaget Svenska Amerika Linien, 390 U. S. 238 (1968).

[3] United States Shipping Act of 1984, section 6(f).

[4] United States Shipping Act of 1984, section 6(h).

[5] United States Shipping Act of 1984, section 6(g).

[6] United States Ocean Shipping Reform Act of 1998, section 8 (c) (3).

运输,开始由协议组织合同转向航运经营者独立服务合同的趋势。[1] 但是这种独立服务合同却为美国反托拉斯法提出了新的问题。由于《1998年航运改革法》鼓励服务合同的自由协商订立,因此每一次的运费率问题势必要交由合同当事人自由协商,而协商所产生的不同运费率很可能因为属于歧视性行为而非法。对于是否应当将不同的运费率视为被禁止的行为,还是应当因为禁止价格歧视而否定服务合同对于运费率的自由协商,是美国尚未明确的问题。

在航运垄断协议的规制问题上,《1998年航运改革法》的豁免范围是相当大的。对于国际航运协议,包括那些具有运价固定、市场划分、货载分配、运力限制等内容的协议,以及与航运经营者与托运人之间的服务协议,均享有反托拉斯法豁免,但豁免需要满足若干前提:①协议需要向美国联邦海事委员会进行报备;②协议在报备后经过一定审查期而生效;③协议不应当构成对于第三方的联合抵制。[2] 对于班轮公会协议,虽然它具有明显的限制竞争效果,可以为航运经营者之间的协同行为提供平台,然而,《1998年航运改革法》还是间接地认定了它的合法性,并给予反垄断豁免。但需要特别注意的是,忠诚契约被排除在反垄断豁免的范围之外。[3]

三、欧盟与美国的国际航运垄断协议规制制度之比较

欧盟与美国的国际航运垄断协议规制制度都在一定程度上随着国际航运业的发展变化而发展,二者的规制制度在一些方面存在共同之处:例如,都倾向于将政府强制性的干预转变为以航运经营者自我评估为主的调整;都禁止一些限制竞争协议的豁免,如掠夺性定价、价格歧视等不公平或者歧视性的协议。但是总体而言,二者的差异是较大的,这种差异具体表现在以

---

〔1〕 See Jason Chuah, *The New Trans Atlantic Conference Agreement-An Evaluation of Liner Conferences under Threat*, 9 Journal of International Maritime Law, 2003, p. 289.

〔2〕 United States Ocean Shipping Reform Act of 1998, section 7.

〔3〕 United States Ocean Shipping Reform Act of 1998, section 7 (b) (4).

下几个方面:[1]

第一,美国对于国际航运协议反垄断豁免的范围是相当大的。而欧盟取消了班轮公会的反垄断整体豁免,也取消了原有航运经营者之间的技术性协议不适用协议垄断的规定,极大地限缩了国际航运协议反垄断豁免的范围。因此,很多在欧盟法下被禁止的垄断协议,在美国都是被允许的。

第二,对于国际航运协议垄断规制的法律适用上,在美国只要适用《1998 年航运改革法》,即可覆盖几乎所有的航运协议,包括班轮公会协议、运营协议、运价协商协议以及联营协议等。然而,在欧盟,虽然取消了规定班轮公会反垄断整体豁免的第 4056/86 号条例,但是由于存在规定航运联营协议反垄断整体豁免的第 823/2000 号条例,这使得欧盟对于国际航运垄断协议的规制存在适用法律的判断问题,即首先要判断应当适用《欧共体条约》的关于垄断协议的一般竞争法规定,还是适用航运联营协议的第 823/2000 号条例。

第三,在协议报备的问题上,美国要求所有的航运协议必须向联邦海事委员会报备,该报备是获得反垄断豁免的前提。然而,在欧盟,随着第 1419/2006 号条例的生效,2006 年 10 月开始实施欧盟竞争法第 81 条和第 82 条的实施细则第 1/2003 号条例,第 1/2003 号条例却并不存在特殊的报备要求,当然也不再享有反垄断豁免,仅需要进行反垄断自我评估即可。[2]

第四,在对于国际航运协议的限制竞争效果评估上,2008 年欧盟颁布的《有关海上运输适用欧共体条约第 81 条的指南》体现了结合市场份额进行评估的分析思路,然而美国《1998 年航运改革法》却并不存在市场份额的考虑。

[1] See Emmanuel P. Mastromanolis, *E. U. and U. S. Competition Laws Compared: The Paradigm of Horizontal Co-operation in Maritime Trade*, in *Competition and Regulation in Shipping and Shipping Related Industries* (Antonis Antapassis et al. eds.), Leiden: Martinus Nijhoff Publishers, 2009, pp. 66-68.

[2] See Emmanuel P. Mastromanolis, *E. U. and U. S. Competition Laws Compared: The Paradigm of Horizontal Co-operation in Maritime Trade*, in *Competition and Regulation in Shipping and Shipping Related Industries* (Antonis Antapassis et al. eds.), Leiden: Martinus Nijhoff Publishers, 2009, p. 67.

第四节 我国国际航运垄断协议规制制度的体系建构

一、我国现有国际航运垄断协议规制制度的法律框架

在我国,涉及航运经营者之间的垄断与限制竞争协议问题,主要由《国际海运条例》及其实施细则与《反垄断法》调整规制。《反垄断法》第 13 条和第 14 条是有关垄断协议的规定,前者为横向垄断协议,后者为纵向垄断协议。第 15 条则规定了豁免适用上述垄断协议规定的情况,根据其中的第 7 项,“法律和国务院规定的其他情形”是不适用《反垄断法》垄断协议规定的情况之一。因此,需要讨论的问题是:根据我国现有海运特别法的有关规定是否可以排除《反垄断法》垄断协议规定的适用?

目前,涉及我国的国际航运经营者之间的垄断与限制竞争协议问题,海运特别法的规定体现在《国际海运条例》及其实施细则中。关于国际航运协议,《国际海运条例》第 22 条规定:“从事国际班轮运输的国际船舶运输经营者之间订立涉及中国港口的班轮公会协议、运营协议、运价协议等,应当自协议订立之日起 15 日内将协议副本向国务院交通主管部门备案。”然而,这一条文仅规定了国际航运协议的报备要求,却并未明确国际航运协议是否可以豁免适用《反垄断法》。虽然有学者认为,《国际海运条例》要求订立集体运营协议和运价协议要向交通部报备,体现了反垄断豁免的含义。[1] 但是笔者认为,除非法律条文中明确规定国际航运反垄断豁免制度,否则不应以法律条文中未出现的规定反推其可能存在豁免的意图。因为反垄断豁免实际上不仅仅意味着一种反垄断法上的权利,更是一种特权,因此必须有足

〔1〕 李天生:“国际海运业反垄断豁免的法经济学分析——从 THC 风波谈起”,载《现代法学》2010 年第 32 卷第 1 期;李志文、王立志:“‘零运价’、‘负运价’引起的竞争法思考”,载《2007 年海商法研讨会论文集》,第 71 页。

够的证据和理由证明这种反垄断法特权存在的合理性。[1] 有关报备制度的规定可能是出于对航运业实施有效监管的必要，也可能是作为国际航运反垄断豁免制度的程序性要求，但是在《国际海运条例》没有明确赋予国际航运组织及其协议反垄断豁免制度的前提下，只能将报备制度的存在理解为行政监管的手段之一。可以说，目前我国尚不存在国际航运反垄断豁免制度的规定。因此，不能根据《国际海运条例》第22条的规定就排除《反垄断法》垄断协议规定的适用。

《国际海运条例》第27条是关于国际航运经营者行为规范的规定，其规定："经营国际船舶运输业务和无船承运业务，不得有下列行为：①以低于正常、合理水平的运价提供服务，妨碍公平竞争；②在会计账簿之外暗中给予托运人回扣，承揽货物；③滥用优势地位，以歧视性价格或者其他限制性条件给交易对方造成损害；④其他损害交易对方或者国际海上运输市场秩序的行为。"然而，虽然这一条文的第一种情况涉及运价协议问题，却并不属于反垄断法意义上固定价格的垄断协议，因为固定价格的垄断协议一般通过将价格抬高在某一水平来限制经营者之间的相互竞争，然而此处禁止的却是经营者擅自降价的行为，与其说这是对限制竞争的规制，不如说是对不正当竞争的规制。这一条文的第四种情况"其他损害交易对方或者国际海上运输市场秩序的行为"只是一种概括性的规定，单凭这一规定不能构成航运特别法中的反垄断法律制度框架，因此《反垄断法》垄断协议规定的规定应当适用于国际航运协议的垄断与限制竞争问题。

然而，《国际海运条例》与《反垄断法》构成的法律框架却在实际适用时存在问题：首先，作为海运竞争特别法的《国际海运条例》并没有关于垄断协议制度的具体规定，而作为一般法的《反垄断法》又缺乏可以应用到航运市场的具体操作标准，从而导致在何种航运协议可获得反垄断豁免，不能获得豁免的协议应当如何适用垄断协议制度进行垄断判定等一系列问题上都不

---

[1] American Bar Association Section of Antitrust Law, *Amended Comments on the Shipping Act Antitrust Exemption*, 2006, available at http://www. americanbar. org/content/dam/aba/migrated/antitrust/at-comments/2008/12-08/comments_HR1650_S772. authcheckdam. pdf, p. 3.

甚明确，导致仅凭现有的规定不足以解决航运市场中的垄断协议问题。[1]例如，对于国际航运协议组织通过运价协议在我国港口同一时间、以同一标准收取高额码头作业费（terminal handling charge，THC）等其他附加费的行为，[2]对于中日航线上航运公司采用份额制协议分割市场的行为，[3]都很难找到系统明确，又具有可操作性的反垄断法律依据。其次，在对于损害航运市场秩序行为的调查与处理程序上，《反垄断法》规定由国务院反垄断执法机构实施对垄断协议进行调查，然而《国际海运条例》却将交通部会同国务院工商行政管理部门和价格部门作为调查机关。[4] 显然，二者之间存在一定的矛盾，有待澄清。[5]

二、国际航运垄断协议类型化规制体系的建构

为了更好地维护国际航运市场的竞争秩序，在向世界开放我国国际海运市场的同时，应当有系统完善的法律制度作为支撑，以保障我国的对外贸易利益与航运利益。鉴于《国际海运条例》只是一部过渡性质的法规，未来的立法走向是制定我国的《航运法》，而作为《航运法》中最为重要内容之一的航运竞争法需要确立具体完善的航运垄断协议规制制度。现今学理上对于国际航运垄断协议的研究往往专注于组织形态的研究，例如将其界分为

---

[1] 朱新艳、陈刚："航运垄断协议规制探讨"，载《大连海事大学学报》（社会科学版）2008年第7卷第4期。

[2] 关于码头作业费事件，可以参见交通部、国家发展和改革委员会、国家工商行政管理总局公告（2006年第9号）：《关于公布国际班轮运输码头作业费（THC）调查结论的公告》；陆艳平："论码头作业费的收取"，载《海商法研究》2003年第1辑（总第9辑）；刘伟军："论THC概念之界定及其合理支付主体"，载《上海海事大学学报》2009年第30卷第3期；李天生："国际海运业反垄断豁免的法经济学分析——从THC风波谈起"，载《现代法学》2010年第32卷第1期；周安宁："我国集装箱班轮运输中日航线'负运费'价格竞争分析"，载《华东经济管理》2007年第21卷第6期。

[3] 此处份额制就是统计青岛经营中日航线的各公司往年的市场份额，并以此为基础进行市场份额划分，一旦超舱就要拿出一部分收入给亏舱者进行补偿。这种做法在一定程度上起到了稳定参与份额制的航运公司运价的作用，参见 http://blog.sina.com.cn/s/blog_5d0826e50100bxyj.html。关于中日航线的恶性竞争问题，可以参见李志文、王立志："'零运价'、'负运价'引起的竞争法思考"，载《2007年海商法研讨会论文集》，第66~71页；佚名："《反垄断法》与航运界恶性竞争"，载上海国际海事信息与文献网：http://www.simic.net.cn/news/detail.jsp?id=11506。

[4] 《中华人民共和国国际海运条例》第36条。

[5] 朱新艳、陈刚："航运垄断协议规制探讨"，载《大连海事大学学报》（社会科学版）2008年第7卷第4期。

班轮公会、运价协商协议组织、联营体、战略联盟等具体形式，探索以组织形态为基础的航运垄断协议规制体系。然而，考虑到航运竞争者垄断合作形式的形态边界不清，以垄断协议之内容为基础的研究抑或更有益于理解与讨论航运垄断协议的竞争抑制效应与反垄断豁免的产业经济逻辑。

（一）以反竞争效果为界分的航运垄断协议类型化规制体系建构

以海事商人习惯为渊源的海事海商法律制度历来尊重航运经营者之契约自由，然而，一旦航运经营者滥用契约自由就会启动海事海商法律制度中强行法的介入来矫正市场、实现正义，而航运产业规制制度与反垄断规制制度无疑均属于强行法之范畴。以规制为内容的强行法介入的法理根基在于对船方滥用契约自由有准确的定位。前述关于国际航运垄断协议反竞争效果并兼顾航运协议之效率改进效应、航运市场消费者福利增减进行的协议类型划分无疑有助于我们建构作为强行法的规制制度之主要架构。

固定价格、统一运输条件、市场划分、使用战斗船协议因其严重的竞争抑制效果、垄断导致的无效率、减损消费者福利效果，即构成契约自由之滥用，不但需要强行法规制且从执法效率而言规制制度介入的门槛应当较低。根据美国反托拉斯判例法的发展，此类主观意在危害竞争并且实质上往往能够严重危害市场竞争的垄断协议适用本身违法原则，无论协议是否付诸实施，无论实施效果如何，法院根据既往的反托拉斯法实践认为此类协议的反竞争效果十分明显且无助于公共利益与经济效率，可直接判定其违法。虽然我国《反垄断法》采用欧盟模式，使用禁止与豁免相结合的制度设计并主要适用合理原则，然而明确某类航运协议的严重反竞争效果，并对航运经营者的效率提升或福利增进抗辩实施较高标准的证明义务，有助于节约原本就有限的执法成本。波斯纳从执法成本的法律经济分析角度入手对此进行了说明：法律规制仅考察固定价格的行为本身而不附加行为意图等其他判断因素，乃是因为销售者不太可能在明知固定价格不太可能成功的情况下进行此类图谋，即便有时候惩罚了无法得逞的图谋也不会造成损害，并且基于公共执法预算约束力假定，执法效率是必须被纳入考量范围的制度建构要素,对于不会得逞的固定价格图谋进行追究会导致消耗在边缘案件中的执法资源不能用在更重要的案件中。[1] 但是,对于不严重限制竞争的其他垄断协议,执法者则必须综合分析其福利影响才能判断是否作出违法认定。此外,考虑到技术性合作协议可能带来更优的市场资源配置与效率提升效果,在这种情况下通过联合实现的合理化似乎比自由竞争更可取,在航运竞争法制的架构中宜做反垄断豁免处理。上述以协议反竞争效果为基础架构的竞争规制体系实际上回应了我国反垄断法合理原则下的执法分析模式与思路,将本身违法与反垄断豁免视为竞争规制的两极,在这两极中进行取舍权衡,有益于解决证明标准的问题,也有利于集中反垄断执法资源在复杂案件上。

（二）航运垄断协议的公法规制模式选择:产业规制还是竞争规制

尽管我们已经从协议反竞争效果程度、效率标准、消费者福利标准层面初步讨论了强行法介入航运经营者契约防止其滥用合同自由的干预边界,但尚存的问题在于航运垄断协议强行法规制的模式选择。在这一问题上,世界海运竞争两大监管法域美国和欧盟的规制制度呈现出不同模式:前者倚重产业监管机构——联邦海事委员会来规制航运经营者的协议垄断,采用以协议报备制度为基础的事前协议监管模式,并在航运法中设定一部分空缺不予豁免交由反托拉斯执法机构负责;后者则没有独立的航运竞争执法机构而将航运垄断协议交付竞争监管,采用事后规制模式,虽然在法律制度中豁免某些航运协议的竞争法适用,但近年来的法律变革却越来越收紧航运协议的竞争规制豁免范畴。不存在单独的航运产业竞争监管机构或许与欧盟作为国家间共同体的性质和职能有关,但我国航运垄断协议的公法规制却无法绕开产业规制与竞争规制的模式问题,特别是在航运业逐渐放松管制的情况下是否应将竞争监管权交由统一的反垄断执法机构负责?霍温坎普认为,实施规制将导致反垄断法地位降低,反之如果政府限制产品的

---

[1] See Richard A. Posner, *Antitrust Law* (*2nd ed.*), Chicago: University of Chicago Press, 2001, pp. 54-55.

价格和产出水平则反垄断法就被抛在一边,因此当一个产业面临"放松规制"的境况时反垄断才代替残余的规制政策发挥作用。[1] 按照霍温坎普(Herbert Hovenkamp)对产业规制与竞争监管关系的解读,放松规制的结果往往是通过限制反垄断豁免的方式扩大反垄断的实施范围,作为放松规制之典型的我国海运业无疑会更加依赖竞争规制,与其他非网络型产业一样通过竞争规制促进竞争、提升效率,而不是倚重产业垄断。笔者认为,航运垄断协议的竞争监管并不排斥产业规制,航运产业政策可以贯穿于反垄断法的实施过程中,以经济效果理论为核心的"合理原则"就注重在反垄断与经济效益方面进行合理权衡;另外,扶持航运业发展完全可以通过适度政府补贴、优惠税率、低息贷款、货载优先等一系列"非垄断"鼓励的方式进行。综上所述,从偏重产业监管的事前控制模式向竞争规制事后调控模式的过渡的渐进性转变无疑是航运垄断协议的公法规制模式的未来走向。

(三)以竞争规制、事后调控为主导的航运垄断协议规制思路与框架

我国目前的航运垄断协议监管体系呈现产业监管与竞争监管之间的竞合:一方面,交通部负责航运协议的报备管理工作;另一方面,反垄断执法机构也承担起一部分航运协议的竞争监管工作。航运协议产业监管与竞争监管之间的竞合现象或许可以从我国法律制度建构时对于域外法不同领域的学习、借鉴与本土化来解释。我国反垄断法律制度的构建主要从欧盟竞争法中汲取经验,然而,航运协议备案监管的做法却主要借鉴美国联邦海事委员会的运价协议与航运协议备案制度。但无论是学习欧盟竞争法还是借鉴美国航运协议监管,对我国的航运垄断协议竞争监管制度而言似乎都存在一定的"片面化"问题——或在学习欧盟法时忽视了其海运业竞争监管制度,或在借鉴美国法时无视了其备案制度与反托拉斯法的衔接,从而使在欧盟和美国都不存在的产业监管与竞争监管的脱钩乃至冲突问题在我国规制航运垄断协议时凸显出来。美国将航运协议在联邦海事委员会的预先备案

---

[1] See Herbert Hovenkamp, *The Antitrust Enterprise: Principle and Execution*, Cambridge, Massachusetts: Harvard University Press, 2005, p. 230.

作为豁免适用反托拉斯法的依据，但美国航运法中明确规定了禁止在航运协议中使用某些反竞争性条款，如不得针对运费、附加费、货物分类、装卸费采用歧视性定价，不得采用延期折扣，不得不合理地拒绝交易，航运协议组织或班轮公会不得从事以排挤竞争对手为目的的掠夺性定价，不得划分市场等。[1] 美国的做法看似是豁免航运协议的反托拉斯法规制，但航运法严格的限制性条件已经弱化了航运协议的垄断效果。欧盟海运竞争法变革后航运业开始适用欧盟一般性竞争法，但是有条例明确豁免航运联营的竞争法适用，其前提是：航运联营应符合欧盟竞争法垄断协议的豁免要件，不得从事“核心限制竞争行为”，不得在相关市场上占有超过30%的市场份额，不得限制成员的协议退出自由。[2] 这实际上意味着通过该条例取得豁免甚至比获得一般竞争法下的豁免更加严格。比诸欧美而反观我国航运竞争法律制度，航运协议虽适用《反垄断法》，但是对于航运协议向交通部预先备案后是否豁免其适用反垄断法之规定，航运垄断协议在何种程度上构成经营者集中协议而应当适用事前规制制度的问题尚不明确，因此明确以竞争规制、事后调控为主导的航运垄断协议规制制度具体应如何架构是亟待解决的问题。对此笔者认为，考虑到我国反垄断法律制度主要借鉴欧盟立法模式，适度参考欧盟海运竞争法的有关内容，并结合前述有关以反竞争效果为界分的航运垄断协议类型化讨论，赋予产业监管机构技术性协议豁免监管权，不失为可行的制度建构进路。首先，以竞争规制、事后调控模式作为主导性立法思路。虽然欧盟和美国对于航运协议在多大程度上排除一般反垄断法适用的范畴问题规定不一，但无疑欧美做法均认可一般性反垄断法律制度在规制航运垄断协议上的功能和作用。因此，确立以竞争规制、事后调控模式作为主导性立法思路实际上也与国际主要海运法域的做法相一致。其次，在《航运法》中以反竞争效果为界分、兼顾效率标准与消费者福利标准

---

[1] United States Ocean Shipping Reform Act of 1998, section 10.

[2] See Commission Regulation (EC) No. 906/2006 on the application of Article 81(3) of the Treaty to certain categories of agreements, decisions and concerted practices between liner shipping companies (consortia), OJ L 256/31, 29. 9. 2009.

建构类型化航运垄断协议规制体系：对于固定价格、统一运输条件、市场划分、使用战斗船协议，考虑到其严重的竞争抑制效果、垄断导致的无效率、减损消费者福利效果，可以参照欧盟做法视为“核心卡特尔”直接予以禁止；对于技术性合作协议，则可以赋予其反垄断豁免；对于其他类型的航运协议则适用合理原则由反垄断执法机构适用个案考量、事后规制。最后，技术性合作协议的豁免可以由产业监管部门按照美国协议报备制度来进行管理，将豁免制度作为融合航运产业政策与竞争规制的合力点，并在《航运法》中明确授权反垄断豁免的实体法要件与程序法要件。

CHAPTER 06> 第六章

国际航运企业与组织滥用市场支配地位行为的反垄断规制

市场支配地位是指某个企业或者某些企业在特定的市场上占有一定程度的优势或强势,企业可以凭借这种势力“支配”或者“控制”市场,进而给该市场上的竞争产生重大的影响,[1]因此各国反垄断法都对具有市场支配地位的经营者的行为进行规制,禁止其滥用这种支配地位。禁止滥用市场支配地位与禁止协议垄断、控制企业合并,共同构成反垄断法律实体制度的三大支柱。[2] 在国际航运市场中,除了存在航运经营者之间的协议垄断行为需要反垄断法的介入规制,如何防止班轮公会等航运经营者组织及一些大型航运公司滥用其市场支配地位,损害航运市场消费者托运人的利益、损害航运市场的竞争秩序,一直以来也是航运反垄断法律制度的核心问题之一。[3] 滥用市场支配地位规制制度主要涉及以下法律问题:如何界定相关市场,如何认定市场支配地位,如何认定滥用市场支配地位的行为,滥用市

---

〔1〕 邵建东:“论市场支配地位及其滥用”,载《南京大学法律评论》1999 年第 1 期。

〔2〕 尚明:《对企业滥用市场支配地位的反垄断法规制》,法律出版社 2007 年版,引言第 2 页;邵建东:“论市场支配地位及其滥用”,载《南京大学法律评论》1999 年春季号,第 35 页;王先林:“论滥用市场支配地位行为的法律规制——《中华人民共和国反垄断法(草案)》相关部分评析”,载《法商研究》2007 年第 4 期。

〔3〕 See Organisation for Economic Co-operation and Development (OECD), *Final Report on Competition Policy in Liner Shipping*, DSTI/DOT (Directorate for Science, Technology and Industry/ Division of Transport), Apr. 16, 2002, pp. 20 – 21; Gunnar K. Sletmo and Ernest W. William Jr., *Liner Conferences in the Container Age: U. S. Policy at Sea*, New York: Macmillan Publishing Co., 1981, p. 193; see also Luis Ortiz Blanco, *Shipping Conferences under EC Antitrust Law: Criticism of a Legal Paradox* (Andrew Read trans.), Oxford, Portland: Hart Publishing, 2007, p. 452.

场支配地位行为的法律责任。[1] 因此,滥用市场支配地位规制在国际航运反垄断法律制度中的适用,需要解决的是,如何在国际航运市场中对上述法律问题作出回应。

防止大型航运公司以及国际航运组织滥用市场支配地位,损害航运市场消费者托运人利益,损害航运市场竞争秩序,是航运竞争法律制度的重要问题。但是,我国现有航运市场滥用市场支配地位的法律规制制度却存在内容上的诸多缺失,相应法学理论也尚显不足,因此至今该领域仍存有不少争议。

我国现有的规制航运市场滥用支配地位行为的法律制度框架由一般性反垄断法律制度以及航运特别法中的航运竞争制度共同构成。该法律框架的问题在于:一方面,虽然作为一般法的《反垄断法》明确规定了滥用市场支配地位规制制度,但是往往缺乏可以将《反垄断法》直接应用到航运市场垄断问题的具体认定标准与适用细则,从而导致在如何界定航运相关市场、认定支配地位、认定滥用行为、合理性抗辩、是否适用必要设施理论、协议垄断与滥用行为的竞合处理、反垄断规制与产业监管机制的协调等一系列问题上都尚不明确;另一方面,现有的航运特别法《国际海运条例》及其实施细则专门规定了航运市场中滥用市场支配地位行为的规制制度,然而该制度将滥用市场支配地位行为限于价格歧视和附限制条件交易两种[2],不但不合理地限缩了《反垄断法》的内容规定,也会导致航运市场中诸多滥用行为免受规制处罚,不利于保护航运市场消费者利益,也不利于维护我国航运市场竞争秩序。

已有学者注意到对国际航运企业与组织滥用市场支配地位行为予以竞争规制的重要意义,并开始探索将禁止滥用市场支配地位制度运用到航运市场垄断行为的规制中。例如,於世成较为系统地论述了航运市场禁止滥用市场支配地位制度的构成要件,包括相关市场界定、支配地位认定与滥用

---

〔1〕 王晓晔:"禁止滥用市场支配地位——《反垄断法》释义之三",载《中国商界》2008 年第 1 期。

〔2〕 《国际海运条例》第 27 条,《国际海运条例实施细则》第 38 条。

行为认定，主张在未来航运竞争立法中完善禁止滥用市场支配地位制度。[1] 邹盈颖则结合国家工商总局《禁止滥用市场支配地位的规定》以及欧盟和美国航运竞争立法与司法实践的最近进展，论述滥用市场支配地位的新构成要素在国际航运竞争中的适用。[2] 这些研究对于有效规制航运市场中的滥用支配地位行为，完善现有航运竞争法律制度，对《航运法》竞争规则的起草提供建议而言有重要的学术价值。但现有研究往往局限于滥用市场支配地位的构成要件分析（包括相关市场界定、支配地位认定、滥用认定），对于国际航运企业与组织滥用市场支配地位的行为类型与反垄断规制标准尚待厘清与全面总结，对于合理性抗辩、是否适用必要设施理论、协议垄断与滥用行为的竞合处理、反垄断规制与产业监管机制的协调等问题的研究亟待深入。

基于此，本章以航运市场中的滥用市场支配地位问题为研究对象，并且考虑到反垄断法律制度并不禁止垄断性市场结构，也不禁止企业通过创新、效率提升等合法手段取得和维持市场支配地位，而仅禁止企业利用其市场垄断力量限制竞争（即滥用行为），因此本章尤其着重探讨航运市场中滥用市场支配地位行为的类型与反垄断规制标准，并对一些航运市场滥用市场支配地位规制中面临的特殊法律问题予以回应，探索建立与行业监管制度相协调的、能够有效实施的航运竞争规制制度体系。

第一节　国际航运企业滥用市场支配地位的构成要件

德国联邦卡特尔局局长本哈德·海策尔（Bernhard Heitzer）指出，对是否存在滥用市场支配地位行为的评估，一般应当遵循三个步骤：第一，界定

---

〔1〕 於世成、邹盈颖："论禁止滥用市场优势地位制度在国际航运竞争法中的运用"，载《法学评论》2006年第5期。

〔2〕 邹盈颖、丁莲芝："禁止滥用市场支配地位制度之构成要素的新发展及在国际航运中的运用"，载《海大法律评论 2012-2013》，上海浦江教育出版社2013年版，第331~350页。

相关市场；第二，证明在相关市场上，涉案企业具有市场支配地位；第三，证明涉案企业的行为属于滥用市场支配地位的行为。〔1〕 实际上，这一分析步骤隐含了滥用市场支配地位的构成要件，即界定相关市场、在相关市场上认定存在市场支配地位、认定滥用市场支配地位。〔2〕 在国际航运市场进行滥用市场支配地位的判定，也需要从上述三个方面展开分析。

一、如何界定国际航运相关市场

确定相关市场是反垄断法上的一个重要问题，只有准确界定相关市场，才可能对特定行为的市场竞争影响进行分析，相关市场的界定是判定市场支配地位的基础。〔3〕 但由于市场的复杂性和关联性，相关市场的判定往往不那么容易。根据我国《反垄断法》第 12 条第 2 款，“相关市场是指经营者一定时期内就特定商品或者服务进行竞争的商品范围和地域范围。”这说明，界定相关市场需要考虑三个因素：相关产品、相关地域和相关时间。〔4〕 由于国际航运服务涉及不同运输类型及运输产品的划分，也覆盖不同的地域范围，因此对于国际航运领域中相关市场的判定，也需要从相关产品市场和地域市场进行分析。〔5〕 经济合作与发展组织最具有影响力的 2002 年有关国际班轮运输竞争问题的最终研究报告《班轮运输竞争政策》指出，要界定国际航运相关市场，必须明确国际航运市场的边界，例如明确何种情况下

---

〔1〕 ［德］本哈德·海策尔：“德国禁止滥用市场支配地位的基本原则和案例”，叶高芬译，载王晓晔：《反垄断立法热点问题》，社会科学文献出版社 2007 年版，第 135 页。

〔2〕 See William M. Landes and Richard A. Posner, *Market Power in Antitrust Cases*, 94 Harvard Law Review, 1981, p. 938. 需要指出的是，这种三步骤的判断滥用市场支配地位的方法，也可能在具体实践中存在一些问题，如当产品高度差异化导致无法精确界定相关市场时如何处理的问题等，可以参见 Richard Schmalensee, *Another Look at Market Power*, 95 Harvard Law Review, 1982, pp. 1799-1804。

〔3〕 尚明：《对企业滥用市场支配地位的反垄断法规制》，法律出版社 2007 年版，第 34~40 页。

〔4〕 王晓晔：“反垄断法中的相关市场”，载王晓晔：《王晓晔论反垄断法》，社会科学文献出版社 2010 年版，第 164 页。

〔5〕 See Luis Ortiz Blanco, *Shipping Conferences under EC Antitrust Law: Criticism of a Legal Paradox* (Andrew Read trans.), Oxford, Portland: Hart Publishing, 2007, p. 433.

集装箱运输可以被其他运输方式所替代。[1] 这实际上是在用"可替代性"(substitutability)方法来判断航运相关市场,如果消费者处于一个能轻易转换服务提供者的地位,则航运经营者或者航运经营者组织就不可能对市场的普遍条件产生重大影响。[2] 这种"可替代性"方法不仅可以用来分析相关产品市场,如通过分析各种运输方式之间在多大程度上可替代来界定相关运输产品市场的边界;也可以用来分析相关地域市场,如通过分析各种航线在多大程度上可替代来界定相关地域市场。

(一)以运输性能和用途上的不可替代性将国际航运市场初步界分为班轮运输市场与不定期租船市场加以分析

根据《欧盟竞争法中界定相关市场的通告》,相关产品市场是指根据产品的性能、用途及其价格,从消费者的角度可以相互交换或者相互替代的所有产品和或服务。[3] 王晓晔教授认为,欧盟的这一规定说明,"认定两个或两个以上的产品是否属于同一产品市场,起决定作用的是消费者的看法。对消费者来说,决定他们选择产品的因素有两个:一个是产品或者服务的性能和用途,另一个是产品的价格"。[4] 美国法院的司法判例中通常将合理的可替代性(rule of reasonable interchangeability)和需求交叉弹性(rule of cross-elasticity of demand)作为确定相关产品市场时的两个判断因素。[5] 实际上,欧盟与美国在判断相关产品市场的分析几乎是一致的,合理的可替代性判断的出发点是产品和服务的性能和用途,如果两个产品或服务的性

---

〔1〕 See Organisation for Economic Co-operation and Development (OECD), *Final Report on Competition Policy in Liner Shipping*, DSTI/DOT (Directorate for Science, Technology and Industry/Division of Transport), Apr. 16, 2002, p. 20.

〔2〕 European Commission Guidelines on the application of Article 81 of the EC Treaty to maritime transport services, OJ C 245/2, 26. 9. 2008, para. 17.

〔3〕 Commission Notice on the definition of relevant market for the purposes of Community competition law, OJ C 245/2, 26. 9. 2008, para. 7.

〔4〕 王晓晔:"反垄断法中的相关市场",载王晓晔:《王晓晔论反垄断法》,社会科学文献出版社2010年版,第166页。

〔5〕 王晓晔:"反垄断法中的相关市场",载王晓晔:《王晓晔论反垄断法》,社会科学文献出版社2010年版,第166页。

能和用途差别很大,甚至实际上具有不同的使用目的,那么它们就不能被视为相互替代的产品或服务;需求交叉弹性判断的出发点是产品和服务的价格,如果一种产品或服务价格的提升会使消费者转而选择其他产品或服务,则这些产品或服务之间就存在重要的竞争关系,从而可以被视为是属于同一个产品市场。

按照国际航运市场运输服务的性能和用途,产品市场可以被大致划分为定期班轮运输市场与不定期租船运输市场。虽然班轮运输可能面临着来自不定期租船运输经营者的竞争,但是可以认为,在大部分情况下班轮运输服务是不可替代的。[1] 首先,不定期租船运输经营者主要从事散装货的运输,由于不定期租船运输没有固定的船期表,这使得它们对于一些需要固定船期的托运人来说丧失了吸引力。[2] 其次,不定期租船运输从事的是港至港的运输,船舶不经停任意挂靠港装载途中货物,而仅在目的港装卸货物进行运送,这就大大降低了其对于班轮运输的竞争力。[3] 最后,在今天,班轮运输与不定期租船运输之间的竞争也由于运输越来越朝向专业化的发展而不断降低。[4] 早期不定期运输的船舶与班轮运输的船舶大体类似,都是采用多功能船舶(all-purpose ships)从事运输服务。但是现今,班轮运输经营者多采用集装箱船舶进行运输,而不定期租船运输经营者则倾向于依据待运货物的类型选择可适用的船舶,例如,采用油轮运送原油、谷物船运输谷

---

〔1〕 See Organisation for Economic Co-operation and Development (OECD), *Final Report on Competition Policy in Liner Shipping*, DSTI/DOT (Directorate for Science, Technology and Industry/Division of Transport), Apr. 16, 2002, p. 20; see also Felix Dinger, *The Future of Liner Conferences in Europe: A Critical Analysis of Agreements in Liner Shipping under Current European Competition Law*, Frankfurt: Peter Lang, 2004, p. 77; see also Luis Ortiz Blanco, *Shipping Conferences under EC Antitrust Law: Criticism of a Legal Paradox* (Andrew Read trans.), Oxford, Portland: Hart Publishing, 2007, p. 441.

〔2〕 See Amos Herman, *Shipping Conferences*, Deventer: Kluwer Law and Taxation Publisher, 1983, p. 85.

〔3〕 See Felix Dinger, *The Future of Liner Conferences in Europe: A Critical Analysis of Agreements in Liner Shipping under Current European Competition Law*, Frankfurt: Peter Lang, 2004, pp. 39-40.

〔4〕 See Jan Owen Jansson and Dan Shneerson, *Liner Shipping Economics*, London: Chapman and Hall, 1987, p. 19.

物、液化天然气船和液化石油气船运输液化气体。[1] 船舶的专业化降低了市场竞争上的可替代性。可以说,尽管不定期租船运输在某些情况下可以对班轮运输形成替代,然而,由于运输船舶的专业化以及待运货物对于专业化运输船舶的需求,不定期租船运输与班轮运输表现出实质性的运输性能与用途的不同。因此在这一意义上,定期班轮运输市场与不定期租船运输市场应当被区隔为两个单独的对象加以分析。[2]

(二) 班轮运输的相关市场界定

班轮运输的相关产品市场可以被界定为集装箱运输,由于集装箱运输具有较为一致的集装箱规格与船舶性能要求,[3]而且只有很少部分的集装箱运输货物可以轻易地改用其他类型的运输服务,如空运或者租船运输。在若干欧盟委员会的裁决和欧洲法院的判决中,集装箱运输已经被认定为是班轮运输的相关产品市场。[4] 当然,对于以集装箱运输作为班轮运输的相关产品市场,也应当在个案判断时对具体情况加以考量。例如,如果货物必须采用冷藏集装箱运输,或者是具有冷藏设备的集装箱船舶运输,则可替代的产品市场就应当相应予以缩小,而不是以整个集装箱运输作为相关产

---

〔1〕 See Felix Dinger, *The Future of Liner Conferences in Europe: A Critical Analysis of Agreements in Liner Shipping under Current European Competition Law*, Frankfurt: Peter Lang, 2004, p. 40.

〔2〕 See Jan Owen Jansson and Dan Shneerson, *Liner Shipping Economics*, London: Chapman and Hall, 1987, p. 19; Felix Dinger, *The Future of Liner Conferences in Europe: A Critical Analysis of Agreements in Liner Shipping under Current European Competition Law*, Frankfurt: Peter Lang, 2004, p. 40.

〔3〕 集装箱一般的长度在20英尺至40英尺,宽度一般都是一样的。而集装箱船舶一般也以可以装载多少固定规格的集装箱来设计建造,而不是以船舶要装载的货物来建造,因此区别于不定期租船的船舶有很多是根据特殊货物的需要而设计建造的。集装箱船舶上也往往设置有专门用于装载与卸载集装箱的特殊起落设备。

〔4〕 See Commission Decision of 30 April 1999 in Case No. IV/34. 250 - Europe Asia Trades Agreement, OJ L 193, 26. 7. 1999, para. 42; Commission Decision of 19 October 1994 in Case No. IV/34. 446-Trans-Atlantic Agreement, OJ L 376, 31. 12. 1994; Commission Decision of 16 September 1998 in Case No. IV/35. 134-Trans-Atlantic Conference Agreement, OJ L 95, 9. 4. 1999, paras. 60-84, TACA 裁决中关于相关市场的界定在后来被欧洲初审法院所确认,参见 Court of First Instance in Joined Cases No. T-191/98, T-212/98 to T-214/98-Atlantic Container Line AB and Others v. Commission of the European Communities, [2003] ECR II-3275, paras. 781-883; Commission Decision of 16 May 2000 in Case No. IV/34. 018-Far East Trade Tariff Charges and Surcharges Agreement (FETTCSA), OJ L 268, 20. 10. 2000, para. 60。

品市场。[1]

虽然对于班轮运输的托运人而言,采用集装箱运输方式一般是不可替代的,但是在选择哪一航线上的哪一航运经营者问题上,托运人仍然具有选择权,也就是说,航线一般是可替代的。因此就需要界定班轮运输的相关地域市场,研究某一班轮航运经营者或班轮航运经营者组织在何种地域范围内能够形成市场支配地位。班轮运输的相关地域市场可以通过运输服务覆盖的地理范围加以界定,航线和港口的可替代性应当作为考虑因素来界定相关地域市场的边界。[2] 例如,2008 年欧盟的《有关海上运输适用欧盟条约第 81 条的指南》援引了欧盟委员会在泛大西洋班轮公会案中的裁决(Trans-Atlantic Conference Agreement Case,TACA Case),将以地中海为运输终端和以北欧为运输终端的海运服务区隔为两个一般不具有可替代性的单独市场。[3] 又如,2002 年经济合作与发展组织的《班轮运输竞争政策》以泛太平洋航线为例,指出泛太平洋区域贸易运输涉及众多航线和港口,要考察这些航线和港口在多大程度上是可替代的,再来决定相关地域市场。(比如,考察西雅图—中国南部航线在多大程度上可以被温哥华—中国南部航线,或者被长滩—中国南部航线所替代。[4])考察航线与港口可替代性的一个重要因素是,内陆托运人对于港口服务的获取能力,如果某一港口的多式联运服务并不发达,那么即使这些港口与原有港口的距离再近,也不对原有港口具有可替代性;相反,如果这些港口的多式联运服务发达,内陆发货人或者收货人容易获得运输服务,那么即使这些港口距原有港口较远,也可以

[1] European Commission Guidelines on the application of Article 81 of the EC Treaty to maritime transport services, OJ C 245/2, 26. 9. 2008, para. 19.

[2] See Organisation for Economic Co-operation and Development (OECD), *Final Report on Competition Policy in Liner Shipping*, DSTI/DOT (Directorate for Science, Technology and Industry/Division of Transport), Apr. 16, 2002, p. 20; see also OJ C 245/2, 26. 9. 2008, European Commission Guidelines on the application of Article 81 of the EC Treaty to maritime transport services, para. 20.

[3] See Commission Decision of 16 September 1998 in Case No. IV/35. 134 – Trans-Atlantic Conference Agreement, OJ L 95, 9. 4. 1999, paras. 76–83; Commission Decision of 14 November 2002 in Case No. COMP/37. 396–Revised TACA, OJ L 26, 31. 1. 2003, para. 39.

[4] See Organisation for Economic Co-operation and Development (OECD), Final Report on Competition Policy in Liner Shipping, DSTI/DOT (Directorate for Science, Technology and Industry/Division of Transport), Apr. 16, 2002, p. 20.

替代原有港口,因此属于同一个相关地域市场。[1]

对于那些能够经过转运绕开原有航线的转运航线是否可以替代原有贸易航线的问题,往往需要考虑转运是否为航运实践中较为常用的做法,否则将不构成有效的替代,从而不能与原有航线作为同一地理市场。在欧亚贸易协议组织案中(Europe Asia Trades Agreement,EATA),航运经营者曾经主张其运营的欧亚航线可以通过在美洲中转的方式实现,即原有欧亚之间的货物运输,可以通过先将货物运至美洲,再从美洲转运至远东来实现,从而试图扩大相关市场的范围。但是欧盟委员会则认为欧亚贸易协议组织的成员航运经营者并未提供足够的证据,证明经由美洲转运的货物在欧洲至远东航线上运输货物占有实质性比重,因此经由美洲的转运航线不能作为欧亚航线的替代。[2] 在远东贸易运费与附加费协议组织案中(The Far East Trade Tariff Charges and Surcharges Agreement,FETTCSA),航运经营者也提出与前述 EATA 案相同的抗辩理由,但欧盟委员会同样不接受这种观点,认为在 20 世纪 90 年代,美国总统轮船航运公司曾经试图开展经北欧至美洲再到远东的海陆混合运输线路,但最后收效欠佳,该线路因为运价过高而不具有实际操作性。[3]

此外,还有一些其他因素也需要根据个案的具体情况被列入具体考虑的范围,如一些美国托运人认为蒙特利尔港在冬天不能被作为美国港口的替代港,因为冬天的蒙特利尔港会因为极端天气而有中止运输服务的可能性。有些加拿大的托运人则认为考虑到美国海关经常不合理地扣押货物,因此美国港口不能作为加拿大港口的替代港。[4]

---

〔1〕 See Organisation for Economic Co-operation and Development (OECD), Final Report on Competition Policy in Liner Shipping, DSTI/DOT (Directorate for Science, Technology and Industry/Division of Transport), Apr. 16, 2002, p. 20.

〔2〕 Commission Decision of 30 April 1999 in Case No. IV/34. 250 – Europe Asia Trades Agreement, OJ L 193, 26. 7. 1999, para. 39, para. 64.

〔3〕 Commission Decision of 16 May 2000 in Case No. IV/34. 018–Far East Trade Tariff Charges and Surcharges Agreement (FETTCSA), OJ L 268, 20. 10. 2000, para. 87.

〔4〕 Organisation for Economic Co-operation and Development (OECD), *Final Report on Competition Policy in Liner Shipping*, DSTI/DOT (Directorate for Science, Technology and Industry/Division of Transport), Apr. 16, 2002, p. 21.

（三）不定期租船运输的相关市场界定

不同于班轮运输几乎均采用集装箱运输的方式，不定期租船运输之间的差异程度较大，因此不定期租船运输的相关市场必须结合相关因素采用个案方式进行界定。在反垄断法上，对产品替代性的分析主要是通过计算产品之间的需求弹性和供给弹性来进行，并形成了考察产品市场的两个不同方法和角度。[1] 对于不定期租船运输市场的分析，也可以从需求替代与供给替代两个角度来分析。

需求替代是从消费者角度对产品可替代性的一种分析方法，如果消费者比较容易地从使用一种产品转变为使用另一种产品，一般就可以认为上述两种产品属于同一产品市场。[2] 在需求替代的分析中，产品性能与用途是否类似，产品价格的变化对于消费者决定继续使用该产品还是选择替代品，是判断可替代性的重要因素。在不定期租船运输中，租船合同中的主要条款是界定不定期租船运输服务产品市场的起点，因为主要条款通常确定了该租船运输要求的关键因素，例如对于航次租船，运输要求的实质性因素是所装运的货物、货物数量、装运港和卸货港、装载天数或货物最后抵达日期以及有关要求的船舶的技术细节。[3] 因此，可以根据租船合同中主要条款的内容来判断其他不定期租船运输对于该运输的可替代性。其中，船舶的运输功能应当被作为主要考察的因素之一，因为很多需要租船运输的大宗货往往对船舶功能有着特殊的要求，如运送原油需要采用油轮，运送液化气体需要采用液化天然气船或液化石油气船，因此对于特殊的待运货物而言，可替代性仅存在于能够满足运输需求的特殊船舶之间，而不存在于任何从事不定期租船运输的船舶。此外，由于不同类型的租船运输之间往往具有本质差异，因此有必要按照航次租船、定期租船与光船租船加以界分，从

[1] 尚明：《对企业滥用市场支配地位的反垄断法规制》，法律出版社 2007 年版，第 43 页。

[2] 尚明：《对企业滥用市场支配地位的反垄断法规制》，法律出版社 2007 年版，第 44~45 页。

[3] European Commission Guidelines on the application of Article 81 of the EC Treaty to maritime transport services, OJ C 245/2, 26. 9. 2008, para. 22.

承租人的需求角度具体考虑上述形式的租船运输是否可以互相替代,是否同属于一个相关市场。

在界定相关市场时,除了从消费者角度出发的需求替代分析,还需要从供给方面考虑竞争者或者潜在竞争者的供给替代,分析如果价格升高,竞争者是否会比较容易进入市场生产该价格升高的产品。如果产品之间没有较大差异,则竞争者之间的转产就比较容易,表明两个竞争者之间的产品供给替代性较强,是具有竞争性的产品。一旦这些潜在的竞争者进入该市场,就会在客观上扩大市场的范围,这实际上等于扩大了相关产品市场的范围,那么原有经营者的市场支配地位就会减弱。[1] 在不定期租船市场中,虽然不同的待运货物对于船舶的性能要求不同,但是仍不能排除某些情况下船舶经调整后可能被用来运输其他货物,在此情况下,应当从供给替代的角度将此类船舶视为属于同一产品市场。2008 年欧盟的《有关海上运输适用欧盟条约第 81 条的指南》指出:"如果船舶可以进行调整,从而以较低的调整成本和较短的调整时间运输特定的货物,则不同的不定期船运输服务提供者就可以为运输这批货物而相互竞争。在这种情况下,从供应方角度而言的相关市场将包括一种以上类型的船只。"[2]

在界定不定期租船运输服务的相关产品市场时,除了上述纯粹针对运输服务本身的需求替代与供给替代的分析,可能在具体案件中还需要考虑一些其他的额外因素,例如航运经营者本身的信誉,或者船舶的可靠性、安全性,安全和规制要求都可能会影响消费者的选择。[3] 尽管运输服务的内容可能相同或者可替代,但是由于特定运输区域对于船舶性能的要求不同,就会导致可以运送相同种类货物的船舶却不具有替代性。例如,欧盟就要

---

〔1〕 尚明:《对企业滥用市场支配地位的反垄断法规制》,法律出版社 2007 年版,第 48~49 页。

〔2〕 European Commission Guidelines on the application of Article 81 of the EC Treaty to maritime transport services, OJ C 245/2, 26. 9. 2008, para. 25.

〔3〕 European Commission Guidelines on the application of Article 81 of the EC Treaty to maritime transport services, OJ C 245/2, 26. 9. 2008, para. 30.

求其水域内行驶的油轮必须采用双层外壳结构,[1]显然那些其他的油轮就可能因为不具有此种安全性要求结构而与双层外壳油轮形成市场区隔。

不定期租船运输的相关地域市场界定则更需要采用个案分析的方法,因为地域市场的影响在不定期租船运输中相对较弱,尤其是在不定期租船运输与光船租船运输中,船舶行驶的地理区域几乎完全听从消费者承租人的指示。在航次租船运输中,一般要考虑地域因素,例如货物装运和卸货港口或地区,因为这些因素往往是消费者承租人选择租船运输服务的考虑因素之一。

二、如何认定国际航运企业的支配地位

(一)国际航运领域的市场支配地位

市场支配地位是指企业在特定市场上具有控制商品与服务价格,排除市场竞争的力量。也就是说,拥有市场支配地位的企业取得了不受竞争制约的市场地位,可以无须考虑其他经营者甚至消费者而自由定价与自由决策。[2] 欧盟委员会在 1972 年大陆罐(Continental Can)一案的裁决中对于企业市场支配地位的解释体现了上述意思,指出:"一个企业如果有能力独立地进行经济决策,不必考虑竞争者、消费者和供货方的情况,它就是一个处于市场支配地位的企业。如果一个企业通过与市场份额相关的因素,例如技术秘密、取得原材料和资金的渠道以及其他重大的优势如商标权,能够决定相关市场一个重大部分的价格,或者能够控制它们的生产和销售,这就

[1] Council Regulation (EC) No. 417/2002 of 18 February 2002 on the accelerated phasing-in of double hull or equivalent design requirements for single hull oil tankers and repealing Council Regulation (EC) No. 2978/94, OJ L 64, 7. 3. 2002.

[2] 王先林:"论滥用市场支配地位行为的法律规制——《中华人民共和国反垄断法(草案)》相关部分评析",载《法商研究》2007 年第 4 期;王晓晔:"禁止滥用市场支配地位——《反垄断法》释义之三",载《中国商界》2008 年第 1 期;William M. Landes and Richard A. Posner, *Market Power in Antitrust Cases*, 94 Harvard Law Review, 1981, p. 937; Giorgio Monti, *EC Competition Law*, Cambridge: Cambridge University Press, 2007, pp. 124-125。

存在着市场支配地位。”[1]虽然美国反托拉斯法并未规定市场支配地位这一概念,但在其判例制度中则一般使用“垄断力量”(monopoly power)或者“市场力量”(market power)来表述类似含义。“市场力量”往往被归结为企业能够通过减少产出,将其产品价格提高到竞争性水平以上,从而增加利润的能力,也就是一种可以控制价格,排除竞争的操纵力。[2] 我国《反垄断法》关于市场支配地位的界定也包含上述含义,第17条第2款规定:“市场支配地位,是指经营者在相关市场内具有能够控制商品价格、数量或者其他交易条件,或者能够阻碍、影响其他经营者进入相关市场能力的市场地位。”对于国际航运市场经营者的市场支配地位,上述含义同样适用,如果航运企业具有控制相关市场上运输服务与运价的力量,排除其他航运企业的竞争,那么该航运企业就在相关市场上具有市场支配地位。

然而,实际上,在国际航运领域,单个航运公司具有市场支配地位的情况并不常见,较为常见的是,航运公司之间联合形成的航运组织由于可以统一运价,有时甚至排挤组织外的其他航运公司,从而形成了一种市场支配地位。那么,这种航运公司联合形成的航运组织的“共同市场支配地位”(collective dominant positions)是否构成通常所指的市场支配地位,而应受反垄断法调整呢?答案应当是肯定的。反垄断法以反对限制竞争为首要目的,无论是单独企业的市场支配地位,还是企业联合形成的共同市场支配地位,都可能对市场竞争带来严重限制。而反垄断法要反对的正是这种支配地位,而不问支配地位是单个企业形成的,还是企业联合形成的。[3] 因此,在航运市场领域,班轮公会、航运联营体、航运企业间的协议行为与协同行

---

[1] Commisssion Decision of 9 December 1971 in Case No. IV/26 811-Continental Can Company, OJ L 55,4.3.1972,[1972] CMLR D11;王晓晔:“滥用市场支配地位问题研究”,载王晓晔:《王晓晔论反垄断法》,社会科学文献出版社2010年版,第190页。

[2] [美]赫伯特·霍温坎普:《联邦反托拉斯政策:竞争法律及其实践》(第3版),许光耀等译,法律出版社2009年版,第83页;William M. Landes and Richard A. Posner, *Market Power in Antitrust Cases*, 94 Harvard Law Review, 1981, p. 937; Keith N. Hylton, *Antitrust Law: Economic Theory and Common Law Evolution*, Cambridge: Cambridge University Press, 2003, p. 230。

[3] Russell Richardson and Clive Gordon, *Collective Dominance: The Third Way?*, 22 European Competition Law Review, 2001, p. 421.

为等都可能构成一种共同市场支配地位而需要规制。[1]

对于这种航运公司联合形成的航运组织的“共同市场支配地位”，澳大利亚的航运反垄断法律制度，即《2010年竞争与消费者法》第十章“国际班轮货物运输”规定，航运企业滥用市场支配地位的行为不享有反垄断豁免，且还特别规定，如果公会对于国际班轮货物运输市场具有实质性的市场垄断力，则每一个公会成员也将被认定为具有实质性的市场垄断力。[2] 在欧盟，若干案例已经清楚地表明欧盟委员会与欧洲法院认为班轮公会的“集体地位”(collective position)构成“共同市场支配地位”。[3] 在欧盟，第一个裁决国际航运市场中航运协议组织构成共同市场支配地位的案例是1992年法国西非船东协会组织案(French-West African Shipowners' Committees，FWASC)。该协会的船东们通过协会实际上已经实现了对于法国—西非航线的控制，甚至包括与西非当局进行沟通，要求西非当局为协会采用全部货物的货载保留，即保证全部货物只交给协会船东运输，从而阻碍其他协会外船东进入这一航线。[4] 第二个案例是其后发生的中西非航线班轮公会案(Associated Central West Africa Lines，CEWAL)。该案中，欧盟委员会认为中西非航线班轮公会的行为违反了《欧共体条约》第81条第1款垄断协议和第82条滥用市场支配地位的规定。欧盟委员会将从欧洲港口至扎伊尔航线上的班轮运输作为相关市场，认为中西非航线班轮公会已经占有70%的市场份额，并因此判定其违反了《欧共体条约》第82条滥用市场地位的规定。[5] 此处，欧盟委员会援引了欧洲初审法院在意大利平板玻璃案(Italian Flat Glass)中

〔1〕 於世成、邹盈颖：“论禁止滥用市场优势地位制度在国际航运竞争法中的运用”，载《法学评论》2006年第5期；Alla Pozdnakova，*Liner Shipping and EU Competition Law*，AH Alphen aan den Rijn，The Netherlands：Kluwer Law International，2008，p. 271.

〔2〕 Australia Competition and Consumer Act of 2010，section 10.04 (1).

〔3〕 See Luis Ortiz Blanco，*Shipping Conferences under EC Antitrust Law：Criticism of a Legal Paradox* (Andrew Read trans.)，Oxford，Portland：Hart Publishing，2007，p. 444.

〔4〕 Commission Decision of 1 April 1992 in Case No. IV/32. 450 – French-West African Shipowners' Committees，OJ L 134/1，10. 2. 1993.

〔5〕 Commission Decision 23 December 1992 relating to a proceeding pursuant to Articles 85 (IV/32. 448 and IV/32. 450：Cewal，Cowac and Ukwal) and 86 (IV/32. 448 and IV/32. 450：Cewal) of the EEC Treaty，OJ L 34，10. 2. 1993.

的判决，指出班轮公会协议在独立运营实体航运公司之间建立了一种“经济性连结”（economic link），这种“经济性连结”使得在同一市场中，班轮公会成员航运公司相对于非公会航运公司而言处于一种市场优势地位。[1] 在后来的1998年泛大西洋班轮公会案中（Trans-Atlantic Conference Agreement，TACA），欧盟委员会也采用了上述“经济性连结”，作为论证班轮公会及其成员航运公司形成市场支配地位的理由。[2] 根据上述欧盟委员会的裁决可见，欧盟已经明确表明，这些航运公司之间联合形成的航运组织可以被认定为具有市场支配地位，甚至被认定为滥用市场支配地位，《欧共体条约》第82条关于市场支配地位的规定适用于这些航运公司联合形成的航运组织。

在我国，对于航运组织是否可以具有市场支配地位，并无明确规定。《国际海运条例》第27条仅规定，经营国际船舶运输业务和无船承运业务，不得有滥用优势地位，以歧视性价格或者其他限制性条件给交易对方造成损害的行为。但是这一规定却并未明确经营国际船舶运输业务和无船承运业务的主体是仅指航运公司，还是也包括航运公司联合组成的航运组织。同样，《反垄断法》第17条第2款对于滥用市场支配地位的规定中，其主体也仅是“经营者”，对于能否将“经营者”扩大解释为包含经营者组织，即经营者组织是否能够形成市场支配地位，是尚不明确的。考虑到无论是单独企业的市场支配地位，还是企业联合形成的共同市场支配地位，都可能对市场竞争带来严重限制，尤其是后者的“共同市场支配地位”可能比单独企业的市场支配地位更容易被滥用，因此应当承认企业联合形成的“共同市场支配地位”，对“经营者”作扩大解释，既包括独立经营者，也包括经营者联合，还包括经营者组织。我国在未来制定《航运法》时，对于航运竞争规则中的滥用市场支配地位规制，也应当考虑到班轮公会等航运协议组织强大的市场操纵力，将其“共同市场支配地位”纳入滥用市场支配地位的规制范围之内。

---

〔1〕 Commission Decision 23 December 1992 relating to a proceeding pursuant to Articles 85（IV/32. 448 and IV/32. 450：Cewal，Cowac and Ukwal） and 86（IV/32. 448 and IV/32. 450：Cewal） of the EEC Treaty，OJ L 34，10. 2. 1993，para. 49.

〔2〕 Commission Decision of 16 September 1998 in Case No. IV/35. 134–Trans-Atlantic Conference Agreement，OJ L 95，9. 4. 1999，para. 339.

需要特别指出的是,虽然班轮公会等航运组织可能在相关市场上形成“共同市场支配地位”,但是对于其市场支配地位的分析还需要考虑航运组织成员之间的“内部竞争”(internal competition)问题。尤其是在涉及美国的航线上,由于美国《1998年航运改革法》强化了航运经营者独立服务合同的规定,航运组织不得强制要求其成员航运公司必须遵守其组织的规定,这就削弱了航运组织对成员航运公司的约束力,从而弱化了其“共同市场支配地位”。因此,在分析航运组织的“共同市场支配地位”时,必须对其内部竞争的问题予以相应考虑。[1]

(二)国际航运企业的市场支配地位认定

对于国际航运领域的市场支配地位,实际上是一种程度性的描述,支配地位可以体现出从弱到强的多种不同程度,因此它没有一个绝对非有即无的标准,市场操纵力的大小必须结合个案中的诸多相关予以判定。[2] 一般而言,市场支配地位的认定主要采用市场结构标准,辅以相关因素分析的方法加以确定。[3] 采用市场份额认定市场支配地位的依据在于,市场支配地位与市场份额之间具有正相关的关系,[4]市场份额为确定市场结构和当事方及其竞争对手的竞争重要性提供了很有用的指示。[5] 因此,如果一个或者几个企业在相关市场上长期占据有很高的市场份额,这个事实本身可以作为存在市场支配地位的证据。美国和欧盟的判例中都体现了这样以市场

[1] See Commission Decision of 19 December 1996 in Case No. IV/M. 831-P&O-Royal Nedlloyd, 1996, paras. 52-53; Luis Ortiz Blanco, *Shipping Conferences under EC Antitrust Law: Criticism of a Legal Paradox* (Andrew Read trans.), Oxford, Portland: Hart Publishing, 2007, pp. 448-452.

[2] See Gunnar K. Sletmo and Ernest W. William Jr., *Liner Conferences in the Container Age: U.S. Policy at Sea*, New York: Macmillan Publishing Co., 1981, p. 195.

[3] 王晓晔:“滥用市场支配地位问题研究”,载王晓晔:《王晓晔论反垄断法》,社会科学文献出版社2010年版,第193页;尚明:《对企业滥用市场支配地位的反垄断法规制》,法律出版社2007年版,第118页及以下;Giorgio Monti, *EC Competition Law*, Cambridge: Cambridge University Press, 2007, p. 143。

[4] [美]赫伯特·霍温坎普:《联邦反托拉斯政策:竞争法律及其实践》(第3版),许光耀等译,法律出版社2009年版,第96页。

[5] 王先林:“论滥用市场支配地位行为的法律规制——《中华人民共和国反垄断法(草案)》相关部分评析”,载《法商研究》2007年第4期。

份额作为市场支配地位认定基础的观点。我国《反垄断法》第 18 条就将“经营者在相关市场的市场份额”作为认定经营者具有市场支配地位的首要考虑因素，同时第 19 条规定可以以“经营者在相关市场的市场份额”为基础，推定经营者具有市场支配地位：如果一个经营者在相关市场的市场份额达到 1/2，或者两个经营者在相关市场的市场份额合计达到 2/3，或者三个经营者在相关市场的市场份额合计达到 3/4，则推定经营者具有市场支配地位，但是如果单个经营者的市场份额不足十分之一时，则不认定为具有市场支配地位。由于我国《国际海运条例》在禁止航运经营者滥用市场支配地位时，并未对如何认定市场支配地位作出特别规定，因此在航运领域认定市场支配地位时需要按照《反垄断法》的规定来进行，即以市场份额标准，辅以相关因素的方法来认定市场支配地位。

首先，国际航运领域市场支配地位的认定可以先以市场份额为判断基础。但是在国际航运市场中，市场份额的统计要区分班轮运输市场与不定期租船运输市场，因为这两个市场中计算市场份额的基础是不同的。在班轮运输市场中，若干欧盟委员会的裁决和欧洲法院的判决中，几乎都将船舶运载能力，即运力作为计算市场份额的基础。一个航运公司的集装箱船舶运载能力越大，则在班轮运输市场中就占有越高的市场份额。[1] 经济合作与发展组织的《班轮运输竞争政策》分析报告、联合国贸易与发展会议的海运年度回顾报告，以及其他一些关于班轮运输的研究中，对于班轮公司市场

---

〔1〕 Commission Decision of 16 September 1998 in Case No. IV/35. 134–Trans-Atlantic Conference Agreement, OJ L 95, 9. 4. 1999, para. 85; Commission Decision of 14 November 2002 in Case No. COMP/37. 396/D2–Revised TACA, OJ L 26, 31. 1. 2003, paras. 85–86; Judgment of the Court of First Instance in Joined Cases No. T – 191/98, T – 212/98 to T – 214/98-Atlantic Container Line AB and Others v Commission, [2003] ECR II 3275, paras. 924, 925, 927；经济合作与发展组织也表达了同样的观点，参见 Organisation for Economic Co-operation and Development (OECD), Final Report on Competition Policy in Liner Shipping, DSTI/DOT (Directorate for Science, Technology and Industry/ Division of Transport), Apr. 16, 2002, p. 20。

份额的数据统计也都是以船舶运载能力为基础的。[1] 然而,在不定期租船运输市场中,市场份额的标准由于运输服务类型的不同而难以像班轮运输那样有统一的分析标准。对此,2008 年欧盟颁布的《有关海上运输适用欧盟条约第 81 条的指南》中列举了以下方面的数据,用来计算不定期租船市场的市场份额,①航程的数量;②当事方在一个特定货物的整体运输中所占的数量或价值比例(来往港口或港口范围之间);③当事方在定期租船合同市场中所占的份额;④当事方在相关船队中的承载量比例(按船只类型和尺寸)。[2]

其次,也需要结合市场份额外的其他因素来认定市场支配地位。[3] 我国《反垄断法》将经营者控制销售市场或者原材料采购市场的能力、经营者的财力和技术条件、其他经营者对该经营者在交易上的依赖程度、其他经营者进入相关市场的难易程度,都作为认定市场支配地位的考虑因素。[4] 第一,经营者控制销售市场的能力对于判定其市场支配地位具有重要影响,在航运市场中,有些航运协议组织通过在一定时期内封存运力的方式,试图减少运力以提高运价,如果此类组织封存运力的行为已经构成了控制销售市场时,则应当认定其具有市场支配地位。第二,其他经营者进入相关市场的难易程度是认定市场支配地位的另一个重要因素,如果其他经营者越难进入市场,则市场上的经营者越容易具有支配地位。有学者指出:"在班轮公

---

〔1〕 See Organisation for Economic Co-operation and Development (OECD), *Final Report on Competition Policy in Liner Shipping*, DSTI/DOT (Directorate for Science, Technology and Industry/ Division of Transport), Apr. 16, 2002, p. 14; United Nations Conference on Trade and Development (UNCTAD), *Review of Maritime Transport*, 2009, p. 100; Jasmine S. L. Lam et al., *Structure, Conduct and Performance on the Major Liner Shipping Routes I*, 34 Maritime Policy and Management, 2007, p. 360.

〔2〕 European Commission Guidelines on the application of Article 81 of the EC Treaty to maritime transport services, OJ C 245/2, 26. 9. 2008, para. 34.

〔3〕 这是因为考虑到单纯以市场份额作为判定市场支配地位的标准,可能存在份额标准无法限定的问题,以及可能存在的高市场份额企业却并不能控制价格和产出的情况,参见 Einer Elhauge, *Defining Better Monopolization Standards*, 56 Stanford Law Review, 2003, pp. 258 - 259; see also Organisation for Economic Co-operation and Development (OECD), *Final Report on Competition Policy in Liner Shipping*, DSTI/DOT (Directorate for Science, Technology and Industry/ Division of Transport), Apr. 16, 2002, p. 20。

〔4〕《中华人民共和国反垄断法》第 18 条第 2~5 项。

会、联营体或者其他联合协议企业经营的航线上,其他独立竞争者的进入就有一定的难度,因而这些组织或者企业就更容易或倾向于具有优势地位。"[1]需要注意的是,由于海运领域航运经营者与托运人之间忠诚契约(loyalty agreement)的存在,托运人为了获得忠诚折扣在一定程度上丧失了自由选择航运经营者的自由,这就导致新进入市场的经营者很难在原有市场中获得市场份额,从而成为航运市场进入的隐形壁垒。[2] 第三,其他经营者对该经营者在交易上的依赖程度也是认定市场支配地位的考虑因素之一。例如,经济合作与发展组织指出,在附加费的收取问题上,独立航运经营者不但不会与班轮公会竞争,反而会随着班轮公会的征收而征收,加价而加价。[3] 因此,班轮公会收取附加费的行为会引起独立航运经营者的追随,这也可以作为判断班轮公会是否具有市场支配地位的一个考虑因素。

三、如何认定国际航运企业的滥用市场支配地位

反垄断法一般并不禁止市场支配地位本身,而禁止的是滥用市场支配地位。[4] 在对市场支配地位的规制上,有两种不同的立法原则:一种是采用"结构主义"规制方法的高度立法原则,另一种是采用"行为主义"规制方法的低度立法原则。[5] "结构主义"规制方法,是以集中的市场结构或企业的市场支配地位本身作为反垄断法规制对象,当企业拥有市场支配地位时,

---

〔1〕 於世成、邹盈颖:"论禁止滥用市场优势地位制度在国际航运竞争法中的运用",载《法学评论》2006 年第 5 期。

〔2〕 See Mike Fusillo, *Excess Capacity and Entry Deterrence: The Case of Ocean Liner Shipping Markets*, 5 Maritime Economics and Logistics, 2003, pp. 100-115; Gunnar K. Sletmo and Ernest W. William Jr., *Liner Conferences in the Container Age: U. S. Policy at Sea*, New York: Macmillan Publishing Co., 1981, p. 194.

〔3〕 Organisation for Economic Co-operation and Development (OECD), *Final Report on Competition Policy in Liner Shipping*, DSTI/DOT (Directorate for Science, Technology and Industry/Division of Transport), Apr. 16, 2002, p. 44.

〔4〕 王晓晔:"禁止滥用市场支配地位——《反垄断法》释义之三",载《中国商界》2008 年第 1 期;张瑞萍:"对滥用市场支配地位的若干分析",载《法学家》1998 年第 3 期;[美] 赫伯特·霍温坎普:《联邦反托拉斯政策:竞争法律及其实践》(第 3 版),许光耀等译,法律出版社 2009 年版,第 296 页、第 300~302 页。

〔5〕 陈丽洁:"中国反垄断立法的现状和问题",载《环球法律评论》2003 年春季号,第 46 页。

即确认其违法,使用包括企业拆分等手段以减少市场集中度,使市场恢复竞争状态。“行为主义”规制方法,是以企业滥用市场支配地位的行为,而不是市场支配地位本身作为规制对象,即企业拥有市场支配地位本身并不违法,但是如果其滥用这种支配地位,则违反了反垄断法。“结构主义”规制方法以日本为代表,而欧盟则采用“行为主义”规制方法,美国反托拉斯法律制度则被认为兼具“结构主义”与“行为主义”两种规制方法。[1] 我国《反垄断法》主要借鉴欧盟竞争法的立法模式,采用“行为主义”规制方法,禁止的是滥用市场支配地位的行为,而不是市场支配地位本身,第 17 条规定:“禁止具有市场支配地位的经营者从事下列滥用市场支配地位的行为。” 因此,在我国认定国际航运领域的滥用市场支配地位,还需要分析航运企业与航运组织的行为。

我国《国际海运条例》第 27 条规定,经营国际船舶运输业务和无船承运业务,不得有“滥用优势地位,以歧视性价格或者其他限制性条件给交易对方造成损害”的行为。《国际海运条例实施细则》第 38 条规定,国际船舶管理经营者不得有“滥用优势地位,限制交易当事人自主选择国际海运辅助业务经营者,或者以其相关产业的垄断地位诱导交易当事人,排斥同业竞争”的行为。然而,如果仅仅将国际航运领域滥用市场支配地位的行为限制在以歧视性价格或者其他限制性条件给交易对方造成损害的行为,或者限制交易当事人自主选择国际海运辅助业务经营者的行为,或者以市场垄断地位诱导交易当事人、排斥同业竞争的行为,未免失之狭隘,会导致很多航运企业或者航运组织滥用市场支配地位的行为无法得到有效的法律规制。[2] 因此,对于国际航运领域的滥用市场支配地位行为,需要在未来制定《航运法》时给出更加完善明确的规定。

对于如何在国际航运领域认定滥用市场支配地位行为的问题,除了将

---

〔1〕 尚明:《对企业滥用市场支配地位的反垄断法规制》,法律出版社 2007 年版,第 215 页;陈丽洁:“中国反垄断立法的现状和问题”,载《环球法律评论》2003 年春季号,第 46 页。

〔2〕 於世成、邹盈颖:“论禁止滥用市场优势地位制度在国际航运竞争法中的运用”,载《法学评论》2006 年第 5 期。

有关航运立法作为法律渊源之外，还要适用反垄断法律制度中有关滥用市场支配地位的一般性规定，因为几乎各国的反垄断立法关于滥用市场支配地位的行为，都不予豁免。一般而言，反垄断法上的滥用市场支配地位可以分为两类："妨碍性滥用"(anti-competitive abuse)与"剥削性滥用"(exploitative abuse)。"妨碍性滥用"以滥用市场支配地位来排挤竞争对手，减少或者限制相关市场竞争为主要特点，如设置市场进入壁垒，通过低价倾销、掠夺性定价或者独家协议等排挤竞争对手。"剥削性滥用"则以滥用市场支配地位剥削相对交易方为主要特点，如以不公平高价销售商品，限定交易相对人只能与其进行交易，对条件相同的交易相对人在交易价格等交易条件上实行差别待遇等。[1] 某一行为也可能同时属于妨碍性滥用与剥削性滥用，如搭售行为。[2] 下文将以这两类滥用市场支配地位行为作为界分，分析国际航运市场中航运企业以及航运组织的具体行为是否构成，或者在何种情况下构成上述两类滥用市场支配地位的行为。

需要指出的是，即使采用行为主义规制方法的国家，在行为的规制程度上也存在两种不同的立法模式。一种立法模式采用"滥用行为加损害效果模式"，只禁止那些具有损害效果的滥用市场支配地位行为。[3] 例如，欧盟竞争法首先将滥用市场支配地位并造成贸易损害的行为予以禁止，《欧共体条约》第82条规定："一个或几个企业如果在共同体市场或某个领域滥用其市场支配地位，从而损害成员国之间的贸易，该行为就是与共同体市场不协调，应当予以禁止。"为使禁止滥用的规定具有可操作性，第82条除上述总则性的规定外，还列举出4种滥用行为："(a)直接或间接强迫接受不公平的购买或者销售价格，或者其他不公平的交易条件；(b)限制生产、销售或者开发新技术，损害消费者的利益；(c)就相同交易采用不同的交易条件，从而使

〔1〕 王晓晔："戒律强势——欧共体竞争法中的滥用市场支配地位"，载《国际贸易》2000年第5期；王晓晔："剥削性滥用行为的反垄断管制"，载王晓晔：《王晓晔论反垄断法》，社会科学文献出版社2010年版，第208页；於世成、邹盈颖："论禁止滥用市场优势地位制度在国际航运竞争法中的运用"，载《法学评论》2006年第5期。

〔2〕 Peter Oliver, *The Concept of "Abuse" of A Dominant Position under Article 82 EC: Recent Developments in Relation to Pricing*, 1 European Competition Journal, 2005, p. 318.

〔3〕 张瑞萍："对滥用市场支配地位的若干分析"，载《法学家》1998年第3期。

某些交易对手处于不利的竞争地位；(d)订立合同时强迫对方购买从性质或者交易习惯上与合同标的无关的商品或者服务。”[1]美国也采用了和欧盟相类似的滥用市场支配地位认定模式，这种模式主要表现在美国判例法对于反托拉斯法的发展之中。《谢尔曼法》第2条仅规定：“任何人垄断或企图垄断，或与他人联合、共谋垄断州际间或与外国间的商业和贸易，是严重犯罪。”然而，判例法制度表明，受到反托拉斯法规制的仅限于“非法垄断化”，[2]而要认定行为构成“非法垄断化”，必须证明：第一，被告拥有“垄断力”；第二，被告“运用”了这种力量。[3] 在判定“垄断力的运用”问题上，美国判例法中主要考察被告是否使用了“排挤性行为”(exclusionary practice)，如果具有市场垄断力的企业实施了包含下列要素的行为，则被认为构成“排挤性行为”：①这些行为能够减少竞争对手们的机会，从而产生、加强或延长垄断力；②该行为对消费者没有任何好处，或该行为给消费者带来的好处并非必要，或该行为产生的损害与其带来的好处不相称。[4] 另一种立法模式采用“单一行为模式”，对滥用市场支配地位的行为直接予以禁止。[5] 例如，我国台湾地区“公平交易法”第10条禁止独占企业实施下列行为：“一、以不公平之方法，直接或间接阻碍他事业参与竞争。二、对商品价格或服务报酬，为不当之决定、维持或变更。三、无正当理由，使交易相对人给予特别优惠。四、其他滥用市场地位之行为。”我国《反垄断法》也采用这一模式，只

---

[1] 对于《欧共体条约》第82条滥用市场支配地位的认定问题的详细分析可以参见 John Temple Lang, *The Requirements for A Commission Notice on the Concept of Abuse under Article* 82 *EC*, Centre for European Policy Studies Special Report, 2008, available at http://aei.pitt.edu/11554/1/1765%5B1%5D.pdf.

[2] 在 United States v. Grinnel Corp. 案中，美国联邦最高法院认定，非法的垄断化含有如下两个因素：第一，在相关市场上拥有垄断力；第二，故意获得或维持这种力量，而不是由于其产品优越、经营灵活或偶然的历史事件所导致的增长给它带来这种力量，参见 United States v. Grinnell Corp., 384 U.S. 563, 570-571 (1966)。

[3] [美]赫伯特·霍温坎普：《联邦反托拉斯政策：竞争法律及其实践》(第3版)，许光耀等译，法律出版社2009年版，第296页。

[4] See Phillip E. Areeda and Herbert Hovenkamp, *Antitrust Law* (*2nd ed.*), New York: Aspen Law and Business, 2002, section 651; see also Einer Elhauge, *Defining Better Monopolization Standards*, 56 Stanford Law Review, 2003, pp. 256-261.

[5] 张瑞萍：“对滥用市场支配地位的若干分析”，载《法学家》1998年第3期。

要是滥用市场支配地位的行为，即予以禁止，而不要求损害效果要件。[1] 因此，在我国认定国际航运领域的滥用市场支配地位，仅需要分析具有市场支配地位的航运企业与航运组织的行为即可，然而对于具体的滥用行为，仅以行为作为分析要件是否合适，是值得深入讨论的问题。

第二节　国际航运市场中滥用市场支配地位的行为

一、剥削性滥用市场支配地位行为

国际航运市场中的剥削性滥用市场支配地位以剥削航运市场消费者为目的，其典型表现是向航运市场消费者索要高价运费或附加费的不公平要价行为。“不公平要价”(excessive pricing)也称为垄断性高价，包括以不公平的高价销售商品和以不公平的低价购买商品两种情况，其实质都是具有支配地位的企业凭借该地位优势索取不公平价格，利用市场支配地位剥削消费者的行为。[2] 在判定某一价格行为是否构成“不公平要价”的问题上，欧洲法院在 United Brands 案中支持了欧盟委员会的观点，认为如果某一定价与产品的经济价值没有合理关联，则属于不公平要价。[3] 同时，欧洲法院与欧盟委员会也会将企业的定价与其他处于相似地位企业的定价相比较，以判断该企业是否存在不公平要价行为，例如，在 2001 年德国邮政案(Deutsche Post)中，欧盟委员会在判断德国邮政公司的跨境收件业务是否存在不公平定价问题时，就以瑞典的跨境收件业务定价作为对照，因为瑞典同德国一样属于地广人稀的国家。[4] 欧盟委员会竞争总局局长菲利浦·劳

[1] 《中华人民共和国反垄断法》第 17 条。

[2] 王先林：“论滥用市场支配地位行为的法律规制——《中华人民共和国反垄断法(草案)》相关部分评析”，载《法商研究》2007 年第 4 期。

[3] Judgment of the European Court of Justice of 14 February 1978 in Case No. 27/76 – United Brands Company and United Brands Continental B. V. v. Commission of the European Communities, [1978] ECR 207, [1978] CMLR 429, para. 252.

[4] Commission Decision of 25 July 2001 in Case No. Comp/C – 1/36. 915 – Deutsche Post AG-Interception of cross-border mail, OJ L 331/40, 15. 12. 2001, para. 165.

(Philip Lowe)指出,在审查某一行为是否构成《欧共体条约》第82条(a)项的不公平要价行为时,应当形成一个包含以下几方面的清晰的分析框架:①将占有市场支配地位企业的定价与其成本相比较;②将占有市场支配地位企业的定价与其竞争对手的定价相比较;③将占有市场支配地位企业的定价与市场上具有第二优势地位的企业的定价相比较;④将占有市场支配地位企业的定价与其在其他市场上的定价相比较;⑤将占有市场支配地位企业的定价与其他企业在其他市场的定价相比较。[1]

不公平要价在国际航运领域中主要表现为占有市场支配地位的航运公司或者航运组织向托运人索取高价运费或附加费。航运经营者索取的高价运费以及缺乏透明收费标准的附加费,都可能不合理地背离运输的成本结构,从而导致运费的不稳定性与不可预期性,不但会损害航运市场消费者利益,也会损害航运市场的竞争秩序,因此是一种对于市场支配地位的滥用行为。[2] 在国际航运市场中,判断某一占有市场支配地位的航运企业是否实施了不公平要价行为,也需要将其索要的运价或附加费与反映运输服务经济价值的运输成本进行比较,还需要将该航运企业的运价或附加费与其竞争者的运价或附加费相比较。此外,成本外的其他因素也往往需要予以考虑,例如,市场的竞争结构就可以被用来判断企业的价格行为是否属于不公平要价,因为在完全竞争的市场中,即使是占有一定市场支配地位的航运企业一般很难索要高额运价与附加费。[3] 也有学者将损害消费者利益作为判定航运企业或者航运组织不公平要价的要件之一,[4]然而在我国已经制定了《反垄断法》的背景下,由于我国《反垄断法》对于滥用市场支配地位的

---

〔1〕 See Philip Lowe, *DG Competition's Review of the Policy of Abuse of Dominance*, in *International Antitrust Law and Policy: Fordham Corporate Law* 2003 (Barry Hawk ed.), New York: Juris Publishing, 2003, p. 173.

〔2〕 See Organisation for Economic Co-operation and Development (OECD), *Final Report on Competition Policy in Liner Shipping*, DSTI/DOT (Directorate for Science, Technology and Industry/Division of Transport), Apr. 16, 2002, pp. 43-44.

〔3〕 See Alla Pozdnakova, *Liner Shipping and EU Competition Law*, AH Alphen aan den Rijn, The Netherlands: Kluwer Law International, 2008, p. 301.

〔4〕 於世成、邹盈颖:"论禁止滥用市场优势地位制度在国际航运竞争法中的运用",载《法学评论》2006年第5期。

禁止属于单一行为模式，即只要存在特定行为，则予以禁止，而不以损害效果作为要件，因此只要可以判定航运企业或航运组织存在不公平要价的行为即可。

国际航运市场中的滥用市场支配地位不仅可能发生在单个航运企业，更可能发生在多个航运企业组成的航运组织之中，从而构成一种"共同市场支配地位"，如若干航运企业联合起来实施统一的运价或附加费，或采用统一的运输条件。如果航运组织及其成员航运公司利用其共同市场支配地位索要高额运价或附加费，也应当被视为是联合剥削航运市场消费者托运人的滥用市场支配地位行为。在此问题上，就可能发生航运组织及其成员航运公司的行为同时属于协议垄断与滥用市场支配地位的竞合问题。但需要特别指出的是，航运企业之间的联合行为或协同行为本身并不构成滥用市场支配地位，只有当其实施了索要高价运费或附加费等不公平要价行为，才会发生协议垄断与滥用市场支配地位的竞合问题。

二、妨碍性滥用市场支配地位行为

国际航运市场中的妨碍性滥用市场支配地位，主要表现为使用战斗船或者掠夺性降低运价行为、运费延期折扣行为以及妨碍市场竞争的运价歧视行为。

（一）掠夺性定价与使用战斗船及其他低价运费行为

掠夺性定价又称低价倾销，是指具有市场支配地位的企业为了排挤竞争对手，低价销售商品的行为。认定掠夺性定价的主要问题是，如何区别企业的合法降价行为与非法降价行为。目前，无论是美国还是欧盟的司法实践都采用了美国著名反垄断法学家阿瑞达（Philip Areeda）和特纳（Donald F. Tuner）于1975年提出的理论，这一理论被称为阿瑞达—特纳规则。[1] 根据该规则，如果企业将产品价格定在低于其平均可变成本之下，则足以说明

〔1〕王晓晔："滥用市场支配地位问题研究"，载王晓晔：《王晓晔论反垄断法》，社会科学文献出版社2010年版，第196页。

企业的定价行为具有排挤竞争对手的意图。但是该规则同时认为,如果产品价格低于平均总成本而高于平均可变成本,无论该定价是否能够产生利润,都应当被视为合法。[1] 然而,对于该理论的后一部分,谢尔(F. M. Scherer)和威廉姆森(Oliver Williamson)却提出了质疑,指出判定某一价格是否是掠夺性的不应当仅以平均可变成本作为界分,一个有着垄断地位的企业的定价只要低于平均成本,就有可能对市场竞争带来损害,而不宜直接认定为合法。[2] 美国司法界综合了"阿瑞达—特纳规则"与谢尔和威廉姆森的批判,在掠夺性定价判定问题上采用了如下标准:如果产品的价格低于平均可变成本,则该定价构成掠夺性定价;如果价格高于平均总成本,则该定价不构成掠夺性定价;如果产品价格高于平均可变成本,却低于平均总成本,则判断是否构成掠夺性定价还需要考虑其他相关因素。[3] 欧盟在司法实践中也采用了这一标准来认定某一企业的低价销售行为是否构成掠夺性定价:[4]产品定价低于平均可变成本则构成掠夺性定价;产品价格高于平均可变成本但低于平均总成本,则需要考虑企业的定价是否以排挤竞争对手为目的。[5] 综合上述价格条件的判定与相关因素的考虑,一般认为,掠夺性定价的构成要件包括:第一,产品价格低于平均总成本;第二,企业以低于成本的价格销售商品具有排挤竞争者的可能性;第三,企业以低价将竞争对手排挤出市场后有获得垄断利润的可能;第四,企业的掠夺性定价行为无

---

〔1〕 Philip Areeda and Donald F. Turner, *Predatory Pricing and Related Practices under Section* 2 *of the Sherman Act*, 88 Harvard Law Review, 1975, p. 733.

〔2〕 See F. M. Scherer, *Predatory Pricing and the Sherman Act: A Comment*, 89 Harvard Law Review, 1976, pp. 869-890; Oliver E. Williamson, *Predatory Pricing: A Strategic and Welfare Analysis*, 87 Yale Law Journal, 1977, pp. 284-340; Alison Jones and Brenda Sufrin, *EC Competition Law: Text, Cases and Materials* (*3rd ed.*), Oxford: Oxford University Press, 2007, pp. 446-447.

〔3〕 王晓晔:"滥用市场支配地位问题研究",载王晓晔:《王晓晔论反垄断法》,社会科学文献出版社2010年版,第196~197页。

〔4〕 Judgment of the European Court of Justice of 3 July 1991 in Case No. C-62/86-AKZO Chemie BV v. Commission of the European Communities, [1999] ECR II 2969; Judgment of the European Court of Justice of 14 November 1996 in Case No. C-333/94P-Tetra Pak International SA v. Commission of the European Communities, [1996] ECR I 5951.

〔5〕 See Peter Oliver, *The Concept of "Abuse" of A Dominant Position under Article* 82 *EC: Recent Developments in Relation to Pricing*, 1 European Competition Journal, 2005, p. 323.

正当的理由。[1]

国际航运市场中最典型的掠夺性定价就是“使用战斗船”行为。使用战斗船行为一般存在于航运组织中，它是航运组织与组织外航运公司在航线上进行公开对抗式竞争的一种策略：当航运组织控制的航线上出现非成员公司的营运船舶时，组织就派遣专门的会员船只紧随会外船，以低于会外船的运价争取其货物，不计营运成本和利润。经过反复削价的价格竞争，直到组织外船只被迫退出该航线或接受航运组织条件时为止。使用战斗船所造成的损失，由航运组织全体成员共同承担。[2] 由于使用战斗船行为单纯以将竞争对手排挤出市场为目的，大幅压低运价，使运价水平远低于航运组织的一般运价水平，这种使用战斗船的协议本身已经构成了掠夺性定价。[3] 欧盟已有判例支持了上述观点，将航运组织使用战斗船的行为视为滥用市场支配地位而予以禁止。欧洲法院在比利时海运公司诉欧盟委员会案中，支持了欧盟委员会的观点，判决班轮公会使用战斗船排挤竞争对手的行为，违反《欧共体条约》第 82 条关于滥用市场支配地位的规定。[4]

在国际航运市场中，与掠夺性定价有关的另外一个问题是航运公司低价收取运费的行为。当国际航运市场出现运力供给大于运量需求时，航运公司之间依靠降低运费吸引消费者是十分常见的手段，而滥用市场支配地位的掠夺性定价则只发生在航运企业采用策略性低价排挤竞争对手的情况下，那么问题的关键在于如何区分正常的降低运价行为与具有掠夺性的降低运价

---

〔1〕 王晓晔：“滥用市场支配地位问题研究”，载王晓晔：《王晓晔论反垄断法》，社会科学文献出版社 2010 年版，第 198~199 页；王先林：“论滥用市场支配地位行为的法律规制——《中华人民共和国反垄断法（草案）》相关部分评析”，载《法商研究》2007 年第 4 期。有学者提出一种两步骤分析法来判定掠夺性定价问题，实际上就是将行为的合理性纳入考虑范围，参见 Paul L. Joskow and Alvin K. Klevorick, *A Framework for Analyzing Predatory Pricing Policy*, 89 Yale Law Journal, 1979, pp. 213–270。

〔2〕 王杰、王琦：《国际航运组织的垄断与竞争》，大连海事大学出版社 2000 年版，第 19 页。

〔3〕 See John S. McGee, *Ocean Freight Rate Conference and the American Merchant Marine*, 27 University of Chicago Law Review, 1960, pp. 191 – 314; William Sjostrõm, *Ocean Shipping Cartels: A Survey*, 3 Review of Network Economics, 2004, p. 120.

〔4〕 Judgment of the European Court of Justice of 16 March 2000 in Joinded Cases No. C–395–396/96 P-Compagnie maritime belge transports SA (C–395/96 P), Compagnie maritime belge SA (C–395/96 P) and Dafra-Lines A/S (C–396/96 P) v. Commission of the European Communities, [2000] ECR I 1365.

行为。而界分某一航运企业的降低运价行为是否构成掠夺性定价,需要借助前述反垄断法有关掠夺性定价的一般性理论,区分成若干种情况予以分析。

第一,运价的设定低于该次货物运输服务的平均可变成本,则可以直接推定该运价属于掠夺性低价,并予以禁止,除非当事方可以证明收取低运价行为的合理性。也就是说,低于平均可变成本的运价可以被作为认定掠夺性定价行为的初步证据,而无须考虑航运企业是否存在排挤其他竞争者的意图或者是否具有限制竞争的效果。这是因为在具有高比例固定成本的航运业中,如果运价的设定低于该次货物运输服务的平均可变成本,则基本可以认为该运输是不可能收回成本的损失性运输。然而,如何界定货物运输服务的平均可变成本,却并不是容易的问题,有必要区分不定期租船运输与定期班轮运输分别加以分析。对于不定期租船运输,由于承租人按照航次或者期间租船运输自己的货物,基本上可以确保所租船舶是满载运营的,因此可变成本相对容易判断,即与本航次货物运输有关的燃油费、作业费、水及食物开支、船员工资等成本。然而,对于定期班轮运输,由于船舶并不总是能在满载货物的情况下开航,货物也并不是在完成一个班轮运输从最初始发港到最终目的港的完整航次后才被卸载,因此船中所载货物的平均可变成本往往难以计算。首先,考虑到船舶并不总是能在满载货物的情况下开航,用来判断运价是否构成掠夺性定价时的平均可变成本应当尽可能地被压低,或者也可以考虑以一定比例的空载率来对平均可变成本进行抵销。其次,由于班轮运输的运价费率是事先决定好并在开航前就予以公布的,且往往根据货物价值收取不同的运费,这意味着就所运输的货物比较其单独成本和运价是不合适的,而应当将运输可变成本按照运输总可变成本计算,再根据货物量予以平均化,将平均总可变成本与平均运费进行比较。甚至有学者提出可以将这种比较置于一定的参照期间内,将航运经营者特定时期内的运费与运输成本进行平均。[1]

第二,运价的设定高于该次货物运输服务的平均可变成本,但低于平均

---

〔1〕 See Alla Pozdnakova, *Liner Shipping and EU Competition Law*, AH Alphen aan den Rijn, The Netherlands: Kluwer Law International, 2008, pp. 343-344.

总成本，则应当综合考虑行为目与限制竞争效果来判定该低价运费是否构成掠夺性定价。这是因为当运价的设定高于该次货物运输服务的平均可变成本时，尽管未必能够收回诸如船舶投入等固定成本，但是航运经营者至少可以收回因本次运输衍生的成本，故不宜一概将其视为掠夺性低价。

第三，即使存在降低运价的行为，但若运价并未低于该次货物运输服务的平均总成本，就不构成掠夺性低价，除非降低运价是不合理或不公平的。实际上，低价运费率水平是为国际航运实践所允许的，联合国《1974 年班轮公会行动守则公约》第 12 条就规定："运费率应当在商业上可行的范围内尽量确定在最低的水平，同时应当使船东能有合理的盈利。"可见，航运经营者可以自由降低运价，但是要确保即使降低运价也可以有合理盈利，以区别于以排挤对手为目的，会导致利润损失的恶性降价。如果运价已经维持在平均总成本的水平之上，一般而言是不会导致恶性竞争的负面效应的，除非存在例外情况。例如，对于占据显著市场份额并具有实质性市场支配地位的航运企业或航运组织，鉴于竞争对手的弱势，即使其将运价降低至高于平均总成本之上，也可能对市场产生限制竞争效果。〔1〕 在中西非航线班轮公会案中（Associated Central West Africa Lines，CEWAL），欧洲法院就认为，即使中西非航线班轮公会这样一个占有 90%市场份额的支配地位组织的定价策略不会对自身收入带来损失，但仍然会导致市场竞争结构受损，因此构成滥用市场支配地位。〔2〕 又如，如果占有市场支配地位的航运企业或航运组织在降低运价的同时大规模扩充运力提升产出，尽管价格维持在平均总成本之上，但是仍然可能属于限制竞争的滥用行为。〔3〕

第四，虽然上述方法以成本作为标准，基本按照修订后的"阿瑞达—特纳规则"规则对航运企业的降价行为进行了预设性的界分，但是这并不排除

〔1〕 ［美］赫伯特·霍温坎普：《联邦反托拉斯政策：竞争法律及其实践》（第 3 版），许光耀等译，法律出版社 2009 年版，第 386 页。

〔2〕 Judgment of the European Court of Justice of 16 March 2000 - *Compagnie maritime belge transports SA* （*C-395/96 P*），*Compagnie maritime belge SA* （*C-395/96 P*） *and Dafra-Lines A/S* （*C-396/96 P*） *v. Commission of the European Communities*，［2000］ ECR I -1365，para. 119.

〔3〕 See Alla Pozdnakova，*Liner Shipping and EU Competition Law*，AH Alphen aan den Rijn，The Netherlands：Kluwer Law International，2008，pp. 362-363.

航运企业对自己的降价行为进行合理化证明以推翻上述预设。[1] 排除滥用行为的合理化证明至少由两方面内容构成:其一,航运经营者降低运价的行为是为了维护其合法利益;其二,降价的行为与幅度是与航运经营者面临的特殊情势成比例的。有学者列举了几种可以被作为合理化的考量因素,如降低运价是面对其他航运经营者的降价竞争而为的行为,降低运价是因为运力需求锐减,降低运价是为了开辟新航线与新市场。[2]

(二)滥用性折扣与运费延期折扣

使用运费延期折扣制度捆绑消费者,是传统国际航运实践中较为常见的一种做法。所谓"运费延期折扣",是指航运经营者在合同中规定运费中有一定比例的"忠诚折扣"(loyalty rebate or fidelity rebate),然而这一忠诚折扣并不直接给予托运人,而是在拖延一段时间证明托运人不会选择其他航运经营者进行运输后,即证明托运人对于该航运经营者的"忠诚"之后,航运经营者会将这一部分忠诚折扣退还给托运人。[3] 通过"运费延期折扣制",航运经营者可以获取托运人货物的专有运输权,一旦托运人选择其他航运经营者的船舶进行货物运输,则不但将丧失本航次可以获得的运费延期折扣,还将丧失以前全部航次可以获得的运费延期折扣。如果使用运费延期折扣,托运人往往会囿于不愿放弃以前的延期折扣而无法自由选择其他航运经营者,而且在非完全竞争的市场结构下,具有市场支配地位的航运企业或航运组织就可以通过这种捆绑托运人的做法而阻止新的竞争者进入市场,以及防止竞争对手扩大市场份额。可以说,"运费延期折扣制"是一种占

---

[1] 在欧盟竞争法中,虽然《欧共体条约》第82条关于滥用市场支配地位的规定并未直接规定行为的合理化证明问题,然而司法实践中的判例允许了这种做法,因此有学者认为对于滥用市场支配地位问题的合理化证明实际上是一种司法过程中的创造,参见 Peter Oliver, *The Concept of "Abuse" of A Dominant Position under Article 82 EC: Recent Developments in Relation to Pricing*, 1 European Competition Journal, 2005, p. 335。

[2] See Alla Pozdnakova, *Liner Shipping and EU Competition Law*, AH Alphen aan den Rijn, The Netherlands: Kluwer Law International, 2008, pp. 366-370.

[3] Luis Ortiz Blanco, *Shipping Conferences under EC Antitrust Law: Criticism of a Legal Paradox* (Andrew Read trans.), Oxford, Portland: Hart Publishing, 2007, p. 5;於世成、邹盈颖:"论禁止滥用市场优势地位制度在国际航运竞争法中的运用",载《法学评论》2006年第5期。

有市场支配地位的航运企业或航运组织在航运市场捆绑消费者,从而限制市场竞争,加强其市场支配地位的做法。

对于折扣制度,有必要区分航运经营者运输服务中对于价格和服务条件所进行的一般性限制与那些为托运人施加排他性义务的做法,前者属于私法中的合同自由,而后者才应当是反垄断法规制的对象。因此,判断某一运费延期折扣的做法是否构成对于市场支配地位的滥用,关键在于考察其是否对消费者施加了排他性义务,使消费者被限制在仅能选择一个航运经营者的处境,或者是否导致了对于消费者不公平的差别对待。在欧盟,具有支配地位的企业所实施的折扣制度仅在两种情况下可能构成违反《欧共体条约》第 82 条的滥用市场支配地位:第一,折扣制度具有限制性(restrictive),即限制了消费者对于商品或服务的自由选择权,或者限制了其他竞争者进入市场;第二,折扣制度具有歧视性(discriminatory),即折扣制度的使用导致消费者受到了差别对待。只有当存在上述情况,且被指控企业无法证明其折扣制度合理性时,才构成滥用市场支配地位。[1] 由于忠诚折扣往往同时具有上述限制性与歧视性特征,因此在欧盟被直接禁止。在很早期的 Hoffman-La Roche 案中,由于 Hoffman-La Roche 公司给予消费者的价格折扣不以购买数量为条件,而是以消费者要从该公司购买其要求的产品为条件,且 Hoffman-La Roche 公司对每个消费者所给予的折扣不完全相同,是根据消费者是购买全部还是大部分其产品来决定的,因此 Hoffman-La Roche 公司的折扣制度被认为限制了市场竞争,构成滥用市场支配地位。[2] 自 Hoffman-La Roche 案开始,占有市场支配地位的企业为捆绑消费者、排除其他竞争者所使用的忠诚折扣在欧盟都被视为是滥用市场支配地位的行

---

〔1〕 See Jerome Fabre and Maria Trabucchi, *Loyalty Inducing Rebates Under EC Law*, in Weil, Gotshal & Manges LLP ' s Antitrust Update, winter 2005/2006, http://www. weil. com/news/pubdetail. aspx? pub=8820, pp. 9-10.

〔2〕 Judgment of the European Court of Justice of 14 March 1979 in Case No. 85/76-*Hoffmann-La Roche v. Commission of the European Communities*, [1979] ECR 461.

为。[1] 然而与欧盟“直接禁止辅以合法化证明”的进路不同，考虑到过度干预折扣制度可能对价格竞争造成不当规制，美国对于折扣制度的态度是：如果不具有掠夺性(predatory)或者捆绑性(bundled)，则认可折扣制度的合法性。[2] 虽然美国和欧盟对于折扣制度的规制态度与进路不尽相同，但是对于忠诚折扣而言却是殊途同归的，因为被欧盟竞争法所禁止的忠诚折扣由于具有捆绑消费者的性质也会被美国反托拉斯法所禁止。

在航运立法中，运费延期折扣的使用目前在欧盟和美国都是受到禁止的。美国《1984 年航运法》明确禁止使用运费延期折扣捆绑航运市场消费者的忠诚契约，除非当事方可以证明其符合一般反托拉斯法的规定。[3] 然而由于运费延期折扣本身具有捆绑消费者、排挤竞争对手的性质，很难被证明与反托拉斯法的宗旨相协调。在欧盟航运竞争法中，虽然原有的航运竞争单独立法，即第 4056/86 号条例规定班轮公会可以在符合规定的条件下使用运费延期折扣制度，[4]然而随着 2006 年欧盟航运竞争法律制度的改革，第 4056/86 号条例被废止使欧盟的航运竞争问题受制于《欧共体条约》一般性竞争法律制度的规定，因此在欧盟对于使用运费延期折扣行为的判定要适用一般竞争法律制度。由于自 Hoffman-La Roche 案开始，占有市场支配地位的企业为捆绑消费者、排除其他竞争者所使用的忠诚折扣在欧盟都被视为是滥用市场支配地位的行为，鉴于运费延期折扣制的使用会构成对航运市场消费者的排他性捆绑、限制市场竞争、加强大型航运企业或航运组织的市场支配地位，故航运市场中使用运费延期折扣的行为在欧盟竞争法下同美国一样也是被禁止的。对于如何看待航运市场中的运费延期折扣问题，

---

[1] 欧盟竞争法中有关滥用性折扣判例的归纳可以参见 Peter Oliver, *The Concept of "Abuse" of A Dominant Position under Article 82 EC: Recent Developments in Relation to Pricing*, 1 European Competition Journal, 2005, pp. 327-332。

[2] See Gianluca Faella, *The Antitrust Assessment of Loyalty Discounts and Rebates*, 4 Journal of Competition Law and Economics, 2008, p. 383.

[3] United States Shipping Act of 1984, section 10 (b) (9).

[4] See Council Regulation (EEC) No. 4056/86 of 22 December 1986 laying down detailed rules for the application of Articles 85 and 86 of the Treaty to maritime transport, OJ L 378, 31. 12. 1986, art. 5 (2).

我国却并未在立法中进行明确规定,亦未在司法中表明清楚的态度。《国际海运条例》第 27 条第 2 项仅禁止航运经营者“在会计账簿之外暗中给予托运人回扣,承揽货物”。然而,运费延期折扣制度往往是航运经营者与托运人之间通过合同或者其他形式的明确约定,很难被解释为此处的“暗中给予托运人回扣”。因此,对于运费延期折扣等航运市场中滥用性折扣的竞争问题,需要在未来制定《航运法》给出明确规定,禁止航运经营者通过运费延期折扣捆绑消费者、损害航运市场的竞争秩序。

(三) 价格歧视与班轮运输中的从价运费及运费折扣

具有支配地位的企业无正当理由,对处于相同条件的消费者在交易条件上实行差别待遇,这种行为构成了对某些消费者的歧视,因此是被反垄断法所禁止的。而价格歧视是差别待遇中最为核心的问题。[1] 如果卖方对购买相同等级、相同质量货物的买方要求支付不同的价款,或者买方对于提供相同等级、相同质量货物的卖方支付不同的价款,从而使相同产品的卖方因销售价格不同,从或者买方因进货价格不同,从而获得了不同的交易机会,直接影响到他们之间的公平竞争,就构成了价格歧视行为,要受到反垄断法的规制。[2] 在国际航运市场中,由于不定期租船运输的运费完全由船舶出租人与承租人自由协商,一般不存在价格歧视的滥用问题;但是,定期班轮运输的运费一般是航运经营者单方面事先公布的,由于承托双方实力对比严重不均,加之班轮运输市场中的大型航运经营者又通过加入航运组织实现联合,因此托运人往往不得不接受航运经营者的运输条件,在这种情况下运费的收取就容易存在滥用的行为。对于运费滥用的行为,除了前文已经述及的索要高价运费与附加费问题、使用战斗船以及其他低价运费问题、运费延期折扣问题,班轮运输中根据货物价值收取运费的做法与运费折扣问题也可

---

〔1〕 王先林:“论滥用市场支配地位行为的法律规制——《中华人民共和国反垄断法(草案)》相关部分评析”,载《法商研究》2007 年第 4 期。

〔2〕 王晓晔:“戒律强势——欧共体竞争法中的滥用市场支配地位”,载《国际贸易》2000 年第 5 期。

能构成滥用市场支配地位中的价格歧视行为,而应当受到反垄断法的处罚。

第一,班轮运输中航运经营者单纯根据货物价值,而不是运输条件收取运输费用的做法,可能构成对托运人的价格歧视。班轮集装箱运输的基准费率有时不是以货物数量或者重量为基准进行计算的,而是根据货物的种类和价值将托运人分成不同的类型,对其收取不同的运费,这就可能使得运输成本相同的托运人却需要交纳不同的运费,甚至可能使一些运输成本很小的货物却需要根据货物价值而交纳高额运费。这种不按照集装箱而依据货物价值收取的"从价运费",由于背离了运输成本,往往被作为班轮公司或班轮公会存在价格歧视行为从而构成滥用市场支配地位的理由之一。〔1〕然而有学者持不同的意见,认为具有市场支配地位航运经营者的价格歧视行为不应当被视为滥用市场支配地位的表现,因为根据货物价值确定的运费充分考虑了价值较高货物的更高的保管义务与保险金额等成本因素,并且这种从价运费的收取被认为是更有效率并能够提升总体社会福利的。〔2〕但是笔者认为上述反驳观点是值得商榷的:首先,航运业是具有较大比例固定成本的行业,班轮运输中的固定成本甚至可以占到班轮运输全部成本的80%,〔3〕显然,因运输过程中的装载、保管、卸载时的处理费用是不会对运输成本产生决定性影响的。其次,认为从价运费是具有效率的观点其理由在于,从价运费的收取使所有货物可以以合理的价格运输,如果收取统一的运费率,那么航运经营者将会倾向于选择那些能够获得最大化运输利润的货物。然而实际上,从价运费本身就是航运经营者试图最大化利润的一种表

---

〔1〕 See Paul Clyde and James Reitzes, *The Effectiveness of Collusion under Antitrust Immunity: The Case of Liner Shipping Conferences*, Dec. 1995, available at https://www.ftc.gov/sites/default/files/documents/reports/effectiveness-collusion-under-antitrust-immunity-case-liner-shipping-conferences/232349.pdf, p. 6; Jan Owen Jansson and Dan Shneerson, *Liner Shipping Economics*, London: Chapman and Hall, 1987, p. 94; John A. Zerby and R. M. Colon , *Joint Cost and Intra-Tariff Cross-Subsidies: The Case of Liner Shipping*, 31 Journal of Industrial Economics, 1983, p. 394.

〔2〕 See David Butz, *Ocean Shipping Economics: Free Trade and Antitrust Implications*, 3 Contemporary Policy Issues, 1993, pp. 69-80; see also William Sjoström, *Ocean Shipping Cartels: A Survey*, 3 Review of Network Economics, 2004, p. 122.

〔3〕 See Bernard Franck and Jean-Claude Bunel, *Contestability, Competition and Regulation: The Case of Liner Shipping*, 9 International Journal of Industrial Organisation, 1991, pp. 141-159.

现,通过按照货物价值收取运费,航运经营者已经将运费水平设置在每一托运人可能交纳的最高运费的水平之上。因此,从价运费的收取本身就是航运经营者剥削消费者最大化利润的手段,即使这种运价歧视行为可能带来社会福利的增加,但是这种福利增加也一定表现为航运经营者生产者剩余更高,而不是托运人消费者剩余更高。[1]

第二,班轮运输中航运经营者不合理或不公平的运费折扣,也可能构成对托运人的价格歧视,因为运费折扣的存在可能造成托运人之间运价的实质差异。在反垄断法中,单纯以鼓励交易量为目的的数量折扣是被允许采用的,而"买得越多,价格越低"的数量折扣也往往是竞争者的一种合法经营策略,可以带来规模经济效应、降低成本。在卖方给予数量折扣的情况下,买方仍然可以自由的选择其他卖方而无须付出转换成本,因此实施数量折扣的经营者并未限制市场竞争,数量折扣是价格竞争的一种正常手段。[2]然而,如果运价折扣并不以托运人所运输的货物数量或者运输成本为基础公平地适用于所有处于相同条件的托运人,而是考虑到其他限制竞争因素,例如在特定航线上排挤竞争对手或者为了捆绑托运人的目的,而给予该航线托运人运费折扣,就可能是滥用市场支配地位的不正当价格歧视行为。[3] 正如有学者所指出:"此种情况下,不是降低运费率的行为损害了市场竞争,而是降低运费率的条件本身损害了市场竞争。"[4]

采用价格歧视判断滥用市场支配的重要问题在于,凭借价格歧视行为本

---

〔1〕 有研究指出,价格歧视行为也可能导致社会福利增加,可以参见 Jonathan B. Baker, *Competitive Price Discrimination: The Exercise of Market Power without Anticompetitive Effects*, 70 Antitrust Law Journal, 2003, p. 647; Hal R. Varian, *Price Discrimination and Social Welfare*, 75 The American Economic Review, 1985, pp. 870-875。

〔2〕 See John Temple Lang, *The Requirements for A Commission Notice on the Concept of Abuse under Article* 82 *EC*, Centre for European Policy Studies Special Report, 2008, available at http://aei.pitt.edu/11554/1/1765%5B1%5D.pdf, pp. 22-23.

〔3〕 在欧盟,也只有当相同程度的运价折扣公平地给与所有处于相同条件的托运人,并且运价折扣以减少成本为基础,且不会带来限制竞争效果时,运价折扣才是被欧共体竞争法所允许的,参见 Alla Pozdnakova, *Liner Shipping and EU Competition Law*, AH Alphen aan den Rijn, The Netherlands: Kluwer Law International, 2008, p. 377。

〔4〕 See Alla Pozdnakova, *Liner Shipping and EU Competition Law*, AH Alphen aan den Rijn, The Netherlands: Kluwer Law International, 2008, p. 371.

身即可认定支配企业滥用支配地位,还是价格歧视行为与歧视行为相应的损害竞争效果兼备才能认定支配企业滥用支配地位?有一种理论认为从价格歧视行为本身即可反推出实施价格歧视的企业具有市场支配地位的结论,指出:这种价格歧视行为的发生实际上和市场结构具有密切关联,因为当一种物品在完全竞争市场上出售时,实行价格歧视是不可能的。在竞争市场上,许多企业以市场价格出售同一种物品。没有一个企业愿意向任何一个顾客收取低价格,因为企业可以以市场价格出售它想出售的所有物品;另外,如果任何一个企业想向顾客收取高价格,顾客就会转向另一个企业购买。因此,对于一个实行价格歧视的企业来说,它一定具有某种市场势力。〔1〕如果价格歧视行为的存在可以反推实施价格歧视的企业具有市场支配地位,那么单纯凭借价格歧视行为本身就可以认定其滥用市场支配地位。然而很多研究却并未支持上述理论,而是表明价格歧视也可能发生在竞争性市场结构中,〔2〕这就使得从价格歧视行为的反推市场支配地位的理论不能必然成立。因此,只有当具有市场支配地位的企业实施价格歧视行为时,反垄断法才予以规制,即反垄断法规制的是支配企业的价格歧视行为,而不是价格歧视行为本身。

那么,支配企业价格歧视行为如果要构成滥用市场支配地位,除了实施价格歧视行为本身,是否还需要其他构成要件呢?有观点认为,只要具有支配地位的企业存在价格歧视行为,就可以假定相对交易方受到了竞争损害,因此构成滥用市场支配地位。〔3〕然而笔者却并不赞同此种单一行为论的观点,而支持行为加效果论,即只有当歧视行为损害航运市场竞争秩序、损害消费者利益时才构成滥用性歧视行为,理由在于:一方面,由于班轮运输高固定成本的特点,通过对某些托运人采用降低运费的优惠措施,可以有效防止船舶空舱运输,从而带来效率的提升;另一方面,航运经营者可以通过降低运费率的优惠

〔1〕[美]曼昆:《经济学原理(第5版):微观经济学分册》,梁小民、梁砾译,北京大学出版社2009年版,第329页。

〔2〕See Michael E. Levine, *Price Discrimination without Market Power*, 19 Yale Journal on Regulation, 2002, pp. 6-8.

〔3〕See Peter Oliver, *The Concept of "Abuse" of A Dominant Position under Article 82 EC: Recent Developments in Relation to Pricing*, 1 European Competition Journal, 2005, p. 334.

措施,将占用较多舱位却重量较轻的货物与占用较少舱位却重量较重的货物搭配运输,从而达到整合资源配置的效果。[1] 将此类具有客观合理性的差别运费与那种单纯以排挤竞争对手为效果的特别低价运费区别开来,是较为合理的做法。然而如果航运经营者对某些托运人采用低价运费是以排挤竞争对手、限制市场竞争为目的,或者低价运费率已经低于正常运输成本水平,则无论最终是否具有提升市场效率的效果,都应当被认定为构成滥用市场支配地位。

第三节 国际航运企业的抗辩权利

一、滥用市场支配地位抗辩的适用

反垄断法虽严格规制滥用市场支配地位的垄断行为,却同时采用合理原则下的抗辩制度,允许被初步证据(prima facie)证明涉嫌实施滥用市场支配地位行为的企业进行抗辩,以证明其行为的合理性。由于航运市场中滥用市场支配地位的行为不像航运垄断协议那样被赋予反垄断法上的豁免,因此滥用市场支配地位问题就要适用反垄断法的规制制度,也就同其他领域的滥用行为规制制度一样,适用有关滥用市场支配地位的合理性抗辩。《欧共体条约》第 82 条关于滥用市场支配地位行为规制的法律条文本身虽未明示任何合理化滥用行为的依据,但是在司法判例中却确立了被诉企业可以通过证明行为的客观合理性进行垄断抗辩的原则(objective justification)。[2] 然而在抗辩滥用市场支配地位行为时如何具体应用“客观合理性”标准,“客观合理性”

[1] See Alla Pozdnakova, *Liner Shipping and EU Competition Law*, AH Alphen aan den Rijn, The Netherlands: Kluwer Law International, 2008, pp. 386-387.

[2] 由于《欧共体条约》第 82 条对于滥用市场支配地位的严格规定可能覆盖到一些并不具有限制竞争效果的滥用行为,因此限缩滥用市场支配地位的规制条文的适用必须通过扩大解释适用“客观合理性”标准来实现,另外,允许被诉企业对滥用市场支配地位行为进行合理性抗辩,也是出于与《欧共体条约》第 81 条垄断协议规制制度相适应的需要,因为垄断协议规制制度不但将“阻止、限制或扭曲市场竞争”作为限定性条件,还赋予某些协议反垄断豁免,因此对于滥用市场支配地位规制制度的适用也需要适当限缩,参见 Ekaterina Rousseva, *The Concept of “Objective Justification” of an Abuse of a Dominant Position: Can it Help to Modernise the Analysis under Article* 82 *EC*?, 2 The Competition Law Review, 2005, p. 28。

标准又包括哪些具体情况,却仍然未能完全澄清。一般认为,能够直接产生规模经济、提升效率,或滥用市场支配地位的行为乃是出于应对竞争对手的不正当竞争行为的考量,或者滥用市场支配地位的行为符合公共利益,都是构成"客观合理性"抗辩的有力理由。[1] 由于《欧共体条约》第 82 条滥用市场支配地位的规定适用于航运市场,因此上述滥用市场支配地位的合理性抗辩也适用于涉及欧盟国家的航运市场。美国反托拉斯法也对滥用市场支配地位采用合理原则,当原告的指控构成有初步证据的案件时,允许被告援引合理性抗辩反驳认定其违法的初步证据。比如,《罗宾逊—帕特曼法》针对价格歧视行为的实施者规定有三种肯定性抗辩:一是"成本上的合理性抗辩",如果价格差异只是对商品的生产、销售或送货成本之差异的应有不成,则不受禁止;二是"应对竞争的抗辩",允许被告证明其实施低价行为是为了应对竞争对手同样的低价,因而是善意的;三是"商品交易条件发生变化的抗辩",如果影响所涉产品市场的条件,或影响该产品的交易条件发生变化(如货物发生变质腐烂),则由此产生的价格差异是允许的。[2] 对于航运市场中滥用市场支配地位的行为,由于美国《1998 年航运改革法》中的反垄断豁免制度主要针对航运市场中的垄断协议与协同行为,航运市场发生滥用市场支配地位的行为一般不能直接获得反托拉斯法的除外适用,仍需受制于一般反托拉斯法的滥用市场支配地位规制制度,因此上述反托拉斯法中关于滥用市场支配地位的抗辩制度也适用于航运市场。

与主要海运国家的做法不同,虽然我国《反垄断法》及其配套实施细则中通过限定滥用市场支配地位的适用条件、确立合理性抗辩来限缩滥用市场支配地位的适用,然而航运法律制度中有关反垄断与竞争法律问题的规定在滥用市场支配地位的抗辩问题上,却与反垄断立法出现了断裂和不衔

---

〔1〕 许光耀:《欧共体竞争法通论》,武汉大学出版社 2006 年版,第 386 ~ 387 页; See also European Commission DG Competition, *DG Competition Discussion Paper on the Application of Article* 82 *of the Treaty to Exclusionary Abuses*, Brussels, December 2005, pp. 24 – 25; see also Peter Oliver, *The Concept of "Abuse" of A Dominant Position under Article* 82 *EC*: *Recent Developments in Relation to Pricing*, 1 European Competition Journal, 2005, pp. 335–336。

〔2〕 [美] 赫伯特·霍温坎普:《联邦反托拉斯政策:竞争法律及其实践》(第 3 版),许光耀等译,法律出版社 2009 年版,第 640~641 页。

接。我国《反垄断法》将“不公平价格”作为实施垄断高价和垄断低价行为的限定条件，将“没有正当理由”作为认定掠夺性定价、拒绝交易、强制交易、搭售、差别待遇行为的限定条件，[1]这样的规定实际上是比一般反垄断法立法例中的合理性抗辩走得更远的。由于在证明责任的分配上存在合理性证明由谁负担的不明确性问题，就可能产生是否需要原告证明滥用市场支配地位的行为不具有合理理由的疑惑。2011年施行的《工商行政管理机关禁止滥用市场支配地位行为的规定》中澄清了这一问题，确立了由被诉企业负担证明责任的滥用市场支配地位的合理性抗辩，其第13条规定：“涉嫌滥用市场支配地位行为的经营者，在工商行政管理机关规定的期限内，可以陈述其行为合理性的理由并提供有关证据。”

然而，我国的航运市场竞争秩序的调控规则却并未体现滥用市场支配地位的合理性抗辩，从而与反垄断立法产生了不衔接。根据《国际海运条例》第27条的规定：“经营国际船舶运输业务和无船承运业务，不得有下列行为：（一）以低于正常、合理水平的运价提供服务，妨碍公平竞争；（二）在会计账簿之外暗中给予托运人回扣，承揽货物；（三）滥用优势地位，以歧视性价格或者其他限制性条件给交易对方造成损害；（四）其他损害交易对方或者国际海上运输市场秩序的行为。”《国际海运条例实施细则》第38条则“禁止国际船舶代理经营者、国际船舶管理经营者、国际海运货物仓储业务经营者以及国际集装箱站与堆场业务经营者，滥用优势地位，限制交易当事人自主选择国际海运辅助业务经营者，或者以其相关产业的垄断地位诱导交易当事人，排斥同业竞争”。然而这些规定都未对滥用市场支配地位采取任何限定性条件，也没有规定合理性抗辩。计划起草中的《航运法》（送审稿）同样存在这一与反垄断立法不衔接的疏漏，其第63条规定：“禁止具有市场支配地位的水路运输经营者滥用其优势地位。滥用优势地位包括利用优势地位实施下列行为：（一）直接或者间接地实行不公平的定价或者设置其他不公平的交易条件；（二）限制市场或者技术发展，损害服务对象的利益；

[1] 肖江平：“滥用市场支配地位行为认定中的‘正当理由’”，载《法商研究》2009年第5期。

(三)在相同的交易情形下对交易对象适用不同或者不相似的交易条件,使其处于不利的竞争地位;(四)以对方当事人接受与合同无关的附加义务作为签订合同的条件。”除了在运费率的定价问题上采用“公平标准”,其他关于差别待遇、附加义务等行为均不需要考虑是否具有正当理由和客观合理性,显然不但与反垄断立法的标准不能兼容,也可能导致不分情况地扩大滥用市场支配地位规制制度对于航运市场适用的问题。

二、国际航运市场中具体抗辩理由分析

国际航运市场中,被指控通过实施索要高价运费与附加费、使用战斗船、掠夺性降低运价、使用运费延期折扣捆绑消费者、妨碍市场竞争采用歧视性运价行为滥用市场支配地位的航运经营者,如果能够证明其行为主观上出于善意,且具有合法目的,不会扭曲市场竞争,能够提升效率与福利,或是基于社会公共利益的考虑等理由提出客观合理的解释,反垄断执法机构和法院就可以酌情对其作出未滥用市场支配地位行为的认定。虽然反垄断法一般并不将主观过错作为认定滥用市场支配地位的构成要件之一,然而考虑到即使实施同一种滥用市场支配地位行为,并不以排除、限制、扭曲市场竞争为目的的行为者对市场竞争的损害要比具有主观故意的行为者轻得多,主观过错因此应当被作为抗辩理由的一项客观标准加以分析——如果被指控滥用市场支配地位的航运经营者的行为以排挤其他竞争对手,限制竞争为目的,那么无论是否能够产生规模经济和增进效率,都应当被认定为对市场支配地位的滥用。[1]

对于索要高价运费与附加费的行为,欧盟已有判例认为,具有市场支配地位的航运经营者如果能够证明高价行为的客观合理性,则不构成对于《欧共体条约》第82条滥用市场支配地位规定的违反。[2] 高价运费与附加费

---

〔1〕 肖江平:“滥用市场支配地位行为认定中的‘正当理由’”,载《法商研究》2009年第5期。

〔2〕 See Judgment of the Court of First Instance in Joined Cases No. T-191/98, T-212/98 to T-214/98-Atlantic Container Line AB and Others v. Commission of the European Communites, [2003] ECR II 3275, [2005] 4 CMLR 20, para. 1113.

如果具有合理性,必须满足超出正常的价格水平具有客观理由,并且价格水平也并非极端地高于航运市场一般价格水平。可以作为解释运费与附加费高于一般市场水平的客观因素包括税率、船员工资水平的不同、市场条件的差异、地域市场竞争程度的差异、汇率因素等理由。

对于使用战斗船行为与掠夺性降低运价等低运价行为,如果具有市场支配地位的航运经营者能够证明其实施该行为是为了保护合法利益,而且运费率的降低幅度与航运经营者所面临的市场竞争威胁或困难程度相适应,则可以认定降低运价行为具有客观合理性,不构成滥用市场支配地位。[1] 具有市场支配地位的航运经营者采用合理性抗辩的理由包括:①应对竞争的抗辩。航运经营者为了应对航运市场恶性价格战的整体低价竞争环境,或是为了应对采用掠夺性定价的竞争对手而被迫采取的、短时期应急的降价行为,可以构成低价运费行为的合理性抗辩理由。②损失最小化抗辩。航运市场的需求状况呈现周期性不稳定波动,降低运价的行为可以在市场萧条时,通过促销价格吸引新的消费者,尽可能减少具有固定时刻表的船舶的空舱率,从而减少损失甚至增加利润。③促进贸易性运费率抗辩。1974 年《联合国班轮公会行动守则公约》规定班轮公会的航运公司可以给予托运人为期 12 个月的针对非传统出口商品的促进贸易性运费率。[2] 具有市场支配地位的经营者如果根据该公约规定采用促进贸易性运费率而适当降低运价,也可以构成低价运费行为的合理性抗辩理由。[3] 降低运价的销售行为是否应当被认定为掠夺性定价的滥用市场支配地位行为,行为者的目的是为了促进竞争还是阻碍竞争,是根本的区分点。[4] 鉴于使用战斗船行为具有明显的排除限制市场竞争之目的,因此往往难以被认为是保护合法目的而成功地进行合理性抗辩。相比而言,降低运费行为则根据运价

---

〔1〕 European Commission DG Competition, *DG Competition Discussion Paper on the Application of Article 82 of the Treaty to Exclusionary Abuses*, Brussels, December 2005, p. 24, para. 77.

〔2〕 1974 年《联合国班轮公会行动守则公约》第 15 条。

〔3〕 See Alla Pozdnakova, *Liner Shipping and EU Competition Law*, AH Alphen aan den Rijn, The Netherlands: Kluwer Law International, 2008, pp. 366-370.

〔4〕 肖江平:"滥用市场支配地位行为认定中的'正当理由'",载《法商研究》2009 年第 5 期。

的设定低于该次货物运输服务的平均可变成本,高于平均可变成本但低于平均总成本,高于平均总成本三种情况需要,进行合理性抗辩的程度依次减弱。由于如果运价的设定低于该次货物运输服务的平均可变成本,则可以直接推定该运价属于掠夺性低价,而予以禁止,因此具有市场支配地位的航运经营者在证明收取低运价行为的合理性时就具有更高的证明义务与证明标准,一般唯有"应对竞争的抗辩"能够成为此情况下抗辩的合理理由。但是此情况下"应对竞争的抗辩"的采用具有严格的限定条件,航运经营者为应对竞争而将运费降低至平均可变成本以下,必须是被动应对性的,而不能是主动采用的低价行为,而且此时为了应对竞争所采取的低价一般不应低于竞争对手的低价。[1]

对于忠诚契约与运费延期折扣行为,其实质上是一种捆绑消费者的做法,然而考虑到忠诚契约与运费折扣行为可能为航运经营者带来稳定且有保障的市场份额、降低营销与交易成本,也可以保障托运人对于运输服务的可预期性,免去了每次重新安排货物运输之不便,所以通常能够对忠诚契约与运费折扣行为进行合理性抗辩的理由是此类行为能够增进效率与福利。[2] 但是增进效率与福利却并不能仅从航运经营者的角度考虑,而应当侧重社会"净效率"的增进,因此具有市场支配地位的经营者援引"效率抗辩"需要满足严格的前提条件。欧盟委员会竞争总局认为,具有市场支配地位的经营者必须表明下列条件均获得满足,才能成功援引效率抗辩:①行为能够增进效率或者可能增进效率;②该行为对于增进效率是不可或缺的;③效率的增进能够惠及消费者;④该行为并不会排除市场竞争。只有当上

---

〔1〕 See Alla Pozdnakova, *Liner Shipping and EU Competition Law*, AH Alphen aan den Rijn, The Netherlands: Kluwer Law International, 2008, p. 367.

〔2〕 效率抗辩是反垄断法上最为常用的抗辩理由,参见 Harlan M. Blake and William K. Jones, *In Defense of Antitrust*, 65 Columbia Law Review, 1965, p. 385。有研究从经济学实证分析的角度论证了航运经营者采用忠诚契约、运费延期折扣与双重运费的双重效果:一方面,此类行为可以为航运经营者带来利润增加的实际性好处与收益;但是另一方面,此类行为也可能因为加强了企业的市场垄断力量(market power),因而减损航运市场消费者的利益,参见 Pedro L. Marín and Richard Sicotte, *Exclusive Contracts and Market Power: Evidence from Ocean Shipping*, 51 Journal of Industrial Economics, 2003, pp. 193-213。

述四个条件均获得满足，才能够认定行为的“静效果”是有利于竞争的。[1]需要指出的是，认为使用忠诚契约与运费延期折扣是航运市场的行业习惯做法并不能构成有效的合理抗辩理由，否则行业习惯就变成了阻碍反垄断法滥用市场支配地位规制制度在某一行业市场生效的最为容易的借口，未免不甚合理。[2]

对于运价歧视行为，也多通过“效率抗辩”主张行为的客观合理性，例如对某些托运人实施低价运费而形成的运费上的差别待遇是为了尽可能减少船舶的空舱运载，或者是因为对某些出口货物实施了 1974 年《联合国班轮公会行动守则公约》规定的促进贸易性运费。同样，如果具有市场支配地位的航运经营者完全不能证明其采用差别待遇的运价会提升效率、增进福利，相反却可能具有为了排挤竞争对手而低价吸引竞争对手客户的动机，则构成滥用市场支配地位。[3][4]

第四节　共同市场支配地位与协议垄断规制的竞合问题

国际航运市场中的滥用市场支配地位不仅可能发生于单个航运企业，更可能发生在多个航运企业组成的航运组织之中，从而构成一种“共同市场

---

〔1〕 See European Commission DG Competition, *DG Competition Discussion Paper on the Application of Article* 82 *of the Treaty to Exclusionary Abuses*, Brussels, December 2005, p. 26, para. 84. 有关效率抗辩如何适用于价格折扣行为的具体分析，可以参见 European Commission DG Competition, *DG Competition Discussion Paper on the Application of Article* 82 *of the Treaty to Exclusionary Abuses*, Brussels, December 2005, pp. 53-54, paras. 173-176。

〔2〕 欧洲初审法院就在泛大西洋班轮公会协议案中持该种看法，参见 Judgment of the Court of First Instance in Joined Cases No. T-191/98, T-212/98 to T-214/98-Atlantic Container Line AB and Others v. Commission of the European Communities, [2003] ECR II 3275, [2005] 4 CMLR 20, para. 1124。

〔3〕 See Judgment of the Court of First Instance in Case No. T-228/97-Irish Sugar plc v. Commission of the European Communities, [1999] ECR II 2969, para. 197.

〔4〕 需要指出的是，“效率抗辩”也存在效率本身难以证实和量化，要衡量的因素具有不确定性，衡量标准不断变化的问题，参见应品广：“反垄断效率抗辩适用模式及不确定性克服”，载《北方法学》2011 年第 5 卷第 30 期。

支配地位”(collective dominant position),产生了航运组织及其成员航运公司的行为同时属于协议垄断与滥用市场支配地位的竞合问题。例如,若干航运企业联合起来或者国际航运组织将大型航运公司聚合在一起在相关市场上共同占有市场支配地位,实施统一的运价或采用统一的运输条件,并利用共同市场支配地位索要高额运价。为了有效规制航运市场中的滥用支配地位行为,我国航运竞争立法可以引入共同市场支配地位概念,但首先需要在理论上澄清以下问题:

一、共同市场支配地位的认定标准及其与协议垄断规制制度的关系

引入共同市场支配地位首先要厘清这一制度的认定标准及其与垄断协议规制制度的差异。共同市场支配地位概念源自欧盟判例法,最早出现于1992年意大利平板玻璃案。在该案中欧洲初审法院将企业间的“经济联结”作为判定标准,如果这种以合同、特许权等形式的经济联结足以使企业在很大程度上可以脱离市场状况、竞争对手、消费者而独立决策,就认为企业间存在共同市场支配地位。[1] 2000年中西非航线班轮公会案(Associated Central West Africa Lines,CEWAL)则扩充了上述判断标准,指出经济联结并非必要考量因素,市场结构因素也可以作为判定共同市场支配地位的标准。[2] 2002年Airtours案确立的判断共同市场支配地位的三要素——市场透明度、惩戒机制、寡头外竞争压力——是目前最为重要的判定标准。如果市场足够透明,企业间即使不通过合同形式合作也可以充分预知彼此的行为,从而一致行动形成共同行为体;如果存在背离共同行动的有效惩戒机制,这会有助于企业间形成更紧密的联合体;如果拥有共同支配地位的寡头

〔1〕 See Judgment of the Court of First Instance of 10 March 1992 in Joined Casess No. T-68,T-77 & T-78/89 - Società Italiana Vetro SpA, Fabbrica Pisana SpA and PPG Vernante Pennitalia SpA v. Commission of the European Communities (Italian Flat Glass),[1992] ECR II 1403,para. 358.

〔2〕 See Judgment of the European Court of Justice in Joined Cases No. C-395/96 P and C-396/96 P-Compagnie maritime belge transports SA, Compagnie maritime belge SA and Dafra-Lines A/S v. Commission of the European Communities (CEWAL II),[2000] ECR I 1365,paras. 35-45.

们没有面临外在竞争压力，就更倾向于认定具有共同市场支配地位。[1] 2008年索尼/BMG合并案中，欧洲法院确认了Airtours案的三要素标准，并且进一步澄清了市场透明度标准，指出：判断市场透明度时也要考虑是否存在数据监督机制为企业了解其他企业的行为提供便利，从而有助于形成共同市场支配地位。欧洲法院在该案中也降低了惩戒机制标准的门槛，认为只要存在可信的背离行为威慑机制便足以满足惩戒机制标准。[2]

共同滥用市场支配地位与协议垄断规制制度的差异在于：第一，前者要求支配地位的存在，后者只需要证明存在共谋或者协同行为而无须证明市场支配力；第二，垄断协议可以适用协议豁免制度，滥用市场支配地位行为可以适用合理性抗辩，但却不存在滥用行为的反垄断豁免；第三，垄断协议存在某些赤裸裸的协议在反垄断法上被认定为“核心卡特尔”（hard core cartel）而适用本身违法原则，但是滥用市场支配地位的行为则往往适用合理原则进行判断权衡。[3] 二者的制度差异意味着国际航运组织统一运价则可能构成协议垄断行为，并且一旦该组织利用其市场势力索要高额运价，则同时构成滥用共同市场支配地位。[4] 如何区分滥用共同市场支配地位与默示共谋（tacit collusion）是理论的难点。由于缺乏可靠标准和有利证据，规制滥用共同支配地位的最大挑战是查处寡头市场中市场主体间的默示共谋。

---

〔1〕 See Judgment of the Court of First Instance of 6 June 2002 in Case No. T-342/99-Airtours plc v. Commission of the European Communities, [2002] ECR II 2585, para. 159, paras. 194-195.

〔2〕 See Judgment of the European Court of Justice of 10 July 2008 in Case No. C-413/06 P-Bertelsmann AG and Sony Corporation of America v Independent Music Publishers and Labels Association (Impala), [2008] ECR I 4951, paras. 123, 126.

〔3〕 王先林：“论滥用市场支配地位行为的法律规制——《中华人民共和国反垄断法（草案）》相关部分评析”，《法商研究》2007年第4期。

〔4〕 欧洲法院在Ahmed Saeed案的判决中指出，在双边或者多边协议中约定航班适用统一的运价，可能在某些情况下构成滥用市场支配地位，特别是当在这一团体中的成员成功地迫使其他成员采用不合理高价运费或者不合理低价运费，或是接受在某一特定航线上排他性使用唯一的运费率时。参见 Judgment of the European Court of Justice of 11 April 1989 in Case No. 66/86-Ahmed Saeed Flugreisen and Silver Line Reisebüro GmbH v. Zentrale zur Bekämpfung unlauteren Wettbewerbs e. V., [1989] ECR 803, [1990] 4 CMLR 102, para. 46。

二、成员独立行动权对于共同市场支配地位的减损

国际航运组织虽然可能因为具有较高的市场份额而具有市场支配地位,但是由于美国航运法鼓励航运经营者背离其所隶属的航运组织,特别赋予航运经营者独立与托运人签订运输合同的独立行动权,从而在一定程度上瓦解了航运组织要求成员航运公司必须采用统一运价和运输条件的市场垄断力。航运组织中成员的独立行动权是否会构成对共同市场支配地位认定的减弱因素?笔者对此持否定观点,原因在于纸面上赋予成员独立行动权不等于成员将独立行动权付诸实施,成员完全可以放弃独立行动的权利而选择行为一致。因此,不宜因国际航运组织赋予成员独立行动权而否定其共同市场支配地位,应当结合独立行动权是否实际行使、航运组织是否存在背离行动的报复机制等因素综合考察。还需要指出的是,滥用共同市场支配地位的行为不要求必须是全体成员一起作出,单一成员或某些成员的行为均可能构成滥用共同市场支配地位,只要该滥用行为利用了航运组织的共同市场支配地位。[1] 否则如果要求全体成员的一致行为才认定其滥用共同市场支配地位,将会提高共同滥用行为的门槛标准,不利于有效规制滥用行为。此外,区分单一成员的滥用行为与全体成员的共同滥用行为,可以防止航运组织或者其他成员因个别成员的滥用行为而负竞争抑制的法律责任,避免航运经营者因为航运组织成员的身份而被不公平地凭身份推定责任。

三、协议垄断豁免在滥用共同市场支配地位行为中的可适用性

航运经营者的协议垄断行为可以通过豁免制度阻却行为的垄断可责性。赋予国际航运协议的反垄断豁免被很多学者视为是一种国际立法惯

---

〔1〕 欧洲初审法院在爱尔兰糖业案件中就持这种观点,参见 Judgment of the Court of First Instance of 7 October 1999 in Case No. T - 228/97 - Irish Sugar plc. v. Commission of the European Communities, [1999] ECR II 2969, para. 3。

例。[1] 虽然随着2008年欧盟海运竞争法律体系的变革出现了航运业竞争监管向一般竞争监管靠拢的趋势，但是国际社会仍然保留着对于航运联营协议的反垄断豁免。[2] 问题在于这种豁免是否可以延及滥用共同市场支配地位行为，即能否因为企业间联合已经豁免反垄断规制，而主张共同市场支配地位基础上的行为的反垄断豁免？笔者认为，协议垄断豁免不得延至滥用共同市场支配地位行为，理由在于：首先，反垄断法律制度允许企业通过合作提升效率，但前提是豁免必须满足有利于技术进步、增进消费者福利、限制竞争是绝对必要的、限制竞争不会达到排除竞争程度的条件。[3] 滥用共同支配地位的行为不符合上述豁免要件。其次，允许企业间联合获得反垄断豁免却不允许联合的企业滥用支配地位，这与反垄断法从结构主义到行为主义的规制趋势演进一脉相承。[4] 最后，考虑到协议联合的企业共同实施滥用支配地位行为的反竞争效果要比单个企业在非联合的情况下更加严重，联合协议反垄断豁免的授权和存续往往均以不存在滥用市场支配地位的行为为首要条件。欧盟海运竞争法就规定航运联营体的行为如果构成滥用市场支配地位，则该航运联营体的反垄断豁免将被撤销。[5] 可见，反垄断豁免不但不能延至滥用行为，垄断协议的豁免亦会因为滥用行为而丧失。

四、竞合时的规制处罚

对于竞合时的处罚与责任承担，有学者主张同时适用两个条文对同一行为进行处罚缺乏明确的法律依据，但是考虑到这种行为通常对市场竞争的影响更为重大，应当允许反垄断执法机关选择适用的条文，并对行为人处

---

〔1〕 於世成：《美国航运法研究》，北京大学出版社2007年版，第61页。

〔2〕 例如，欧盟就保留着第823/2000号条例对航运联营规定了反垄断豁免，并且在第823/2000号条例到期后又出台了第906/2009号条例对航运联营反垄断豁免制度予以延期。

〔3〕 王秋雯："论我国航运反垄断规则之立法走向——以欧盟海运竞争法律体系改革为借鉴"，载《中国海洋大学学报》2013年第2期。

〔4〕 钟瑞栋："从结构主义到行为主义——反垄断法的历史演进、发展趋势及我国的立法选择"，载《厦门大学法律评论》2001年第2期。

〔5〕 See Commission Regulation (EC) No. 823/2000 of 19 April 2000 on the application of Article 81(3) of the Treaty to certain categories of agreements, decisions and concerted practices between liner shipping companies (consortia), art. 12.

以较重处罚。[1] 笔者认为,考虑到确定滥用共同市场支配地位涉及相关市场界定、共同市场支配地位认定等诸多疑难问题,也考虑到《反垄断法》中协议垄断与滥用市场支配地位的法律责任规定相同,[2]按照协议垄断进行处理有助于节约反垄断执法成本。此外,由于垄断协议处罚中存在宽大制度,按照垄断协议进行处理也有利于反垄断执法机构通过经营者主动提供的证据发现默示共谋和共同市场支配地位的存在。

第五节　必要设施理论在航运市场中的运用

一、市场多元化、身份多重化与分支产业自然垄断属性带来的竞争法问题

航运业包含海运运输、内陆运输、多式联运、海运辅助服务、港口和终端服务、航运数据信息服务等多个分支产业。市场多元化使得在一个分支产业因拥有必要设施而拥有市场支配地位的企业可以通过拒绝其他分支产业中的竞争者使用该设施,在相邻产业创造或者强化其市场支配力。例如,拥有港口设施的航运经营者可以通过拒绝其他航运经营者使用港口而使自己成为唯一一家有港口通行权的航运企业,经营内陆运输或多式联运业务的海运经营者可以通过拒绝向其他海运经营者提供内陆运输服务而强化自己在海运市场上的支配力,占有市场支配地位的航运经营者可以通过拒绝向无船航运经营者提供船舶运输而将无船航运经营者排挤出运输市场之外,提供航运数据信息服务的航运经营者可以通过拒绝其他航运经营者接入其网络平台而使其他航运经营者无法通过网络平台承揽货物进行运输。对于必要设施的拥有者而言,当其在一个产业中的竞争者成为其在相邻产业或上下游产业中的消费者,并且竞争对手在该产业中的竞争优势取决于能否接入必要设施,必要设施的拥有者往往会倾向于作出拒绝向竞争对手提供该设施的决策,从而形成市场封闭的状态。考虑到港口设施等产业具有自

[1] 时建中:《反垄断法——法典释评与学理探源》,中国人民大学出版社 2008 年版,第 220 页。
[2] 《中华人民共和国反垄断法》第 46 条和第 47 条。

然垄断属性,要求航运经营者均建设属于自己的港口既不经济也不现实。在此情况下,能否限制设施拥有者的缔约自由,对其施加强制交易的缔约义务,甚至违反反垄断法促进竞争的实质精神,是反垄断法律制度面临的难题。[1]

二、必要设施理论与航运产业基础性网络运营商的准入义务

笔者认为,可以考虑在航运市场适用必要设施理论,赋予某些航运产业基础性网络运营商准入义务。但囿于该理论在保护竞争的同时会相应地牺牲投资者利益和创新机制保护,与经济自由的本质相冲突,[2]因此必须在适用条件上进行严格限缩。首先,必要设施强调设施的必须性,即设备无法替代、无法复制或者复制在经济上是不可行的。徐世英特别强调对该设施"无法复制"要求接触设施的企业除了证明不存在替代设施,还要证明其自身没有复制该设施的能力。[3] 其次,必要设施理论的适用要求相邻市场之间具有"紧密联系",否则设施拥有者没有准入义务。欧盟判例法下,Sealink/B&I Holyhead 案确认了港口服务市场和摆渡船运输市场就被认为是具有紧密联系的相邻市场;[4]远东班轮公会案则确认了内陆运输服务市场与海运市场属于相邻市场。[5] 再次,必要设施的拥有者拒绝向某些使用者提供设施,且无合理拒绝理由。拒绝提供设施不但包括不提供设施使用权的行为,也涵盖对使用设施施加不合理的使用条件,如针对某个使用者开出远高于其他使用者的不合理高价。合理拒绝理由往往包括使用者无法满足使用设施的技术标准,或者设施已经向多个使用者开放达到满载运营状

---

〔1〕 See Herbert Hovenkamp, *Federal Antitrust Policy: The Law of Competition and Its Practice* (*4th edition*), St. Paul, MN: Thomson Reuters, 2011, pp. 339-340.

〔2〕 李剑:"反垄断法中核心设施的界定标准",载《现代法学》2009 年第 31 卷第 3 期。

〔3〕 徐世英:"'必须设备理论'在规制滥用市场优势行为中的运用",载《经济法研究》2007 年第 5 卷。

〔4〕 See Commission decision of 11 June 1992 in Case No. IV/34. 174 – Sealink/B&I Holyhead (Interim measures) [1992] 5 CMLR 255.

〔5〕 See Far Eastern Freight Conference (FEFC), OJ [1994] L 378/17, case affirmed by the Court of First Instance in judgment of 28 February 2002 in Case No. T-86/95-Compagnie gènerale maritime and Others v. Commission of the European Communities (FEFC) [2002] ECR II 1011, para. 124.

态,不属于拒绝特定使用者使用的歧视行为。最后,拒绝使用设施必须会导致对主要竞争对手的限制和排斥。[1]

第六节　我国国际航运市场滥用市场支配地位规制制度的立法走向

虽然防止大型航运公司与国际航运组织滥用其市场支配地位,损害航运市场消费者托运人利益,损害航运市场竞争秩序,是航运竞争法律制度的重要问题之一,然而我国现有航运市场滥用市场支配地位的法律规制制度却存在着内容上的诸多缺失与问题需要纠正和澄清,未来航运立法也亟待航运竞争法律理论作出回应。

我国现有国际航运市场滥用市场支配地位的法律规制制度体现在《国际海运条例》及其实施细则中。《国际海运条例》第 27 条规定:"经营国际船舶运输业务和无船承运业务,不得有下列行为:(一)以低于正常、合理水平的运价提供服务,妨碍公平竞争;(二)在会计账簿之外暗中给予托运人回扣,承揽货物;(三)滥用优势地位,以歧视性价格或者其他限制性条件给交易对方造成损害;(四)其他损害交易对方或者国际海上运输市场秩序的行为。"《国际海运条例实施细则》第 38 条规定:"禁止国际船舶代理经营者、国际船舶管理经营者、国际海运货物仓储业务经营者以及国际集装箱站与堆场业务经营者,滥用优势地位,限制交易当事人自主选择国际海运辅助业务经营者,或者以其相关产业的垄断地位诱导交易当事人,排斥同业竞争。"然而国际航运市场滥用市场支配地位的法律规制制度既存在与《反垄断法》立法思路与架构不衔接的严重问题,也存在对国际航运市场滥用市场支配地位问题规制范围狭窄、内容不够全面的问题。为了能够有效地鼓励国际航运市场竞争,促进航运经济的健康发展和维护我国在国际航运市场中的公

〔1〕 See John Temple Lang, *Defining Legitimate Competition: Companies' Duties to Supply Competitors and Access to Essential Facilities*, 18 Fordham International Law Journal, 1994, p. 487.

共利益，我国应当在今后制定《航运法》航运反垄断规则的立法中完善滥用优势地位的法律规制制度。

首先必须厘清的是国际航运市场滥用市场支配地位规制制度的立法模式问题。国际航运市场滥用市场支配地位的法律规制制度的首要问题在于它只禁止特定行为，而不将市场支配地位与滥用行为结合起来的根本立法模式无法与《反垄断法》相衔接，从而导致国际航运市场滥用市场支配地位的法律规制制度成为关于不正当竞争行为之规制的立法，而不是关于滥用市场支配地位导致的垄断之规制的立法。事实上，反垄断法并不禁止市场支配地位本身，也一般不禁止不具有市场支配地位企业的不正当竞争行为，市场支配地位的存在是决定企业是否应承担反垄断法律责任的主体条件。〔1〕将市场支配地位与限制竞争行为联合起来予以规制，是因为拥有市场支配地位的企业才对市场竞争存在潜在的威胁，从而可能实施某些在有效竞争市场条件下不可能实施的行为。美国伊斯特布鲁克（Frank Easterbrook）法官认为，市场支配地位本身潜在着损害市场竞争的可能，因此在缺少市场支配地位的情况下，没有理由去考虑滥用行为。〔2〕王晓晔指出："如果行为人不占市场支配地位，他们就应当有权自由订立合同，包括搭售或者以低于成本的价格销售商品。当然，在市场上存在有效竞争的情况下，经营者一般不可能违背消费者的意愿搭售商品，也不可能以低于成本的价格销售商品。因为在前一种情况下，消费者作为自救会转向购买其他经营者的商品；而在后一种情况下，经营者的做法无疑是自杀，其后果只能咎由自取。"〔3〕一个实力弱小的企业如果长期以低于正常、合理的水平的价格经营，往往很难支撑下去，甚至可能导致最终退出市场。因此反垄断法需要规制的主要应该是那些具有市场优势地位的企业以排挤竞争对手为目的而

〔1〕王先林："论滥用市场支配地位行为的法律规制——《中华人民共和国反垄断法（草案）》相关部分评析"，载《法商研究》2007 年第 4 期。

〔2〕See Frank H. Easterbrook, *The Limits of Antitrust*, 63 Texas Law Review, 1984, p. 20; see also George A. Hay, *Market Power in Antitrust*, 60 Antitrust Law Journal, 1992, p. 811.

〔3〕王晓晔："滥用市场支配地位问题研究"，载王晓晔：《王晓晔论反垄断法》，社会科学文献出版社 2010 年版，第 207 页。

违背市场定价机制的低价竞争行为。〔1〕对于这一问题,《航运法》(送审稿)的规定修正了现有《国际海运条例》及其实施细则的问题,将水路运输经营者的市场支配地位与滥用行为结合起来加以规制,〔2〕这也是未来我国制定《航运法》航运反垄断规则时应当采用的立法模式。

在规制国际航运市场滥用市场支配地位行为时,首先,需要对如何判断航运相关市场、何种情况构成滥用市场支配地位的问题加以明确界定。考虑到这些问题无法单纯凭借《反垄断法》滥用市场支配地位的法律规定找到答案,因此较为合适的方法应当是在制定《航运法》航运反垄断规则时加以明确。

其次,除了明确航运业相关市场的界定标准,明确航运企业或组织市场支配地位的认定标准,如何认定滥用行为亦为重中之重。这是因为市场支配地位本身并不违法,所以在确认滥用市场支配地位行为时需要在市场支配地位的合法利用和违法滥用之间划一条界限,完全取决于滥用行为的竞争规制标准如何界定。本章的研究即意在对这一重要问题探索初步的预设性理论解决框架。航运市场中的剥削性滥用市场支配地位行为可能会造成对消费者利益的直接侵害,因此在认定标准上较妨碍性滥用标准更低。超高定价的判定标准主要取决于定价是否显著超出产品的经济价值,并参照比较其他处于相似地位企业的定价。航运市场中妨碍性滥用市场支配地位行为的反垄断规制标准则依据行为类型的不同而不同:鉴于使用战斗船行为以竞争排挤为唯一目的,因此可以将意图作为滥用的决定性标准;为了合理区分掠夺性定价与合理降价行为,可以以修订后的"阿瑞达—特纳规则"为界分标准;忠诚折扣行为是否构成滥用行为则以折扣是否具有限制性、掠夺性或捆绑性为判定标准;价格歧视行为的

〔1〕於世成、邹盈颖:"论禁止滥用市场优势地位制度在国际航运竞争法中的运用",载《法学评论》2006年第5期。

〔2〕《航运法》(送审稿)第63条规定:"禁止具有市场支配地位的水路运输经营者滥用其优势地位。滥用优势地位包括利用优势地位实施下列行为:(一)直接或者间接地实行不公平的定价或者设置其他不公平的交易条件;(二)限制市场或者技术发展,损害服务对象的利益;(三)在相同的交易情形下对交易对象适用不同或者不相似的交易条件,使其处于不利的竞争地位;(四)以对方当事人接受与合同无关的附加义务作为签订合同的条件。"

标准较为容易判断，如果从价运费和运费折扣并不以货物数量或运输成本为基础公平地适用于所有处于相同条件的托运人，而以限制竞争为目的，则构成滥用性价格歧视行为。在立法技术上，“为使法律具有稳定性和使企业对其行为的法律后果有可预见性，禁止滥用的法律规定应列举滥用的表现”〔1〕。由于在确认滥用市场支配地位时需要对市场支配地位的合法利用和违法滥用之间进行界分，而这样的界分在立法技术上讲是很难做到周延的，因此反垄断立法一般不采用概括性的表述，而多使用列举滥用市场支配地位的行为配以兜底条款的方式作出规定，从而为司法实践中处理滥用市场支配问题留出解释空间。〔2〕

再次，考虑到反垄断法在对市场支配地位的合法利用和违法滥用进行界限划分，保护消费者利益的同时也需要防止对支配企业的行为构成不适当的限制，防止发生有悖于增进效率与社会福利的后果，因此对于航运市场中的滥用行为也应当允许支配企业进行合理抗辩，证明其行为在主观上出于善意，且具有合法目的，不会扭曲市场竞争，能够提升效率与福利，或是基于社会公共利益的考虑等理由提出客观合理的解释。

最后，为了有效规制航运市场中的滥用支配地位行为，我国航运竞争立法可以引入共同市场支配地位概念，但首先需要在理论上澄清以下问题：可以以市场透明度、惩戒机制、寡头外竞争压力为标准认定共同市场支配地位；航运组织中成员的独立行动权并不当然构成对共同市场支配地位认定的减弱因素；滥用共同市场支配地位不得享有协议垄断豁免；垄断协议与滥用共同市场支配地位竞合时反垄断执法机构可以适用宽大制度。此外，市场多元化、身份多重化与分支产业自然垄断属性也带来了是否将必要设施理论适用于航运市场，是否对必要设施拥有者施加强制缔约义务的难题。可以考虑在航运市场适用必要设施理论，赋予某些航运产业基础性网络运

〔1〕 王晓晔：“滥用市场支配地位问题研究”，载王晓晔：《王晓晔论反垄断法》，社会科学文献出版社 2010 年版，第 206 页。

〔2〕 王先林：“论滥用市场支配地位行为的法律规制——《中华人民共和国反垄断法（草案）》相关部分评析”，载《法商研究》2007 年第 4 期。

营商准入义务。但囿于该理论在保护竞争的同时会相应地牺牲投资者利益和创新机制保护,与经济自由的本质相冲突,因此必须在适用条件上进行严格限缩。

CHAPTER 07> 第七章

国际航运经营者集中的反垄断规制

经营者集中规制也是反垄断法的基本实体制度,在反垄断法中具有非常重要的地位,与反垄断法中的另两个基本实体制度,即禁止协议垄断和禁止滥用市场支配地位制度有着密切的联系。[1] 在航运市场的反垄断法规制中,控制航运经营者的集中也通过对潜在增强的市场集中度的事前控制,防止航运经营者深化共谋与协同行为而合并组成单一实体规避协议垄断规制制度,在规制航运市场的垄断与限制竞争问题上发挥重要作用。首先,虽然垄断协议规制制度可以防止航运经营者通过限制竞争协议或协同行为排除、限制竞争,但是却无力管控共谋者通过兼并、收购或其他方式形成单一独立实体而从事限制竞争的行为,因为一旦限制竞争的主体是单一的独立实体,垄断协议规制制度在主体要件上首先不适用于该独立实体的独立行为,而且独立行为也很难构成应当发生于多主体之间的协议行为与协同行为。因此在这一点上,控制航运经营者的集中无疑具有独立于垄断协议规制制度的重要作用。其次,如果说禁止航运经营者滥用市场支配地位制度是对已经形成的市场支配力扰乱竞争秩序行为的事后规制,那么控制航运经营者集中规制则是对防止航运市场支配地位形成的事前控制,它通过对市场集中程度的结构性控制来预防市场力量的过度集中,从而发生滥用市场支配地位的行为。

---

〔1〕 王先林:"论反垄断法中的控制企业结合制度——兼析《中华人民共和国反垄断法(修改稿)》的相关规定",载《法商研究》2006 年第 1 期。

在航运市场中，航运产业的并购不再是单纯为实现规模效应的扩张，而日渐成为航运企业开辟新航线、拓展运营范围和生存发展空间而进行的一种战略部署。1885年日本三菱汽船与日本共同运输会社通过并购成立日本邮航运公司，1902年J. P. 摩根通过并购成立国际商业海运公司，此后国际商业海运公司吸收了美国、比利时与英国的航运公司，并且与汉堡美国班轮公司联合控制了荷兰美国班轮公司——自此国际航运市场大规模并购开始出现，国际航运市场的垄断问题从此开始不局限于协议垄断与滥用市场支配地位，航运经营者的集中也正在强烈地影响着国际航运市场的经营者集中程度，并于20世纪90年代迎来了国际海运业的兼并热潮。20世纪末，国际海运市场出现了大规模的兼并和重组，有代表性的兼并包括：1996年英国铁行箱运公司与荷兰渣华运输公司合并组建合资的铁行渣华，1997年新加坡东方海皇公司耗资2.85亿美元收购具有150多年历史的美国总统轮船，1997年韩进海运收购德国胜利海运公司，1998年中国台湾长荣海运并购意大利邮航运公司，1998年日本邮船兼并昭和海运，1999年大阪商船三井船舶兼并Navix海运株式会社，1999年丹麦A. P. 穆勒—马士基兼并由美国CSX铁路运输集团控股的海陆集装箱班轮服务公司，2002年挪威威廉姆森航运公司和瑞典瓦勒纽斯航运公司收购韩国现代商船汽车船队，2005年5月丹麦马士基以23亿欧元并购英荷合资的铁行渣华，2005年德国赫伯罗特航运集团收购加拿大太平洋航运，以及法国达飞航运集团和德国汉堡南方航运公司的收购扩张战略。此外，还有一些特殊市场的经营者集中，如2010年马士基中国、迪拜环球港务集团(DP World)、中国远洋和青岛港口集团公司通过购买股份对青岛前湾集装箱码头有限责任公司实施联合控股。[1] 2011年蒂凯液化天然气航运公司(Teekay)与日本丸红株式会社(Marubeni Corporation)通过购买股份的方式对马士基液化天然气航运公司实施联合控

〔1〕 See Commission Decision of 13 December 2010 in Case No. COMP/M. 6017-APMT/DPW/COSCO/QPGL/ QQCT, OJ C 318, 23. 11. 2010.

股。[1] 通过兼并与收购,航运经营者可以有效地扩展经营范围和经营规模,扩大市场份额,通过增加运营航线分担某一航线上业务不景气所带来的运营风险,从而依靠规模经济提高经营效率与利润。[2] 然而由于航运经营者的兼并与收购减少了航运市场经营者的数量,加强了航运市场的集中度,可能导致航运经营者通过并购获得优势的市场地位或财力从而在市场竞争中存在不公平的优势,反而限制或阻碍了市场正常的竞争秩序,损害航运市场消费者的利益,因此航运经营者的兼并与收购必须被纳入反垄断法的规制框架下。反垄断法经营者集中规制制度也必须在航运经营者不断通过兼并收购等行为增强市场集中度的情况下给出回应,保障航运市场良性竞争秩序,保障航运市场消费者的利益。除了国际航运业的兼并与收购,航运经营者的联合经营(joint venture)在某些情况下也可能产生经营者集中的效果,因此本章将以航运经营者的并购和联营作为经营者集中的规制对象,探讨国际航运市场经营者集中的法律规制问题。

第一节 国际航运市场经营者集中规制对象范畴

"经营者集中"本身是一个较为宽泛的概念,《反垄断法》规定的经营者集中包含:经营者合并,经营者通过取得股权或者资产的方式取得对其他经营者的控制权,经营者通过合同等方式取得对其他经营者的控制权或者能够对其他经营者施加决定性的影响。[3] 有理论将共同所有与共同控制作为认定企业合并与集中的标准,认为两个原先独立的企业,如果归于共同所

[1] See Commission Decision of 12 December 2011 in Case No. COMP/M. 6434 – Teekay/Marubeni/Maersk LNG, OJ C 339,19.11.2011.

[2] See United Nations Economic Commission for Latin American and the Caribbean, *Concentration in Liner Shipping-Its Causes and Impacts for Ports and Shipping Service in Developing Regions*, LC/G. 2027, May 20,1998, p. 24.

[3] 《中华人民共和国反垄断法》第20条。

有或共同控制之下，则可以认为发生了经营者集中。[1] 航运市场经营者的兼并收购，通过取得目标公司股权或资产对目标公司产生控制权或可以施加决定性影响固然属于经营者集中的规制对象，主要问题在于航运市场中广泛存在的航运经营者合营性质的合作是否属于经营者集中而应当成为反垄断法的规制对象，反垄断法对于航运合营的规制是否可能导致垄断协议规制制度与经营者集中规制制度的竞合？

在航运市场特别是不定期租船市场中，航运经营者实施船舶共享的联合运营是一种较为常见的合作形式。实施船舶共享的各个航运公司将具有相同或相似用途的船舶集中统一管理，从而在联营组织内形成不同航运公司的船舶在商业上和技术上的共享，带来更加灵活的商业安排。共享的船舶由专门的管理人负责安排运营，与消费者签订运输商业合同，同时负责运输合同的履行。一般情况下，管理人需要受制于船东的监督。[2] 在航运经营者的联合运营中，航运合营协议（shipping pool agreement）是整个联合运营的法律基础，这份协议被界定为："有权将其控制的，具有相同或相似用途的船舶联合，从事商业管理和商业运营以获取收入的若干船舶控制人之间的协议。"[3]航运合营可以采用不同的法律结构，较为常见的做法是建立一个"全功能合营企业"（full-function joint venture）作为管理人实施船舶运营，合营各方可以通过成为该合营企业股东的方式，也可以通过定期租船等方式，将船舶置于管理人的管理下。[4] 但是合营协议的重点在于，参与合营的航运经营者将从合营中按照事先约定的分成比例来分享船舶运营收益，

---

〔1〕［美］赫伯特·霍温坎普：《联邦反托拉斯政策：竞争法律及其实践》（第3版），许光耀等译，法律出版社2009年版，第541页。

〔2〕See Olav Kolstad, *Cooperate of Merge? Structural Changes and Full-Function Joint Ventures in the Shipping Industry*, in *Competition and Regulation in Shipping and Shipping Related Industries* (Antonis Antapassis et al. eds.), Leiden: Martinus Nijhoff Publishers, 2009, p. 117.

〔3〕See Olav Kolstad, *Cooperate of Merge? Structural Changes and Full-Function Joint Ventures in the Shipping Industry*, in *Competition and Regulation in Shipping and Shipping Related Industries* (Antonis Antapassis et al. eds.), Leiden: Martinus Nijhoff Publishers, 2009, p. 121.

〔4〕See Fearnley Consultants AS, Global Insight and Holman Fenwick & Willan submitted to European Commission Competition Directorate-General, *Legal and Economic Analysis of Tramp Maritime Services*, EU Report COMP/2006/D2/002, Feb. 22, 2007, p. 401, para. 1893.

而不是按照其所控制的船舶的实际收入来分享收益。由于航运经营者的联合运营属于相互具有市场竞争关系的经营者的合作行为,必然会对航运市场的竞争产生限制性影响,由于这种合作属于限制竞争的协议行为或协同行为,因此构成协议垄断。但是,在某些特定的情况下,实施船舶共享的航运合营也可能构成经营者集中而应当适用经营者集中规制制度。[1]

《反垄断法》规制对象意义上的经营者集中实际上存在这样一种预设,即经营者集中发生在经营者与其他经营者之间,或是经营者与其他经营者通过兼并收购合二为一,或是经营者通过若干方式取得其他经营者的控制权或可以对其他经营者施加决定性影响。然而这样的预设却忽略了一种重要的可能,如果经营者和其他经营者不存在合二为一,也不存在一方取得另一方的控制权或决定性影响,而是通过共同将一部分具有竞争关系的相同或相似的业务转移至第三方运营,恐怕很难依照单纯的文义解释列入经营者集中的定义范畴,而这一类型的安排恰是上述实施船舶共享的航运合营最为常用的商业安排。合营企业通常是根据母公司之间签订的合营契约而设立的,并且依据该契约由其母公司共同出资、受其母公司共同支配的独立的事业实体。[2] 美国反托拉斯法上,某些企业合营会被视为并购行为,并按照《克莱顿法》第 7 条的规定对合作者之间的并购行为进行反托拉斯分析。[3] 欧盟《并购条例》(Merger Regulation)特别规定合营企业在满足特定条件时可以被认为构成经营者集中:"创设一家合营企业,使其长期地具有

---

〔1〕 持此种观点的著作参见王晓晔:"《中华人民共和国反垄断法》中经营者集中的评析",载《法学杂志》2008 年第 1 期;Fearnley Consultants AS, Global Insight, and Holman Fenwick & Willan, submitted to European Commission Competition Directorate-General, *Legal and Economic Analysis of Tramp Maritime Services*, EU Report COMP/2006/D2/002, Feb. 22, 2007, pp. 461 – 467; Olav Kolstad, *Cooperate of Merge? Structural Changes and Full-Function Joint Ventures in the Shipping Industry*, in *Competition and Regulation in Shipping and Shipping Related Industries* (Antonis Antapassis et al. eds.), Leiden: Martinus Nijhoff Publishers, 2009, p. 118; Watson, Farley & Williams, *The EU's New Competition Regime for Maritime Transport: Options and Opportunities for Ship Owners*, Jul. 2005, pp. 13–14。

〔2〕 时建中:《反垄断法——法典释评与学理探源》,中国人民大学出版社 2008 年版,第 256 页。

〔3〕 See Federal Trade Commission and the U. S. Department of Justice, *Antitrust Guidelines for Collaborations Among Competitors*, Apr. 2000, section 1. 3.

独立经济实体的全部功能的，应当构成第1款第b项所指的并购。”[1]这里所指的“长期地具有独立经济实体的全部功能的”合营企业即是全功能合营企业。这种全功能合营企业的特征体现在母公司的联合控制、独立性与长期性三个方面。

第一，全功能合营企业应当是母公司联合控制下的经济实体。只有在合营企业的两个或多个母公司可以对合营企业进行控制或施加决定性影响的前提下，合营企业才能够成为母公司之间进行商业联合的工具，也只有在此前提下，母公司之间才会通过合营企业间接地实现集中之目的。[2] 如果两个或多个合营的母公司可以联合采取行动决定航运合营的运营战略，则可以说母公司对该航运合营具有控制权或决定性影响。母公司可以通过其对船舶的所有权、或作为合营公司的股东身份、或在合营公司的表决权等方式来实施其对于航运合营的控制权或决定性影响。[3]

第二，全功能合营企业应当具有内部管理运作与商业运营上的独立性。全功能合营企业虽受母公司的控制和影响，但是却应当在内部管理运作与商业运营上保持独立性，这种独立性体现在：

首先，全功能合营企业在内部管理运作上的独立性在于航运合营企业应当具有相应的船舶运输能力、办公场所、人力资源和资产来维持企业的日常运作。[4] 存在疑问的是，对于航运合营企业船舶运输能力的要求，其必须能够以自身名义对外缔结运输合同并负责合同的履行，但这是否需要航运合营企业必须掌握船舶的所有权？笔者认为，此处应当遵从航运合营企业对船舶的有效管理控制的标准，而不应以所有权标准作为判定的依据，因

---

〔1〕 See Council Regulation (EC) No. 139/2004 of 20 January 2004 on the control of concentrations between undertakings (the EC Merger Regulation), OJ L 24, 29. 1. 2004, art. 3 (4).

〔2〕 See Commission Notice on the concept of full-function joint ventures under Council Regulation (EEC) No. 4064/89 on the control of concentrations between undertakings, OJ C 66, 02. 03. 1998, para. 9.

〔3〕 See Olav Kolstad, *Cooperate of Merge? Structural Changes and Full-Function Joint Ventures in the Shipping Industry*, in *Competition and Regulation in Shipping and Shipping Related Industries* (Antonis Antapassis et al. eds.), Leiden: Martinus Nijhoff Publishers, 2009, pp. 125-126.

〔4〕 See Commission Notice on the concept of full-function joint ventures under Council Regulation (EEC) No. 4064/89 on the control of concentrations between undertakings, OJ C 66, 02. 03. 1998, para. 12.

为在航运市场中,即使独立航运公司自身也往往通过租赁或借用船舶的方式来安排运营以扩大商船队,增加航线覆盖的范围,并不能以租赁与借用船舶为理由来否定该航运公司作为独立商业主体的法律地位。对于航运合营企业而言,似乎没有道理对其实施更加严格的独立性判定标准。欧盟委员会对于合营企业的这一问题也采用了不要求合营企业享有资产所有权的观点,认为即使合营企业对于生产核心环节的设备不用有所有权而是通过向母公司租用的,仍然也可以认定合营企业对于生产环节具有战略控制能力。[1] 在 Brambles/Ermewa/JV 案中,Brambles 与 Ermewa 都有大规模的罐式集装箱(tank container)船队,双方决定设立合营企业来运营期罐式集装箱船舶运输业务。合营企业在管理协议(management agreement)的基础上运营船舶,并将按照协议逐渐成为罐式集装箱船舶的所有人或者承租人。因此实际上在合营企业设立之始,虽然合营企业对罐式集装箱船舶具有绝对管理权,但是参与合营的 Brambles 与 Ermewa 公司却并未将船舶所有权转让至合营企业名下。欧盟委员会仍然认定该合营企业具有独立性,属于全功能合营企业,需要进行并购反垄断审查。[2]

其次,全功能合营企业在商业运营上的独立性体现在航运合营企业应当能够以自己的名义从事商业运营,而不是作为参与合营的母公司辅助人或代理人。实际上航运合营企业的运作相当于为母公司实现了特定目的的一个市场营运机构,如果合营企业的经营完全局限于与母公司之间的交易,那么它只能是母公司的附庸,而不具有独立性。[3] 由于母公司对于合营企业具有一定的控制权,可能与合营企业存在某些交易关系,此种情况下判断

---

〔1〕 See Commission Decision of 24 October 1997 in Case No. IV/M. 994-Dupont / Hitachi, OJ C 6/2, 1998, para. 10.

〔2〕 See Commission Decision of 4 August 2000 Case No. COMP/M. 2023-Brambles / Ermewa/JV, OJ C 271/09, 2000. 在这个案件中,欧盟委员会认为两个母公司的集中会导致存在两个全功能合营企业:一个是全功能管理合营企业(Management Joint Venture Company, MJV),另一个是全功能投资合营企业(Investment Joint Venture Company, IJV)。全功能管理合营企业负责从全功能投资合营企业租赁罐式集装箱船舶,所有对于合营企业的资本投入完全通过全功能投资合营企业完成。

〔3〕 See Olav Kolstad, *Cooperate of Merge? Structural Changes and Full-Function Joint Ventures in the Shipping Industry*, in *Competition and Regulation in Shipping and Shipping Related Industries* (Antonis Antapassis et al. eds.), Leiden: Martinus Nijhoff Publishers, 2009, p. 131.

合营企业商业运营上的独立性就要着重考虑两个因素：一是合营企业与母公司之间的交易是否采用了一般正常的交易条件，二是除了与母公司的交易，合营企业是否在整个市场中还存在一定市场份额的实际运营量。[1]

第三，全功能合营企业应当是长期性运营的经济实体。所谓“长期性运营”是要求合营企业至少能够存续一定的时期，并在一定时期内均从事商业运营，而不是单纯为了完成特定目的而成立的项目企业。虽然航运合营协议会约定合营企业在发生特定情况时解散，但这并不影响对于合营企业具有长期性的认定。航运合营协议也可能存在约定合营企业存续期间的条款，只有当存续时间足够长，合营企业才具有长期性；如果约定的合营企业存续时间过短，则对于市场集中程度可能短期内无法出现显著影响，也就无须进行经营者集中的申报与规制。[2] 对于合营企业存续期间如何判定长和短的问题，欧盟已有案例将 8 年以上存续期间认为是具有持续性的。[3]

综上所述，航运市场较为常见的航运合营，如果符合全功能合营企业的构成要件，则会导致参与航运合营各方的联合，从而在市场中创设出集合了参与合营方市场份额的合营体，会对市场集中度的提升产生较为显著的潜在影响，应当纳入经营者集中规制制度的适用范畴，需要进行事先申报。否则如果单纯按照垄断协议规制制度来控制此类合营，就只能依靠在协议垄断行为确实产生了排除、限制竞争效果的情况下进行事后控制，也只能依靠

---

[1] See Commission Notice on the concept of full-function joint ventures under Council Regulation (EEC) No. 4064/89 on the control of concentrations between undertakings, OJ C 66, 02. 03. 1998, para. 14.

[2] See Commission Notice on the concept of full-function joint ventures under Council Regulation (EEC) No. 4064/89 on the control of concentrations between undertakings, OJ C 66, 02. 03. 1998, para. 15.

[3] 在 Deutsche Bahn/ECT International/United Depots/JV 案中，8 年的合营企业存续期被认为是具有长期性的，参见 Commission Decision of 11 February 2002 in Case No. COMP/M. 2632-*Deutsche Bahn/ECT International/ United Depots/JV*, OJ C 81/07, 2002；在 Daimler Chrysler/Deutsche Telekom/JV 案中，12 年的合营企业存续期被认为是具有长期性的，参见 Commission Decision of 30 April 2003 in Case No. COMP/M. 2903-*Daimler Chrysler/Deutsche Telekom/JV*, OJ L 300, 2003；在 Lehman Brothers/SCG/Starwood/Le Meridien 案中，10～15 年的合营企业存续期被认为是具有长期性的，参见 Commission Decision of 20 July 2005 in Case No. COMP/M. 3858-*Lehman Brothers/SCG/Starwood /Le Meridien*, OJ C 154/04, 2005。需要特别指出的是，8 年并不是一个明确的界分点，只是欧盟涉及合营企业存续期间问题的现有判例中，最低被认定为具有长期性的时间是 8 年，至于低于 8 年的存续期间能够被认定为具有长期性，尚待具体的案例以考证欧盟的态度。

反垄断法执法机关的检查监督,或者市场竞争权利受到侵害的市场主体提出私人申请或诉讼,显然是不利于控制与规制垄断行为的。

第二节　国际航运经营者集中申报审查的主要问题

一、国际航运经营者集中申报制度

反垄断法对经营者集中的规制方式有事后监督审查制和事前申报审查制。事后监督审查制是指在经营者已经实现集中后,由反垄断主管机构或者私人对集中的企业提起诉讼时,司法机构才予以审查,如果经营者集中被裁判具有排除或严重限制竞争的后果,则往往被禁止集中,要求企业恢复到集中前的状态,并对企业实施处罚。事前申报审查制则要求参与经营者集中的企业在实施集中前必须首先向反垄断主管机关申报,经审查批准后方可实施集中行为,如果企业未经申报而擅自实施集中行为,或者申报后未经批准而实施集中行为,则往往被取消集中,并对企业实施处罚。一般而言,为有利于反垄断主管机构能够更为及时、主动地规制经营者集中,各国反垄断法多采用事后监督审查制与事前申报审查制结合起来的规制模式。[1]我国《反垄断法》也采用了经营者集中的事前申报审查制度,因此符合该法适用条件的航运经营者的集中也需要按照法定的要求进行申报。在经营者集中申报审查主管机构上,商务部反垄断局负责受理经营者集中反垄断磋商和申报,依法对经营者集中行为进行反垄断审查。在经营者集中申报标准上,我国经营者集中审查申报采用"双重经营额申报标准",[2]要求两种

〔1〕 王先林:"论反垄断法中的控制企业结合制度——兼析《中华人民共和国反垄断法(修改稿)》的相关规定",载《法商研究》2006 年第 1 期。

〔2〕 对于反垄断审查申报标准的分类,可以参见史建三、钱诗宇:《反垄断审查比较研究》,法律出版社 2010 年版,第 62~70 页。作者将各国反垄断审查的申报标准归结为以下几类:当事方经营额申报标准(包括单一的经营额申报标准、双重经营额申报标准、三重经营额申报标准)、当事方企业规模之资产额申报标准、当事方企业规模之市场份额申报标准、当事方企业规模之经营额与资产额相结合申报标准、当事方企业规模之经营额与市场份额相结合申报标准、当事方企业规模之资产额与市场份额相结合申报标准、交易规模和当事人规模之经营额与资产额相结合申报标准。

情况下的经营者集中必须申报:①参与集中的所有经营者上一会计年度在全球范围内的营业额合计超过100亿元人民币,并且其中至少两个经营者上一会计年度在中国境内的营业额均超过4亿元人民币;②参与集中的所有经营者上一会计年度在中国境内的营业额合计超过20亿元人民币,并且其中至少两个经营者上一会计年度在中国境内的营业额均超过4亿元人民币。[1]

国际航运经营者集中如果符合我国《反垄断法》规定的申报条件,也应当按照上述规定进行集中申报,然而根据我国现有的《国际海运条例》及其实施细则的规定,国际航运经营者集中似乎有其独立申报程序。《国际海运条例》第24条规定:"国际船舶运输经营者之间的兼并、收购,其兼并、收购协议应当报国务院交通主管部门审核同意。国务院交通主管部门应当自收到国际船舶运输经营者报送的兼并、收购协议之日起60日内,根据国家关于国际海上运输业发展的政策和国际海上运输市场竞争状况进行审核,作出同意或者不同意的决定,并书面通知有关国际船舶运输经营者。"《国际海运条例实施细则》第33条规定:"中国国际船舶运输经营者之间或者中国国际船舶运输经营者与外国国际船舶运输经营者之间的兼并、收购,由兼并、收购的一方将兼并、收购协议按照《海运条例》第24条的规定报交通部审核同意。"不难发现,《国际海运条例》及其实施细则关于国际航运经营者集中的规定无论在申报主管机构、申报条件、申报标准问题上都与《反垄断法》的规定存在不相一致,乃至让人甚为疑惑之处。

(一)国际航运经营者集中申报的主管机构

我国《反垄断法》仅将商务部反垄断局作为经营者集中申报审查的主管机构,然而根据《国际海运条例》及其实施细则的规定,国际航运经营者集中却需要报国务院交通主管部门,即交通部审核同意,确立由交通部对国际航运经营者集中的审查是否与反垄断法确立的由商务部反垄断局对经营者集

---

[1] 2008年《国务院关于经营者集中申报标准的规定》第3条。

中的统一审查形成冲突，从而抵触了《反垄断法》关于反垄断主管机构的规定？虽然2008年《国务院关于经营者集中申报标准的规定》第3条将允许确定营业额标准具体办法的制定权及具体办法由国务院商务主管部门会同国务院有关部门制定，这是否等于授权了国务院有关部门，包括交通部对于特殊行业的经营者集中问题实施独立审查的权力呢？对于这些问题，可以有两种理解：一种从产业政策优先于竞争政策的观点出发，理解为航运产业的特殊性以及对航运产业的特别管理需要对航运业的经营者集中作出特殊立法处理，将国际航运经营者集中申报审查权交由交通部，有利于从航运产业实际情况出发作出更为客观的审查判断。另一种理解则从竞争政策优于产业政策的观点出发，理解为竞争执法统一化要求经营者集中的申报审查被置于统一的且负责反垄断审查的专门机构之下，从而确保不会出现执法权分散、审查标准不一和审查结果混乱矛盾的情况。笔者认为，即使抛开产业政策与竞争政策孰优孰劣的争论，后一种理解也是更为合适的，理由如下：

首先，从《国际海运条例》及其实施细则与《反垄断法》的法律位阶上来看，《反垄断法》是全国人大及其常委会制定的法律，而《国际海运条例》则属于国务院发布的行政法规，因此按照法律位阶的效力而言，《反垄断法》的效力应当优于《国际海运条例》及其实施细则的效力，故《国际海运条例》及其实施细则若存在与《反垄断法》相抵触的规定，理应按照《反垄断法》的规定予以适用。

其次，从反垄断执法机构统一性的角度出发，将国际航运经营者集中申报审查的权限统一交由商务部反垄断局也是适当的。虽然交通部对于航运市场的运价水平、运力结构与市场竞争程度有专业性的把握，但毕竟在反垄断执法方面欠缺相应的经验，如受理经营者集中申报后，在具体判断某一经营者集中案件是否会显著增加航运市场集中度，造成严重损害竞争的后果，很可能因为对于反垄断理论的不了解、反垄断实践经验的不足以及对反垄断判断上的数据处理不熟练，而作出不甚妥当的判断。而且若将航运市场的反垄断执法权交由交通部，显然会引发其他产业也通过行业立法争夺反垄断执法权的连锁反应,会在实践操作中造成反垄断执法机构权力的分化,并带来行业与行业间不一致的反垄断规制程度,是不妥当的。

最后,运用法律体系解释的方法也可以阐释由商务部反垄断局受理国际航运经营者集中申报的合理性。2011 年交通部发布了《关于加强外商独资船务公司审批管理工作的通知》,通知中明确将交通部和商务部作为外国航运公司在我国境内设立独资船务公司的审批工作的主管部门。[1] 虽然该通知确立了交通部对于外资国际航运船务公司的设立审批权,却并不等于否定或者架空了商务部对于外资国际航运船务公司的设立审批权,因为该通知第 3 条关于外资国际航运船务公司申请设立的程序规定:“(一)外国航运公司应向我部提出申请,并同时将申请材料抄报拟设独资船务公司所在地的省级交通运输主管部门。有关省级交通运输主管部门收到上述抄报材料后,应对材料进行审核,并自收到材料之日起 7 个工作日内将有关审核意见报送我部。(二)我部自收到申请之日起 20 个工作日内对申请材料审核完毕。申请材料真实、齐备的,同意设立申请,由我部下发批复文件;申请材料不真实或不齐备的,不予同意设立申请,书面通知申请人并告知理由。申请人凭交通运输部批复文件及设立独资企业的其他必要文件向所在地省级商务主管部门申请办理企业设立手续。(三)获得省级商务主管部门的批准后,申请人应在规定的期限内,依照公司登记的有关规定,向工商行政管理机关办理申请登记,领取营业执照,并凭营业执照向我部申领《外商独资船务公司经营许可证》后,方可从事经营性业务。”可见,虽然外国航运公司在我国境内设立独资船务公司需要交通部的申请审批,但是在交通部审核同意后,申请人仍然需要按照一般外资公司设立的程序进行层层申报审批,故可以认为交通部的审批权相当于先于一般外资公司设立程序之前的先行审批,而不能理解为外资国际航运船务公司的设立不需要经过商务部的批准,这种先行审批可以被称为“交通部的预先特别审查”。从法律体系解释的方法出发,由于国际航运经营者集中申报审查与外资国际航运船务企业

---

〔1〕 2011 年交通部《关于加强外商独资船务公司审批管理工作的通知》(交水发〔2011〕440 号)第 1 条。

设立申请审查都涉及交通部与商务部的审批权争议，在国际航运经营者集中申报审查主管机构的问题上可以参照外国航运公司在我国境内设立独资船务公司的申请审批主管机构的规定，即通过“交通部的预先特别审查”来确保航运业经营者集中审查的专业性，同时在交通部审查批准后，国际航运经营者集中的申请者仍需按照一般经营者集中的申请程序提交商务部反垄断局。

有学者提出行业监管机构与反垄断执法机构对于特定行业垄断问题的“共同管辖权”，认为为了保证反垄断法执法机构的执法权威性、有效性，同时发挥行业监管机构在掌握行业信息方面的优势及处理行业特殊问题的专业性，原则上应由二者共同管辖自然垄断行业的垄断问题。作为例外，行业监管机关对特定事项享有豁免反垄断法执法机构审查的专有管辖权。[1] 然而由于审批权限与责任划分上的不明确，共同管辖可能存在审批时各管辖机构相互推诿问题，反而不如附审查期限的“交通部的预先特别审查”更有利于保障经营者集中申请审查的效率。

（二）国际航运经营者集中的申报条件

在我国《国际海运条例》及其实施细则法律框架下，无论是国际航运经营者申请集中事由条件的范围，还是国际航运经营者申请集中主体条件的设定，都存在值得商榷之处：

在国际航运经营者申请集中事由条件的范围问题上，《国际海运条例》及其实施细则仅要求国际船舶运输经营者之间的兼并和收购事由应当报国务院交通主管部门审核同意，这显然远小于《反垄断法》经营者集中申报事由的范畴。[2] 过于狭窄的申报事由范围的设定，不仅不能将国际航运业多采用的航运合营纳入经营者集中的申报事由范围，也排除了国际航运经营

[1] 张占江：“自然垄断行业的反垄断法适用——以电力行业为例”，载《法学研究》2006年第6期。

[2] 《中华人民共和国国际海运条例》第24条；《中华人民共和国国际海运条例实施细则》第33条。

者通过收购股权、购买资产或其他方式对另外一个国际航运经营者产生实际性控制或决定性影响而构成的经营者集中。

在国际航运经营者申请集中主体条件的设定问题上,《国际海运条例》第24条虽然仅指“国际船舶运输经营者之间的兼并、收购”,《国际航运条例实施细则》第33条则对此作出进一步解释说明,指出“国际船舶运输经营者之间的兼并、收购”是指“中国国际船舶运输经营者之间或者中国国际船舶运输经营者与外国国际船舶运输经营者之间的兼并、收购”。然而倘若《国际航运条例实施细则》并未作出该解释,《国际海运条例》“国际船舶运输经营者之间的兼并、收购”尚可作出更为广义的解读,然而囿于《国际航运条例实施细则》的限定,目前需要进行国际航运经营者集中申报的主体条件仅限于中国国际船舶运输经营者之间的集中,以及中国国际船舶运输经营者与外国国际船舶运输经营者之间集中。这一规定采用一定程度属人主义的限定方法,通过将集中申报的主体限定于至少有一方是中国国际船舶运输经营者,力求避免造成管辖权的不适当扩张。然而,笔者认为,我国在这一问题上的立场也不宜过于保守,如果单纯地只考虑限缩管辖权就可能会使得某些对我国航运市场竞争具有直接、重大和可预见影响的国际航运经营者集中被排除在申报范围内。在国际航运经营者申请集中主体条件的设定问题上,纵然不宜不加区别地要求国际航运经营者的所有集中行为,包括在中国地域外的集中,以及不对中国产生任何影响的集中都向我国进行申报,但是应当确立如果两个外国国际航运公司实施经营者集中,但集中后经营涉及中国港口的航线情况下的集中申报义务。因为如果某一外国航运经营者经营涉及中国港口的航线时,就存在向中国托运人承揽货物运输的行为,从而与中国国际船舶运输经营者产生竞争,而当这一外国国际航运经营者与其他外国国际航运经营者实施集中,并且集中后的企业继续从事涉及中国港口的航线时,市场集中度的提升、潜在排除或限制竞争的可能性都会对我国的国际航运经营者产生影响,应当经过我国反垄断主管机构的审查评估,故要求其向我国主管机构进行经营者集中申报并不存在过度管辖的问题。而且实际上这一立场也是与反垄断专家提出的“应考虑这些并购活动是否对我国市场竞争有一个可以预见的影响”的观点是一致的,[1]因为某一外国航运经营者经营涉及中国港口的航线时必然会对我国国际航运市场的竞争产生直接的且可以预见的影响。

(三)国际航运经营者集中的申报标准

《国际海运条例》及其实施细则虽然要求经营者集中必须申报,却并未规定申报标准,这就产生了是否不问参与集中的国际航运经营者规模多大、营业额多少、具有多少市场份额,只要集中就一概需要申报的疑问。对于这一问题,笔者认为,既然《国际海运条例》及其实施细则在当时立法时存在疏漏,对国际航运经营者集中可以适用《反垄断法》经营者集中的一般性申报标准,即①参与集中的所有经营者上一会计年度在全球范围内的营业额合计超过 100 亿元人民币,并且其中至少两个经营者上一会计年度在中国境内的营业额均超过 4 亿元人民币;或者②参与集中的所有经营者上一会计年度在中国境内的营业额合计超过 20 亿元人民币,并且其中至少两个经营者上一会计年度在中国境内的营业额均超过 4 亿元人民币。同时,为了防止对于一些本已存在内部控制或者关联关系的企业被不必要的集中申报所累,《反垄断法》第 22 条特别规定:“经营者集中有下列情形之一的,可以不向国务院反垄断执法机构申报:(一)参与集中的一个经营者拥有其他每个经营者百分之五十以上有表决权的股份或者资产的;(二)参与集中的每个经营者百分之五十以上有表决权的股份或者资产被同一个未参与集中的经营者拥有的。”而上述“在中国境内”是指经营者提供产品或服务的买方所在地在中国境内,[2]所以参与集中的国际航运经营者在中国港口,无论是始发中国港口还是航线中途挂靠中国港口,只要向中国托运人或者货主承揽货物并收取运费及其他附加服务费,就都应当计入在中国境内的营业额。对于营业额具体的计算办法,由于 2008 年《国务院关于经营者集中申报标

---

[1] 王晓晔:“《中华人民共和国反垄断法》中经营者集中的评析”,载《法学杂志》2008 年第 1 期。

[2] 2009 年《商务部经营者集中申报办法》(商务部令 2009 年第 11 号)第 4 条。

准的规定》第3条特别规定了营业额的计算应当考虑具体行业和领域的实际情况，由商务部主管部门与国务院有关部门制定，因此国际航运市场营业额的具体计算办法，需要交通部会同商务部具体制定。

（四）未申报情况下的主动评估程序及违反申报义务的法律后果

虽然《反垄断法》以及《国际海运条例》及其实施细则都要求国际航运经营者在实施集中之前进行主动的事先申报，但是如果应当进行集中申报的国际航运经营者不按照规定的申报义务主动申报，主管机构是否有权主动介入实施经营者集中审查评估？违反主动集中申报义务的国际航运经营者又是否需要承担责任，以及如何承担责任呢？对于这些问题，我国《国际海运条例》及其实施细则并没有作出规定。《反垄断法》仅规定经营者集中达到国务院规定的申报标准的，经营者应当事先向国务院反垄断执法机构申报，未申报的不得实施集中，[1]却并未澄清反垄断执法机构在达到申报标准的经营者未履行申报义务而实施集中时，是否有权主动评估。实际上，为了对经营者集中实施更为有效的反垄断控制，反垄断执法机构不能仅仅依靠当事方自觉履行经营者集中申报义务。欧盟在司法实践中就采用了这一态度，欧盟委员会并不一定必须等到当事方申报之后才开始评估一项集中交易的限制竞争影响，而可以主动启动调查程序。[2] 在 Telefonica/Sogecable/Cablevision 案中，欧盟委员会在当事方没有申报的情况下，自行启动调查程序以评估该项交易在西班牙媒体和电信服务各个市场上是否可能产生或加强市场支配地位。[3] 显然，2011年商务部《未依法申报经营者集中调查处理暂行办法》中采用了欧盟的这一做法，规定："对有初步事实和证据表明存在未依法申报嫌疑的经营者集中，商务部应当立案，并书面通知

---

〔1〕《中华人民共和国反垄断法》第21条。

〔2〕［西］安德雷斯·冯特·格拉雷兹等：《欧盟企业合并控制制度：法律、经济与实践分析》（第2版），解琳、叶军译，法律出版社2009年版，第347页。

〔3〕See Commission Decision of 7 November 1996 in Case No. COMP/M. 709-*Telefonica/Sogecable/Cablevision*, OJ C 189, 1996.

被调查的经营者。”[1]

国际航运市场经营者集中的参与集中方如果违反主动申报义务就实施了集中，主要应当受到反垄断执法机关的行政制裁。[2] 2011年商务部《未依法申报经营者集中调查处理暂行办法》第13条规定：“经调查认定被调查的经营者未依法申报而实施集中的，商务部可以对被调查的经营者处50万元以下的罚款，并可责令被调查的经营者采取以下措施恢复到集中前的状态：（一）停止实施集中；（二）限期处分股份或者资产；（三）限期转让营业；（四）其他必要措施。商务部依据前款进行处理时，应当考虑未依法申报行为的性质、程度、持续的时间，以及依据本办法第八条第三款作出的竞争效果评估结果等因素。”

二、国际航运经营者集中的审查制度

（一）国际航运市场经营者集中的审查控制标准

国际航运业适用反垄断法经营者集中规制时，考虑到集中后产生的单一航运经营者对于市场竞争的限制性效果可能显著弱于多个航运经营者共谋从事的协议垄断行为与占有市场支配地位的大型航运经营者滥用市场支配地位行为，因此反垄断规则对于国际航运经营者集中规制是否应当采用较禁止协议垄断与禁止滥用市场支配地位更为宽松的审查控制标准，是需要深入思考的问题。

对于国际航运市场经营者集中的审查控制标准问题，现有的《国际海运条例》采用了一种较为主观的审查标准，仅以国家关于国际海上运输业发展的政策和国际海上运输市场竞争状况作为判断因素，由交通部作出同意集中或者不同意集中的决定。[3] 这一标准既未要求考察经营者集中对国际

[1] 2011年商务部《未依法申报经营者集中调查处理暂行办法》（商务部令2011年第6号）第5条。

[2] 王晓晔：《反垄断法》，法律出版社2011年版，第268页。

[3] 《中华人民共和国国际海运条例》第24条第2款。

航运市场竞争程度的影响程度,亦未考虑在同意集中与不同意集中的审查后果划分中可能存在的一些中间地带,即某些附条件的同意集中问题,不但有失客观,亦有失全面。而对于经营者集中的审查控制标准问题,《反垄断法》第28条采用了“集中具有或者可能具有排除、限制竞争的效果”的标准,对于具有或者可能具有排除、限制竞争效果的经营者集中,国务院反垄断执法机构应当作出禁止经营者集中的决定。虽然顾及了经营者集中对市场竞争程度的影响程度,然而《反垄断法》经营者集中审查控制标准却未免过于严格,因为任何经营者集中的行为都会产生或可能产生限制竞争的效果,确立如此严格的审查控制标准就会导致几乎任何经营者集中的申报都无法获得批准,从而给经营者如何遵守我国反垄断法关于经营者集中的规定带来困惑。〔1〕 事实上,反垄断法经营者集中审查标准的控制界限不应在于经营者集中是否具有限制竞争之效果,而应在于经营者集中限制竞争效果之程度。反垄断法可以允许经营者集中在某种程度上具有限制竞争的效果,目的是鼓励和推动企业通过规模经济降低成本、节约资源、专利共享,但是不允许经营者集中达到排除或者严重限制竞争的程度。〔2〕 将经营者集中对于市场竞争程度的影响作为审查控制标准,只禁止那些具有排除或者严重限制竞争效果的经营者集中,也是国际社会反垄断法律制度主流的立法例。美国控制企业合并的主要法律依据《克莱顿法》第7条对于经营者集中予以禁止的审查标准是“实质性减少竞争或形成垄断”。而且美国司法部和联邦贸易委员会于2010年发布的《横向合并指南》中特别阐述了判定一项横向合并可能实质性减少竞争的原则性分析框架和主要理由。〔3〕 欧盟《并购条例》将“严重妨碍共同市场,或者共同市场之一部分的有效竞争,特别是将会导致市场支配地位出现或者增强的经营者集中”,认定为是与欧盟共同市场

〔1〕 慕亚平、肖小月:“我国反垄断法中经营者集中审查制度探析”,载《学术研究》2010年第4期。

〔2〕 王晓晔:“《中华人民共和国反垄断法》中经营者集中的评析”,载《法学杂志》2008年第1期。

〔3〕 See United States Federal Trade Commission and United States Department of Justice, *Horizontal Merger Guidelines*, Aug. 19, 2010, p. 1.

不兼容的经营者集中,予以禁止。可见,欧盟对于经营者集中控制采用的是“严重妨碍市场有效竞争”之标准。[1] 笔者认为,在经营者集中的审查控制标准问题上,我国可以借鉴欧美的上述标准,将经营者集中限制竞争效果之程度作为禁止经营者集中审查控制标准设定的切入点,对于经营者集中不是一概采用“集中具有或者可能具有排除竞争、限制竞争的效果”的标准,取而代之为“集中具有或者可能具有排除竞争、或者严重限制竞争的效果”的标准是较为合宜的。

将“集中具有或者可能具有排除竞争、或者严重限制竞争的效果”作为经营者集中审查控制标准,就必然涉及如何界定这一标准的问题,即经营者集中在哪些情况下才构成所谓的严重限制竞争? 这一问题虽然需要依据具体案件中的情况采用个案分析的方法加以判定,但是并不妨碍主管机构给出指引性的意见,发布指导性意见在一定程度上可以量化判定方法,也正是美国和欧盟所采用的做法。

美国司法部和联邦贸易委员会于2010年发布的《横向合并指南》就对如何判断构成实质性减少竞争的经营者集中给出需要考察的若干方面:①界定相关市场。相关市场的界定在横向合并中具有两层重要作用:一是相关市场决定了竞争问题产生的商业和地域边界;二是相关市场的界定可以使反垄断主管机构(即美国司法部和联邦贸易委员会)能够评估市场竞争的参与者与市场份额,从而考察市场集中程度。[2] ②市场竞争参与者、市场份额与市场集中度。反垄断主管机构一般将市场份额与市场集中度作为评估市场竞争受到限制的程度,反垄断主管机构将市场份额要素与市场集中度要素与其他能够合理获得且可靠的因素结合起来最终判定某一项合并是否可能实质性减少竞争。[3] ③合并所可能导致的单方效果(unilateral

---

〔1〕 See Council Regulation (EC) No. 139/2004 of 20 January 2004 on the control of concentrations between undertakings (the EC Merger Regulation, OJ L 24/1, 29. 1. 2004, art. 2 (3).

〔2〕 See United States Federal Trade Commission and United States Department of Justice, *Horizontal Merger Guidelines*, Aug. 19, 2010, pp. 7-15, section 4.

〔3〕 See United States Federal Trade Commission and United States Department of Justice, *Horizontal Merger Guidelines*, Aug. 19, 2010, pp. 15-19, section 5.

effects)。两个企业合并为单一企业后对市场竞争的限制可能构成实质性减少竞争,此种合并后形成单一企业的单方效应在该合并企业试图垄断相关市场时表现得最为明显。[1] ④合并所可能导致的协同效果(coordinated effects)。合并企业可能通过在合并后于其他市场竞争者在相关市场共谋从事损害消费者利益的协同行为,这将构成对于市场竞争的减损。反垄断执法机构会考察一项合并是否有可能改变市场经营者的行为方式,引导其他经营者与其形成实质性协同行为,以及这种协同行为是否会极大程度地减损市场竞争。[2] ⑤大型买方。大型买方在与供给商进行谈判时往往具有更大的议价能力以获得优惠的交易条件,虽然可能形成价格歧视,但是反垄断执法机构会考虑大型买方对于合并企业随意提高价格的抑制作用。当然,即使一些大型买家可以实施自我保护,但并不排除反垄断执法机构认为合并企业对于其他消费者存在滥用市场势力的行为。[3] ⑥市场进入。市场进入也是合并效果评估中的重要因素,反垄断执法机构会评估相关市场的市场自由进入程度,较为容易的市场进入门槛会大大削弱严重损害竞争的可能;反之,市场进入的门槛越高则合并会严重损害相关市场竞争的可能性越大。因此市场进入是否能及时、可能、充分地抵消并购企业可能具有的市场势力,是评估合并企业限制竞争效果的重要考量。[4] ⑦效率抗辩。由于企业合并很可能会使合并后的企业内部产生显著的效率增长,因此能够提升其经营能力,可能降低成本,使价格下降,惠及消费者。反垄断执法机构会比较考虑合并所可能带来的效率增长与合并所可能产生的限制竞争效果作以综合判断。反垄断执法机构考虑的效率必须是清楚明确,而不是模

〔1〕 See United States Federal Trade Commission and United States Department of Justice, *Horizontal Merger Guidelines*, Aug. 19, 2010, pp. 20-24, section 6.

〔2〕 See United States Federal Trade Commission and United States Department of Justice, *Horizontal Merger Guidelines*, Aug. 19, 2010, pp. 24-27, section 7. 笔者认为,这一点其实质是垄断协议行为的判断,它考虑的不单纯是对于企业合并限制竞争效果的考察,而更是一种基于企业合并而引发的市场协同行为的预期性考察。

〔3〕 See United States Federal Trade Commission and United States Department of Justice, *Horizontal Merger Guidelines*, Aug. 19, 2010, p. 27, section 8.

〔4〕 See United States Federal Trade Commission and United States Department of Justice, *Horizontal Merger Guidelines*, Aug. 19, 2010, pp. 27-29, section 9.

糊的、不确定的,而且效率的增长必须能够“传递”,即必须能够使消费者获得效率增长带来的好处,而不是由企业独享。[1] ⑧失败企业抗辩。如果市场中某一个企业本已面临破产或者即将关闭的情况,那么另外一个企业对这一企业的合并就未必会导致增强市场势力的问题,也未必会损害原有的市场竞争。[2] ⑨部分收购。该指南不但适用于横向性完全合并,而且适用于部分收购的情况。反垄断执法机构会考察一项部分收购是否会带来收购企业对被收购企业的有效控制(effective control),如果构成有效控制,则部分收购就可能产生减少竞争的效果,因为部分收购可以使收购企业有能力影响被收购企业作为竞争伙伴与其一并实施限制竞争行为,也可以要求作为竞争对手的被收购企业不再经营原有业务,还可能获知被收购企业非公开的信息从而实现行为协同。[3]

欧盟委员会2004年专门针对《并购条例》所采用的“严重妨碍市场有效竞争”标准,制定《横向合并评估指南》[4]和《非横向合并评估指南》[5]来具体规定如何评估企业合并对市场竞争的影响效果。《横向合并评估指南》中将合并企业而产生的市场支配地位增强视为具有损害市场竞争效果的首要形式,[6]指出合并可能会导致企业的市场势力增强,增强的市场势力意味着企业具有抬高价格、减少产出、减少商品和服务的选择与质量、消除技术

---

〔1〕 See United States Federal Trade Commission and United States Department of Justice, *Horizontal Merger Guidelines*, Aug. 19, 2010, pp. 29-31, section 10. 对于效率“传递”的分析可以参见[美]赫伯特·霍温坎普:《联邦反托拉斯政策:竞争法律及其实践》(第3版),许光耀等译,法律出版社2009年版,第552~553页。

〔2〕 See United States Federal Trade Commission and United States Department of Justice, *Horizontal Merger Guidelines*, Aug. 19, 2010, p. 32, section 11.

〔3〕 See United States Federal Trade Commission and United States Department of Justice, *Horizontal Merger Guidelines*, Aug. 19, 2010, pp. 33-34, section 13.

〔4〕 European Commission Guidelines on the assessment of horizontal mergers under the Council Regulation on the control of concentrations between undertakings, OJ C 31/5, 5. 2. 2004.

〔5〕 European Commission Guidelines on the assessment of non-horizontal mergers under the Council Regulation on the control of concentrations between undertakings, OJ C 265/6, 18. 10. 2008.

〔6〕 European Commission Guidelines on the assessment of horizontal mergers under the Council Regulation on the control of concentrations between undertakings, OJ C 31/5, 5. 2. 2004, para. 2.

创新及其他类似影响竞争的能力。[1]《横向合并评估指南》从以下方面阐释了欧盟委员会评估经营者集中对市场竞争效果的影响:委员会评估市场份额与市场集中度的方法、并购在相关市场上引起反竞争效果的可能性、买方市场势力能够制约合并所引发的卖方市场势力提升的可能性、市场进入程度对于相关市场维持有效竞争的可能性、合并所带来的效率增长抵消合并所引发的竞争损害的可能性、失败企业抗辩的具体条件。《非横向合并评估指南》中将"非协同效果"(non-coordinated effects)和"协同效果"认为是非横向合并严重妨碍市场有效竞争的两种主要方式。[2]"非协同效果"主要产生于当非横向合并导致了排挤性行为的出现,即实际或潜在的竞争对手与供应商或消费者的接触因为合并而受到阻碍或排挤,因而减弱了此类竞争对手的竞争实力,使合并企业可以提高价格获取更大的垄断利润,这种情况就构成了严重妨碍市场的有效竞争。[3]"协同效果"主要产生于合并将原来并不从事共谋的企业联合起来通过协同提高价格或其他损害市场有效竞争的方式改变市场竞争结构;合并也可以使原来从事协同行为的企业通过合并更为稳定、便利地实施统一的行为。[4]《横向合并评估指南》和《非横向合并评估指南》为欧盟委员会认定经营者集中所产生的或潜在的"严重妨碍市场有效竞争"的效果提供了指导性的分析框架和明确的分析标准,不但能够为反垄断执法机构的实际执法产生司法指引的作用,也为企业在实施并购时需要遵从的具体标准提供了明确指引。

通过美国和欧盟企业合并指南的分析可见,反垄断法在对经营者集中

[1] European Commission Guidelines on the assessment of horizontal mergers under the Council Regulation on the control of concentrations between undertakings, OJ C 31/5, 5. 2. 2004, para. 8.

[2] See European Commission Guidelines on the assessment of non-horizontal mergers under the Council Regulation on the control of concentrations between undertakings, OJ C 265/6, 18. 10. 2008, para. 17.

[3] See European Commission Guidelines on the assessment of non-horizontal mergers under the Council Regulation on the control of concentrations between undertakings, OJ C 265/6, 18. 10. 2008, para. 18.

[4] See European Commission Guidelines on the assessment of non-horizontal mergers under the Council Regulation on the control of concentrations between undertakings, OJ C 265/6, 18. 10. 2008, para. 19.

进行规制时，最为基本的任务在于根据一定的标准判断经营者集中是否会在相关市场上排除竞争或者实质性限制竞争。而对于排除竞争或者实质性限制竞争的判断首先需要界定相关市场，其次考察拟集中企业在相关市场的市场份额，尤其是考虑该市场份额是否使合并企业可能形成在相关市场上的支配地位。如果经营者集中可能产生或增强市场支配地位，则认为该集中将在相关市场上可能产生实质性限制竞争的效果。此外，市场进入壁垒、买方市场势力的程度、效率抗辩、失败企业抗辩都是在判断经营者集中对于市场竞争效果影响时需要考虑的相关因素。虽然我国《反垄断法》没有确立经营者集中严重限制竞争的审查控制标准，但是第 27 条却规定了审查经营者集中应当考虑的因素，包括：①参与集中的经营者在相关市场的市场份额及其对市场的控制力；②相关市场的市场集中度；③经营者集中对市场进入、技术进步的影响；④经营者集中对消费者和其他有关经营者的影响；⑤经营者集中对国民经济发展的影响；⑥国务院反垄断执法机构认为应当考虑的影响市场竞争的其他因素。由此可以推知，《反垄断法》对于经营者集中审查控制标准的本意也是要求经营者集中具有或者潜在具有严重限制市场竞争的效果，否则几乎任何经营者集中都将在某种程度上具有限制竞争之效果，对于参与集中的经营者在相关市场的市场控制力等因素的考虑似乎就无甚重要了。我国《反垄断法》规定的审查经营者集中应当考虑的因素基本与美国和欧盟的规定类似，但是其中第 5 项“经营者集中对国民经济发展的影响”却不可谓不具有“中国特色”。反垄断主管机构还要考虑经营者集中对国民经济发展的影响，这似乎说明反垄断主管机构从一开始就要考虑国家的产业政策，这就可能出现反垄断主管在作出经营者集中审查结论时，是否同时肩负兼顾国家产业政策和经济发展的重任的职责不清的疑惑，也会引发经营者集中审查标准究竟是以竞争法律和竞争政策为导向，还是以产业政策为导向的争议。[1] 虽然存在审查经营者集中应当考虑的因素，但是如果能够借鉴美国和欧盟的做法，制定经营者集中审查标准的具体

---

〔1〕 王晓晔：“《中华人民共和国反垄断法》中经营者集中的评析”，载《法学杂志》2008 年第 1 期。

指南办法,将有利于提升经营者集中反垄断审查执法的客观性和透明度。

(二) 国际航运市场经营者集中的审查时间

《国际海运条例》要求交通部对于国际航运经营者集中申报审查的时间为60日内,[1]显然这一时间与《反垄断法》经营者集中的审查时间并不一致。《反垄断法》经营者集中采用两阶段审查,初步审查的时间为30日,进一步审查的时间为90日,遇有特定情况需要进一步审查的时间可以延长60日。而这些时间也是经营者禁止集中的"禁止期间"。[2]《反垄断法》第25条规定,反垄断执法机构应当自收到经营者提交的文件、资料之日起30日内,对申报的经营者集中进行初步审查,作出是否实施进一步审查的决定,并书面通知经营者。在国务院反垄断执法机构作出决定前,经营者不得实施集中。反垄断执法机构作出不实施进一步审查的决定或者逾期未作出决定的,经营者可以实施集中。《反垄断法》第26条对进一步审查规定了为期90日的审查期,而且如果存在下列情形,则反垄断执法机构可以将90日的审查期再延长60日:①经营者同意延长审查期限的;②经营者提交的文件、资料不准确,需要进一步核实的;③经营者申报后有关情况发生重大变化的。既然《国际海运条例》与《反垄断法》存在审查期限规定不一致的问题,就涉及如何理解和遵从彼此不相一致的审查期限的问题。笔者认为,如果将交通部的审查理解为是与商务部反垄断局的审查不相抵触冲突的"交通部的预先特别审查",就不会在审查时间上产生矛盾,即国际航运经营者集中首先需要按照《国际海运条例》的规定提交交通部审查,获得集中批准后再提交商务部审查,交通部和商务部各自遵从各个阶段的审查时间。

然而对于《国际海运条例》第24条规定的60日的审查时间本身而言,笔者认为这一时间长短和阶段的设定都是值得再次斟酌考虑的。首先,就审查时间长短的设定而言,60日的时间未免过长。《反垄断法》对于经营者集中审查的初步审查期限仅为30日,相比可能要从事完全不同情况的各行

---

[1] 《中华人民共和国国际海运条例》第24条。

[2] 王为农:"关于我国反垄断立法的再思考",载《中国法学》2004年第3期。

各业的经营者集中审查的商务部，交通部仅负责国际航运市场经营者集中审查的情况就相对单纯得多，如果商务部尚且将30日作为必须恪守的审查时间，似乎仅从事自我领域经营者集中审查的交通部亦没有理由将审查期限定为较之宽松一倍的60日。并且考虑到国际航运市场运价指数的波动，如果设定的审查期限过长，可能在审查期内由于运价市场行情的变化导致并购的利润大大降低，就可能由于复杂的审批损害了市场主体的商业安排与运营，因此30日或者更短的审查期限是较为合理的。其次，就审查阶段的设定而言，《国际海运条例》采用了不区分简单与复杂情况而"一刀切"的60日，在这一点上，《反垄断法》两阶段审查期的设定是较为合适的，也是日后修改《国际海运条例》或者制定《航运法》航运反垄断法规则时应当采取的立场。两阶段审查期的好处在于，可以使绝大多数对于市场竞争没有严重限制作用的经营者集中获得早日批准，而且通过对复杂情况的延长审查期也赋予了反垄断执法机构较大的灵活性。[1]

（三）国际航运市场经营者集中的审查结果

反垄断主管机构在对国际航运经营者集中进行审查后可以作出批准集中、附加限制性条件的批准集中和禁止集中三种情形的审查结果。

1. 被批准的国际航运经营者集中

被批准的国际航运经营者集中必须不具有排除、限制竞争的效果或者潜在的可能，或者即使具有或者可能具有排除、限制竞争效果，但是国际航运经营者能够证明该集中对航运市场竞争产生的有利影响明显大于不利影响，或者符合社会公共利益。一般来说，如果国际航运经营者集中带有下列特征，则往往能够表明集中并不会产生对于市场竞争的限制性作用，是可以获得批准的集中，反之则是应当被禁止的集中：

如果集中后的国际航运市场经营者在相关航运市场上不具有支配性的市场势力，就应当酌情考虑不予集中禁止。经营者集中在反垄断法上面临

〔1〕 王晓晔："《中华人民共和国反垄断法》中经营者集中的评析"，载《法学杂志》2008年第1期。

的首要责难就是其可能使集中后的企业产生市场支配地位,或者至少在某种程度上加强了企业的市场地位,因此将导致产生市场支配地位的集中是被绝对禁止的。在国际航运市场中,尤其是国际班轮运输市场,由于航运经营者与消费者托运人之间谈判力量对比不均,显然消费者处于公平协商条件下的弱势地位,若此时航运经营者还持有较高的市场份额,就可能彻底剥夺消费者托运人自由选择交易向对方的权利,也可能剥夺消费者托运人在运输合同运价与运输条件等问题上的议价能力。因此,集中后的国际航运市场经营者在相关航运市场上不具有或者潜在具有支配性的市场势力,是国际航运经营者集中获得批准的首要前提。

如果集中后的国际航运市场经营者仍然只在相关航运市场上占有较低的市场份额,其实等于从市场结构主义的角度否定了集中后的国际航运经营者产生市场支配地位的可能性,也不宜予以严格禁止。国际班轮运输市场一直以来被认为存在较高的市场集中度,而且本已取得较高市场份额的航运公司还通过加入班轮公会、航运联盟等国际航运协议组织实施联合,但是由于近年来主要海运国家加强了对航运市场限制竞争问题的规制,使得航运协议组织的约束力已经大不如前,著名的远东班轮公会也因为欧盟海运竞争法律体系的变革而宣告解散,加之美国航运法保障了加入航运协议组织的航运公司作出背离组织要求的独立行动权,导致即使加入同一航运组织的航运公司之间也可能存在激烈竞争。因此在判断市场份额时,对于集中航运经营者所属航运协议组织市场份额的判断则应当酌情考虑,不宜要求得过为苛刻。

如果国际航运市场经营者集中并不显著改变现有航运市场的竞争状况,其本身就隐含着前述不产生市场支配地位、不显著扩大集中后企业市场份额之含义,亦没有道理对集中不予批准。除此之外还有一种情况更好地说明了国际航运经营者集中不会显著地改变原有市场竞争:如果集中前的国际航运企业的主要经营业务不产生重叠,例如集中一方主要运营美国至东亚的跨太平洋航线业务,集中另一方则主要运营美国至欧洲的跨大西洋航线业务,由于两条航线的运营分属不同的地域市场,因此二者实施集中就不会显著地改变特定相关地域市场中已有国际航运市场的竞争状况。

此外,享有反垄断豁免的集中也可以通过豁免制度准予集中。一般反垄断法虽然对经营者集中产生或可能产生的市场势力、市场份额、市场竞争状况的改变作以严格要求,但是即使存在上述问题,如果参与集中的企业能够证明集中通过规模效应对消费者以及社会整体带来的净效益好处,也往往能够获得批准。在我国《反垄断法》下,国际航运市场经营者集中对航运市场竞争产生的有利影响明显大于不利影响,或者符合社会公共利益,即使集中可能带来限制市场竞争的效果,也会被批准。

2. 附加限制性条件的批准国际航运经营者集中与经营者的救济

由于国际航运市场上的某些经营者集中可能带来较为严重的限制竞争效果,但是如果在经营者集中反垄断审查的过程中,参与集中的国际航运经营者能够提出合适且可行的交易方案以修改其集中计划,消除或减少经营者集中具有或者可能具有的排除、限制竞争的效果,反垄断主管机构评估后认为修改计划后的集中不会引起严重的限制竞争问题,也会批准经营者集中交易。我国《反垄断法》第 29 条就特别规定反垄断执法机构可以附限制条件地批准经营者集中:“对不予禁止的经营者集中,国务院反垄断执法机构可以决定附加减少集中对竞争产生不利影响的限制性条件。”2009 年商务部《经营者集中审查办法》第 11 条对限制性条件进行界定,指出:“根据经营者集中交易具体情况,限制性条件可以包括如下种类:(一)剥离参与集中的经营者的部分资产或业务等结构性条件;(二)参与集中的经营者开放其网络或平台等基础设施、许可关键技术(包括专利、专有技术或其他知识产权)、终止排他性协议等行为性条件;(三)结构性条件和行为性条件相结合的综合性条件。”

结构性救济是国际航运经营者集中过程中占主导性的救济方式。结构性救济主要是指参与集中的经营者通过剥离其部分资产或业务,以改变其市场份额结构的方式防止在相关市场上产生严重的限制竞争效果。反垄断主管机构在实践中也一般倾向于接受这种剥离业务或资产方式的结构性救济,因为结构性救济的效果是直接的,能够相对快速地消除某一项集中给相关市场竞争产生的限制性效果,且通过结构性救济产生的新市场比较容易在较长时期内保持竞争的态势。[1] 国际航运经营者可以通过剥离一部分特定航线上的运输业务,来减少集中对于相关地域市场竞争的限制;也可以将某些特定货物的运输业务剥离,来减少集中对于相关产品市场竞争的限制。2005 年马士基并购铁行渣华时,为了获得欧盟委员会的批准就在三方面作出业务剥离的承诺:第一,马士基承诺在并购后将铁行渣华从原来的班轮公会中撤出,包括,澳大利亚/新西兰至欧洲班轮组织、欧洲至澳大利亚和新西兰航运公会、欧洲东非航运公会、欧洲/南太平洋和麦哲伦货运公会、北欧/吉布提航运公会、新加勒比服务运价协议组织、西印度泛大西洋蒸汽船运输组织。第二,马士基承诺在并购后将铁行渣华从原来的班轮联营组织中撤出,包括:Eurosal 与新加勒比服务运价协议组织航运联营、伟大联盟、新澳大利亚新西兰航运联营、铁行渣华与地中海航运公司在欧洲—东非航线上的舱位互租协议,铁行渣华与汉堡南方在欧洲—南美东海岸航线上的船舶共享协议。第三,为了消除并购在欧洲南非航线上可能产生严重限制竞争的嫌疑,马士基承诺将剥离铁行渣华在欧洲—南非航线上的业务。[2]

3. 被禁止的国际航运经营者集中与经营者的抗辩

虽然经营者集中可能产生限制竞争效果,但是绝大部分的经营者集中并不产生严重限制竞争或者排除竞争的垄断性效果,并且由于所产生的规模效应,经营者集中还可能带来效率的增长与消费者福利的增加,因此反垄断法往往赋予参与集中的当事企业进行禁止集中的抗辩,被禁止的国际航运经营者集中也当然适用反垄断法的一般性抗辩。根据我国《反垄断法》第 28 条,虽然反垄断执法机构依照集中所可能产生的限制竞争效果判断应当禁止经营者集中,但是如果经营者能够证明该集中对竞争产生的有利影响明显大于不利影响,或者符合社会公共利益的,反垄断执法机构可以作出对经营者集中不予禁止的决定。虽然《反垄断法》仅规定了效率抗辩与公共利

---

〔1〕 王晓晔:《反垄断法》,法律出版社 2011 年版,第 283 页。

〔2〕 See Commission Decision of 29 July 2005 in Case No. COMP/M. 3829-*Maersk/PONL*, OJ C 207, 23. 08. 2005, paras. 176-178.

益抗辩两种禁止集中抗辩事由，但是效率抗辩与公共利益抗辩可以作广义解释，涵盖一切可以带来社会效率与福利增加、有利于消费者利益的事由，因此被欧盟和美国都采用的破产企业抗辩也应当被认定为参与集中的经营者的正当有效抗辩事由。

我国《反垄断法》虽然确立了经营者集中的效率抗辩，然而却并未对效率抗辩从含义到构成要件等方面作出具有可操作性的具体规定。事实上，效率抗辩本身就存在诸多问题：首先，在绝大多数情况下，效率往往难以找到确定的标准来衡量，即使能够证明集中可以降低企业成本从而使消费者获得更低价格的商品和服务，也不能说明降价与集中有直接的因果关系，降低运营成本进而降低价格的直接原因可能是因为企业管理与运营模式的显著改善。其次，在进行效率判断时，如何将经营者集中为消费者带来的降价福利与其给市场竞争带来的限制作用进行量化并相互抵销，以最终判断效率的增进与减损，也往往难以量化判断。最后，即使判定认为经营者集中能够带来实质性效率的增进，实质性效率的增进是否能够通过其他带来更小的限制竞争作用的非集中方式实现，也是效率判断时容易产生争议的地方。[1] 因此有学者主张从构成要件主义的思路入手来解决经营者集中效率抗辩模糊性的问题，指出国际上一般要求效率抗辩同时符合下列构成要件才能成功进行抗辩：第一，经营者集中所产生的效率必须是重大的；第二，经营者集中所产生的效率应当具有传递性，能够传递到消费者身上，使消费者真正受惠于经营者集中；第三，产生的效率应当为经营者集中所特有，即效率是通过经营者集中方式产生的；第四，经营者集中产生的效率具有可证实性。[2]

反垄断法上一般也允许实施集中的经营者运用破产企业抗辩，如果实施企业并购的当事方企业能够证明有一方参与企业为濒临破产的企业，那

[1] See Robert Pitofsky, *Proposals for Revised United States Merger Enforcement in a Global Economy*, 81 The Georgetown Law Journal, 1992, pp. 209-210.

[2] 史建三："完善我国经营者集中实质审查抗辩制度的思考"，载《法学》2009年第12期。

么监管机构对该并购交易可能不予禁止。[1] 破产企业抗辩的理论依据在于,如果某一企业濒临破产则意味着其已经要退出市场,那么该企业在相关市场上所占市场份额可能已经趋近于零,此种情况下的并购并不会加强并购后主体的市场份额与市场势力,并购后的消费者福利并不会比不实施并购时更坏。[2] 有学者主张对破产企业抗辩作广义解释,并在总结美国判例法的基础上指出广义破产企业抗辩涵盖三种不同抗辩程度的种类:[3]①破产企业的绝对有效性抗辩。虽然破产企业抗辩可以作为禁止经营者集中的绝对有效性抗辩,但是抗辩绝对有效性的前提要求是对"破产企业"做严格的狭义解释,只有在符合特定限定条件的情况下才能援引:首先,破产企业必须经营和财务状况严重恶化,面临着根本性破产可能;其次,破产企业几乎不可能成功重组;最后,破产企业已经进行了善意努力试图寻找能够与并购一样将其现有资产留在相关市场上,但同时比并购带来更小市场竞争损害的方法,但是努力均告失败。[4] ②企业财产状况恶化以及其他经营困难的一般有效性抗辩。失败企业抗辩并不要求企业必须已经实际破产或者濒临破产,[5]即使企业不处于破产边缘,如果企业的财产和经营状况严重恶化乃至失去了基本的市场销售份额与市场竞争能力,那么其他经营者对该企业的并购也不会对市场竞争产生限制作用,如果参与并购的当事方能够证明这一点就可以援引失败企业抗辩。但值得注意的是,由于企业的财产和经营状况严重恶化对企业退出市场程度的影响并不如破产企业那么严

---

[1] 史建三:"完善我国经营者集中实质审查抗辩制度的思考",载《法学》2009年第12期。

[2] See United States Federal Trade Commission and United States Department of Justice, *Horizontal Merger Guidelines*, Aug. 19, 2010, p. 32, section 11.

[3] See Robert Pitofsky, *Proposals for Revised United States Merger Enforcement in a Global Economy*, 81 The Georgetown Law Journal, 1992, pp. 229-230.

[4] See United States Federal Trade Commission and United States Department of Justice, *Horizontal Merger Guidelines*, August 19, 2010, p. 32, section 11; see also Robert Pitofsky, *Proposals for Revised United States Merger Enforcement in a Global Economy*, 81 The Georgetown Law Journal, 1992, pp. 229-230;[美]赫伯特·霍温坎普:《联邦反托拉斯政策:竞争法律及其实践》(第3版),许光耀等译,法律出版社2009年版,第603~604页;史建三:"完善我国经营者集中实质审查抗辩制度的思考",载《法学》2009年第12期。

[5] 有学者通过总结美国的司法判例得出这一结论,参见 Richard A. Wiley, *The "Failing Company": A Real Defense in Horizontal Merger Cases*, 41 Boston University Law Review, 1961, p. 502。

重,因此抗辩效力上就不像破产企业那样可以进行绝对有效的抗辩,要根据企业状况恶化的程度具体进行限制竞争评估。③企业所在行业整体陷入低迷疲软困境的一般无效抗辩。很多情况下企业会以行业整体陷入低迷疲软作为企业经营和财务状况恶化的整体环境,并以行业萧条作为抗辩理由,尤其是2008年经济危机以后随着国际航运运价指数的不断下跌,国际航运业整体呈现低迷态势。但是在审查经营者集中时,行业低迷一般不能有效证明企业财产与经营状况的恶化,也就不能有效援引失败企业抗辩。[1]

我国《反垄断法》还特别规定了公共利益抗辩,在特殊情况下,如果损害竞争的经营者集中有利于社会整体经济的发展或者社会公共利益,那么集中可以不予禁止。然而由于公共利益本身就是一个较为模糊和宽泛的概念,甚至在某些情况下可以涵盖上述效率抗辩与失败企业抗辩,因此公共利益抗辩的标准如何判定是实践中较为容易产生争议之处。

第三节　外资并购我国国际航运企业的反垄断审查

一、我国国际航运市场的外资冲击及其引发的外资垄断忧虑

海运的国际性决定了一个国家的海运事业必须与国际接轨。海运业是我国最早与世界接轨的领域,也是我国水运服务产业国际化程度最高的领域。随着我国加入WTO,海运服务贸易及其相关市场也进一步向世界开放,海运、港口服务以及与海运相关的内河与物流运输都面临着外资涌入的巨大冲击,国际海运巨头马士基、东方海外、韩进、现代纷纷抢滩我国海运及相关市场。外来资本通过开展涉及我国港口的海运服务、购买航运企业股份或资产的投资方式,扩大在我国航运市场的影响力;通过在我国投资兴建或收购枢纽港口等方式将我国作为其主要的利润源之一。[2]据统计,我国

---

〔1〕 See Robert Pitofsky, *Proposals for Revised United States Merger Enforcement in a Global Economy*, 81 The Georgetown Law Journal, 1992, p. 230.

〔2〕 马高亮:"关注外资航运公司",载《中国远洋航务公告》2002年第12期。

国际集装箱班轮运输市场中，丹麦马士基的运量占有30%的市场份额，全部外资国际航运公司则达到近90%的份额比例，而我国航运公司却仅占12%的市场份额。[1] 从我国和外国经营者数量的划分上来看，在我国获准从事国际班轮运输业务的外国航运公司有159家，而我国航运公司只有52家，外国航运公司所占比例为67%。[2] 我国的进出口商不能掌控班轮运输的决定性话语权与我国的产业结构有着根本性联系。不能创造高附加价值的初级原材料加工为主导的产业结构必然导致加工商在整个国际贸易链条中处于弱势地位，因此往往失去了决定国际贸易运输安排的话语权。[3] 在国际租船运输市场中，技术力量的薄弱导致我国船型结构不能适应特殊货物的运输要求，原油与液化气体等重要物资的运输只能大量依靠外国航运公司。除了通过开辟涉及中国港口的航线大规模抢占我国进出口货物的运输，外资航运公司还通过设立独资或者合资航运公司、参股控股等方式在我国建立运输网点，并试图进一步将商业触角延伸到港口港务甚至内地物流运输业。例如，2010年马士基中国、迪拜环球港务集团、中国远洋和青岛港口集团公司通过购买股份对青岛前湾集装箱码头有限责任公司实施联合控股。我国的各大港口很多都有外资参股，甚至某些港口的境外注册资本远超过50%的比例从而实现外资控股。[4]

我国航运市场中高比例的外资程度不能不引发对外资垄断的忧虑。这种外资垄断的负面影响小至损害我国内资航运企业的营业经营、损害弱势货主作为航运市场消费者的消费者利益，大至扭曲我国的市场竞争秩序、危害我国整个航运产业的健康有序发展、威胁我国货物贸易进出口进而制约国家经济贸易之发展，甚至可能危及我国的国家经济安全。2011年《国务院

---

[1] 李婷："是狼来了，还是郎来了——外资冲击内河水运最后屏障"，载《珠江水运》2010年第15期。

[2] 数据得出根据交通部公布的《国际班轮运输业务经营者名单》(截至2011年11月7日)。

[3] 李婷："是狼来了，还是郎来了——外资冲击内河水运最后屏障"，载《珠江水运》2010年第15期。

[4] 马高亮："关注外资航运公司"，载《中国远洋航务公告》2002年第12期；刘亮、杨洪涛："外资控股港口企业的垄断行为及其调控策略研究"，载《经济体制研究》2007年第1期；李婷："是狼来了，还是郎来了——外资冲击内河水运最后屏障"，载《珠江水运》2010年第15期。

办公厅关于建立外国投资者并购境内企业安全审查制度的通知》中特别将“重要基础设施”与“重要运输服务”列入并购安全审查范围，[1]因此我国海运业及有关港口的投资与并购问题不但可能涉及反垄断申报审查，还必须进行安全审查。

二、外资并购我国国际航运企业反垄断审查的主要问题

我国《外商投资产业指导目录》将国际集装箱多式联运业务与港口公用码头设施的建设、经营列入鼓励类外商投资产业，且完全不做中方控股或者相对控股、限于中外合资合作的要求。[2] 目前，我国外商投资国际海运业的法律框架由《国际海运条例》及其实施细则、交通部和商务部共同颁发的《外商投资国际海运业管理规定》[3]作为专门针对海运业外商投资的特别法共同构成。外商投资国际海运业的现有法律框架的具体内容涵盖，外商投资国际航运业的商业形式、设立外商投资企业经营国际航运业的条件、设立外商投资企业经营国际航运业的申请程序等方面。

外商投资国际航运业的商业形式根据航运企业所具体从事的航运服务业务有不同的要求。如果外商投资拟经营国际船舶运输、国际船舶代理、国际船舶管理、国际海运货物装卸、国际海运集装箱站和堆场业务，则可以设立中外合资企业或者中外合作企业，但是在现有法律框架下却不能设立外商独资企业经营上述航运服务业务。如果外商投资拟经营国际海运货物仓储业务，或者为投资者拥有或者经营的船舶提供日常业务服务，则可以采用的商业形式较为宽松，可以设立中外合资、中外合作、外商独资企业。[4]

设立外商投资国际航运企业还必须满足船舶、运输单证、人员、出资比例等方面严格的条件要求。《外商投资国际海运业管理规定》第5条规定：

---

[1] 2011年《国务院办公厅关于建立外国投资者并购境内企业安全审查制度的通知》（国办发〔2011〕6号）。

[2] 2011年《外商投资产业指导目录》（国家发展和改革委员会、商务部令第12号）。

[3] 2004年《外商投资国际海运业管理规定》（交通部、商务部令2004年第1号）。

[4] 《中华人民共和国国际海运条例》第32条、第33条；2004年《外商投资国际海运业管理规定》（交通部、商务部令2004年第1号）第4条。

“设立外商投资国际船舶运输企业,需符合如下条件:(一)有与经营国际海上运输业务相适应的船舶,其中必须有中国籍船舶;(二)投入运营的船舶须符合国家规定的海上交通安全技术标准;(三)有提单、客票或者多式联运单证;(四)有具备交通部规定的从业资格的高级业务管理人员;(五)以中外合资或中外合作企业形式设立,外商的出资比例不得超过49%;(六)企业的董事长和总经理,由投资各方协商后由中方指定;(七)法律、行政法规规定的其他条件。”

在设立外商投资企业经营国际航运业的申请程序问题上,我国现有法律框架采用了“交通部预先审查批准制”,要求申请人首先向交通部提出设立企业的申请,经交通部审查批准并作出许可文件后,凭借该交通部的许可文件再按照一般的外商投资企业设立程序向商务部提交相应文件,办理设立审批手续,最后再向工商行政机关办理工商登记,领取营业执照。但是成功设立外商投资国际航运企业并不意味着该外商投资企业可以正式在我国开展国际航运业务。在外商投资国际航运企业依法设立后,申请人还必须凭借工商行政管理机关颁发的营业执照向交通部申请领取《国际船舶运输经营许可证》,取得许可证书后方可从事国际航运经营活动。[1]

可以说,我国对于外商投资国际海运业采用了较为严格的立法,试图在外资进入中国航运市场之时就采用高标准的市场准入门槛以控制外资对于国内航运企业的市场的侵蚀程度,不但不允许设立外商独资企业经营国际航运,即使通过与中方共同设立合资或合作企业也不能高于49%的出资比例,还在审批程序上通过采用交通部先行审批和交通部后续营业许可的方式进一步加强外资在中国设立航运企业的监管。但是,即便是如此严格的立法,因为在立法当时就忽略了一种更广为采用的外资进入我国航运市场的方式——外资国际航运经营者并购我国国内航运经营者,或者外资通过购买我国航运经营者股权或资产并最终取得控制权,使得《国际海运条例》与《外商投资国际海运业管理规定》作为特别法对于外商在我国投资国际航

〔1〕 2004年《外商投资国际海运业管理规定》(交通部、商务部令2004年第1号)第6条。

运业的监管恐怕是先天不足的。

由于《国际海运条例》与《外商投资国际海运业管理规定》在外资并购我国航运经营者问题上的内容缺失，外资并购我国国内航运经营者只能适用《商务部关于外国投资者并购境内企业的规定》。[1]《商务部关于外国投资者并购境内企业的规定》第51条规定："依据《反垄断法》的规定，外国投资者并购境内企业达到《国务院关于经营者集中申报标准的规定》规定的申报标准的，应当事先向商务部申报，未申报不得实施交易。"因此，在《国际海运条例》与《外商投资国际海运业管理规定》在外资并购我国航运经营者问题上存在内容缺失的情况下，《商务部关于外国投资者并购境内企业的规定》的这一条文与《反垄断法》成为了外资并购我国国内航运经营者垄断申报的法律依据。外资经营者通过取得股权或者资产的方式取得对我国国内航运经营者的控制权，经营者通过合同等方式取得对我国国内航运经营者的控制权或者能够对我国国内航运经营者施加决定性影响，以及在我国成立全功能合营国际航运企业，如果达到了《反垄断法》规定的经营者集中申报标准，则都需要按照《反垄断法》的规定进行经营者集中申报。

对于安全审查问题，我国《反垄断法》第31条规定："对外资并购境内企业或者以其他方式参与经营者集中，涉及国家安全的，除依照本法规定进行经营者集中审查外，还应当按照国家有关规定进行国家安全审查。"2011年《国务院办公厅关于建立外国投资者并购境内企业安全审查制度的通知》中特别将"重要基础设施"与"重要运输服务"列入并购安全审查范围。[2]海运是我国对外贸易的出口，对我国而言不可谓不重要，因此，我国海运业的外资投资与并购问题不但涉及反垄断申报审查，还必须进行安全审查。但是同样，对于外资并购我国国内航运经营者的安全审查，现有海运特别法也并未涵盖这一问题，需要适用作为一般性法律规范的《商务部实施外国投资

---

〔1〕2009年《商务部关于外国投资者并购境内企业的规定》(商务部令2009年第6号)。

〔2〕2011年《国务院办公厅关于建立外国投资者并购境内企业安全审查制度的通知》(国办发〔2011〕6号)。

者并购境内企业安全审查制度的规定》。[1]该规定从安全审查的主管机构、审查程序、审查结果等方面基本构建了一个较为完整的外资并购安全审查的规范性架构,但是这一架构应用在我国海运市场外资并购问题上却仍然存在一些值得思索之处:

第一,在我国现有制度规范框架下,外资并购我国国内航运经营者的安全审查与开放市场吸引外资之间存在微妙的张力,甚至在一定程度上存在自相矛盾的立场。一方面,我国《外商投资产业指导目录》将国际集装箱多式联运业务与港口公用码头设施的建设、经营列入鼓励类外商投资产业,且完全不做中方控股或者相对控股、或者限于中外合资合作的要求,体现出借助外资发展我国海运事业和港口建设、鼓励出口贸易的产业发展导向;另一方面,《国务院办公厅关于建立外国投资者并购境内企业安全审查制度的通知》则将海运列入必须进行外资并购安全审查的范围,体现出限制和监管外资进入我国海运业的立法态度。自相矛盾之处在于,如果认为外资进入我国海运事业可能产生危及国家经济安全的影响,那为什么又对外资进入我国海运事业和港口建设事业不加限制地鼓励呢?如果担心外资进入我国国际海运市场会带来引狼入室的后果使我国海运事业和对外贸易事业受制于外国资本之控制,为什么不在产业发展指导目录中像其他一些产业一样对外资入股的比例作出适当限制呢?如果热衷心切于吸引外资鼓励我国国际海运事业的发展,这是否意味着即使对外资并购我国国内航运经营者实施安全审查,这一所谓的安全审查也只能空泛地流之于形式?笔者认为,对外资并购国内航运企业实施反垄断审查其根本目的在于鼓励竞争,在保障我国航运市场秩序的前提下提升我国航运事业的运营水平,对我国航运事业的发展可以产生良性推动作用;然而不同于反垄断审查,过度地以保护国家

[1] 2011年《商务部实施外国投资者并购境内企业安全审查制度的规定》(商务部公告2011年第53号)。

经济安全这种模糊性理由[1]闭锁国内市场，在航运业鼓励外商投资的情况下限制外资进入，非但有违 WTO 义务，也不利于我国航运产业的长远发展。因此，在我国已经将海运业定位为鼓励外资进入的产业后，对外资并购的安全审查就必须审慎应用，以国家经济安全为理由阻止外资进入我国海运市场应当恪守严格的程序性要求，防止滥用国家经济安全审查作为闭锁国门的借口。

第二，外资并购我国国内航运经营者的安全审查的主管机构也存在一定争议。《商务部实施外国投资者并购境内企业安全审查制度的规定》中商务部是负责外资并购安全审查的主管机构，实体性安全审查则由外国投资者并购境内企业安全审查部际联席会议负责，因此如果我国国际海运市场在不存在特别立法而需要适用该规定的情况下，外资并购我国国内航运经营者需要向商务部提出，再由部际联席会议作出最终决定。那么，一向对我国的海运事业行管理之责的交通部在安全审查问题上又扮演着何种角色呢？是应当被直接忽略，与商务部实施共同审查，还是独立于商务部的海运业特别安全审查主体？交通部与部际联席会议的关系又如何，是否在部际联席会议占有一席之地？笔者认为，无论是基于海运审批专业性与海运执法一致化的考量，还是出于权力监督的视角，都应当认可交通部对于海运业有关国家经济安全的管理监督权。既然外资航运公司的设立程序已经采用了“交通部预先特别审查”作为先行于一般外资公司设立由商务部审批的前置程序，将我国海运业外资并购的一部分安全审查权限交给交通部也较为合理。而且由交通部对海运业予以预先审查和事后监督，也有利于促使商务部作为最终负责经济安全审查的单位，在缺乏相应公开机制与问责机制的情况下，更为审慎地作出审查决定，摆脱狭隘的民族主义或盲目的全球化

---

[1] “国家经济安全”定义的模糊不清一直为学者所诟病，但是我国主流学界出于更全面地维护国家经济安全之考虑，多认为维持国家经济安全的模糊定义有利于保护国家利益、维护国家安全，参见韩龙：“美国对外资并购的国家安全审查制度：中国之借鉴”，载《江海学刊》2007 年第 4 期；邵沙平、王小承：“美国外资并购国家安全审查制度探析——兼论中国外资并购国家安全审查制度的构建”，载《法学家》2008 年第 3 期；汤欣：“‘经济安全’与外资并购审查”，载《当代法学》2008 年第 22 卷第 1 期；王小琼、何焰：“美国外资并购国家安全审查立法的新发展及其启示——兼论《中华人民共和国反垄断法》第 31 条的实施”，载《法商研究》2008 年第 6 期。

主义的干扰。[1]

第四节　我国国际航运市场经营者集中制度的立法走向

作为我国海运特别法的《国际海运条例》及其实施细则虽然试图规制国际航运经营者集中问题,但是或许囿于制定时立法条件与资源的限制,区区两个条文(《国际海运条例》第24条和《国际海运条例实施细则》第33条)未免将国际航运市场经营者集中问题处理得过于简单。其结果是这两个条文无论从国际航运经营者集中的规制对象范畴、集中主管机构的确定、平衡吸引外资与并购安全审查到如何与《反垄断法》相衔接的问题,都未能给出能够有效规制国际航运经营者集中的规范,或失之于具体规定的缺漏,或失之于与《反垄断法》经营者集中的有关规则存在一定冲突。目前的现实情况是,我国对于国际航运经营者集中问题的规制只能适用一般性反垄断与外资并购的法律规范,然而由于一般性法律规范本来就不是专门针对航运业而制定的规则,不会也不可能会顾及航运市场的很多特殊情况,加之一般性法律规范自身也存在诸多不尽完善之处。因此,我国规制国际航运市场经营者集中问题亟待《航运法》的出台,以便对目前法律规定与实践中的混乱作以澄清,对相关问题作以明确,并给出较为妥适的制度安排。

要构建国际航运经营者集中规制制度必须首先厘清国际航运经营者集中的规制对象范畴,并在未来制定的《航运法》中予以明确。考虑到航运市场的特殊情况,《航运法》需要对《反垄断法》采用的一方经营者取得另一方经营者股权、控制权、施加决定性影响的标准进行拓展,经营者集中规制对象范畴不但包括国际航运市场经营者的兼并、收购、通过取得目标公司股权或资产对目标公司产生控制权或可以施加决定性影响,还应当将航运市场中广泛存在的航运经营者合营纳入经营者集中的规制对象范畴。因为航运

[1] 汤欣:"'经济安全'与外资并购审查",载《当代法学》2008年第22卷第1期。

合营虽不属于一方航运企业控制另一方航运企业,不具备所谓经营者集中之“形”,但却具备经营者集中之“实”。参与航运合营各方通过将其各自控制的,具有相同或相似用途的船舶置于统一的管理控制之下实现联合,联合获取的收入在各个船舶控制人之间按照事先达成的比例分享利润,事实上产生了与经营者集中相同的协同运价、协调运力的限制市场竞争效果。但是,对于航运合营的规制不是没有限制条件的超越法律边界的立法权滥用,应当参照美国和欧盟反垄断制度将航运合营区别对待,从构成要件主义入手对母公司联合控制下具有独立运营能力的全功能航运合营企业予以经营者集中规制。

构建国际航运经营者集中规制制度还必须解决主管机构的确定与协调问题。一般来说,交通部是我国航运市场管理的主管机构,从航运公司的设立、国际航运运营许可、运输单证和运价的报备、船舶登记、船舶安全管理与运输经营资质控制、到航运安全管理等一系列涉及航运市场管理问题都离不开交通部的审批、管理和监督。同样,对于国际航运经营者集中问题,《国际海运条例》及其实施细则也继续坚持了由交通部审核同意的这一立法态度。那么,海运特别法的立法态度是否会减损《反垄断法》确立的商务部进行经营者集中申报审查的统一管理权?海运特别法的这一管理主体规定是否会因为抵触了高于行政法规位阶的法律而被宣告无效?交通部是否从根本上被否定了对国际航运经营者集中审查管理的权限?笔者认为,在国际航运经营者集中问题上,既不宜以航运市场特殊性为借口减损商务部作为反垄断主管机构的统一执法权,亦不宜以商务部统一执法权为理由彻底否定交通部对国际航运经营者集中的审查管理权,而应当认可两个部门主体对于国际航运经营者集中的共同执法权。当然,这里的“共同执法”并不是指惯常意义上两个机构对国际航运经营者集中实施联合审批管理,因为单纯意义上的联合不但不能提升行政效率,反而会带来行政执法相互推诿的问题。对“共同执法”采用一种有先后顺序的程序是较为合理的,将交通部确定为实施国际航运经营者集中预先审查的审查机构同时严格限定交通部的预先审查期限,只有拟实施集中的国际航运经营者获得交通部的批准,才能继续按照一般的经营者集中申报审查程序提交商务部，由商务部在规定审查期限内作出最终审查。

构建国际航运经营者集中规制制度也面临着如何平衡航运市场吸引外资、维护航运市场竞争秩序与保护国家经济安全的利益选择，而目前我国对于这一问题显然没有一个特别明确的根本性立场，导致不同的法律规范似乎体现了不同的利益考量，因而让人不免对海运业吸引外资的政策导向产生疑问。按照《国务院办公厅关于建立外国投资者并购境内企业安全审查制度的通知》，海运业是必须进行外资并购安全审查的范围，因此外资投资我国国际海运市场、并购我国国内航运企业都是要受到严格审查控制的。但是，按照《外商投资产业指导目录》，国际集装箱多式联运业务与港口公用码头设施的建设是完全鼓励外资进入的领域，而且比很多鼓励性行业走得更远的是，外资投资国际集装箱多式联运业务与港口公用码头设施建设在《产业指导目录》下完全没有必须由中方控股或者相对控股，或者必须设立中外合资或者中外合作企业的限制性要求，因此可以认为是对外资较为开放的领域。事实上，我国海运市场的开放并不只是在 2011 年的《产业指导目录》中可见一斑，很早就废除货载保留制度也体现着我国开放国内海运市场的态度，不论该做法是否值得肯定。货载保留是目前各国保护本国航运业较为常见的做法，其内容是限定进出口本国港口的货物的一定比例必须交由本国航运公司负责运输。根据 1974 年《联合国班轮公会行动守则公约》的规定，在公会所经营的航线上，航线两端国家的会员航运公司在运费和运量上享有同等权利，各有权获得上述货载的 40%，其余 20% 可由第三国会员公司承运，这就是著名的 40∶40∶20 货载分配原则。[1] 这一分配原则实际上肯定了本国对于该国进出口货物 40% 的货载保留权。我国虽然在 1980 年加入了该公约，但是却早在 1988 年就彻底废除了货载保留制度，[2] 外国航运公司得以享有完全的国民待遇，和我国内资航运公司在运输我国进出口

〔1〕 1974 年《联合国班轮公会行动守则公约》第 2 条第 4 款。

〔2〕 王杰、吕靖："货载保留政策：中国如何应对"，载《中国水运》1997 年第 10 期。

货物上具有同等竞争的权利，这几乎是超出一般国家海运市场开放程度的。[1] 纵然鼓励引入外资发展我国的海运事业、鼓励商品贸易的进出口，但是我国也需要冷静地反思我国海运市场是否存在过度开放的问题，以及在我国现有船舶现代化程度、航运企业管理水平、技术水平落后于海运发达国家的情况下，是否仍然应当在开放国内海运市场上争取国际领先。[2]

适当放慢开放国内海运市场之程度不等于认同将安全审查作为外资进入我国海运业的控制阀门予以普遍适用。外资进入我国海运业的国家经济安全审查只应当作为例外，而不是作为常态予以启用成为禁止外资进入的理由。外资并购的反垄断问题与外资并购的国家安全审查是两回事，外资并购的反垄断审查的启用条件应当是广于外资并购的安全审查的，由于反垄断审查的程序规范性要求更严格，可控性更强，只要符合规定申报条件的航运经营者集中就应当申报。对外资并购我国国内航运经营者实施集中前申报审查可以防止外资垄断我国海运市场，有利于维持我国海运市场竞争秩序，进而为国内的航运经营者创造更加良好的市场环境，鼓励我国航运经营者发展壮大。但是安全审查则赋予主管机构较大的自由裁量权，与反垄断审查不同，其效果可能不但不能使我国海运业在闭关锁国中壮大，反而会因为阻挡了来自于外资的竞争动力而导致我国海运业更加羸弱，过度地使用国家安全审查也会与我国一直开放海运市场以及 WTO 海运服务承诺相抵触。因此如何准确地把握吸引外资发展我国航运事业和港口建设与海运业引发的国家经济安全问题进行平衡，是需要重点研究的难题。

由于国际航运经营者集中规制制度并不像国际航运垄断协议规制制度那样存在反垄断豁免的问题，因此国际航运经营者集中规制制度的根本定位是研究国际航运经营者的集中问题如何适用《反垄断法》的经营者集中制度。这就需要未来制定《航运法》时改变现有《国际海运条例》确立的对国际

---

[1] 万红先、戴翔："我国海运服务贸易竞争力的国际比较"，载《国际商务——对外经济贸易大学学报》2007 年第 1 期。

[2] 张湘兰、张辉："WTO 与中国海运服务贸易法律制度"，载《武汉大学学报》（社会科学版）2003 年第 56 卷第 1 期。

航运经营者集中实施主观审查的标准,将国家关于国际海上运输业发展的政策作为与国际海上运输市场竞争状况效力相等同的考虑因素,更应按照《反垄断法》那样,偏重集中对市场竞争状况影响的考虑。未来在制定《航运法》时,也需要改变现有《国际海运条例》对于国际航运经营者集中非批准即禁止的“一刀切”做法,按照反垄断法律制度划分为可以批准的经营者集中、附限制条件地批准经营者集中、被禁止的经营者集中,并允许经营者进行抗辩。由于《反垄断法》经营者集中制度自身也存在一些不甚完善之处,在制定《航运法》国际航运经营者集中制度时也需要特别注意这些细节并考虑尽可能地完善它们。例如,在经营者集中审查标准上,就不宜以“集中具有或者可能具有排除、限制竞争的效果”为标准,应当参考美国和欧盟反垄断法律制度,将“集中具有或者可能具有排除、或者严重限制竞争的效果”作为经营者集中审查控制标准。

CHAPTER 08> 第八章

国际航运市场中行政垄断的反垄断规制

限制竞争的力量并不仅仅来自企业,还有很多是来自政府,行政性限制竞争行为既是指政府及其所属机构滥用行政权力限制竞争的行为,也是《反垄断法》着力规制的限制竞争内容。[1] 目前我国的行政垄断规制制度主要针对我国中央和地方政府及其部门,只要这些主体在主观上滥用了行政权力,在客观上造成了实质性限制市场竞争的效果,就构成行政垄断,就要受到《反垄断法》之禁止。[2] 但是在国际航运反垄断规则中,政府行为并不仅涉及本国政府滥用行政权力限制竞争的行为,还涉及外国政府滥用行政权力引发的对于本国航运市场竞争造成限制的行为,因此国际航运反垄断规则中的行政垄断问题需要在两个层面上作出规定:一是如何规制本国行政权力滥用对国内航运市场竞争秩序的限制;二是如何规制外国政府采用行政权力对其航运公司进行补贴而扰乱我国海运市场秩序,使我国海运公司在竞争中处于劣势的行为。前者表现为我国《反垄断法》意义上的行政垄断,后者则以美国航运法中的受控承运人制度为代表。

---

〔1〕 王晓晔:“行政垄断问题的再思考”,载《中国社会科学院研究生院学报》2009 年第 4 期。

〔2〕 王保树:“论反垄断法对行政垄断的规制”,载《中国社会科学院研究生院学报》1998 年第 5 期。

第一节 国际航运市场中行政垄断规制的特殊性

我国《反垄断法》第 8 条禁止滥用行政权力排除、限制竞争，但是第 7 条则规定了国家对于某些特定行业予以保护、监督和调控的权力：“国有经济占控制地位的关系国民经济命脉和国家安全的行业以及依法实行专营专卖的行业，国家对其经营者的合法经营活动予以保护，并对经营者的经营行为及其商品和服务的价格依法实施监管和调控，维护消费者利益，促进技术进步。”国际航运业是否属于第 7 条中规定的属于国有经济占控制地位的关系国民经济命脉和国家安全，应当由行政权力介入调控，而不是完全放任市场竞争主体自由发展的行业呢？探讨这一问题意在解决行政权力干预的合法性问题。通说上行政垄断以“滥用行政权力”作为其构成要件之一，若非滥用权力而是基于法律授权合法行使经济调控权，就不符合行政垄断“滥用行政权力”的构成要件。对于这一问题，国资委 2006 年就《关于推进国有资本调整和国有企业重组的指导意见》答记者问时首次明确将由国有经济控制的七大行业，分别为：军工、电网电力、石油石化、电信、煤炭、民航、航运。[1]按照国资委的这一回答，包括国际航运在内的全体海运业是应当由国有经济占控制地位的行业，允许国家使用行政权力介入航运市场，且这种干预介入具有合法性与正当性，属于国家行使宏观调控权力的范畴。但是，对于航运业，由于其本身不是具有网络外部性的自然垄断产业，除了港口建设外并不需要很多先期投入的基础设施建设费用，认为其完全属于国有经济控制未免不尽合理，尤其是在外资占有我国 80% 国际航运市场份额的情况下，我国资本（包括国有资本和私有资本）占控制地位都难以实现，更何谈国有经

---

〔1〕“国有经济应对七大行业保持绝对控制力”，载中国新闻网，2006 年 12 月 18 日，http://www.chinanews.com/cj/news/2006/12-18/840067.shtm。

济在我国国际航运市场中占控制地位。[1]

与上述其他六种行业不同,我国对国际海运业较早地实施了国有企业改革,开放市场允许外国航运公司进入并赋予外国航运公司国民待遇,较其他六种行业而言国家性政府行为强制干预在我国的国际航运市场中是相对较为少见的。

学者多将我国1949年以来的海运业的发展界分为三个阶段:(1)自1949~1977年的计划经济体制下国家主导海运业各个方面;(2)1978~2001年改革开放政策下的海运市场向外资开放、国家进一步放权的国有航运企业改革、货载保留制度的彻底取消;(3)2002年"入世"后我国进一步开放国际航运市场,彰显着中国海运业一步步走向开放,融入世界的过程。[2]

自1949年至1977年,计划经济体制下的整个海运业均由国家运营,海运业的核心政策是保护和扶持国有远洋船队的建立和发展。[3] 但是,囿于初始条件下我国根本没有实力与资源来独立建立远洋船队、建设海运事业,因此海运业发展之初,就选取了一条不同于其他产业的,具有开放性的,依靠与其他社会主义国家合作的路径。1951年我国与波兰合作在天津成立了中波合资的航运公司,中国政府作为中方股东,航运公司的船舶均悬挂波兰旗。同年,我国又与捷克签订双边协定,委托捷克运营我国的两只远洋运输船。[4] 合作之外的从外国租赁船舶是发展我国远洋航运业的另外一条路

---

[1] 有学者就将航运业视为竞争性行业,认为完全由国有资本实行控制缺乏合理性和必要性,参见方小敏:"中国经营者集中控制若干问题研究",载王晓晔:《反垄断法实施中的重大问题》,社会科学文献出版社2010年版,第262页。

[2] See Guangqi Sun and Shiping Zhang, *General Review of the Chinese Shipping Policy for the Contemporary Era*, 26 Maritime Policy Management, 1999, pp. 93-99; see also Hongyan Liu, *Liner Conferences in Competition Law: A Comparative Analysis of European and Chinese Law*, Heidelberg: Springer, 2010, pp. 26-48.

[3] See John Mo Shijian, *Shipping Law in China*, Hong Kong: Sweet and Maxwell Asia, 1999, p. 2.

[4] 所谓的"委托运营"意味着捷克对该两只船舶享有近乎完全的独立运营权,我国仅负责一部分船员的配备,捷克从运营收入中抽取3%的管理费用,参见 Guangqi Sun and Shiping Zhang, *General Review of the Chinese Shipping Policy for the Contemporary Era*, 26 Maritime Policy Management, 1999, p. 94。

径,鼓励通过向华侨及外国船舶所有人租赁船舶实现货物贸易的进出口。[1] 1955年中外运集团旗下的中国租船有限公司成立,负责对外租船运输业务。[2] 可以说,我国的海运事业在1949年发展伊始就采用了完全外向型的发展战略,依靠国际合作和向外国租赁船舶寻求对外贸易的保障。但同时考虑到合作和租船带来的大量外汇流失,在当时并不富裕的情况下我国认识到了建立自己的远洋船队的重要性,1961年完全国家控股的中国远洋公司成立,并且在当时国际航运市场萧条时期通过中国银行的流动资本购买外国二手船,[3]构建了计划经济体制下国家完全管理控制下的中国远洋船队。

自1978年至2001年,伴随着改革开放政策带来的国家经济体制从计划经济向社会主义市场经济的转型,国有航运企业也开始了脱离行政权力运营的市场化转型。1981年,交通部决定,全国国营航运企业凡是实行独立核算、有偿还贷款能力者,包括买船和造船在内的基建投资均由原先的计划拨款改为企业向银行申请贷款。[4] 1992年《国务院关于进一步改革国际海洋运输管理工作的通知》中明确交通部、经贸部简政放权,将对航运企业的行政审批和直接干预转变为通过宏观调控和法律手段进行宏观管理。1995年中国人民银行对所有企业的贷款实行统一标准,航运企业不再享受任何贷款优惠,[5]也几乎不再享受任何政府运营补贴。[6] 我国的国际航运市场也进一步向外资开放并给予外资优惠待遇,还陆续颁布了一系列法律规范允

---

[1] Guangqi Sun and Shiping Zhang, *General Review of the Chinese Shipping Policy for the Contemporary Era*, 26 Maritime Policy Management, 1999, p. 94.

[2] See Hongyan Liu, *Liner Conferences in Competition Law: A Comparative Analysis of European and Chinese Law*, Heidelberg: Springer, 2010, p. 29.

[3] See Guangqi Sun and Shiping Zhang, *General Review of the Chinese Shipping Policy for the Contemporary Era*, 26 Maritime Policy Management, 1999, pp. 95-96.

[4] 戴启和:"改革开放新时期我国重大航运政策沿革与现状",载《水运管理》1997年第2期。

[5] 胡亚琴:"中美航运政策比较",载《中国水运》(理论版)2006年第4卷第6期。

[6] 成进、张琳:"入世前后中国海运政策的变化与发展——兼述其对外国投资者的影响及意义",载《海商法研究》2006年第12辑。

许外国航运公司在华运营,[1]此外,我国在1988年废除货载保留制度,使国有航运公司获得的市场运输份额由市场竞争机制调控,[2]还在1995年为鼓励造船业发展,赋予在我国建造船舶的外国船东在外国购买进口造船设备、材料上免纳关税的超国民待遇,而我国船东造船的这一部分费用则需要缴纳关税。[3] 倡导航运企业市场化与过度的开放外资反而使我国的航运业在开放的航运市场竞争中缺少国家力量的保驾护航。

自2002年"入世"后我国进一步开放国际航运市场。外国航运公司可以通过合资形式在我国成立海运公司,根据实际需要开辟班轮航线及通过合资形式从事国际货物运输,并按照国际航运惯例和对等原则允许外国航运公司在我国境内开办独资或合资船务公司,为其自有船舶办理货物的揽货、签单、结汇等业务。[4] 我国还在WTO谈判中承诺在提供的市场准入范围内给予外资最惠国待遇[5]和国民待遇,[6]目前已经在港口收费与服务、

---

[1] 例如,1995年《关于外国航运公司在华设立独资船务公司有关问题的通知》,[1995]外经贸资发第786号;1995年外经贸部《外商投资国际货运代理企业审批办法》,该办法于1996年被《对外贸易经济合作部关于印发〈外商投资国际货运代理企业审批规定〉的通知》废止;2000年《外商独资船务公司审批管理暂行办法》,交通部、对外贸易经济合作部令2000年1号;2001年《外商投资国际货物运输代理企业审批规定》,对外贸易经济合作部令2001年第31号,该规定于2003年被《外商投资国际货物运输代理企业管理办法》废止。有学者认为这一时期中国海运市场呈现全面开放状态,参见宗蓓华:"关于开放我国航运市场几个问题的思考",载《上海海运学院学报》1998年第19卷第4期。

[2] 在1988年以前,中国航运公司所承运的国家进出口份额,均由政府计划配给,基本上实行国货国运政策,并与一些国家签订的双边海运协定中留有货载分配条款。但自1986年我国政府正式提出恢复我国关贸总协定的缔约国地位以后,中国政府在海运业方面采取了一系列的改革举措。中国轮航运公司转向市场揽货,货主择优选择航运经营者,运价也开始随行就市。在货载保留方面,把与上述国家签订的双边海运协定中尚留有的货载分配条款,已列入最惠国待遇豁免清单中,并在新签双边海运协定中删除了货载份额的条款,参见宗蓓华:"关于开放我国航运市场几个问题的思考",载《上海海运学院学报》1998年第19卷第4期,第13~14页。

[3] 宗蓓华:"关于开放我国航运市场几个问题的思考",载《上海海运学院学报》1998年第19卷第4期。

[4] 张湘兰、张辉:"WTO与中国海运服务贸易法律制度",载《武汉大学学报》(社会科学版)2003年第56卷第1期。

[5] 我国加入WTO的具体承诺在海运业的最惠国待遇上提出了两项豁免:一是通过双边协定,有关方可以根据中国关于合资企业和外商独资企业的法律,在中国设立合资企业或外资独资子公司形式的实体,为其航运经营者所拥有或经营的船舶从事日常业务的最惠国待遇豁免;二是货载分配协议的最惠国待遇豁免,中国与阿尔及利亚、阿根廷、孟加拉国、巴西、泰国、美国、扎伊尔已经缔结的双边协定约定的货载分配制度不当然地对其他外国投资者适用最惠国待遇,参见World Trade Organization (WTO), Trade in Services-The People's Republic of China-Final list of Article II (MFN) Exemptions, Doc. No. GATS/EL/135, Feb. 14, 2002。

[6] See World Trade Organization (WTO), Trade in Services-The People's Republic of China-Schedule of Specific Commitments, Doc. No. GATS/SC/135, Feb. 14, 2002, section 11 Transport Services.

税收、货载保留方面切实赋予了外资航运公司国民待遇。[1]

从我国海运业发展的上述三阶段而言，国际航运企业的经营不但早就脱离了行政权力指令、配额、补贴式的计划性干预，国际航运市场在改革开放政策后还一直呈现市场开放性的发展，不但允许民营资本进入国际航运业，也发布了一系列优惠待遇鼓励外国资本进入我国的国际航运市场。因此，如果将国际航运业认定为属于应当由国有经济占控制地位的关系国民经济命脉和国家安全的行业，这是与自现代以来我国发展航运事业一贯坚持的国际航运政策不相一致的。

从《反垄断法》第 7 条本身来看，有学者认为《反垄断法》第 7 条虽然赋予国家对某些特定行业予以保护、监督和调控的权力，但是第 7 条从性质上来讲只是一项宣誓性条款，却并未规定国有经济在《反垄断法》上的适用除外。[2] 确定某些行业实行普遍的国有经济垄断性控制，排除反垄断法的适用，必须符合程序上和实体上的正当性。程序上的正当性要求，只能由人大或人大常委会通过颁布法律来确定除外适用领域，而非由政府及其部门通过颁布法规、规章就可排除《反垄断法》的适用；实体内容上的正当性要求，法定垄断地位必须具备经济和政治上的合理性和必要性。[3] 这种看法是较为合理的。

按照上述看法的程序正当性要求切入，对于国际航运业，我国现有作为国际航运市场管理体制的首要法律规范《国际海运条例》及其实施细则虽然确立了班轮公会协议、运营协议与运价协议等的报备制度，但是却并未赋予国际航运协议以及国际航运协议组织反垄断法上的豁免，也就不能认为国际航运市场构成《反垄断法》的适用除外。

按照上述看法的实体正当性要求切入，纵然国际航运业是一个国家命

---

[1] 张湘兰、张辉："WTO 与中国海运服务贸易法律制度"，载《武汉大学学报》（社会科学版）2003 年第 56 卷第 1 期。

[2] 方小敏："中国经营者集中控制若干问题研究"，载王晓晔：《反垄断法实施中的重大问题》，社会科学文献出版社 2010 年版，第 262 页。

[3] 方小敏："论反垄断法对国有经济的适用性——兼论我国《反垄断法》第 7 条的理解和适用"，载《南京大学法学评论》2009 年春季卷，第 136~137 页。

脉性的对外贸易出口和通路，但是选择一条抵制外国资本进入、抑制私有资本壮大的进路对我国航运事业的发展而言未必是优等选择。国际航运业不同于国内铁路运输业，并不存在自然垄断的问题，亦不需要巨大的网络性基础设施建设先期投入，只要拥有船舶并获得资质上的运营许可即可从事国际货物运输。对国际航运业实施国有资本主导性运营、国家运用行政权力介入管理，似乎并不像铁路运输、石油、电网电力等行业那样名正言顺。另外，保护我国远洋运输业发展的初衷是为了能够对我国的对外贸易、重要战略物资的输入输出保驾护航，然而抵制外国资本进入、抑制私有资本反而可能会带来运力运量萎缩而阻滞我国对外贸易事业的发展；减少了来自竞争的应激性刺激，我国的国际航运业很可能会固步于垄断性优势地位而失去了发展壮大的动力，实则不利于我国国际航运事业的发展。诚如王晓晔教授所指出的："实践已经表明，绝大多数的垄断包括企业垄断和行政垄断都是不合理的现象，其本质不过是限制价格机制调节社会生产和优化配置资源的功能。从短期来看，垄断会导致价格上涨和质量下降，损害消费者利益；从长期来看，垄断会导致企业生产效率低下和国家经济短缺。更重要的是，垄断会遏制一个国家和民族的竞争精神，而竞争精神才是国家经济发展的真正动力。"〔1〕

在反垄断法律制度与国家管制的关系问题上，目前各国逐渐形成的共识是，在实现管制目的前提下应最大限度地适用反垄断法，最大限度地避免产生竞争损害，把对竞争的损害降低到最低程度。〔2〕国家的确有必要在涉及国家经济命脉和安全等重点行业实施一定的管理，推动和发展具有国际竞争力的大企业，但是这并不意味着国家必须依靠行政之手取代市场之手，以牺牲该行业的正常竞争为代价，以通过垄断发展和维护大型国有企业的方式来实现。各国在国家管制下的反垄断法适用除外制度中往往针对自然垄断产业作出反垄断法适用除外，如日本《禁止垄断法》第21条就规定了铁

〔1〕王晓晔："《中华人民共和国反垄断法》中经营者集中的评析"，载《法学杂志》2008年第1期。

〔2〕江山、黄勇："论中国石油行业的反垄断法适用"，载《现代法学》2011年第33卷第4期。

路事业、电力事业、煤气事业及其他性质上为当然垄断事业的经营者所实施的其事业所固有的生产、销售或者供应的行为，反垄断法的适用除外。在美国早期也往往认为在铁路交通运输、邮电通信、电力、能源等自然垄断部门和领域无法形成有效竞争，因而在不同程度上构成了传统的竞争例外范围。[1] 但是这种自然垄断产业当然构成反垄断法适用除外的观点不断受到质疑，经济学理论上的观念转变成为了世界范围内放松管制运动的理论基础，新古典价格理论和科斯定理理论认为，传统经济学被认为低估了竞争在高度集中甚至是自然垄断市场中的作用。[2] 制度经济学与产业组织理论的研究成果表明，即使在电力、电信、石油、铁路等自然垄断行业，行政垄断也在微观与宏观层面造成了巨大的效率损失。[3] 国外也有研究论述了政府管制将导致天然气行业失去朝成本最小化努力的动力，并总是试图将价格定位在完全竞争情况下的市场水平之上，天然气产业的政府管制几乎不能带来社会福利并将产生巨大的社会成本。[4] 航运业并不属于自然垄断产业，[5]甚至可以被视为结构主义下的竞争性市场，在航运业中，没有哪一主体享有绝对性的市场垄断力量，较低的市场进入壁垒使得垄断性提高运价等行为会轻易地被新进入市场采用较低运价的经营者取代，因此对航运业实施过度行政管制将不可避免地产生社会净福利损失，应当鼓励国际航运业通过资本多元化的方式在市场竞争中寻求发展，而不是通过在《反垄断法》下作适用除外限制竞争而获得发展。

---

〔1〕 孙晋、涂汉文："自然垄断的规制改革与反垄断法适用持外的科学建构"，载《武汉大学学报》（社会科学版）2003 年第 56 卷第 5 期。

〔2〕 ［美］赫伯特·霍温坎普：《联邦反托拉斯政策：竞争法律及其实践》（第 3 版），许光耀等译，法律出版社 2009 年版。

〔3〕 于良春、张伟："中国行业性行政垄断的强度与效率损失研究"，载《经济研究》2010 年第 3 期；过勇、胡鞍钢："行政垄断、寻租与腐败——转型经济的腐败机理分析"，载《经济社会体制比较》2003 年第 2 期；也可以参见王晓晔："经济体制改革与我国反垄断法"，载《东方法学》2009 年第 3 期。

〔4〕 See Richard J. Pierce, *Reconsidering the Roles of Regulation and Competition in the Natural Gas Industry*, 97 Harvard Law Review, 1983, pp. 345-385.

〔5〕 有研究从产业经济学的视角论证了由于运输产品不是纯公共用品，不存在完全国有化或者政府包办的必要性，参见于立、吴绪亮："运输产业中的反垄断与规制问题"，载《中国工业经济》2008 年第 2 期。

第二节　本国行政性限制国际航运市场竞争行为及其法律规制

一、航运业扶持行为与行政垄断：误区的澄清

我国《反垄断法》第 8 条将行政性限制竞争行为界定为："行政机关和法律、法规授权的具有管理公共事务职能的组织不得滥用行政权力，排除、限制竞争。"并进一步要求：行政机关和法律、法规授权的具有管理公共事务职能的组织不得滥用行政权力，限定或者变相限定单位或者个人经营、购买、使用其指定的经营者提供的商品；不得滥用行政权力，妨碍商品在地区之间的自由流通；不得滥用行政权力，以设定歧视性资质要求、评审标准或者不依法发布信息等方式，排斥或者限制外地经营者参加本地的招标投标活动；不得滥用行政权力，采取与本地经营者不平等待遇等方式，排斥或者限制外地经营者在本地投资或者设立分支机构；不得滥用行政权力，强制经营者从事本法规定的垄断行为；行政机关也不得滥用行政权力，制定含有排除、限制竞争内容的规定。上述规定可见，我国的行政垄断制度以部门垄断、地方保护主义、行政性限定交易为主要规制对象，对具体和抽象行政限制竞争行为均予以规制，[1]以行政性行为对于市场竞争的排除和限制作用为规制前提，然而，不甚清楚的是排除、限制竞争的地理范围如何界定，是局限于特定地方性区域，还是以全国作为考察范围，抑或以全球作为考察范围？解决这一问题的要义在于，在国际航运市场中，某一国家补贴如果以全国作为考察范围可能是属于国家对于本国国际航运业的扶持行为，若该扶持行为对本国所有国际航运企业均等适用则不会产生全国市场范围内排除、限制竞争之效果；但是对这一行为如果以全球作为考察范围就会构成对于世界范围内国际航运市场竞争的某种程度的限制。鉴于《反垄断法》第 2 条将适用范围限定于我国境内经济活动中的垄断行为以及境外实施的对我国境内产生

---

〔1〕 王保树："论反垄断法对行政垄断的规制"，载《中国社会科学院研究生院学报》1998 年第 5 期；郑鹏程：《行政垄断的法律控制研究》，北京大学出版社 2002 年版，第 50～61 页。

排除、限制竞争影响的垄断行为,应当认为此处的规定仅限于禁止行政性排除、限制我国国际航运市场竞争的行为,包括不得实施地区封锁、部门垄断、行政性强制交易,也就论证了行政性扶持我国国际航运业行为的反垄断合法性,只要该行政性扶持行为不在我国境内构成对我国国际航运市场竞争的排除或限制。

我国的国际航运市场并非不存在行政垄断,可能存在地方保护主义庇护下的货载保留给本区域航运企业运输的问题,也可能存在"行政寻租"与"管制捕获"下的平等航运市场主体不公平待遇的问题,但是之所以采用"可能"之表述,是因为总体而言行政垄断在我国国际航运市场中并不明显。行政垄断在我国国际航运市场中表现得不明显一则可以归因于我国海运业本身的市场化改革革除了很多行政性权力计划性介入航运市场的体制性因素,二则源自于我国对海运业在产业政策上并未采用如石油石化、电网电力等行业那样的国家垄断与补贴扶持之态度。从国际航运业行业发展的整体来看,我国正在走的是一条逐渐取消国有国际航运企业补贴与优惠待遇、渐进性开放市场、赋予外资航运企业国民待遇乃至超国民待遇的国际航运自由化之路。在这个意义上,我国国际航运市场中的行政垄断不可避免地与国家援助政策连接在一起,虽然国家扶持海运业的行为如果适用不合理或不公平可能造成行政性限制竞争的效果,但是却并不应当以此否认我国海运业获得国家扶持的合理性。

国家援助可以采用多种形式,包括但不限于:补贴,贷款利率优惠,资本注入国有企业,延期缴纳税款、社会保险或其他费用,买售或租赁土地与资产的优惠税率,电价或天然气使用价格的优惠待遇,使某些特定市场主体受益的基础设施建设项目,等等。[1] 国家援助实际上本身隐含了国家干预的涵义,因为无论国家援助采用物质补贴或者其他形式,国家援助的效果就是政府或政府机构的行为使某一企业或多个企业群体比在正常市场条件下更容易获得资源,或者降低了他们在正常市场条件下的运营成本,进而取得一

---

〔1〕 See Judgment of the European Court of Justice in Case No. 30/59 – *De Gezamenlijke Steenkolenmijnen in Limburg v. High Authority of the European Coal and Steel Community*, [1961] ECR 1.

定程度的市场优势。[1]

虽然国家援助使某些市场主体获得了市场优势,即意味着使与之竞争的市场主体在一定程度上陷入市场竞争不利,采用行政性手段本身破坏了市场的竞争均衡,但是却并不必然被反垄断法律所绝对禁止。[2] 例如,欧盟禁止国家援助的条件就是该国家援助对竞争有不利影响,并且它对成员国之间的贸易有不利的影响。[3] 而即使一贯奉行海运自由主义的欧盟也认同了海运业国家援助的存在。[4] 欧盟《海运业国家援助指南》将海运业的国家援助与防止船舶海外移籍、促进船舶回籍联系在一起,申明海运业国家援助的目的在于促进向安全、高效、环境友好的海运市场迈进,鼓励船舶使用或重新使用成员国国家的船籍,在保持全球范围内国际航运市场竞争力的同时帮助成员国构建坚实的海运产业集群,保持与继续推动海运专有技术并保护与提升欧盟船员的工作待遇,按照欧盟海运政策白皮书来推动近海运输新服务。[5] 该指南确立了海运业可以享有税收等政府财政优惠待遇与船员工资税方面的减税待遇以提升竞争优势,[6]远洋运输减少欧盟船员可以获得以遣返费用为形式的一定的政府援助,[7]航运业的结构性改

---

〔1〕 See Frédéric Yves Jenny, *Competition and State Aid Policy in the European Community*, 18 Fordham International Law Journal, 1994, p. 532.

〔2〕 See Claus-Dieter Ehlermann, *State Aids Under European Community Competition Law*, 18 Fordham International Law Journal, 1994, p. 412.

〔3〕《欧盟运行条约》第107条第1款。

〔4〕 海运业的自由主义和保护主义是国际航运政策中两种截然不同的态度,前者以欧盟为代表,后者则以美国为代表,这一态度上的对立也导致在WTO海运谈判过程中产生了若干争议与矛盾。凡是家直接干预的途径和措施,来促进和提高本国从事国际海运活动经济主体的市场竞争能力,进而推动国际海运业发展的政策,往往被认定为保护主义的国际航运政策;自由主义的国际航运政策往往指国家尽可能减少直接干预,而通过由从事国际海运活动的经济主体充分发挥自主性活动力和自由性竞争力的途径和措施,来促进国际海运业发展的政策。参见孙光圻:“国际航运政策中的保护主义与自由主义”,载《中国水运》1998年第10期。

〔5〕 See European Commission Communication C(2004)43-Community guidelines on State aid to maritime transport, OJ C 17. 1. 2004, section 2. 2.

〔6〕 See European Commission Communication C(2004)43-Community guidelines on State aid to maritime transport, OJ C 17. 1. 2004, section 3.

〔7〕 See European Commission Communication C(2004)43-Community guidelines on State aid to maritime transport, OJ C 17. 1. 2004, section 4.

革也可以获得政府补贴,[1]此外,欧盟也认同对海运的区域性国家援助与海运培训援助。[2]

奉行海运保护主义的美国在海运政策上不但是运营补贴大国,[3]还实施货载保留、沿海运输保留、船舶投融资补贴等多种形式的政府援助,[4]从《1920年商船法》到《1984年航运法》,美国通过各种立法程序,始终坚持造船差额补贴、营运差额补贴、船旗差别待遇、货载保留与优先、船舶抵押担保与信贷以及各种税制优惠等一整套保护主义色彩极浓的海运政策,对本国航运业予以扶持,对外国航运业进行限制。[5] 有学者因此认为美国的海运政策是保护与垄断的典型,美国联邦政府对航运业的积极干预甚于该国的任何一个企业部门。[6]

比诸上述欧盟成员国与美国等海运大国扶持政策的采用,过度倡导海运业自由发展与市场化的海运政策对于我国国际航运市场的保护未免是相对欠乏的。虽然2011年《船舶吨位税暂行条例》以船舶国籍作为界分,对中外籍的船舶在吨税上分设优惠税率和普通税率,规定:“中华人民共和国籍的应税船舶,船籍国(地区)与中华人民共和国签订含有相互给予船舶税费最惠国待遇条款的条约或者协定的应税船舶,适用优惠税率。其他应税船舶,适用普通税率。”[7]但是由于WTO《服务贸易总协定》规定各成员应该

---

〔1〕 See European Commission Communication C(2004)43-Community guidelines on State aid to maritime transport, OJ C 17.1.2004, section 5.

〔2〕 See European Commission Communication C(2004)43-Community guidelines on State aid to maritime transport, OJ C 17.1.2004, section 6-7.

〔3〕 See Stanford Law Review Editors, *The American Shipping Industry and the Conference System*, 11 Stanford Law Review, 1958, p. 137.

〔4〕 胡亚琴:“中美航运政策比较”,载《中国水运》(理论版)2006年第4卷第6期。

〔5〕 孙光圻:“从世贸组织海运谈判看国际海运政策走势”,载《中国水运》1996年第9期; see also United States Congress Office of Technology Assessment, *An Assessment of Maritime Trade And Technology*, Washington, D. C.: United States Government Printing Office, 1983, pp. 152-156; Robert G. Vambery, *The Effects of Subsidies in the United States Shipping Industry*, 2 Journal of Transport Economics and Policy, 1968, pp. 79-93; Stanford Law Review Editors, *The American Shipping Industry and the Conference System*, 11 Stanford Law Review, 1958, p. 137。

〔6〕 侯军:“保护与垄断的典型——美国航运政策立法评述”,载《上海海运学院学报》1984年第2期。

〔7〕 2011年《中华人民共和国船舶吨位税暂行条例》(国务院令2011年第610号)第3条。

立即和无条件地给予任何其他成员的服务及服务提供者相同的最惠国待遇，而作为WTO成员方的我国在海运业最惠国待遇问题上仅作出了设立外资海运公司与实施货载保留制度两项最惠国待遇豁免，[1]那么显然有关船舶吨位税的优惠税率待遇就可以根据最惠国待遇适用到其他WTO成员方，从而架空《船舶吨位税暂行条例》针对中外籍的船舶在吨税上分设优惠税率和普通税率的规定。

考虑到与国外海运发达国家相比，我国纵然是海运大国，但海运事业的发展相对欧盟、美国而言仍然在技术与管理上并不处于国际领先地位，适度地对我国的国际航运业实施国家扶持有利于鼓励国际航运业的发展。事实上，对国际航运业的国家适度扶持也正是国际社会通常采用的国际航运鼓励政策，各海运大国对本国船队都有特殊的政策保护，如实施造船优惠贷款利率、船舶融资优惠贷款利率、一定程度的货载保留、沿海运输不对外籍航运公司开放、针对本国籍船舶的吨位税减免、航运公司运营补贴、海运专项基金等。在海运大国认可并实施国际航运业国家援助的背景下，如果我国不采用适度的国际航运业国家援助政策，最终的结果将是我国国际航运企业在国际航运市场上的先天竞争劣势。正如有学者指出的："目前我国海运企业技术水平、管理水平、船舶现代化程度都落后于国外竞争者，市场份额已十分有限，如果取消所有国家扶持政策，不仅会对本国航运能力造成沉重打击，而且会导致中外竞争不平等。因此，在符合国际通行做法前提下，保留国家对本国船队的若干扶持、保护政策十分必要，同时也不违反WTO对国民待遇的要求。"[2]虽然也有观点认为，货载保留、货载分配、沿海（内河）运输不对外开放等行政性垄断措施人为地分割市场，不利于综合运输体系的优化和现代物流业的发展，从长远看将使国内航运企业滋生惰性，国际竞

---

[1] See World Trade Organization (WTO), Trade in Services-The People's Republic of China-Final list of Article II (MFN) Exemptions, Doc. No. GATS/EL/135, Feb. 14, 2002.

[2] 张湘兰、张辉："WTO与中国海运服务贸易法律制度"，载《武汉大学学报》（社会科学版）2003年第56卷第1期；郭艳、张蔚蔚的论文也体现了这一观点，参见郭艳、张蔚蔚："中国航运企业发展现状及对策研究"，载《中国水运》2007年第1期。

争能力下降，不利于行业整体素质的提高，最终将损害本国利益。[1] 然而国际竞争力的优劣比较应当将相同条件的比较对象置于同一环境中进行，倘若外国的国际航运企业在比较前就比我国的国际航运企业获得更多的国家援助与政府补贴并在先天上占据竞争优势，那么又如何指望我国的国际航运企业在这项原本不公平的比较中提高国际竞争力、提升行业整体素质呢？

主张对我国国际航运企业给予适度的政府扶持与禁止行政垄断并不矛盾。对我国国际航运企业给予适度的政府扶持不等于认可通过行政垄断对我国航运企业实施差别待遇，也不等于认可国有航运企业应当具有垄断地位。禁止行政垄断可以通过打破地方主义、部门垄断、权力寻租来确保我国国际航运企业在良好的市场公平竞争环境下长足发展，法律框架下适度的国家扶持则是在国际社会普遍对海运业实施国家援助的宏观环境下，通过提升我国国际航运企业在国际航运市场上的竞争优势来推动其发展。国家给予国际航运业扶持的目的不是使某些国内企业获得市场竞争优势，同时使其他国内企业陷于市场竞争劣势，而是为了我国的航运企业能够更好的发展壮大，在国际竞争中具有一定的竞争优势。因此，国家给予航运企业的扶持应当坚持对我国国际航运企业的不作所有制界分的均等扶持，将国有国际航运企业与私人国际航运企业处于平等地位。王晓晔教授将国有企业与私人企业的平等地位与打破行政垄断联系在一起，指出："在当前行政垄断成为我国经济体制改革巨大障碍的情况下，我国应当通过各种措施来打破行政垄断，特别是应当从法律上保证公有制与私有制、国有企业与私人企业处于平等地位，保证国家对不同所有制的企业一视同仁和适用相同的竞争规则。"[2] 无疑，国家给予航运企业的扶持应当坚持对我国国际航运企业的不作所有制界分的均等扶持，这就可以在极大程度上抑制海运业扶持行为所可能引发的行政性限制竞争效果。

---

[1] 徐剑华、邝光海："班轮运输业反垄断豁免前瞻"，载《世界海运》2005 年第 28 卷第 5 期。

[2] 王晓晔："经济体制改革与我国反垄断法"，载《东方法学》2009 年第 3 期。

二、本国行政性限制国际航运市场竞争的行为

（一）本国行政性限制国际航运市场竞争之行为主体

关于本国行政性限制国际航运市场竞争行为的实施主体，《航运法》的立法者并没有给出清楚明确的回答。《航运法（送审稿）》中第 9 条规定："水路运输市场实行公平竞争，任何单位和个人不得对水路运输市场实行地区封锁、进行部门保护以及实施其他垄断行为。"由于这一条文出现在第一章总则部分难免在措辞的使用上较为笼统宏观，然而即便是宏观性的规定，在行政垄断与经济垄断的主体上不作区分地作同一规定未免有失妥当，事实上单凭个人行为也很难实行地区封锁、进行部门保护。而且在总则部分对行政垄断作一般性禁止后，后文也并未出现规制行政垄断的有关条文，就难以依据《航运法（送审稿）》来界定或者推断本国行政性限制国际航运市场竞争行为的实施主体问题乃至其他行政垄断的有关问题。《国际海运条例》也只是规定了国务院交通主管部门和有关的地方人民政府交通主管部门对国际海上运输经营活动实施监督管理，并对与国际海上运输相关的辅助性经营活动实施有关的监督管理，[1]但这并不等于认定国务院交通主管部门和有关的地方人民政府交通主管部门是行政垄断的行为主体和责任主体，况且《国际海运条例》本身也没有对行政垄断作出特别禁止。因此关于本国行政性限制国际航运市场竞争行为的实施主体问题无法从我国现有国际海运市场反垄断法律规范中找寻答案，必须借助《反垄断法》进行判断。

《反垄断法》将行政垄断的行为主体规定为"行政机关和法律、法规授权的具有管理公共事务职能的组织"。根据权威部门的立法解释，"行政机关"包括地方和各级人民政府及其有关部门、机构，以及国务院有关部门、机构；"法律、法规授权的具有管理公共事务职能的组织"包括那些虽然不是行政机关，但是由于法律、法规授予其一定的管理公共事务的职能，因此也具有

[1] 《中华人民共和国国际海运条例》第 4 条。

一定的行政管理权限的组织。[1] 那么按照这一规定,本国行政性限制国际航运市场竞争行为的实施主体具体应当包括海运市场的哪些部门、机构和组织,又应当如何看待中国远洋、中国海运、中国外运等大型国企是市场主体还是行政主体呢?有学者借助发达国家关于政府机关及公共组织划分的理论将行政限制竞争的主体作广义和狭义划分,认为中央政府部门、地方政府及其部门、特殊法人和行政公司、重要行业的国有公司和公益法人都可以成为广义行政性限制竞争行为的主体,而狭义的行政性限制竞争行为的主体则只包括中央政府部门、地方政府及其部门,并在此基础上主张采用广义行政性限制竞争行为的主体。[2] 然而笔者认为,虽然在某些特定具有公共企业性质的行业可能存在国有企业经营的行政性残留的问题,然而在我国的国际航运市场中却并不宜对行政垄断行为的主体采用广义解释,因为我国的国际航运行业提供的并不是公共产品,并不是具有公共服务性质的行业,且已经通过30余年的市场化基本脱离了行政性指令下的运营。在这一具有竞争性的行业中,中国远洋、中国海运、中国外运等大型国企虽然有可能因为占据较大的市场份额而具有市场支配地位或者存在协议垄断行为的问题,但是却并没有管理公共事务的行政职能,并不应当将作为市场竞争主体的他们认定为行政性限制竞争主体。我国本国行政性限制国际航运市场竞争行为的实施主体应当作狭义理解,仅包括《反垄断法》以及立法解释中明确包含的国务院有关部门、机构,地方和各级人民政府及其有关部门、机构,法律、法规授权的具有管理公共事务职能的组织。具体而言就是,交通部及其有关部内司局和直属机构、地方交通厅、港航管理局、海事局、港务局等具有国际航运管理职能的机构和组织。

(二)本国行政性限制国际航运市场竞争之行为

行政性限制竞争之行为是指行政机关及公共组织滥用其所拥有的行政

---

〔1〕 曹康泰:《中华人民共和国反垄断法解读——理念、制度、机制、措施》,中国法制出版社2007年版,第149页。

〔2〕 戴龙:“论行政性限制竞争行为规制的制度选择”,载王晓晔:《反垄断法实施中的重大问题》,社会科学文献出版社2010年版,第324~326页。

权力,[1]人为地排除或者限制竞争的行为,行政垄断在客观要件上要求行政机关及公共组织的行为必须构成对竞争的排除或者实质性限制。对于行政垄断行为的实质性限制竞争判断,应与经济垄断中的竞争的实质限制作相同理解,即一定交易领域内实质性地限制竞争。所谓“一定交易领域”,即成立了竞争关系的市场。所谓“实质地限制竞争”,是指几乎不可能期待有效竞争的状态。竞争的阻碍性,应是认定实质限制竞争的标准。[2] 认定本国行政性限制国际航运市场竞争之行为也需要遵从滥用行政权力,排除竞争或实质性限制竞争标准。在实践中,我国行政性限制国际航运市场竞争之行为主要表现为以下方面:

第一,部门性行政垄断行为。部门垄断是中央政府部门或地方政府部门以及具有公共管理职能的组织为了本部门利益,利用其拥有的经济规制权排除或限制竞争,损害其他经营者和消费者权益的行为。[3] 特别是在国有企业与私人企业的竞争中,政府部门或者行业监管机构往往以维护国家利益为名,可能不公平地偏袒个别国有企业。[4] 部门行政垄断在我国的国际航运市场中表现为不适当、不合理的过度行政审批可能抬高经营国际航运业的进入门槛,从而人为地减少了国际航运市场的竞争者数量,严重者甚至可能构成行业壁垒。在我国的国际航运市场中,原本我国大型国有航运企业就几乎拥有我国国际集装箱船队运力的近90%,[5]在这种市场环境中,对新进入市场的中小私人国际航运企业若不能相应地放开他们的从业资格,在审批与许可程序上若不能保证透明度防止寻租行为的发生,就会导致我国的国际航运市场缺乏足够的竞争,大型国有航运企业产生市场支配

---

[1] 也有学者从行政法理论出发,认为滥用行政权力并非是行政性垄断的唯一行为标准,而应当将更为广义的行政主体职权违法作为认定行政垄断的行为标准,即除了滥用行政权力之外,超越行政权力、行政失职等均能构成行政性垄断,参见魏琼:“行政性垄断新解”,载《政治与法律》2010年第6期。

[2] [日]金泽良雄:《经济法》,有斐阁1980年版,第176页;转引自王保树:“论反垄断法对行政垄断的规制”,载《中国社会科学院研究生院学报》1998年第5期。

[3] 郑鹏程:《行政垄断的法律控制研究》,北京大学出版社2002年版,第53页。

[4] 王晓晔:《反垄断法》,法律出版社2011年版,第288页。

[5] 王杰、王琦:《国际航运组织的垄断与竞争》,大连海事大学出版社2000年版,第177页。

地位、实行垄断性运价。

第二,地域性行政垄断行为。地域性行政垄断是地方政府及其所属部门为了保护本地区利益,滥用其所拥有的行政权力,人为地排除或者限制竞争的行为,包括对外地商品与服务实施歧视性规定、限制外地经营者在本地经营、滥用行政审批许可或者采取其他手段维护本地经营者等行为。我国国际航运市场中的地域性行政垄断主要表现为,航运、港口、码头等行政机关出于保护地区经济利益的目的,滥用行政权力排挤非本地区的国际航运企业,妨碍和限制航运统一市场,如禁止外省市国际航运企业在本地区揽收货物、承运货源,对本地从事国际航运的企业和外地企业实行歧视性差别待遇,对非本地国际航运企业实施复杂的审批程序并拖延审批效率以增加非本地国际航运企业成本,鼓励本地区国际航运企业到外地削价竞争,限制或禁止非本地国际航运企业船舶在本地装卸货物。[1] 类行为人为地分割了市场,狭隘地以地方保护主义方式维护本地利益,却损害了我国国际航运业的整体发展,侵害了航运市场消费者的自由选择权。

第三,行政性公司与行政性质的非自愿企业联合。行政性公司是指那些具有行政管理权同时又以市场经营者身份参与运营的公司。我国过去计划经济时代的航运经济体制就存在行政性航运公司,当时我国只有中远公司一家国际航运企业,并且公司与交通部的远洋运输局是一个机构两块牌子,政企不分。[2] 政企不分的行政性航运公司并没有按照计划初衷促使我国海运业实现长足发展,反而给我国航运经济带来很多的负效益,班轮运输准点率低、服务质量差,这种情况直到改革开放后对航运企业实施市场化改革才得以扭转。还有以前一些地方成立的联合船代,由港务局和中国外轮代理公司各占50%股份组建而成,在利用港口设施和港口服务上享有其他航运企业无法比拟的优势,从而危及航运市场的竞争秩序。[3] 行政性限制竞争还表现为企业合并中的"拉郎配",即政府强迫企业加入某个集团,或者

---

〔1〕 沈晓平:"我国航运竞争法之研究",大连海事大学2000年硕士学位论文。

〔2〕 王杰、王琦:《国际航运组织的垄断与竞争》,大连海事大学出版社2000年版,第184页。

〔3〕 沈晓平:"我国航运竞争法之研究",大连海事大学2000年硕士学位论文。

强迫经济效益好的企业接受某些经济效益不好的企业。这违背了经营者在市场交易中应遵循的自愿、公平、等价有偿、诚实信用的基本原则,损害了企业的经营自主权和市场竞争力。[1] 我国国际航运市场以前也存在这样的拉郎配,以中央直属几大航运企业集团为例,大企业集团在市场上的市场势力常常不是在企业自愿联合的基础上形成的,只是由政府出面按行业"装口袋"或者通过"拉郎配"捏合起来的。这些企业集团一方面可以作为企业在市场上进行活动,另一方面或多或少仍然担负着以前的某些行业管理和行政管理职责。[2] 国企改革以后,我国的航运企业逐渐脱离了行政指令计划,航运行政公司和"拉郎配"的现象已经不再明显,当然为了预防、制止行政性公司利用其与行政权力千丝万缕的联系滥用其优势地位限制市场竞争,必须对此类行政性公司与行政性质的非自愿企业联合在反垄断法律制度上予以严格禁止。

三、本国行政性限制国际航运市场竞争行为之规制

《航运法(送审稿)》虽然规定任何单位和个人不得对水路运输市场实行地区封锁、进行部门保护以及实施其他垄断行为,但并未规定对水路运输市场实行地区封锁、进行部门保护的行政垄断行为的法律责任与处罚。更令人遗憾的是,我国《反垄断法》在行政垄断的处罚程序上规定:"行政机关和法律、法规授权的具有管理公共事务职能的组织滥用行政权力,实施排除、限制竞争行为的,由上级机关责令改正。"仅仅采用上级机关责令改正的方法使《反垄断法》在行政垄断的规制上备受诟病:首先,因为上下级行政机关在行政垄断问题上很容易形成利益共谋,往往难以在其下级机关与非国有企业或者与来自其他地区企业之间的争议中保持中立态度;其次,这里的"上级机关"不是专门的反垄断法主管机关,也一般不是特定机关,往往不可能对其下级机关的限制竞争进行有效的监督和检查;[3] 最后,由上级机关

---

[1] 王晓晔:《反垄断法》,法律出版社 2011 年版,第 289 页。

[2] 王杰、王琦:《国际航运组织的垄断与竞争》,大连海事大学出版社 2000 年版,第 185 页。

[3] 王晓晔:"经济体制改革与我国反垄断法",载《东方法学》2009 年第 3 期。

责令改正其实质并不是严格意义上的责任承担,责任人并不会因为承担改正行为的责任而使利益受到减损,就不可能在实质上起到威慑行政垄断行为的作用。正如有学者指出的:“行政权力产生支配地位不需要成本,而现有法律规定的违法成本过低,指望同级或上级行政机关予以纠正也显得过于理想化。既然经济上无本万利,政治上风险不大,行政垄断就有恃无恐,再好的立法,禁止性规定再多,也难有实际效果。”[1]因为上述原因,《反垄断法》在规制行政垄断上被讽刺为一只“无牙的老虎”,唯有虚势,实则无力。[2]

为了有效遏制航运业的行政垄断行为,我国在未来制定《航运法》时应当改变现有《航运法(送审稿)》只禁止行政性限制航运市场竞争不规定责任与处罚机制的做法,考虑在行政垄断责任的规定上加重责任人实施行政垄断行为的责任成本,不但要求责令改正行政垄断行为,还要求行政垄断行为的具体责任主体承担行政处罚的行政责任,并在行政垄断行为侵害其他航运经营者或航运市场消费者利益的情况下赋予受害人获得民事赔偿的权利和救济。[3]

四、本国行政性限制国际航运市场竞争行为之法律调控规范选择

本国行政性限制国际航运市场竞争行为法律调控的基础性规范是我国《反垄断法》的禁止行政垄断制度,禁止行政垄断在国际航运市场的适用需要航运法规范来给出具体的实施细则,但是《航运法(送审稿)》不但混淆了行政垄断的实施主体,未尽可能具体地列明禁止的行为类型,亦未规定对禁止性行为如何处罚的问题。显然在未来制定《航运法》时必须要对这些问题

---

〔1〕 许光耀:“行政垄断的反垄断法规制”,载《中国法学》2004年第6期。

〔2〕 See Gordon Y. M. Chan, *Administrative Monopoly and the Anti-Monopoly Law: An Examination of the Debate in China*, 18 Journal of Contemporary China, 2009, p. 280.

〔3〕 这一观点参见许光耀:“行政垄断的反垄断法规制”,载《中国法学》2004年第6期;王晓晔:“社会主义市场经济条件下的反垄断法”,载《中国社会科学》1996年第1期;黄欣、周昀:“行政垄断与反垄断立法研究”,载《中国法学》2001年第3期;张淑芳:“行政垄断的成因分析及法律对策”,载《法学研究》1999年第4期;姜彦君:“中外行政性垄断与反垄断立法比较研究”,载《政法论坛》2002年第20卷第3期。

作以澄清，将交通部及其有关部内司局和直属机构、地方交通厅、港航管理局、海事局、港务局等具有国际航运管理职能的机构和组织规定为本国行政性限制国际航运市场竞争的实施主体，明确禁止在我国国际航运市场中实施部门垄断、地区封锁、设立航运行政公司或者滥用行政权力要求国际航运企业非自愿联合等行政性限制竞争行为，将本国行政性限制国际航运市场竞争行为处罚时的行政责任与民事责任相结合。当然，诚如反垄断立法解释指出的："必须清醒地认识到，滥用行政权力排除、限制竞争行为成因的复杂性及其性质的特殊性，加上反垄断法在解决这个问题上无法克服的先天局限性，决定了反垄断法不可能从根本上解决滥用行政权力排除、限制竞争行为。"[1]仅依靠《航运法》并不能从根本上扼制我国国际航运市场中的本国行政性限制竞争行为，扼制包括我国国际航运市场行政性限制竞争在内的行政垄断问题深深地嵌在我国经济制度的改革、政府在经济管理体制中的角色重塑的整体宏观经济环境中[2]与完善行政诉讼、司法审查的整体法制环境中。[3]

第三节　外国行政性限制国际航运市场竞争行为及其法律规制

国际航运市场中的政府行为不仅涉及本国政府滥用行政权力在本国国际航运市场限制竞争的行为，还涉及外国政府滥用行政权力对其国际航运企业实施补贴、优惠等措施而引发的对于本国航运市场竞争造成限制的行为，而对于后一种外国政府行政性限制我国国际航运市场竞争的行为却并未引起重视，我国航运法律制度也并未对外国政府采用行政权力对其航运

〔1〕 曹康泰：《中华人民共和国反垄断法解读——理念、制度、机制、措施》，中国法制出版社2007年版，第161页。

〔2〕 过勇、胡鞍钢："行政垄断、寻租与腐败——转型经济的腐败机理分析"，载《经济社会体制比较》2003年第2期。

〔3〕 郑鹏程："论法律对行政垄断的综合规制"，载《求索》2003年第1期；张淑芳："行政垄断的成因分析及法律对策"，载《法学研究》1999年第4期。

公司进行补贴扰乱我国海运市场秩序如何规制的问题给出有关的规定。

对外国政府补贴其国家国际航运业行为进行规制之典型立法当属美国航运法律制度中的“受控承运人制度”(controlled carrier)。[1] 受控承运人制度是美国针对20世纪70年代苏联、东欧航运公司大量占领美国国际班轮运输市场而制定的,[2]由于美国认为苏联等计划经济体制国家的航运公司并不是自主运营,而是依靠大规模的国家补贴才能以“掠夺性”的低运价承揽美国航线上的货物,以至于严重危害了美国远洋航运公司的利益,[3]因此专门制定《1978年航运法》授权联邦海事委员会来确保那些被认定为受到其他国家特别补贴的他国航运公司不会采用不合理的低运价。《1978年航运法》的内容被并入后来的《1984年航运法》,美国在1998年制定《航运改革法》时不但仍然保留了受控承运人制度,还通过修改受控承运人的定义、豁免例外的范围来强化对受控承运人的监管。[4]

“受控承运人”是指其本身或经营资产是由国家政府直接或间接地拥有或控制的远洋公共承运人。[5] 判定“国家政府直接或间接地拥有或控制”的标准是:该航运经营者公司的大部分权益是由国家政府、政府部门或机构、或者政府控制的任何公共机构或者个人以任何方式所有或者控制的;或者政府有权任命或否决航运经营者公司的大部分董事、首席运营官或首席执行官。[6] 美国立法者将受控承运人的政府背景与其运营上可能的非商业性联系在一起,认为由于受控承运人与外国国家政府之间的紧密联系,商

---

[1] See John A. Zerby, et al., *Dumping of Non-Factor Services: Some Implications of Recent Experience with Controlled-Economy Shipping*, 4 Northwestern Journal of International Law and Business, 1982, pp. 37-57.

[2] 朱曾杰:“令人遗憾的美国《1998年航运改革法案》”,载《中国远洋航务公告》1998年第12期。

[3] See Steven M. Talson, *The Ocean Shipping Act of* 1978: *New Direction in Maritime Legislation*, 5 International Trade Law Journal, 1979-1980, pp. 268-273.

[4] 《1998年航运改革法》在定义上取消了《1984年航运法》受控航运经营者定义中船旗国的概念,以防止通过将航运公司的船舶悬挂方便旗来规避受控航运经营者的规定。同时,《1998年航运改革法》限缩了受控航运经营者制度的豁免范围,取消了双边运输例外、经济合作与发展组织例外、远洋公共承运人协议组织例外三项豁免事由。

[5] United States Ocean Shipping Reform Act of 1998, section 3 (8).

[6] United States Ocean Shipping Reform Act of 1998, section 3 (8).

业运营利润的追求往往不是受控承运人的主要动机，而强化对受控承运人的规制可以防止那些市场决策权严重受本国政府影响的航运经营者通过不合理低价的手段，扰乱海运和国际贸易市场秩序，以及侵害私人所有的航运公司的权益。[1]

美国航运法对于受控承运人的监管手段主要是运价控制，严禁受控承运人采用不公平和不合理的低价，要求受控承运人应保持其在运价本或服务合同中的费率或收费不得低于公平与合理的水平，同时其运价本或服务合同中的货物分类、规则或规章也应当公平与合理，不能导致或可能导致费率或收费低于公平与合理的水平。受控承运人需要承担证明责任，即向美国联邦海事委员会证明其收取运费的水平是公平与合理的，一旦证明失败，则联邦海事委员会有权在通知和听证后的任何时间禁止航运经营者采用其认为不公平或者不合理的运价。[2] 除了对受控承运人运价水平设定严格控制，受控承运人的运价变更行为也要受到严格管控，除非得到联邦海事委员会特许，受控承运人运价本中的运价变更并不当即生效，要在公布后30天才能生效，也就限制了受控承运人根据市场竞争情况变动而变动运价的权利。[3]

从根本上来说，美国航运法中的受控承运人制度虽然以防止外国航运公司以掠夺性定价的方式扰乱航运市场、排挤美国航运经营者为理由，但其实质却是贸易保护主义和歧视主义的做法。维护美国航运市场的自由和公平竞争只是为贸易保护主义和歧视主义的做法给出了动听的理由和合理的外衣。受控承运人制度不是像一般的航运法律制度那样以船旗国作为界分，而是采用了船舶所有制作为界分的区别对待，对某些特定外国国家所有或者国家经营的航运公司采用更为严格的运价控制措施，这实际上就是一

---

[1] See United States Federal Maritime Commission, *The Impact of the Ocean Shipping Reform Act of* 1998, Sep. 2001, available at http://www.fmc.gov/assets/1/page/osra_study.pdf, p. 37.

[2] United States Ocean Shipping Reform Act of 1998, section 9 (a).

[3] United States Ocean Shipping Reform Act of 1998, section 9 (c). 对于受控航运经营者制度的详细分析可以参见徐峻："受控航运经营者制度研究"，载《中国海商法年刊》2003年第14卷。

种以船舶所有制作为界分的歧视性做法。[1]

自20世纪80年代起,我国主要航运公司一直是美国联邦海事委员会受控承运人名单上的常客。[2] 但是显然,这些航运公司虽然具有国有资产背景,但是早已经在市场化改革和企业改革的过程中完成了蜕变,是独立经营、自负盈亏的有限责任公司,而且通过控股公司的上市运作,实现了很大比例资本的全球公开发行、公众持股,[3]为了维护投资者利益,不计成本地采用掠夺性低价倾销来扩张市场几乎是不可能的。而且我国早已取消对航运业的各种补贴,取消了航运业造船、融资贷款的优惠措施,也取消了货载优先、货载保留等一系列政策性优惠制度。相比较之下,反而是美国通过各种立法程序,始终坚持造船差额补贴、营运差额补贴、船旗差别待遇、货载保留与货载优先、船舶抵押担保与信贷以及各种税制优惠等一整套保护主义色彩极浓的海运政策,对本国航运业予以扶持。然而被列入美国受控承运人名单使我国航运公司失去了决定运价的主动权和灵活性,在涉及美国的航线上与其他竞争者相比处于十分不利的境地。

我国航运公司一直向美国联邦海事委员会申请受控承运人与运价限制豁免,[4]2004年最终获得了运价限制豁免。但是,运价限制豁免的获得并不是因为美国认可了我国航运公司的"非受控承运人"地位,而是将运价限制豁免作为2004年签订《中美海运协定》时的谈判筹码,以换取我国对美国航运公司更大程度地开放国内海运市场,给予美国在华独资航运公司更宽的经营范围和经营地域,允许其在中国内陆地区设立经营机构为其航运公司提供船舶代理服务。[5] 2004年《中美海运协定》的附件规定:"从事对美

---

[1] 朱曾杰:"令人遗憾的美国《1998年航运改革法案》",载《中国远洋航务公告》1998年第12期。

[2] 於世成:《美国航运法研究》,北京大学出版社2007年版,第146页。

[3] 2002年中国对外贸易运输(集团)总公司以独家发起方式设立中国外运股份有限公司,2003年在香港联合交易所成功上市,中外运集运是中国外运股份有限公司所属公司之一。拥有中远集装箱运输有限公司100%权益的中远控股也于2005年在香港联交所上市,2007年在上海证交所上市。2004年中海集运在香港联交所上市。

[4] 徐峻:"受控航运经营者制度研究",载《中国海商法年刊》2003年第14卷。

[5] 於世成:《美国航运法研究》,北京大学出版社2007年版,第147~148页。

贸易的中国航运公司在适用有关运价定价方面的法律、规则和规章时应享有非歧视性待遇。为适应市场竞争状况，中国航运公司还应能够在对运价作出必要变更时享有非歧视性待遇。”根据这一规定，美国联邦海事委员会批准了我国中远集装箱运输有限公司、中海集装箱运输有限公司、中海集装箱运输有限公司（香港）及中外运集装箱运输有限公司的受控承运人运价限制豁免请求，但是同时在豁免授权中保留了联邦海事委员会随时取消豁免授权的权力，这就隐含着受控承运人运价限制豁免的不确定性。[1] 而且即使获得了运价限制豁免，我国航运公司却始终没有摆脱受控承运人的定位，在 2009 年美国的受控承运人目录上，我国中远集装箱运输有限公司、中海集装箱运输有限公司、中海集装箱运输有限公司（香港）及中外运集装箱运输有限公司仍然赫然在列，占美国公布的受控承运人名单数量的一半。[2]

虽然受控承运人制度是美国具有贸易保护主义的做法，但却值得从中反思我国国际航运市场发展的国家立场：

首先，我国航运法律制度并未规定当外国政府采用行政权力对其航运公司进行补贴，这些受到补贴的航运公司采用低运价侵占我国海运市场，扰乱我国海运市场秩序时，应如何规制这样的行为。我国一贯倡导海运市场的开放，倡导航运业的独立经营，但是如果默许了外国对航运业进行补贴，

---

[1] Federal Maritime Commission, Petition of China Ocean Shipping (Group) Company for a Partial Exemption From the Controlled Carrier Act, Petition No. P3-99, Order Granting Petition in Part, Apr. 1, 2004, http://www.fmc.gov/assets/1/Documents/2B1AC78B8B80433A891869704314E2C2.htm; Federal Maritime Commission, Petition of China Shipping Container Lines Co., Ltd. for Permanent Full Exemption from the First Sentence of Section 9(c) of the United States Shipping Act of 1984, Petition No. P4-03, Order Granting Petition in Part, Apr. 1, 2004, http://www.fmc.gov/assets/1/Documents/499EE07B81F749BA846F75138C236A2E.htm; Federal Maritime Commission, Petition of Sinotrans Container Lines Co., Ltd. (Sinolines) for a Full Exemption from the First Sentence of Section 9(c) of the United States Shipping Act of 1984, as Amended, Petition No. P6-03, Order Granting Petition, Apr. 1, 2004, http://www.fmc.gov/assets/1/Documents/2297268381354D7AB0002531961469D3.htm; Federal Maritime Commission, Petition of China Shipping (Hong Kong) Container Lines Co., Ltd. for an Exemption from the First Sentence of Section 9(c) of the United States Shipping Act of 1984, Petition No. P6-04, Order Granting Petition, Mar. 29, 2005, http://www.fmc.gov/assets/1/Documents/20A0C01181A5462E9946CF1DCEDF63A9.htm.

[2] See United States Federal Maritime Commission, 48*th Annual Report for Fiscal Year* 2009, 2009, available at http://www.fmc.gov/assets/1/Page/Annual_Report_FY_2009.pdf, pp. 118-119.

自己又放弃或者忽视了对本国的航运进行适当扶持,那么外国国际航运经营者进入我国市场后就实际上等同于赋予了外国国际航运经营者以超国民待遇。外国国际航运经营者完全可以凭借其因为国家政府补贴而获得的低成本竞争先天优势实施降价竞争,而外国国际航运经营者本身的高技术、高管理水平恐怕也是我国国际航运公司望其项背的,这种情况长期发展下去必然会使我国的国际海运经营者流失货源。虽然我国《国际海运条例》禁止以低于正常、合理水平的运价提供服务、妨碍公平竞争,但是对于如何判断正常、合理水平的运价,什么情况构成对公平竞争的妨碍都没有明确标准,这就难免让人产生相应的疑问:如果某一航运公司接受政府补贴降低成本,那么当该航运公司采用低价竞争策略时,无论运价多低,只要维持在高于接受补贴后的成本的价格,是否就意味着该运价是正常、合理的呢?如果航运法律制度不对此类问题给出明确的界定,就无法在面对外国航运公司的恶性竞争时定分止争,维护我国海运利益。

其次,对于美国受控承运人制度,完全依赖《中美海运协定》向美国联邦海事委员会申请获得特别授权下的豁免并非长久之计,亦不尽合理。美国给予我国航运公司运价限制豁免的谈判对价是中国向美国更大幅度地开放我国航运市场,然而深思后可以发现,这一谈判的对价本身就是不甚公平的。美国首先采用不符合 WTO 要求的具有歧视性的贸易保护主义做法确立了以航运公司所有制为界分的受控承运人制度,然后以这一本身就不公平也不合理的制度作为谈判的基础;而我国则默认了美国的这一不公平做法,以开放更大航运市场的筹码来换取美国不要对我国航运公司实施其设定的这一不公平制度。谈判的最终结果只是使我国国际航运企业获得了其本应当享有的非歧视待遇,美国却获得了可以更加深入渗透我国航运市场的机会。而我国国际航运企业即便获得了其本应当享有的非歧视待遇,这种非歧视待遇却有赖于美国海运主管机构的特别授权,而美国海运主管机构可以随时宣布取消对我国国际航运企业的非歧视待遇。事实上,诚如朱曾杰先生所建言的那样,对待美国的受控承运人制度,我国可以考虑以《对外贸易法》第 7 条的对等要求作为法律依据:“任何国家或者地区在贸易方面对中华人民共和国采取歧视性的禁止、限制或者其他类似措施的,中华人民共和国可以根据实际情况对该国家或者该地区采取相应的措施。”[1]

第四节　我国国际航运市场中行政垄断法律规制制度建构

对于行政性限制国际航运市场竞争行为,《航运法(送审稿)》中作出了禁止性规定,其第9条明确指出:“水路运输市场实行公平竞争,任何单位和个人不得对水路运输市场实行地区封锁、进行部门保护以及实施其他垄断行为。”但是仅凭这一存在瑕疵的笼统条文并不能架构起规制航运市场行政垄断问题的重任,在我国确立国际航运市场行政性限制竞争行为规制制度必须要厘清航运业的管制与反对行政性限制竞争的关系、对我国国际航运企业给予适度的政府扶持与禁止行政垄断的关系、本国行政性限制国际航运市场竞争行为具体规制制度的确立、对待外国行政性限制国际航运市场竞争行为的基本立场几方面根本问题。

在航运业的管制与反对行政性限制竞争的关系问题上,国资委2006年就《关于推进国有资本调整和国有企业重组的指导意见》答记者问时明确了包括国际航运在内的全体航运业是应当由国有经济占控制地位的行业,但是航运业却并不属于自然垄断产业,甚至可以被视为结构主义下的竞争性市场,较低的市场进入壁垒使得垄断性提高运价等行为会轻易地被新进入市场采用较低运价的经营者取代,因此对航运业实施过度行政管制将不可避免地产生社会净福利损失,反而容易产生滥用行政权力限制竞争的问题。我国应当鼓励国际航运业通过资本多元化的方式在市场竞争中寻求发展,而不是通过设定反垄断适用除外,强化行政管制限制竞争而获得发展,这是在我国确立国际航运市场行政性限制竞争行为规制制度必须首先明确的前提。

---

[1] 朱曾杰:“令人遗憾的美国《1998年远洋航运改革法案》”,载《中国远洋航务公告》1998年第12期。

对于我国国际航运企业给予适度的政府扶持与禁止行政垄断的关系问题,主张对我国国际航运企业给予适度的政府扶持与反对行政垄断并不矛盾。禁止行政垄断可以通过打破地方主义、部门垄断、权力寻租来确保我国国际航运企业在良好的市场公平竞争环境下长足发展,法律框架下适度的国家扶持则是在国际社会普遍对海运业实施国家援助的宏观环境下,通过提升我国国际航运企业在国际航运市场上的竞争优势来推动其发展。尤其在国际社会主要海运国家都倾向于对本国航运业实施补贴的背景下,适度对航运业实施扶持才能使我国的国际航运企业在国际竞争中具有竞争优势。但是,国家给予航运企业的扶持的应当坚持对我国国际航运企业的不做所有制界分的均等扶持,才能抑制海运业扶持行为可能引发的行政性限制竞争效果。

制定《航运法》时,本国行政性限制国际航运市场竞争行为具体规制制度应当从主体要件、行为要件、法律责任等方面架构出一个较为完整的体系。在主体要件上,《航运法(送审稿)》中第 9 条规定:"水路运输市场实行公平竞争,任何单位和个人不得对水路运输市场实行地区封锁、进行部门保护以及实施其他垄断行为。"然而事实上单凭个人行为也很难实行地区封锁、进行部门保护,在行政垄断与经济垄断的主体上不作区分地作同一规定未免有失妥当。同时,对于行政性限制国际航运市场竞争行为主体的理解也不宜过于宽泛地将大型航运公司均纳入主体范畴,应当限于交通部及其有关部内司局和直属机构、地方交通厅、港航管理局、海事局、港务局等具有国际航运管理职能的机构和组织。在行为要件上,应当明确禁止在我国国际航运市场中实施部门垄断、地区封锁、设立航运行政公司或者滥用行政权力要求国际航运企业非自愿联合等行政性限制竞争行为。为了有效遏制航运业的行政垄断行为,我国在未来制定《航运法》时还需要改变现有《航运法(送审稿)》只禁止行政性限制航运市场竞争不规定责任与处罚机制的做法,考虑在行政垄断责任的规定上采用加重责任人实施行政垄断行为的责任成本,不但要求责令改正行政垄断行为,还要求行政垄断行为的具体责任主体承担行政处罚的行政责任,并在行政垄断行为侵害其他航运经营者或航运市场消费者利益的情况下赋予受害人获得民事赔偿的权利和救济。诚然，仅依靠《航运法》并不能从根本上扼制我国国际航运市场中的本国行政性限制竞争行为，扼制包括我国国际航运市场行政性限制竞争在内的行政垄断问题深深地嵌在我国经济制度的改革、政府在经济管理体制中的角色重塑的整体宏观经济环境中与完善行政诉讼、司法审查的整体法制环境中，有赖于经济体制的进一步改革，并以宪法环境乃至宪政制度的完善作为根本性支撑。

制定《航运法》时也不能忽视外国政府滥用行政权力对其国际航运企业实施补贴、优惠等措施而引发的对于本国航运市场竞争造成限制的行为，如接受国家政府补贴的国际航运经营者实行掠夺性低价扰乱我国国际航运市场秩序。国际航运业的这一问题确实值得我国在制定《航运法》时深思，如果仅只考虑禁止我国政府及有关主体对于航运业的行政性限制竞争行为，就等于在反垄断法律制度甚至在政府补贴法律制度上赋予外国国际航运经营者超国民待遇，是不利于我国推动国际海运事业发展的。美国航运法上就专门针对规制这一可能的问题确立了受控承运人制度，保护本国航运企业的利益。美国受控承运人制度从根本上说是一种带有歧视主义的贸易保护做法，虽然我国不宜完全借鉴这种单边贸易保护主义的立法模式，却必须考虑将受到政府补贴的外国航运经营者采用掠夺性低价侵占我国国际航运市场的行为纳入规制范围，防止受政府补贴的外国船舶与我国国际航运经营者不计成本的恶性竞争。禁止外国航运经营者采用掠夺性低价扰乱我国国际航运市场，同时还必须架构出正常、合理水平的运价的判断标准，对于公平竞争或我国海运秩序构成妨碍的判定标准等辅助性细节规定。

CHAPTER 09> 第九章

结　论

几百年的世界强国兴衰史彰示着海洋利用程度对于一个国家经济强弱的重要意义,而对海洋利用规则的设计又将在很大程度上决定对海洋的利用程度。作为一个快速发展中的海洋利用大国,中国在全球舞台上的崛起很大程度上依赖于海运以及以海运为依托的国际贸易,无论对外贸易、海外市场、海外能源,还是海洋产业,都必须借由航运实现输入与输出,从而推动“21 世纪海上丝绸之路”建设,实现我国贸易战略和能源战略的全球化。海运的发展则依赖于航运法律制度的保驾护航。以维护航运市场自由竞争为宗旨的航运竞争规则因其对于整个航运市场结构与秩序的调控而当仁不让地成为航运法最为核心的部分。但是,航运竞争规则的缺失阻滞了我国航运法的出台,而航运法的缺失则阻滞了我国海运业发展的步伐,导致中国对内航运市场没有规则确立秩序,对外海运事业没有规则保护利益。

近年来,我国航运市场正常良好的竞争秩序目前正遭受严重破坏。外国大型航运公司、国际航运组织联合在我国沿海在同一时间、以同一价格征收附加费侵害货主利益,近海航线一些航运经营者以掠夺性低价策略采用“零运价”、“负运价”排挤竞争者,外资航运公司占据了我国国际航运业务的大部分市场份额而凸显了外资垄断,世界海运三巨头组成运营联盟压缩我国航运企业的运营空间。这些问题使我国航运竞争规制面临前所未有的挑战。然而,由于缺乏完善的航运竞争规则保驾护航,2006 年码头操作费事件中交通部、发改委、工商总局只能以程序瑕疵追究国际航运公会损害我国货主利益的责任,2015 年年初日本海运公司因价格操纵在日本、美国、欧盟等主要海运法域被处以重罚,在我国的反垄断调查却进展缓慢。这些事件隐含了当代中国航运反垄断法律制度改革的制度性问题,在折射出航运市场垄断问题的同时一并反映出的还有我国航运反垄断规则的缺失,以及对于航运竞争法律制度体系顶层设计构建的急切。因此,亟须探索如何完善我国海运竞争法律制度来遏制航运垄断、规制海运市场、防止外国公司称霸市场、切实维护我国海洋权益。

国际航运市场的垄断问题自班轮公会诞生之日起就埋下了伏笔。当班轮公会试图采用协同运价、统一运输条件、划定运营区域,乃至运费延期折扣制度捆绑消费者,掠夺性降低运价与使用战斗船排挤非班轮公会航运经营者时,它俨然成为具有卡特尔性质的海上力量。随着国际航运稳定化协议组织、运价协商协议组织、航运联营、航运联盟出现并兴起,以及国际航运经营者之间的大规模兼并收购浪潮的出现——国际航运市场的垄断问题就更加成为了亟待解决的课题。我国国际航运市场的垄断问题也正以诸如联合征收高额码头作业费、零运价、负运价等案例凸显出来并严重扰乱我国国际航运市场的竞争秩序。然而即使在我国存在国际海运法律规范的情况下却仍然无法对此类行为予以有效的处罚规制,难免在航运市场调控管制上失之于被动。事实上,我国作为一个很大程度上依赖于国际海运以及以海运为依托的国际贸易的海洋大国,却长期没能构建出系统有效的航运规则来为航运业的发展保驾护航,这不但导致航运市场一直存在竞争秩序较为混乱的现状,也使“海航兴邦”的愿景因此而显得遥不可及。因此,有效规制国际航运市场的垄断问题急切地期盼着《航运法》反垄断规则的尽早出台,从而早日使困扰我国航运实践已久的垄断与限制竞争问题被纳入有效的法律规制框架之下。

然而在起草中的《航运法》拟构建我国国际航运反垄断规则时,其立法走向却面临着一种根本性的抉择:是制定在航运市场中适用《反垄断法》的实施性规则,还是在航运市场中构建完全独立的航运市场自身的竞争规则?2006 年 10 月欧盟理事会通过第 1419/2006 号条例,废除班轮公会反垄断整体豁免,将《欧共体条约》一般性竞争法规则适用于海运市场,从根本上变革了欧盟海运竞争法体系，这一变革引发了国际社会对于海运竞争立法的重新评估。我国应当通过评估欧盟限制国际航运反垄断豁免，将海运市场纳入一般竞争法的这一做法，立足于国家航运与贸易利益来确立自己的国际航运反垄断规则。航运反垄断豁免制度被视为航运产业政策与竞争规制融合与协调的交汇点，决定着在反垄断法意义上非可责难性航运反竞争行为的范畴与边界。以历史成因、行业特性说、经济利益说为理论依据的航运业整体性豁免论认为豁免国际航运业竞争规制能够防止航运市场恶性竞争、提升规模经济、促进我国航运业发展。然而国际社会法律变革、航运市场结构变迁、消费者福利减损、产业比较视域下的差别待遇无疑对传统行业整体豁免理论提出了挑战。从产业政策与竞争规制协调的视野来看，豁免垄断未必是鼓励航运业发展的最优选择。考虑到国际航运反垄断整体豁免制度国际变革的宏观背景下我国的航运利益保护与《反垄断法》授权其他法律作出例外规定的空间，不确立国际航运反垄断整体豁免，将一般竞争法的规定统一适用于航运市场，是我国制定《航运法》时应当采取的立场。在否定航运业行业整体性反垄断豁免基础上可以按照对竞争的负面影响程度及效率标准有区别地建构多元化阶梯式航运垄断协议豁免体系。

不确立航运业反垄断整体豁免制度构成了本书理论分析框架的基础。不确立国际航运反垄断整体豁免制度，国际航运市场的垄断问题就不享有不适用一般竞争法之特权，因此我国国际航运市场垄断规制的问题最终归结到应当如何将一般竞争法适用于国际航运反垄断具体法律制度的建构之中。笔者认为，以不确立国际航运反垄断整体豁免为基础构建的《航运法》国际航运反垄断法律规则之体系，不应当是与《反垄断法》脱节的独立体系而分化了法律适用的统一性、架空了《反垄断法》的效力，其立法走向应当定位为《反垄断法》在国际航运市场的适用性规则，需要对将一般竞争法规则适用于国际航运市场时众多模棱两可的问题予以澄清和界定。因此，在反垄断实体法规制的体系框架下，就需要对如何将协议垄断规制、滥用市场支配地位规制、经营者集中规制、行政垄断规制适用于国际航运反垄断法律制度给出具体解答。

第一,在国际航运协议的反垄断规制问题上,本研究将研究视域从传统以航运组织形态为主的研究转向专注于航运协议具体内容及其反竞争效果的微观化研究,对航运协议限制竞争效果与效率改进效果、消费者福利相权衡,试图以此为基础划定航运经营者滥用契约自由、启动海事海商法律制度中强行法介入来矫正市场的干预门槛与边界。固定价格、统一运输条件、市场划分、使用战斗船协议因其严重的竞争抑制效果、垄断导致的无效率、减损消费者福利效果,即构成契约自由之滥用,不但需要强行法规制而且从执法效率而言规制制度介入的门槛应当较低。根据美国反托拉斯判例法的发展,此类主观意在危害竞争并且实质上往往能够严重危害市场竞争的垄断协议适用本身违法原则,无论协议是否付诸实施,无论实施效果如何,法院根据既往的反托拉斯法实践认为此类协议的反竞争效果十分明显且无助于公共利益与经济效率,直接判定其违法。虽然我国《反垄断法》采用欧盟模式使用禁止与豁免相结合的制度设计并主要适用合理原则,然而明确某类航运协议的严重反竞争效果并施以较高标准之效率提升或福利增进的证明义务于航运经营者,有助于节约原本就有限的执法成本。波斯纳从执法成本的法律经济分析入手对此进行了说明:法律规制仅考察固定价格的行为本身而不附加行为意图等其他判断因素,乃是因为销售者不太可能在明知固定价格不太可能成功的情况下进行此类图谋,即便有时候惩罚了无法得逞的图谋也不会造成损害,并且基于公共执法预算约束力的假定,执法效率是必须被纳入考量范围的制度建构要素,对于不会得逞的固定价格图谋进行追究会导致消耗在边缘案件中的执法资源不能用在更重要的案件中。但是,对于不严重限制竞争的其他垄断协议,执法者则必须综合分析其福利影响才能判断是否作出违法认定。此外,考虑到技术性合作协议可能带来更优的市场资源配置与效率提升效果,在这种情况下通过联合实现的合理化似乎比自由竞争更可取,在航运竞争法制的架构中宜做反垄断豁免处理。上述以协议反竞争效果为基础架构的竞争规制体系实际上回应了我国反垄断法合理原则下的执法分析模式与思路,将本身违法与反垄断豁免视为竞争规制的两极,在这两极中进行取舍权衡,有益于解决证明标准的问题,也有利于集中反垄断执法资源在复杂案件上。此外,航运垄断协议的竞争监管并不排斥产业规制。一方面,航运产业政策可以贯穿于反垄断法的实施过程中,以经济效果理论为核心的"合理原则"就注重在反垄断与经济效益方面进行合理权衡;另一方面,扶持航运业发展完全可以通过适度政府补贴、优惠税率、低息贷款、货载优先等一系列"非垄断"鼓励的方式进行。因此,从偏重产业监管的事前控制模式向竞争规制事后调控模式过渡的渐进性转变无疑是航运垄断协议的公法规制模式的未来走向。

考虑到我国反垄断法律制度主要借鉴欧盟立法模式,适度参考欧盟海运竞争法的有关内容,并结合前述有关以反竞争效果为界分的航运垄断协议类型化讨论,赋予产业监管机构技术性协议豁免监管权,不失为可行的制度建构进路。首先,以竞争规制、事后调控模式作为主导性立法思路。虽然欧盟和美国对于航运协议在多大程度上排除一般反垄断法适用的范畴问题上规定不一,但无疑欧美做法均认可一般性反垄断法律制度在规制航运垄断协议上的功能和作用。因此,确立以竞争规制、事后调控模式作为主导性立法思路实际上也与国际主要海运法域的做法相一致。其次,在《航运法》中以反竞争效果为界分、兼顾效率标准与消费者福利标准建构类型化航运垄断协议规制体系:对于固定价格、统一运输条件、市场划分、使用战斗船协议,考虑到其严重的竞争抑制效果、垄断导致的无效率、减损消费者福利效果,可以参照欧盟做法视为"核心卡特尔",直接予以禁止;对于技术性合作协议,则可以赋予其反垄断豁免;对于其他类型的航运协议则适用合理原则由反垄断执法机构适用个案考量、事后规制。最后,技术性合作协议的豁免可以由产业监管部门按照美国协议报备制度来进行管理,将豁免制度作为融合航运产业政策与竞争规制的合力点,并在《航运法》中明确授权反垄断豁免的实体法要件与程序法要件。

第二,在国际航运企业与组织滥用市场支配地位行为的反垄断规制问题上,如何防止大型船公司以及国际航运组织滥用市场支配地位,损害航运市场消费者托运人利益,损害航运市场竞争秩序,是航运竞争法律制度的重要问题。但是,我国现有航运市场滥用市场支配地位的法律规制制度却存在内容上的诸多缺失，相应法学理论也尚显不足，因此至今该领域仍存不少争议。制定《航运法》必须解决国际航运领域的相关市场如何界定、市场支配地位如何认定、滥用行为如何认定的构成要件问题。对于相关市场界定，应当以运输性能和用途上的不可替代性将国际航运市场初步界分为班轮运输市场与不定期租船市场加以分析：班轮运输在运输方式上的可替代性弱，因此决定因素是航线和港口的可替代性判断；不定期租船运输之间的服务产品差异程度较大，因此不定期租船运输的相关市场必须结合相关因素采用个案方式进行界定。除了明确航运业相关市场的界定标准，明确航运企业或组织市场支配地位的认定标准，如何认定滥用行为亦为重中之重。这是因为市场支配地位本身并不违法，所以在确认滥用市场支配地位行为时需要在市场支配地位的合法利用和违法滥用之间划一条界限，完全取决于滥用行为的竞争规制标准如何界定。本研究即意在对这一重要问题探索初步的预设性理论解决框架。航运市场中的剥削性滥用市场支配地位行为可能造成对消费者利益的直接侵害，因此在认定标准上较妨碍性滥用标准更低。超高定价的判定标准主要取决于定价是否显著超出产品的经济价值，并参照比较其他处于相似地位企业的定价。航运市场中妨碍性滥用市场支配地位行为的反垄断规制标准则依据行为类型的不同而不同：鉴于使用战斗船行为是以竞争排挤为唯一目的，因此可以将意图作为滥用的决定性标准；为了合理区分掠夺性定价与合理降价行为，可以以修订后的“阿瑞达—特纳规则”为界分标准；忠诚折扣行为是否构成滥用行为则以折扣是否具有限制性、掠夺性或捆绑性为判定标准；价格歧视行为的标准较为容易判断，如果从价运费和运费折扣并不以货物数量或运输成本为基础公平的适用于所有处于相同条件的托运人，却以限制竞争为目的，则构成滥用性价格歧视行为。

为了有效规制航运市场中的滥用支配地位行为，我国航运竞争立法可以引入共同市场支配地位概念，但首先需要在理论上澄清以下问题：可以以市场透明度、惩戒机制、寡头外竞争压力为标准认定共同市场支配地位；航运组织中成员的独立行动权并不当然构成对于共同市场支配地位认定的减弱因素;滥用共同市场支配地位不得享有协议垄断豁免;垄断协议与滥用共同市场支配地位竞合时反垄断执法机构可以适用宽大制度。其次,市场多元化、身份多重化与分支产业自然垄断属性也带来了是否将必要设施理论适用于航运市场,是否对必要设施拥有者施加强制缔约义务的难题。可以考虑在航运市场适用必要设施理论,赋予某些航运产业基础性网络运营商准入义务。但囿于该理论在保护竞争的同时会相应地牺牲投资者利益和创新机制保护,与经济自由的本质相冲突,因此必须在适用条件上进行严格限缩。最后,考虑到反垄断法在对于市场支配地位的合法利用和违法滥用进行界限划分,保护消费者利益的同时也需要防止对于支配企业的行为构成不适当的限制,防止发生有悖于增进效率与社会福利的后果,因此对于航运市场中的滥用行为也应当允许支配企业进行合理抗辩,证明其行为主观上出于善意且具有合法目的,不会扭曲市场竞争,能够提升效率与福利,或是基于社会公共利益的考虑等理由提出客观合理的解释。

第三,在国际航运经营者集中的反垄断规制问题上,现有国际航运法律规范的规定过于单薄,无论是国际航运经营者集中规制的对象范畴,还是申报审查主管机构与程序都未能有效澄清实践中的疑惑。笔者认为,我国制定《航运法》时应当在国际航运经营者之间的并购之外将航运市场较为常见的航运合营纳入经营者集中规制的对象范畴,前提是其符合全功能合营企业的构成要件。在国际航运经营者集中的申报审查程序问题上,采用交通部预先特别审查机制或者联合审查机制,是一种能够兼顾反垄断主管机构的权力统一与航运市场的特殊性,在商务部反垄断局与交通部管辖权争执时的有效协调机制。对于外商投资我国国际航运业,我国在市场准入、中外出资比例以及程序监管方面采用严格立法,却忽略了一种更广为采用的外资进入我国航运市场的方式——外资国际航运经营者并购我国国内航运经营者,或者更广义的外资通过购买我国航运经营者股权或资产并最终取得控制权,使得现有国际航运法律规范对于外商在我国投资国际航运业的监管是先天不足的,必须在未来制定《航运法》时对此予以补充。

第四,在国际航运市场中行政垄断的反垄断规制问题上,由于国际航运市场中的政府行为不仅涉及本国政府滥用行政权力限制竞争的行为,还涉及外国政府滥用行政权力引发的对于本国航运市场竞争造成限制的行为,因此我国在制定《航运法》时,对于国际航运反垄断规则中的行政垄断问题需要在两个层面作出规定:一是规制本国行政权力滥用对于国内航运市场竞争秩序的限制,二是规制外国政府采用行政权力对其航运公司进行补贴扰乱我国海运市场秩序,使我国海运公司在竞争中处于劣势的行为。航运业之发展离不开政府的扶持,美国就通过各种立法坚持造船差额补贴、营运差额补贴、货载保留等一整套保护主义色彩极浓的海运政策扶持本国航运业。我国国际航运市场中的行政垄断不可避免地与国家援助政策连结在一起,虽然国家扶持海运业的行为如果适用不合理或不公平可能造成行政性限制竞争的效果,却并不应当以此否认海运业获得国家扶持的合理性。主张对我国国际航运企业给予适度的政府扶持与禁止行政垄断并不矛盾。对我国国际航运企业给予适度的政府扶持不等于认可通过行政垄断对我国航运企业实施差别待遇,也不等于认可国有航运企业应当具有垄断地位。禁止行政垄断可以通过打破地方主义、部门垄断、权力寻租来确保我国国际航运企业在良好的市场公平竞争环境下长足发展,法律框架下适度国家扶持则是在国际社会普遍对海运业实施国家援助的宏观环境下,通过提升我国国际航运企业在国际航运市场上的竞争优势来推动其发展。国家给予国际航运业的扶持之目的不是使某些国内企业获得市场竞争优势,同时使其他国内企业陷入市场竞争劣势,而是为了我国的航运企业能够整体性更好地发展壮大,在国际竞争中具有一定的竞争优势。因此,国家给予航运企业的扶持应当坚持对我国国际航运企业的不作所有制界分的均等扶持,将国有国际航运企业与私人国际航运企业处于平等地位,这就可以在极大程度上克制海运业扶持行为可能引发的行政性限制竞争效果。

此外,由于一直认为班轮运输具有特殊的产业属性和市场结构,因此班轮公会享有反垄断整体豁免,班轮运输产业也长期以来都被排除在一般竞争法的规制框架之外。但是不定期租船市场则被视为是不具有特殊化产业属性的完全竞争产业,因此与其他非管制产业一样受到一般竞争法规则的约束。这导致了班轮运输与租船运输法律规制体系的二元论划分,也人为地区隔了班轮运输与租船运输市场的竞争治理。随着欧盟取消班轮公会反垄断整体豁免的法律变革,国际社会开始反思豁免班轮运输业竞争规制的必要性,出现了将一般竞争法规则适用于班轮运输业的发展趋势。实际上,国际社会法律变革、航运市场结构变迁、消费者福利减损、产业比较视域下的差别待遇无疑都对班轮运输行业整体豁免理论提出了挑战。从产业政策与竞争规制协调视野来看,豁免班轮运输产业的垄断未必是鼓励航运业发展的最优选择。在此背景下,可以考虑通过竞争法律制度协调统合长期以来实施区隔化法律治理的班轮运输业与租船运输业,将二者统一适用一般化竞争规则下的单独豁免制度。在单独豁免制度下,租船中的航运联营和班轮运输中的联营在竞争抑制、效率提升、消费者福利影响方面都具有较大共性,而且由于这二者一般往往符合单独豁免的要件,因此制定一元论的航运竞争规则是较为可行的做法,以市场份额附加禁止性行为为限定条件给予豁免推定,同时允许异议人提出证据推翻豁免。

参考文献

中文类

[美] 理查德·波斯纳:《反托拉斯法》,孙秋宁译,中国政法大学出版社2002年版。

曹康泰:《中华人民共和国反垄断法解读——理念、制度、机制、措施》,中国法制出版社2007年版。

曹士兵:《反垄断法研究》,法律出版社1996年版。

陈红彦:"完善中国海运服务贸易立法之思考",载《法学杂志》2003年第24卷第1期。

陈继红、王学锋:"国际航运协议组织的制度变迁分析",载《集装箱化》2005年第1期。

陈继红、王学锋、周浩:"航运协议组织发展新趋势",载《水运管理》2005年第27卷第5期。

陈凯、陈继红:"班轮公会的前世今生",载《中国远洋航务》2010年第4期。

陈丽洁:"中国反垄断立法的现状和问题",载《环球法律评论》2003年春季号。

陈曦:"我国海运开放程度比较分析",载《研究生法学》2006年第4期。

成进、张琳:"入世前后中国海运政策的变化与发展——兼述其对外国投资者的影响及意义",载《海商法研究》2006年第12辑。

程宝库:"评美国航运法的受控制航运经营者规则及其修改",载《华东政法学院学报》1999年第2期。

戴启和:"改革开放新时期我国重大航运政策沿革与现状",载《水运管理》

1997 年第 2 期。

邓瑞平、王继宁:“论 GATS 框架内中国法律对海运服务业的调整”,载《现代法学》1997 年第 3 期。

丁莲芝:“欧盟海运国家资助政策及其借鉴意义”,载《中国海洋法学评论》2014 年卷第 1 期。

丁育松:“集装箱班轮航线合作的基本形式及其协议的主要内容”,载《集装箱化》2003 年第 1 期。

方小敏:“论反垄断法对国有经济的适用性——兼论我国《反垄断法》第 7 条的理解和适用”,载《南京大学法学评论》2009 年春季卷。

费维军:“论班轮运输的定价理论与实践”,载《集装箱化》1997 年第 1 期。

费艳颖、王越:“WTO 贸易自由化原则与我国航运立法之完善”,载《WTO 法与中国论坛——中国法学会世界贸易组织法研究会年会论文集(四)》2005 年版。

冯闻军、刘世元:“《服务贸易总协定》与我国海运服务贸易立法”,载《法制与社会发展》1996 年第 4 期。

傅廷中:“论我国海上货物运输法的统一”,载《中国法学》2003 年第 6 期。

高鹏程:“海商法领域的反垄断去向何处——论班轮公会反垄断法豁免的发展和对中国的启示”,载《研究生法学》2009 年第 24 卷第 1 期。

[西] 安德雷斯·冯特·格拉雷兹等:《欧盟企业合并控制制度:法律、经济与实践分析》(第 2 版),解琳、叶军译,法律出版社 2009 年版。

郭艳、张蔚蔚:“中国航运企业发展现状及对策研究”,载《中国水运》2007 年第 1 期。

郭瑜:《海商法的精神:中国的实践和理论》,北京大学出版社 2005 年版。

过勇、胡鞍钢:“行政垄断、寻租与腐败——转型经济的腐败机理分析”,载《经济社会体制比较》2003 年第 2 期。

韩龙:“美国对外资并购的国家安全审查制度:中国之借鉴”,载《江海学刊》2007 年第 4 期。

侯军:“保护与垄断的典型——美国航运政策立法评述”,载《上海海运学院学报》1984 年第 2 期。

胡绪雨:“GATS 规范海运政策的原则”,载《中国水运》2002 年第 7 期。

胡亚琴:“中美航运政策比较”,载《中国水运》(理论版)2006 年第 4 卷第 6 期。

胡正良:“航运法的调整对象与我国制定‘航运法’的必要性”,载《大连海事大学学报》(社会科学版)2004 年第 3 卷第 1 期。

胡正良:“论我国航运法的价值和基本原则”,载《大连海事大学学报》(社会科学版)2004 年第 3 卷第 2 期。

胡正良:“论我国《航运法》制定的目的和应遵循的原则”,载《大连海事大学学报》(社会科学版)2004 年第 3 卷第 3 期。

胡正良:“中国航运法之研究”,大连海事大学 2003 年博士学位论文。

黄欣、周昀:“行政垄断与反垄断立法研究”,载《中国法学》2001 年第 3 期。

[美] 赫伯特·霍温坎普:《联邦反托拉斯政策:竞争法律及其实践》(第 3 版),许光耀等译,法律出版社 2009 年版。

郑丙贵、王学锋:“论欧盟国际海运竞争法中监管制度的最新发展”,载《中国海洋大学学报》(社会科学版)2004 年第 1 期。

郑丙贵、王学锋:“欧盟国际海运反垄断豁免制度发展趋势前瞻”,载《中国海洋大学学报》(社会科学版)2005 年第 4 期。

郑丙贵:“后班轮公会时代国际班轮市场管制”,载《大连海事大学学报》(社会科学版)2007 年第 6 卷第 5 期。

郑丙贵、王学锋:“后班轮公会时代班轮公司之间合作问题前瞻”,载《上海海事大学学报》2007 年第 28 卷第 4 期。

郑丙贵:“欧盟航运竞争规则新体系探讨”,载《上海海事大学学报》2009 年第 30 卷。

郑丙贵:“公会协议和协商协议比较研究”,载《海大法律评论 2009》,上海社会科学院出版社 2010 年版。

江山、黄勇:“论中国石油行业的反垄断法适用”,载《现代法学》2011 年第 33 卷第 4 期。

江山、黄勇："论中国企业联营的经营者集中控制"，载《法学杂志》2012年第10期。

姜发根："经营者集中反垄断法控制的实体法论——兼评《中华人民共和国反垄断法(草案)》第四章"，载《安徽广播电视大学学报》2007年第3期。

姜圣复、陈柳松："美国海运业的立法及其对我国的借鉴意义"，载《世界海运》2003年第26卷第5期。

姜彦君："中外行政性垄断与反垄断立法比较研究"，载《政法论坛》2002年第20卷第3期。

井艳："简评美国《航运改革法》实施的效果与影响"，载《中国海商法年刊》2002年第13卷。

柯泽东：《海商法：新世纪几何观海商法学》，元照出版有限公司2006年版。

蓝鹭安："论班轮公会反垄断豁免法"，载《中国海商法年刊》2007年第17卷。

李剑："反垄断法实施与产业政策的协调——产业政策与反垄断法的冲突与选择"，载《东方法学》2011年第1期。

李思慈、邹盈颖："论海运联营体的反垄断法规制——以P3联盟被禁止为视角"，载《中国海商法研究》2015年第26卷第1期。

李天生："国际海运业反垄断豁免的法经济学分析——从THC风波谈起"，载《现代法学》2010年第32卷第1期。

李志文、王立志："'零运价'、'负运价'引起的竞争法思考"，载《2007年海商法研讨会论文集》。

李桢："论我国航运反垄断豁免制度的建立"，载《2007年海商法国际研讨会论文集》。

梁上上："论行业协会的反竞争行为"，载《法学研究》1998年第4期。

梁慎刚："论国际航运业战略联盟的若干问题"，载《水运管理》2002年第2期。

林晖、王千华："国际航运经济中的反垄断立法及反垄断豁免"，载《水运管理》1997年第12期。

林忠明:“欧盟班轮公会豁免规则及其最新发展”,载《中国海商法年刊》2007年第17卷。

刘慧:“欧盟航运政策述评”,载《水运管理》2003年第1期。

刘慧:“欧盟竞争法的最新发展动向及其对班轮运输的影响”,载《集装箱化》2007年第6期。

刘康兵、申朴:“从联盟到并购:国际海运业发展战略的博弈分析”,载《经济评论》2004年第3期。

刘瑞仪、许椿:“亚洲航运联营体的经营”,载《中国海商法年刊》2005年第15卷。

刘伟军:“论THC概念之界定及其合理支付主体”,载《上海海事大学学报》2009年第30卷第3期。

刘志云:“GATS框架下我国海运服务对外开放的问题探讨”,载《青岛海洋大学学报》(社会科学版)2002年第2期。

卢建禄:“班轮战略联盟不稳定性分析与对策”,载《世界海运》2007年第30卷第5期。

鲁篱、周道树:“行业协会价格卡特尔反垄断法规制的比较研究”,载《河北法学》2007年第25卷第9期。

鲁篱:《行业协会限制竞争法律规制研究》,北京大学出版社2009年版。

鲁篱:“行业协会限制竞争行为的责任制度研究”,载《中国法学》2009年第2期。

陆艳平:“论码头作业费的收取”,载《海商法研究》2003年第9辑。

吕鸣、章博:“我国航运竞争法的反垄断豁免制度”,载《水运管理》2005年第27卷第3期。

马硕:“航运市场周期理论与当今干散货航运市场变化”,载《水运管理》2009年第31卷第11期。

[美]曼昆:《经济学原理(第5版):微观经济学分册》,梁小民、梁砾译,北京大学出版社2009年版。

孟雁北:“论产业政策与反垄断法的冲突与协调”,载《社会科学研究》2005

年第2期。

孟洋:“班轮公会与航运联盟”,载《中国水运》2002年第12期。

慕亚平、肖小月:“我国反垄断法中经营者集中审查制度探析”,载《学术研究》2010年第4期。

彭先伟:“班轮公会反垄断豁免”,载《月旦民商法杂志》2009年第26期。

彭媛媛:“WTO与中国海运服务贸易法律制度的完善”,载《贵阳市委党校学报》2007年第6期。

乔婧:“海运法律制度变革对外国投资者的影响”,载《河南公安高等专科学校学报》2005年第84期。

任为民:“海运自由化谈判综述”,载《中国远洋航务公告》2002年第2期。

尚明:《对企业滥用市场支配地位的反垄断法规制》,法律出版社2007年版。

邵建东:“论市场支配地位及其滥用”,载《南京大学法律评论》1999年春季号。

邵沙平、王小承:“美国外资并购国家安全审查制度探析——兼论中国外资并购国家安全审查制度的构建”,载《法学家》2008年第3期。

沈四宝、刘彤:《美国反垄断法原理与典型案例研究》,法律出版社2006年版。

时建中:《反垄断法——法典释评与学理探源》,中国人民大学出版社2008年版。

史际春:“关于中国反垄断法概念和对象的两个基本问题”,载王晓晔:《反垄断法与市场经济》,法律出版社1998年版。

史建三:“完善我国经营者集中实质审查抗辩制度的思考”,载《法学》2009年第12期。

史建三、钱诗宇:《反垄断审查比较研究》,法律出版社2010年版。

宋春风、陈悦:“美国海运管理中的‘受控承运人’问题及其法律解决方案”,载《海商法研究》2002年第1辑。

苏辉、王晓东:“论集装箱班轮公司的联合”,载《集装箱化》1999年第5期。

孙光圻:“从世贸组织海运谈判看国际海运政策走势”,载《中国水运》1996

年第9期。

孙光圻:“国际航运政策中的保护主义与自由主义”,载《中国水运》1998年第10期。

孙晋、涂汉文:“自然垄断的规制改革与反垄断法适用持外的科学建构”,载《武汉大学学报》(社会科学版)2003年第56卷第5期。

孙勇志:“国际航运联营体经营模式比较研究”,载《青岛远洋船员学院学报》2004年第4期。

汤欣:“‘经济安全’与外资并购审查”,载《当代法学》2008年第22卷第1期。

万红先、戴翔:“我国海运服务贸易竞争力的国际比较”,载《国际商务——对外经济贸易大学学报》2007年第1期。

王保树:“论反垄断法对行政垄断的规制”,载《中国社会科学院研究生院学报》1998年第5期。

王岱岳:“关于THC法律性质的几点探讨”,载《大连海事大学学报》(社会科学版)2004年第3卷。

王丹、赵媛、刘芃:“航运联盟发展演变的进化博弈分析”,载《水运管理》2007年第29卷第8期。

王海栗:“行业协会中强势会员的不正当行为”,载《西南政法大学学报》2008年第10卷第2期。

王杰、吕靖:“货载保留政策:中国如何应对”,载《中国水运》1997年第10期。

王杰、王琦:《国际航运组织的垄断与竞争》,大连海事大学出版社2000年版。

王杰、刘友洪:“关于《中日航线市场运价自律协议》的几点思考”,载《水运管理》2002年第2期。

王婧祎:“WTO国际海运服务贸易与我国海运业开放”,载《上海经济研究》2008年第11期。

王曙光:“班轮公司战略联盟的方式与动机”,载《水运管理》2002年第3期。

王为农:“关于我国反垄断立法的再思考”,载《中国法学》2004年第3期。

王先林:“论联合限制竞争行为的法律规制——《中华人民共和国反垄断法(草拟稿)》的相关部分评析”,载《法商研究》2004年第5期。

王先林:“论反垄断法中的控制企业结合制度——兼析《中华人民共和国反垄断法(修改稿)》的相关规定”,载《法商研究》2006年第1期。

王先林:“论滥用市场支配地位行为的法律规制——《中华人民共和国反垄断法(草案)》相关部分评析”,载《法商研究》2007年第4期。

王先林、丁国锋:“反垄断法实施中对竞争政策与产业政策的协调”,载《法学》2010年第9期。

王小琼、何焰:“美国外资并购国家安全审查立法的新发展及其启示——兼论《中华人民共和国反垄断法》第31条的实施”,载《法商研究》2008年第6期。

王晓晔:“社会主义市场经济条件下的反垄断法”,载《中国社会科学》1996年第1期。

王晓晔:《反垄断法与市场经济》,法律出版社1998年版。

王晓晔:“戒律强势——欧盟竞争法中的滥用市场支配地位”,载《国际贸易》2000年第5期。

王晓晔:“紧盯国际卡特尔——美国反托拉斯法及其新发展”,载《国际贸易》2002年第3期。

王晓晔:“加重制裁——本身违法的卡特尔类型及法律后果”,载《国际贸易》2004年第8期。

王晓晔:“合法与违法的认定——适用合理原则的卡特尔”,载《国际贸易》2004年第9期。

王晓晔:《反垄断立法热点问题》,社会科学文献出版社2007年版。

王晓晔:《欧盟竞争法》,中国社会科学出版社2007年版。

王晓晔:“我国最新反垄断法草案中的若干问题”,载《上海交通大学学报》(哲学社会科学版)2007年第15卷。

王晓晔:“《中华人民共和国反垄断法》中经营者集中的评析”,载《法学杂志》2008 年第 1 期。
王晓晔:“行政垄断问题的再思考”,载《中国社会科学院研究生院学报》2009 年第 4 期。
王晓晔:“经济体制改革与我国反垄断法”,载《东方法学》2009 年第 3 期。
王晓晔:《王晓晔论反垄断法》,社会科学文献出版社 2010 年版。
王晓晔:《反垄断法实施中的重大问题》,社会科学文献出版社 2010 年版。
王晓晔:《反垄断法》,法律出版社 2011 年版。
王彦:“班轮公会的衰落及航运联盟的发展”,载《世界海运》2001 年第 24 卷第 6 期。
王越:“我国航运立法的现状与未来”,载《WTO 法与中国论坛——中国法学会世界贸易组织法研究会年会论文集(四)》2005 年版。
王增坤、刘淑芬:“班轮公会反垄断豁免制度”,载《集装箱化》2009 年第 4 期。
[美] 基斯·N. 希尔顿:《反垄断法——经济学原理和普通法演进》,赵玲译,北京大学出版社 2009 年版。
肖江平:“运输市场垄断的成因与法律规制”,载《运输市场》2007 年第 10 期。
肖江平:“滥用市场支配地位行为认定中的‘正当理由’”,载《法商研究》2009 年第 5 期。
谢国旺:“论国际反垄断法适用除外制度的价值取向”,载《河北法学》2011 年第 10 期。
徐步、张功:“欧盟第 4056/86 号条例废止的影响及建议”,载《世界海运》2008 年第 31 卷第 4 期。
徐剑华、邝光海:“班轮运输业反垄断豁免前瞻”,载《世界海运》2005 年第 28 卷第 5 期。
徐峻:“受控承运人制度研究”,载《中国海商法年刊》2003 年第 14 卷。
徐士英:“行业协会限制竞争行为的法律调整——解读《反垄断法》对行业协会的规制”,载《法学》2007 年第 12 期。

徐士英、郑丙贵:“欧盟竞争法的新发展及对我国的启示”,载《法学》2004年第8期。
许光耀:“行政垄断的反垄断法规制”,载《中国法学》2004年第6期。
许光耀:“合理原则及其立法模式比较”,载《法学评论》2005年第2期。
许光耀:《欧盟竞争法通论》,武汉大学出版社2006年版。
许光耀:“《反垄断法》中垄断协议诸条款之评析”,载《法学杂志》2008年第1期。
杨运涛、吴津涛:“关于班轮公会强行征收THC的法律思考”,载《国际商报》2002年5月25日,第001版。
叶明:“行业协会限制竞争协议的反垄断规制”,载王晓晔:《反垄断法实施中的重大问题》,社会科学文献出版社2010年版。
应品广:“反垄断效率抗辩适用模式及不确定性克服”,载《北方法学》2011年第5卷第30期。
游钰:“论价格卡特尔的界定”,载《法学评论》2001年第4期。
游钰:《卡特尔规制制度研究》,法律出版社2006年版。
于立、吴绪亮:“运输产业中的反垄断与规制问题”,载《中国工业经济》2008年第239期。
于立新:“开放中国航运服务贸易市场的思考”,载《财贸经济》1999年第10期。
于良春、张伟:“中国行业性行政垄断的强度与效率损失研究”,载《经济研究》2010年第3期。
於世成:“论欧盟的海运竞争法”,载《中国海商法年刊》1994年第5卷。
於世成、林晖:“关于欧盟共同海运政策的思考”,载《水运管理》1998年第11期。
於世成:“中国的航运法律体系”,载《海商法研究》2003年第9辑。
於世成、王瑜:“放松管制与规范管理的统一——评《中华人民共和国国际海运条例》”,载《海商法研究》2004年第10辑。
於世成、郑丙贵:“国际航运协议组织及其反垄断豁免制度研究”,载《海大法律评论 2005》,上海社会科学院出版社 2006 年版。
於世成、邹盈颖:“论禁止滥用市场优势地位制度在国际航运竞争法中的运用”,载《法学评论》2006 年第 5 期。
於世成:《美国航运法研究》,北京大学出版社 2007 年版。
於世成:《美国航运政策、法律与管理体制研究》,北京大学出版社 2008 年版。
岳树梅:“论我国海运服务贸易法律制度的发展趋势”,载《重庆工商大学学报(西部论坛)》2006 年第 16 卷第 4 期。
章晓卉:“小议欧盟第 1419/2006 号条例对班轮航运业的影响”,载《中国海商法年刊》2009 年第 20 卷第 1~2 期。
张辉:“国际航运竞争形态的转变及其法律规制”,载《武汉理工大学学报》(社会科学版)2009 年第 22 卷。
张辉:“试论对国际海运竞争的法律调整”,载《法学评论》2005 年第 4 期。
张洁:“我国国有航运公司的法律困局”,载《河北法学》2007 年第 25 卷第 4 期。
张晶:“从 THC 争议看航运业的反垄断豁免——以我国《反垄断法》为视角”,载《保定学院学报》2009 年第 22 卷。
张京中:“保密服务合同带来的变化——写在美国《1998 年航运改革法》生效一年之际”,载《中国远洋航务公告》2000 年第 5 期。
张俊杰:“WTO 海运服务贸易谈判相关问题研究”,载《法商论丛》2009 年第 6 卷。
张丽英:“海运法律的壁垒及其自由化”,载《海商法研究》2002 年第 8 辑。
张琳:“欧盟的海运竞争政策”,载《海商法研究》2004 年第 11 辑。
张琳:“中美海运开放若干法律问题之比较研究”,载《海商法研究》2003 年第 9 辑。
张鲁:“由 GATS 中的海运服务基本原则看我国海运现状”,载《法制与社会》2009 年第 6 期。
张敏:“航运竞争法基本问题”,载《水运管理》2009 年第 31 卷第 5 期。

张瑞萍:“对滥用市场支配地位的若干分析”,载《法学家》1998 年第 3 期。
张守文:《经济法理论的重构》,人民出版社 2004 年版。
张淑芳:“行政垄断的成因分析及法律对策”,载《法学研究》1999 年第 4 期。
张湘兰、张辉:“WTO 海运服务贸易法初探”,载《法学评论》2002 年第 3 期。
张湘兰、张辉:“WTO 与中国海运服务贸易法律制度”,载《武汉大学学报》(社会科学版)2003 年第 56 卷第 1 期。
张湘兰、张洁:“美国队受控承运人的运价限制及豁免”,载《法学评论》2007 年第 2 期。
张占江:“自然垄断行业的反垄断法适用——以电力行业为例”,载《法学研究》2006 年第 6 期。
郑玲丽:“WTO 海运服务贸易自由化谈判及中国的因应措施”,载《法治研究》2007 年第 7 期。
郑鹏程:《行政垄断的法律控制研究》,北京大学出版社 2002 年版。
钟刚:《反垄断法豁免制度研究》,北京大学出版社 2010 年版。
种明钊:《竞争法》,法律出版社 1997 年版。
钟瑞栋:“从结构主义到行为主义——反垄断法的历史演进、发展趋势及我国的立法选择”,载《厦门大学法律评论》2001 年第 2 期。
周安宁:“我国集装箱班轮运输中日航线‘负运费’价格竞争分析”,载《华东经济管理》2007 年第 21 卷第 6 期。
周海霞:“浅谈班轮运输中的价格卡特尔”,载《商场现代化》2005 年第 450 期。
周启蕾:“班轮运输市场联合经营方式的新发展”,载《深圳大学学报》(人文社会科学版)1998 年第 15 卷第 3 期。
朱新艳、陈刚:“航运垄断协议规制探讨”,载《大连海事大学学报》(社会科学版)2008 年第 7 卷第 4 期。
朱曾杰:“令人遗憾的美国《1998 年航运改革法案》”,载《中国远洋航务公告》1998 年第 12 期。
朱作贤:“P3 航运联盟引发的国际航运反垄断思考”,载《大连日报》2014 年

6月11日,第B05版。

朱作贤:"健全航运反垄断法律",载《人民日报》2015年3月2日,第7版。

朱作贤:"反思当代国际航运反垄断规制的欧美法路径——兼论中国特色模式之构建",载《中国海商法研究》2015年第26卷第1期。

宗蓓华:"关于开放我国航运市场几个问题的思考",载《上海海运学院学报》1998年第19卷第4期。

邹盈颖:"反垄断法影响航运竞争规制方向",载《中国交通报》2008年8月15日,第005版。

邹盈颖、丁莲芝:"禁止滥用市场支配地位制度之构成要素的新发展及在国际航运中的运用",载《海大法律评论2012-2013》,上海浦江教育出版社2013年版。

邹盈颖、李思慈:"欧盟港口领域禁止滥用市场支配地位的案例研究",载《中国海商法研究》2014年第25卷第3期。

英文类

Abrahamsson, Bernhard J., *A Model of Liner Price Setting*, 2 Journal of Transport Economics and Policy, 1968, pp. 321–331.

Abrahamsson, Bernhard J., *International Ocean Shipping: Current Concepts and Principles*, Boulder, Colorado: Westview Press, 1980.

Agman, Robert S., *Competition, Rationalization and United States Shipping Policy*, 8 Journal of Maritime Law and Commerce, 1976, pp. 1–50.

Antapassis, Antonis et al. eds., *Competition and Regulation in Shipping and Shipping Related Industries*, Leiden: Martinus Nijhoff Publishers, 2009.

Areeda, Phillip E. and Donald F. Turner, *Predatory Pricing and Related Practices under Section 2 of the Sherman Act*, 88 Harvard Law Review, 1975, pp. 697–733.

Areeda, Phillip E., *Antitrust Laws and Public Utility Regulation*, 9 Antitrust Law and Economics, 1978, pp. 477–492.

Areeda, Phillip E. and Herbert Hovenkamp, *Antitrust Law* (*2nd ed.*), New York: Aspen Law and Business, 2002.

Areeda, Phillip E., et al., *Antitrust Analysis: Problems, Text, and Cases* (*6th ed.*), New York: Aspen Publishers, 2004.

Athanassiou, Lia I., *Competition in Liner and Tramp Maritime Transport Services: Uniform Regulation, Divergent Application?*, in *Competition and Regulation in Shipping and Shipping Related Industries* (Antonis Antapassis et al. eds.), Leiden: Martinus Nijhoff Publishers, 2009, pp. 70-93.

Auerbach, Carl A., *The Isbrandtsen Case and Its Aftermath: The Dual Rate System in International Shipping-Part I*, Wisconsin Law Review, 1957, pp. 223-278.

Auerbach, Carl A., *The Isbrandtsen Case and Its Aftermath: The Dual Rate System in International Shipping - Part II*, Wisconsin Law Review, 1959, pp. 369-417.

Baatz, Yvonne, et al., ed., *Maritime Law* (*3rd ed.*), New York: Informa Law from Routledge.

Baker, Jonathan B., *Competitive Price Discrimination: The Exercise of Market Power without Anticompetitive Effects*, 70 Antitrust Law Journal, 2003, pp. 643-654.

Bar-Lev, Joshua, *UNCTAD Code of Practice for the Regulation of Liner Conferences*, 3 Journal of Maritime Law and Commerce, 1972, pp. 783-791.

Bennathan, Esra and A. A. Walters, *The Economics of Ocean Liner Freight Rates*, New York: Praeger Publishers, 1969.

Bennathan, Esra and A. A. Walters, *Revenue Pooling and Cartels*, 21 Oxford Economic Papers, 1969, pp. 161-176.

Bennathan, Esra and A. A. Walters, *Shipping Conferences: An Economic Analysis*, 4 Journal of Maritime Law and Commerce, 1972, pp. 93-115.

Bennathan, Esra, Deregulation of Shipping: What is to Be Learned from Chile?,

World Bank Discussion Papers No. 67, World Bank, Washington D. C., 1989.

Bergantino, A. S. and A. W. Veenstra, *Interconnection and Co-ordination: An Application of Network Theory to Liner Shipping*, 4 International Journal of Maritime Economics, 2000, pp. 231-248.

Bess, David and Martin T. Farris, *U. S. Maritime Policy: History and Prospects*, New York: Praeger Publishers, 1981.

BeVier, Michael J., *Ratemaking in International Shipping Conferences*, 4 Stanford Journal of International Studies, 1969, pp. 84-114.

Blake, Harlan M. and William K. Jones, *In Defense of Antitrust*, 65 Columbia Law Review, 1965, pp. 377-400.

Blanco, Luis Ortiz, *Shipping Conferences under EC Antitrust Law: Criticism of a Legal Paradox* (Andrew Read trans.), Oxford, Portland: Hart Publishing, 2007.

Bliss, Donald T. and David T. Beddow, *Should the Shipping Act of* 1984 *be Amended to Eliminate Conference Antitrust Immunity*?, 36 Federal Bar News and Journal, 1989, pp. 357-360.

Bork, Robert H., *The Antitrust Paradox: A Policy at War with Itself*, New York: The Free Press, 1978.

Bradford, Anu, *International Antitrust Negotiations and the False Hope of the WTO*, 48 Harvard International Law Journal, 2007, pp. 383-439.

Bredimas, Anna E., *The Common Shipping Policy of the EEC*, 19 Common Market Law Review, 1981, pp. 9-32.

Broder, Douglas, *U. S. Antitrust Law and Enforcement*, Oxford: Oxford University Press, 2010.

Brooks, Mary R., *Canada and the Liner Code of Conduct: Consumerism and Public Policy*, 10 Maritime Policy and Management, 1983, pp. 77-85.

Brooks, Mary R., *Sea Change in Liner Shipping: Regulation and Managerial Decision-Making in a Global Industry*, Oxford: Pergamon, 2000.

Brown, Ronald G. and Akinori Uesugi, *Japanese Regulation of Ocean Freight

Shipments,11 Journal of Maritime Law and Commerce,1980,pp. 293-318.

Bryan,Ingrid A. ,*Regression Analysis of Ocean Liner Freight Rates on Some Canadian Export Routes*,8 Journal of Transport Economics and Policy,1974, pp. 161-173.

Bryan,Ingrid A. and Y. Kotowitz,*Shipping Conferences in Canada*,Ottawa: Department of Consumer and Corporate Affairs,1978.

Buderi,Charles L. O. ,*Conflict and Compromise*:*The Shipping Act of* 1984,3 Berkeley Journal of International Law,1986,pp. 311-345.

Buderi,Charles L. O. ,*U. S. Policy on Regulation of Liner Shipping in the* 1980'*s*:*A View from Washington-Part II*,18 Journal of Maritime Law and Commerce,1987,pp. 111-130.

Burley, Kevin, *British Shipping and Australia*: 1920 - 1939, Cambridge: Cambridge University Press,1968.

Burley,Ramond F. ,*Rates and Practices and Their Regulation*,in *Ocean Transportation*,(Carl E. McDowell and Helen M. Gibbs eds.),New York: McGraw-Hill,1954,pp. 380-406.

Button,Kenneth J. ,*Liberalising European Aviation*:*Is There an Empty Core Problem*?,30 Journal of Transport Economics and Policy,1996,pp. 275-291.

Butz,David,*Ocean Shipping Economics*:*Free Trade and Antitrust Implications*, 3 Contemporary Policy Issues,pp. 69-80.

Capone, Ronald A. , *Critique of UNCTAD Code of Conduct for Liner Conferences*, in *International Regulation of Maritime Transportation*: *Annual Proceeding s of the Fordham Corporate Law Institute* (J. C. Sweeney ed.), New York:Matthew Bender and Co. Inc. ,1978,pp. 61-70.

Capone,Ronald A. , *United States Laws and the Convention on a Code of Conduct for Liner Conferences*: *A Catalogue of Conflicts and Dilemmas*, 15 Virginia Journal of International Law,1975,pp. 249-276.

Cassel,Paul G. ,*Exemption of International Shipping Conferences from the*

American Antitrust Laws:*An Economic Analysis*,20 New England Law Review, 1984-1985,pp. 1-30.

Chan,Gordon Y. M. , *Administrative Monopoly and the Anti-Monopoly Law*:*An Examination of the Debate in China*,18 Journal of Contemporary China,2009, pp. 263-283.

Chuah,Jason,*The New Trans Atlantic Conference Agreement-An Evaluation of Liner Conferences under Threat*,9 Journal of International Maritime Law,2003, pp. 289-296.

Chuah,Jason,*Liner Conferences in the EU and the Proposed Review of EC Regulation* 4056/86,Lloyd' s Maritime and Commercial Law Quarterly,2005, pp. 207-233.

Clarke,Richard L. ,*An Analysis of the International Ocean Shipping Conference System*,36 Transportation Journal,1997,pp. 17-29.

Clott, Christopher, and Gary S. Wilson, *Ocean Shipping Deregulation and Maritime Ports*:*Lessons Learned from Airline Deregulation*, 26 Transportation Law Journal,1999,pp. 205-218.

Clough, Mark and Fergus Randolph, *Shipping and EC Competition Law*, London:Butterworths,1991.

Corea, Gamani, *UNCTAD and the New International Economic Order*, 53 International Affairs,1977,pp. 177-187.

Cotton,Anthony Raymond,*Conference-shipper Loyalty Contacts*:*Time for A Re-think*?,11 Maritime Policy and Management,pp. 79-97.

Council of European and Japanese National Shipowners' Associations,CENSA, *Submission to the OECD Inquiry relating to Regulatory Reform in International Maritime Transport*,March 2001.

Crane,Daniel A. ,*The Economics of Antitrust Enforcement*,in *Antitrust Law and Economics* (Keith N. Hylton ed.), Cheltenham: Edward Elgar Publishing Limited,2010,pp. 1-22.

Creel, Harold J., *Maritime Services: Staying Competitive in a Global Market*, 5 Economic Perspectives: An Electronic Journal of the U. S. Department of State, 2000, pp. 13-15.

Cullinane, Kevin, *International Handbook of Maritime Business*, Cheltenham: Edward Elgar, 2010.

Danas, Andrew M., *Deregulation of the Liner Conference System: The Creation of Countervailing Power in Shippers as a Means to Control Oligopoly Market Power*, 6 Northwestern Journal of International Law and Business, 1984, pp. 373-458.

Davies, John E., *Competition, Contestability and the Liner Shipping Industry*, 20 Journal of Transport Economics and Policy, 1986, pp. 299-312.

Davies, John E., *Destructive Competition and Market Unsustainability in the Liner Shipping Industry*, 18 International Journal of Transport Economics, 1990, pp. 227-246.

Davies, John E., *The Competition Environment of Liner Conferences*, 5 Maritime Policy and Management, 1978, pp. 97-106.

Davies, John E., *The Economics of the Open Conference System*, 7 Maritime Policy and Management, 1980, pp. 85-102.

Davies, John E., *The Effects of U. S. Shipping Regulation on Specific Aspects of Liner Conference Operation*, 7 Maritime Policy and Management, 1980, pp. 37-54.

Davies, Peter N., *British Shipping and World Trade: Rise and Decline*, 1820-1939, in *Business History of Shipping: Strategy and Structure* (Tsunehiko Yui and Keiichiro Nakagawa eds.), Tokyo: University of Tokyo Press, 1985.

Deakin, Brian M., *Shipping Conferences: Some Economic Aspects of International Regulation*, 2 Maritime Studies and Management, 1974, pp. 5-31.

Deakin, Brian M. and T. Seward, *Shipping Conferences: A Study of Their Origins, Development and Economic Practices*, London: Cambridge University

Press, 1973.

DeLangen, Peter W. and Athanasios A. Pallis, *Entry Barriers in Seaports*, 34 Maritime Policy and Management, pp. 427–440.

Deltas, G. K. Serfes and R. Sicotte, *American Shipping Cartels in the Pre-World War Era*, 16 Research in Economic History, pp. 1–38.

Denvir, James P., The Department of Justice and the Anti-Trust Exemption of Shipping Conferences, in *International Regulation of Maritime Transportation: Annual Proceeding s of the Fordham Corporate Law Institute* (J. C. Sweeney ed.), New York: Matthew Bender and Co. Inc., 1978, pp. 181–195.

Devanney Ⅲ, J. W., et al., *Conference Rate Making and the West Coast of South America*, 9 Journal of Transport Economics and Policy, 1975, pp. 154–177.

Dick, H. W., *Containerization and Liner Conferences: A Polemic*, 10 Maritime Policy and Management, 1983, pp. 165–180.

Didier, Maître Edouard, *EEC Maritime Law and Third Countries*, 28 European Transport Law, 1993, pp. 433–469.

Ding, Chiang Hai, *The Early Shipping Conferences System of Singapore*, 10 Journal of Southeast Asian History, 1969, pp. 50–68.

Dinger, Felix, *The Future of Liner Conferences in Europe: A Critical Analysis of Agreements in Liner Shipping under Current European Competition Law*, Frankfurt: Peter Lang, 2004.

Dodds, Robert J., Jr., *Legality of Shipper Tying Agreement in Ocean Commerce*, 23 University of Pittsburgh Law Review, 1962, pp. 933–967.

Easterbrook, Frank H., *The Limits of Antitrust*, 63 Texas Law Review, 1984, pp. 1–40.

Ehlermann, Claus-Dieter, *State Aids Under European Community Competition Law*, 18 Fordham International Law Journal, 1994, pp. 410–436.

Elhauge, Einer, *Defining Better Monopolization Standards*, 56 Stanford Law Review, 2003, pp. 253–344.

Ellsworth, Robert A. , *Competition or Rationalization in the Liner Industry?*, 10 Journal of Maritime Law and Commerce, 1979, pp. 497-517.

Ellsworth, Robert A. , et al. , *Regulating the Rate Practices of State-Controlled Shipping Companies: The Development and Implementation of the Ocean Shipping Act of* 1978, 12 Journal of Maritime Law and Commerce, 1981, pp. 467-483.

Erdmenger, Jürgen and Dinos Stasinopoulos, *The Shipping Policy of the European Community*, 22 Journal of Transport Economics and Policy, 1988, pp. 355-360.

Ersbøll, Niels Christian, *The European Commission's Enforcement Powers: An Analysis of the Exclusion of Tramp Vessel Services from Regulation* 4056/86 *and Regulation* 1/2003, European Competition Law Review, 2003, pp. 375-383.

Evans, John J. , *Concerning the Level of Liner Freight Rates*, 9 Maritime Policy and Management, 1982, pp. 103-114.

Evans, John J. and John E. Davies, *The Liner Conference System: Its Origins, Achievements and Current Difficulties*, 5 Maritime Policy and Management, 1978, pp. 155-174.

Evans, John J. , *The Regulated Ocean Shipping Industry. A Report by the U. S. Department of Justice: A Critique*, 5 Maritime Policy and Management, 1982, pp. 219-248.

Faella, Gianluca, *The Antitrust Assessment of Loyalty Discounts and Rebates*, 4 Journal of Competition Law and Economics, 2008, pp. 375-410.

Farthing, Bruce, *International Shipping: An Introduction to the Policies, Politics, and Institutions of the Maritime World* (2nd *ed.*), London: Lloyd's of London Press, 1993.

Farthing, R. B. C. , *UNCTAD Code of Practice for the Regulation of Liner Conferences-Another View*, 4 Journal of Maritime Law and Commerce, 1973, pp. 467-473.

Fawcett, F. Conger and David C. Nolan, *United States Ocean Shipping: The History, Development, and Decline of the Conference Antitrust Exemption*, 1 Northwestern Journal of International Law and Business, 1979, pp. 537-568.

Ferguson, Allen R., *Economic Criteria for Rate Behavior*, in *The Economic Value of the United States Merchant Marine* (Allen R. Ferguson ed.), Evanston, Illinois: Northwestern University Transportation Center, 1961, pp. 257-277.

Ferguson, Allen R., *Markets and Competition*, in *The Economic Value of the United States Merchant Marine* (Allen R. Ferguson ed.), Evanston, Illinois: Northwestern University Transportation Center, 1961, pp. 312-319.

Fink, Carsten et al., *Trade in International Maritime Services: How Much Does Policy Matter?*, 16 The World Bank Economic Review, 2002, pp. 81-108.

FitzSimons, Ann B., *Antitrust and the Shipping Industry: Interpretation of the Shipping Act of* 1916, 12 International Law and Politics, 1979, pp. 115-134.

Fleming Douglas K., *Patterns of International Ocean Trade*, in *The Handbook of Maritime Economics and Business* (Costas Th. Grammenos ed.), London: Lloyd's List, 2010, pp. 67-98.

Fleming Douglas K., *Reflections on Conventional Cargo Liner Service*, 1 Maritime Studies and Management, 1974, pp. 178-190.

Fox, Nancy Ruth, *An Oligopoly Model of Ocean Liner Service*, 9 Review of Industrial Organization, 1994, pp. 343-355.

Fox, Nancy Ruth, *Some Effects of the U. S. Shipping Act of* 1984 *on Ocean Liner Shipping Conferences*, 26 Journal of Maritime Law and Commerce, 1995, pp. 531-544.

Fox, Nancy Ruth and L. J. White, *U. S. Ocean Shipping Policy: Going Against the Tide*, 533 Annuals of the American Academy of Political and Social Sciences, 1997, pp. 75-86.

Franck, Bernard and Jean-Claude Bunel, *Contestability, Competition and Regulation: The Case of Liner Shipping*, 9 International Journal of Industrial

Organisation,1991,pp. 141-159.

Frankel,Ernst G. et al. , *Impact of Cargo Sharing on U. S. Liner Trades*, 5 Marine Policy,1981,pp. 23-29.

Frankel,Ernst G. ,*Management and Operations of American Shipping*, Boston, Massachusetts:Auburn House Publishing Co. ,1982.

Frankel, Ernst G. , *Regulation and Policies of American Shipping*, Boston, Massachusetts:Auburn House Publishing Co. ,1982.

Frankel,Ernst G. ,*Economic and Commercial Implications of the U. S. Shipping Act of* 1984,22 Logistics and Transportation Review,1986,pp. 99-114.

Friedmann,Peter A. and John A. Devierno,*The Shipping Act of* 1984:*The Shift from Government Regulation to Shipper "Regulation"*, 15 Journal of Maritime Law and Commerce,1984,pp. 311-351.

Fusillo,Mike,*Excess Capacity and Entry Deterrence: The Case of Ocean Liner Shipping Markets*,5 Maritime Economics and Logistics,2003,pp. 100-115.

Gardner, Bernard, *An Alternative Model of Price Determination in Liner Shipping*,5 Maritime Policy and Management,1978,pp. 197-218.

Gardner,Bernard,*EU Competition Policy and Liner Shipping Conferences*, 31 Journal of Transport Economics and Policy,1997,pp. 317-324.

Gardner,Warner W. , *Steamship Conferences and the Shipping Act* 1916, 35 Tulane Law Review,1960,pp. 129-140.

Garvey,George E. , *Regulatory Reform in the Ocean Shipping Industry: An Extraordinary U. S. Commitment to Cartels*, 18 George Washington Journal of International Law and Economics,1984,pp. 1-54.

Gilman, Sidney, *The Competitive Dynamics of Container Shipping*, London: Gower Publishing,1983.

Gold,Edgar,*Maritime Transport: The Evolution of International Marine Policy and Shipping Law*,Lexington,Massachusetts:D. C. Health and Co. ,1981.

Gordon,James S. ,*Shipping Regulation and the Federal Maritime Commission*,

37 University of Chicago Law Review,1969,pp. 90–158.

Goss,R. O. ,*Some Financial Aspects of Shipping Conferences*, in *Advances in Maritime Economics* (R. O. Goss ed.), Cambridge: Cambridge University Press,1977,pp. 178–191.

Goss,R. O. ,*Studies in Maritime Economics*,Cambridge:Cambridge University Press,1968.

Goss,R. O. ,*The Regulation of International Transport* Ⅰ:*Transport by Sea*,21 The World Today,1965,pp. 410–418.

Goss,R. O. , *U. S. A. Legislation and the Foreign Shipowner: A Critique*, 12 Journal of Industrial Economics,1963,pp. 1–19.

Graham, Michael Garrett, *Stability and Competition in Intermodal Container Shipping: Finding a Balance*, 25 Maritime Policy and Management, 1998, pp. 129–147.

Green,Nicholas,*The Consortia Block Exemption*,28 European Transport Law, 1993,pp. 477–486.

Greenhill, Robert G. , *Competition or Co-operation in the Global Shipping Industry:The Origins and Impact of the Conference System for British Ship Owners Before* 1914,14 Research in Maritime History,1998,pp. 53–80.

Grossman, William L. *Ocean Freight Rates*, Cambridge, Maryland: Cornell Maritime Press,1956.

Guzman,Andrew T. ,*Antitrust and International Regulatory Federalism*,76 New York University Law Review,2001,pp. 1142–1163.

Haralambides,H. E. ,et al. ,*Costs,Benefits,and Pricing of Dedicated Container Terminals*,4 International Journal of Maritime Economics,pp. 21–34.

Harbridge,House,*The U. S. Merchant Marine and the International Conference System*,Boston:Harbridge House Inc. ,1978.

Harvard Law Review Editors,*The Effect of the Shipping Act on Prior Common Law and Statutory Remedies*,44 Harvard Law Review,1931,pp. 955–959.

Hazard, John, *A Competitive United States Maritime Policy*, 22 Transportation Journal, 1982, pp. 32-62.

Heaver, Trevor D., *A Theory of Shipping Conferences Pricing and Policies*, 1 Maritime Studies and Management, 1973, pp. 17-30.

Heaver, Trevor D., *Liner Conferences: Issues with Special Reference to Freight Rates*, Ottawa: Transport Canada, 1982.

Heaver, Trevor D., *The Structure of Liner Conference Rates*, 21 Journal of Industrial Economics, 1973, pp. 257-265.

Heaver, Trevor D., *Trans-Pacific Trade, Liner Shipping and Conference Rates*, 8 Logistics and Transportation Review, 1972, pp. 3-28.

Heller, Thomas C., *Structuralism and Critique*, 36 Stanford Law Review, 1984, pp. 127-198.

Herman, Amos, *Shipping Conferences*, Deventer: Kluwer Law and Taxation Publisher, 1983.

Herman, L. L., *The Code of Conduct for Liner Conferences: Frustrations on the Road to Utopia*, 14 Canadian Yearbook of International Law, 1976, pp. 257-269.

Hickey, Denys, *Pooling Agreements under European Community Law*, EMLO Conference London, Jun. 18, 2004.

Hill, S. R., *Liner Conferences: Information Requirements*, Ottawa: Transport Canada, 1982.

Holderness, Clifford G., *Economic Analysis of the United Nations Code of Conduct for Liner Conferences*, 29 Stanford Law Review, 1977, pp. 853-877.

Honka, Hannu, *EC Competition Law on Multimodal Transport: Recent Development*, 39 Scandinavian Studies in Law, 2000, pp. 89-109.

Horn, Johan, *Nationalism Versus Internationalism in Shipping*, 3 Journal of Transport Economics and Policy, 1969, pp. 245-250.

Hovenkamp, Herbert, *The Antitrust Enterprise: Principle and Execution*,

Cambridge, Massachusetts: Harvard University Press, 2005.

Hylton, Keith N., *Antitrust Law: Economic Theory and Common Law Evolution*, Cambridge: Cambridge University Press, 2003.

Hylton, Keith N., *Antitrust Law and Economics*, Cheltenham: Edward Elgar Publishing Limited, 2010.

Iheduru, Okechukwu C., *The Political Economy of International Shipping in Developing Countries*, New Jersey: Associated University Press, 1996.

Jacobs, Laurie A. andAlan M. Weintraub, *The Shipping Act of* 1916: *Proposed Amendments and Their Impact on the U. S. Merchant Marine*, 15 Journal of International Law and Economics, 1981, pp. 639-676.

Jankowski, W. B. and John E. Davies, *Competition, Contestability and the Liner Shipping Industry: Comment and Rejoinder*, 23 Journal of Transport Economics and Policy, 1989, pp. 199-208.

Jansson, Jan Owen, *Intra-Tariff Cross-Subsidisation in Liner Shipping*, 8 Journal of Transport Economics and Policy, 1974, pp. 294-311.

Jansson, Jan Owen and Dan Shneerson, *The Effective Protection Implicit in Liner Shipping Freight Rates*, 60 Review of Economics and Statistics, 1978, pp. 569-573.

Jayawickrama, S. S. and N. Pararajasingham, *The Assessment of Port Congestion Surcharges in Ocean Freight Rates*, 11 Logistics and Transportation Review, 1975, pp. 309-319.

Joskow, Paul L. and Alvin K. Klevorick, *A Framework for Analyzing Predatory Pricing Policy*, 89 Yale Law Journal, 1979, pp. 213-270.

Juda, Lawrence, *The UNCTAD Liner Code: A Preliminary Examination of the Implementation of the Code of Conduct for Liner Conferences*, 16 Journal of Maritime Law and Commerce, 1985, pp. 181-217.

Juda, Lawrence, *The UNCTAD Liner Code: United States Maritime Policy at the Crossroads*, Boulder, Colorado: Westview Press, 1983.

Juda, Lawrence, *World Shipping, UNCTAD, and the New International Economic Order*, 35 International Organization, 1981, pp. 493–516.

Kaysen, Carl and Donald F. Turner, *Antitrust Policy: An Economic and Legal Analysis*, Cambridge: Harvard University Press, 1959.

Kennedy, David, *Critical Theory, Structuralism and Contemporary Legal Scholarship*, 21 New England Law Review, 1985–1986, pp. 209–290.

Kharasch, Robert N., *Conferences of Carriers by Sea: Freedom of Rate Fixing*, 23 Journal of Air and Commerce, 1956, pp. 287–307.

Knudsen, Olav, *The Politics of International Shipping*, Lexington, Massachusetts: D. C. Health and Company, 1973.

Koch, Arne G. M., *Current Pricing Behavior in Liner Shipping*, Bergen, Norway: Institute for Shipping Research, 1968.

Kolstad, Olav, *Cooperate of Merge? Structural Changes and Full-Function Joint Ventures in the Shipping Industry*, in *Competition and Regulation in Shipping and Shipping Related Industries* (Antonis Antapassis et al. eds.), Leiden: Martinus Nijhoff Publishers, 2009, pp. 117–135.

Koukos, Nikolaosx, *EC Competition Law in the Tramp Shipping Sector*, Master Thesis, University of Oslo, 2009, available at https://www.duo.uio.no/bitstream/handle/10852/22858/trampxfinal-NikolaosxKoukos.pdf?sequence=1.

Kryvoruka, Kenneth J., *American Ocean Shipping and the Antitrust Laws Revisited*, 11 Journal of Maritime Law and Commerce, 1979, pp. 67–108.

Kubota, Takeo, *Regulation of the Maritime Industry in Japan*, in *Competition and Regulation in Shipping and Shipping Related Industries* (Antonis Antapassis et al. eds.), Leiden: Martinus Nijhoff Publishers, 2009, pp. 285–199.

Kuyper, P. J., *The European Communities and the Code of Conduct for Liner Conferences: Some Problems on the Border-line between General International Law and Community Law*, 12 Netherlands Yearbook of International Law, 1981, pp. 73–112.

Laing, E. T. , *Shipping Freight Rates for Developing Countries: Who Ultimately Pays?*, 11 Journal of Transport Economics and Policy, 1977, pp. 262-276.

Lam, Jasmine S. L. et al. , *Structure, Conduct and Performance on the Major Liner Shipping Routes* 1, 34 Maritime Policy and Management, 2007, pp. 359-381.

Landes, William M. and Richard A. Posner, *Market Power in Antitrust Cases*, Harvard Law Review, Vol. 94, No. 5, 1981, pp. 937-996.

Lang, John Temple, *Current Issues in EC Maritime Competition Law*, 28 European Transport Law, 1993, pp. 405-422.

Larner, Robert J. , *Public Policy in the Ocean Freight Industry*, in *Promoting Competition in Regulated Markets* (Almarin Phillips ed.), Washington, D. C. : The Brookings Institution, 1975, pp. 99-134.

Larsen, Paul B and Valerie Vetterick, *The UNCTAD Code of Conduct for Liner Conferences: Reservations, Reactions and U. S. Alternatives*, 13 Law and Policy in International Business, 1981, pp. 223-280.

Levikov, G. , *The Problem of Universal Acceptability of the Convention on a Code of Conduct for Liner Conferences*, 15 Maritime Policy and Management, 1988, pp. 247-254.

Levine, Michael E. , *Price Discrimination without Market Power*, 19 Yale Journal on Regulation, 2002, pp. 1-36.

Lewis, Ira and David B. Vellenga, The Ocean Shipping Reform Act of 1998, 39 Transportation Journal, 2000, pp. 27-34.

Liang, E. T. , *The Rationality of Conference Pricing and Output Policies*, 3 Maritime Studies and Management, 1975, pp. 103-111, 141-151.

Lindström-Rossi, Lenita, *The Application of EC Competition Rules to the Port Sector*, in *Competition and Regulation in Shipping and Shipping Related Industries* (Antonis Antapassis et al. eds.), Leiden: Martinus Nijhoff Publishers, 2009, pp. 139-152.

Liu, Hongyan, *Liner Conferences in Competition Law: A Comparative Analysis of European and Chinese Law*, Heidelberg: Springer, 2010.

Llorca, Manuel R., *Anti-trust Exemption of Shipping Conferences*, 6 Journal of Maritime Law and Commerce, 1975, pp. 287–298.

Lopatin, Alan G., *The UNCTAD Code of Conduct for Liner Conferences: Time for a United States Response*, 22 Harvard International Law Journal, 1981, pp. 355–377.

Lorenzon, Filippo and Renato Nazzini, *Setting Sail on a Sea of Doubt: Tramp Shipping Pools, Competition Law and the Noble Quest for Certainty*, in *Competition and Regulation in Shipping and Shipping Related Industries* (Antonis Antapassis et al. eds.), Leiden: Martinus Nijhoff Publishers, 2009, pp. 94–116.

Lowe, A. Vaughan, *Liner Shipping in the U. S. Trades: Legal Aspects*, 5 Maritime Policy and Management, 1978, pp. 175–195.

Luo, Meifeng et al., *An Econometric Analysis for Container Shipping Market*, 36 Maritime Policy and Management, 2009, pp. 507–523.

Magnusson, Jon, *Shipping Conference Dual-Rate Contract Arrangements as a Competitive Weapon*, 38 St. John's Law Review, 1964, pp. 221–250.

Marín, Pedro L. and Richard Sicotte, *Exclusive Contracts and Market Power: Evidence from Ocean Shipping*, 51 Journal of Industrial Economics, 2003, pp. 193–213.

Marlow, Peter and Rawindaran Nair, *Liner Shipping and Information Exchange-A European Perspective*, 30 Marine Policy, 2006, pp. 681–688.

Marx, Daniel Jr., *Group or Conference Rate-Making and National Transportation Policy in the United States*, 24 Law and Contemporary Problems, 1959, pp. 586–604.

Marx, Daniel Jr., *International Shipping Cartels: A Study of Industrial Self-Regulation by Shipping Conferences*, Princeton: Princeton University Press, 1953.

Marx, Daniel Jr., *International Organization of Shipping*, 55 Yale Law Journal, 1945-1946, pp. 1214-1232.

Marx, Daniel Jr., *Regulation of International Liner Shipping and "Freedom of the Seas"*, 16 Journal of Industrial Economics, 1967, pp. 46-62.

Mastromanolis, Emmanuel P., *E. U. and U. S. Competition Laws Compared: The Paradigm of Horizontal Co-operation in Maritime Trade*, in *Competition and Regulation in Shipping and Shipping Related Industries* (Antonis Antapassis et al. eds.), Leiden: Martinus Nijhoff Publishers, 2009, pp. 43-69.

McGee, John S., *Ocean Freight Rate Conference and the American Merchant Marine*, 27 University of Chicago Law Review, 1960, pp. 191-314.

McGee, John S., *Ocean Freight Rate Conference*, in *Economic Value of the United Stated Merchant Marine* (Allen R. Ferguson ed.), Illinois: Northwestern University Transportation Center, 1961.

McIntosh, Anne C. B., *Anti-Trust Implications of Liner Conferences: Alternatives to the Regulation of Liner Trades with Emphasis on the European Approach*, Lloyd's Maritime and Commercial Law Quarterly, 1980, pp. 139-154.

McLachlan, D. L., *The Conference System Since* 1919, 4 Business History, 1961, pp. 54-63.

McLachlan, D. L., *The Price Policy of Liner Conferences*, 10 *Scottish Journal of Political Economy*, 1963, pp. 322-335.

Meade, John P., *The Antitrust Exemption in the U. S. Shipping Act: Should It be Eliminated or Modified?*, Lloyd's Maritime and Commercial Law Quarterly, 1976, pp. 401-411.

Mo, John Shijian, *Shipping Law in China*, Hong Kong: Sweet and Maxwell Asia, 1999.

Montag, Frank, *The Case for a Reform of Regulation* 17/62: *Problems and Possible Solutions From a Practitioner's Point of View*, 22 Fordham

International Law Journal, 1998, pp. 819-852.

Monti, Giorgio, *EC Competition Law*, Cambridge: Cambridge University Press, 2007.

Mukherjee, Proshanto K. and Mark Brownrigg, *Farthing on International Shipping* (*4th ed.*), Berlin, Heidelberg: Springer, 2013.

Munari, Francesco, *Liner Shipping and Antitrust after the Repeal of Regulation* 4056/86, Lloyd's Maritime and Commercial Law Quarterly, 2009, pp. 42-56.

Munari, Francesco, *Liner Shipping, Antitrust and the Repeal of Regulation* 4056/86: *A New Era of Global Maritime Confrontation*?, in *Competition and Regulation in Shipping and Shipping Related Industries* (Antonis Antapassis et al. eds.), Leiden: Martinus Nijhoff Publishers, 2009, pp. 7-25.

Neff, Stephen C., *The UN Code of Conduct for Liner Conferences*, 14 Journal of World Trade Law, 1980, pp. 398-423.

Nye, Joseph S., *Ocean Rule Making from a World Politics Perspective*, 3 Ocean Development and International Law Journal, 1975, pp. 29-52.

Oliver, Peter, *The Concept of "Abuse" of A Dominant Position under Article* 82 *EC*: *Recent Developments in Relation to Pricing*, 1 European Competition Journal, 2005, pp. 315-339.

Organisation for Economic Co-operation and Development (OECD), *Council Recommendation Concerning Common Principles of Shipping Policies for Member Countries*, Adopted by the Council at Its 656th meeting on 13th February, 1987.

Organisation for Economic Co-operation and Development (OECD), *MTC Conclusions on Work on Promotion of Compatibility of Competition Policy Applied to International Liner Shipping Including Multimodal Transport with a Maritime Leg*, DSTI/SI/MTC (Directorate for Science, Technology and Industry/ Maritime Transport Committee), 22 January, 1998.

Organisation for Economic Co-operation and Development (OECD), *Regulatory*

Issues in International Maritime Transport, DSTI/DOT (Directorate for Science, Technology and Industry/ Division of Transport), 2001.

Organisation for Economic Co-operation and Development (OECD), *Final Report on Competition Policy in Liner Shipping*, DSTI/DOT (Directorate for Science, Technology and Industry/ Division of Transport), 16 April, 2002.

Parameswaran, Benjamin, *The Liberalization of Maritime Transport Services: with Special Reference to the WTO/GATS Framework*, Heidelberg: Springer, 2004.

Pirrong, Stephen Craig, *An Application of Core Theory to the Analysis of Ocean Shipping Markets*, 35 Journal of Law and Economics, 1992, pp. 89-131.

Posner, Richard A., *Antitrust Law* (*2nd ed.*), Chicago: University of Chicago Press, 2001.

Pozdnakova, Alla, *Liner Shipping and EU Competition Law*, AH Alphen aan den Rijn, The Netherlands: Kluwer Law International, 2008.

Pozdnakova, Alla, *Information Exchange Agreements between Liner Shipping Companies under EC Competition Law*, in *Competition and Regulation in Shipping and Shipping Related Industries* (Antonis Antapassis et al. eds.), Leiden: Martinus Nijhoff Publishers, 2009, pp. 26-42.

Raynor, Charles Peter, *Ocean Shipping Conferences and the Federal Martime Commission*, 53 Cornell Law Review, 1968, pp. 1070-1093.

Richardson, Russell and Clive Gordon, *Collective Dominance: The Third Way?*, 22 European Competition Law Review, 2001, pp. 416-423.

Rousseva, Ekaterina, *The Concept of "Objective Justification" of an Abuse of a Dominant Position: Can it Help to Modernise the Analysis under Article* 82 *EC?*, 2 Competition Law Review, 2005, pp. 27-72.

Ruttley, Philippe, *International Shipping and EEC Competition Law*, 12 European Competition Law Review, 1991, pp. 5-18.

Ruttley, Philippe, *EU Competition Law and Non-Liner Shipping*, paper presented at the European Maritime Law Organisation Regional Seminar, Gdynia, May 8, 2006.

Sagers, Chris, *The Demise of Regulation in Ocean Shipping: A Study in the Evolution of Competition Policy and the Predictive Power of Microeconomics*, 39 Vanderbilt Journal of Transnational Law, 2006, pp. 779-818.

Scherer, F. M., *Predatory Pricing and the Sherman Act: A Comment*, 89 Harvard Law Review, 1976, pp. 869-890.

Schmeltzer, Edward and George J. Weiner, *Liner Shipping in the 1980's: Competitive Patterns and Legislative Initiatives in the 96th Congress*, 12 Journal of Maritime Law and Commerce, 1980, pp. 25-45.

Shah, M. J., *Liner Conference Operations and the UNCTAD Code of Conduct for Liner Conferences*, in *International Regulation of Maritime Transportation: Annual Proceedings of the Fordham Corporate Law Institute* (J. C. Sweeney ed.), New York: Matthew Bender and Co. Inc, 1978, pp. 23-60.

Shah, M. J., *The Dispute Settlement Machinery in the Convention on a Code of Conduct for Liner Conferences*, 7 Journal of Maritime Law and Commerce, 1975, pp. 127-168.

Shah, M. J., *The Implementation of the UN Convention on a Code of Conduct for Liner Conferences* 1974, 9 Journal of Maritime Law and Commerce, 1977, pp. 79-100.

Shah, M. J., *The UN Liner Code of Conduct: Some Key Issues Regarding Its Implementation*, 16 European Transport Law, 1981, pp. 491-556.

Shashikumar, N., *Competition and Models of Market Structure in Liner Shipping*, 15 Transport Reviews, 1995, pp. 3-26.

Shertz, Harold A., *The Shipping Act of 1984: A Return to Antitrust Immunity*, 14 Transportation Law Journal, 1985-1986, pp. 153-177.

Shneerson, Dan, *The Structure of Liner Freight Rates: A Comparative Route Study*, 10 Journal of Transport Economics and Policy, 1976, pp. 52-67.

Silberman, Ralph Michael, *Cargo Preference: The United States and the Future Regulation of International Shipping*, 16 Virginia Journal of International Law, 1976, pp. 865-901.

Sjoström, William, *Monopoly Exclusion of Lower Cost Entry: Loyalty Contracts in Ocean Shipping Conferences*, 22 Journal of Transport Economics and Policy, 1988, pp. 339-344.

Sjoström, William, *Collusion in Ocean Shipping, A Test of Monopoly and Empty Core Models*, 97 Journal of Political Economy, 1989, pp. 1160-1179.

Sjoström, William, *On the Origin of Shipping Conferences: Excess Capacity and the Opening of the Suez Canal*, 16 International Journal of Transport Economics, 1989, pp. 329-335.

Sjoström, William, *Price Discrimination by Shipping Conferences*, 28 Logistics and Transportation Review, 1992, pp. 207-215.

Sjoström, William, *Antitrust Immunity for Shipping Conferences: An Empty Core Approach*, 38 Antitrust Bulletin, 1993, pp. 419-423.

Sjoström, William, *Ocean Shipping Cartels: A Survey*, 3 Review of Network Economics, 2004, pp. 107-134.

Sletmo, Gunnar K., *Liner Conferences: International Aspects*, Ottawa: Transport Canada, 1982.

Sletmo, Gunnar K. and Ernest W. William, JR., *Liner Conferences in the Container Age: U. S. Policy at Sea*, New York: Macmillan Publishing Co., 1981.

Sletmo, Gunnar K., *The Impact of US Regulatory Practices on the Productivity of Ocean Liner Services*, 9 Maritime Policy and Management, 1982, pp. 189-205.

Smith, Russel J., *Ocean Freight Rates and Their Control by Line Carriers*, 14 Journal of Political Economy, 1906, pp. 525-541.

Snyder, Patricia N., *The Proposed Ocean Shipping Reform Act of* 1995: *An Interim Report*, 26 Journal of Maritime Law and Commerce, 1995, pp. 545-552.

Stonham, P. E., *Conference and Competition in Australian Overseas Liner Shipping*, 46 Economic Record, 1970, pp. 197–207.

Stonham, P. E., *The Demand for Overseas Shipping in the Australian Export Trade*, 3 Journal of Transport Economics and Policy, 1969, pp. 333–349.

Stopford, Martin, *Maritime Economics* (*3rd ed.*), New York: Routledge, 2009.

Stopford, Martin, *Shipping Market Cycles*, in *The Handbook of Maritime Economics and Business* (Costas Grammenos ed.), London: Lloyd's List, 2010, pp. 235–257.

Stragier, Joos, *Recent Developments in EU Competition Policy in the Maritime Sector*, speech at the Shipping Forecast Conference, London, Apr. 25, 2002, available at http://ec.europa.eu/competition/speeches/text/sp2002_015_en.pdf.

Sturmey, S. G., *British Shipping and World Competition*, London: The Athlone Press, 1962.

Sturmey, S. G., *Economics and International Liner Services*, 1 Journal of Transport and Policy, 1967, pp. 190–203.

Sturmey, S. G., *Shipping Economics: Collected Papers*, London: The Macmillan Press Ltd., 1975.

Sturmey, S. G., *The Development of the Code of Conduct for Liner Conferences*, 3 Marine Policy, 1979, pp. 133–148.

Sturmey, S. G., *The Code of Conduct for Liner Conferences*: A 1985 View, 13 Maritime Policy and Management, 1986, pp. 185–221.

Sun, Guangqi and Shiping Zhang, *General Review of the Chinese Shipping Policy for the Contemporary Era*, 26 Maritime Policy Management, 1999, pp. 93–99.

Taylor, J. Michael, *Evaluating the Continuing GATS Negotiations Concerning International Maritime Transport Services*, 27 Tulane Maritime Law Journal, 2002, pp. 131–195.

Tetland, Terje, *Protectionism in International Shipping and Some Economic*

Effects, 7 Maritime Policy and Management, 1980, pp. 103-114.

Tetley, William, *Liner Conferences in Canada under Canadian Law and the U. N. Code of Conduct for Liner Conferences*, Ottawa: Transport Canada, 1982.

Thompson, Claude A., *Shipping Act of* 1916: *The Effect of Section* 15 *on the Sherman Anti-Trust Law*, 22 Michigan Law Review, 1923, pp. 107-117.

Thuong, Le T., *U. S. Antitrust Policy and Liner Conferences in the Age of Intermodalism*, 10 Maritime Policy and Management, 1983, pp. 181-198.

Turk, Elkan, Jr., The Federal Maritime Commission, in *International Regulation of Maritime Transportation: Annual Proceedings of the Fordham Corporate Law Institute* (J. C. Sweeney ed.), New York: Matthew Bender and Co. Inc, 1978, pp. 121-134.

United Nations Conference on Trade and Development (UNCTAD), *The Liner Conference System*, U. N. Document TD/B/C. 4/62/Rev. 1, 1970.

United Nations Conference on Trade and Development, *The Regulation of Liner Conferences (A Code of Conduct for the Liner Conference System)*, U. N. Document TD/D/104/Rev. 1, 1972.

United Nations Conference on Trade and Development (UNCTAD), *Costs and Freight Rates in Liner Trades*, U. N. Document TD/B/C. 4/128, 1975.

University of Chicago Law Review Editors, *Primary Jurisdiction and The Applicability of Antitrust Remedies in the Shipping Industry*, 26 The University of Chicago Law Review, 1959, pp. 598-623.

United States Department of Justice Antitrust Division, *The Regulated Ocean Shipping Industry*, Washington: U. S. Government Printing Office, 1977.

United States Federal Maritime Commission, *The Impact of the Ocean Shipping Reform Act of* 1998, Sep. 2001, available at http://www. fmc. gov/assets/1/page/osra_study. pdf.

United States Federal Maritime Commission, *Study of the* 2008 *Repeal of the Liner Conference Exemption from European Union Competition Law*, Jan. 2012, available at http://www. fmc. gov/assets/1/documents/fmc_eu_study. pdf.

Valente, Murillo G. , *The Participation of Developing Countries in Shipping*, in *Shipping and Developing Countries* (L. M. S. Rajwar et al. eds.), 582 International Conciliation, 1971, pp. 29–43.

Vambery, Robert G. , *The Effects of Subsidies in the United States Shipping Industry*, 2 Journal of Transport Economics and Policy, 1968, pp. 79–93.

Walgreen, John A. , *The Economics of Ocean Liner Freight Conferences*, Ann Arbor, Michigan: University Microfilms International, 1977.

Walker, Ralpk C. , *Regulating Ocean Shipping: Powers and Problems of the Federal Maritime Commission*, 51 California Law Review, 1963, pp. 986–1000.

Williamson, Oliver E. , *Predatory Pricing: A Strategic and Welfare Analysis*, 87 Yale Law Journal, 1977, pp. 284–340.

Wanhill, S. R. C. , *Freight Rates, Conferences, and Developing Countries*, 2 Maritime Studies and Management, 1975, pp. 231–243.

Wijkman, Magnus, *Effects of Cargo Reservation: Review of UNCTAD' s Code of Conduct for Liner Conferences*, 4 Marine Policy, 1980, pp. 271–289.

Yeats, Alexander, *Trade Barriers Facing Developing Countries: Commercial Policy Measures and Shipping*, London: Macmillan, 1979.

Yong, Jong-Say, *Excluding Capacity-Constrained Entrants Through Exclusive Dealing: Theory and an Application to Ocean Shipping*, 44 Journal of Industrial Economics, 1996, pp. 115–129.

Zamora, Stephen, *Rate Regulation in Ocean Transport: Developing Countries Confront the Liner Conference System*, 59 California Law Review, 1971, pp. 1229–1332.

Zerby, John A. and R. M. Colon, *An Analysis of Capacity Utilisation in Liner Shipping*, 12 Journal of Transport Economics and Policy, 1978, pp. 27–46.

Zerby, John A. , *On the Practicality of the UNCTAD* 40–40–20 *Code for Liner Conferences*, 6 Maritime Policy and Management, 1979, pp. 241–251.

Zerby, John A. and R. M. Colon, *Liner Costs and Pricing Policies: A Reconsideration of Regulatory Issues*, 9 Maritime Policy and Management, 1982, pp. 207-218.

Zerby, John A., et al., *Dumping of Non-Factor Services: Some Implications of Recent Experience with Controlled-Economy Shipping*, 4 Northwestern Journal of International Law and Business, 1982, pp. 37-57.

Zerby, John A. and R. M. Colon, *Joint Cost and Intra-Tariff Cross-Subsidies: The Case of Liner Shipping*, 31 Journal of Industrial Economics, 1983, pp. 383-396.

Zhao, Lijun, *Transportation, Cooperation and Harmonization: GATS as a Gateway to Integrating the UN Seaborne Cargo Regimes into the WTO*, 27 Pace International Law Review, 2015, pp. 60-118.

后　记

衷心感谢我的博士导师傅廷中教授和我的硕士导师郭瑜教授对我的指导，他们的言传身教将使我终生受益。没有两位导师的指导、鼓励和帮助，我很难完成这样一个航运法与反垄断法的跨学科研究题目。

在德国马克斯普朗克比较法和国际私法研究所访问研究期间，承蒙Jürgen Basedow所长的热心指导与帮助，心里不胜感激。Basedow教授的指点使我对于写作本书的很多具体问题有了更深的认识和新的想法。

也要特别感谢王保树教授、车丕照教授、吴焕宁教授、张永坚教授、张丽英教授、李旺教授、陈卫佐教授、吕晓杰教授对于本书修改所提出的诸多宝贵建议。

还要特别感谢徐仲建博士为本书撰写所提供的大量的无私帮助。

图书在版编目(CIP)数据

国际航运反垄断法律规制研究 / 王秋雯著. —北京:法律出版社,2015.12

ISBN 978-7-5118-8927-0

Ⅰ.①国… Ⅱ.①王… Ⅲ.①国际航运—反垄断法—研究 Ⅳ.①D912.290.4

中国版本图书馆 CIP 数据核字(2015)第 322225 号

国际航运反垄断法律规制研究
GUOJI HANGYUN FANLONGDUAN FALÜ GUIZHI YANJIU

王秋雯 著

策划编辑 徐 蕊
责任编辑 徐 蕊
装帧设计 李 瞻

出版 法律出版社
总发行 中国法律图书有限公司
经销 新华书店
印刷 北京建宏印刷有限公司
责任印制 胡晓雅

编辑统筹 法律教育出版分社
开本 710 毫米×1000 毫米 1/16
印张 39
字数 900 千
版本 2016 年 4 月第 1 版
印次 2016 年 4 月第 1 次印刷

法律出版社/北京市丰台区莲花池西里 7 号(100073)
网址/www.lawpress.com.cn
投稿邮箱/info@lawpress.com.cn
举报维权邮箱/jbwq@lawpress.com.cn
销售热线/400-660-8393
咨询电话/010-63939796

中国法律图书有限公司/北京市丰台区莲花池西里 7 号(100073)
全国各地中法图分、子公司销售电话:
统一销售客服/400-660-8393/6393
第一法律书店/010-83938432/8433　西安分公司/029-85330678　重庆分公司/023-67453036
上海分公司/021-62071639/1636　深圳分公司/0755-83072995

书号:ISBN 978-7-5118-8927-0　**定价**:118.00 元
(如有缺页或倒装,中国法律图书有限公司负责退换)